日本战后70年编委会 编

日本战后70年

轨迹与走向

中国社会科学出版社

图书在版编目（CIP）数据

日本战后 70 年：轨迹与走向／日本战后 70 年编委会编 . —北京：中国
社会科学出版社，2015. 12
ISBN 978 - 7 - 5161 - 7135 - 6

Ⅰ.①日… Ⅱ.①日… Ⅲ.①日本—现代史—研究 Ⅳ.①K313.507

中国版本图书馆 CIP 数据核字（2015）第 283344 号

出 版 人 赵剑英
责任编辑 王 茵
特约编辑 王 称 马 明
责任校对 郝阳洋
责任印制 王 超

出 版 中国社会科学出版社
社 址 北京鼓楼西大街甲 158 号
邮 编 100720
网 址 http://www.csspw.cn
发 行 部 010 - 84083685
门 市 部 010 - 84029450
经 销 新华书店及其他书店

印 刷 北京君升印刷有限公司
装 订 廊坊市广阳区广增装订厂
版 次 2015 年 12 月第 1 版
印 次 2015 年 12 月第 1 次印刷

开 本 710 × 1000 1/16
印 张 40.5
插 页 2
字 数 661 千字
定 价 99.00 元

编委名单

目　　录

思想与文化

中日关系

序

2015 年是中国人民抗日战争暨世界反法西斯战争胜利 70 周年。70 年间，世界发生了翻天覆地的变化。从 1946 年"铁幕演说"到 1991 年苏联解体，持续 40 多年的冷战终告结束，但这并没有带给人们最初期盼的宁静与祥和，由两极变为"单极"的世界继而陷入"无极"、失序之中。在中国所处的亚太地区，"冷战的遗产"依然浓重残留，零和观念、冷战思维与相互依存日益深化的国际关系现实同时存在，形势严峻而复杂。

战败投降 70 周年之际的日本较之当初更是判若云泥。从奉"吉田路线"为圭臬，集中精力于恢复和发展经济，超越联邦德国成为西方世界第二经济大国，到 20 世纪 70 年代开始跻身七国集团参与国际事务，再到 80 年代提出"国际国家""政治大国"发展目标，日本在自我认知上完成了从战败国家向"西方经济优等生"、国际体系重要参与者的蜕变。同时，日本与战后秩序、与周边国家的关系远未理顺，而历史问题至今仍是影响关系的主要问题之一。冷战结束之初，日本对未来世界以及自身在其中位置的预测颇为乐观，在日美同盟陷入"漂流"造成压力、国际政治权力诱惑的双重驱动下，日本正式开始将对冷战后期既已萌生的"正常国家"化目标的追求付诸实施。

自 20 世纪 90 年代中期始，主客观环境与条件的变化，迫使日本不得不面对现实，重归借壳日美同盟谋求自我发展的轨道。1992 年，中国经济恢复高速增长，同期日本股市、楼市双双暴跌，经济增长由此进入下滑通道。与此同时，日本社会政治进入转型重构期，呈现"年年选首相、岁岁出新人"的政坛奇观。日本对"正常国家"化的追求受到国内因素的羁绊，但步伐没有就此停歇，同时追求目标的路径选择有所调整。除借壳日美同盟外，在战后传统的"经济外交"之外寻求出路，成为此后一直延续且日渐显性化的战略趋向。从 21 世纪初小泉纯一郎内阁借力助美反恐通过"有事法制"，到 2015 年安倍晋三内阁强推"新安保法"，日本亟欲通过政策松绑释放政治能量，战后以来的安全防务政策由此出现本质性蜕变。

中国与日本同处东亚，地缘相近，历史渊源悠久，惟其如此，彼此关系厚密而复杂。在今天的东亚乃至亚太，中国崛起、日本转型、美国"转移"之间频密互动，成为影响地区形势走向的主要自变量。中日关系步入博弈与合作并行发展、同步深化的"新常态"，同时面对战略磨合、利益调整、心理调适等几方面的课题与压力。日本、中日关系对中国安全与发展的重要性不言而喻，这种重要性既包含正面的、建设性的，也时常体现为负面的、破坏性的。基于对日本走向的高度关注，近年来，针对日本社会、政治、外交特别是安全防务政策的加速蜕变，中国日本学界推出了大量论文、专著，其中不乏优秀之作，但也有一些失之零碎，缺乏整合是美中不足。

作为研究战后日本的专职责任机构，在李薇所长的精心设计与倾力推动下，中国社会科学院日本研究所从规划 2015 年度科研工作阶段开始，即把《日本战后 70 年：轨迹与走向》的撰写与出版列为创新工程重点项目。进入 2015 年，日本研究所先后举办了七场专题系列学术研讨会。其中六场按学科领域设计，以五个研究室为单位，邀请 20—30 名中国、日本知名专家，与本所研究人员一道，分别从日本政治、经济、外交、社会、文化、安全及日美同盟各个角度集中深入探讨。8 月 16 日，作为前六场会议的集大成，日本研究所成功举办了有中日两国 80 余名知名专家出席的《战后日本 70 年：轨迹与走向》国际研讨会。进而，又从与会中国专家的几十篇学术论文中严格遴选，构成《日本战后 70 年：轨迹与走向》的主干部分。

《日本战后 70 年：轨迹与走向》不仅要求每一篇入选论文研究深入、观点精当，而且更注重全书的体系完整性与逻辑严密性。经过作者长年积淀与七场会议的磨砺，本书入选论文的观点得以高度凝练；经过精心编纂设计，每篇论文之间相互照应、彼此互补，全书得以主题明确、主线明晰、浑然一体。从这一角度看，这本篇幅达 60 余万字的论文集可以说是对国内日本学界近年来关于战后日本研究成果所做的一项系统化工程。

经过严格遴选而进入本书的 30 余篇论文依序从日本的国家战略、自我认知、经济社会、外交安全、对华关系等展开论述，层层递进、渐次深入，不仅从历史纵坐标、"70 周年"这一深阔视域系统梳理了日本战后发展轨迹，而且从时代横坐标、对当前日本政治外交及中日关系进行了横切面式的全景透析。本书作者队伍来自于中国社会科学院、北京大学、南开大学等日本研究重镇，展示了当今中国日本学界的高端水平，特别是集中了"60 后""70 后"及"80 后"相对年轻的优秀学人，其构思、观点、行文多有破旧创新之处。

《日本战后 70 年：轨迹与走向》凝结了几十名日本问题专家长年潜心研究的心血，是集体智慧的结晶。在 70 周年这样一个重大的历史节点上，能在这样一个不长的时间周期内、拿出如此厚重的系统性研究成果，也唯有依靠集体攻关才可能做到。

《日本战后 70 年：轨迹与走向》的编撰与出版，既是为厘清战后 70 年来日本发展变化的脉络，从中发掘出决定、影响其发展变化的规律与要素，更是为分析当前、预测未来提供史实与理论的依据。洞察当今、预判未来，仅凭历史的经验无疑是不够的。在新的时代背景与时空条件下，传统的规律、要素往往会出现变异、变形，同时，各种新变量层出不穷、不断介入。但是，对这些规律、要素的把握无疑又是最基本而必需的。所以，在这一意义上讲，我们更愿意将这本《日本战后 70 年：轨迹与走向》看作是未来不断深化中国学术界日本研究的一个新起点。

杨伯江

2015 年 12 月 1 日

政治与外交

战后 70 年日本国家战略的发展演变

杨伯江[*]

内容提要 1945 年日本战败，宣告了其"军事立国"国家战略的破产。1947 年《日本国宪法》施行，1951 年《旧金山和约》《日美安全条约》签署，标志着战后日本"经济中心"导向型国家战略体系逐步确立。战后 70 年日本国家战略的发展演变经历了三大历史阶段：战败投降至 20 世纪 70 年代的"经济中心"导向型战略阶段，20 世纪 80 年代至 90 年代中期的酝酿转型与新目标确立阶段，20 世纪 90 年代中期直至目前的"大国化"目标导向型战略阶段。这一发展演变过程的内在逻辑，在于自身条件与外部环境变化之间的相互作用，引发日本核心利益界定的变化、战略目标的调整以及路径选择的改变。纵观 70 年来日本国家战略的发展演变，追求"大国化"的历史基因一以贯之，从未消退，这促使我们就日本未来走向做持续深入的思考与探析。

关键词 战后 70 年 日本国家战略 吉田路线 正常国家化

国家战略，一般是指国家为达生存与繁荣之目的，不拘平时与战时，全面调动政治、经济、外交、军事、文化等一切可以利用的资源并加以统筹运用的"科学"与"艺术"。国家战略的制定与实施，包括形势判断、确立目标、制订计划、政策落实等主要环节，涉及以自身价值取向为基础的核心利益的界定、以内外形势研判为前提的实施路径的选择等关键要素。1945 年日本战败投降后，基于对过去的反思，结合国际格局变化与国内现状，确立了新的国家战略，此后在不同历史时期随形势的发展变化而同步调整。据此，本文将战后 70 年来日本国家战略的发展演变过程划分为三大阶段，并尝试对主导这一过程的内在逻辑与规律作出分析，以期在

---

* 作者简介：杨伯江，中国社会科学院日本研究所研究员、副所长。

此基础上更准确地把握日本的未来走向。

一 "经济中心"导向型战略

1945 年日本战败，不仅是军事战略的失败，也宣告了战前"军事立国"国家战略的破产，日本面临近现代史上继"明治开国"之后又一次道路抉择，而主题是如何在战争的废墟上实现复兴并重返国际社会。在经过短暂的过渡期后，从 1946 年吉田茂首次组阁，到 1947 年《日本国宪法》施行，再到 1951 年《旧金山和约》《日美安全条约》签署，战后日本"经济中心"导向型国家战略体系逐步确立。

（一）日本走"经济中心"导向型和平发展道路是现实的选择

日本明治维新后持续在海外进行军事扩张，对邻国实施侵略，通过战争掠夺殖民地，获取原材料和市场。"第二次世界大战"的失败，彻底粉碎了"大东亚共荣圈"的梦想，日本不仅丧失了军事力量，也丧失了海外殖民地，"军事立国"丧失了赖以存在的物质基础。[①] 从国内看，日本战败后经济衰败，民生凋敝，民众普遍向往和平，和平主义思潮势头强劲，"军事立国"路线为主流民意所不容。国际环境也不允许有待处置的战败国日本重新走"军事立国"道路。在东西方冷战帷幕拉开之前，削弱日本、防止其东山再起，是美国对日本的基本政策。这一时期，吉田茂等保守派政治家认识到，不仅亚洲邻国，即使"盟国似乎都把日本看作是破坏和平的好战民族"。因此，"为了使盟国消除这种误会，并承认日本国民是爱好和平的国民，在（1946 年颁布的）宪法中列入放弃战争的规定是非常恰当的"。[②]

现实严格限定了日本统治集团只能在和平主义的方向上构思新的国家战略。正是在这样的背景下，以吉田茂为首的日本保守派政治家将实现国家经济自立确定为最优先课题，主张放弃军事力量而专心发展经济，提出以"重经济、轻军备"为核心的"吉田路线"。1947 年，日本在美国占领当局的主导下开始施行《日本国宪法》，从此走上和平发展道路。这部和

---

① 1957 年 9 月，岸信介内阁期间，日本外务省首次发表《外交蓝皮书》，称日本在战后失去了 46% 的"国土"。参见复旦大学历史系《日本军国主义史》，上海人民出版社 1972 年版。

② 吉田茂：《十年回忆》（第四卷），韩润棠译，世界知识出版社 1965 年版，第 121 页。

平宪法的第九条规定："日本国民衷心谋求基于正义与秩序的国际和平，永远放弃以国权发动的战争、武力威胁或武力行使作为解决国际争端的手段。"① 和平宪法成为保障日本走和平发展道路的最高法律依据，也使得战后日本得以集中精力专心发展经济，国家战略得以从战前的"军事立国"平稳转向"经济中心"。

（二）追随与借助是该战略的基本思路

这一阶段日本国家战略的基本目标，是通过优先发展经济恢复元气、壮大自身实力，进而以经济实力为基础，在国际舞台上重新获得发言权。为此，从吉田茂开始，战后历届内阁高度重视经济复兴与增长，先后制定实施了以"倾斜生产方式"为核心的产业复兴政策、确立"贸易立国"发展战略，千方百计增强日本产品的国际竞争力、拓展海外市场。同时，充分利用美国扶植下的有利外部环境拼抢包括朝鲜战争、越南战争在内的各种发展机遇。在对外战略层面，随着冷战帷幕的拉开，处于美国单独占领之下的日本确立了在外交上追随美国、在安全上依赖美国的基本路线。此时的日本因战败而丧失了主权，但围绕如何走出一条既符合现实又有助于实现国家利益最大化的发展道路的思考与筹划从未停歇，并就此与美国进行了频密沟通与讨价还价。

作为战后日本与美国等 48 个战胜国片面媾和的产物，1951 年 9 月签署的《旧金山和约》标志着日本最终选择加入西方阵营，并将以此为立足点，致力于重返国际社会、开拓海外市场。而此后几小时签署的《日美安全条约》，则意味着日本在通过《旧金山和约》解决了战后领土边界与国际地位问题的基础上，进而以牺牲部分主权（允许美军基地驻留、镇压日本"暴乱与骚动"）为代价，换取了被占领状态的结束，并与美国化宿敌为盟友、被纳入后者的全球与地区战略轨道，从此仰仗其庇护。此后，1960 年 1 月《日美安全条约》的修订，标志着日本沿既定方向再向前迈进了一步。《日美共同合作和安全保障条约》即"新安保条约"，不仅使日美关系的"对等性"有所增强，也使条约从单纯军事性质扩充为兼具政治、经济和军事等方面的综合性质。新条约第二条专门就经济合作作出规定：日美"将通过加强两国的各种自由制度，通过更好地了解这些制度所

---

① http：//web-japan. org/factsheet/ch/pdf/C09_ consti. pdf.

根据的原则，并且通过促进稳定和福利的条件，对进一步发展和平和友好的国际关系作出贡献。两国将设法消除在它们国际经济政策中的矛盾，并且将鼓励两国之间的经济合作"。①

（三）在迅速恢复与壮大经济实力方面，该战略取得非凡成功

在"经济中心"导向型国家战略指引下，日本经济迅速得到恢复并实现腾飞。在经过大约十年的恢复与发展阶段后，日本经济在20世纪50年代中期进入高速增长时期，并一直持续到70年代第一次石油危机爆发。据统计，从1946年至1975年，日本国民生产总值（GNP）增长11倍，年均增长率保持在10%以上。其间，从1960年至1970年，GNP年均增长率达11.3%，工业生产年均增长率达16%。1968年，日本GNP超过联邦德国，成为仅次于美国的资本主义世界第二经济大国。至1972年，日本GNP占到资本主义世界的9.4%，至1974年，出口总额占到7%。第一次石油危机后，日本经济由高速增长转入稳定增长，但增长速度仍明显高于其他发达国家。

对于这一阶段的日本而言，与美国结盟使其得以兼顾经济利益与安全利益，将通过优先发展经济、恢复国力的战略思路与获得安全庇护、重返国际社会、获得技术转让和扩大出口市场等巧妙地结合起来。世界分裂、东西对抗、美苏冷战的国际大背景，使得日本借助与西方阵营的"命运共同体"关系，利用美国的战略需求，通过安保体制将国家安全置于美国核保护伞之下，走"重经济、轻军备"之路，将节省下来的防务开支用于经济建设成为可能。与美国结盟，不仅意味着获得安全保障，也意味着实现经济发展目标的便利化，意味着日本可以直接、充分地利用来自美国的全方位支持——从资金援助到技术转让到市场开放。吉田茂就曾提出："为了不断地发展经济，必须吸收先进国家的资本和技术。而想要扩大对外贸易和吸收投资，则只有以世界各国中经济最富裕、技术水平最高的国家为对象。尤其是，日本如果考虑到为今后国内建设所必需的外资的吸收问题，特别同美国保持友好关系，自然是十分重要的。"宫泽喜一在分析日美结盟的战略收益时也强调："从世界战略的角度考虑，美国不能置日本于真空状态而不顾；日本则需要重建今后的经济。从双方的立场看，唯有

---

① http://www.mofa.go.jp/mofaj/area/usa/hosho/jyoyaku.html.

选择日美安保条约才是上策。"①

（四）在追赶美欧的经济发展目标基本实现后，该战略面临调整压力

战后日本"走上了日美结盟的道路，最大限度地利用他国的力量，并不惜牺牲部分国家主权，以实现国家利益的最大化，并对冷战格局加以最大限度地利用，使日本在冷战格局下定位为美国保护下的通商国家，成为冷战的最大受益者。这种有效利用他国力量为本国国家战略服务的实例是极为罕见的"②。"经济中心"导向型战略在较短时间内造就了战后日本的"经济奇迹"，但几乎与此同时，这一战略开始受到来自日本国内的质疑，面对调整的压力。概言之，质疑主要来自两个方面。

第一，该战略本身在成就经济腾飞的同时，也给日本的长远发展带来了制约。战后日本国际政治现实主义学派的鼻祖高坂正尧认为，"吉田路线"体现了"商人式的国际政治观"，这一观点可以看作是当时日本国内对"经济中心"导向型战略的主流评判。在把旧金山片面媾和视为吉田外交头号功绩的同时，高坂认为"吉田路线"的保守倾向扼杀了战后日本人民选择新价值体系的可能性，认为虽然媾和从总体上看利大于弊，但日本也为此付出了与东方阵营对立、冲绳为美军所控制、对华政策追随美国等代价。此外，日本国内围绕自卫队是否违宪的问题长期争论不休，这也是吉田忽视社会民意、仅执着于经济发展目标而留下的败笔。③

第二，日本在积聚了相当的经济能量之后，不可避免地要面对下一步何去何从的问题，而"吉田路线"没能就此给出答案。④ 高坂认为，经济优先主义虽然使日本实现了繁荣，但对美从属却束缚了日本外交的独立性，国际活动空间变得狭窄，国民的精神目标也因安于现状而逐渐丧失。

---

① 转引自富森睿儿《战后日本保守党史》，吴晓新等译，上海译文出版社 1984 年版，第 58 页。

② 田庆立：《战后初期日本国家战略的三大转变及其原因分析》，《哈尔滨工业大学学报》（社会科学版）2011 年第 4 期。

③ 参见张帆《高坂正尧早期国际政治思想述评》，《国际政治研究》2012 年第 2 期。

④ 实际上，这一时期日本所处的国际环境构成促其反思"吉田路线"的重要因素。特别是 1969 年美国总统尼克松在关岛发表讲话，表明美国将从亚洲实施战略收缩，要求日本等盟友承担更多的地区安全义务——"美国将恪守对亚洲盟国的条约义务，同时希望由亚洲国家自己来承担国内安全和军事防务责任，除非存在某个核大国的威胁"——直接推动了日本加紧思考在安全军事上"何去何从"。

"虽然拥有了如此巨大的国力，日本却在迷惘应将之运用于何方。"高坂警示日本社会，《日美安全条约》不可能永世不变，日本只有增强自身国力，才能避免一旦失去美国的核保护伞之后难以自立的局面。为此，他主张日本以"海洋国家"为标准，超越作为岛国的过去，以积极的对外政策面对全球化趋势，发展具有自身特色的国家力量。[①] 高坂的观点体现了这一时期日本知识精英层对社会经济发达而精神空虚的担忧，以及对增强日本外交自主性的期待。[②] 但客观而言，这一问题可能原本就不在"经济中心"导向型战略的设计范围之内，而是在该战略引领日本实现长足发展之后所必然面对的问题。换言之，"日本向何处去"问题的提出，恰恰寓意着"吉田路线"的历史使命基本结束，即将功成身退。日本在呼唤新的国家战略。

二　酝酿转型与新目标确立

进入 20 世纪 80 年代，日本奏响了国家战略调整的序曲，至 90 年代初冷战结束，最终明确将成为"正常国家"作为新的战略目标。日本新的战略诉求主要通过要求参与主导国际新秩序构建、成为联合国安理会常任理事国以及国内进行政治行政体制改革、酝酿修宪等对内对外几个方面体现出来。不过，在这一阶段，与"正常国家"化这一新目标本身的鲜明度相比，日本新国家战略的展开尚缺乏体系完整性，政策路径选择的主体部分尚未完全敲定。

（一）"经济能量政治化"法则推动日本诉求升级

20 世纪 80 年代日本经济的发展速度继续领先于美国等主要发达国家。1983 年，日本贸易黑字超过联邦德国、资本输出超过英国，此后长期保持着世界第一贸易黑字大国、经常收支黑字大国和资本输出大国地位。1985 年，日本取代英国，成为世界第一大债权国（同期美国沦为世界最大海外债务国）；1987 年人均 GNP 超过美国；1988 年外汇储备居世界首位；1989 年人均 GNP 达到 24499 美元，列世界第一位。1986—1988 年，日本

---

① 高阪正尧『海洋国家日本の構想』、中央公論社、1969 年、174 頁。

② 参见张帆《高坂正尧早期国际政治思想述评》，《国际政治研究》2012 年第 2 期。

长期资本输出额连续三年超过 1300 亿美元，大大超过其他发达国家的总和。1986 年底，日本迎来战后持续时间仅次于伊奘诺景气的平成景气。至此，日本经济达到了战后以来的顶点，国际竞争力迅速提高。

伴随着经济实力的迅速增强，日本的自我期待值也同步蹿升，大国意识复苏进而膨胀，对核心利益的界定趋于扩大，谋求在国际政治舞台发挥作用的愿望日渐强烈。在这一时期，"日本不甘心居于美国之下，正在各个领域与美国争第一"。"日本报刊上经常看到'美国霸权地位崩溃'、'21 世纪是太平洋时代'、'21 世纪是日本的时代'等字眼，并声称'日本的生产率继续上升'、将成为世界第一。"① 此后，冷战与日本的昭和时代几乎同步结束，"告别战后""迈入新时代"的气氛开始弥漫整个日本社会。据 1991 年 11 月《朝日新闻》进行的舆论调查，针对"今后日本应该在国际社会发挥什么样的作用"的问题，52% 的日本人回答，"不仅在经济方面，还应该在政治方面发挥领导世界的作用"。关于"日本是否应该在亚洲成为领袖"的提问，给予肯定回答的日本人占 72%，予以否定的只有 18%。②

进入这一时期，日本朝野都不再满足于只做经济大国，而是渴望成为世界一流的"政治大国"。1982 年 11 月中曾根康弘就任首相后，明确提出日本要进行"战后政治总决算"，要从经济大国走向政治大国。1990 年 5 月，外务省事务次官栗山尚一撰文《剧烈变动的 90 年代与日本外交的新展开》，提出日美欧构建"三极体制"、共同领导世界的主张。1993 年 5 月，自民党干事长小泽一郎在率众退党、另组新生党的前夜，推出其重要政治论著——《日本改造计划》，其中写道："日本的 GNP 占世界的 16%，仅次于美国，是世界第二位。日美两国的 GNP 占世界的将近一半。而且，日本与欧洲、美国并立，构成世界三极中的一极。就是说，日本的举动已影响到世界各处。日本已经成为世界大国。"③

（二）国际局势的剧烈变动对日本战略调整构成重要动因

基于日本战略文化中"外压应对式决策"的特点，20 世纪 80 年代至

---

① 凌星光：《八十年代后半期日本国家战略及其对外政策》，《日本研究》1985 年第 4 期。
② 参见李建民《冷战后日本的"普通国家化"与中日关系的发展》，中国社会科学出版社 2005 年版，第 59 页。
③ 小沢一郎『日本改造計画』、講談社、1993 年。

90 年代中期日本国家战略的调整，从酝酿阶段开始即受到这一时期国际局势的深刻影响。[①] 70 年代末 80 年代初，苏联在军事战略上发起攻势，大有在全球范围内排斥美国势力与影响之势。里根政府为扭转军事战略上的不利处境，迫切要求日本加强与美国的战略协调，分担防务责任，共同抗衡苏联的军事扩张。1982 年 4 月，美国副总统布什访日，强调"随着日本所发挥作用的扩大，它的责任也会相应增大"，"日本不能逃避发挥政治作用"。[②] 美国的要求与日本政坛主导势力的愿望一拍即合。日本决策层认为，"为美国分担责任"既可以维持西方阵营对苏的战略优势，维护有利于日美及整个西方阵营的国际体系，又能帮助日本进一步提高在同盟及美国全球战略中的地位，在国际上树立起政治大国的形象。因此，日本对来自美国的"压力"作出了积极回应。

在这一阶段的后期即进入 20 世纪 90 年代后，冷战结束及国力结构、发展态势的国际比较，同样成为日本大国志向膨胀的重要源泉。1991 年苏联解体，使得经济要素在国家综合实力中的重要性凸显，经济指标在衡量国家相对位置时的重要性上升，这使得国力结构以经济技术见长的日本处于有利位置。从理论上看，在一个自助型的国际体系中，一个国家如何"自助"依环境的变化而变化。"国家间的经济竞争最终比军事竞争更重要"，因为"强大的经济力量能够轻易地转化为军事力量"，反之则不可能。[③] 冷战结束后，日本国内生产总值（GDP）与美国之比从 1991 年的 58.76% 持续上升，1995 年达到 71.74% 的历史最高纪录。同期，日本 GDP 从俄罗斯的约 7 倍逐年增大到 1995 年的约 13 倍，对中国则保持在 7 倍以上。巡览世界主要战略力量，日本发展优势明显，上升势头迅猛。1994 年 9 月 8 日，日本外务省就"入常"问题向国内有关机构散发题为

---

①　在美国学术界对日本战略调整深层动力的探讨中，肯尼思·派尔论证了"在整个近代史上，外部压力决定性地造就了日本的外交政策与国内政治"，认为"国际体系的结构、运行方式、制度、原则与规范决定性地影响着近代以来日本的国际行为和国内政治结构"。参见 Kenneth B. Pyle, *Japan Rising：The Resurgence of Japanese Power and Purpose*, New York：Public Affairs, 2007；Kenneth B. Pyle, "Profound Forces in the Making of Modern Japan", *Journal of Japanese Studies*, Vol. 32, No. 2, 2006, p. 393。转引自马千里《冷战后日本大战略调整研究——基于结构压力与战略文化的考察》，http：//www. jylw. com/49/wz1927249. html。

②　转引自方连庆、刘金质、王炳元主编《战后国际关系史（1945—1995）》，北京大学出版社 1999 年版，第 678 页。

③　Kenneth N. Waltz, "The Emerging Structure of International Politics", *International Security*, Vol. 18, No. 2, 1993, p. 60.

《改组联合国安理会——我国应成为常任理事国》的文件，详细阐述了日本政府的相关见解。其中，日本"应当成为常任理事国"的主要理由之一，即"现任五个常任理事国的国力相对下降"，联合国要成为真正有实效的国际组织，需要更多的主要国家发挥作用。①

（三）实现"正常国家"② 化成为日本新的国家战略目标

经过自 20 世纪 80 年代以来的长期酝酿，日本要"在经济大国的基础上成为政治大国"的战略目标在冷战后最终确立。日本对这一目标的诉求主要体现在以下几个方面。

第一，参与主导国际新秩序构建。1990 年 1 月，日本首相海部俊树致信美国总统布什，提出"必须以美、日、欧三极为主导形成世界新秩序"。同年 3 月，海部在国会发表施政演说，提出"日本将动用它的经济、技术力量和经验在国际合作中扮演积极角色，以期创造一个新的世界秩序"。同年 7 月，海部在美国《外交》季刊上撰文《日本的构想》，全面阐述日本的国际政治新秩序构想，认为 90 年代将成为国际秩序的转折点，日本必须在建设一个和平与繁荣的国际秩序的工作中发挥重大作用。在日本官方文件中，1991 年版《外交蓝皮书》提出，"如今的日本正处于能够对与构建国际新秩序相关的所有方面都产生实质性影响的位置"。③ 1992 年版《外交蓝皮书》进一步指出，日本在解决地区冲突、促进军控与裁军、参与联合国维和行动等问题上的积极参与表明，它的行为已经实质性影响到所有与未来国际秩序构建相关的问题。④

第二，成为联合国安理会常任理事国。这一时期，《日本改造计划》《剧烈变动的 90 年代与日本外交的新展开》等各界重要言论，均把日本定位于"与美国、欧洲并列构成世界三极中的一极"。栗山提出，1988 年世界 GNP 为 20 万亿美元，其中美国和欧共体分别为 5 万亿美元，日本为 3 万亿美元，三者比例为 5：5：3。由此可见，日本"依靠经济力量再度作为

---

① 『軍事民論』、1995 年 1 月号、73 頁。

② 这一概念由小泽一郎在《日本改造计划》中首次提出，实际是 80 年代中曾根所提"政治大国"（或曰"国际国家"）概念的延伸，二者内涵高度一致。它不仅是小泽个人的观点，也反映了冷战后日本民族主义保守势力的共同心态。

③ http：//www. mofa. go. jp/mofaj/gaiko/bluebook/1991/h03-contents-1. htm.

④ http：//www. mofa. go. jp/mofaj/gaiko/bluebook/1991/h04-contents-1. htm.

5∶5∶3 的一员，处于负责构筑和维持国际秩序的地位"，而"把美国所支撑的秩序视为理所当然、并单方面维护这一秩序的时代已成为历史"。①"5∶5∶3"系 1922 年华盛顿限制海军军备条约中对美、英、日拥有主力舰的比例规定。栗山援引这段历史做比，意在说明日本已重获大国地位，自当参与国际新秩序的构建。1992 年 1 月，日本首相宫泽喜一在联合国安理会成员国首脑会议上发表讲话，表示日本支持联合国改革，并希望得到安理会常任理事国的席位。这是日本首相首次在联合国会议上表明"入常"诉求。1993 年第 48 届联大会议前夕，日本正式向联大提交了题为《日本关于安理会议席平衡分配与扩大的意见》的报告。

第三，着手政治行政体制改革，酝酿修改和平宪法。鉴于冷战后国际环境的急剧变化，战后日本长期维系的埋头于经济发展和收入再分配的内向型治理模式难以为继，决策的速度与效率亟须提高，以便及时有效地应对"国际大竞争"，日本在 90 年代实施了一系列政治行政改革。通过改革，日本确立了"政治主导"体制，首相和内阁的制度化权力显著增强，包括强化了内阁职能、首相作为行政首脑的领导作用和决策机制，充实辅助内阁和首相的机构及工作人员，以及重组省厅等行政部门，以适应"扮演更重要的国际角色"的需要。通过改革，维系自民党派阀政治、分权结构的制度基础随之消失，党内权力向以总裁、干事长为核心的中央执行部集中。由此，集国会重要党团领袖与制度化权力显著增强的内阁首长于一体的"首相主导体制"最终确立。②

这一时期，前首相中曾根康弘、自民党政调会长三冢博在 1992 年相继提出修改和平宪法的主张。1993 年，小泽一郎的《日本改造计划》从"国际贡献"角度为"修宪"提出依据——"宪法当然也应随时代的变迁而变迁"，然而，"现行宪法中，没有关于与国际环境对应的明确规定"。为此，小泽主张，宪法应当在第九条的两款之后增加第三款，规定"前两项不妨碍为创造和平而进行活动的自卫队"开赴海外，以及将自卫队"专守防卫战略"改为"创造和平战略"。③

---

① 栗山尚一『激動の90年代と日本外交の新展開—新しい国際秩序構築への積極的貢献のために—』、『外交フォーラム』1990 年 5 月号。

② 参见张伯玉《制度改革与体制转型——20 世纪 90 年代日本政治行政改革分析》，《日本学刊》2014 年第 2 期。

③ 小沢一郎『日本改造計画』、75 頁。

（四）"正常国家"化战略尚缺乏体系完整性

总体来看，直至 20 世纪 90 年代中期，日本"正常国家"化或曰"政治大国"化战略的展开还主要停留在战略构想与目标宣示阶段。首先，在日本为战略转型进行的体制性、制度性准备工作中，这一阶段触及的主要还是对内"自我矫畸"较浅的层面，即"矫正"小泽一郎所谓日本战后体制中那些明显"不正常"的部分。① 这一局面的形成，除国内因素外，还因为在这一阶段的前期，日本的战略展开受到世界范围内冷战格局的严格束缚。在美苏对峙的大背景下，日本始终面临着苏联的巨大军事威胁，依靠美国提供安全保障仍是确保国家安全的主要手段，日本对国际权力的追求实际上只能限定在西方阵营范围内。而在这一阶段的后期，即冷战结束之初，日本又受到来自美国的战略打压。

其次，日本选择何种政策手段，即通过何种路径实现"正常国家"化战略目标，也尚未定型。及至冷战结束之初，日本战略精英层"尽管就要在世界上谋求体面的地位这一点而言没有什么不同，但在如何谋求体面地位的方法上存在着相当大的差异。加强日美安保体制，还是走独立防卫路线，或是走把日美安保体制与多边措施相结合的路线"，其说不一。② 其中的关键点有二：一是对日美同盟的定位，二是与此直接相关的日本安全军事政策。在这一阶段，日本国内的"战略论争"基本上是两大观点相互对立。第一种观点是继续坚持"吉田路线"，即与美国保持联盟关系，在美国的核保护伞下谋求日本的安全保障。日本的主要精力继续用于经济建设，同时适度增加国防预算，以有效对抗苏联威胁，更好地发挥作为美国盟国的作用。第二种观点是修改"吉田路线"，即改变军事上从属于美国的状态，逐渐提高日本在军事上的独立自主性。中曾根是这一派的代表人物。至少从 20 世纪 80 年代中期开始，尽管第一种观点仍占据着主导地位，但第二种观点明显呈现上升趋势。③

---

① 小泽在《日本改造计划》中提出，尽管日本克服了战后的经济混乱，创造了经济奇迹，但是长期持续的"经济优于政治"原则，导致日本在政治上与"正常国家"渐行渐远，成了一个"单肺国家"，即"非正常的国家"。

② 猪口孝『視野不良が晴われるまであと10年かかる』、『エコノミスト』1996 年 1 月 9 日。

③ 参见凌星光《八十年代后半期日本国家战略及其对外政策》，《日本研究》1985 年第 4 期。

三　"大国化"目标导向型战略

20 世纪 90 年代中期以后，伴随冷战后世界局势的剧烈波动，日本经济步入"失去的十年"，加之中国的快速崛起，日本对外部环境与自身评估经历了从山巅到谷底的"云泥之变"。但是，日本对既定战略目标的追求历久弥坚，对国家核心利益的界定有所扩大，为达成目标而采取的路径选择日渐清晰，"大国化"目标导向型战略由此具备了体系完整性。

（一）日本对形势的认知更现实，而追求目标的意志更坚定

90 年代中期，日本对国际形势的研判出现重大转折，从理想主义、乐观主义迅速转向现实主义甚至是悲观主义。此前日本国内普遍认为，"经济全球化和相互依存的加深增进了共同价值观的分享，这使得冷战后的国际环境更加安全和友善，安全挑战来自不与国际社会共享经济利益和价值观的国际秩序边缘国家"。[①] 然而，种族冲突多点爆发、安全热点轮番涌动，使得日本战略精英层很快意识到，冷战后世界远比几年前苏联解体之初所预想的要更为艰险、复杂。

泡沫经济崩溃、增长失速，世界主要大国力量对比出现不利于自身的趋势，更是将此前日本国内的乐观氛围一扫而光。在冷战后世界"一超多强"的格局下，在 90 年代中期以后的 20 年间，中国等"多强"各国相对于"一超"美国的 GDP 占比普遍上升，而日本成为唯一的例外。[②] 与此相应，日本的国际影响力受到新兴市场国家"群体性崛起"的挑战，1999 年形成、2008 年起每年举行的二十国集团（G20）峰会这一全球治理新平台的出现，不仅使得日本在日美同盟之外的另一大外交支柱——七国集团的全球作用被削弱，而且 20 个成员国中亚洲国家占了约 1/3，也标志着日本长年保持的"亚洲代表"身份不再。[③]

---

① Yutaka Kawashima, *Japanese Foreign Policy at the Crossroads: Challenges and Options for the Twenty-first Century*, Washington, D. C.: Brookings Institution Press, 2003, p.151.

② 根据国际货币基金组织数据，按现价美元计算，2000 年、2010 年、2013 年，日本 GDP 占美国之比持续下滑到 47.15%、38.06%、29.17%，而同期中国 GDP 占美国之比持续上升到 12.10%、41.12%、54.65%，与日本之比上升到 25.66%、108.05%、187.32%。

③ 参见杨伯江《国家权力转移与日本的战略回应》，《现代国际关系》2009 年第 11 期。

这一时期，日本的自我感知与战略反应都经历了急剧起伏，而且呈现反向运动。换言之，自我感知的"差评"与战略目标的欲求度同时都在增强。一方面，日本国内社会思潮中民族主义的影响持续扩大，同时，基调从曾经"高昂的民族主义"转向"悲情的民族主义"。但另一方面，日本对既定战略目标的追求更加执着，对"自我价值的实现"与"来自国际社会的尊重"更加重视，开始将其明确纳入国家核心利益。前首相中曾根在《日本的国家战略》中明确提出，"作为国家的长远目标，应当追求实现自我。这是更为理想的生存方式，实现独立，维护安全和追求基于国际责任意识的自我实现"。① 现任首相安倍晋三的智囊、日本国家安全保障局副局长兼原信克在其论著《战略外交原论——21 世纪日本的大战略》中提出，"对日本而言生死攸关的国家利益是'兵'、'食'、'信'"。"兵""食""信"也就是安全、繁荣与价值观。②

（二）"战略增长点"集中于政治安全领域的突破

依据西方国际关系理论中"结构压力"的概念，任何国家都会受到来自于它所处的国际体系的压力，而所承受压力的大小直接影响到它对国家战略的选择。就日本而言，20 世纪 90 年代中期以后，它所承受的"结构压力"出现了两点重要变化：一是压力本身未减反增；二是主要压力源出现转移，从美国转向整体国际局势，转向新兴市场国家特别是与日本有着特殊关系的中国。在此背景下，日本"大国化"战略目标本身不会出现变化，但实现目标的路径选择发生了重要变化。

这一点，通过对日本国内国家战略研究的对比分析，可以看得十分清楚。冷战结束之初，日本强调，在全球化背景下，"如果各主权国家像过去那样仅仅把战略目标限定在确保本国的和平与繁荣之上，那么地球作为一个社会、生态系统本身的维持与发展将变得困难，进而也就无法确保本国的安宁"。鉴于"只有实现了全球的和平与繁荣，（一个国家）自身的安全保障与经济发展才可能实现"，所以，"仅仅把本国利益纳入视野的一国繁荣的国家战略，从 20 世纪末直至 21 世纪，已经不再适用"。③ 而在十

---

① 中曽根康弘『二十一世紀日本の国家戦略』、PHP 研究所、2000 年、37 頁。
② 兼原信克『戦略外交原論— A Grand Strategy of Japan for the 21st Century —』、日本経済新聞出版社 2011 年版、61 頁。
③ 西川吉光『ポスト冷戦の国際政治と日本の国家戦略』、晃洋書房、1993 年、6 頁。

多年之后，日本战略精英层对国家战略的描述则逐渐演变成为"将外交、同盟政策与国防政策相互组合、为实现生存与繁荣而采取的方策"。"其制定与实施由三个环节（阶段）组成：一是准确认识外部环境、形势，二是界定对本国生存与繁荣生死攸关的利益，三是将实现上述利益的各种政策手段进行合理的组合。"①

从中不难发现，在冷战结束以来的20余年间，日本思考国家战略的视角和重点出现重要变化，即从包括经济、社会、生态等要素在内的综合视角，转变为强调外交、同盟政策特别是国防政策以及价值观的推广、国际权威的获取。正是在这样一种变化了的战略思路的引领下，自桥本龙太郎以来的日本历届内阁均致力于自主防卫能力的构筑，而手法主要倚重"软件"的强化，即通过打破战后以来的政治政策束缚来释放军事能量。②特别是小泉纯一郎内阁以来，日本三度修改《防卫计划大纲》，在无联合国授权的情况下出兵伊拉克协助美国反恐。2011年福岛核泄漏事故后，日本政府面对经济、社会、能源等诸多政策难题，但也丝毫没有放松"安全进取"的姿态。③2012年底二次执政的首相安倍借助行政权力修改宪法解释、解禁集体自卫权、实际废弃"武器出口三原则"，进而以既成事实在国会强行通过"新安保法案"，为"抢跑的政策"寻求法律背书。

（三）将"建设性追随"美国确定为基本路径选择

早在冷战末期，贸易摩擦引发的日美矛盾即伴随戈尔巴乔夫上台后美苏关系的缓和而趋于激化。苏联解体后，日美同盟一度陷入"漂流"状态。"在冷战结束至1995年的亚太国际体系中，日本的相对物质力量能力已跃居第二，这也奠定了它在结构中位列第二的相对位置。无论在经济总量还是军费支出方面，日本与美国的比率整体上都在增大，因此它与霸权国美国的物质力量能力差距在逐步缩小。"对此，"美国有强烈的动机进行霸权护持，因此它将视日本为自身霸权的严重威胁与挑战"。而日本"鉴

---

①　兼原信克『戦略外交原論— A Grand Strategy of Japan for the 21st Century —』、31 頁。

②　当然"硬件"的强化也受到重视。譬如"9·11"事件后，日本虽然没有大幅度增加防务预算，但军费的使用明显向武器研发和远洋海上行动倾斜。参见 Daniel M. Kliman, *Japan's Security Strategy in the Post-9/11 World*：*Embracing a New Realpolitik*, Landon：Greenwood Publishing Group, Praeger Publishers, 2006。

③　David Fouse, "Japan Unlikely to Redirect Defense Policy", *PacNet*, Pacific Forum CSIS, May 5, 2011.

于其相对位置的提升，必将寻求更多的国际权力，对外战略目标也将得到拓展"。"面对霸权国美国的打压，日本会有较强的制衡意图，因为美国是它寻求更多国际权力的最大外部障碍。"①

1994 年 8 月，作为日本首相咨询机构的防卫问题恳谈会向首相村山富市提交的政策建言《日本安全保障与防卫力量的应有状态——面向 21 世纪的展望》（通称"桓口报告"）印证了这种理论分析。报告首先建议日本政府采取"能动的、建设性的安保政策"、推动"多边安保合作"，其次才是"充实日美安保合作的机能"。② 这被包括美国在内的各方普遍看作是日本要在安全上"脱美"的迹象，也由此触发了 1995 年秋季开始的、旨在"重新定义"日美同盟的"奈倡议"进程。

总之，20 世纪 90 年代中期以后日本所承受的"结构压力"增大，压力源同时发生重要变化，战略制衡的标的也随之转移，逐步锁定加速崛起的中国。这就奠定了日本重返追随美国路线的战略基础。而以 1995 年为转折点，日美经济贸易摩擦趋于缓和，又为两国改善关系、深化安全合作创造了契机。两国贸易摩擦趋缓不单是美国加大外压、日本自我约束导致的政策性结果，同时也是由于日美经济关系内外环境发生了变化，它反映了一种趋势。这种趋势意味着日本发展失速、对美国构成的"经济威胁"开始减弱，美国对日本战略心态趋于平和。以 1996 年 4 月 17 日桥本龙太郎与克林顿签署发表《日美安全保障联合宣言》、"重新定义"日美同盟为标志，日本重新回归追随美国战略。特别是 2001 年小泉内阁以后，日本开始了对美深度追随、"建设性追随"之旅，即在追随的过程中提出日方的意见、影响美国的决策、实现日本的利益。

四　日本国家战略发展演变引发的若干思考

综上所述，在经过短暂的战后过渡期后，以 1947 年和平宪法施行、1951 年《旧金山和约》与《日美安全条约》的签署为开端，日本国家战略经历了三大阶段的发展演变。这一历史过程的内在逻辑，在于日本自身

---

① 马千里：《冷战后日本大战略调整研究——基于结构压力与战略文化的考察》，http：//www.jylw.com/49/wz1927249.html。

② http：//www.ioc.u-tokyo.ac.jp/~worldjpn/documents/texts/JPSC/19940812.O1J.html。

条件与外部环境变化之间的相互作用，引发其核心利益界定的变化、战略目标的调整，实现战略目标的政策路径选择也随之发生改变。

纵观70年来日本国家战略的发展演变，追求"大国化"的基因似乎是一直存在、贯穿于三大阶段的。这促使我们思考，首先，战后"经济中心"导向型阶段与此后酝酿转型阶段、"大国化"目标导向型阶段之间，是否是一脉相承的关系？如果这种关系存在，那么它主要是客观形成的结果还是主观设计的产物？吉田茂在提出以牺牲部分主权为代价、换取美国安全庇护之际曾表示，"当年美国是英国的殖民地，如今美国强于英国。如果日本现在甘当美国的殖民地，将来日本必定强于美国"。按照战后"吉田路线者"们的说法，日本走"重经济、轻军备"的和平发展道路，就是先要实现国家经济实力的增长，然后以此为后盾，谋求其他问题的解决。那么，"正常国家"化是否从一开始就包含在"其他问题"之中？

其次，日本国家战略现行调整方向是否具有合理性，能否做到"可持续发展"？（1）追求包括军事大国在内的政治大国目标，是否是日本真正的国家利益之所在？"积极和平主义"倡导者将"消极和平主义"定义为"日本越是非武装化，世界就越和平"的错误逻辑，那么反之，是否"日本越武装化，世界就越和平"？（2）假设安倍二次执政以来所推行的全面"正常国家"化符合日本真正的国家利益，那么，现行政策路径是否真的有助于这一目标的达成？毕竟，日本深化对美国的追随，不管怎么具有"建设性"，但它首先是"追随"，它意味着日本将被更牢固地嵌入美国的战略轨道。（3）从日本自身的基本国情看，通过"强军路线"实现国家战略目标的路径选择是否可行？不仅人口问题、财政赤字的制约都对此构成难以逾越的障碍，更关键的是，主流民意是否支撑这一路线？

美国学者彼得·卡赞斯坦曾认为，日本战略文化在战后数十年的时间里完成了转型，日本已经成为和平国家，"非暴力"已经成为日本国家管理者的行为标准和认同，因此它在冷战后既不会追求中等强国的自主防卫态势，也不会担当"军事超级大国"这一不大可能的角色。① 但现实已证明了这一论断的谬误。日本正在巧妙地借壳日美同盟，追求远远超出中等强国之上的自主防卫态势。不过，彼得·卡赞斯坦在一点上是正确的：经

---

① 参见彼得·卡赞斯坦《文化规范与国家安全：战后日本警察与自卫队》，李小华译，新华出版社2002年版，第241页。

过战后 70 年的浸染，和平主义已经深深植根于日本社会、渗入多数民众的观念之中，体现这种观念的主流民意对统治层任何带有极端倾向的战略抉择都会构成根本性制约。这一点，恐怕是"吉田路线者"们所始料未及的。

（本文已在《日本学刊》2015 年第 5 期发表，收入本书时做了部分修改。）

战后70年日本国家自我认知的轨迹及成因[*]

张建立[**]

内容提要 战后70年间日本历届首相的施政方针演说，可视为"第二次世界大战"战败国日本追求国际社会承认的历史记录。建构主义理论认为，国家同时具有三种社会身份，比较其重要性依次为角色身份、个体身份与类属身份。这三种社会身份既是国际社会中国家间彼此承认的主要内容，也是国家自我认知的主要内容。通过对战后70年日本国家自我认知轨迹的历史考察，可以发现：日本人第一看重的是国家的类属身份，其次才是角色身份和个体身份。这一日本国家自我认知特点，与日本人自我认知文化机理特别是其中较为强调序列意识的特点相一致。

关键词 战后70年 日本国家自我认知 轨迹 身份 序列

迄今为止，中国学界发表了很多以一种他者的审视和批判的目光，来评析战后日本由追求经济大国到追求政治大国乃至军事大国的研究成果。以汇集了日本社会知识精英与政治精英之共识且最能代表日本国家意志的历代首相施政方针演说为主要研究文本，梳理战后70年来日本国家自我认知的轨迹，分析其特点，探讨其成因，前瞻其未来发展方向，无疑具有重要的现实意义。战后70年，在自1945年9月5日的第88届帝国议会至1947年2月14日的第92届帝国议会的五次帝国议会，以及自《日本国宪法》公布实施后1947年7月1日召开的第1届国会起至今总计189次国会上，日本历届首相总计进行了87次施政方针演说，从其中所强调的日本

---

[*] 本文刊于《日本学刊》2015年第5期。此次收入本论集时，为便于读者查证，对表1—表5收录的日本首相施政方针演说中与日本国家自我认知相关表述进行了大量的补充。

[**] 作者简介：张建立，中国社会科学院日本研究所研究员、文化室主任。

国家身份、未来国家发展目标等情况来看，日本国家自我认知的轨迹主要可以分为两个大的阶段。

一 第一阶段：日本在类属身份上努力谋求获得欧美诸国认可

1945—1969 年，是日本在"政权类型"或"国家形式"这一类属身份①上努力谋求归属和获得欧美诸国认可的阶段。这一阶段又可以细分为如下两个时期。

（一）1945 年东久迩内阁至 1956 年鸠山一郎内阁时期

这一时期，虽然东久迩在其演说中依然视日本为世界大国，呼吁日本国民要保持大国国民的矜持，但其目的则是要日本国民遵守战败的约定，团结一致努力建设一个和平的新日本以取信于西方诸国。其后，历届首相在施政方针演说中强调最多的是号召日本国民要努力建设一个自由、民主的日本，以期早日成为西方自由民主国家的一员。（参见表 1）

至 1956 年 1 月 30 日第 24 届国会，日本国家的自我认知迎来了一个变化的节点，时任首相的鸠山一郎首次宣称日本已经成为自由主义国家的一员了。他在第 24 届国会的施政方针演说中称："毋庸赘言，我国外交的基本方针是，作为自由主义阵营的一员，当然要与以美国为首的其他民主主义诸国保持合作，政府今后还将进一步密切与这些国家的合作……我国要完善与国力与国情相应的自卫力量，准备好用自己的手来保卫自己的国家，做好美国驻军撤退的准备，这是毋庸赘言的事情。政府考虑在明年度也要在增强必要的自卫队人员和装备的同时，为完善相关防卫政策尽快确定国防会议的构成等。"②

---

① 建构主义理论认为："在国家体系里，类属身份的对应物是'政权类型'（regime types）或'国家形式'（forms of state），如资本主义国家、法西斯国家、君主国家，等等。从另一方面来说，国家形式是由国家内部的政治合法性原则建构起来的。这种原则在涉及生产资料和摧毁资料的所有权方面组织国家—社会关系。这些原则也可能是由于一个国家与其他国家的互动而产生的（如日本在 1945 年后成为民主国家，是因为美国占领了日本），但是，从建构观点来看，这些原则是外生于国家体系的，因为其存在不是依赖于其他国家的。一个国家本身完全可以成为民主体制国家。"参见亚历山大·温特《国际政治的社会理论》，秦亚青译，上海人民出版社 2014 年版，第 222 页。

② http://www.ioc.u-tokyo.ac.jp/~worldjpn/documents/texts/pm/19560130.SWJ.html，2015-05-17.

　　虽然鸠山一郎宣称日本已经是自由主义阵营的一员，但通过其演说可以推知，其中或许有很多言不由衷之处。例如，他还说："我不止一次讲过，我国欲实现真正的自主独立，就需要把被占领时期制定的各种法令和制度按照我国国情予以修改。我在上次国会提出了两个施政目标，即修改宪法和改革行政机构。我坚信，这两个目标才是作为衷心期盼日本之独立的为政者在终战十年的今天最当优先考虑的事情。特别是关于规定国之大本的宪法，其内容与制定时的经纬和形式具有非常大的意义。我一直在考虑，为了推进日本国民用自己的手来制定自己的宪法的准备，首先内阁应该通过设立宪法调查会的手续，开始慎重地探讨此事。"① 在这方面，现任首相安倍晋三也有着相同的认知。例如，安倍曾在其著作中称："《旧金山和约》不过是让日本形式上恢复了主权，战后日本的体制如宪法以及规定教育根本方针的《教育基本法》完全是被占领时期制定的。国家的框架必须由日本国民自己亲手从空白做起。只有这样才能恢复真正的独立。而修宪才是恢复独立的象征，是具体的手段和途径。"②

　　此外，在这第一阶段的第一个时期，关于日本国家的自我认知不能不提到所谓的"重经济、轻军备"的"吉田路线"。其实，恰如吉田茂在其 1963 年的著作中所述，所谓经济优先、建立"非武装国家"，这绝非其一成不变的既定国家建设方针。所谓的非武装，不过是限于当时的日本国情作出的临机判断而已。吉田茂认为，20 世纪 60 年代时的日本，"无论是在经济上还是技术上乃至学术上均已经发展到了与世界一流为伍的独立国日本，已经早就过了那种依靠他国防卫力量的阶段，如果不改变这种一味依赖他国来保卫日本的现状，作为一个国家而言可谓是处于一种单个车轮运行的状态，在国际外交上也是绝不会受到尊重的"。③ 因此，用日本著名政治家小泽一郎的话讲，后世人们都"误解了所谓的吉田路线"④。也就是说，当时的吉田茂与今日的安倍晋三在谋求日本拥有独立的军事力量方面的想法上并没有什么实质性的区别。

　　① http：//www. ioc. u-tokyo. ac. jp/ ~ worldjpn/documents/texts/pm/19560130. SWJ. html，2015 - 05 - 17.
　　② 安倍晋三『新しい国へ　美しい国へ　完全版』、文芸春秋、2013 年、32—33 頁。
　　③ 吉田茂『世界と日本』、番町書房、1963 年、202—204 頁。
　　④ 小沢一郎『日本改造計画』、講談社、1993 年、109 頁。

表 1　　　　　　日本首相施政方针演说中的相关表述（1945—1956 年）

演说年月日	帝国议会	演说者	与日本国家自我认知相关表述
1945.9.5	第 88 届	东久迩宫稔彦	帝国、世界大国、皇国 光复明治维新时的五条誓文之精神，建设一个和平与文化的伟大的日本
1945.11.28	第 89 届	币原喜重郎	战败国 构建基于公平正义准则的新日本 复活民主主义
1946.6.21	第 90 届	吉田茂	民主主义和平国家
1946.11.27	第 91 届	吉田茂	民主和平国家
1947.2.14	第 92 届	吉田茂	民主和平国家
国会（新宪法实施后始称）			
1947.7.1	第 1 届	片山哲	民主和平国家、文化国家
1948.1.22	第 2 届	片山哲	民主和平国家、战败国
1948.3.20	第 2 届	芦田均	和平国家、文化国家、战败国、宜居国家
1948.12.4	第 4 届	吉田茂	民主国家
1949.4.4	第 5 届	吉田茂	和平民主国家
1949.11.8	第 6 届	吉田茂	民主文化国家、非武装国家
1950.1.23	第 7 届	吉田茂	爱好和平的民主主义国家
1950.7.14	第 8 届	吉田茂	自由主义国家
1950.11.24	第 9 届	吉田茂	和平民主国家
1951.1.26	第 10 届	吉田茂	民主、自由主义国家，真正的独立国家
1951.10.12	第 12 届	吉田茂	完全独立国家
1952.1.23	第 13 届	吉田茂	新日本、自立国家
1952.11.24	第 15 届	吉田茂	自由国家、民主主义国家
1953.1.30	第 15 届	吉田茂	独立日本、自由国家
1953.6.16	第 16 届	吉田茂	独立后第二年、在建中
1954.1.27	第 19 届	吉田茂	独立日本、自由国家
1955.1.22	第 21 届	鸠山一郎	独立国家、积极的自主和平外交、自立国家
1955.4.25	第 22 届	鸠山一郎	自主独立、民主主义国家
1956.1.30	第 24 届	鸠山一郎	自由主义阵营的一员、真正的自主独立国家

　　资料来源：表 1 至表 5 均根据东京大学东洋文化研究所田中明彦研究室创建的数据库"世界和日本"中"帝国议会、国会内的首相演说"里收集的战后 70 年日本历届内阁总理大臣施政方针演说内容制作而成。参见 http：//www.ioc.u-tokyo.ac.jp/~worldjpn/。

（二）1957 年岸信介内阁至 1969 年佐藤荣作内阁时期

这一时期，日本历届内阁依然很注重在"政权类型"或"国家形式"这一类属身份上对欧美诸国的归属，强调要建设一个自由、和平、民主、独立的日本，与此同时，为了做一个名副其实的自由主义国家阵营之一员，开始强调以西方国家为目标把日本建设成"福利国家"。（参见表 2）

"福利国家"最早由石桥湛山内阁在 1957 年 2 月 4 日第 26 届国会上提出。当时首相石桥湛山因病在疗养，由时任外务大臣的岸信介代为演说。其后的岸信介内阁也继承了"福利国家"这一发展目标。岸信介内阁时积极谋求修订《日美安保条约》以实现日美平等。1960 年《日美安保条约》修订后，同年 2 月 1 日第 34 届国会上岸信介发表演说称："由此日美两国的友好关系一扫至今多少残存的战后色彩，完全进入了新的阶段。我国也成为自由主义诸国之一员。"① 但事实上，恐怕至今也不会有哪位日本政治家真的相信日美关系是平等的。岸信介之外孙、现任日本首相安倍晋三声称要摆脱战后体制也正是因为其一直认为美主日从的日美关系是不平等的。

在这个时期，历届日本内阁除了像第一个时期那样依旧注重对西方国家的归属外，在判断"我是谁"，即在进行日本国家自我认知的判断时，也开始关注地缘上属于亚洲国家之一员的类属身份。但是，这种国家认知有一个较为明显的特点是，前者注重类属，后者更注重角色，即前者注重对西方阵营的归属，是在谋求一种国家形式上的类属身份，而后者强调其作为亚洲一员的身份时，则更多的是在追求一种以西方阵营之一员的姿态，在亚洲事务特别是经济事务方面发挥作用的角色身份。例如，在 1962年 1 月 19 日第 40 届国会上，池田勇人在演说中就明确地讲："我国作为亚洲的一员，要仔细斟酌如何参与到美国及其他自由诸国对亚洲诸国的援助计划中去，在努力推动增进与这些国家的贸易的同时，拥有积极地配合其经济和平建设的任务。"② 池田勇人内阁认为日本的福利国家建设水平赶上西方诸国已经为时不远，并开始探讨描绘独具日本特色的高度福利国家的建设蓝图。与此同时，池田内阁也开始更多地思考如何在亚洲发挥日本

---

① http：//www. ioc. u-tokyo. ac. jp/ ~ worldjpn/documents/texts/pm/19600201. SWJ. html，2015 – 05 – 17.

② http：//www. ioc. u-tokyo. ac. jp/ ~ worldjpn/documents/texts/pm/19620119. SWJ. html，2015 – 05 – 17.

的作用。1964 年 1 月 21 日第 46 届国会上池田勇人在施政方针演说中称："我确信，我国只有作为坚定且有品位的民主主义国家持续发展下去，才会对亚洲的安定与繁荣作出有形无形的贡献……与中国大陆之间本着政经分离的原则进行民间层面的通常的贸易是我们的方针。"① 众所周知，依据"政经分离"原则处理中日关系至今依旧是中日两国各阶层广泛认可的重要原则，大概日本政府首次明确提出这一原则，就是在这次国会的施政方针演说中，其语意中的类属身份与角色身份之区分亦清晰可见。

表 2　　　**日本首相施政方针演说中的相关表述**（1957—1969 年）

演说年月日	国会	演说者	与日本国家自我认知相关表述
1957. 2. 4	第 26 届	岸信介	民主主义国家、福利国家、独立国家、新日本
1957. 11. 1	第 27 届	岸信介	日美平等、福利国家
1958. 1. 29	第 28 届	岸信介	以联合国为中心配合自由诸国的亚洲一国 国土狭小、国内资源先天不足的国家
1958. 9. 30	第 30 届	岸信介	民主主义思想逐年广泛深入地扎根于国民生活中
1959. 1. 27	第 31 届	岸信介	福利国家、自由民主主义国家
1960. 2. 1	第 34 届	岸信介	由此日美两国的友好关系一扫至今多少残存的战后色彩，完全进入了新的阶段。我国也成为自由主义诸国之一员
1960. 10. 21	第 36 届	池田勇人	自由民主主义国家
1961. 1. 30	第 38 届	池田勇人	实现完全雇佣与福利国家 我国的福利国家建设越来越丰富和充满光明，赶上先进诸国水准已经为时不远了
1961. 9. 28	第 39 届	池田勇人	自由国家群之一员
1962. 1. 19	第 40 届	池田勇人	我国作为亚洲的一员，要仔细斟酌如何参与到美国及其他自由诸国对亚洲诸国的援助计划中去，在努力推动增进与这些国家的贸易的同时，拥有积极地配合其经济的和平建设的任务
1963. 1. 23	第 43 届	池田勇人	自由主义阵营的重要一员、福利国家
1964. 1. 21	第 46 届	池田勇人	高度福利国家、坚定且有品位的民主主义国家

① http：//www. ioc. u-tokyo. ac. jp/ ~ worldjpn/documents/texts/pm/19640121. SWJ. html, 2015 - 05 - 17.

续表

演说年月日	国会	演说者	与日本国家自我认知相关表述
1965. 1. 25	第 48 届	佐藤荣作	和平且宜居的社会 一国之真正的伟大程度并非由国土的大小来决定。我国国土狭小且天然资源先天不足，但充满了丰富的创造力和旺盛的勤勉之意愿的国民若能够充分相信其自身的力量锐意进取的话，年轻的日本则蕴含着无限繁荣的可能性
1966. 1. 28	第 51 届	佐藤荣作	作为亚洲一员的我国应该率先于世界发达国家对离我们最近的亚洲诸国表示温暖的理解的同时，要积极地进行有助于改善其发展现状的合作与援助
1967. 3. 14	第 55 届	佐藤荣作	有风格的日本社会、亚洲的一员、世界有数的先进工业国家，我们日本国民已经达成战后的目标，而今处于开创新历史的时期
1968. 1. 27	第 58 届	佐藤荣作	明治维新是从封建时代向近代的一大转换。本是东洋一小国的日本用近半个世纪的时间发展成了世界性的国家。 我们祈愿，作为民族的理想要在国际社会上占据有名誉的地位
1969. 1. 27	第 61 届	佐藤荣作	亚洲的先进工业国

　　总体而言，1945—1969 年这段时期，日本国家的自我认知大体上属于以追求在"政权类型"或"国家形式"这一类属身份上对欧美诸国的归属为主，为了获得这种类属身份，日本不仅在政治制度上尽量采纳欧美的民主制度，而且将西方的福利国家建设确定为日本国家的发展目标。当日本经济获得飞跃发展成为发达国家、世界第二大经济体后，从日本历届首相的施政方针演说来看，日本国家自我认知的参照物已经不仅仅局限于欧美国家，也开始强调日本作为亚洲一员的身份，探索在维护日美安保体制的前提下发挥其身居亚洲的地缘优势的同时与亚洲诸国进行超越意识形态的经贸合作。

二　第二阶段：日本追求在全球国际事务中的角色身份

　　建构主义理论认为，角色身份是指行为体"只有在社会结构中占据一个位置，并且以符合行为规范的方式与具有反向身份（counter-identity）的人互动，才能具有这种身份"①。国家的角色身份有很多种，一般而言，根据国家在国际体系等级中的地位，学者们将不同国家分为四种主要角色，即大国（major power）、强国（great power）、小国（small member）、新生国家（novice）。② 随着日本经济的腾飞，日本人亦愈加自信，日本的自我认知也出现了新的变化——"我是世界大国"，或者"我原本应当是世界大国"，对在国际社会中的大国角色身份的追求日益明显。这一阶段大体为 1970 年至今，又可以细分为如下三个时期。

（一）1970 年佐藤荣作内阁至 1987 年中曾根康弘内阁时期

如表 3 所示，这是一个明确宣称日本已经基本完成赶超西方诸国的大目标，在追求不断完善所谓的日本型福利国家的同时，明确提出日本应该打造"国际国家"对外展示日本国家形象、垂范世界的时期。佐藤荣作在1965 年 1 月 25 日第 48 届国会演说中宣称"一国之真正的伟大程度并非由国土的大小来决定"③，紧接着在 1970 年 2 月 14 日第 63 届国会演说中称，克服了国土狭小、资源先天不足这一制约国家发展的宿命性缺陷的日本，已经基本完成了明治开国以来其先人们所设立的追赶西方的目标，日本民族已经进入壮年期，日本不该再仅是以建设福利至上主义国家为目标，而是应该结合日本国情与国民性特点提出新的国家发展目标。④ 三木武夫在1975 年 1 月 24 日第 75 届国会发表演说时则提出日本有潜力建设一个可以成为世界新模式的新日本。大平正方内阁 1979 年 1 月 25 日则又进一步提出了构建公正且有品格的日本型福利社会的目标。在这一时期，"日本模式"开始受到世界各国的普遍关注，曾因此为日本带来"日本第一"⑤ 的

---

① 亚历山大·温特：《国际政治的社会理论》，秦亚青译，上海人民出版社 2014 年版，第222 页。

② 曾向红：《国际关系中的蔑视与反抗——国家身份类型与承认斗争策略》，《世界经济与政治》2015 年第 5 期。

③ http：//www. ioc. u-tokyo. ac. jp/~worldjpn/documents/texts/pm/19650125. SWJ. html，2015 - 05 - 17.

④ http：//www. ioc. u-tokyo. ac. jp/~worldjpn/documents/texts/pm/19700214. SWJ. html，2015 - 05 - 17.

⑤ 1979 年，美国学者傅高义著《日本名列第一》（*Japan as Number One*）一书。2000 年，傅高义又撰写《日本仍是第一吗？》（*Is Japan Still Number One?*），称其从未丧失对日本的信心。

美誉，也一度成为亚洲国家日本学界争相研究的主要内容。①

表3　　　　**日本首相施政方针演说中的相关表述（1970—1987 年）**

演说年月日	国会	演说者	与日本国家自我认知相关表述
1970. 2. 14	第 63 届	佐藤荣作	现在我们正站在日本历史划时代的节点上。近年来，我们面向我们所继承的明治时代的先人在开国的同时提出的大的国家目标，即达到西欧先进诸国发展水平的目标已近完成。日本不是依靠军事手段在世界政治上发挥作用的国家。另外，也不应该把追求单纯的福利至上主义的国家作为目标。我们要提出合乎我国国情与国民性的独自的目标。日本的特色是，生活在狭小的国土上却拥有着巨大能量的一亿有为之国民，一边保持着传统，一边驱使着近代技术，以史无前例的速度在形塑着丰富的社会、建设着充满活力的国家
1971. 1. 22	第 65 届	佐藤荣作	日本是进入壮年期的民族 坚持贯彻和平国家的姿态
1972. 1. 29	第 68 届	佐藤荣作	高度先进工业国家、高度福利国家
1973. 1. 27	第 71 届	田中角荣	平和国家、独立国家、先进工业国家
1974. 1. 21	第 72 届	田中角荣	主要工业国的一员、先进工业国、福利国家、一亿的日本民族作为单一民族生活在这个岛国，彼此既无人种的对立，亦无宗教和语言的纷争，将其能量完全用于国家的复兴和建设
1975. 1. 24	第 75 届	三木武夫	日本的先人经受住了诸多超乎如今的考验才构筑了今天的日本。我们是有潜力的。我们要拥有坚强的自信和希望，如果我们能够互相配合即有可能突破当下的难关，建设一个可以成为世界新模式的新日本
1976. 1. 23	第 77 届	三木武夫	福利社会、依赖贸易的资源小国日本
1977. 1. 31	第 80 届	福田起夫	资源小国的我日本国，如果不能从全世界顺利地入手资源，一刻也难以存活下去 四面环海的我国

---

①　例如，中国日本学界从 1980 年到 2010 年间发表的 400 余篇有关日本国民性研究文章中，仅文章题名中含有"日本型""日本式""日本模式"的文章就多达 200 余篇，几乎占了中国的日本国民性研究 30 年间发表文章总数的 1/2 还多。在这类文章中，除少数是探讨日本独特的政治文化现象外，大多是从探讨日本近代化的成功经验，进而解析日本企业独特经营管理模式的角度来探讨日本国民性的文章。参见张建立《中国的日本国民性研究现状与课题》，《日本学刊》2011 年第 1 期。

续表

演说年月日	国会	演说者	与日本国家自我认知相关表述
1978.1.21	第 84 届	福田赳夫	世界第二经济大国 贯彻和平的理念 我确信，像我国这样国力强大的国家不选择走军事大国之路，而是一心继续走和平国家之路，这在世界历史上也是没有前例的尝试，为了世界和平，将拥有难以估量的意义 负起我国在国际社会的责任。在相互依存关系深入的国际社会中，我国的立场也越来越重要，世界对日本国际性作用的期待也在急速增大。我们要为世界的和平与繁荣积极地负起责任，必须确立在国际社会有名誉的地位
1979.1.25	第 87 届	大平正芳	公正且有品格的日本型福利社会 宏伟的文化创造、形成有个性的地域社会、科学技术的革新与产业结构的刷新、海洋和宇宙的开发、应对严峻的世界现实的综合的安全保障的确保等，都是我们应该挑战的重要课题
1980.1.25	第 91 届	大平正芳	必须在迄今为止的现代化的精华的基础上，建设活用了民族传统与文化的日本型福利社会 田园都市国家
1981.1.26	第 94 届	铃木善幸	在内阁设置了综合安全保障相关阁僚会议 自由主义国家 充满活力、余裕和安定感的国家
1982.1.25	第 96 届	铃木善幸	自由主义国家的有力的一员 和平国家
1983.1.24	第 98 届	中曾根康弘	自由世界第二经济大国 先进工业国 建设"强大的文化与福利之国" 真正的技术立国 受人敬爱的日本
1984.2.6	第 101 届	中曾根康弘	建设以自主、连带、创造为基调的"强大的文化与福利之国" 志向和平的国际国家日本 国际国家日本 独立国家
1985.1.25	第 102 届	中曾根康弘	进行战后政治的总决算 对外要实现为世界的和平与繁荣积极做贡献的国际国家，对国内要全力以赴地建设面向 21 世纪的"强大的文化与福利之国" 长寿之国日本 在悠久的日本的历史与传统的基础上，活用其贵重的经验，创造面向未来的独自的日本文化，唯此才有助于实现真正的变革、真正的国际化

续表

演说年月日	国会	演说者	与日本国家自我认知相关表述
1986.1.27	第 104 届	中曾根康弘	与世界同在的日本，欲实现真正的国际国家，克服对外经济摩擦是当下最吃紧的课题
1987.1.26	第 108 届	中曾根康弘	国际国家日本 没有世界的发展就不会有日本的发展，我们既是日本人，同时也是地球村的住民。我们的终极目标是参与世界的新文明的创造 我国是靠贸易才能维持生存的国家 现在，我国正站在以计算机、微电子学等新技术为基础的尚不知其全貌的高度信息化社会的人口。我国以前是在欧美诸国后面追赶着发展起来的，而今在这方面已经成为位于世界最先端的国家之一了。如今需要我们自己去接受正面的来风，超越波涛，去开拓新的地平线

（二）1988 年竹下登内阁至 2009 年麻生太郎内阁时期

如表 4 所示，这是日本国家谋划如何打造"国际国家"的时期。其具体措施主要体现于三个方面。

第一，谋求联合国"入常"。1956 年 12 月，日本成为联合国成员国正式重返国际社会。1957 年 7 月，岸信介政府提出以联合国为中心、与自由主义国家联合、坚持做亚洲一员的日本外交三原则。无论是日本政府，还是日本民众，对日本申请联合国"入常"抱有的期待都很高。1984 年，日本内阁府的"关于外交的舆论调查"中最早设立"日本在联合国中的作用"调查项目，并一直延续至今。如图 1 关于"是否赞同日本加入联合国安理会常任理事国"[①] 1994—2014 年的调查数据所示，持赞同意见者逐年增加占了大多数。具体到 2014 年最新调查数据，从性别上看，赞成者中男性越来越多；从年龄上看，30 岁至 50 多岁的人居多。2015 年 4 月 7 日，日本政府发布《外交蓝皮书 2015》称，日本把联合国成立 70 周年的 2015 年及日本加入联合国 60 周年的 2016 年定位为"具体的行动之年"，将以

---

① 参见日本内阁府网站，http://survey.gov-online.go.jp/h26/h26-gaiko/zh/z27.html，2015-05-17。

超出以往的力度强化联合国外交。① 早在 1991 年 12 月 19 日，时任日本驻联合国大使波多野敬雄接受《朝日新闻》记者采访时曾宣称要 "争取 5 年内成为联合国安理会常任理事国"，并定下了 "在联合国成立 50 周年之际删除关于日本的敌对国条款和借联合国改革之际成为与中、美、俄、法、英五国并立的新的常任理事国" 这样两大具体目标。② 但事与愿违，24 年即将过去，日本离联合国常任理事国的椅子依旧似近实远。

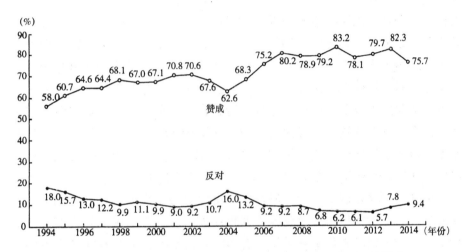

图 1　关于 "是否赞同日本加入联合国安理会常任理事国" 的调查

注：图中数据均为当年 10 月调查所得。

第二，凭借日本的经济力量来打造 "国际国家日本"。中曾根康弘在 1984 年 2 月 6 日第 101 届国会演说中首次提出了建设 "国际国家日本"，在 1986 年 1 月 27 日第 104 届国会演说中称："与世界同在的日本，欲实现真正的国际国家，克服对外经济摩擦是当下最吃紧的课题。"③ 但随着日本经济的衰落，如今这条路似乎也越来越难以行得通了。甚至有学者研究指出，20 世纪 80 年代以来日本提出的大国战略已经在实践中陷于破产的原因正是由于日本对其经济力量的误读和误用。④

① 『平成 27 年版（2015）外交青书要旨』、12 页、http：//www. mofa. go. jp/mofaj/files/000075243. pdf，2015－08－17。

② 『朝日新聞』1991 年 12 月 20 日朝刊総合 2 面。

③ http：//www. ioc. u-tokyo. ac. jp/～worldjpn/documents/texts/pm/19860127. SWJ. html，2015－05－17。

④ 樊勇明：《对日本大国战略成败的思考》，《国际问题研究》2010 年第 4 期。

　　第三，从军事安保层面通过使日本成为一个军力国际化的所谓的"正常国家"以最终实现"国际国家日本"的目标。此即国际社会批判的日本谋求军事大国化问题。在日本政治家中，最接近首相宝座却总与其失之交臂的小泽一郎于 1993 年提出的影响至今的日本"正常国家"论最为著名。小泽一郎在其著作中指出："日本除了成为真正意义上的国际国家别无其他生路"①，"为了成为真正的国际国家如何为好呢？没有必要考虑得那么难。成为'正常国家'就是了"。而要成为"正常国家"，需要具备两个要件。一个是"国际社会被认为理所当然的事，日本也要视为理所当然，并理所当然地自负其责地去做"。特别是在安保方面，要在国际社会中和美国、欧洲齐肩并立，同他们一样在国际关系中发挥政治和军事作用。另一个是，对于想构筑丰富安稳的国民生活的各国，对于类似地球环境保护这种人类共通的课题，要尽自己最大的努力予以配合。只有切实做到了上述这两点，日本才能从只考虑国内经济发展和财富分配的"单肺国家"脱胎换骨成为国际社会通用的够格的"正常国家"。②在 1996 年 1 月 22 日第 136 届国会上桥本龙太郎提出："在外交方面的我的基本方针是'自立'。不再做从前那样以被给与的世界政治经济形势为前提采取行动的国家，而是要做一个比既往的国际贡献模式要再往前一步，提出国际社会能够接受的理念，为了世界的稳定和发展，发挥我们的积极主动性和领导作用的国家。我确信，这对国际上的相互依赖关系益高涨的今天，是确保我国的安全与繁荣的最好的路。"③这种观点与小泽一郎在其著作中阐述的观点也大致相同。日本政治学者北冈伸一研究指出，虽然"正常国家"理念的倡导者小泽的政治生命即将结束，但其倡导的"正常国家"论却越来越深入人心，特别是在日本政治、外交、安保层面的"正常国家"化已经有了很大的进展。④安倍政府推行安保法制改革实质上也是谋求在安保层面推进日本的"正常国家"化。由于以安倍为首的日本右派政治家们在历史认识问题上错误言论不断且出尔反尔，所以也令人格外担心日本欲如此强行实现安保法制的突破，会成为日本抛弃以往的和平发展之路而走向军事大国之路的前奏。

---

① 小沢一郎『日本改造計画』、講談社、1993 年、103 頁。
② 小沢一郎『日本改造計画』、講談社、1993 年、104—105 頁。
③ http://www.ioc.u-tokyo.ac.jp/~worldjpn/documents/texts/pm/19960122.SWJ.html，2015-05-17.
④ 北岡伸一『普通の国へ』、中央公論新社、2000 年、12 頁。

表 4　　　　　日本首相施政方针演说中的相关表述（1988—2009 年）

演说年月日	国会	演说者	与日本国家自我认知相关表述
1988.1.25	第 112 届	竹下登	我国作为西方的一员，另外同时也是亚洲太平洋地域的一国 文化国家
1989.2.10	第 114 届	竹下登	昭和时代是始于世界性的经济危机，经历了悲惨的大战的惨祸、混乱与从穷困至极的废墟上的复兴和真正的独立到无与伦比的经济增长和面向国际国家的发展的激烈动荡的时代。通过这些时代，我国遭遇了诸多的困难和考验，但在克服这些困难如今实现了经济繁荣的同时，作为追求和平的国家在国际社会获得了有名誉的地位 把故乡创生作为国家建设的主题 构建更加开放的社会，创造一个受世界人们敬爱的日本 作为先进民主主义诸国的主要一员与西方诸国谋求协调一致的同时，作为亚洲太平洋地域的一国为该地域的安定和发展做出贡献 世界第一长寿国家 有创造性与活力的文化国家
1990.3.2	第 118 届	海部俊树	长寿社会。我们必须参与构筑为了创造充满希望的新国际社会的国际秩序，认真开展"有志外交" 我们所追求的国际新秩序包含如下内容：第一，要保障和平与安全；第二，要尊重自由与民主主义；第三，要在开放的市场经济体制下确保世界的繁荣；第四，要确保人类理想的生活环境；第五，要确立以对话为基调的、稳定的国际关系
1991.1.25	第 120 届	海部俊树	和平国家 面向 21 世纪重视自由与民主主义价值观的国家 作为亚洲的一员对和平与繁荣负责

演说年月日	国会	演说者	与日本国家自我认知相关表述
1992.1.24	第 123 届	宫泽喜一	真正的老龄化社会 努力即能获得回报的公正的社会 建设生活大国
1993.1.22	第 126 届	宫泽喜一	建设生活大国 世界第一长寿国 文化国家
1994.3.4	第 129 届	细川护熙	受国际社会信赖的"质量高有内容的社会" 富有创造性的文化气息浓郁的国家 世界第一长寿国家
1995.1.20	第 132 届	村山富市	和平国家 富有创造性与和善精神的国家 科学技术创新立国 真正的文化国家
1996.1.22	第 136 届	桥本龙太郎	科学技术创新立国 新的文化立国 在外交方面的我的基本方针是"自立"。不再做从前那样以被给与的世界政治经济形势为前提采取行动的国家，而是要做一个比既往的国际贡献模式要再往前一步，提出国际社会能够接受的理念，为了世界的稳定和发展，发挥我们的积极主动性和领导作用的国家。我确信，这对于国际上的相互依赖关系益高涨的今天，是确保我国的安全与繁荣的最好的路
1997.1.20	第 140 届	桥本龙太郎	打造一个能够把与社会之进步和人类的幸福相关的知识性资产向世界发布的科学技术创新立国
1998.2.16	第 142 届	桥本龙太郎	发生了制度疲劳的日本 世界第一长寿国家 基于日本国宪法，贯彻专守防卫，不做那种给他国带来威胁的军事大国
1999.1.19	第 145 届	小渊惠三	现在是继明治维新、第二次世界大战之后的第三次改革的时期 富国有德。德即志存高远的国家 格调高的国家 值得世人尊重的国家

续表

演说年月日	国会	演说者	与日本国家自我认知相关表述
2000.1.28	第 147 届	小渊惠三	富国有德 明治以来，我国以追赶和赶超为目标努力奋斗，放眼如今的世界，哪里都不再有可成为我们赶超的目标。我们必须自己思考如何树立日本应有的形象。为此，我想提出两个具体的目标：教育立国和科学技术创新立国 我将 2000 年定位为循环型社会元年
2001.1.31	第 151 届	森喜朗	建设全世界的人们都想在日本实现梦想的国家 五年以内建成最先端 IT 国家 科学技术创新立国
2002.2.4	第 154 届	小泉纯一郎	世界最高水准的科学技术创新立国 建设努力即能得到回报，可以再挑战的社会 世界最安全的国家 谋求日本的复活 构建循环型社会
2003.1.31	第 156 届	小泉纯一郎	科学技术创新立国
2004.1.19	第 159 届	小泉纯一郎	我们的目标是建设一个全体国民、地域、企业做主角的社会，努力即能得到回报、可以重新挑战的社会 建设世界最先进 IT 国家
2005.1.21	第 162 届	小泉纯一郎	今年是实现世界最先进 IT 国家的目标年
2006.1.20	第 164 届	小泉纯一郎	科学技术创新立国 世界最先进 IT 国家
2007.1.26	第 166 届	安倍晋三	美丽国家 21 世纪的国际社会的新模范国家 现在才真正到了对战后体制追溯到原点进行大胆的重新认识、开启新旅程的时候。为了建设"美丽的日本"，描绘能够经得起未来 50 年、100 年的时代风浪的新的国家形象才是我的使命 把今年定为开创美丽国家元年
2008.1.18	第 169 届	福田康夫	成熟的先进国 新日本 积极投入解决地球规模的课题的"和平协力国家日本" 推进新的海洋立国 把我国转换为低碳社会

续表

演说年月日	国会	演说者	与日本国家自我认知相关表述
2009. 1. 28	第 171 届	麻生太郎	日本应该为构建新的世界秩序做贡献 安心与有活力的社会 建设分权型社会 世界第一安全的国家日本 光明强大的日本

（三）2010 年鸠山由纪夫内阁到 2015 年安倍晋三内阁时期

这一时期仍是大国化自我认知的阶段，或者是"固守"这一认知的阶段。当然有变化，但变化只是基于自身条件与外部环境的变化，是政策路径、方式手法的变化。倡导打造"自立与共生"的东亚共同体的鸠山由纪夫内阁以及高喊着要"摆脱战后体制"的安倍晋三内阁的出现，促使日本对其角色身份的定位加速从自民党时代传统的"日美同盟下的日本战略"走向"日本战略中的日美同盟"。这既是日本在变化的国际环境中对自己身份的认知，也是日本在变化的世界秩序中对自身角色的选择。① 但是，鸠山由纪夫内阁的昙花一现、安倍晋三内阁在"摆脱战后体制"言论方面的噤声以及 2015 年 4 月安倍晋三本人在美国国会表忠心的表演，则昭示了战后美主日从的日美关系的现实轻易不会被改变，日本政治家想要以"日本战略中的日美同盟"的形式树立其在国际社会中的角色身份绝非易事。在 1996 年 1 月 22 日第 136 届国会上桥本龙太郎就曾提出日本要在外交方面寻求"自立"，希望能够"提出国际社会能够接受的理念"。② 再如表 5 所示，鸠山由纪夫与安倍晋三在其施政方针演说中都提到过"重振日本"，安倍晋三在 2013 年 2 月 28 日第 183 届国会演说中还提出："我希望不论在全球级别、地区级别或是两国间的级别，日本不能只是'等待'规则，而是要成为'创建'规则的国家。"③ 但是，战后美主日从的日美关系现实亦表明日本即使是在地区级别的角色身份追求也同样受制于美国，

---

① 李薇：《日本的国家定位与历史反思》，《国际经济评论》2012 年第 4 期。

② http：//www. ioc. u-tokyo. ac. jp/～worldjpn/documents/texts/pm/19960122. SWJ. html，2015 - 05 - 17.

③ http：//www. ioc. u-tokyo. ac. jp/～worldjpn/documents/texts/pm/20130228. SWJ. html，2015 - 05 - 17.

安倍政权下的日本恐怕也很难创建出未经美国许可的国际规则。因此，日本若持续与邻交恶，所谓的"重振日本"恐怕也将遥遥无期。

表5　　　　　日本首相施政方针演说中的相关表述（2010—2015 年）

演说年月日	国会	演说者	与日本国家自我认知相关表述
2010. 1. 29	第 174 届	鸠山由纪夫	自豪于世界的文化国家 日本是四面环海的海洋国家 重振日本（日本を取り戻す）
2011. 1. 24	第 177 届	菅直人	平成开国 最小不幸社会 纠正不合逻辑的政治 基于现实主义的方针为创造世界和平推进能动性的外交·安全保障政策
2012. 1. 24	第 180 届	野田佳彦	世界最高的节能国家 创造新日本 立足于亚洲和太平洋的海洋国家
2013. 2. 28	第 183 届	安倍晋三	强有力的日本 我希望不论在全球级别、地区级别或是两国间的级别，日本不能只是"等待"规则，而是要成为"创建"规则的国家 全世界最适合革新的国家 我要再一次提醒大家。诸位，现在正是我们争做世界第一的时候了 我们将创建"世界第一安心的国家""世界第一安全的国家日本" 女性光彩耀眼的日本 我们将创建一个可以无数次重复挑战的社会、亚洲最大的海洋民主主义国家日本
2014. 1. 24	第 186 届	安倍晋三	让女性绽放光彩的日本 亚洲的桥梁 把日本建设成"全世界最适合创新的国家" 观光立国 积极和平主义

续表

演说年月日	国会	演说者	与日本国家自我认知相关表述
2015.2.12	第 189 届	安倍晋三	重振日本（日本を取り戻す） 让女性绽放光彩的社会 地方创生 坚持走和平国家之路 战后 70 年的"积极和平主义" 在迎来联合国成立 70 周年的今年，日本将作为候选国参加联合国安理会非常任理事国选举，并决心在实现符合 21 世纪现状的联合国改革进程中，发挥巨大的作用。今年，日本将更加高举"积极和平主义"旗帜，成为值得世界信赖的国家 今后，日本将继续与澳大利亚、东盟各国、印度、欧洲各国等共有自由、民主主义、基本人权、法治等基本价值观的国家联手，以俯瞰地球仪的视点，积极开展外交工作

　　总体而言，日本注重建设国际国家追求在全球国际事务中的角色身份这一阶段有一个显著的特色是，为了明确在国际社会中的角色地位，也很注重明确其个体身份。"国家的个体身份以其在文化、语言、历史、成就等方面的特性为基础，这些差异往往被行为体视为区分自我和他者的因素。"①因此，这一阶段的历届首相的施政方针演说中虽然强调了日本应该如何在国际社会中发挥垂范作用赢得重要的角色地位，但与此同时，如以上表 3—表 5 中的"与日本国家自我认知相关表述"内容所示，也用相当多的篇幅强调了建设基于日本特色的"文化国家""生活大国""海洋立国""技术立国""IT 国家""低碳社会""美丽国家"。"文化国家"的提法最早见于 1947 年 7 月 1 日第 1 届国会片山哲首相的施政方针演说与 1948 年 3 月 20 日第 2 届国会芦田均首相的施政方针演说中，其后便销声匿迹，直到 1988 年 1 月 25 日第 112 届国会竹下登首相的施政方针演说中才得以再次出现，其后历届内阁施政演说方针中都会提到这一国家建设目标，直至 1996 年 1 月 22 日第 136 届国会桥本龙太郎首相将其提升到"文化立国"的高度。在 2000 年 1 月 28 日第 147 届国会上小渊惠三首相演说

---

① 曾向红：《国际关系中的蔑视与反抗——国家身份类型与承认斗争策略》，《世界经济与政治》2015 年第 5 期。

中称，日本已经赶超了西方社会，没有了可以赶超的目标，需要重新设定目标，即教育立国与科学技术创造立国。① 这些日本国家自我认知的内容表述反映的其实正是国家对在国际社会中的"个体身份"的诉求。

三 战后 70 年日本国家自我认知演变的心理文化解析

在一定意义上，战后 70 年间日本历届首相的施政方针演说，可视为日本作为第二次世界大战战败国追求国际社会承认的历史记录。国家间的承认，主要是指对处于国际社会中的国家所具有的社会身份的承认，按照其内容的重要程度依次为角色身份、个体身份与类属身份。② 但是，通过以上对战后 70 年日本国家自我认知轨迹的历史考察发现，总体来看，战后 70 年日本国家自我认知轨迹的一个最大的特点是，日本人追求承认的社会身份排序却有很大不同，日本人第一看重的是类属身份，其次才是角色身份和个体身份。而且具体到每一个时期也不同程度地呈现出这一特点。例如，日本在 1988 年竹下登内阁至 2009 年麻生太郎内阁时期谋划如何打造"国际国家"先后推进的三大具体措施——谋求联合国"入常"、凭借经济力量垂范亚洲乃至世界、以日本军力国际化为目的的"正常国家"诉求，其实也是一个由追求类属身份到角色身份和个体身份的顺序。

日本不仅通过倡导价值观外交拿类属身份排斥中国，而且还会用把昔日的战略伙伴开除于类属身份之外的做法以示惩戒。例如，2007 年安倍晋三初任首相时，日本《外交蓝皮书》上称"日韩两国是共享自由与民主主义、基本的人权等基本价值的伙伴关系"③。再度任首相后，2013 年日本《外交蓝皮书》上称"日韩两国是共享自由与民主主义、基本的人权等基本的价值与利益的重要邻国"④。2013 年 2 月 28 日，安倍首相在国会发表

---

① http：//www. ioc. u-tokyo. ac. jp/ ~ worldjpn/documents/texts/pm/20000128. SWJ. html，2015 – 05 – 17.

② 曾向红：《国际关系中的蔑视与反抗——国家身份类型与承认斗争策略》，《世界经济与政治》2015 年第 5 期。

③ 『平成 19 年版（2007 年）外交青书』，http：//www. mofa. go. jp/mofaj/gaiko/bluebook/2007/html/framefiles/honbun. html，2015 – 05 – 17。

④ 『平成 25 年版（2013 年）外交青书』，http：//www. mofa. go. jp/mofaj/gaiko/bluebook/2013/html/chapter2/chapter2_ 01_ 01. html#h0201010201，2015 – 05 – 17。

施政方针演说中称："韩国是共享自由、民主主义等基本的价值和利益的最重要的邻国。"① 2014 年 1 月 24 日，安倍首相在国会发表施政方针演说中还称："韩国，是与日本拥有相同基本价值观和利益的最为重要的邻邦。日韩的良好关系，不但对两国，而且对东亚的和平与繁荣来说是不可或缺的。我们要以大局观出发，努力建立起合作关系。"② 但由于近几年日韩关系因领土问题、历史认识问题极度恶化，在 2014 年年底，日本外务省网站上则将韩国剔除出了其价值圈，仅称其是日本重要邻国。2015 年 2 月12 日，安倍首相发表施政方针演说时对韩国的定位也改变了说法，称："韩国是日本最为重要邻邦。在迎来日韩邦交正常化 50 周年之际，我们要为改善关系不断进行对话。对话的大门始终是敞开的。"③ 2015 年 4 月 7日，日本外务省新公布的外交蓝皮书也都统一称"韩国是最重要邻国"④，不再把韩国归属为具有相同类属身份的国家。

　　对于战后 70 年日本国家自我认知的轨迹所体现的特点以及日本在处理日韩关系上体现的这种拿类属身份做文章的表现，当然有其政治、经济等诸方面的原因，但从心理文化学的视角看，这其实同日本人个体自我认知的文化机理中强调序列的特点是一致的。日本人的特殊序列意识产生于其缔结集团所遵循的"缘约原理"。所谓缘约，即日本人缔结集团往往不仅仅是依靠血缘资格，亦可能是因为地缘、职缘资格，或者是为了某一共同目标在共同的意识形态下采取共同的行动、遵守共同的规定而自发地结合在一起而成。这种缔结集团原理的优点是比基于血缘资格的亲属原理更具弹性，更易于缔结规模庞大的次级集团，具有较强的扩张性。同时，虽说理论上每个人是否能加入某个集团具有一定的自主选择权利，但事实上又不能做到像契约原理那样自由来去不受拘束，往往是一旦成为某一集团成员则将终老一生不会改变。而且，在这种集团内讲究论资排辈即注重彼此的等级序列，加入该集团时间越长，即使是平庸之辈往往靠着资历也能获得一定的地位，因此集团成员一般也不倾向于改变身份。缘约原理的缺

---

① http：//www. ioc. u-tokyo. ac. jp/~ worldjpn/documents/texts/pm/20130228. SWJ. html，2015 –05 –17.

② http：//www. ioc. u-tokyo. ac. jp/~ worldjpn/documents/texts/pm/20140124. SWJ. html，2015 –05 –17.

③ http：//www. kantei. go. jp/jp/97_ abe/statement2/20150212siseihousin. html，2015 –05 –17.

④ 『平成 27 年版（2015）外交青书』，http：//www. mofa. go. jp/mofaj/files/000075243. pdf，2015 –08 –17。

点则在于因为其缔结集团的资格不像血缘那般牢靠，所以身处于这种类集团中的日本人具有相当大的不安全感，对于序列中的位置具有相当大的敏感性，在生活中无时无刻不在为自己定位，以便作出最适合的反应。只有在一定的序列中确定了自己的归属才可能有尽己所能发挥属于自己的角色的机会，这种自我认知的终极目标是一种基于等级制度之上的"各守本分"状态。①

可以说，日本国家认知特点正是这种日本人自我认知特点在国家行为上的一种投射。类属身份其实质也是对国家性质的一种排序。明治维新以来赶超西方一直是日本国家发展的大目标，能够归属于西方国家并作为其中的一员在国际社会发挥自己的角色，不仅可以令其拥有一种优越感，而且还可以获得极大的安全感。有学者从心理文化学的视角解析"第二次世界大战"时期日本国家行为特点时指出："当这种序列意识作用于日本的国家行为中，使得日本恐惧沦为殖民地、在国际秩序的序列中落后，② 进而发动战争侵略朝鲜、中国以图强，后来则为了追求更高的国际秩序中的序列，尝试建立大东亚共荣圈，超越西方。"③ 战后 70 年日本的国家行为也呈现出了相似的特点。"第二次世界大战"的惨败让日本人认识到，通过明治维新，制定大陆政策，侵略朝鲜、中国，打败俄国，虽使日本成为最早步入发达国家行列的非西方国家，但"帝国主义的侵略企图绝非到达荣誉之路"④，日本与西方欧美诸国无论在理念上还是物质力量上均依旧存在着很大的距离。所以，战败初期，日本首先将欧美西方国家设定为日本努力奋斗的目标也就不难理解了。但是，当日本经济奇迹般地得以复苏，乃至 20 世纪 60 年代末一跃成为资本主义世界第二经济大国时，日本又故态复萌，认为已经赶超了西方，开始尝试建立与西方分庭抗礼的国际新秩序。在世界第二大经济体之位被中国取走之后，在日本主流媒体的舆论调查数据显示大多民众都不看好"安倍经济学"的情况下，安倍晋三在

---

① 参见尚会鹏《中国人与日本人：社会集团、行为方式和文化心理的比较研究》，台北：南天书局 2010 年版。

② 该观点亦可从昭和天皇宣读的停战诏书内容获得佐证。诏书中称："之所以向美、英两国宣战，实亦为希求帝国之自存与东亚之安定，诸如排斥他国之主权、侵犯他国之领土，此固非朕之本志。"虽然昭和天皇没有承认战争的侵略性，但其恐惧心理可见一斑。

③ 游国龙：《序列意识与大东亚共荣圈——对二战时期日本国家行为的心理文化学解读》，《日本学刊》2013 年第 2 期。

④ ルース・ベネディクト『菊と刀』、長谷川松治訳、社会思想社、1967 年、367 頁。

2013 年 2 月 28 日第 183 届国会上依旧高呼："我要再一次提醒大家。诸位，现在正是我们争做世界第一的时候了。"① 无论日本历代内阁设计的"日本梦"有多么美好，遗憾的是，事实上无论从理念层面，还是物质层面，西方均依旧远远地行走在日本的前方，成为令其难以割舍的战前、战后一以贯之的赶超目标。

以上通过对战后 70 年间 87 份汇集了日本社会知识精英与政治精英之共识，且最能代表日本国家意志的历代首相施政方针演说的简要梳理，历史性地考察了战后 70 年日本国家的自我认知轨迹、特点及其成因。由于文本内容极其丰富，欲用一篇文章进行解析只能择其要者做一概述。为了尽可能弥补以偏概全的缺憾，将每篇施政方针演说中凡涉及日本国家自我认知的关键词句做了统计，并尽量采取直译的形式制表附在了相应解析文字之后以供读者检阅查证。如有的演说中是"民主和平国家"，有的演说中讲"和平民主国家"，甚至同一位首相的施政方针演说，如吉田茂的演说中也会出现语序不同的表述，大概是其意欲强调的内容略有差别，所以摘录时也尽量采取了直译的形式，以尽可能努力信实传达演讲者的本义。

所谓温故知新，通过这项研究工作不难发现，一直被视为带有很深的"安倍特色"的言行、政策，如"重振日本""积极和平主义"以及修宪言论和在"自己的国家自己保卫"意愿下推动的一系列安保法制修订举措等，其实早在安倍之前就已经有人提出过并且不同程度地推动过。因此，日本国内虽然对安倍不乏批判之声，但其分歧主要集中在安倍政府做事的方式方法和程度上，在野党大多是为了反对而反对，政治精英对于安倍政府的修宪以及强军强国的总路线还是大致认可的。所以，我们需要清醒地认识到，在中日关系的内外整体环境和双方的力量对比没有发生质变之前，至少从文化心理层面来看，从日本国家自我认知特点来看，无论是现在的安倍政府，还是"后安倍时代"，任何日本政府都不太可能在日本国家身份定位的认知上有根本性的变化，也不可能在推动中日和解方面有太大的意愿和建树，我们对日本的政策也不应抱有过高的期望。

但是，这并不意味着中日关系就一定会恶化，陷入所谓的安全困境。有学者研究指出，"如从军事层面进行观察，无论从军事力量，还是从军

---

① http://www.ioc.u-tokyo.ac.jp/~ worldjpn/documents/texts/pm/20130228.SWJ.html，2015 – 05 – 17.

事使用意图来看，中日之间的安全困境并不明显。此外，中日两国在经济结构上的强互补性以及美国在中日关系中所扮演的平衡者角色，更是大大地减低了双方之间安全困境恶化的可能性。因此，'中日安全困境'只是一个被'过分夸大的现实'"①。准确把握包括自我认知特点在内的日本国民性特点，科学地前瞻日本国家发展走向，将有助于我们准确地预判中日关系的未来走向和发展趋势，更加稳妥地处理好与日本的关系。

（本文已在《日本学刊》2015 年第 5 期发表，收入本书时做了部分修改。）

---

① 谢磊：《中日安全困境：一个过度解读的现实？》，《国际关系研究》2015 年第 1 期。

战后日本选举改革与自民党支配体系变迁

徐万胜*

内容提要 选举改革是影响自民党支配体系变迁的关键因素。冷战时期，众议院中选区制对自民党权力结构的维持提供了制度支撑。冷战后，新引入的小选区制导致自民党内派阀政治发生嬗变。在众议院之外，自民党的政权运营还受到参议院及党总裁选举制度的制约。21世纪初期，各党提出的"政权公约"并未能强化广大选民对"政策本位"的选择力度，彼此间在新自由主义与新保守主义并举的改革环境下展开政策竞争，且缺乏意识形态对立。包含选举改革在内的"政治改革"，促使自民党政权的保守集权倾向不断增强。

关键词 选举改革 自民党政权 支配体系 政治生态 政党政治

战后以来，日本政治发展的最大结构性特征就是自民党长期执政，形成所谓的自民党支配体系，即带有浓厚自民党属性的权力结构与决策过程。从某种意义上讲，研究自民党支配体系，就是研究日本国家的权力结构与决策过程。同时，鉴于国政选举在日本政体——议会内阁制运作过程中占据核心地位，本文基于"选举改革"视角，探讨其对自民党支配体系变迁所产生的复杂影响，进而力图勾画战后日本政治的发展轨迹。

在国内，有关日本国政选举的研究，近年来主要是以"众议院中选区制改为小选区比例代表并立制"为对象，且大多集中在制度改革与政党政治的范畴内。① 这些研究成果或是偏重于制度内容的阐释，或是偏重于改革过程的分析，或是偏重于外延影响的探讨。

---

* 作者简介：徐万胜，解放军外国语学院教授、博士生导师。

① 代表性论著包括：李海英《日本国会选举》（世界知识出版社2009年版）、周杰《日本选举制度改革探究》（社会科学文献出版社2012年版）、张伯玉《日本选举制度与政党政治》（中国经济出版社2013年版）等。

对此，本文的"选举改革"，与"选举制度改革"略有不同，并不局限于众议院选举的制度改革，还包括参议院及党总裁的选举制度，且与竞选生态的改革动向结合起来考虑。此外，有关选举改革的体制性影响，也未完全"就事论事"，而是与其他行政改革相结合。

长期以来，众议院中选区制对自民党权力结构产生了深刻影响。冷战后，众议院小选区制的引入、参议院及党总裁选举，导致自民党支配体系产生较大变化。除制度层面上的改革之外，自民党所处的竞选生态也正在发生变化，包含选举改革在内的"政治改革"，促使自民党的保守集权趋势不断增强。

一 中选区制与自民党的权力结构

1947 年至 1994 年，日本众议院选举采取"中选区、单记制"①。伴随经济高速发展与城市化进程，为适应城市地区选民数量的增加，1950 年 4 月颁布的《公职选举法》在实施后历经数次修改并增加众议院议员定额，从 1950 年的 466 名增至 1985 年的 512 名、1992 年的 511 名。该时期，中选区制的比例结构大体上相当于五人区 30 个、四人区 40 个、三人区 50 个。三人区主要分布在农村地区，而四、五人区则主要以城市为中心。②

中选区制比例结构的深层内涵，是政治过程中的"农村偏重"：在日本，经济高速发展与城市化急速推进，并未能促使议员名额及时调整，农村地区一直拥有相对有利的议员定额并且越是在大城市居住的人收入越高，但其参与投票却越少。结果，农村地区的居民在政治过程中发挥着更大的影响力。③

上述中选区制对自民党权力结构产生了深刻影响，为其长期执政提供制度支撑。

---

① 大多数选区的议员定额为三—五名，选民在居住选区内不管定额如何只给候选人投一票，候选人在定额以内按得票高低顺序当选。

② 参见五十岚晓郎《日本政治论》，殷国梁、高伟译，北京大学出版社 2015 年版，第 132 页。

③ 参见蒲岛郁夫《战后日本政治的轨迹——自民党体制的形成与变迁》，郭定平等译，上海人民出版社 2014 年版，第 10—12 页。

（一）自民党在农村拥有牢固且稳定的选举地盘，而在野党的势力扩张则局限在城市选区

农民是自民党的传统社会支持阶层。据统计，自民党在各类选区所获议席的比率，随着选区城市化程度的降低而提升，且保持稳定。自民党在 1958 年至 1986 年的众议院选举期间，其大城市选区议席率在 30.1%—52.5% 波动，非城市选区议席率则在 68.3%—76.8% 波动，且震荡幅度小。[1] 相反，在野党势力很难渗透进农村选区，最大在野党社会党在三人区的农村选区往往只能获得一个议席，公明党和共产党的势力则局限在城市。在 20 世纪 70 年代，革新自治体的出现，也主要集中在东京都、京都府、大阪府等大城市地区。

针对农村与城市之间的选区人口比例失衡（即"同票不同权"），"由于自民党政府不愿失去传统的农村地盘，只能通过增员的办法解决不平衡的问题，对于现职议员来说也是皆大欢喜的事，因为减员对于任何一个选区都会遭到所在选区议员的激烈反对和抵抗"[2]。另有研究表明，自民党在众议院中选区制下的议席率，比其得票率平均高出 7.3%。该数字在朝野伯仲的激烈选战中是极其重要的。例如，在 1990 年众议院选举中，自民党的得票率为未过半数的 46.1%，但其议席率为 53.7%，仍可继续单独执政。[3]

（二）派阀势力发展受到"鼓舞"与"规范"，自民党以派阀为单位分配权力

建党之初，自民党内已拥有号称"八大师团"的八个派阀，随后其势力发展受到中选区制的"鼓舞"。因为自民党若想在中选区制下的众议院选举中获得过半数议席、维持执政党地位，就必须在每个选区提名复数候选人。处在同一选区内的多名自民党候选人，除了获得来自党本部的同一选举支持之外，相互激烈竞争的结果，迫使各方都去寻求"本部以外"的党内支持，即通过派阀来寻求额外的选举援助，而很难以"政党"为单位展开选举运动。同时，"如果派阀太大，同一选区中出现同一派别两个以

---

① 石川真澄・広瀬道貞『自民党—長期支配の構造—』、岩波書店、1989 年、77 頁。
② 周杰：《日本选举制度改革探究》，社会科学文献出版社 2012 年版，第 50 页。
③ 信田智人『政治主導 vs. 官僚支配』、朝日新聞出版、2013 年、57 頁。

上的候选人，其中必然有人落选，显然对本派不利"①。于是，各派阀达成在五人区均拥有一名候选人的最大限度共识，自民党内派阀数量逐渐整合为五个。

对于派阀成员个人而言，自民党的派阀具有如下功能：候选人作为政治家被认可（从派阀或党的角度看是挖掘新人），资金分配，陈情处理，职位分配。② 特别是在长期执政实践中，由于党内、内阁的重要职位数目有限，自民党采取了"派阀均衡"的分配原则，各派阀又进一步按照所属成员的当选次数及其对本派贡献度大小等因素进行职位二次分配，形成所谓"派阀政治"。

派阀政治的发达，意味着自民党政权是"派阀联合体"执政，甚至一度达到"有派无党"的程度。例如，尽管自民党在1983年众议院选举中议席数减少，但党内最大派阀田中（角荣）派的势力却不断扩张。

（三）自民党竞选运动带有浓厚的"金权政治"属性，最终形成政治改革压力

在中选区制下，自民党候选人在同一选区激烈竞争的另一结果，导致政治资金在权力行使过程中的作用更为凸显。与选举运动中的政党政策竞争相比，自民党候选人更为依赖个人选举后援会的援助。为维系个人选举后援会的日常运作，除了必要的政策关照外，自民党候选人还需要聚集巨额的政治资金用于支付相关经费，竞选实际上是"竞钱"。在20世纪80年代，根据对十名初次当选的自民党众议员的调查，平均年收入额为1.265亿日元，六成来自政治捐款及宴会券收入；平均年支出额为1.164亿日元，六成用于维系事务所费用（人事费、事务所费、交通通信费）支出。③ 可见，自民党年轻议员的政治活动耗资巨大，仅靠年薪是难以支撑的。

并且，"金权政治"也是自民党政权的统治方式之一。为获取各个利益团体的选票与资金支持，自民党最大限度地利用执政党地位与政府行政资源对其予以回报，大搞权钱交易。但是，包括洛克希德案件、利库路特

---

① 王振锁：《自民党的兴衰——日本"金权政治"研究》，天津人民出版社1996年版，第27页。

② 佐藤誠三郎・松崎哲久『自民党政権』、中央公論社、1986年、56頁。

③ 信田智人『政治主導 vs. 官僚支配』、65頁。

案件在内，一系列"金权政治"丑闻的频发，则意味着自民党聚合和表达社会利益的民主渠道严重受阻。这不仅导致自民党的执政党形象受到严重损害，而且迫使其面临政治改革的强大压力。

政治改革压力释放的结果，就是长期执政的自民党于 1993 年下野，以及中选区制的彻底终结。

二　小选区制与自民党的派阀政治

1994 年 1 月，日本国会众参两院以多数票通过了细川护熙内阁提出的政治改革相关四法案，即《公职选举法修正案》《众议院议员选区划分审议会设置法案》《政治资金规正法修正案》《政党助成法案》。这些政治改革相关法案的核心内容，是引入众议院小选区比例代表并立制与政党助成制，旨在实现"净化政治""政权交替""从精英民主向大众民主转化"的目标。[1] 新选举制度的"小选区"主体特征，使其有利于第一大党巩固并加强"优势政党"地位，即第一大党能以较低得票率获得较高议席率，而其他中小政党则处于相对不利境地。

与中选区制相比，小选区制"有利于第一大党"的选举特征，在理论上更有利于实现两大政党之间的政权交替。然而，制度运用的实践是，自 1996 年至今的近 20 年间，自民党在大部分时间里依旧执掌政权，唯有民主党短期执政三年零三个月。这一结果恐难定位为"两大政党交替执政"。

虽远未实现两大政党"政权交替"的改革目标，但小选区制对自民党派阀政治的影响确实显著。

（一）小选区制导致自民党内派阀功能弱化

派阀功能的弱化，主要体现在以下三个方面：（1）政治家认可的功能弱化。在小选区制下，政党所属的候选人集中于一人，无所属身份很难当选。对于政治家而言，选举之际能否得到所属政党的公认，具有决定性意义。在决定各选区候选人时，公认权限集中到党本部，而派阀的影响力则减弱了。例如，在 2005 年众议院选举中，自民党本部对反对邮政民营化法案的议员就采取了取消公认的惩罚措施。另外，关于比例代表区的候选

---

① 堀江湛編『日本の選挙と政党政治』、北樹出版、1997 年、10 頁。

人名簿制作，党本部也拥有决定权限。（2）资金分配的功能弱化。伴随
《政治资金规正法》的不断强化，政治家个人接受政治捐款遭到禁止，派
阀筹措政治资金也变得困难。相反，政党补助金制度的引入，使党本部可
资利用的财政资源增加，国会议员所在选区的党支部可从党本部分得政党
补助金，选举运动中选票与资金的"借贷"关系发生了变化。（3）人事
与决策的功能弱化。在阁僚人事安排过程中，派阀的"单位"分配色彩日
趋淡化。在社会经济的政策决定过程中，派阀内的"族议员"也不再是
"利益代表者"，而向着"利益协调者"的方向转变。"选举制度改革导致
执政党议员在政策层面上的分工弱化，所谓的族议员与省厅官僚之间的牢
固纽带呈现解体倾向。自民党政调会下属部会采取自由参加制度，除了部
会长与副部会长，不再制作所属议员名簿，也是其旁证。"[1]

（二）小选区制导致自民党内派阀势力式微

随着自民党内派阀政治功能的削弱，加之冷战后自民党执政地位的两
度丧失，与冷战时期相比，党内各派阀的"细小化"与"流动化"现象明
显。（参见表1）在2012年12月众议院选举中，自民党初次当选的新人
（包括4名前参议员）达119名之多；在第二次安倍内阁成立之际，自民
党内存有7个派阀，但无派阀议员人数最多，约120名。[2]

表1　　　　　　自民党内不同派阀所属议员人数（众议院/参议院）比较

时 间	经世会	清和会	宏池会	政策科学研究所	新政策研究会	其 他	无派阀
1982.8	田中派（64/40）	福田派（46/27）	铃木派（62/25）	中曾根派（43/6）	河本派（30/10）	（14/1）	（28/25）
2006.8	津岛派（42/35）	森派（58/28）	古贺派（32/15）谷垣派（11/4）河野集团（10/1）	伊吹派（18/14）山崎派（31/5）	高村派（14/2）	（13/2）	（63/5）

资料来源：上神貴佳『政党政治と不均一な選挙制度』、東京大学出版会、2012年、168頁。

---

① 待鳥聡史『首相政治の制度分析』、千倉書房、2012年、92—93頁。
② 『「石破派」結成か　各派警戒』、『読売新聞』2013年1月30日。

（三）小选区制导致自民党内派阀领袖地位降低

在中选区制下，派阀领袖通过分配职位、提供资金及赋予公认等手段来获得派阀成员的忠诚，巩固自身支持基础。派阀领袖是成功当选党总裁及首相的前提条件，对本派所属成员具有高度统合能力。"派阀的最大目的就是夺取党总裁权力。派阀领袖用资金资助议员并声援其人事与选举，从而要求其在总裁选举中予以一票回报。"[①] 但随着小选区制下派阀功能的弱化，派阀领袖的地位降低。

在冷战后自民党总裁选举中，小泉纯一郎、安倍晋三、福田康夫等人均是以非派阀领袖身份当选的。例如，基于以往的派阀力学视角，在2001年自民党总裁选举中，一般认为受到党内最大派阀桥本派支持的候选人桥本龙太郎将胜选，森派虽支持小泉纯一郎第三次总裁选举，但并不认为其能阻止桥本龙太郎"梅开二度"。然而，小泉通过赢得党员票而在国会议员投票中意外地占据优势，当选总裁。"小泉胜出的背景，在于小选区比例代表并立制这一新选举制度落实了"，普通党员担心自民党因循守旧将丧失政权，怀有强烈危机感，促使小泉意外获胜。[②]

同时，自民党内派阀成员不受领袖约束，在总裁选举过程中出现立场分裂或自主投票的情形也不断出现。例如，在1998年7月的总裁选举中，尽管派阀领袖小渊惠三出马竞选，但该派成员梶山静六脱离派阀参选。在2003年9月的总裁选举中，桥本派所属的众议院会派与参议院会派分别投票支持藤井孝男和小泉纯一郎。梶山的事例说明，即使没有派阀支持也能出马竞选总裁；桥本派的事例意味着，同一派阀支持不同候选人的"松散"性存续。

自民党内派阀政治的变化，诚如日本学者所言："由于过去的派阀是以中选区制为基础的，随着选举制度改革效果的渗透，其存在的意义发生动摇。其约束力减弱的结果，许多派阀历经分裂，有效派阀数目正在上升。此外，由于归属意识减弱，无派阀议员也在增加。"[③]

---

①　読売新聞東京本社世論調査部『二大政党時代のあけぼの：平成政治と選挙』、木鐸社、2004年、18頁。

②　北村公彦ら『55年体制以降の政党政治』、第一法規株式会社、2004年、389頁。

③　上神貴佳『政党政治と不均一な選挙制度』、169頁。

三　三重选举与自民党的政权运营

日本国会由众议院和参议院组成，二者的选举共同构成国政选举。战后，根据《公职选举法》的规定，参议院选区划分为全国选区和地方选区。1982 年 8 月，日本国会通过相关法案，参议院全国选区议员的选举方式由直选制改为限制名簿式比例代表制，130 个地方选区改为按 47 个都道府县各设一个选区。

冷战后选举制度改革，主要是指众议院选举制度的改革，参议院选举制度长期被置于"改革范畴之外"，仅进行局部调整。

例如，根据 2000 年 10 月通过的《公职选举法修正案》，参议院比例区的议员定额由 100 名减至 96 名，选举区的议员定额由 152 名减至 146 名；比例区的选举制度由限制名簿式改为非限制名簿式，比例区候选人也可开展个人竞选活动。2015 年 7 月 28 日，日本国会又通过《公职选举法修正案》，核心内容是"二合区""十增十减"①，旨在纠正参议院选举"一票之差"（每名议员代表的选民人数差异），将最高法院裁定为"违宪"的 2013 年参议院选举时的 4.77 倍缩小至目前的 2.97 倍。

在制度的局部调整过程中，有关参议院选举在国家政治体制特别是政党体制构筑过程中究竟应当发挥何种作用，日本政界尚未展开充分的国会立法讨论。

根据宪法规定，参议院选举并不能直接决定内阁更迭，参议院通过的内阁不信任案不具有实际效力，内阁也不能提前解散参议院举行选举。在制度理论上，参议院内部的会派力量对比与内阁存续的前途命运似乎是完全割裂开来的。

事实并非如此。日本国会众参两院各自独立审理法案，众议院虽在有关预算案、承认条约、首相提名的表决上优越于参议院，但一般法案须经众参两院赞成后才能生效，若参议院否决须经众议院出席议员 2/3 以上多数再次赞成才能成立。另外，有关国会同意人事案的表决，亦须众参两院

---

① "二合区""十增十减"方案的内容是，将原本额定议员人数各为两名的鸟取和岛根、德岛和高知选区合并，形成额定数为两名的两个选区，额定数总计减少四名；此外，额定数各四名的宫城、新潟、长野各减少两名，北海道、东京、爱知、兵库、福冈各增加两名。

的一致赞成。与英国等议会内阁制国家相比，日本国会众参两院的地位基本对等，众议院的优越地位是极其有限的。这意味着参议院对内阁的国会立法能力的强弱具有强大影响力。

在众参两院地位基本对等的制度前提下，自民党在长期执政实践过程中多次出现因参议院选举失利而导致内阁辞职的情形。例如，1989年宇野宗佑内阁、1998年桥本龙太郎内阁、2007年安倍晋三内阁的辞职，均含有承担自民党参议院选举失利责任的成分在内。

与冷战时期相比，随着冷战后各党选举竞争激烈程度的加剧，执政党阵营在参议院选举中失利乃至失去过半数席位的频率更高、时间更长。其中，1989—1993年、1998—1999年、2007—2009年、2010—2013年的相应时间段内，执政党阵营均未能确保参议院过半数席位。此种众参两院多数会派相异的国会格局，被称为"扭曲国会"。"扭曲国会"的出现，意味着"院的组成"发生变化，这对自民党的政权运营产生了较大消极影响。

在政权框架上，为消除1998年参议院选举后出现的"扭曲国会"格局，1999年10月，小渊惠三内阁拉拢公明党加入，由此开启"自公"（自民党与公明党）联合执政模式，并延续至今。由"一党执政"转变为"以自民党为主的自公联合执政"，亦导致自民党政权的决策过程发生变化。内阁议案的形成，由以往须经自民党"事前审查"，转变为须经"自公磋商"。

在国会立法上，"扭曲国会"并未必然导致内阁提议案的成立率降低，关键还在于朝野政党能否在国会立法过程中开展有效的磋商与合作。例如，在1999年召开的第145届例行国会上，由于执政党及小渊惠三内阁加强了与在野党公明党之间的合作力度，共通过110项法案，内阁提议案的成立率高达88%。[①] 在2008年召开的国会（包括例行国会与临时国会在内）上，朝野政党对立加剧导致内阁提议案的成立率由此前的90%左右降至77%。[②]

无论如何，"扭曲国会"导致自民党政权运营的难度大幅增大，成为

---

① 参见王振锁、徐万胜《日本近现代政治史》，世界知识出版社2010年版，第392页。
② 国立国会图书馆调查及び立法考查局「国政课题の概要—第171回国会—」、『调查と情报—ISSUE BRIEF—』、No. 629、2009年、1页。

内阁"短命"、频繁更迭的要因。例如，2007年9月12日，安倍首相突然召开记者会，以"扭曲国会"下难以延长《反恐对策特别措施法》为由，宣布辞职；2008年6月11日，参议院通过了对福田康夫内阁的问责决议案，为宪政史上首例，对内阁的社会威信造成打击。

另外，自民党实行"首相—总裁—体制"，在自民党执政框架下，若想当选首相则必须先当选总裁，党总裁选举也就是实质上的首相选举。这也意味着自民党的首相任期与更迭，还要受党总裁的任期与选举方式的制约。

建党以来，自民党总裁任期起初为两年，但从1971年1月开始延长至三年，1977年1月再次被缩短为两年。从1980年1月开始，为防止总裁和首相权力过大，禁止了"三选"（连任三届）。从2002年1月开始，总裁任期又再次被延长为三年，但同过去一样，原则上只能连任两届。并且，近年来自民党总裁选举在全国范围内举行"党员投票"的制度惯例也已固定下来。① 这促使自民党的总裁选举开始具有"全国选举"色彩，党内派阀操控选举的能力被削弱，总裁候选人也更为关注如何应对全国范围内的政策课题。"诉求全国利益而当选的自民党总裁，与无法忽视个别地区利益的众议院议员之间，诉求政策目的产生差异是理所当然的。"②

因此，在自民党的政权运营过程中，首相更迭面临着众议院选举、参议院选举与党总裁选举的"三重选举"考验。自民党政权的首相选举制度是一种"选上加选再加选"的三重选举制度，无形中加大了政权运营的难度与变数。

四　"政策本位"与自民党的竞选生态

除了制度层面上的选举改革之外，竞选生态层面上的选举改革，也是影响自民党支配体系变迁的重要参数。冷战后日本选举制度改革的目标之一，就是推行"政策本位"（或"政党本位"）的选举，以克服"候选人

---

① 在冷战时期，自1978年11月引入党员投票制度以来，直至1993年7月的12次总裁选举过程中，仅在1978年11月、1982年11月、1991年10月的3次总裁选举中实施了党员投票。冷战后，从1993年9月至2012年9月的14次总裁选举过程中，相继有7次实施了党员投票。特别是在2006年、2009年、2012年的总裁任期届满选举过程中，均实施了党员投票。

② 上神贵佳『政党政治と不均一な選挙制度』、131頁。

选举"的弊端。为此，各党在竞选过程中纷纷推出"政权公约"，试图展开一场"改革"政策竞争。此种竞选生态的变化及问题主要体现在以下三个方面。

（一）"政权公约"的提出与虚化

所谓"政权公约"，是政党执政之际的公约，表明政策的具体目标、支撑财源、达成期限等。在 2003 年众议院选举中，各党首次制作、颁布"政权公约"。其中，在野的民主党代表菅直人效仿英国率先颁布"政权公约"，发表"摆脱官僚宣言"并批判自民党政权。"养老金改革"与"经济重建"，成为此次选举中广大国民最为关注的"政权公约"要点。

尽管"政权公约"在形式上展示出"政策本位"，但实际操作起来却困难重重，往往会流于政治宣传及社会情绪。例如，"在 2003 年的大选中，民主党提出比较新颖的政权公约，议席也获得大幅增加，但在选举过程中政权公约并没有得到多少重视，其获胜在很大程度上是由于大选前夕自由、民主两党合并带来的气势所致"①。特别是在小泉纯一郎内阁执政期间，首相一天早晚两次会见记者，相关影像在每天的电视新闻中不断播放，"剧场政治"成为小泉赢得 2005 年邮政民营化选举的基本手法。针对"是否理解首相有关政策及政治课题的观点"的提问，表示"理解"者仅占 18%，"不理解"者占 50%，"不好说"者占 30%。小泉首相的影像播放作为形象战略发挥了效果，但很难说是尽到了向国民阐释政策的责任。②

此外，"候选人本位"选举仍占有优势，世袭候选人已经深深扎根于诸多选区。"在小选区的选举运动中，后援会依旧发挥着巨大作用。并且，虽说派阀对选举的影响力已减弱，但绝非完全丧失了力量。若成为真正意义上的政党本位的政治，尚需要时间。"③

结果，"政权公约"的提出，并未能强化广大选民对"政策本位"的选择力度，反而受到"剧场政治"冲击，变得虚幻了。

---

① 王新生：《首相官邸主导型决策过程的形成及挫折》，《日本学刊》2008 年第 3 期。
② 読売新聞東京本社世论调查部『二大政党时代のあけぼの：平成政治と選挙』、木鐸社、2004 年、181 頁。
③ 北村公彦ら『55 年体制以降の政党政治』、223 頁。

（二）新自由主义与新保守主义并举的改革

21 世纪初期，各党之间的政策竞争，是在自民党政权推行一场新自由主义与新保守主义并举的改革的环境下展开的。

从小泉内阁的特殊法人改革至安倍内阁的规制缓和，结构改革的基本手法就是削减企业成本及裁员、对大企业缓和规制，带有强烈的新自由主义属性；另外，强化"官邸主导"、完善安保立法、军事大国化等改革措施，又带有强烈的新保守主义属性。其中，持续的新自由主义结构改革导致各种社会性不良后果：企业重组、薪金低下、失业、破产、差距扩大等。对此，"'安倍经济学'对新自由主义结构改革进行了某种修正，紧急处置结构改革造成的各种不良结果，消除不满与愤怒，旨在达成重新启动财界要求的新自由主义结构改革的协议"①。因此，"安倍经济学"并非取代新自由主义结构改革的"对案"，而是再次将改革引入新阶段。

新自由主义与新保守主义的意识形态属性表面上相互矛盾，但在日本的政治实践中，"结构改革"与"军事大国化"却并行发展、相互关联。例如，在教育领域，包括择校制、民间经营、跳级制等在内的规制缓和措施得到急速推进；另外，通过强化教育委员长及校长的权限、教职员会议形式化、排除反对派教员、强制升国旗及奏国歌等措施，学校的管理与统制也得到迅猛推进。伴随着"结构改革"，"军事大国化"的体制及意识形态将更加严苛地支配学校教育。②

（三）意识形态对立的缺失

在上述"改革"竞争环境里，各党之间的政策差别往往体现为"视角不同"或是"个别政策"，主要政党之间的政治理念及意识形态差距不大。

例如，在 2003 年众议院选举的"政权公约"中，民主党强调"脱官僚""脱集权"，自民党主张"从官至民""从国家至地方"，二者的差别在于，基于社会或经济的不同视角主张内容相似的政策。③ 即使在外交及安保政策领域，"1997 年以来作为最大在野党的民主党，在外交问题上显

---

① 渡辺治『安倍政権の改憲・構造改革新戦略』、旬報社、2013 年、22 頁。
② 山田敬男・石川康宏・牧野広義『軍事大国化と「構造改革」』、学習の友社、2004 年、180 頁。
③ 多胡圭一『日本政治—過去と現在の対話—』、大阪大学出版会、2005 年、135—136 頁。

示出现实路线。民主党在《反恐对策特别措施法》上展开实质性政策讨论，在有事法制上提交对案并与政府达成协议。民主党作为旨在夺取政权的负责任政党，在安全保障问题上与自民党站在同一赛场上"①。

一般而言，意识形态在政党形象认知与政党体制构建过程中占据重要地位。"1955 年体制"下，执政的自民党与最大在野党社会党之间的差别，在意识形态领域就是"资本主义"与"社会主义"的对立。冷战后，伴随着日本政党政治呈现"总体保守化"或"总自民党化"趋向，主要政党之间的意识形态对立已经不复存在。而对于各党间具体、细微的政策差别，广大选民未必能够明确认知，很难将各党的政策与自身的立场结合起来考虑。对于政党而言，正确把握年龄、性别、居住地、阶层、职业等各异的选民的多样化要求，也是很困难的。

因此，意识形态对立，是区分政党、吸引选民的有效路径。从这个意义上讲，主要政党之间意识形态对立的缺失，意味着目前日本国内尚不具备两大政党发展的政治生态基础。

五 "政治改革"与自民党的保守集权

从更宏观的视角看，选举改革是冷战后日本国内推行"政治改革"的有机组成部分，其目标也并不仅仅限于两党制的构建，而是力图重构日本的政治体制。

日本国内有关"政治改革"的议论，发端于 1988 年竹下登内阁时期的利库路特案件。1989 年 5 月 19 日，自民党政治改革委员会提交了一份"政治改革大纲"，改革内容涉及政治伦理、政治资金、选举制度、国会改革、党的改革、地方分权六个方面。在自民党"金权政治"体制遭受社会舆论猛烈抨击的背景下，"政治改革"议论的重点逐渐转向对选举制度与政治资金制度的改革，"政治改革一开始就与选举制度改革捆绑在一起，到了最后，政治改革成为选举改革的代名词"。②

结果，众议院选举制度改革是 20 世纪 90 年代前半期日本"政治改

---

① 信田智人『冷戦後の日本政治―安全保障政策の国内政治過程―』、ミネルブァ書房、2006 年、168 頁。

② 参见周杰《日本选举制度改革探究》，第 204 页。

革"的核心，并对冷战后日本政党体制转型产生了重要的直接影响。对此，"选举制度改革实现之际，许多人批评'政治改革被选举制度改革矮化了'。确实，选举制度改革之外应改革之处尚多，但唯有选举制度改革成为改革中核，除此之外未进行其他改革"①。

90 年代中后期，桥本龙太郎内阁又推行了以中央省厅为主的行政改革，通过省厅重组及新设内阁府等，强化了内阁及首相官邸的决策职能。从选举改革至行政改革，这两次改革在逻辑上具有延续性与一体性，共同组成了所谓的"政治—行政改革"。"在引入小选区制后采取强化执政机构的方式，建立首相主导的具有明确权力核心的政权，通过选民对之进行实质性选择，强化与首相成为一体的内阁。"②

2001 年成立的小泉内阁，最大限度地有效利用了"政治改革"（选举制度改革）与"省厅重组"的制度成果。小泉利用与以往相比大幅强化的权限，相继实现了道路公团民营化、压缩公共事业预算、削减诊疗报酬、邮政民营化等政策。此后，尽管历届内阁的决策过程各具特征且反复变化，但确立"政治主导"已成为日本决策体制变革所追求的主要目标，并采取了强化首相官邸辅佐机制、变革政官关系等一系列的制度改革措施。这些制度改革促使日本的决策过程呈现"官邸主导"的发展趋势，并为"强化首相权力"提供了制度支撑。

这样，小选区比例代表并立制的引入，在自民党内部，促使以党总裁为中心的党执行机构的权力得到强化；省厅重组与内阁职能强化，促使以首相为中心的官邸决策权力得到强化。由于自民党实行"首相—总裁—体制"，总裁与首相的权限与资源相互重叠，首相与以往相比成为具有强大影响力的行为主体。

不仅如此，基于比较政治的研究视角，一系列的制度改革也导致日本议会内阁制类型发生变化，执政中枢（党执行机构与内阁）的存在感增强，执政党普通议员对执政中枢、省厅官僚的委托关系发生变化。（参见表 2）"第一，在中选区制时代的旧日本型议会内阁制下，自民党议员大多意识不到由内阁与党执行机构所组成的执政中枢的存在，对省厅官僚进

---

① 参见饭尾润『政局から政策へ—日本政治の成熟と転換—』、NTT 出版株式会社、2008年、105 页。

② 同上书，第 175 页。

行了委托。官僚也认为对自身实施委托的是执政党议员，并非执政中枢。第二，小选区比例代表并立制的引入以及内阁职能的强化，作为制度改革的结果，伴随着日本的议会内阁制威斯敏斯特化，执政党议员与官僚在构筑委托关系之际开始意识到执政中枢的存在。"[1]

表2　　　　　　　　　　　　　议会内阁制的类型与委托

	基本特征	对执政中枢的委托	对省厅官僚的委托
威斯敏斯特型	小选区制，单独执政，容易产生朝野政党全面互换的政权更迭	执政党普通议员具有服从执政中枢的一致偏好，容易进行委托（执政中枢存在感强大）	执政党与高级官僚分离；二者具有产生偏好不一致的可能性，仅限定性进行委托
旧日本型	中选区制，单独执政（或长期联合执政），政权更迭的可能性低	执政党普通议员具有引导执政中枢的一致偏好，容易进行委托（但是，这类似于执政党普通议员"侵占"执政中枢，执政中枢的存在被忽视）	执政党与高级官僚相互融合；由于二者偏好一致，容易进行委托

资料来源：待鸟聪史『首相政治の制度分析』、138頁。

值得指出的是，上述执政中枢的地位提升与权力强化，在相当程度上是为了适应日本的政治军事大国化进程，从而构筑"保守集权"的政治体制。这在安倍晋三内阁的执政实践中得到充分验证。自2012年12月上台以来，安倍内阁的决策过程带有显著的"强首相"特征，安倍首相在决策过程中居于主导地位，并借此大力推动安全保障相关立法，加紧扩充军备，企图"摆脱战后体制"。

关于选举改革对自民党支配体系的影响，"制度论者曾预言，如果中选区制被小选区制取代，政权更迭则易产生，派阀及后援会的必要性将消失，党本部将变得具有实力，党首权力将得到强化，领导作用得到增强"[2]。事实却非完全如此，自民党内派阀及后援会虽功能弱化却依然存续，更为重要的是，不同政党之间的政权更迭不易实现，自民党仍在整体上维持着"一党支配"的统治地位。

---

[1]　待鸟聪史『首相政治の制度分析』、139頁。
[2]　信田智人『政治主導 vs. 官僚支配』、220頁。

究其原因，选举改革在制度层面上尚局限于众议院，而影响自民党支配体系的选举制度是多重的，包括众议院、参议院以及自民党总裁的选举制度在内，这三种制度的内涵是不一致、不均衡的。此外，制度改革虽是政治体制构建的必要条件，但绝非充分条件。制度改革尚需适应政治生态的环境变化，才能产生相应的政治体制效果。

选举改革的影响，更多地体现在自民党政权内部权力结构的变化上。自民党的一党支配地位延续与"保守集权"倾向增强，既与其国内政治生态环境密切关联，又将影响到日本未来国家发展道路走向。

战后日本政党政治的变迁

张伯玉[*]

内容提要 战后日本政党政治基本经历了三次大的变迁。1955 年因左右两派社会党统一与自民党成立而使这一年成为战后日本政党政治发展史的一个重要分水岭。之前的约十年间是政党重组与政党政治重建时期。其后直至 1993 年是长达 38 年之久的自民党一党长期单独执政时期，这一体制也被称为 1955 年体制。1993 年 8 月 9 日细川护熙联合内阁的成立标志着日本政党政治进入变革与转型期。细川内阁通过的以选举制度改革为核心的政治改革关联法使日本政治生态发生了重要变化：新选举制度推动政党政治形态向两大政党制发展。在新选举制度下举行的第五次大选即 2009 年 8 月 30 日的大选中，选前众议院议席具有绝对优势的执政党自民党败给民主党，战后日本首次实现了真正意义上的政权轮替。日本政党政治形态发生了改变：自民党一党优势体制被两大政党制取而代之。今后日本政治的发展趋势，是继续维持以自民党为核心的联合执政态势、两大政党制化为泡影，还是两大政党制依然有强韧的现实可能性？未来能否再度实现政权轮替？关键取决于以民主党为首的在野党等自身的成长与成熟。

关键词 政党政治 自民党一党优势 两大政党制

战后民主改革，使日本初步确立了资产阶级议会民主制，日本的政体形式发生了根本变化，其运行机制也随之变化，议会和政党成为国家权力运作的主角，政党的地位由此开始突出。国会所有活动都以政党为中心展开，政党活动的舞台从众议院扩大到参议院，排除了被藩阀势力及贵族保守势力占据的贵族院对众议院的约束与限制。战后初期日本的民主改革，为政党的复活和政党政治的重构奠定了制度性基础。日本政坛相继建立和

---

* 作者简介：张伯玉，中国社会科学院日本研究所研究员、政治研究室副主任。

重建了社会党、自由党、进步党、协同党、日本共产党，形成了与资产阶级民主政体相适应的党派林立的多党制。

一 战后初期政党的重组与政党政治的重建

日本政府接受《波茨坦公告》以后，随着以美军为首的占领军的进驻以及民主改革的开始，大日本政治会等战时御用政治团体相继解散。战前和战时各种政治势力的代表人物，为在新的议会政治中掌握主导权，纷纷着手重建或组建政党，各种政治势力不断分化组合。到1945年年末，相继建立和重建了日本社会党、日本自由党、日本进步党、日本协同党和日本共产党。其中属于革新阵营与保守势力相对立、代表社会主义倾向的有社会党和日本共产党，属于保守阵营的主要是自由党和进步党及协同党。与战前受当局打击、镇压，遭受保守主流政党排挤不同的是，在战后解除了束缚和锁链的革新政党以惊人的速度发展，并迅速成为日本政坛的重要力量。

（一）政党的复活与重建

从建党时间顺序上看，社会党成立最早。其次，分别是自由党、进步党、协同党、日本共产党。随着战后新时代的到来，战前左翼革新政党重新登上政治舞台并不断发展壮大，成为不可忽视的政治势力。在左翼革新政党的恢复和建立过程中，日本社会党和日本共产党都突出地表现了对战前各自政党的继承性。

战后初期的民主改革过程中，各种政党像雨后春笋般出现。在1946年4月的第22届大选中，参与选举的政党多达363个，[①] 其中不乏一人一党现象。1946年5月22日，自由和进步两保守党联合组成的第一届吉田内阁成立。民主选举的实现和政党内阁的诞生，标志着日本政治重新进入政党政治时代。战后各项改革措施，使复活了的政党政治扎根于广泛的政治动员与政治参与中，从而为真正意义上的政党政治创造了合适的土壤与条件。战后民主改革不仅使旧的执政党以新的组织形式得以再生，而且使某些原来被视为非法的政党合法化，如日本共产党。在战后政党复活的过程中，日本社会党和日本共产党的发展，为战后日本保革对立政党结构的形成奠定了基础。

---

① 中村菊男『戰後日本政治史』、有信堂、1973年、33頁。

　　在这五大政党中，除共产党是战前组织的直接延续外，其他四个政党也都是在战前旧党派势力的基础上，通过不同程度的分化组合形成的，因此战前政党和战后政党具有连续性。首先是具有某种组织上的连续性。这主要表现在两个方面。

　　一个是组织成员上的连续性。战后各政党是在比较短的时间内形成的，因此各政党建立或重建时，其基本成员大部分是战前政党的成员。如三个保守政党即进步党、自由党和协同党虽然不是战前政党组织的直接继承，但基本上是以战前两大保守政党民政党和政友会的成员为基础组织起来的。尽管在 1946 年的"剥夺公职"中相当多的人被清洗，但由于 1951 以后公职处分被解除，许多旧党人派政治家复活并重新在党内或政界起到重要作用。与保守政党相比，社会党和共产党对战前组织的继承与延续，更为直接和全面。日本共产党在党的重建大会即第 4 次党的代表大会上，明确指出在组织上要与战前保持连续性。

　　另一个是组织体系上的连续性。从总体上讲，战后主要政党的组织体系基本上是在战前组织体系的基础上发展起来的，战后政党不仅内部组织体系延续了战前政党的形式，如总务会、干事长、政务调查会等，而且政党与政党之间活动的组织形式也基本上延续了战前的组织形式，如对日本政治活动具有重要意义的"政府与执政党首脑会议"就延续了战前的惯例。另外，战后政党政治不仅没有消除战前形成的特殊的"派阀政治"，而且还继承和延续了战前的派阀体系。虽然在战后民主改革的冲击下，从战前延续下来的派阀体系的具体构成已发生很大变化，但这种体系本身还是存在的。因此，从战后日本政党重建的过程和特点来看，战后政党政治与战前政党政治具有连续性的一面。

　　战后初期的民主改革，特别是新宪法的制定及各种制度改革的实施，又决定了战后政党政治发生了根本变化，从而使战后政党政治与战前政党政治具有非连续性的一面。这主要表现在以下几个方面。

　　首先，从体制上看，战前政党政治是在明治宪法下确立起来的，战后政党政治是在战后新宪法下初步确立起来的。国家统治权的归属及其根据以及统治权的行使方式发生了根本变化。在旧宪法体制下，统治权归属天皇个人，神圣不可侵犯。新宪法则规定，国家统治权分属国会、内阁和最高法院，它们行使权力的根据是全体国民的意志，主权属于全体国民。国民的代议机关——国会成为国家权力的核心，而国会所有活动都是以政党为中心展开的，元老、枢密院、军部等权力极大的议会外政治势力消失，而且战后政党活动的舞台从众议院扩大到参议院，排除了被藩阀势力及贵族保守势力占据的贵族院对政党政治的限制。国家统治权的行使方式也发生了根本变化。在旧宪法体制下，天皇总揽立法、司法、行政三大统治权。新宪法则实行立法、司法、行政三权分立制，在国会和内阁的关系上实行议行联责制，内阁的存在以国会的信任为基础。政治体制发生变化，其运行机制也随之变化，议会和政党成为战后国家权力运作的主体，政党的地位由此开始突出。在法律上，统治的正统性来自民意，政府再也不能像战前那样依仗天皇绝对权力的庇护为所欲为。

其次，从功能上看，构成战前政党政治的是两个无论在组织形态上，还是在政治主张上均与藩阀、元老、军部等统治势力具有密切联系的保守政党，不是多元社会利益的真正代表，因此无法真正承担聚合、表达社会各个阶层利益的功能。其功能仅仅是协助帝国体制，统治国家和社会。战后民主制度的形成，为建立在代表社会多元利益的多元政党之上的政党政治奠定了基础。保守政党与革新政党之间的对立、牵制乃至合作有利于聚合、表达，进而实现社会各个阶层的利益要求。

最后，从社会基础上看，战后民主改革，虽然使旧政党以新的形式得以复活，但旧政党所赖以存在的各种条件，即"曾经支持昭和初期政党政治的诸条件，如由财阀提供政治资金，依靠内阁官僚制维持选举地盘，地方名望家族发挥拉票职能，无产阶级政党软弱无力等也消失了"。[①] 这就意味着战后政党政治是在新的社会基础和体制条件下确立和发展的。[②]

（二）社会党联合政权及其历史意义

各政党成立后，积极准备参加大选。1945 年 11 月 27 日，召开了战后第一次帝国议会，修改了选举法、制定了工会法等，进行了重要立法作业。12 月 18 日，帝国议会在通过了以降低选民年龄、赋予妇女选举权及被选举权为主要内容的《众议院议员选举修改案》后被解散。

在 1946 年 4 月 10 日举行的战后第一次大选，有 2770 位候选人参加，相当于定额人数（466 人）的 5.9 倍。其中新人为 2624 人，妇女参加竞选的有

---

① 升味准之辅：《日本政治史》第四册，商务印书馆 1997 年版，第 839 页。
② 参见林尚立《政党政治与现代化》，上海人民出版社 1998 年版，第 98—105 页。

97 人。有 363 个政党参加，其中一人一党的政党有 184 个。无党派人士 773 人。自由党、进步党、社会党、协同党、共产党五大政党参加竞选的人数超过总竞选人数的一半，占 1429 人。投票的结果：自由党当选 140 人，进步党 94 人，社会党 92 席，协同党 14 席，第一次进入议会的日本共产党当选 5 人，其他党派 38 人，无党派人士当选 81 人，计 464 人。[①] 在当选的 464 人中，新人占 81.8%，计 381 人。在这次大选中，以日本社会党为中心的社会主义势力的发展对保守势力是个很大的冲击，社会党与共产党的议席合计近 100 个。即使在战前无产阶级政党势力最强大的时期即 1937 年大选时，也不过拥有 39 个议席。三木武吉看到社共两党的蓬勃发展，他感到，如果不建立保守各派联合的政权，"日本的前途就不堪设想"[②]。这次大选奠定了战后持续近半个世纪的保守对革新的政党结构模式的基础。[③]

一般认为大选后，币原内阁将让位于政党内阁。不想交出政权的币原内阁于 4 月 22 日总辞职。不过，币原于第二天上午就任进步党总裁后，向自由党总裁鸠山表示，进步党愿意同自由党合作组成两党联合内阁。1946 年 5 月 22 日，以第一大党自由党为核心组成了自由党和进步党联合的第一届吉田内阁。当时吉田不是众议院议员，因此成为旧宪法体制下天皇任命的最后一位首相。

在粮食危机和工人运动的威胁下，为了渡过难关，吉田首相开始考虑对内阁进行改组，准备同社会党联合组阁。但吉田同西尾和平野等进行了多次密谈，最终未同社会党达成协议。1947 年 2 月 7 日，麦克阿瑟致函吉田，指示他议会结束后举行大选。吉田内阁于 1947 年 3 月 31 日决定解散最后一届帝国议会举行大选，并同时举行日本历史上的第一次参议院议员选举。

在大选前诞生了两个政党：国民协同党与民主党。1947 年 3 月 8 日国民党与协同党合并组成国民协同党，所属议员 78 人，成为保守第三党。继承大日本政治会的进步党常常被视为极右派和旧秩序的代表，整肃越来越成为严峻的现实。进步党中年轻议员担心在即将到来的大选中很难取胜。于是，进步党发起组织新党的活动。1947 年 3 月 31 日，举行了民主党成立大会。进步党 114 名党员全部参加了新党，自由党政调会长芦田等

① 升味准之辅：《日本政治史》第四册，商务印书馆 1997 年版，第 898 页。
② 富森睿儿：《战后日本保守党史》，上海译文出版社 1984 年版，第 25 页。
③ 石川真澄『戦後政治史』、岩波書店、1999 年、34 頁。

9 人、国民协同党 15 人、小党派和无党派 7 人参加，总计 145 人，成为众议院第一大党。

　　然而，形势的发展超乎想象。1947 年 4 月 25 日的大选，共有 1567 人参加竞选。舆论认为能有 110 人当选并可成为第三大党的社会党，出人意料地获得 143 个席位成了第一大党。自由党获得 131 个议席，民主党获得 124 个议席。从得票率来看，三党伯仲之间不相上下。国民协同党获得 31 个议席，共产党获得 4 个议席。1947 年 4 月 20 日第一次参议院选举结果：250 个议席中社会党占 47 席，自由党 38 席，民主党 30 席，国民协同党 9 席，日本共产党 4 席，其他党派和无党派占 122 席。① 社会党获得出人意料的胜利，在众参两院均成为第一大党。

　　在社会党成为第一大党的 4 月 26 日上午，片山委员长发表谈话说："既然已知保守势力的政权不受国民的信任，所以下届政权必须是由资本主义向社会主义过渡的政权。"② 但是，社会党还没有做好执掌政权的精神准备，还缺乏信心。西尾在《朝日新闻》4 月 27 日举办的各党干事长座谈会上指出："虽然根据劳动群众的强烈愿望，我党应努力实现组成以我党为首的内阁，但首相不一定必须出自第一大党。"但是，盟军总部对这个选举结果表示欢迎。盟军总部 4 月 27 日指出：从选举结果来看，选民们既拒绝右翼的极权主义，又拒绝共产主义，他们以压倒多数的优势选择了"中道"。盟军总部欢迎这个结果，并特别提到日本共产党，说虽然给予日本共产党十二分的政治活动自由，但它却失败了。③

　　自由党虽然议席减少，如果与同是保守政党的民主党联合，仍然能够维持过半数议席并保住政权，当时保守势力联合起来要想阻止社会党组阁是很容易的。但吉田执意下野，对此吉田在《十年回忆》中表示："当时的情况非常微妙，保守两党如果合二为一，便可绰绰有余地控制过半数。于是有人提议说，与民主党携手搞保守联合政权，甚至还有人说从民主党拉人出来组织第一大党，但是我决定把政权让给居第一位的社会党，从此树立起我国民主政治的规范。"④

　　社会党虽为第一大党，但其议席数还不到众议院的 1/3，如果不与其他

① 升味准之辅：《日本政治史》第四册，商务印书馆 1997 年版，第 932 页。
② 石川真澄『戦後政治史』、岩波書店、1999 年、41 頁。
③ *Political Reorientation of Japan September* 1945 *to September* 1948，p. 767.
④ 吉田茂：《十年回忆》（第一卷），世界知识出版社 1963 年版，第 90 页。

政党联合便难以掌握政权。1947 年 6 月 1 日，终于成立了将自由党排除在外的三党联立内阁。社会党委员长片山哲担任内阁总理大臣，社会党书记长西尾末广担任国务相兼内阁官房长官，平野任农相，水谷任商工相，社会党出任阁僚的都是右派。一直反对联合的铃木、加藤等社会党左派在 5 月 15 日会见外国记者时声明"与共产党划清界限"，但也未能入阁。取代币原掌握了民主党领导权的芦田均担任外务大臣，国民协同党书记长三木武夫担任邮政大臣，参议院绿风会和田博雄国务相兼经济安定本部长官。但实际上在执政党 307 个议席中，社会党只占 47% 未过半数，即使把参议院绿风会的和田博雄算在社会党内也未过半数。包括首相在内的 17 个阁僚位置的分配分别是：社会党 7 人，民主党 7 人，国民协同党 2 人，参议院绿风会 1 人。

片山内阁的出现，从一定意义上讲，是战后民主革新力量的一大胜利。但社会党为联合保守政党，不仅在政策协议上作出重大让步删去了社会党一贯主张的"重要产业国有化"，而且在组阁前接受了民主党提出的"联立三条件"。"联立三条件"不仅排除了包括共产党在内的统一战线，而且要求社会党不要参与指导政治性大罢工和激进的大众运动。[①] 尽管如此，片山内阁的成立终究还是保守阵营的一种妥协。战后激烈的工人运动使劳资关系日益紧张。当时的调查表明，在被调查的业主中有 50% 的业主希望通过建立保守和革新的联合政权以缓和紧张的劳资关系，认为保守政党或社会党单独组阁是无法缓和这种紧张关系的。[②] 保守政党同社会党联合组阁，在一定程度上顺应了这种要求和愿望。

战后日本第一个社会主义政权片山内阁是一个短命内阁，仅仅存在了 8 个多月。面对社会党左派的反对和倒阁活动，片山首相失去了维持政权的积极性。[③] 1948 年 2 月 10 日召开的临时内阁会议上决定内阁总辞职。1948 年 3 月 10 日，民主党、社会党和国民协同党联合组成的芦田内阁成立。其中，民主党有 6 人入阁，社会党 8 人，国民协同党 2 人。西尾出任副总理兼国务相，加藤勘十出任劳动相，野沟胜出任国务相。芦田内阁同片山内阁一样也是个短命内阁。1948 年 10 月 7 日，因现职大藏大臣涉嫌昭和电工事件被捕，内阁不得不宣布总辞职。12 月 7 日，芦田本人也被该

---

① 白鳥令編『保守体制』（上）、東河経済新報社、1977 年、9 頁。
② 日本現代史研究会編『戰後体制の形成』、大月書店、1988 年、246—247 頁。
③ 参见升味准之辅《日本政治史》第四册，商务印书馆 1997 年版，第 938—939 页。

事件牵连而被捕（1952 年东京地方法院宣判无罪）。

社会党参加的这两届联合内阁，几乎没留下什么同保守党执政有明显区别的独立政策，但作为革新政党社会党短暂的联合执政的历史意义却是不能低估的。

首先，它反映了战后日本在民主化改革基础上发生的阶级力量对比的变化。在战后这场新旧体制更替的改革中，过去统治日本的旧的右翼势力一度受到严重打击，20 余万军国主义分子受到剥夺公职的处分，其中包括自由党、民主党、进步党等保守政党的 80%—90% 的议员。而左翼势力得以扶植，战前以工人和农民为中心的劳动者的政治参与受到压制，代表他们利益要求的政党也是软弱的甚至是非法的。随着战后民主改革的推进，广大工人阶级走上政治舞台，工会和农会的全国性组织成立起来，各界人士举行集会、游行、罢工，要求建立民主政府，这些活动有力地支持了革新政党的政治活动。因此，在战后新宪法生效后的第一次大选中，社会党跃居第一大党，并成立了以社会党为首的社会、民主、国民协同三党联合执政的片山内阁和芦田内阁。

其次，无论是以社会党党首片山哲为首相的片山内阁，还是其后的芦田内阁，战后初期"革保""保革"联合执政的政权都以短命而告终。有了此次联合执政的经历后，社会党对联合执政失去兴趣，转而以单独夺取政权为努力目标。从这个意义上讲，片山内阁和芦田内阁奠定了战后日本"保守"与"革新"对立的政党结构模式。[1] 同时，也决定了在保守与革新的对立中，社会党成为"万年在野党"的命运。因为社会党虽然是一个议会政党，但却缺乏获取政权的积极性，因而被批评为"不捉老鼠的猫"[2]。在社会党成为第一大党时，党的实力者，无论是片山哲还是西尾末广，都欠缺担当政权的准备与积极的态度。因为他们知道既然成为议会的第一大党，就应该承担起担当政权的责任、应该履行对国民的义务，但社会党缺乏与之相应的实力、经验与准备。

再次，从众议院总体势力对比来看，社会主义势力社会党、共产党两党仅拥有 148 个议席。除无所属外，自由党、民主党、国民协同党、日本农民党等资本主义四党合计共 300 个议席。进而从各党的得票数来看，社

---

① 神岛二郎编『現代日本の政治構造』、法律文化社、1985 年、144 頁。

② 同上。

会党是 720 万票，占有效投票的 26.3%，社会党获得有效投票的 1/4 强。第二大党自由党，因选举后一部分党员加入民主党，去掉这一部分还有约 726 万选票，尽管只是些微之差，但还是超过了社会党。从得票数来看，保守势力总票数对革新势力总票数之比是 1672 万票对 820 万票。[①] 因此，无论是从政党议席数量来看，还是从得票数量来看，社会党政权时期，已经确立起保守势力占绝对优势的保守对革新的势力比。

最后，无论片山内阁还是芦田内阁之所以能在不断内讧和屡发渎职事件之中维持了政权，主要是因为有盟军总部民政局在背后支持。在盟军总部内部，理念派和现实派对立是众所周知的事实。理念派以民政局局长惠特尼、副局长盖迪斯为中心，他们对扫除日本军国主义、彻底实现日本民主化充满热情。吉田曾在《十年回忆》中指出："占领初期，在参谋部以外部局的比较年轻的职员中，涌进很多被称为所谓拥护新政的革新分子。这些人就是我们前面所说的典型的理念派，他们希望利用占领下的日本，作为他们实现平素所向往的进步的革新论的试验场。"现实派的核心则是负责情报、治安工作的参谋二部，主要由职业军人组成。现实派重视日本的军事战略地位，他们认为民主化政策过火是不可取的。麦克阿瑟在占领初期，采取了重视以民政局为中心的理念派的做法。在 1947 年 5 月到 1948 年 10 月片山内阁和芦田内阁时期，正是美苏冷战迅速发展的时期。麦克阿瑟领导下的盟军总部，一方面夸耀民主改革的成果并期待民主化进一步发展争取早日媾和。1947 年 3 月麦克阿瑟在会见记者时就曾主张，颁布新宪法和达到使日本非军事化与民主化的占领目的之后，就应当抓住这个机会开始媾和工作。另一方面又担忧"二·一"大罢工中显示出来的共产主义势力的抬头，强烈感到有必要采取抑制日本国内革命主义势力的政策。随着美苏冷战的加深，在美国逐渐改变对日占领政策的过程中，民政局的规模日益缩小其作用也不断下降，现实派的作用却逐渐扩大。但理念派仍寄希望于保革联合的片山内阁。现实派则站在在野的自由党一边，企图联合民主党右派掌握主导权。从而形成了民政局—社会党—民主党左派与参谋二部—自由党—民主党右派盟军总部和日本政治势力都被卷入的对立的政治局面。片山内阁下台后，民主党、社会党、国民协同党三党联合组成了芦田内阁，民政局希望继续走保革联合的中间道路。芦田内阁垮台后，民政局为阻止吉田出任首相曾策划让民主自由党干事长

---

① 各党得票具体数字参见石川真澄『戦後政治史』、岩波書店、1999 年、218 頁。

山崎组阁的活动。山崎组阁的失败为民主自由党打通了组织吉田内阁的道路，1948 年 10 月 19 日第二次吉田内阁成立。在 1948 年年底到 1949 年年初这段时间，盟军总部内的斗争关系发生了决定性的变化，现实派确立了主导地位，民政局留下一部《1945 年 9 月到 1948 年 9 月的日本政治取向》结束了民政局时代。

二　自民党一党优势政党制

日本战后所处的特殊地位使其国内政治深受国际政治大环境的影响与制约。美国的对日政策以及盟军总部的统治策略直接左右着日本各政党的地位及其力量消长的变化。战后初期美国对日本实行非军事化、民主化改革，以清除日本军国主义的政治、经济与社会基础。但美苏对立的国际冷战体制的形成使美国确立了"遏制共产主义向全世界扩张"的全球冷战战略，在该战略下美国为把日本纳入其反共体系逐步改变了对日政策。由于意识形态与反共立场的根本一致，盟军总部由着力打击日本保守势力转变为扶植保守势力压制革新势力，被剥夺公职处分的政治家又重新返回政治舞台并逐渐占据日本政治的统治地位。日本共产党等进步势力受到压制。美国占领政策的改变使日本政治力量对比发生了变化，代表资产阶级利益的保守政党逐渐确立了其在日本政治体制中的优势地位。1955 年 11 月，日本两大保守政党自由党和民主党合并组成自由民主党，拥有 299 名众议院议员、118 名参议院议员，成为国会第一大党。此后，自民党在历次大选中蝉联半数以上议席，并维系了长达 38 年的一党优势统治。战后初期形成的多党轮流执政因优势政党自民党长期垄断政权未能正常运行下去，多党制发生了变异。本文将这种除优势政党外，不只允许其他政党合法存在而且是优势政党的竞争者，但轮流执政事实上并未发生，只是同一政党长期设法赢取国会议席绝对多数的政党制，称为一党优势政党制。

（一）社会党力量的发展与左右两派社会党的统一

美国占领政策的改变使日本政治力量对比发生了变化，代表资产阶级利益的保守政党逐渐确立了其在日本政治体制中的优势地位。于 1948 年 10 月芦田内阁倒台后成立的第二次吉田内阁是民自党的少数执政党内阁。三个月后，民自党在 1949 年 1 月的大选中以 269 个议席（占议席总数的

57.7%）的过半数优势获胜。同年 2 月组成的第三次吉田内阁吸收了民主党的两名议员入阁，实行保守政党联合执政。1950 年 3 月民自党吸收民主党联合派并改名为自由党。同年 4 月民主党在野派与国民协同党合并组成国民民主党。当时众议院议席分配情况为自由党 286 席，国民民主党 67 席，社会党 46 席。吉田内阁就是在这种自由党占稳定多数的基础上，从占领时代后期一直执政到媾和独立后的初期。

1952 年 4 月媾和独立实现后，战后日本政界进入了重新分化组合时期。解除整肃后重返政界的鸠山一郎、三木武吉、河野一郎等战前派党人政治家和岸信介、重光葵等官僚派政治家，于 1954 年 11 月 24 日建立民主党结成反吉田联合军，胁迫吉田自由党下台。吉田试图实行在不修改宪法、不重新武装和由美国保证日本安全的基础上复兴经济和扩大贸易的路线，而以鸠山为首的反吉田派的大多数人坚持修改宪法和重新武装，要求修改日美安保条约和与美国对等化的路线。1954 年年底吉田自由党内阁垮台、鸠山民主党内阁成立。

在政界重新分化组合过程中，保守势力与革新势力之间相互作用。左派社会党坚持拥护宪法、反对重新武装、反对日美安保条约，在总评的全面支持下于 1952 年和 1953 年的几次大选中增加了议席，开始凌驾于右派社会党之上。左右两派社会党虽然在鸠山内阁的成立上同民主党进行了合作，但对公然提出修改宪法、重整军备的日本民主党深感不安。

在 1949 年 1 月大选失败后，社会党内部左右两派斗争激烈，甚至在 1950 年年初分别召开了社会党的第 5 次代表大会，3 个月后两派暂时统一起来但相互之间的矛盾依然存在。1951 年 10 月因媾和问题裂痕加深正式分裂为左派社会党和右派社会党，在 1952 年至 1955 年的大选中的得票率和议席不断增加。

首先，从大选相对得票率①来看。在 1952 年 10 月大选中，自由党是

---

① 相对得票率，是某一候选人的得票数与该选举区总有效投票数之比。绝对得票率，是该候选人的得票数与该选举区选民总数之比。各政党将其所属候选人的得票数按选举区统计后，再进行上述处理，就可得出该党选区范围内的相对得票率与绝对得票率。各政党将其所属候选人的得票数在全国范围内统计，该数字与全国总有效投票数以及全国选民总数之比，便是该党全国范围内的相对、绝对得票率。绝对得票率是石川真澄率先提出来的，此后被日本政治学界广泛使用。石川认为，绝对得票率是观察全国得票率在较长时期内变化的标尺。绝对得票率，考察的不是个别选民从几个政党中选择了一个，必须考虑到弃权也是一种非常重要的选择。即是说，即使所获选票未增加，弃权者的增加也可带来相对得票率的增加。使用绝对得票率就可避免这种得票率的"虚假"增加。

47.93%，改进党是 18.19%，两者合计是 66.12%。保守派合计 1953 年 4 月是 65.66%，1955 年 2 月是 63.18%。①尽管每次合计都超过了 60%，但却显示出了下降的趋势。另外，社会党左右两派得票率都在逐渐增加。特别是左派社会党在 1952 年 10 月大选中的得票率是 9.62%，1953 年 4 月是 13.05%，1955 年 2 月则上升为 15.35%。社会党系三党（左右两派社会党和劳农党）的得票率在 1952 年 10 月是 21.99%，1955 年 2 月则获得了 30.18% 的得票率。

其次，从众议院议席数来看。在 1952 年 10 月大选中，保守派合计获得 325 个议席（占总议席的 69.7%）。1953 年 4 月获得 310 个议席（占总议席的 66.5%），1955 年 2 月获得 297 个议席（占总议席的 63.6%），约占有总议席数的 2/3。社会党系三党 1952 年 10 月获得 115 个议席（占总议席的 24.7%），1955 年 2 月则上升到 160 个议席（占总议席的 34.4%）。三年半的时间，议席增加了 45 个，占总议席数的 1/3。

再次，从参议院所占议席数来看。1950 年 6 月，自由党和国民民主党合计 107 人（占总议席数的 42.8%），社会党和劳农党合计 67 人（占总议席数的 26.8%）。社会党统一和保守党合并后进行的 1956 年 7 月选举，自民党 124 人（占总议席数的 50%），社会党 81 人（占总议席数的 33%）。绿风会等会派缩小、参议院政党化被推进。

最后，从支持率来看。在媾和前后，左派社会党主张全面媾和同吉田内阁展开了坚决的斗争。由于其行动没有超越议会民主制的范围，因此顺利地扩大了社会党的影响。拥有 300 万会员的总评是社会党最重要的支持基础。除有组织的工人外，普通工薪阶层对左右两派社会党的支持也逐渐增加。1948 年 3 月，保守政党的支持率是 48%，社会党的支持率是 34%。到 1950 年 2 月保守政党的支持率是 33%，社会党的支持率是 24%。1953 年 6 月保守政党的支持率是 49%，社会党的支持率是 44%，1955 年 11 月保守政党的支持率是 37%，社会党的支持率是 50%。到 1956 年 6 月，保守政党的支持率是 32%，社会党的支持率是 54%，其差距进一步拉大。②右派社会党受到全纤同盟、海员工会等的支持，同时集中了像河上丈太郎

① 以下未注明出处的数字均参见石川真澄『戦後政治史』、岩波書店、1999 年，附表。括号内数字根据石川数据得出。
② 宮崎正康、中村隆英編著『過渡期としての1950 年代』、東京大学出版会、1997 年、9 頁。

等基督教社会主义者、松冈驹吉等工会领导者、浅沼稻次郎等社会大众党派活动家，右派社会党凭借其人脉和党员的知名度维持其势力。

左派社会党势力发展的部分原因，是左翼势力期待寻求一个能代替衰退了的日本共产党的政党。与左右两派社会党力量的发展尤其是左派社会党势力的发展成鲜明对照的是，日本共产党在现实政治的舞台上因其暴力革命路线丧失了威信。日本共产党支持者的大部分转而支持左派社会党。美苏冷战的开始使对战争还记忆犹新的日本国民产生了巨大的不安，朝鲜战争以及日本政府重整军备的动向唤起了日本国民朴素的和平主义感情。左派社会党在美苏对立中倡导"中立"，使其相当成功地赢得了日本国民的支持。

同时，日本人民反对美军基地与政府重整军备的斗争也有力地推动了革新政党的发展。《旧金山和约》和《日美安全保障条约》生效以后，革新势力与保守势力之间的对立和抗争进一步加剧。在占领时期，占领军掌握着至高无上的权力可以妨碍占领政策的推行为理由干涉日本国内的纠纷。当占领军权力消失后，政府与反政府势力之间展开了针锋相对的斗争。反对美军基地、拥护和平宪法、反对核武器以及反对重整军备成了50年代上半期阶级斗争化了的工人运动的主要内容。人民群众斗争有力地推动了革新政党的发展。

因得到总评支持和日本共产党的选票而长足发展的左派社会党，在1953年的大选和参议院选举中遥遥领先于右派社会党后，便呼吁右派社会党进行合并。在合并问题上左右两派社会党内部都有人反对，两派社会党在政治路线上存在很大差异。1954年春吉田内阁因受到造船渎职事件的冲击而风雨飘摇行将倒台，使两派社会党产生了通过合并来夺取政权的设想。1955年10月13日两派社会党在存在严重分歧的情况下，于神田共立讲堂召开了统一大会，宣布日本社会党成立。大会通过了经过两派相互妥协终于得到两派认可的统一纲领。统一后的社会党约占众议院议席的1/3左右，在日本近现代史上社会主义政党第一次获得如此强大的力量。

（二）保守优势政党自民党的诞生

合并后的社会党没能实现夺取政权的目标，却促使保守政党为对抗革新政党而在财界的推动下于同年11月15日合并组成自由民主党（简称自民党）。财界、各保守政党等保守统治集团内部，对于在1952年到1955年的大选中得票数和议席不断增加的两派社会党统一起来以对付保守政党，感到威胁很大。

吉田接替被整肃的鸠山执掌自由党后，于 1948 年 3 月 15 日与同志俱乐部（原民主党币原派）合并成立了民主自由党。1950 年 3 月民自党吸收民主党联合派并改名为自由党。同年 4 月民主党在野派与国民协同党合并组成国民民主党。当时众议院议席分配情况为自由党 286 席，国民民主党 67 席，社会党 46 席。在自由党占稳定多数的基础上，吉田内阁从占领时代后期一直执政到媾和独立后的初期。

使吉田自由党发生动摇的，是随着撤销整肃而复出政界的大人物。鸠山一郎、三木武吉、河野一郎等鸠山派实力人物因解除整肃而重返政界，这些政治家是在 1952 年 10 月大选以后才重新获得议席的。但鸠山派与吉田派之间的对立在此之前就已开始激化，自由党内吉田派共 140 人，鸠山派共 119 人，中间派共 26 人。吉田派与鸠山派势均力敌。

1951 年 8 月，大麻唯男、松村谦三等旧民政党派被解除剥夺公职的政治家组成了以旧民政党派政治家大团结为目标的新政俱乐部，筹划建立新党。1951 年 10 月 10 日，国民民主党最高委员会通过了以国民民主党为基础建立新党的方针。1952 年 1 月 21 日在东京神田的共立礼堂召开了新政治势力团结国民大会。同年 2 月 8 日，正式成立了改进党，书记长为三木武夫。改进党的纲领如下："（1）吾党拥护个人尊严与公共利益，确立民主主义，改革各项政策。（2）吾党要完成日本民族的独立自卫，以期振兴亚洲和实现世界和平。（3）吾党根据协同主义的理念，修正资本主义，增进国民大众的福利。（4）吾党广泛吸收东西方文明，振奋国民精神，以期世界文化昌盛。（5）吾党作为进步国民势力的先锋，坚决实行责任政治。"[1] 尽管改进党继承了国民民主党前身的国民协同党、农民协同党建党精神的"协同主义"理念，并给人以"进步势力"的代表等印象，但该党明确规定了民族主义的方向。在体现纲领精神的政策大纲中，提倡"创建适应民力的民主性自卫军，尽快将安全保障条约改为相互防卫条约"。甚至提出"全面地重新研究占领下的各项法令（包括宪法）、各项制度"，要求尽早归还"库页岛、千岛、冲绳、小笠原诸岛"。明确地表明了与吉田对美协调、经济重点主义相反的立场。

吉田政权因党内外反吉田势力的抬头而动摇。第十三届通常国会尽管

---

①　富森睿儿：《战后日本保守党史》，上海译文出版社 1984 年版，第 68—69 页。

五次延期，到1952年7月底仍有数十件法案搁置在参议院。于是吉田不顾众议院议员的任期即将届满（1953年1月22日），1952年8月28日突然宣布解散众议院①并决定于10月1日举行大选。这次选举战是在自由党一分为二的情况下进行的。吉田派占据自由党本部，鸠山派则以车站旅馆为据点，资金也是分别筹措的。1952年9月12日，鸠山在日比谷公会堂发表了重返政界后的第一次演说，阐述了恢复日苏邦交、修改宪法和重新武装的必要性，在政策上向吉田挑战。鸠山在回忆录中说，"这次演说清楚地表明了我与吉田君的对立"。在这次大选中，被解除整肃的人（包括前议员和前官僚）有329人参加竞选，结果139人当选。鸠山、三木、石桥、河野等均恢复了席位。自由党共获得240个席位，其中鸠山派68席，吉田派73席，中间派99席。改进党85席，右派社会党57席，左派社会党54席，劳农党4席，共产党一席未得，其他各派和无党派人士26席。②此次大选虽使鸠山派不得不放弃建立新党的打算，但拥立鸠山并欲与吉田派决一死战的三木、河野、石桥等强硬派在吉田被指名组阁后不久，便结成了民主化同盟，同盟的委员长为安藤正纯。1952年10月30日第四次吉田内阁成立。

民主化同盟的成立，使自由党内的对立更加白热化。1953年3月2日，在野党在众议院预算委员会上就吉田低声怒骂社会党议员为"混蛋"一事提出要求惩罚首相的动议，这项动议在表决时因民主化同盟和广川派缺席而得以通过。3月14日，三木、河野、石桥等23名民同派退出自由党，成立院内团体"分党派自由党"。接着，在野党对吉田内阁提出不信任案，因分党派赞成而成立。顽固的吉田没有选择总辞职，再次宣布解散众议院。3月16日，广川派15人退党与分党派合并，组成了所谓的鸠山自由党。鸠山任总裁，三木任党务委员长、石桥任政策委员长、广川任选举对策委员长。鸠山自由党的政策与改进党的政策极其相似。在其政策

① 1946年的宪法对解散众议院的规定，总的说来很不明确。在与内阁有关的第5章第69条规定，众议院在通过对内阁不信任案或否决对内阁的信任案后，只要众议院不解散，内阁就必须总辞职。虽没有对解散众议院作出规定，但一般来说被作为内阁解散众议院的依据。这次是在不存在众议院对内阁不信任的情况下，吉田内阁主动提出单方面通知解散众议院。吉田内阁以宪法第7条"天皇的国事行为"中包含"解散众议院"，而这种国事行为必须得到内阁的建议和承认的规定，作为解散众议院的依据在法律上还有疑问。然而，吉田内阁的措施造成了一个既成事实，成为一种先例。

② 升味准之辅：《日本政治史》第四册，商务印书馆1997年版，第1000—1001页。

中，首先提出"按照国情修改宪法"，同时又明确提出了重整军备的方向：
"为防止战争爆发，组织自卫军，以期充分确保治安与防卫国土。"最后提
出修改地方税制和为保护公共利益而限制罢工等，要求重新研究占领下的
各项法令和制度，强调"与东南亚各国的友好关系"。[1] 这次大选争论的最
大问题，是重新武装问题。吉田自由党采取反对修改宪法，主张随着国力
的充实逐渐增强自卫力量的立场。鸠山自由党主张修改宪法和重新武装。
改进党也主张重新武装，但关于修改宪法有两种意见：一种意见认为不必
修改宪法，自卫亦可拥有军队。另一种意见则认为必须修改宪法，不修改
宪法就不能拥有军队。右派社会党反对重新武装，要求缩小保安队的规
模，但采取承认自卫权的立场。左派社会党反对重新武装，要求解散保安
队。4月19日的大选结果是：自由党获得199个席位，鸠山自由党35席，
改进党76席，右派社会党66席，左派社会党72席，劳农党5席，共产党
1席，其他党派和无党派12席。鸠山自由党和改进党都没有发展，得到发
展的是两派社会党尤其是左派社会党。

　　1953年5月成立的第五届吉田内阁是个少数执政党内阁。如果此时
自命为进步的保守政党的改进党与两派社会党、无党派等各派联合起
来，在议席数上是可以确保过半数的。但主张修改宪法、重整军备的改
进党，与提出非武装、拥护宪法的左派社会党，政策上的差距太大。
1947年至1948年曾出现的部分保守政党与革新政党联合起来建立中道
政权的可能性，现在已经完全丧失。尽管各保守政党围绕人事安排问题
互相争吵，但政策方面的共同基础却逐渐建立起来，自由党与改进党、
鸠山自由党之间在有分歧的修改宪法、重整军备的看法上有了实质性的
接近。吉田本来也并不反对在"国力允许的范围"内逐步加强自卫队力
量。自由党为换取改进党的支持不得不在防卫政策上作出让步，在1953
年9月27日吉田和重光的会谈中，双方达成共识：适应驻军的逐步减
少，制订适合国力的长期防卫计划；将保安队改为自卫队，并加上防御
直接侵略的任务。关于修改宪法问题，吉田站在现行宪法并不禁止为自
卫保持军事力量这一立场上，始终反对改进党、鸠山自由党以正式重整
军备为目标而修改宪法。吉田认为，即使从修改宪法本身来讲"也要经
过相当的年月，充分听取国民的意见，反复进行广泛的研究和审议，而

---

[1]　富森睿儿：《战后日本保守党史》，上海译文出版社1984年版，第73页。

且要充分根据民主程序，才能修改宪法。应该强烈反对一届内阁或一个政党急于求成的做法"。① 但是，吉田的这一观点并没有完全在自由党内得到贯彻。自由党内，既有持重整军备观点的人，也有认为现行宪法是占领军强加的因而加以反对的人，修宪论者居多数。1953 年 11 月，鸠山自由党的大部分成员重新回到自由党②的一个条件就是，在党内设置宪法调查会。这个条件是在佐藤干事长等干部积极说服吉田并在党内无任何异议的情况下接受的。从形式上来看保守政党是分裂的，但在政策上和理念上，倒不如说正在向统一的方向发展。

自由党的绪方竹虎副总裁和佐藤干事长等为打开少数派内阁的困难局面，推动保守政党合并，后在公选总裁问题上陷入僵局。但是，改进党的自改合并推进派和自由党的鸠山派以及岸信介派，以这个协议会为基础展开了反吉田派的新党运动。1954 年 11 月 24 日日本民主党宣告成立，拥有众议院议员 121 名，参议院议员 18 名。总裁鸠山，副总裁重光，干事长岸信介，总务会长三木武吉，政调会长松村，芦田、石桥和大麻为最高委员。其纲领为：（1）在民主主义之下，整顿政界以期议会政治焕然一新。（2）根据国民的自由意见，纠正占领以来的各项制度以期完成独立自主。（3）开展自主国民外交，缓和国际紧张局势，以期实现亚洲的复兴与世界和平。（4）根据综合计划确立自主经济，以期实现基于社会正义之下的民生安定，建设福利国家。（5）基于人类博爱的理念排除阶级斗争，加强民族团结以期伸张道义。③ 民主党继承了改进党、鸠山自由党提出的民族主义路线即修改包括宪法在内的占领以来的各项制度与建立自卫军。这一点在政策大纲中十分明确地规定为："现行宪法，鉴于当时制定的情况和实施的效果应征求国民各阶层的意见，慎重地研究其内容，在坚持和平主义、民主主义的前提下进行修改"；建立"与国力相适应适度、少而精的自卫军"，促使美军撤退以及把日美安保条约修改成双边条约；在外交方面"开展自主国民外交"，实现与包括中苏两国在内的亚洲各国的邦交正常化。日本民主党企图对吉田主张的片面媾和以及由此而产生的旧金山体制作部分修改。保守政党内反吉田路线的观点都汇集到日本民主党的纲领

---

① 吉田茂：《十年回忆》第二卷，世界知识出版社 1964 年版，第 25 页。

② 剩下的三木武吉、河野一郎、松永东、松竹千代、中村梅吉、池田正之辅、安藤觉、山村新治郎 8 人仍留在党内，称为日本自由党。

③ 正村公宏『戦後史』（下）、筑摩書房、1985 年、8 頁。

政策中。

经过激烈的分化组合，到 1954 年年底保守政党改组为两个：一个是 1954 年 11 月 24 日成立的日本民主党，另一个是同年 12 月 8 日改组了领导班子的自由党。

鸠山内阁于 1955 年 1 月 24 日解散了众议院。在 1955 年 2 月的大选中，民主党提出"完成独立（包括准备制定自主宪法）与收回领土"等承诺参加选举战。鸠山在 2 月 3 日举行的四党首脑辩论演说中表示"如果我们能在众议院获得三分之二席位就准备制定自主独立的宪法"。主张护宪、非武装中立的左派社会党当然反对修改宪法。右派社会党委员长河上丈太郎在 2 月 24 日的四党首脑竞选演说会上明确表示担心"如果保守势力获得三分之二的议席，就会修改宪法，重整军备并颁布征兵制"。右派社会党也采取了反鸠山路线的鲜明立场。左右两派社会党约定在大选后重新统一共同对抗"倒退路线"，并提出"民主护宪"的共同口号。2 月 27 日投票结果如下：民主党 185 席，自由党 112 席，左派社会党 89 席，右派社会党 67 席，劳农党 4 席，共产党 2 席，无党派 8 席。民主党尽管成为国会第一大党但其议席只占议席总数的 39.7%，给社会党创造了增长力量的机会。两派社会党与劳农党的议席合计为 160 席，占总数的 34.4%。加上共产党的两席共占议席总数的 34.7%。革新阵营所获议席第一次超过议席总数的 1/3（156 席），从而堵死了保守势力修改宪法之路，鸠山的民族主义路线受挫。

鸠山内阁既没能在大选中使保守势力获得 2/3 的国会议席，又在外交上难以取得突破性进展。因是少数执政党内阁，法案和预算的审议不能如愿，宪法调查会法案和国防会议设置法案等因遭到社会党强烈反对而无法审议下去。而且社会党统一也取得了进展。在这种情况下，要保持鸠山内阁执政地位保守政党合并势在必行。

1955 年 11 月 15 日在东京神田的中央大学礼堂举行自由民主党成立仪式，参加新党者有众议员 299 人、参议员 118 人。直到建党大会召开前夕，总裁的选举方法仍未作出决定，只好选出鸠山、绪方、三木和大野四人为总裁代行委员。他们内部商定，首相由鸠山担任，主要负责政务；党务主要由绪方负责。并推选岸信介为干事长，石井光次郎担任总务会长，水田三喜男任政调会长。党首之争在 1956 年 1 月 28 日绪方急逝后才结束，1956 年 4 月 5 日鸠山当选自民党首任总裁。

在保守政党合并的过程中，财界发挥了重要作用。朝鲜战争使日本贸易输出剧增，给日本带来了巨大的经济利益。由于朝鲜战争的刺激，日本经济呈现出复兴苗头，为了加快日本经济的发展，政局的稳定比什么都重要。保守势力的分裂和互相拆台使两派社会党乘机扩大了势力。财界希望保守政党合并，他们需要保守稳定的政权来维护资本主义体制和垄断资产阶级的利益。1954 年 10 月 20 日经济同友会通过的大会决议指出"经济同友会第七届大会以全会的名义向保守各党发出警告，要求尽快实现保守政党合并"。① 对企业经营者阶层来说，"他们共同关心的是阻止左翼政治的发展，他们最担心的是保守势力内部抗争被左翼势力利用"。②

（三）自民党一党优势政党制的特点

日本战后初期经过各政党间近十年的分化组合，在财界的强烈要求以及社会党统一的刺激下，1955 年两大保守政党自由党和民主党合并组成自由民主党（简称自民党），自民党一经建立就成为国会第一大党。直到 1993 年，自民党在历次大选中蝉联半数以上议席（参见表 1）并因此维系了长达 38 年之久的自民党一党优势统治。

在战后初期日本政党政治演变的十年中，保守政治势力在历次大选中均占据绝对优势。从形式上看，自民党的诞生不过是意味着保守政治势力从分裂走向联合而已。但，保守政治势力这种形式上的联合即统一的保守政党的形成却是战后政党制度形成的最重要的标志。因为，在政治运作中起作用的政党决定着政党制度的性质和形式。政党制度是组成政党的结合体，这些组成政党通过固定的方式互动形成一个复合而连续的整体。在形式上，政党制度表现为以固定方式互动的一组政党。同时，政党制度还意味着组成政党的连续性。如果组成政党尤其是在政治运作中起作用的主要政党出现巨大的断裂，那么另一种性质和形式的政党制度就会取而代之。当优势政党不再成为优势政党时，或其模式即将很快地建立，或其制度性质即将改变，不再是优势政党制。

---

① 富森睿儿：《战后日本保守党史》，上海译文出版社 1984 年版，第 97 页。
② 正村公宏『戦後史』（下）、筑摩書房、1985 年、15 頁。

表1　　　　自民党一党优势政党制下众议院议员大选（1958—1993年）

选举年月日	议席数（括号内为事后变化）	议席率（事后变化百分比）	备注
1958.05.22	287（+11）自298 166（+1）社167	63.8% 35.8%	1955年日本政治制度形成后 第一次选举
1960.11.20	296（+4）自300 145（−1）社144	64.2% 30.8%	岸内阁下台、池田上台 社会党委员长浅沼遇刺
1963.11.21	283（+11）自294 社144	63.0% 30.8%	社会党结构改革派的失败
1967.01.29	277（+3）自280 140（+1）社141	57.6% 29.0%	"黑雾"解散
1969.12.27	288（+12）自300 社90	61.7% 18.5%	佐藤、尼克松共同声明 归还冲绳
1972.12.10	271（+13）自284 社118	57.8% 24.0%	田中内阁、日中邦交正常化 社会党成田、石桥体制
1976.12.05	249（+11）自260 123（+1）社124	50.9% 24.3%	自民党第一次跌破过半数
1979.10.07	248（+10）自258 社107	50.5% 20.9%	一般消费税的导入 自民党第二次跌破过半数
1980.06.22	284（+3）自287 社107	56.2% 20.9%	自民党相隔8年之后超过55%， 社会党议席率与上次相同
1983.12.18	250（+9）自259 112（+1）社113	50.7% 22.3%	自民党第三次跌破过半数 社会党石桥委员长
1986.07.06	300（+4）自304 85（+1）社86	59.3% 16.8%	众参两院同日选举 社会党新宣言
1990.02.18	275（+11）自286 136（+3）社139	55.9% 27.1%	自民党消费税、利库路特案 社会党土井旋风
1993.07.18	223（+5）自228 70（+7）社77	44.6% 15.1%	保革对立政党结构模式下 最后一次大选

资料来源：石川真澄『戦後政治史』、岩波書店、1999年、223—235頁；原彬久『戦後史のなかの日本社会党』、中央公論新社、2000年、177頁。

对于战后日本政党制度——自民党一党优势政党制，首先要说明的，是其毫无疑义地属于多党制的范畴。即除优势政党自民党外，不只允许包括共产党在内的其他政党合法存在，而且是自民党的合法竞争者，尽管这种竞争不一定有效。这就是说少数党是优势政党真正独立的反对者。战后日本自民党一党优势政党制确实是存在两个以上政党的政党制度。

其次，自民党一党长期处于优势地位并垄断国家政权，自民党一党优势政党制是多党制的变异。一党优势政党制既可在两党制中发生，也可在高度分裂的政党形式中出现。如果只为建立一个连续体，则我们可将一党优势政党制看作两党制的变异，只是在相当长的一段时期内没有发生权力交替而已。同样，一党优势政党制也可看作多党制的变异。战后日本的政党制度，是在允许多个政党合法存在并参与竞争的情况下，自民党长期处于绝对优势地位牢牢掌握国家政权。轮流执政事实上并未发生，只是自民党长期设法赢取国会议席的绝对多数。

再次，自民党一党优势政党制是政党多元的一种类型，是竞争性政党制度。在这种政党制度下，可以肯定所有的政党在起跑线上均有平等的机会，虽然轮流执政实际未曾发生，但并非绝对不可能发生；且其政治制度提供了公开和有效地表示异议的足够机会去反对执政党的优势。优势政党自民党必须为权力而奋争，其优势有时多少接近边缘。不过，在这种政党制度下，各党所享有的平等竞争的机会永远是相对的，因为没有人在起跑线上是真正平等的。何况平等竞争的机会并不等于都享有同等的资源，执政党与非执政党的资源之不均，比其他多党制更严重。

最后，这种竞争性政党政治的表现形式是保革两大政党的对立与竞争。自民党一党优势政党制的形成，使战后日本复杂的政治对立被"整理"为旗帜鲜明的两大阵营——以自民党为代表的保守政治势力与以社会党为主要代表的革新政治势力的对立与竞争，并由此形成了战后日本独特的保革对立与竞争的政党结构模式。战前日本的政党政治是以两个保守政党即政友会与宪政会的对立为轴心展开的。战后日本政治对立变得日益复杂，与战前保守政党与保守政党之间的对立不同，保守政党与革新政党的对立和竞争成了战后日本政治对立的基本模式。革新政治势力革命性愈强，保守政治势力危机感愈深。同时，保守政治势力内部还存在着战前派与战后派的对立，革新政治势力内部也存在着社会党与共产党以及社会党内部左右两派的对立。这种复杂的政治对立关系随着战后日本政党制度的形成被"整理"为保守政治势力与革新政治势力两大阵营的对立与竞争。[①]官僚、财界、职业团体、农村集团支持保守政党，成了保守政党的支持基础。构成革新政党支持基础的只是战后才开始被组织化的工会。与保守政党的支持基础相比，革新政党的组织基础还很脆弱。从这个意义上讲，革新政党为与保守政党相对抗不得不依赖大众运动的力量。因此，革新政党

----

① 参見宫崎正康、中村隆英編著『過渡期としての1950年代』、東京大学出版会、1997年、2頁。

与革新国民运动携手对抗保守政党。① 也就是说，以既成秩序为基础的保守政党占据绝对优势长期执掌国家政权，而以社会党为主要代表的革新势力在国会中的议席只有自民党的一半没有上台执政的机会，社会党长期作为抵抗政党专司反对之职，由此形成了战后日本独特的在自民党长期执政并占支配地位下的两大政党、两种政治力量的对立与竞争即保革对立的政党结构模式。

三　两大政党制的走向

在日本，英国长期被片面地视为"议会政治的母国"，多数代表制——小选举区制也往往被视为代表"自由民主体制"的选举制度。长期实行单记非转让式投票制——准比例代表制的战后政治被政治精英认为"一直无视或轻视多数决原理"。在国家和政治精英自上而下、积极推动民主模式转换以及政党制重塑的过程中，以"最明确反映多数决原理的选举制度"——小选举区制为主、比例代表制双轨并用的新选举制度在1994年导入。在新选举制度下举行的第五次大选即2009年8月30日的大选中，具有绝对多数优势的执政党自民党一夜之间被民主党赶下执政宝座，日本实现了向"有政权轮替的民主"的转化。这种政权轮替的实现，不仅直接关乎政党制的未来走向——向两党制迈出了重要一步，甚至意味着日本整个民主模式的转变——由"日本型民主主义"走向"多数民主"。

（一）政党制形态划分与日本政党制形态

在思考日本走向两党制可能性的过程中，有必要对现有政党制及其分类法进行简要总结。关于政党制的概念、内涵及其形态划分，学术界有不同的认知和界定。本文是在 Party System 的意义上使用政党制这一概念的，认为政党制"是指一国的一组政党在一定的社会生态环境下，在竞争或参与国家政权的过程中以固定方式结成的互动关系形式和模式"②。这一定义包含很多要点，其中有两点值得注意，这同本文的分析密切相关。第一，

① 神岛二郎编『現代日本の政治構造』、法律文化社、1985年、152頁。
② 吴辉：《政党制度与政治稳定——东南亚经验的研究》，世界知识出版社2005年版，第20页。

政党制是组成政党的结合体，这些组成政党通过固定的方式互动形成为一个复合而连续的整体。即是说，政党制在形式上表现为以固定方式互动的一组政党。同时，政党制还意味着组成政党的连续性。如果组成政党出现巨大断裂或退化，那么另一种形态的政党制就会取而代之。第二，政党制的生成和演化受一国政治、经济、社会、文化、历史与传统等诸因素的影响和作用。

关于政党制的形态划分，萨托利在《政党和政党制：一个分析的框架》（1976年）中提出的划分方法最有影响。他认为政党制的两个维度，即政党数目和意识形态两极化程度尤其重要。根据这两个标准，萨托利划分的政党制形态包含了以下四种：一党优势制（一个政党长期赢得过半数或更多议席）、两党制、有限多党制（意识形态两极化程度低的多党制）、极端多党制（意识形态两极化程度相当高的多党制）。尽管萨托利的著作一直在许多方面遇到挑战，但依然是唯一最重要的全面论述政党制的理论著作。他提出的区分政党制的两个维度影响深远，其分类学依然是划分发达工业化国家政党制的最有效标准。

如何判断一个国家的政党制形态何时属于两党制，而非有限多党制？萨托利直截了当地回答到：只要某一个第三党或若干个第三党的存在无碍于两个主要政党单独执政时，亦即无须与之组建联合政权时，就具备了一种两党制的形态。简而言之，在两党制这种政党制形态下完全可能存在第三党或若干个第三党。在这种情况下，两党制区别于三党制或有限多党制正如一党制政府区别于联合政府。当然，这一条件适合议会制和内阁制体制，而不适合美国式的总统制。

依据两党制规则运作的体制应具备哪些特征？第一，两个政党以竞争绝对多数议席为目标；第二，其中一党实际上成功地赢得足够的议席多数；第三，该党愿意单独执政；第四，政权轮替或轮流执政一直是一个可信的预期。需要补充的是，这四个条件是宽松的。比如一个政党可以单独执政却不选择单独执政，这并无太大的关系。政权交替可以是一党对两党，如果这两党不只是"联合"的两党，而且是"共生"性（在选区中很少或从不相互竞争）的两党。我们在适用它们的时候需要尽可能灵活。在任何给定的时间点上，两党制可能不复存在，正如一党优势体制一样。一党优势体制与两党制都有某种特别的共同点：如果获得的选票差距小，或者是选举制度的改变，都可能容易地改变该体制的性质。

日本 2009 年政权轮替的实现，是在 1955 年体制解体后、新的社会生态环境下发生的：新的推动政党制形态向两党制发展的选举制度，新的最大在野党——民主党替代绝对优势政党自民党上台执政，选民期待"变化"并"满意"这种变化。因此，我们可以作出以下判断：自 2009 年 9 月政权轮替实现之时起，就意味着日本政党制形态已经发生了改变：自民党一党优势体制被另外一种形态——两党制取而代之。

(二) 两大政党制的确定性

自 1955 年建立所谓 1955 年体制以来，在一直由自民党一党单独执政 (1955—1993 年) 的日本，很多人仍在追求着两党制和以此为基础的多数派一党内阁之间交替执政的理想的民主模式——"多数民主模式"。持这种观点的人大多相信英国式的小选举区制能使两党制得到保障，并坚信世界上多数发达国家都在实行着这一制度。"日本的'民主'观念是以美国和英国为媒介传进来的。在这个国家里，存在着深厚的共同体主义和经济增长至上主义的土壤，人们的权利意识、人权意识、保护少数派或珍视不同立场之共存的意识却很淡薄。他们对民主主义也有着与盎格鲁－撒克逊人不同的、刻板的、多数派优先主义的独特理解，认为'民主主义就是按多数意见作出决定'的观点似已成为通说。"① 1955 年体制前期，先后有鸠山一郎内阁、岸信介内阁、田中角荣内阁尝试以小选举区制推动实现两党制。进入 1955 年体制后期，"随着时代的改变（即冷战体制解体），日本型民主主义已不能适应内外的变化"②，政治精英自上而下推动民主模式转换、重塑政党制的动向在日本变得更加活跃起来。积极推动这种改革的小泽一郎在其系统论述"政治改革"构想的《日本改造计划》一书中认为"日本战后政治一直无视或轻视多数决原理。由此产生无责任的政治"③。主张改革的基本方向"必须有利于政党以政策竞争、以多数决原理推动政治"④，"使最高领导者能够负责任地决定政策，使无谓分散的权力，无论在形式上还是实质上实行民主主义的集中化"⑤。简而言之，小泽主张以多

---

① 山口定：《政治体制：宏观经济学》，韩铁英译，北京日报出版社 1991 年版，第 188 页。
② 小沢一郎『日本改造計画』、講談社、1993 年、4 頁。
③ 小沢一郎『日本改造計画』、講談社、1993 年、25 頁。
④ 小沢一郎『日本改造計画』、講談社、1993 年、71 頁。
⑤ 小沢一郎『日本改造計画』、講談社、1993 年、22 頁。

数决原理推动日本政治的发展。

冷战体制解体、自民党一党优势体制崩溃后，日本进行了各种政治改革，传统的统治机构的基本框架发生了重大变化。冷战后日本政治发展的方向性已经非常明确：以多数决原则推动日本政治的发展，即由日本型民主主义向多数决型民主主义转变。本文分析的重点是，冷战后日本这种方向非常明确的民主模式转换目前具备了哪些可能性？未来又有怎样的非确定性？由于体现多数民主模式的各项特征源自同样的原则，所以从逻辑上讲它们是联系在一起的，在现实世界中也可以把它们视为是共生的。因此，本文将民主模式的转换与政党制形态的转换放在一起分析。

第一，从理论上讲，这种转换的可能性体现在非比例代表选举制这种制度安排上。

1988 年 12 月至 1994 年 3 月，以重塑政党制为核心的政治改革关联法案历时五年多，经自民党竹下登内阁、宇野宗佑内阁、海部俊树内阁、宫泽喜一内阁，终于在"非自民非共产"的细川护熙内阁得以实现。政治改革关联四法案即《公职选举法修正案》《政治资金规正法修正案》《政党助成法案》以及《众议院议员选区划分审议会设置法案》，主要涉及两个问题。一个是选举制度的变更，废除单记非转让式投票制、导入相对多数—比例代表双轨制。一个是政治资金规正法的修改，新法对政治家个人筹集政治资金予以限制，渐进式禁止企业向政治家个人提供政治资金，政党负责管理公共政治资金。第一个问题与以多数决原则推动日本政治的发展密切相关。第二个问题则与政党自身的变化有关。

改单记非转让式投票制即准比例代表制为相对多数比例代表双轨制，这种选举制度改革不仅直接关乎政党制的重塑，甚至意味着日本整个民主制度中寻求共识的氛围大为淡化，多数决的色彩更加浓厚。这是因为，选举制度即便不是政党制的唯一决定因素，也是重要的决定因素之一。"相对多数选举制有利于产生两党制"是比较政治学领域一个众所周知的命题。相反，比例代表制和两轮投票制则鼓励多党制的产生。同时，这与两种选举制度体现的原则与追求的目标密切相关。相对多数或过半数代表制奉行"胜者通吃"的游戏规则，赢得多数选民支持的候选人获胜，投票给其他候选人的选民则一无所获，这一游戏规则是多数决原则的完美体现。比例代表制则与之形成鲜明对比，其根本目的是使多数党和少数党都能够获得代表权，并根据它们所获选票的比例分配议会议席。

1996 年开始实施的新选举制度规定：众议院议席定数 500（2000 年以后改为 480）席，其中 300 名代表由 300 个单名选区以相对多数代表制选出，200（2000 年以后为 180）名代表由 11 个比例区以比例代表制选出；每个选民分别有两张选票，1 张投给单名选区的候选人，1 张投给比例区提出候选人名簿的政党。在选举中，相对多数制和比例代表制的操作各行其是，毫不相关。这种相对多数制和比例代表制并用的选举制度只有部分比例性，2000 年以后选举区议席和比例区议席比为 5∶3，因而不能作为比例代表制的一种类型，属非比例代表选举制。尽管所有的选举制度都会产生非比例性的结果、都倾向于减少议会有效政党数目、都可能将未获半数以上选民支持的政党制造成议会多数党，但上述三种倾向在非比例代表选举制下比在比例代表选举制下表现得更为强烈。理论上，这种制度安排使两党制以及以此为基础的一党多数内阁之间交替执政的多数民主模式成为可能。

第二，从实践即大选结果来看，非比例代表选举制这一制度安排确实具有推动日本政党制形态向两党制发展的功能。

从新选举制度实施以来五次大选的选举结果来看，这一选举制度明显对两大政党有利，对少数政党不利。公明党、日本共产党、社民党等少数政党依然能够参与竞选并且赢得一些众议院议席（以比例区议席为主）。但是 2000 年大选以后三党在众议院中的议席占有率呈现出不断下降的趋势：2000 年大选三党议席率合计 14.58%，2003 年为 10.21%，2005 年为 9.79%，2009 年则为 7.71%。自民党和民主党成为众议院两大政治势力，控制了众议院绝对多数议席。尤其是 300 个选举区议席几乎被两大党垄断。两大政党（1996 年为新进党）在五次大选中议席率合计分别为 79.0%、75.0%、86.25%、85.21%、88.96%；选举区两党议席率合计分别为 88.33%、85.67%、91.00%、90.33%、95.00%。[①]

从相对多数代表制的制度性或体制性效应来看，得票率与议席率之间的非比例性程度显著高于比例代表制，它使相对多数选票转换为绝对多数议席。我们以最近的两次大选为例。2005 年大选，自民党与民主党得票率

---

① 1996 年大选至 2003 年大选各党所获议席数参见石川真澄『戦後政治史（新版）』、岩波書店、2004 年、235—238 页。2005 年大选各党所获议席参见蒲島郁夫、菅原琢『地方の刺客が呼んだ「都市の蜂起」』、『中央公論』、2005 年 11 号。2009 年大选各党所获议席数参见 http://www2.asahi.com/senkyo2009/kaihyo/。

之比为 1.31，议席率之比是 4.21。自民党以民主党 1.31 倍选票分配到民主党 4.21 倍议席。第一党自民党以 47.77% 的选票分配到选举区 73.0% 的议席，第二党民主党以 36.44% 的选票分配到选举区 17.33% 的议席。2009 年大选，民主党与自民党得票率之比为 1.23，议席率之比为 3.45，民主党以自民党 1.23 倍的选票分配到自民党 3.45 倍议席。第一党民主党以 47.40% 的选票分配到选举区 73.67% 的议席，第二党自民党以 38.6% 的选票分配到选举区 21.33% 的议席。在 2005 年和 2009 年大选中赢得选举区 70% 以上议席的自民党和民主党的得票率均未超过 50%。有学者将这种情况下产生的多数称为"制造出来的多数"，即通过相对多数选举制人为地制造出来的多数：某些政党在没有得到多数选票的情况下获得了议会多数席位。事实上，在 2005 年和 2009 年大选中赢得众议院绝对多数议席的自民党和民主党都得益于这种制造出来的多数，它使组建一党多数内阁成为可能。而一党多数内阁正是多数民主模式的最重要、最典型特征。因此，将日本看作"相对多数决"民主国家而不是"多数决"民主国家或许更为准确。

第三，与 1955 年体制时期对抗自民党的最大在野党社会党不同，民主党是在冷战后新的社会生态环境下成长并壮大起来的政治势力，且该党以替代自民党执掌政权为目标。

在长达 38 年间的 1955 年体制时期，社会党在众议院选举中所获席位最多的一次是 1958 年大选，当时社会党拥立 246 名候选人当选 166 人，众议院议席定数为 467 席。这也是社会党在 1955 年体制时期唯一一次在大选中为获取众议院过半数议席提出了足够多的候选人。在 1955 年体制下，社会党既无夺取政权、上台执政的欲望，亦无组建社会党政权或以社会党为中心的联合政权的实力，这也是自民党一党绝对优势能够长期维持的重要原因之一。

民主党自 1996 年 9 月成立、经 1998 年 4 月重组后，短短的十余年已由政界的"第三极"势力发展到最大在野党，进而在 2009 年 9 月成为替代自民党的执政党。与此形成鲜明对照的是，社会党由一党优势体制下的主要组成政党退化为只有一位数议席的少数政党（社民党）。这种变化本身意味着自民党一党优势体制将会被另外一种形态的政党制取而代之。之所以出现这种差别，除与两党生存、发展的社会生态环境迥异密切相关外，还与两党自身的努力密切相关。民主党为争取上台执政、成为替代自民党执掌政权的政治势力而不断努力，将自民党不能容纳的优秀人才吸纳到自己旗下，既有现今自民党所无法比拟的人才储备，又具备健全的老中青人才梯队建设。这种人才储备和人才梯队建设使民主党进一步具备了长期执政的可持续性。

第四，选民期待政权轮替并满意于这种变化。

在 1955 年体制下，多数选民期待社会党发挥的作用，不是替代自民党上台执政，而是牵制自民党的行动。尤其是在关系到国家根本走向、容易引起党派冲突的宪法问题上，选民期待社会党阻止自民党修改宪法的行动。自民党和社会党在选民中的形象是互相对立的："自民党＝改宪"；"社会党＝护宪"。社会党自身也以"护宪政党"为己任。1994 年 6 月 30 日村山富市内阁成立后，社会党放弃了长期以来坚持的"自卫队是违宪但合法的存在"以及"非武装中立"的政策方针，承认了"日美安保体制"。社会党方针政策的转换导致其失去了较高比例的社会党支持者。[①]

在冷战后新的社会生态环境下成长起来的民主党，在选民心中的形象显然与 1955 年体制下的社会党不同：选民期待民主党能够成为替代自民党执政的政治势力。2009 年大选前，日本各大主流媒体便形成了一种强大的"舆论共识"——几乎所有的媒体都认为民主党将在此次大选中胜出。如果说媒体对选举结果有不同看法的话，也只是对民主党将以何种方式获胜的预测结果的不同。选民就是在这种舆论宣传——"民主党将赢得大选"中去投票处投下了自己的一票。2009 年 8 月 31 日总务省发布 2009 年大选选举区投票率为 69.28%，超过"邮政大选"（67.51%）1.77 个百分点，比例区投票率为 69.27%，超过上次大选（67.46%）1.81 个百分点，两个选区的投票率都创造了 1996 年实施新选举制度以来的最高纪录。这一数字反映了选民对"政权选择选举"的高度关心，也表明选民期待政权轮替的实现。NHK 在大选后不久即 2009 年 9 月 4 日至 7 日做了一个调查，调查结果显示：63% 的被调查者对此次大选结果表示"满意"。选民意识的变化为这种转换从另一个层面提供了重要依据：至少选民并不排斥这种转变或这种政治发展。

第五，日本社会的特性——意识形态非极化、社会分裂程度低为这种转换提供了比选举制度安排更重要的稳定条件。

---

① 小林良彰『日本人の投票行動と政治意識』、木鐸社、1997 年、68—85 頁。

相关统计数据表明，日本是一个意识形态非极化的社会。20 世纪 70 年代的统计数据表明，日本选民在意识形态分布或观念分布上，处于保守和革新之间的温和选民比荷兰、法国、英国、爱尔兰等国的人数要多。[①] 就日本社会自身纵向比较而言，与 1983 年、1993 年相比，1995 年选民意识形态分布 "中道化" 趋势显著增强：处于保守、革新两极的人数减少，而处于二者之间的温和选民增加。[②] 这意味着两个主要政党可以在同一空间展开向心性竞争，除非两大党中的一个开始担心它在可预见的未来没有获胜的机会。削弱分野并以负责任的态度提出 "中道政策" 的政党能够获得多数选民的支持。同时，日本还是同质性相当强、社会分裂程度低的社会。利普哈特在通盘考虑族群、宗教团体、意识形态集团以及其他可能出现的群体等因素的基础上，把包括日本在内的 36 个民主国家划分为多元社会、半多元社会和非多元社会。日本与英国一样同属非多元社会。[③] 但是，绝不能将 "非多元" 社会或社会分裂程度低的社会与 "同质" 社会等同起来。日本至少在一定程度上存在着宗教分化。在多元或极度分化的社会中，多数决原则的结果不是民主，而是多数专政和国内纷争。因此，日本社会的特性为这种转换提供了比选举制度安排更重要的稳定条件。

（三）两大政党制的不确定性

大部分研究政党制的理论，尤其是研究发达工业化国家政党制的理论都隐含地把政党制的形态看作是社会的反映，强调塑造政党制形态的力量来自下层。特别是解释政党制形成的重要研究路径——社会分化法和空间分层法一直强调的是，社会是如何自下而上塑造政党制的。社会分化法将政党制看作社会分化结构的体现。在李普塞特和罗坎的开创性著作中，他们提出西欧政党制的主要差别反映了社会分化的不同结构。他们认为四种主要分化——宗教、阶级、中心—边缘关系、城市—农村关系塑造了不同形态的政党制。解释政党制形成的另一个主要研究路径是唐斯提出的空间

---

① 蒲島郁夫、竹中佳彦『現代日本人のイデオロギー』、東京大学出版会、1996 年、201 頁。

② 蒲島郁夫、竹中佳彦『現代日本人のイデオロギー』、東京大学出版会、1996 年、347 頁。

③ 参见利普哈特《民主的模式：36 个国家的政府形式和政府绩效》，陈崎译，北京大学出版社 2006 年版，第 38—41 页。

模型，经过多次修正，空间模型主张政党制是按照选民的偏好分配形成的。与社会划分法相同，空间模型，强调社会特别是选民的偏好分配，塑造着政党制。

日本推动民主模式转换以及重塑政党制的情况则显示出，我们必须更加注意检视国家和政治精英是如何自上而下推动民主模式转换及重塑政党制的。通过改变重要制度安排、抑制旧的政党制和该体制下的主要组成政党，并且精心组建新的政党，国家和政治精英能够决定性地推动民主模式的转换以及重塑政党制形态。日本政治精英自20世纪80年代末开始，加快了通过各种方式自上而下转换民主模式以及重构政党制的步伐，其中最重要、最具决定性影响的行动便是以政治改革的方式改变民主运作过程中的重要制度安排：将战后长期推行的准比例代表制改为非比例代表制。这种制度安排，不仅抑制了自民党一党优势体制下的主要组成政党——社会党以及相关政党日本共产党在国会中的力量，还培养了新的能与老保守党自民党抗衡并能够替代其执政的政治势力——民主党。同时，这种制度安排还意味着日本整个民主制度中寻求共识的氛围大为淡化，"相对多数决"的色彩更加浓厚。

在政治精英决定性的影响下，日本已经在多个层面具备了向多数民主模式及两党制转换的可能性。但是，要说这一新的政党制形态能够稳定运作，以及以此为基础的多数派一党内阁之间交替执政的"理想"的民主模式能够在日本长期扎根仍为时过早。

首先，从日本的历史与传统来看，日本社会是尊重全体一致而不是多数决的社会。日本社会正在成为国际化社会。但是，这种历史与传统的影响仍深深扎根于现代日本社会。具有这种历史与传统的日本社会能否顺利孕育出尊重多数决的政治文化，将影响这种转换。

其次，日本虽是同质性相当强、社会分裂程度低的社会，却存在着多个引起政治分化或党派冲突的问题维度，如社会经济问题、宗教政党与世俗政党之间的差别、外交政策问题、修改宪法问题、社会福利问题等。当一个社会存在多个引起政治冲突的问题维度时，则需要有多个表达社会分歧的渠道。而两党制却无法像多党制那样，能够容纳许多问题维度、充分表达社会分歧。在典型的多数民主模式下，两党制通常有一个突出的问题维度。两个主要政党的政策往往只在某一问题维度上彼此大相径庭，特别是社会经济问题维度。

与已经具备的多个层面的可能性相比，非确定性只体现在两个层面。虽然这两个层面均来自下层，但是其影响绝不可小觑。

（四）结论

关于今后日本政治的发展趋势，是继续维持自民党长期执政的态势、两大政党制化为泡影，还是两大政党制依然有强韧的现实可能性？这确实是一个不容易给出明快回答的问题。目前两种观点都有支持者。相对来说，认为自民党继续长期执政的观点更有底气，毕竟自民党的优势是目前看来民主党所不能替代的。主张两大政党制依然具有现实可能性的观点底气不足，重要原因之一也是作为自民党替代者的民主党实力不够。

其实在讨论这个问题时，还有一个关键因素不能忽略，那就是选民民意。因为决定日本政治发展走向的是民意。

选民期待的理想的政党政治形态是怎样的？这可以通过最近的《读卖新闻》舆论调查数据①来分析。

对于今后的政党政治形态，57% 的被调查者认为理想的政党政治形态是"2 个大政党和复数小政党"也就是两大政党制；17% 的被调查者对接近现状的"1 个大政党和复数小政党"是理想模式。58% 的被调查者支持"为对抗自民党，在野党最好整合为一大势力"，选择不整合为一大在野势力的为 40%。

对于今后政权的组织形式，70% 的被调查者认为几个政党组成联合政权好。29% 的被调查者认为一党单独执政好。

对于是否支持今后实现政权轮替，70% 的被调查者支持今后实现政权轮替。其中，民主党支持层高达 96%，无党派支持者为 80%，安倍内阁支持者为 53%，自民党支持层基本一分为二，支持的为 50%，不支持的为 48%。

由上述数据可知：多数选民认为两大政党制是理想的政党制形态；期待在野党整合为一大势力以对抗自民党；支持多党联合执政、排斥一党单独执政；相当多的选民支持今后实现政权轮替。也就是说，从民意这个层面来看，选民是支持两大政党制、多党联合执政、政权轮替的，两大政党制的实现是可能的。但是，另一个关键的统计数据，也就是对政党的政权

---

① 参见《読売新闻》、2015 年 8 月 8 日。

担当能力的评价数据又让两大政党制的理想变得遥远而不明晰。在政权担当能力评价统计中，自民党一枝独秀平均分为6.1，民主党与维新党都是3.7，公明党3.5，日本共产党2.6。这一数据说明，期待实现政权轮替的选民，对除自民党以外的其他政党的政权担当能力不能予以充分信任。

　　由以上分析，我们可以得出一个关于日本政治未来发展趋势的判断：无论是选举机制，还是选民民意，都支持日本政治向两大政党制发展。未来能否再度实现政权轮替，取决于以民主党为首的在野党等自身的成长与成熟。

战后日本安全政策的演变

吴怀中*

内容提要 战后日本安全政策的原型，是在"和平宪法"与"日美安全保障条约"双重规范下产生的"吉田路线"。"冷战"前期，即恢复独立后的经济建设时期，日本安全政策的要谛正是该路线的"轻武装、安保靠美"，而到了"冷战"后期，伴随大国意识抬头，其政策又多了强军出海、外交作为、综合安保等选项。"冷战"结束后，日本以参与国际安保及秩序建设、部分调整防务态势及同盟方向、拟定应对"周边事态"对策，来确保自己的安全。进入 21 世纪后，日本的安全政策以改善国际安全环境以及应对"中国威胁"为两大目标，手段则是自主安保能力建设、日美同盟、地区及国际安全合作、主动进取外交等的配套组合与交互运用。战后日本安全政策的演变，总的来说是在联美条件下追求"大国化"与"正常化"，同时又受内外制约并需兼顾利害平衡的动态调整过程。21世纪日本安全政策的演变仍是现在进行时，但当前的"安倍路线"相当程度上已经给出了答案。

关键词 国际政治 战后日本 安全政策 演变

"二战"后日本安全政策 70 年的演变，从其内在动因的逻辑来看，可以说总体上就是一个构建与加强自身安全保障能力的动态过程，即追求"安保自主化""国防正常化"和"军事大国化"的过程①。这是因为，"二战"后，日本作为战败国被剥夺了拥有正常安全保障及军事能力的资格，而随着主客观因素的变化，逐步改变这种状况就成了其安全

---

* 作者简介：吴怀中，中国社会科学院日本研究所研究员、政治研究室主任。

① 探讨战后日本安全政策的演变，可以依据不同阶段划分、从不同角度和线索来进行。如下所见，本文主要根据政策演变的内在逻辑——日本政治主体在其安全保障上的所思所为，分五个历史阶段来加以论述。

政策追求的一条目标主线。可以看到，在战后 70 周年的 2015 年，日本安全保障指导思想的性质已经发生了巨变，政策范围内可以突破的事情基本已由行政权力推动完成，并且法制（主要是"和平宪法"）的硬性束缚作用很多已不复存在。当然也需看到，日本安全政策的演变，一直受到内外环境制约，不但过程复杂曲折，而且也有正负两种方向。这种复杂性以及正负相间性，将会导致其政策演变何去何从并带来何种影响，正日益引起世人的关注①。

一 出发点：内外规制与"吉田路线"
（1945—1952 年）

战败国所处的先天条件，注定了战后日本安全政策的出发点是复杂而非正常的。在"和平宪法"与《日美安全保障条约》两大规范因素的作用下，日本采用了"吉田路线"这一主流安全政策模式。

（一）"和平宪法"与《日美安全保障条约》的两大规定因素

日本战后安全政策的原型，是作为战败国在 20 世纪 40 年代后半期—50 年代初的被占领期形成的②。由于当时国际国内条件的制约，日本从两个特殊前提出发构思了新安全战略，即 1947 年施行的"和平宪法"③ 和 1952 年生效的《日美安全保障条约》。当然，同时期日本还进行了以签订《旧金山和约》实现"片面媾和"、倒向西方阵营的战略选择。

在这之前，从理论上或部分现实性来说，日本在安全政策上至少曾有三个选项：非武装中立、自主防卫（重新武装、军事大国）以及下述的"吉田路线"。然而，和平宪法及其第九条制定后，日本至少在名义上需把"放弃战争"和"不保持军力"作为新安全政策的前提。并且，和平宪法施行之后催生了日本一系列的重要防卫基本政策及原则，例如"专守防卫"原则、"不做军事大国"方针、无核三原则、武器出口三原

---

① 实际上，除了海军力量外，日本自卫队的军力及海外行为，并不比德国国防军更显突出。但是，德国的一切是在与邻国和解，并在集体安全框架内发生的，这与以邻为"患"的日本有着迥然差异。这也是日本安全政策调整引起邻国甚至国际社会关注的原因所在。

② 1952 年《旧金山和约》生效后，日本名义上恢复独立地位。

③ 如后所见，日本政府通过种种理由和措施，变相地拥有了实质上就是军队的自卫队。

则等；同时，还给日本安全政策带来了一个重要特质——"法无规定"即不可行的法制教条主义，任何安全防卫重大政策及行为，都需要有明确的法律依据及其准允①。缘其如此，战后日本安全政策演变的基本线索之一，也可以说就是保守政治集团（尤其是民族主义势力和军事现实主义者）试图以法制改造这一软件改编过程来铺垫"国防正常化"的过程。

　　和平宪法制定后，日本政府也曾短暂地考虑过由联合国和地区机构负责其安全保障的安全路线。实际上，直到 1950 年前后，吉田茂首相多次强调重整军备的困难性。然而，"冷战"开始后，朝鲜战争爆发、联合国大会分裂、美国压力日增等外部环境以及早日实现媾和的内需，使日本决策层很快倒向靠美保护路线。1951 年，日美缔结《日美安全保障条约》，条约规定美军承担保卫日本义务，日本则提供基地等服务，从而形成了不对等的日美安全关系结构。由此，依赖美国及日美同盟保障安全便成为战后日本安全政策的重要支柱②。

（二）"吉田路线"及日本安全政策主流的诞生

　　以上两大规定因素，再加上日本国内经济民生压力，使得日本安全政策回调到了一种比较折中、温和的现实方向，这主要体现为时任日本首相吉田茂主导确立的"吉田路线"。该路线，并非回归传统权力政治型的现实主义路线，当然也不是（而且越来越不是）纯粹的自由理想主义路线，而是坚持轻军备、安全靠美、重视经济发展的一种国家安全及发展路线，它被认为是在当时非自主条件下比较符合日本国家利益的一种自主战略选择，也是一种广义上的国家安全保障政策。其中，"轻军备"加"安全靠美"的"吉田安全路线"，至少到 20 世纪 90 年代，是不断被日本主流政治势力确认并作为国家安全保障的基本路线。

---

①　这一点，与"法无规定"或"法不禁止"即可行的西方法惯例相反。因而，比起其他世界主要大国，日本的安全政策与法制有着更为密切的关联。当然，日本政府也常会采取变通办法，绕开或架空法律，以达政策目的。

②　虽然日美签订安全条约便形成了事实上的同盟，但由于和平宪法限制等国内因素的作用，日方到了 20 世纪 80 年代后才正式公开地把日美的这种关系叫作同盟。

二 经济复兴期的保守与渐进政策
(50 年代初—60 年代)[①]

这一时期日本安全政策的特点就是"吉田路线"进入全盛期。随着经济复兴等形势变化，日本政府也迈开了重新武装的步伐，但远没有发展到挑动"吉田路线"的程度。

(一)"安全靠美"与吉田路线的巩固

作为战后日本的基础安全政策，吉田路线在 50—60 年代保持了绝对的影响力。50 年代日本国内就已出现修正吉田路线、适当摆脱美国并谋求自主的动向。例如，鸠山一郎首相推动日本追求与苏中恢复邦交的"自主外交"，以改善因以苏中为敌而险恶的安全环境；50 年代后期，以岸信介首相为首的民族保守主义势力要求修改《日美安全保障条约》以提高双方的"对等性"；而鸠山一郎和岸信介都力主修改"和平宪法"、重整军备并谋求自主防卫。然而，以追求"国家独立"和"防卫自主"为名的反"吉田路线"，在当时的条件下都遭到了挫折。1960 年岸信介内阁虽与美国签署了新《日美安全保障条约》[②]，但依赖美国提供军事防卫的日本安全政策基本框架并未发生根本性变化，他的努力结果是不仅没有废除却反而巩固了"吉田路线"。

"没有吉田的'吉田路线'"成为吉田以后历届内阁遵循的国家安全及发展模式。到 60 年代前期时，"池田路线"成为"吉田路线"的可靠延续和补充：一是放弃通过修宪及重整军备成为"真正独立国家"的道路；二是否定"亲社"及中立路线，提出"日美伙伴关系"口号并继续强化亲美路线以确保安全。到了 60 年代后期，佐藤荣作首相出于经济及军力建设的成就感，虽曾表示要"自卫保卫自己"，但当时的日本政治主流还是认为，维持日美同盟比扩充军备更能抵御威胁。因而，这一时期佐藤内阁不但制定了"无核三原则"及"武器出口三原则"等日本安全防卫的有关基

---

① 日本在 60 年代开始初步采取外交行为，来改善对外环境，确保宏观安全。例如，其领导人多次访问美欧，尝试加强冷战下的西方阵营；对东南亚及韩国实施和解并提供援助，以稳定并争取"非共阵营"等。但这些主要是为了配合美国而非完全自觉的行为，且在冷战格局下全局意义不大。

② 1970 年 6 月，新《日美安全保障条约》的 10 年有效期届满，日美两国政府分别发表声明宣布，该条约无限期"自动延长"，直到如今。

本政策，还在60年代末通过对美协调实现了冲绳回归及国家主权完整，这些都说明了当时日本安全政策的实情和指向。

（二）小步重新武装、渐增安保能力

20世纪40年代末50年代初，日本政府虑及恢复经济与内外舆论，起初曾采取反对重整军备的立场。1950年朝鲜战争爆发后，根据美国指示并经过讨价还价，日本在50年代早期组建了警察预备队（随后改称保安队）和海上警备队，并归到1952年成立的保安厅（防卫厅的前身）管辖。1954年，日本正式成立了自卫队和防卫厅。这一过程中，日本以"非军队"辩称来尽量模糊日本重整军备与宪法第九条之间的矛盾。但是，吉田茂所谓"作为独立国家当然要拥有卫国的抱负，如果国力允许的话则想立即拥有军队"[1]之言，应该是反映了当时以及其后的日本统治阶层的真实想法。同理，日本政府一开始曾否定自己可以行使自卫权，但到1954年成立自卫队时就已变成公开声称有条件承认自卫权[2]。

很明显，日本的打算是以依赖美军为主，同时不断小步重整军备，逐步提高自主安全保障能力。在防卫架构及体制上，日本于1956年成立了"国防会议"，于1957年制定了"国防基本方针"——强调根据国情在自卫限度内逐渐构建防卫力量，同时以日美安保体制为基调来应对威胁等。从1957年开始到1971年，日本政府还制订了三次"防卫力量整备计划"，在各种限制中逐渐发展有限军备，以建立在日美安全体制下应对"局部常规战争以下侵略"的防卫基础和态势[3]。

---

① 大嶽秀夫『再軍備とナショナリズム』、中央公論社、1988年、64頁。

② 在审议"防卫二法"过程中的1954年4月，法制局长官就"行使自卫权的三项条件"做了定义：（1）存在现实侵害；（2）没有其他排除手段；（3）为了实行最低必要限度的防御而采取必要方法。这一立场为日本政府所采用，一直影响到2014年安倍内阁解禁集体自卫权的思路和方式。

③ 赤根谷達郎等编『日本の安全保障』、有斐閣、2004年、29頁。也应注意的是，由于60年代日本经济规模不断增大，日本防卫费预算的绝对额直线增长，自卫队虽"量小"却已"质优"。

三　大国意识下的政策升级扩容
(70 年代—80 年代)①

到 60 年代末期及 70 年代初期，日本已成经济大国，有了初步尝试强军的政治冲动与国力基础。70 年代后期到 80 年代中期，国际危机四起，美苏"新冷战"爆发，日本借机欲在同盟以及西方阵营内分担更多责任和作用，在安全政策上有所作为。并且，日本的安全政策思路较之以前大为拓展，在提出"综合安全保障"战略的同时，还开始以积极自主的外交作为来改善涉日国际安全环境。可以看到，这一时期，在依然面临制约和界限的条件下，日本安全政策以对抗苏联威胁为目标，强调"西方一员"立场并努力扩大日美防务合作，切实考虑增强自身防卫力量，开始显现突破专守防卫的"大国化"政策倾向。

（一）冷战新局面下的自强尝试与借美强军

自 60 年代末起，美国实施战略收缩，一再强调盟国应承担更多的自主防卫责任。与此相呼应，1970 年出任防卫厅长官的中曾根康弘开始公然鼓吹"自主防卫论"及扩军抗苏，提议以"自主防卫五原则"取代"国防基本方针"，并提出了大规模的"四次防"预算计划。不过，随着其后中美和解与国际形势趋缓，"四次防"预算大幅缩水，中曾根等激进派"国防族"推动的自主防卫政策随即流产。

70 年代末"新冷战"爆发后，"苏联威胁"加剧导致美国对日需求增加，成为日本国家安全政策转变的契机。日本借机强军、出海，谋求更大军事安全角色和作用。

首先，日本开始采取"攻势防卫"战略，突破了"专守防卫"的原有内涵。1976 年制定《防卫计划大纲》和 1978 年制定《日美防卫合作指针》后，日本政府明确"以苏为敌"，提出确保海上交通线安全的"海上

---

① 相比于战后的其他阶段，对 80 年代日本（尤其是中曾根内阁）安全防卫政策的性质及影响如何评估，国内外学界存有较大分歧。有学者认为，该期是日本安全政策的重大转换期，不但起到革故鼎新、继往开来的作用，而且日后日本安全政策的大部分变动都可以从该期政策调整的指向中找到"原型"。另有学者认为，改期的变动仍是在冷战格局下、在日美同盟框架内严格进行的，受内外多种因素制约，实际步伐及动作并不大。

歼敌"和"千里海防"方针①，在军事方针上实现了由消极防御向积极防御、遏制防御的转变。其次，调整"基础防卫力量构想"，增加防卫费用、发展威慑力量，重点加强海空军建设。1985 年，防卫厅主导的"中期业务计划"升格为政府的"中期防卫力整备计划"（"中期防"）。1987 年年初，中曾根内阁决定撤销防卫费占国民生产总值 1% 的框架，1987—1989 年日本的防卫费连续三年突破"防卫费不超过国民生产总值比例 1%"的限制。

（二）加强日美同盟关系及防务合作

70 年代国际形势动荡，在应对苏联威胁上日美互有所需，日本采取积极措施加强对美安全合作，双方于 1978 年制定了《日美防卫合作指针》。指针明确了双方相互防卫分工和合作，规定日本主要承担本土防御及海峡封锁，而美国负责提供"核保护伞"、应对战略进攻。

进入 80 年代后，为进一步应对苏联威胁，日本着力强化日美同盟的军事性质与作用分担（尤其是与美国"分担"远东防务责任）。1981 年，铃木首相访美时对日美关系尝试使用"同盟"概念并提出协美"千里海防论"。1982 年，大平首相在访美时首次正式把美国称为"盟国"。而 1983 年中曾根首相访美时发表了日本"不沉航空母舰论""日美命运共同体论"。同时，日本政府还明确自身"西方一员"的战略及安全定位，在维持东西两大阵营军力对比中发挥相应作用②。此期，日本安全政策明显带有参加西方集体防卫、共同遏制苏联的战略指向。

（三）开始注重"综合安全保障"

进入 70 年代后，日本开始认识到自己在复杂国际环境中的脆弱性，以及实施不仅包括军事还应包括经济资源在内的"综合安全保障"政策的必要性。1973 年的石油危机，给严重依赖石油进口的日本带来极大震惊和冲击。1977 年福田首相在施政演说中强调确保资源和能源"具有安全保障的重要性"。1978 年大平正芳在自民党总裁选举中把"综合安全保障战

---

① 参见日本防卫厅官网，http：//www. clearing. mod. go. jp/hakusho_ data/1983/w1983_02. html。

② 1983 年中曾根在 G7 会议上甚至提出以"西方一员"身份参与西方阵营的安全体制，引起国际社会关注。

略"作为基本政策之一，主张日本在坚持《日美安全保障条约》和保持有
节制的高质量自卫力量以外，还要搞好经济等各项内政事务，加强外交努
力，以便综合地谋求日本的安全。大平出任首相后，组建了 9 个国策研究
小组，其中之一便是"综合安全保障研究小组"。该小组于 1980 年提出研
究报告，从美国的绝对优势已经结束的现实出发，系统阐述了综合安全保
障的方法体系。日本政府对综合安保的重视还体现在对国内安全指导体制
的改造升级上。1986 年，负责国家安保事务审议的"国防会议"改编为
"安全保障会议"。

（四）以积极外交改善安全环境和态势

为确保安全环境，日本在 70 年代错综复杂的国际形势中开始推动初步
的自主外交。其时，美国进入收缩期，而石油危机又冲击了战后日本繁荣
（广义也是安全保障范畴）的前提。因此，日本试图通过地区合作与和解、
国际协调来争取改善宏观安全环境，例如实现中日复交及签订《中日和平友
好条约》，对东南亚提倡"福田主义"，扩大"政府发展援助"（ODA），推
进日本在泛亚太合作以及西方七国首脑会议（G7）中的作用等。

1979 年苏联入侵阿富汗，东西方进入"新冷战"时代。80 年代日本
致力于由经济大国转向"国际国家"，试图借此取得全球范围内政治外交
上的领导地位。与此相应，为应对苏联威胁，日本展开"国际国家外交"，
除了推动亚太经济合作（当然也有对苏经济斗争的成分），还着力强化日
美同盟以及西方统一战线。例如，大平首相以"西方一员"的身份表明日
本立场，并对外实施"战略援助"；铃木首相首次对外表示日美是同盟关
系；中曾根首相则推动与美结成特殊盟友关系，并在 G7 上首次超越经济
领域主导全球安全议题。并且，为联合对苏，80 年代日本并不排斥中日美
协调并结成某种程度的抗苏准联盟。

四 冷战后摸索独自的国际与周边政策（90 年代）

冷战结束后的 90 年代前期，日本国力达到顶点，开始构想参与构建
世界秩序。此期，国际局势发生动荡而周边安全环境大幅好转①。所以，

---

① 前者以伊拉克入侵科威特为契机，后者主要指当时苏联已解体而中国尚未成为"威胁"。

冷战后日本安全政策的注意力和主攻目标首先转向国际贡献，意图占位拥权、增加影响。与此形成对照的是，90年代中后期，朝核危机与台海危机并发，中盛日衰势头显现，日本开始关注周边安全并制定相应对策。与摸索上述两项政策同时，日本还主要就自身防卫能力建设及态势调整、巩固日美同盟进行了部署。

（一）90年代早期：国际贡献是政策摸索方向

如前所述，在冷战后的新环境下，日本力图积极参与构筑冷战后国际新安全框架，并在其中占据有利的战略地位。所以，这个时期日本安全政策调整最显著的动向，是朝着自卫队走出国门、积极参与构筑国际安全秩序的方向开始迈出了历史性的一步。日本首先确定了推动自卫队在联合国框架内走出国门的目标，并在1992年制定了首次可以将自卫队派遣到海外的《联合国维持和平行动合作法案》（PKO），让自卫队以参加PKO行动的形式来作出"国际安全贡献"。

（二）90年代中期：稳固日美同盟，调整防卫政策

（1）稳固日美同盟、调整经略方向

日本一度因冷战后国际安全形势好转而开始自主探索多边安全合作之道。然而，日美双方很快意识到维持同盟符合双方利益。从1994年前后日美开始定调磋商，到1996年发表《日美安全保障联合宣言》，再到1997年出台《日美防卫合作指针》，日美同盟经历了从"漂流"到"再定义"的过程，这个转换过程同时也意味着日本逐步放弃了探索"多边安全合作论"和"适度脱美"路线①。同时，这也标志着日美同盟从以保卫日本为主要目的双边合作转变为介入亚太地区安全事务（包括应对"周边事态"的日美具体军事合作措施）的安全机制，日美同盟关系的性质由此发生了巨大的转变②。

（2）调整冷战后的防卫政策方针

1995年日本制定冷战后首份《防卫计划大纲》。相比于1976年的旧大

---

① 田中明彦『安全保障—戦後50年の模索』、読売新聞社、1997年、325—336頁。

② 从20世纪90年代中后期的这次再定义开始，日美同盟实质上（即便时有矛盾和摩擦）在强化轨道上滑行的指向，总体上就再没有改变过。就此而言，该期的再定义对其后日美关系的影响是重大的。

纲，它虽宣称将沿用"基础防卫力量构想"，但更强调保持合理、精干而高效（不单单是被动的）的可靠防卫力量，充实和加强日美安全体制，同时也发出了协美应对周边事态的信号。同时，以该大纲出台为标志的政策动向还有日本开始调整军事部署和防卫方向：使防卫态势"均衡化"，由重视对付"北方威胁"转为逐渐提高对"西南威胁"的警戒。也正是从此开始，日本意识到需要把防务重点逐步转向中朝方向。

（三）90 年代中后期：初构周边政策，戒备潜在威胁

90 年代中后期，日本一系列安全防卫政策的调整，都指向周边地区的中朝两国。1995 年的《防卫计划大纲》、1997 年的《日美防卫合作指针》、1999 年的《周边事态法》，都证明日本判断威胁以及制定对策都是在指向可能发生的"周边有事"。因此，日本通过积极推动日美扩大军事合作领域和范围等系列措施加强对周边安全保障的相关应对能力。可以说，为应对以中朝为目标的周边潜在威胁，日本首次主动开始规划自己的系统性地区安全政策，通过加大对周边的投入力度来确保自己的安全。

五 21 世纪初期：加速"大国化"与"正常化"

总的来说，21 世纪初期日本的安全政策走向和内涵，是由国际及地缘重大事态，以及国家战略及安全政策志向等内外因素综合决定的。前者的典型是 2001 年"9·11"事件的发生、全球金融危机后至今的中国持续崛起，后者则众所周知，是指日本在应对这些"危机"的同时加速推动"国防正常化"及"军事大国化"，进而全面完成日本的大国化进程。在前者中，"9·11"事件为 21 世纪初的国际安全保障奠定基调，显示了一个特别的时代潮流及倾向。由此开端，诸多非传统安全及全球性问题开始造成国际安全环境日益复杂化和动荡化。如此客观环境再加主观因素，使得 21 世纪初日本安全政策的目标之一就是维护和改善国际（主要是东亚以外地区）环境，介入国际安全事务并发挥相应的大国作用；同时，以中国持续快速崛起以及朝核问题为代表，日本认为自己的地缘战略及安全环境不断恶化，需要针对以"中国威胁"为核心的周边传统安全问题拿出应对之策。

如果要对这期间 15 年的日本安全政策调整的轨迹和指向做高度抽象

概括，那或许可以表述为如下三大点内容：（1）初期数年，注重国际，兼顾中国。21世纪初，随着跟从美国进行全球反恐，积极参加国际安全保障，自卫队走出国门且日益行远，日本安全政策国际化、外向化的特征愈加明显。从2001年小泉内阁通过《反恐法》到2007年福田内阁再次强推《新反恐法》，这个政策过程时有强弱但一直持续不断，与此配套的日本安全法制、体制和力量的建设也不断跟进。与此同时，日本因受中国崛起冲击而产生某种危机感①，开始构想一定的实际措施来加以应对。然而，"9·11"事件后，由反恐而生的国际大局是"日须协美"而"美需中协"，所以日美两家在对华战略上保持了基本的一致，即对于尚未严重的"中国威胁"采取如下对策：第一，先期发出警示信号，比如在日美多次"2＋2"会议上制定涉华共同战略目标；第二，宣示采取防范措施，比如在2004年《防卫计划大纲》中提出"岛屿防卫"但缓行落实；第三，启动对冲型防备计划，比如从2003年开始并在2007年基本完成日本反导计划。

（2）2008—2010年，注重中国，兼顾国际。2008年后中国加速崛起，特别是经过2010年"撞船"事件及2012年"购岛"事件的发酵，中日关系持续紧张，日本终下决心将其安全政策的重心牢牢锁定在应对"中国威胁"上。2010年民主党政府出台的《防卫计划大纲》，提出以"动态防卫力量"构想加强西南群岛防卫（由于各种原因，落实有限）；2013年安倍内阁出台的首份《国家安全保障战略》以及新版《防卫计划大纲》，以"统合机动防卫力量"挂帅，配之以陆海空立体举措，真正开始坐实针对中国的西南群岛防卫系统工程。同期，日本民主党政权（2009—2012）也显示出在国际和平合作方面的积极性，例如，对阿富汗提供巨额援助，参加海地维和行动，等等。

（3）2013年以后，是同时注重国际安全及周边安全的双轨并行路线。2012年12月安倍二次上台后提出"积极和平主义"以及"全球战略外交"，积极推动日本以各种方式为国际和平及安全，包括对由空天海网组成的国际公域及高新边疆的安全保障做出更大贡献。其主导制定的首份《国家安全保障战略》中有八成左右的内容涉及国际问题，这也应是日本

---

① 其时，正如小泉首相一再声称中国发展是机遇而不是威胁，日本对华仍保持着较大的自信和从容。

国际安全政策的最新动向及阶段性顶点①。同时，直至 2015 年安倍也在以增加预算、加快部署来落实安全政策中的对华措施。安倍推动的这种"两线正面应对"路线，是战后日本安全政策的首次尝试②。为此安倍推动了庞大的配套建设工程，在安全及防卫法制、体制编制、战略及政策、力量建设与态势部署等各有关领域都取得了突破性成就。这些成就，应该说，比起战后 60 多年其历届前任的相关业绩总和还要巨大。

较之以前阶段，21 世纪初期的日本安全政策，以改善国际环境及应对非传统安全和全球性问题，以及确保周边安全和应对中朝威胁为两大目标，显有更加系统、积极地推动以下四大政策措施的特征：（1）推动自主自强路线，全面提升自身安全保障能力。首先，日本以历史性的突破动作大幅改造并健全了"国防正常化""军事大国化"所需的法律体系。其次，基本完善了指导安全保障及防卫建设的战略及政策体系③。再次，在安全防卫的体制编制整合以及力量建设上，已搭建中央统筹协调机构（NSC），建立了高效、集中的作战指挥与情报体系，大幅提高了自卫队遂行远程作战、大型作战以及联合作战的能力。除此之外，安倍二次上台后还高调提出要强化支撑国家安全的各种国内基础④。（2）强化并革新日美同盟，深化在周边的合作，拓展在国际的合作，大幅提高双方的联合行动及军事一体化能力。（3）积极开展国际及地区安全合作。包括参与国际反恐、维和、打击海盗以及防扩散行动，以及加强对澳印韩、东盟、北约的安全合作与交流，同时加大对地区安全组织（ARF、ADMM + 等）的参与及影响力度。（4）以系统持续的外交努力，弥补军事能力的不足，改善总体安全环境。21 世纪以来，历届日本政府展开的"价值观外交"及"民主国家联盟""海洋外交""战略外交（俯瞰地球仪外交）""发展援助外

---

① 某种意义上，安倍的"积极和平主义"，是为日本在国际上扩大影响、增进地位的大国战略服务的，与其说是安全政策，倒不如说是一种政治战略，但是，日本的国际安全政策——主要是应对各种非传统威胁的举措（反恐、防扩散、打击海盗等），虽然往往并不是来自像美欧那样本土安全直接受到了威胁，但也事关确保日本赖以生存的国际大环境，例如能源资源的来源、海上通道安全、网络及太空安全等。

② 但此政策逻辑既含内在矛盾，又面临资源及财政困难，未来走势尚难定论。

③ 其表现是，2013 年安倍内阁发布的包括战后首份《国家安全保障战略》在内的"安保政策三支箭"。

④ 日本政府提出的"国内基础"包括经济、社会、军工产业、技术、信息宣传等。参见『国家安全保障战略』，2013 年 12 月 17 日，日本首相官邸官网（http：//www.cas.go.jp/jp/siryou/131217anzenhoshou/nss – j.pdf）。

交"等，实际都与其安全保障政策有关。

六 结语：若干重要特征的总结

纵观战后日本安全政策 70 年的演变史，可以看出其抽象的总特征是"大国化""正常化"以及作为此二者外延的"外向化"的一个进程。同时，在政策的规划及操作上，日益可见其自主性、战略性、系统性、全面性的演变趋向。

这些特征及趋向，也可从战后日本安全政策的出发点——"吉田路线"的角度加以审视和梳理。冷战时期，日本的安全政策基本上是在"吉田路线"规定的"日美同盟＋轻武装"的轨道上运行，即便在发展自主防卫力量和推动日美同盟合作，进而在推动大国化安全路线方面取得了某些进展，但这些进展也主要是政治性的和宣示性的，并没能使日本扩大多少实际军事作用。冷战结束后，日本的安全政策因开始主动"外向化"而逐渐变质。即便如此，"吉田路线"的主要思路仍然存在，日本在安全上全面依赖日美同盟并且没有追求"重武装"，发挥国际安全作用也选择了联合国主导的维和活动。然而，自 20 世纪 90 年代中后期开始，特别是进入21 世纪后，日本走"正常国家"道路以实现"政治大国"与"军事大国"为目标的国家战略逐步确立，其安全政策开始向"日美同盟＋尽量重武装与自主防卫"的方向发生质变，到了 21 世纪安倍二次执政时则演变为"出发点是要靠自己、现实中则依靠并主动利用日美同盟"的政策思路①。并且，在参与国际安全事务以及应对周边威胁之际，日本已逐步向摒弃和平主义而成为"能战国家"的方向大步转化②。

表 1 **战后日本安全政策变化轨迹（以目标与措施的要素为主线）**

时期及历史阶段	应对目标（威胁判断）	达成措施的措施	"吉田路线"的演变
战败及被占领期（1945—1952）	被占领而失去独立；经济贫困、社会不安等	完全依赖美国	成型出台

---

① 長島昭久『活米という流儀』、講談社、2013 年、234—240 頁。
② 其典型事例是安倍内阁在 2014 年决定部分解禁行使"集体自卫权"。

续表

时期及历史阶段	应对目标（威胁判断）	达成措施的措施	"吉田路线"的演变
"独立"后恢复经济的冷战前期（1952—20世纪60年代）	社会主义阵营（苏联、中国等）的威胁	几乎完全靠美；小步逐渐重新武装，渐拥自卫能力	完全被沿用、遵循，地位巩固
冷战后期（20世纪70—80年代）：大国意识萌发期	苏联威胁；经济（能源资源）震荡	强化日美同盟及站队西方阵营；对中复交及日美中联合；适度扩军及谋划增强自主防卫能力；开展综合安全保障及推动相关外交政策目标	信条不变，受到微调
冷战后20世纪90年代：摸索国际及周边安全保障政策	国际形势动荡及安全环境恶化；周边潜在威胁（朝鲜、中国）	自卫队出国参与PKO活动；制定地区周边安全政策（通过巩固同盟以及调整防卫纲要），提前戒备潜在威胁	受到重新审视及质疑，遭到部分修正
21世纪初期：加速"正常化"与"大国化"	非传统安全问题及全球性课题及其所导致的国际环境动荡失序；周边安全形势日趋恶化及"中国威胁"（中国日渐被作为最大安全威胁）	推动自主防卫，日益重视依靠己力以及强化国内基础；强化、升级日美同盟；广泛开展国际及地区安全合作（"积极和平主义"）；开展全球性战略外交	严重变质，实遭弃用（进入后"吉田路线"时代，正被"安倍路线"取代）

以上特征可从表1的相关梳理中得到印证。以下就本文中未及论述的内容作出补充，并在与其他主要大国的对比中，简单总结出战后日本安全政策的其他一些特点。

（一）日美同盟及日美安全关系具有结构性的规范作用①。尽管日本一直在追求同盟的对等化、双向化，但其现实的安全政策无疑受到美国因素的主导，日美同盟是政策基轴，美国的全球及亚太战略动向对日本安全政策走势往往具有结构性影响。反之而言，国际体系及格局变动对日本安全政策的影响远没有对他国那么大。

（二）国内政治的影响无处不在。与他国相比，日本安全政策与国内

---

① 鉴于全球金融危机后美国相对衰落而多极化趋势日显，日本近年的政策文件以及主流安全学说，例如2013年首份《国家安全保障战略》等显示的形势分析与对策措施，都在暗示日本不能完全靠美而应主动"用美"并自建安保能力。但这在很长时期内仍将是主观愿望，客观上日本的安全保障仍需依靠日美同盟。

政治更为密切相关。宪法原则、和平思潮及社会生态、国内政局变动，甚至领导人个性等因素，常会导致对政策调整形成巨大牵制作用。

（三）国际安全保障的权重很大。政策任务中，国际安全保障所占比重远远大于国内安全保障，日本本土几乎没有中美俄等大国那样的国内安全隐患。冷战后日本安全政策的演进或突破，往往是以"先外后内""以外促内""以美制内"的路径推进的。2013 年安倍内阁出台的《国家安全保障战略》，以其内容篇幅来说几乎成了一部"国际安全保障战略"。

（四）政策思想及理念，曾有时代领先性，但日益减少。日本在安全政策理念及目标上较早重视经济（能源）安全、"人类安全"等非传统安全问题。因而，在政策手段上也注重非军事措施的运用，包括较早提出"综合安全保障"概念。其安全政策在纵向演变上是不断"现实主义化"和"正常化"的过程，但在与他国的横向比较中仍显有一定国际政治意义上的自由主义及和平主义色彩，例如对使用武力等仍存有自我设限和克制等[1]。

（六）政策的主观性与矛盾性非常明显。日本安全政策的调整与安全环境的变化并没有必然的逻辑关系，其相当一部分动力来源于其国家战略目标以及美国的要求，而"威胁"的很大一部分是由其自身战略选择（包括"随美"）造成的。

（七）"中国因素"已成压倒一切的议题。从 2010 年前后的几年开始，日本将崛起的中国视为其 21 世纪安全（以及外交）政策的最重要课题以及实际上的头号威胁源，并且与之前不同，开始切实采取种种措施来应对这一"威胁"[2]。

---

① 这就造成了以下两个倾向：第一，在可预见的将来，日本成为"完全军事大国"的可能性仍然不大——包括拥有核武等战略进攻性武备、行使单独对外动武权等。第二，日本在国际上仍然高举自由理想主义的安全政策旗帜并赢得世界好感的同时，在周边却急速回归权力政治型的现实主义政策并推行引发紧张局势的防卫调整措施，从而在自我政策以及周边关系上都引发了难以调和的张力。

② 参见安倍晋三『日本の決意』、新潮社、2014 年、41—58 頁。

战后日本安全政策:"军事正常化"的发展

卢　昊[*]

　　内容提要：战后日本安全政策的基本线索与主要特征之一是"军事正常化"的发展。日本的"军事正常化"，以恢复"安全主权"以及发展与大国身份相符的军事能力及行动权限为基本目标，贯穿于日本安全政策的发展过程，通过发展自主防卫力量以及对日美安全同盟的依靠与利用得以实现。日本的"军事正常化"，在冷战时期处于初期摸索与稳定发展阶段，而在后冷战时期则进入发展加速与全面推进阶段。作为内部环境因素的"正常国家化"理念及政策实践，以及作为外部环境因素的美国战略，是日本"军事正常化"快速发展的主要背景。从长期来看，日本安全政策中日益增强的安全自主意识，将驱动日本继续推进"军事正常化"。
　　关键词：日本安全政策　军事正常化　安全自主　防卫力量　日美同盟

　　战后至今70年，日本的安全政策经历了一系列复杂变化。日本从二战结束后丧失军事霸权，被迫对安全政策进行"自我限制"，到今天重获强大军事实力与安全政策自主性，重新成为"可以从事战争的国家"，绝非偶发现象或"短期突变"，而是日本在战后持续推进军事安全上的"正常化"，从量变累积导致质变的结果。日本对"军事正常化"的追求贯穿其战后安全政策发展过程，与国际形势及日本国家战略的发展同步，不仅涉及安全政策基本路线的选择，也涉及具体的军事安全能力建设、体制法制建设以及对外军事关系的运作等方面。

　　日本所追求的"军事正常化"包括两个基本目标：一方面，恢复日本的"安全主权"，即自主保障自身安全，免于外部军事威胁的能力；另一

---

　　*　作者简介，卢昊，中国社会科学院日本研究所助理研究员。

方面，发展与日本国家力量及利益诉求相符合的军事能力，以及运用这一能力的权限与空间。二战后，日本以侵略战争责任国与战败国的身份接受和平宪法和日美同盟，这决定了日本安全政策受到"双重限制"：一方面，日本发展军事能力、扩大军事能力使用权限的行动受到和平宪法（以及由此衍生出的一系列防御性国防原则）的限制；另一方面，日本在安全战略及政策上的自主性受到同盟主导者美国的限制。因此，日本恢复"安全主权"的努力势必以突破这种"双重限制"为目标。同时，随着日本国家力量的增长，以及日本自身国家定位的提高，以军事大国姿态参与乃至引领国际安全事务，成为日本安全政策更进一步的目标与诉求。

一　战后初期"军事正常化"的摸索

战后初期，日本面临安全政策的基本路线选择。在依靠国际社会集体安全的"非武装中立路线"、安全自助的"自主防卫路线"以及依靠美国的"日美安保路线"之间，处于美国全面控制之下，面临冷战东西阵营对立的日本最终倾向于"日美安保路线"，形成轻军备与依赖美国的"吉田路线"。① 成为政策主流的"吉田路线"本身并不否定重建军事安全体制的必要性，但以经济民生为优先考虑，拒绝激进的军力扩张计划。同时，美国基于对苏冷战考虑，要求日本作为其亚太战略前沿，承担更多安全责任。日本社会的和平主义、反美主义运动特别是"反基地运动"，对日本寻求自主防卫及依靠美国的安全政策均进行了强烈批判。以上背景决定了这一时期日本的"军事正常化"以有限度的尝试安全自主，在体制、政策与军力硬软件方面"铺垫基础"、渐进建设为基本内容，总体上处于初步摸索期。

（一）在依靠美国的同时，日本对自主防卫政策进行了有限度的探讨与尝试

在安全上依靠美国的同时，日本努力争取纠正日美同盟不对等性，以1960年新《日美安全条约》签订为标志，日美安保体制实现了"象征性

---

① 柴田晃芳『冷戦後日本の防衛政策—日米同盟深化の起源—』、北海道大学出版会、2011年、5頁。

的相互性",日本争取平等的努力获得有限成果。① 同时,日本保守政治势力也在积极讨论安全自主的可能性。战后初期,日本国内"自主防卫论"兴起,支持者主要为保守政党阵营中的反吉田派,具有民族主义与军事现实主义倾向,基本主张为修改和平宪法,加速重建军力、建立"国防军",安全上摆脱对美依赖,逐步撤走驻日美军等。② 这一时期"自主防卫论"的实质,是彻底打破日本安全政策所受的内外限制,加速推进"军事正常化",将美国对日本的控制视为自主防卫的主要障碍。尽管"自主防卫论"未成为主流政策,但其引发的政策辩论在日本国内造成了一定影响。在政策实践方面,除鸠山一郎、岸信介执政时以改善安全环境为目标尝试"自主外交"之外,战后初期,坚持自主防卫的改进党等反吉田派还积极主导了日本军事安全体制的重建,"实际上为日本的'军事正常化'准备了基础"③。

需要指出的是,即使是重视对美安全合作的自民党主流派、吉田茂本人及其后继者,均认识到日本应加强自主防卫力量以及在安全上"自助并自主"的必要性④,只是更倾向于渐进实现安全自主,逐步恢复日本的"安全主权"。吉田茂在任首相时曾公开称,日本作为独立国家"理应有保卫自己的抱负","如果国力允许则应拥有武装力量"⑤。20 世纪 60 年代,他卸任首相后还提出"积极防卫论"⑥。吉田认为,日本安全政策的最大原则就是适时而变的灵活性⑦。另外,在不明言推动自主防卫或"军事正常化"的情况下,吉田及其继承者通过弘扬爱国主义教育,强调日本"不能

① 赤根谷達郎等編『日本の安全保障』、有斐閣、2004 年、19—20 頁。

② 中島琢磨『戦後日本の「自主防衛」論—中曽根康弘の防衛論を中心として—』、『法政研究』2005 年 3 月号、165 頁。

③ Kenneth B. Pyle, *Jayarz Risirzg*: *The Resargence of Japarzese Power and Purpose*, New York; Public Affairs Books, 2007, p. 71.

④ 例如:1955 年自民党建党纲领中提出,日本应"做好准备,在吉田安全体制下建立与我们国家实力与形势相适应的自卫武装力量,并为外国军队撤出后进引军队准备好条件"。参见理查德·J. 萨缪尔斯《日本大战略与东亚的未来》,刘铁娃译,上海人民出版社 2010 年版,第 55 页。

⑤ 大嶽秀夫『再軍備とナショナリズム』、中央公論社、1988 年、64 頁。

⑥ 1962 年 7 月,已卸任首相的吉田茂在东京日美协会演说时称,如果一味依赖《日美安全条约》,"日本会失去作为一个国家应有的部分",应有发展自主防卫的意识。他表示:"日本应当有拥有核武器的觉悟,这并不违反宪法规定。"在自己回忆录里,吉田茂还写道:"根据国力发展和形势,(日本)必然会超越依赖别国力量的阶段。"参见高坂正尭『宰相吉田茂』、中央公論新社、2006 年、4 頁。

⑦ 五百旗頭真『吉田路綫の盛衰』、『国際問題』2015 年 1・2 月合併号、3 頁。

丧失在安全上独立自主的意识"，从而间接地支持了"自主防卫论"。①

　　与此同时，日本国内政策研究界受到西方国际政治理论，特别是现实主义安全观与战略研究的影响，开始反思日本的安全政策。② 如永井阳之助、高坂正尧、卫藤沈吉、神谷不二等人指出，与其他国家相比，日本的安全政策存在过度依赖美国保护、对外部威胁缺乏敏感性等问题。"在承认日美同盟有效性的前提下，应适当地强化自主防卫力量。"这些政策讨论的结论是："在权力主义的无政府国际体系中"，日本应依靠自己的力量，而非完全寄希望于他者，确保国家的生存与安全，以及相关的经济繁荣。③ 高坂正尧在肯定"吉田路线"成功的同时，指出其政策的"最大陷阱"在于过度对美依赖，"将日本的安全委托给美国，使日本失去了国民的独立心和外交上的活力"。④ 以上讨论，对日本政府的决策产生了一定的影响，为日本在将来推进"军事正常化"作了政策理念上的准备。

（二）作为"军事正常化"的起步，日本完成了军事安全体制的系统重建，并开始渐进建设军事力量

　　二战后，日本的军部统治与旧帝国军事体制被废除。20 世纪 50 年代初，日本利用美国对日本重新武装的要求，系统性重建军事安全体制，⑤包括颁布"防卫两法"、整编建立陆海空自卫队、建立防卫厅与"国防会议"等。在重建军事安全体制特别是制定"防卫两法"的过程中，各保守政党产生明显分歧，通过跨党派磋商达成妥协，其根本方针是：一方面，"自卫队抵御直接与间接侵略等军事职能必须得到法律的认可"，另一方面，自卫队与防卫部门的"军事与战略特性"被尽量淡化，并强调文官系统对军事安全体制的"绝对主导"。⑥ 50 年代末，日本已经重建起相对系

---

　　① 大嶽秀夫『再軍備とナショナリズム』、6 頁
　　② 赤根谷達郎等編『日本の安全保障』、30 頁。
　　③ 佐道明広『安全保障政策の展開にみる日本外交の基層―自立への意思と基本戦略をめぐつて―』、『国際問題』2009 年 1・2 月合併号、41 頁。
　　④ 添谷芳秀『日本の「ミドルパワー」外交―戦後日本の選択と構想―』、筑摩書房、2005 年、51 頁。
　　⑤ 关于吉田茂等日本领导人的立场，有美国学者指出："（当时的）日本领导人明显意识到，共产主义世界的军事威胁与美国对日本的控制，为日本重建国家军事机器提供了合法依据。"参见 Christopher Hughes, *Japan Reemergence as a Normal Military Power*, London: Institute for International Strategic Studies, p. 24。
　　⑥ 佐道明広『戦後日本の防衛と政治』、吉川宏文館、2003 年、67 頁。

统化的军事安全决策、参谋、情报与后勤体制。

在此基础上,按照《国防基本方针》对自卫队"平时保持威慑力"和"战时应对局部侵略"的要求,日本开始建设军力,从 50 年代后期到 60 年代末实行了三个防卫力量整备计划,其中"一次防"提出建设"骨干防御力",重点发展陆上自卫队常规力量;"二次防"强调机动力量和后勤体制建设,推进陆上自卫队整体改编;"三次防"则将重心转移到海上自卫队建设。① 这一时期,如何制定这些中期建设计划是日本安全政策争论的焦点。② 在"财政考虑"(体现为大藏省的预算约束)与和平主义思潮影响下,日本"保持与国情国力相适应的最低威慑力",其建设方针以"制度化之下的渐进积累"为基本特征。③ 但这种渐进积累依然取得相当成果,日本自卫队从 50 年代仅能承担国内治安与本土防御,发展到 60 年代末具备与美军展开局部联合作战的能力。④ 同时,在军工产业界与自民党"国防族"的积极推动下,武器装备国产化全面推进。日本军工技术能力迅速发展,为战后日本"军事正常化"的发展奠定了重要的物质前提。⑤

(三) 日本建立了"专守防卫"的政策法制框架,并在此前提下预留了将来实现"军事正常化"的空间

战后和平宪法明确规定日本放弃战争权和"战争力量"。日本政府在 20 世纪 50 年代通过立法对自卫队行动权限做出严格规定。60 年代,日本政府又以答辩等形式宣布"无核三原则""武器出口三原则"等,进一步构建了体系化的防御性国防政策。⑥ 在日本安全政策"法无规定则不可行"

---

① 1966 年日本通过的"三次防"大纲中提出:"特别强化周边海域的防御能力,以及重点地域的防空能力","为提升周边海域防御与保护海上交通线的能力,大力建设驱逐舰、潜水艇,提升固定翼反潜机与飞艇的现代化水平"。参见佐道明広『戦後日本の防衛と政治』、190—191頁。

② 佐道明広『戦後日本の防衛と政治』、8 頁。

③ 赤根谷達郎等编『日本の安全保障』、29 頁。20 世纪 60 年代曾担任日本防卫厅局长的海原治形容这一时期日本军力建设的过程是"'一次防'搭建骨架,'二次防'及其后在骨架上逐步增加肌肉"。参见佐道明広『戦後日本の防衛と政治』、189—192 頁。

④ 佐道明広『戦後日本の防衛と政治』、67 頁、192 頁。

⑤ 日本武器装备国产化率从 50 年代初的约 35%,提升到 70 年代初的近 95%。参见佐道明広『戦後日本の防衛と政治』、132 頁。

⑥ 一般来说,被公认的日本"防御性国防政策"的基本原则包括专守防卫、不做军事大国、文官控制、无核三原则和武器出口三原则等。参见中村好寿『日米安保体制をゆるがす军事の侧面—日米戦略思考上の相異—』、『新防衛論集』第 23 巻第 1 号(1995 年 7 月)、66—83 頁。

原则的前提下，日本推进"军事正常化""打破规制"的主要体现是"法制改造"，即通过颁布新法、修改旧法、变更政府见解、进行具体解释乃至制造既成事实作为"先例"等方式，突破原有政策法制框架。以"恢复安全主权"为目标，"结合形势而做出法律上的调整"被日本一再地加以使用。①

　　这一时期，日本在建立"专守防卫"政策法制框架的同时，已经开始所谓"法制改造"，削弱原有法制框架对其推进"军事正常化"的制约。其中，自卫权与自卫队的合宪性是问题焦点。围绕自卫权问题，除对宪法第九条进行"芦田修正"② 外，吉田茂首相在 1950 年年初的施政演说中首次表示"放弃战争绝不意味着放弃自卫权"。1954 年，日本内阁法制局长发表了"自卫权行使三原则"，肯定日本拥有个别自卫权。这与战后初期日本领导人"包括行使自卫权的战争及交战权全部放弃"的表态有明显差异。关于集体自卫权，日本政府的态度也从"无行使可能"逐步转向"国际法允许但宪法不允许"的暧昧态度，为此后逐步解禁集体自卫权预留了可能性。围绕自卫队是否合宪的问题，内阁法制局结合自卫权行使权限的解释，肯定了自卫队合宪。其中，关于超出宪法的"战争力量"概念，日本运用"战争潜力""最低限度的必要武力"等难以明确界定的标准，进行了模糊的解释，实质上为日本发展军事力量特别是先进武器装备、推进"军事正常化"预留了相当的余地。③ 在日本保守政权进行"法制改造"的情况下，"尽管自卫依然被理解为保卫国家领土，它也允许包括在特定

---

　　①　Kenneth B. Pyle, *Japan Rising*: *The Resurgence of Japanese Power and Purpose*, p. 45.

　　②　"芦田修正"，指 1946 年《日本国宪法》在日本国会审议时，众议院宪法修改小委员会委员长芦田均主持对宪法第九条第二款进行的修改，即在原宪法草案第二款内容前加上"为实现前项规定的目的"。该修正意在通过暧昧表达，允许日本在不进行侵略战争的前提下行使武力和保留武装力量，从而为之后各种关于自卫权与自卫队合宪的"政府见解"铺平了道路。

　　③　关于"战争力量"，日本内阁法制局指出："（日本）保存不足以有战争潜力的能力，或者使用这些能力保护国家不受入侵均不违宪。"其中，被宪法禁止的"战争潜力"后来被日本政府解释为"超出保护日本不受直接攻击的最低限度的必要武力"。"最低限度的必要武力"后来又与"在必要的合适范围内行使"联系起来。参见中村明『戦後政治にゆれた憲法九条—内閣法制局の自信と強さ—』、西海出版、2009 年、99 頁。显而易见，在国际环境变化的情况下，这些概念都是相对性的、模糊的概念，被认为是"可以根据时势随时调整的滑尺"，日本也因此"名正言顺"地发展了除大规模杀伤性、超远程攻击性武器之外的其他常规武器。

条件下先发制人，甚至拥有核威慑力量”。①

二　冷战中后期“军事正常化”的稳步发展

20 世纪 70 年代到 80 年代，日本国家力量持续增强，对与经济大国身份相符的政治地位、安全利益与军事政策的需求日益高涨，这促使日本安全政策更趋向于追求“军事正常化”。作为影响日本安全政策的外部因素，这一时期，冷战形势和美国全球战略发生曲折变化。总体上，美国冷战战略压力增大，迫切要求日本加强战略协作，分担安全责任。但与此同时，“经济中心主义”国家战略的惯性，以及尚未衰退的和平主义力量则构成了日本加速“军事正常化”的主要阻力。此时日本的“军事正常化”，表现为在过去安全政策延长线上的稳步发展，基本内容为依托日美同盟，确定为推进“军事正常化”的基本思路，强化军事软硬件建设，同时在主张多种手段保障日本安全的过程中，重视自主性与军事安全手段。

（一）日本将自主与同盟相结合，主动借助同盟体制推进“军事正常化”

这一时期，日本安全政策的重大特点，是自主意识与同盟协调意识的同步加强与逐渐合流，最终将追求安全自主容纳于日美同盟体制中，从而确定了日本“军事正常化”的基本思路。1970 年年初，美国战略收缩，日本基于危机感，安全自主意识增强。时任防卫厅长官的中曾根康弘提出以“防卫自主五原则”为核心的“自主防卫论”。② 但相较于 50 年代时，中曾根等“自主防卫论”者对日美同盟的批判明显缓和，不再坚持“同盟

---

① 参见理查德·J. 萨缪尔斯《日本大战略与东亚的未来》，第 60—61 页。Llewelyn Huges，"Why Japan Will not Go Nuclear, International and Domestic Constraint on the Nuclearization of Japan"，*International Security*，No. 4（Spring），2007，pp. 67 – 96.

② 中曾根在自民党安全政策调查会上提出的“自主防卫五原则”包括：（1）遵守宪法，坚持国土防卫；（2）防卫政策与外交政策协调一体化，并与其他国策之间保持协调；（3）坚持文官控制；（4）坚持无核三原则；（5）以日美安保体制作为自主防卫的补充。其中，第五点突出反映中曾根“自主防卫论”的变化。

与自主不可并存"。① 中曾根提出"日美任务分担论"，其基本思想是在同盟关系对等、安全责任分担明确的前提下，"确保日本拥有立足自身的安全政策"，"任务分担越明确，则美国不能轻视日本的作用，而日本的自主则越能够得到保证"。② 中曾根以现实性、工具性态度对待日美同盟，在同盟体系中增强日本自主性，摸索"强军之路"，逐步成为日本推动"军事正常化"的基本思路。③

20 世纪 70 年代后期美苏"新冷战爆发"，在苏联军事威胁增大、美国对日战略需求增强的情况下，确保美国对日安全承诺有效性，以及借"任务分担"提升日本在同盟内的地位，成为日本优先考虑的问题。④ 因此，日本在坚持推进安全自主的同时，明确了"日美安保体制为主"的安全政策思路，以更主动姿态与美国合作，公开将日美关系定义为军事同盟。⑤ 1978 年日美签署《日美防卫合作指针》（即"78 指针"）。1981 年铃木首相访美时提出"千里海防论"，将"周边海域数百海里范围内和海上通道 1000 海里"作为日本防御范围。1983 年中曾根首相访美时提出"日美共同命运体论"与"不沉航空母舰论"。80 年代，日本以"国际国家"与"西方一员"姿态，积极参与美国领导的西方集体防御体制，并表现出较强的战略主动性乃至"领导意识"。

除借"任务分担"增强自主性，借与西方合作追求"大国身份的安全政策"之外，日本还逐步意识到，与美国的防务合作显著提高了日本军事能力，而且"同盟体制的存在，使得日本建设自主防卫力量的努力具有了

---

① 70 年代初中曾根曾公开表示，日美同盟对于日本而言"是半永久必要的存在"。参见中岛琢磨『戦後日本の「自主防衛」論—中曽根康弘の防衛論 を中心として—』、157 頁。

② 中曾根的设想，是将过去以对美依赖为前提的安全政策转化为"日本为主，日美安保体制为从"，但考虑到日本在安全与战略上依赖美国的现实难以改变，最终他的实际政策方向（特别是就任首相后）转向以日美安保为主，但在同盟体制内努力强化日本权力与责任。参见中岛琢磨『戦後日本の「自主防衛」論—中曽根康弘の防衛論を中心として—』、143 頁。佐道明広『戦後日本の防衛と政治』、234 頁。

③ 福田毅『日米防衛協力における3つの転機—1978 年ガイドラインから「日米同盟の変革」までの道程—』、『レファレンス』2006 年 7 月号、172 頁。

④ 土山実男『安全保障の国際政治学—焦りと傲り（第 2 版）—』、有斐閣、2014 年、312 頁。

⑤ 1979 年大平正芳访美时首次用"同盟"一词定义日美关系，1981 年铃木善幸首相访美时与里根发表联合声明，称日美两国是"民主主义与自由价值基础上的同盟关系"。

合法性"。① 以"78 指针"为基础,日美防务合作重点包括联合"有事研究"、武器装备技术交流以及联合军事训演等。其中,双方在武器装备与军事演习方面产生了直接的合作效果。② 日本同意对美提供装备技术,加强了对美制装备的采购。美国原产或授权日方生产的战斗机、反潜侦察机、"宙斯盾"舰载反导作战系统等大量列装自卫队。③ 日本海陆空自卫队与美军的制度化联合训演在这一时期得到启动或加强。④ 1980 年,日本还首次参加环太平洋联合军演,进入美国主导的多边军演体系。联合训演对提升自卫队实战能力,推动日本参与国际安全合作起到了重要作用。⑤ 尽管 80 年代后期日美防务合作有所起伏,但取得的成果促使日本以更主动的心态看待同盟体制,思考如何使其价值最大化。

(二) 日本以"有节制而高质量"的方式建设军力,推进军事安全体制改革

在国力增长的背景下,从 20 世纪 60 年代开始,日本防卫预算进入一个持续 20 年的快速增长时期,为军力发展奠定了基础。⑥ 在建设方针方面,70 年代中曾根提出"所需防卫力量"概念,致力于推进大规模扩军

① Michael J. Green, *The U. S. -Japan Alliance*: *Past*, *Present and Future*, New York: Council on Foreign Relations, 1999, p. 121. 另外,村田晃嗣指出,日本大规模发展军备受到国内外舆论制约,而以日美联合行动为前提,日本强化安全政策的举措更容易被接受。参见村田晃嗣『防衛政策の展開—ガイドラインの策定を中心に—』、『危機の日本外交—70 年代—』、岩波書店、1997 年、88 頁。

② 这一时期,日美开展的"有事研究"包括"有事法制研究""共同作战研究""远东有事研究""海上通道研究"等,其中内容涉及推进日本防卫体制改革、开展联合作战,以及在现行法制下如何设置"特例",允许自卫队进行"后方支援"等。日本学者认为,以上"有事研究"并未深入考虑实际运用,但它们为此后(特别是冷战结束后)日本规划安全政策,包括通过"有事法制"解禁集体自卫权提供了重要经验。参见西川吉光『日本の安全保障政策』、晃洋書房、2008 年、87 頁、180—181 頁。

③ 主要包括美制 F-15 战机、P-3C 反潜侦察机、舰载武装直升机、"宙斯盾"舰载反导系统等。1977 年,日本防卫厅做出了引进 F-15 和 P-3C 的决定,20 世纪 80 年代中期,在美国要求下,日本进一步增加了订购数量。参见佐道明広『戦後日本の防衛と政治』、360 頁。

④ 日本航空自卫队、陆上自卫队与美军的联合训演分别于 1978 年与 1981 年启动,开始于 50 年代的海上自卫队与美军的联合训演在 80 年代进一步制度化。1982 年日美还启动了定期的指挥所联合演习。

⑤ 松尾高志『激化する日米共同演習』、『これからの日米安保』(『法学セミナー』増刊38)、日本評論社、1987 年、196—213 頁。

⑥ 从 1961 年到 1980 年的 20 年中,有 19 年日本的防卫预算年增长率为两位数(10%以上),其中年增长率最高的一年超过 25%,唯一不足 10%的一年增长率也达到 9.8%。

的"四次防"，而曾任防卫次官的久保卓也提出了军力扩建规模更小、内外舆论更容易接受的"基础防卫力量"概念。[①] 最终，中曾根的"四次防"计划大幅缩水。[②] 以"久保构想"为基础，1976 年日本出台首部《防卫计划大纲》（即"76 大纲"），提出发展"有节制而高质量的基础防卫力量"。需要指出的是，久保本人亦是自主防卫的支持者，他主张的"基础防卫力量"并非要削减军事力量，相反以提升核心作战能力，实现部队精干化、效率化为基本前提。[③]

同时，在日美战略协调的背景下，日本主动提出"洋上击破"、前沿遏制等攻势性战术理念。在政府"重视制海空权与海上歼敌"的指示下，日本军力建设方针进一步向海上、空中作战力量以及反潜反导力量倾斜。在国力与财政支持下，"76 大纲"具体实施情况超过日本政府预期。[④] 通过依靠自主军工技术以及有针对性地引进美制装备，自卫队迎来了现代化水平提升幅度最大的时期。1985 年，防卫厅主导的"中期业务计划"被升级为政府的"中期防卫力整备计划"，这表明，日本认为有必要以更长远、更具战略性的方式来规划军力发展。

除"硬件建设"外，日本还逐步推进防卫体制方面的"软件建设"。80 年代中期，日本政府成立"防卫改革委员会"，以强化安全决策与应急能力为目标进行系统性体制改革。1986 年，防卫厅研究提出一揽子的 7 类 32 项防卫体制改革方案，其中大多付诸实施。通过改革，统合幕僚会议在集中决策与应对危机上的权力得到加强，分属自卫队各军种的后勤系统开

---

① 久保卓也指出，在美国战略收缩、削减驻亚洲兵力的情况下，自主防卫是日本"必然的选择"。但考虑到发生全面战争概率较低，在确保美国安全保护前提下，针对大规模战略威胁的"所需防卫力量"是不必要的。针对"小规模限定威胁"，发展"有节制而高质量"的"基础防卫力量"才符合日本自主防卫的需要。参见久保卓也『我が国の防衛構想と防衛力整備の考え方』，http：//www. ioc. u－tokyo. ac. jp/~worldjpn/documents/texts/JPSC/19740600. 01J. html。

② 中曾根提出的"四次防"预算草案总额达到 5.2 万亿日元，是"三次防"的 2.2 倍，最终 1972 年 2 月确定的正式预算额为 4.6 万亿日元。

③ 根据"久保构想"，"基础防卫力量"的"基础"，一是指一线实战兵力，二是指战争发生时可迅速扩充。参见久保卓也『我が国の防衛構想と防衛力整備の考え方』，http：//www. ioc. u-tokyo. ac. jp/~worldjpn/documents/texts/JPSC/19740600. 01J. html。

④ 尽管"76 大纲"在军力规模方面主张精简，但对一些军备发展数值目标并未规定上限，如坦克数量、舰船吨位等。80 年代末，日本坦克总数量较 70 年代中期增加 50%，舰船总吨位较 70 年代增加 60%，舰船平均吨位和火力均有相当程度增强。参见 Michael J. Green, *Arming Japan: Defense Production, Alliance Politics, and the Postwar Search for Autonomy*, New York：Columbia University Press, 1995, p. 175.

始统一化，自卫队的体制得到优化。1986年，日本还新设"安全保障会议"取代"国防会议"，以内阁九大臣会议为核心，下设事态应对委员会和事务局。这成为以后日本安全战略指导体制的基本模型。

（三）日本强调安全保障手段的多样性，以更宽广的视角推进"军事正常化"

20世纪70—80年代日本安全政策的另一大特点是，争论焦点从"N次防"即中长期军力建设计划转向更广泛的政策领域，除与美国的同盟合作外，经济安全、能源安全、海上通道安全、国内自然灾害防范等问题均被列入安全政策视野。① 经济增长带来日本海外利益的扩张，1973年石油危机进一步催生了日本在能源安全上的危机感。"作为经济大国的日本，其安全利益不再限于国土不受侵犯，同时需理所应当地掌握有效保卫安全利益的更多手段。"② 70年代末到80年代初，日本政府提出"综合安全保障战略"。该战略强调军事与非军事安全手段并重，注重安全保障手段的多样化。1980年，"综合安全保障研究委员会"的报告书中指出，日本应当重视在安全上的"自主努力"，"需要为将国际环境改变为更好而努力"，并且"需与共享理念与利益的国家保持合作"。③ "综合安全保障战略"尽管涉及诸多非军事安全方面，但主要结论是"日本在军事方面需要增强自卫能力"，原因是美国"已经不能像过去那样单独地、广域地、全方位地提供安全"。④

同时，日本开始从军事安全角度重视海洋问题，特别是海洋资源与海上航道问题。对日本而言，保护海上航道安全并非单纯考虑日美同盟合作，由于日本依赖海外资源与市场的脆弱性，海上航道安全对于日本"军事具有生死攸关意义"。在现代国际法制度初建、各国将围绕海洋资源展开国际竞争的情况下，日本应像世界上的其他"海权国家"一样，强化独

---

① 佐道明広『戦後日本の防衛と政治』、7頁。
② 中西寬『日本の国家安全政策』、遠藤誠治等編『安全保障とは何か』、岩波書店、2014年、114頁。
③ 田中明彦『安全保障—戦後50年の模索—』、読売新聞社、1997年、277—280頁。
④ 佐道明広『安全保障政策の展開にみる日本外交の基層』、43頁。

立的海洋安全保障能力。① 在日本看来，安全利益的扩展和手段的多样化，并不意味着军事手段不再适用，相反，这要求日本以更宽广的视角，重视军事手段的应用，并使之与其他战略手段相匹配。②

三　后冷战时代初期"军事正常化"的转型与新发展

冷战结束导致国际格局发生重大变化，对日本的安全政策造成"多重冲击"。③ 这一时期，日本外部安全威胁大幅减退，但周边安全环境特征发生变化。各大国处于战略"转型—再定位"过程，日美关系也承接 20 世纪 80 年代末的不稳定走势，在 90 年代经历了短期漂流到重新强化的过程。在日本国内，秉持国家主义的右翼保守势力压倒左翼革新势力，社会舆论的民族主义情绪与安全自主意识持续受到刺激，而作为制约力量的和平主义思潮明显减退。日本大国化重点目标转向政治安全领域，80 年代兴起的"正常国家论"逐步反映在国家战略与政策层面，成为推动日本"军事正常化"的主要动力。在这一时期，日本的"军事正常化"体现为适应与利用新形势，借助国际环境与国家战略"双转型"的背景，公开寻求突破安全政策，特别是运用自身军事能力方面所受到的限制。④

（一）日本回归并重新强化借日美同盟推进"军事正常化"的思路

20 世纪 90 年代前半期，日本曾尝试优先通过"多边安全合作"，"适度脱美"，增强在安全政策上的自主性。⑤ 1994 年首相咨询机构"防卫问

---

①　大賀良平『シーレーンの秘密—米ソ戦略のはさまで—』、潮文社、1983 年；北村謙一『いま、なぜシーレーン防衛か—東アジア・西太平洋の地政學的・戦略的分析—』、振学出版、1988 年。

②　Joseph P. Keddell. Jr. , *The Politics of Defense in Japan*, New York：M. E. Sharpe, 1993, pp. 61 – 62.

③　根据日本学者观点，后冷战时代初期日本安全政策至少面临"四大冲击"，分别是苏联解体、中国崛起、海湾战争以及冷战结束后的全球化趋势，既包括国家层面的传统安全问题，也包括非国家层面与跨国层面的非传统安全问题的多样化。参见中西寛「日本の国家安全政策」、116—118 頁。

④　根据"樋口报告"主要起草者渡边昭夫的观点，此时，日本已经以"恢复安全主权"、摆脱安全政策限制为公开目标，"不能因为宪法第九条的存在而（在安全上）采取与其他国家不同的立场"，"为了国防目的而创建军事力量，并将这种力量运用到国防以外的目的"。转引自王志坚《战后日本军事战略研究》，时事出版社 2014 年版，第 49—50 页。

⑤　田中明彦『安全保障—戦後 50 年の模索—』、325—336 頁。

题恳谈会”提出的“樋口报告”称，应以加强自主防卫力量为基础，以多边安全合作为手段，优先国际合作而将《日美安全条约》置于次要。但在美国施压之下，日本“放弃了关于国际贡献的试探讨论，回归日美同盟，同时更加明确地为了国家的生存与利益而奋斗”①。以 1997 年《日美防卫合作指针》（即“97 指针”）的签署为标志，日美实现“安保再定义”，借助安全合作使得双边关系重回正轨，并实现了日美同盟向“地区介入型”同盟的转变。②

在坚持日美同盟的前提下，日本继续利用同盟体制推进“军事正常化”。其途径之一是，通过日美联合介入地区安全，促进自卫队“功能转型”，摆脱过去在行动权限上的“自我限制”。“97 指针”中，日美以平时合作、“日本有事”与“周边有事”为新的体系框架，具体进行了防务分工。签署后，日本迅速通过了“新的指针”的相关国内安全保障立法。这一时期，“美国的军力转型和周边威胁的变化，为日本的修正主义者们带来了期盼已久的、提高自卫队能力的机遇”。日本承认集体自卫权的需求更容易被接受，“这给了日本更机警地利用同盟，增强自主防卫的机会”。③

日本利用同盟体制推进“军事正常化”的另一途径是，将日美防务合作作为其增强自主防卫能力的战略资源。“97 指针”下日美具体防务合作进一步制度化。基于 80 年代的合作经验，日本在武器装备、军事训演等方面利用同盟的动向更具有针对性。日本防卫厅意识到，在预算压力增大的情况下，比起订购成本日益增长的国产武器，适当引入美国的成熟产品与技术更为经济。④ 日美在武器装备技术，特别是舰载、岸基防空与反导系统方面的合作，为日本自主建设“全方位防御体系”做了必要准备。⑤ 军事训演方面，90 年代，日美间定期性军演趋于频繁化与多样化，训练实

①　Rajan Menon, *The End of Alliances*, New York：Oxford University Press, 2007, pp. 101 – 126.

②　中島信吾『戰後日本の防衛政策—「吉田路線」をめぐる政治・外交・軍事—』、慶應義塾大学出版会、2006 年、88 頁。

③　理查德·J. 萨缪尔斯：《日本大战略与东亚的未来》，第 107 页。

④　Michael J. Green, *Arming Japan：Defense Production, Alliance Politics, and the Postwar Search for Autonomy*, p. 143.

⑤　20 世纪 90 年代，日本从美国针对性引进“爱国者–3”导弹与 E–767 大型预警机，提高日美军事装备通用性，从而共享美国的情报网络。90 年代末，日美就联合发展战区导弹防御系统达成一致，并启动海上部署型高空拦截系统的共同研究。根据美国战略学者的观点，日美在武器装备方面的一体化在 90 年代大幅提升。参见 Patrick M. Cronin and Michael J. Green, *Redefining the U. S. -Japan Alliance：Tokyo's National Defense Program*, Washington D. C. ：NDU Press, 1994。

战性增强，这正符合了日本建设"合理、精干、高效"的自主防卫力量的需要。

（二）日本以"国际贡献"与"周边事态"作为切入点，促进安全政策外向化与"法制改造"

冷战结束后，日本积极参与构筑国际安全秩序，将其作为推动安全政策外向化的首要切入点。20 世纪 90 年代前半期，日本政府主动参与地区冲突解决、国际军控、联合国维和行动等。[①] 海湾战争的"外交失败"被日本政府利用，作为进行安全上的"国际贡献""在国际安全事务中增强存在感"的理由。1992 年，日本违背战后初期"禁止向海外出动自卫队"的国会决议，出台《联合国维和行动法》（即 PKO 法），并先后向柬埔寨、莫桑比克、卢旺达等国维和行动派出自卫队员。"通过意识形态上最不违逆，地理上又最遥远的议题，以最公开的和平任务与使命为理由，扩大自卫队行动空间，为军事化的进一步发展与地区行动做准备。"[②]

90 年代中后期，以朝核危机与台海局势一度紧张为契机，日本主动将自身安全与周边安全环境联系起来，试图以"系统性地区安全政策"推动"军事正常化"。[③]"周边事态"成为日本安全政策外向化的另一切入点。日本的战略精英们指出，由于威胁的多样化（传统与非传统威胁）与潜在化（突发性危机与军事均势可能的急剧变化），日本有必要"建立预防性的能力来保障自身安全"，"为此需要摆脱（军事）运用能力方面的约束"。[④] 为此，一方面，日本积极判断与"塑造"自身所面临的安全威胁，以此引导地区安全政策，作为强化自主防卫力量的理由；[⑤] 另一方面，日本大幅增加地区外交中的安全议程比重，为日本安全自主和能力增强积累

[①] 外務省『外交青書（平成 4 年版）』、http：//www. mofa. go. jp/mofaj/gaiko/bluebook/1992/h04-contents‐1. htm。

[②] 理查德・J. 萨缪尔斯：《日本大战略与东亚的未来》，第 122 页。

[③] 20 世纪 80 年代，日本将防卫从本土及周边扩大到"千里海防"，更多是针对"危机情况"而非常态环境下的应对设计，日本将自身安全保障与周边安全具体地、直接地联系起来，是在冷战结束以后。参见赤根谷達郎等编『日本の安全保障』、32 页。

[④] 添谷芳秀『日本の「ミドルパワー」外交─戦後日本の選択と構想─』、101 页。

[⑤] 这一时期，日本的防卫白皮书反复强调，日本面临的安全环境趋于复杂、脆弱、恶化。对此有美国学者指出："东京从不会轻易放弃强调和塑造自己所面临的安全威胁的机会，这对日本增强军事上的自主性有至关重要的作用。"参见理查德・J. 萨缪尔斯《日本大战略与东亚的未来》，第 77 页。

外部支持。90 年代中期,日本与俄、中、韩、澳及东盟国家新建了双边安全合作机制,积极主张基于朝鲜半岛问题与东盟平台建立新的多边安全合作机制。①

围绕"国际贡献"与"周边事态",日本在 90 年代进行了一系列"法制改造",开启了一个为日本安全政策集中"松绑"的时代。② 除 90 年代前期推出 PKO 法,确认自卫队海外维和合法性外,90 年代中后期,以周边安全不稳和巩固日美同盟为名,日本开始酝酿推进"有事法制"。1999年,日本连续出台"97 指针"的"相关三法",包括《周边事态法》《自卫队法修正案》与《日美相互提供物资与劳务协定修正案》,支持日本协助美国进行"后方支援"或"后方搜索救助",干预"周边事态",从而为扩大自卫队运用范围、解禁集体自卫权创造了前提。日本否认这些法律与集体自卫权的联系,以抵制来自国内外的质疑之声。③ 但实际上,以上"有事法制"是日本在解禁集体自卫权问题上"积累合法性与合理性依据"一个重要的阶段。

(三) 日本以应对"周边威胁"为由加强军力建设,推进军力转型

20 世纪 90 年代是日本军力建设的"转型调整期"。面对新的安全环境以及国内经济由盛转衰、财政资源受到限制的情况,日本在维持发展军力势头的前提下,对发展方针、部署与体制进行了调整。冷战结束后,日本首部防卫大纲即"95 大纲"沿袭了冷战时期"基本防卫力量"的提法,强调在有限预算下建设"合理、高效而精干"的军事力量,重视质量,优化配置。"通过装备现代化,提升机动力与火力水平",重点增强反导能力、反潜能力以及情报侦察与信息化能力。1997 年,日本政府对航空自卫队进行了战后规模最大的现代化改装,还集中自卫队各军种情报部,在统合幕僚会议下设立联合情报本部,加强了情报收集与分析力量。

通过军力建设与部署调整,一方面,日本努力确保军事力量"均衡覆

---

① 例如,日本支持东盟建立"东盟地区论坛",围绕朝鲜半岛问题,提出建立包括朝鲜半岛南北双方及日、美、中、俄的"东北亚安全论坛",并积极主张在 APEC 等多边机制中增加安全问题讨论,等等。

② 据统计,1992—2003 年,共有 15 部日本安全防卫新法律或法律修正案出台。

③ 1999 年小渊惠三首相在国会答辩时称,对美军的后方支援"不属于武力行使,也没有设想过与美军行使武力一体化的问题",日本政府"无意改变宪法解释来行使宪法所不允许的集体自卫权"。

盖国土"并延伸到边境岛屿，将防御重点由北部转向西线与西南一线，开始加强面向朝鲜半岛与中国的军事防御体系建设；另一方面，基于所谓"多元化威胁"，应对可能的小规模冲突与"特种战争"，自卫队通过整编与装备引进，努力提升快速反应速度和机动作战能力，推进军力转型。根据"97大纲"，陆上自卫队启动了大规模"师改旅"部队改编，启动快速反应预备役自卫官制度等等。特别需要指出的是，日本海上保安厅作为准军事力量，在这一时期被列为重点发展对象，装备、人员及权限快速增长。[①]

四　新世纪"军事正常化"的全面加速

进入21世纪后，日本安全政策继续受到国际政治形势与国内政治重大事态的影响。全球安全问题的复杂化、威胁来源的多样化与安全网络的复合化，以及以中国崛起为主要特征的地区格局变化，加深了日本的不安感与危机感。而在国内政治方面，在保守政治势力特别是领导人的公开推崇下，"正常国家化"及其战略、政策的"政治正确性"与价值观色彩不断被增强。[②] 以"恢复安全主权"与"在安全事务上发挥大国作用"为主要内涵的"军事正常化"被视为"正常国家化"的必然逻辑结果与政策构成。[③] 在财政资源紧张、防卫预算总体规模难以扩大的情况下，日本依然凭借政策意志和"综合性、策略性的配置手段"，力图突破安全政策固有限制，积累与输出军事能量，取得了重大成果。在这一时期，日本的"军

---

① 白石隆『帝国とその限界—アメリカ・東アジア・日本—』、NTT出版、2004年、110頁。

② 如小泉纯一郎曾在首相施政演讲中提到，国家是否自主与受人尊敬，"一个重要的前提是能否自主地保卫国家与保护国民"。两度当选首相的安倍晋三则在其著作《致美丽的祖国》中提出："为了本国安全，本国先要做出最大的自主努力，'自己的国家自己保卫'，这种决心无疑是需要的。"参见安倍晋三『日本の決意』、新潮社、2014年、41—58頁。

③ 支持日本"正常国家化"的保守政治势力的基本逻辑包括：（1）日本二战战败后在安全防卫政策上所受的限制是外界（特别是作为霸权的美国）强加的，其合理性和合法性均值得质疑；（2）这种限制是一种军事功能和权利的"关键性缺失"，不仅限碍国家内外政策的实施，也有损于日本的国家尊严和威望，而且造成了国内意识形态和战略观的分裂；（3）所谓"正常国家化"即让日本成为"正常国家"，最基本的前提和目标之一是在军事与安全保障方面"复权"，填补这一缺失。相关观点参见添谷芳秀编『「普通」の国』、千倉書房、2014年、41—50頁。田母神俊雄・天木直人『自立する国家へ』、ベストセラーズ、2013年、4頁。

事正常化”进入了前所未有的加速发展期，以覆盖军事安全政策法制、体制、战略、军力建设、编制部署等各领域的系统化“强军工程”为基本内容。

（一）日本高度强调以自主努力推进“军事正常化”，战略指向性空前增强

在推进“军事正常化”的过程中，日本尽管依然坚持将日美同盟作为基本策略框架，但在这一时期，其公开主张的政策出发点正逐步转向“依靠自己”，发挥自主性，将发展自主防卫力量作为重点。[①] 2004 年至 2013 年日本出台的防卫政策（即“04 大纲”“10 大纲”与“13 大纲”）均在“安全保障基本方针”部分中，将“日本自身的努力”置于“日美安保体制”之前，强调前者是日本安全的根本原则与最后保障。[②] 2013 年年底出台的日本《国家安全战略》明言“为确保国家安全，首先应强化自身的能力，打牢基础，并确保自身能力能够适应形势变化”，并作出了具体措施规划。这些政策纲领体现出，日本正积极调整安全政策的“策略选项顺序”，伺机将自主防卫作为推进“军事正常化”的核心手段。

另一方面，20 世纪 90 年代中期起，中国因素在日本安全政策中所占位置日益显著，“军事正常化”日益以中国崛起为对象。日本一方面将安全政策，包括日美同盟协作的核心目标定位在“引导中国接受现行规则与秩序”；[③] 另一方面充分利用与渲染“中国威胁论”，以此为理由，促使内外舆论理解并接受日本的“军事正常化”。在安全上防范中国的思路指引下，日本军力发展方针、部署重点的调整，都更为直接地受到中国因素的

---

① 長島昭久『「活米」というㇹ流儀—外交・安全保障のリアリズム—』、講談社、2013 年、235—237 頁。
② 在“04 大纲”中，日本首次在官方安全政策中将“自主”放在“同盟”之前。而“10 大纲”强调：“（日本的）基本想法，是从实现我国安全保障目的的核心基础是自身的努力这一认识出发。”“13 大纲”中称，日本认识到：“安全保障政策的根本是我国自身的努力”，“构筑综合机动防卫力量是我国安全的最终保障，体现出我国具有防范威胁于未然，并在威胁出现时予以抵抗的能力”。
③ 田中明彦『日本の外交戦略と日米同盟』、『国際問題』2010 年 9 月号、41 頁。

牵引。① 而日本在对美协调时，则尽可能引导同盟合作议程关注对华战略与安全应对，努力与美国达成一致，不断寻求"锁定"美国对日本的安全承诺与战略支持，从而形成日美联手遏制、威慑中国的形势，在对华战略竞争占据主动。

（二）日本加强了对日美同盟的"战略性利用"，并促使同盟体制与国际合作、地区安全政策相对接

进入21世纪以来，日美同盟承接了冷战结束后"安保再定义"的强化趋势。特别是美国全球战略重心从伊斯兰世界"重返"亚太后，美国战略中日本的地位再度获得提升，直到2015年新版《日美防卫合作指针》（"15指针"）的出台，标志着日美同盟以"扩大同盟体制中日本的作用"为基本方向，向着"全球型""全天候型"和"全面共享型"，权责相对均衡的同盟模式发展。② 日本意识到：美国的亚太战略为日本安全自主开启了"机会窗口"。而且，21世纪以来，美国推行"自愿同盟"和灵活的安全伙伴体制，以市场化的、实用主义的方式管理盟友，也促使日本以更具工具性、现实性的态度来对待美国，甚至提出"管理美国的霸权"、按照日本利益引导美国亚太战略的设想，试图将"日美同盟中的日本战略"转化为"日本战略中的日美同盟"。③

和过去类似，在双边安全层面，日本"战略性利用"日美同盟的主要途径包括两个方面：一方面，日本通过支援美国的海外军事行动，为在安全政策上"自我解禁"继续创造条件。阿富汗战争及伊拉克战争期间，日本以为美国及其盟国提供"后方援助"或国际维和为名，使得海外派兵成为既成事实。④ 而在美国实施"亚太再平衡"期间，日本表现出配合美

① 在这一时期，日本军力部署的调整尤其体现了以中国为假想敌的态势。如以准备针对中国的"岛屿防御"和"空海立体战"为重点，加强"西南诸岛"及"第一岛链"附近地域的军力部署，向日本西南部增派装甲部队、F－15战斗机飞行队、反潜侦察机分队、爱国者－3导弹联队，部署大功率雷达，以九州与冲绳为基地训练与部署"水陆机动团"及"沿岸警备部队"，等等。

② 参见卢昊《2014年的日美同盟：战略合作下的协调与摩擦》，载李薇主编《日本蓝皮书：日本研究报告（2015）》，社会科学文献出版社2015年版，第99—100页。

③ 尽管到目前为止，日美同盟体制内"美主日从"的关系模式并未发生根本改变，但日本的自主意识和"为我所用"的工具理性已经达到了冷战结束以来的最高点。参见李薇《日本的国家定位与历史反思》，《国际经济评论》2012年第4期。

④ 信田智人『「テロとの戦争」と日米同盟の現状』、『国際問題』2010年9月号、27頁。

国干预地区、展开从平时到战时"无缝隙"同盟协作的坚定姿态，促使美国支持日本解禁集体自卫权的态度前所未有地明确化。① 另一方面，日本以前所未有的主动意识，加强与美国的具体防务合作，日美的军事一体化继续加强，日本由此在联合训练与演习、武器装备与技术共享、联合情报收集、警戒与侦察（ISR）上享受到更多的实际利益。其中，日美高频率、多兵种的联合训演，日美在太空、网络军事与常规武器技术方面的合作，以及日本对美制装备的扩大订购，都迅速转化为自卫队的实战能力。

　　除双边安全层面的考虑外，在这一时期，日本还致力于将日美同盟与其地区与国际安全政策充分结合。随着美国在亚太的同盟体系由"轮辐模式"渐变为"网状模式"，积极担任同盟网络中枢的日本利用"日美＋1"模式，充分享受美国的盟友资源与外交渠道，并借此拓展自己的地区安全伙伴网络。在美国的支持下，日本安全政策的"地区输出"逐步增强，日美韩、日美澳、日美印以及日美与东盟国家之间的"小三边"由此成为日本重要的战略资源。国际安全合作方面，日本在21世纪加强了对非传统安全问题、国际公域治理方面的参与力度，推动全球范围"战略性外交"。在此过程中，日本尤其注重在国际反恐、网络安全、冲突地区维和与战后重建援助等问题上"紧随美国"，配合美国的方针，其"战略性外交"始终以对美关系为主轴。日本战略精英们的共识是，在安全政策上寻求"对外输出"的日本，应积极将其地区与安全政策与美国国家战略进行对接，"这是收益成本比最佳的行动方案"。②

（三）日本全方位、系统化地推进军力建设，强化军事安全体制

　　军力建设方面，日本明确以超越"专守防卫"需要、立足于"遏制与反应"的指导思想来引领军力建设，在适量精简军力规模、削减人力成本的基础上提升战斗力。以"动态防卫力量"与"统合机动防卫力量"等理

---

　　① 继2013年日美"2＋2"会议上美方首次公开支持日本解禁集体自卫权后，2014年4月，美国国防部部长哈格尔与奥巴马先后访日，均明确支持日本解禁集体自卫权。奥巴马也成为首次明确支持日本解禁集体自卫权的在任美国总统。

　　② 兼原信克『戦略外交原論』、日本経済新聞出版社、2011年、83頁。

念为指导，海陆空自卫队陆续进行了战后以来规模最大的改编①，力主进一步强化海空作战力量优势，提升部队快速机动性与战斗人员素质。这一时期，日本军事装备的大型化、尖端化与远程打击能力的强化是军力建设的重点。② 包括建造超万吨级的直升机驱逐舰与大型运输舰，列装新型隐形战斗机、大型运输机、空中加油机、反潜侦察机和无人机等。③ 日本还在太空、网络等"战略新疆域"进行重点军事技术开发，利用通信技术提升自卫队情报、ISR 能力，建设基于通信卫星网络的太空反导系统，建立"网络防卫队"及覆盖防卫部门与作战部队的网络情报系统。

军事安全体制方面，进入 21 世纪以来，日本全面升级决策指挥体制，重要举措包括建立新的"国家安全保障会议"作为国家安全决策核心，改组防卫厅将其升级为防卫省，建立新的统合幕僚监部，推动军令与军政的分离和指挥体系的一元化，以及继续推进防卫省改革等。在体制改革中，日本政府的主要思路是集中权限、打破"文军界限"，提升"制服组"即职业军人的决策地位与影响力。适当增强统合幕僚监部的军事计划与指挥权，充实防卫部门在武器装备管理、后勤支援、情报搜集、国际交流方面的职能。这些改革措施提高了日本安全决策的效率，为自卫队执行大型、远程化作战与参与国际安全合作准备了必要的条件。

（四）日本大幅度推进"法制改造"，试图构建基于"军事正常化"前提的新安保法制与政策体制

这一时期，围绕自卫队海外行动与日美联合干预"周边事态"，日本继续贯彻以"法制改造"推进"军事正常化"的思路，且力度前所未有。以"9·11"事件与支援美国反恐战争为契机，日本在 2001 年出台《恐怖

---

① 这一时期，陆上自卫队全面推动机动化、快反化改编，在师团内设置快反机动化连队，并设立"中央快速反应部队"，新建海岸监视部队与作为两栖作战部队的"水陆机动团"等。按照 2015 年防卫预算案，日本计划取消"中央快速反应部队"，建立统辖各方面队和直属部队的"陆上总队"。海上自卫队各护卫队群由"旗舰＋3 个护卫舰"的编组改为"直升机驱逐舰群＋导弹驱逐舰群"。调整航空总队架构，将各方面队的飞行教育队、高射教育队和电子战部队抽调整合，组建新的航空战术指导团。

② Daniel M. Kliman, *Japan's Security Strategy in the Post - 9/11 World；Embracing A New Realpolitik*, London：Praeger Publishers, 2006, pp. 21 - 24.

③ 半田滋『自衛隊は国土を守れるか』、遠藤誠治編『日米安保と自衛隊』、岩波書店、2015 年、209—211 頁。

对策特别措施法案》《自卫队法修正案》和《海上保安厅法修正案》,并以此为依据,派遣自卫队军舰前往印度洋为盟军军舰补给燃油。相关立法不仅将自卫队的行动范围扩大到全球公海及有关国家同意的领海,还将日本的"后方支援"活动范围进一步扩大到护航、空中与基地警卫、情报与后勤保障等。2003 年,日本通过"有事三法案"即《武力攻击事态法案》《自卫队法修正案》《安全保障会议设置法修正案》以及允许向伊拉克派出自卫队的《伊拉克复兴支援特别措施法》。以上新法案大幅放宽了对自卫队行动范围、出动条件和武器使用的法律限制,并且强化了政府乃至首相官邸的军事决策权,增强了日本海外军事介入的实际操作能力。[1]

相比过去,当前日本"法制改造"的特点是与日本保守政权的修宪进程更密切关联,且涉及法案数量空前增加。在执政集团倾向于选择解释性修宪路径后,解禁集体自卫权就成为中心议题。欲实现此目标,对涉及具体操作的安保行动法进行"全面调整"是必要的举措。安倍内阁上台后正是遵守这一思路,部分解禁集体自卫权,并在此基础上启动了新一轮的安保法制一揽子修改。新推出的《和平安全保障整备法》(10 个修正法的统和)与《国际和平支援法》,不仅是此前"有事法制"修订的延续,而且标志着日本在安保法制上全盘"松绑"方面达到了一个新高点,其实质是从根本上动摇支持宪法及"专守防卫"国防原则的法制基础,建立符合军事大国目标的新安全保障法制体系。同时,日本还将武器出口问题作为动摇"专守防卫"原则的另一突破口。在民主党执政后期大幅放宽武器出口限制后,安倍内阁进一步提出新的"防卫装备转移三原则",迅速开展对外武器装备技术合作,试图将法律上的"正当性"转化为政策实践。

五　结论

战后日本安全政策的发展,始终伴随着日本对"军事正常化"的目标追求与政策实践。基于战后特定历史,日本的安全政策必须与战时的军国主义决裂,遵循和平宪法原则以及民众的和平主义意愿,但围绕"如何实现军事正常化"这一问题,日本从未放弃摸索和努力。进程不断加速、成果日益积累的"军事正常化",是日本战后安全政策的主要特征。总的来

---

[1]　田村重信『安倍政権と安保法制』、内外出版、2014 年、12 頁。

看，冷战时期日本"军事正常化"的发展，主要为方向摸索与较有限度的政策实践，后冷战时期日本"军事正常化"则取得了更多实质成果与"重大突破"。这一过程中，作为内部环境因素的"正常国家化"理念与政策，以及作为外部环境因素的美国全球与亚太战略的调整，成为日本"军事正常化"发展提速、军事安全政策能量迅速累积并向外输出的主要背景。

日本安全政策核心的问题是处理自主与同盟的关系，战后日本保障自身安全主要通过两个基本路径，即自主努力"渐进地建设自主防卫力量"，以及依靠日美同盟。与此相应，日本安全政策意识有两个基本维度：一是关于与美国同盟关系的价值判断；二是关于自主地使用军事力量保卫国家的意愿。① 在日本"军事自主化"发展过程中，一方面，日本通过自主地规划、实施基础军事体制与力量建设，以及"适时"进行安全保障方面的"法制改造"，提升自身在安全上的能力、扩大运用能力的权限与自由；另一方面，日本努力在同盟体制中争取自主地位，并开展对同盟的"战略性利用"，建立超越"专守防卫"的安全自主态势。在日本安全政策的主观意识中，自主性与同盟体制从最初的难于共存，到逐步交汇统一，从而在实践中形成了合力。尽管关于同盟的价值判断对日本安全政策观有着结构性的影响，但自主意识作为日本安全政策的出发点，相对上升势头更强。② 日本安全政策中自主性的"不断膨胀"将是一个长期趋势，它已经充分表现，并且还将继续表现在日本推进"军事正常化"的历史实践中。

日本"军事正常化"的发展，并不必然意味着其国家战略与安全政策将走向极端的军事中心主义，也很难设想现今的日本会重归战时的军国主义。但在"吉田主义"传统安全路线式微的情况下，受到政治保守化、狭隘民族主义与历史修正主义影响的日本"军事正常化"有相当可能性会偏离和平主义轨道，其发展前景具有不确定性。即使从保守政权的立场与角度出发，日本在当前的环境下欲推动"军事正常化"，自身也需要解决一些难题：日本推进"军事正常化"的举措能否得到财政资源、主流民意的持续支持？能否得到由于日本的错误史观或零和竞争策略，而与日本产生隔阂的邻国的认同？其推进过程中"以战略定威胁"的思维，以及借助同盟实现自主的策略是否科学？这些疑问都值得日本深思。可以肯定的是：

---

① 参见理查德·J. 萨缪尔斯《日本大战略与东亚的未来》，第21页。
② 柴田晃芳『冷戦後日本の防衛政策—日米同盟深化の起源—』、141 頁。

日本对地区安全负有重要责任，而且，其在安全上自主倾向越强，“军事正常化”推进力度越大，所产生的后果影响也会越显著。这也要求日本在新的历史时期正确思考总结安全政策乃至国家战略的历史经验教训，谨慎行事。

（本文已在《日本学刊》第6期发表，收入本书时做了部分修改。）

日本对美国认知的变化

——战后 70 年的轨迹与当前的选择

归泳涛[*]

内容提要 战后 70 年来，日本虽然一直在官方层面贯彻亲美路线，但不论在政界、学界还是舆论界，对美国的认识和态度却一直存在尖锐对立。在不同的历史阶段，和平主义、现实主义和民族主义等思潮及其内部争论塑造了日本对美国的不同看法，进而影响到日本的外交安全政策。近年来，随着美国地区影响力的相对下降和中美战略关系的发展，日本对日美同盟的可靠性和自身的国际地位感到不安，亲美民族主义路线日益凸显，这成为推动日本战略转型的关键动因。

关键词 美日同盟 日本外交 中美日关系 战后 70 年

战后 70 年来，美国因素一直在日本的内政外交中发挥着关键作用。日本虽然在政府层面始终坚持亲美路线，把日美同盟作为外交基轴，但在政界、学界和舆论界，围绕日美同盟问题的对立和争论从未停止，对不同时期日本的外交安全政策都产生了重要的影响。当前，日本正处在战略转型时期，对美国认知的变化再次成为决定日本政策走向的关键因素。本文将首先分阶段梳理二战结束以来日本对美国认知的变化，在此基础上围绕当前日本对美国亚洲战略和对华政策的反应，探讨日本战略转型的现状和前景，希望能借此加深对当前及未来日美同盟和日本战略走向的认识和理解。

围绕日本对美国的认知及其变化，日本学者和中国学者都进行了广泛而深入的研究，内容涉及历史、文化、社会、政治、经济、外交、思想以

---

* 作者简介：归泳涛，北京大学国际关系学院国际关系研究所副教授。

及心理等多个层面。① 但总的来说，大部分学者探讨的主要是思想感情方面的因素，对于具有政策含义的观点的研究并不多见。为此，本文聚焦于战后日本围绕日美同盟问题的政策争论，重点关注知识界、舆论界的动态及其对政策的影响。②

一　战后 70 年的轨迹

从二战结束至今，日本精英对美国的认知大致经历了三个阶段的变化。第一阶段是从二战结束到 1960 年"安保斗争"，以"吉田主义"为代表的亲美路线与以"和平主义"为旗帜的反美路线尖锐对立；第二阶段是从"安保斗争"之后到冷战结束，随着现实主义国际政治学者在日本知识界、舆论界的崛起，肯定日美同盟的主张逐渐成为主流；第三阶段是从冷战结束至今，要求强化日美同盟、扩大日本军事角色的声音日渐凸显，对日本当前的战略转型起了关键作用。③ 从演变的趋势看，亲美一直是日本官方的基本路线；而反美在日本的知识精英中曾长期占据主流地位，但逐渐被支持日美同盟的声音所取代。

不论是亲美还是反美，都并非铁板一块。亲美的思想中始终包含了对美国的不满和失望，而反美的思想中也不乏对美国的尊崇和期待。亲美路

---

① 日本学者的研究主要有：亀井俊介『アメリカの心　日本の心』、日本経済新聞社、1975年；亀井俊介『日本人のアメリカ論』、研究社、1977 年；吉見俊哉『親米と反米——戦後日本の政治的無意識』、岩波書店、2007 年；鈴木晟『日本人の対米観・序論——「阿闍世コンプレックス」の視点から』、『社会科学討究』1990 年 8 月号、1—21 頁；西平重喜『日本人の対米観　アメリカ人の対日観』、『自由』1982 年 1 月号、32—52 頁；伊藤述史『反米保守主義のアメリカ批判——戦後史評価の諸相』、『アソシエ』第 19 号、2007 年 8 月、141—151 頁；田所昌幸『反発と甘えの交錯——日本の対米観を考える』、『アステイオン』第 59 号、2003 年、105—121頁；土山実男『日米同盟における「忠誠と反逆」——同盟の相剋と安全保障ディレンマ』、『国際問題』2015 年 9 月号、5—15 頁。中国学者的研究主要有：刘世龙：《日美关系的两个周期》，《日本学刊》2002 年第 3 期，第 26—40 页；张建立：《战后日美关系的心理文化学解读》，《国际政治研究》2013 年第 4 期，第 35—49 页。

② 尽管外交政策的制定和实施不能无视民意，但就影响力而言，精英的态度还是比大众的意见重要得多。因此，本文把研究重点放在对政策和舆论有影响力的专家学者的观点上。

③ 这只是一种粗略的划分方法。如果进一步划分的话，可以将这三个阶段再分别一分为二：第一阶段包括美国对日占领（1945—1951 年）和围绕日美安保体制的对立（1952—1960 年）两个时期，第二阶段包括现实主义者在日本崛起（1961—1979 年）和美苏从"新冷战"到缓和（1980—1991 年）两个时期，第三阶段包括冷战后日美同盟再定义（1992—1999 年）和日本在美国推动下解禁集体自卫权（2000 年至今）两个时期。

线和反美路线虽曾激烈对抗，但两者之间也存在共存甚至融合的情况。以下按照上述三个阶段的划分对二战结束以来日本对美国的认知作简要的梳理和分析。

第一阶段：亲美路线与反美路线的对立（1945—1960）

众所周知，以重经济、轻武装、对美合作为主要内容的吉田路线在二战以后长期主导了日本的国家战略。这一路线并非二战后首创，而是延续了 20 世纪 30 年代日本的经济外交思想。日本学者井上寿一从外务省特别调查委员会 1946 年整理的《日本经济重建的基本问题》报告书和外务省调查局对美国的调查研究等史料中发现：日本对战后国际形势的基本判断是，20 年代形成的美国主导的自由主义国际经济网络将全面展开，30 年代开始兴起的经济区域主义也将重新建设；基于这一判断，战后日本的外交应以日美经济关系为基础，同时在美国主导的世界经济网络中发展与社会主义国家以及发展中国家的经济关系，参与构筑亚洲区域主义。这一构想体现了与战前的连续性，所不同的是美国的重要性显著提升了。外务省经过调查认为，美国经济对战后日本的生存至关重要，优先于亚洲区域主义；但战后美国对亚洲经济的参与和援助力度有限，令日本感到不安。可见，当时的日本是从经济逻辑出发对战后国际秩序作了构想，正是这种经济理性主义奠定了亲美路线的思想基础。[①]

然而，即便是像吉田茂那样的亲美派，对美国的认识也包含两重性。一方面，屈辱的被占领体验是他们心中挥之不去的阴影。他们不甘于战败者的身份，始终对美国抱有反抗的情绪。另一方面，美国在战后虽然大力扶持日本经济，还让日本从朝鲜战争的"特需"中受益，但美国主导的对社会主义国家的禁运阻断了日本的经济外交构想。在冷战的背景下，日本仍然希望超越政治体制的差异构筑自身的对外经济网络，却一直受到美国的压制。因此，在亲美派的心中，也长期郁积了对美国的不满和自主外交的意向。

当然，吉田的亲美路线毕竟造成了日本在安全和经济上都依附于美国的事实，这自然会刺激日本人的民族情绪。在战后日本，与吉田的亲美路

---

① 井上寿一『戦後日本の外交構想』、『年報政治学』第 55 巻、2004 年、66—80 頁。

线并存的是分别来自右派和左派的反美主义。① 右派的反美主义建基于传统的民族主义思想，不满于日本对美国的屈从，认为日本应该修改宪法，作为一个独立国家乃至大国推行自主外交，其极端表现是主张日本拥有核武器，实现自主防卫，被称为日本版的"戴高乐主义"。这种主张虽然在日本长期存在，还不时发出一些引人注意的刺耳声音，但是由于在日本国内外都很不受欢迎，特别是受到日本民意的拒斥，因而未能成为具有现实意义的政策选择，一直处于边缘地位。

与右派反美主义不同的是，左派的反美主义在战后日本的精英舆论中曾长期占有主流地位，作为在野思想的代表与在朝的吉田路线相对抗，在政治上表现为革新阵营和保守阵营之间的对立。革新派站在"和平主义"的立场上对美国的冷战政策及日本政府的亲美立场展开严厉批判，主张用非武装中立路线取代日美同盟。这一派思想之所以在日本民众中拥有广泛影响力，原因在于日本民众自身的战争体验，在他们心中，对以往战争的极端厌恶转化为对美国军事政策的激烈反对。他们感到，美军基地和日美同盟的存在会把日本卷入危险的战争，这比起苏联、中国和朝鲜的军事力量来，是更切实的威胁。这种反美主义虽然从未成功地变为日本官方的政策，但在战后日本掀起了反基地、反核、反越战等一轮又一轮的社会政治运动，直到反对海湾战争和伊拉克战争，构成了日本人反对好战的美国的思想底色。值得注意的是，这一派主张的出发点是日本宪法中的和平、民主思想，而这一宪法正是在占领时期由美国主导制定的。所以，战后日本的革新派虽然一方面激烈批判美国的冷战战略，但另一方面又对美国的理想主义心怀景仰。

上述保守派的亲美路线和革新派的反美路线在战后初期尖锐对立，到1960年"安保斗争"时达到顶点。但是，两者之间并非没有共通之处。吉田茂虽然坚持日美安保体制，但不愿意让日本卷入美苏之间的对抗，而革新派反对日美安保的理由也是拒绝被美国卷入冷战。在现实中，吉田茂恰恰是利用了宪法第九条作为挡箭牌，抵制来自美国的再军备压力。因此，在与美国的冷战战略保持距离这一点上，吉田茂和革新派实际上站在了同一立场上，这为两者日后的融合埋下了伏笔。

---

① 田所昌幸『反発と甘えの交錯——日本の対米観を考える』、『アステイオン』第 59 号、2003 年、105—109 頁。

第二阶段：亲美与反美的融合及现实主义者的日美同盟论

1960 年"安保斗争"后，日本从政治的季节转入经济的季节。池田勇人任首相后，在政治上采取低姿态，回避宪法论争，转而提出收入倍增计划。佐藤荣作在上台后不久就否定了修宪的可能，使保守阵营中的修宪主张沉寂下去。对于日美安保，保守派开始强调其经济效用，即美国的安全保护让日本得以坚持轻武装、重经济的路线；对于宪法第九条，保守派感到既可用其抵挡美国的再军备压力，又可用其争取国内舆论的支持。在民意层面，60 年代中期以后，宪法第九条和日美安保也同时得到了大多数民众的支持。其国际背景是，美苏关系转入和平共存以及缓和的时期，这使得日美安保的军事色彩暂时淡化了。由此，在政治精英的经济理性主义和普通民众的反战和平主义之间形成了某种默契，吉田路线不仅成为政界、也成为民间的共识。有学者将宪法第九条和日美安保之间形成的这种"融合"称为"九条＝安保体制"。[①]

在此背景下，作为吉田路线理论支持的现实主义开始在日本舆论界崭露头角。以高坂正尧、永井阳之助等国际政治学者为代表的现实主义理论家既批评左派的和平主义过于理想化，又对右派的"戴高乐主义"保持警惕。他们不再拘泥于亲美与反美的路线之争，而是一方面主张把日美同盟作为日本外交的基轴；另一方面指出美国的行为可能损及日本的国家利益，而且长久依赖美国会导致日本人自立心的消退，因而提出逐渐变革日美同盟的倡议。[②]

现实主义者关注的基本问题是，如何在维持日美合作的前提下追求日本自身的行动自由。为此，他们提出了促进东亚局势缓和、在此基础上让美军基地撤出日本、探索日美同盟之外的安保体制以及推动日美安保向有事驻留转变等一系列政策建议。针对中日邦交正常化问题，高坂正尧强烈要求日本政府作出承认中华人民共和国政府的决断。他认为这么做虽然会多少伤及日美合作，但日本还是可以通过努力确保日美关系免受严重的破坏。面对美苏缓和的新形势，永井阳之助指出，以往日本因被纳入西方阵

---

① 酒井哲哉『「九条＝安保体制」の終焉——戦後日本外交と政党政治』、『国際問題』1991 年 3 月号、32—45 頁。

② 中本義彦『現実主義者のアメリカ』、『中央公論』2011 年 10 月号、204—206 頁。

营而在外交上受到约束，但也能利用自身的战略位置从美国获得不少让步；然而，这种策略将随着日本经济高速增长和美苏走向缓和而逐渐失效。面对中美和解这一外交冲击，高坂正尧提出，必须摆脱日本对美国的依赖，走"外交多边化"的道路。①

在冷战发生结构性变化的形势下，现实主义者认为，日本一方面要应对美国从亚洲撤退可能带来的对日军事要求的增加，另一方面要防止伴随核武装论的自主防卫论在日本国内抬头。他们的担忧和思考直接影响了这一时期日本政府的政策，具体包括：日本在冲绳返还问题上的立场，无核三原则和武器出口三原则的提出，1976 年《防卫大纲》的制定，以及把防卫开支限制在国民生产总值 1% 以内等。②

然而，正当现实主义在日本知识界和舆论界获得广泛支持，并成为影响政府决策的主流理论的时候，其内部却开始出现分裂。20 世纪 70 年代末 80 年代初，美苏关系由缓和转入新冷战，日美安保的军事色彩再次凸显出来。在这一背景下，以永井阳之助为代表的政治现实主义与以冈崎久彦为代表的军事现实主义展开了争论。前者主张继续抵制美国的军事要求，坚持吉田主义的轻武装路线；后者主张配合美国的新冷战战略，用军事手段对抗苏联威胁。③ 现实主义的这一变化同样也反映在这一时期日本政府的部分政策中，如 1978 年日美防卫合作指针的制定，日本参加环太平洋军事演习，决定向美国提供武器，参加美国星球大战计划（战略防务倡议，Strategic Defense Initiative，简称 SDI）的研究，防卫预算一度突破国民生产总值 1% 的上限等。④

值得注意的是，军事现实主义的兴起改变了现实主义的对美态度。⑤ 本来现实主义者对美国的政策是既有追随又有批评的。但军事现实主义却

---

① 豊下樽彦『日本型現実主義の再検討』、『平和研究』第 26 号、2001 年 11 月、20—22 頁。

② 酒井哲哉『「九条＝安保体制」の終焉——戦後日本外交と政党政治—』、『国際問題』1991 年 3 月号、38—40 頁。

③ 河野勝『どこに外交の現実主義的根拠を求めるか』、『中央公論』2013 年 6 月号、77 頁。

④ 酒井哲哉『「九条＝安保体制」の終焉——戦後日本外交と政党政治—』、『国際問題』1991 年 3 月号、40—42 頁。

⑤ 酒井哲哉『戦後の思想空間と国際政治論』、酒井哲哉編『日本の外交　第 3 巻　外交思想』、岩波書店、2013 年、303—306 頁。

明显淡化了对美批评的一面，他们几乎不质疑美国政策的正确性，而是专注于如何强化日美军事合作，以此追求他们想象中的所谓日美同盟的"对称性"。如日本学者丰下楢彦所指出的，即便如高坂正尧那样对美国的冷战战略持有疑问的现实主义者，最终也越来越倾向军事现实主义的逻辑。在丰下看来，由于日本一直未能推进高坂主张的"外交多边化"，特别是一直未能与亚洲国家建立起信任关系，因而难以确立真正自主的外交，最终陷入对美国的"无止境的依存关系"。①

第三阶段：亲美民族主义的崛起

　　冷战的结束从根本上动摇了吉田路线的政治和战略基础。在苏联解体、日美贸易摩擦、海湾战争等因素的影响下，日美同盟在20世纪80年代末90年代初一度陷入"漂流"状态。在日本国内，随着"五五年体制"的终结，也出现了重新思考日本外交安全政策的动向。1994年，首相咨询机构"防卫问题恳谈会"提交了题为《日本的安全保障与防卫力量的应循状态》的报告（又称"樋口报告"）。该报告在讨论次序上将多边安全合作置于强化日美安全关系之前，引起了美国方面的担忧。美国政府很快启动了调整东亚战略的进程，并通过1996年的《美日安全保障联合宣言》和1997年的《美日防卫合作指针》完成了美日同盟的重新定义，明确了美日在"周边事态"下实施安全合作的具体项目。②"9·11"以后，日美之间进一步加强了军事合作，日本自卫队先是赴印度洋参与阿富汗战争的供油活动，后又赴伊拉克参加战后重建。近年来，日本政府通过解禁集体自卫权、制定新的《日美防卫合作指针》等一系列措施，进一步扩展和加强了日本在同盟中的军事作用。

　　在这一过程中，日美同盟的实施范围从冷战时期的主要限于日本，逐渐扩大到日本周边乃至全球。对此，日本的政治和知识精英在总体上采取了支持和配合的态度。这使得日本在同盟中的角色从不情愿变成积极主动。日本一方面加速了迈向正常国家的步伐；另一方面也满足了"9·11"以后美国对同盟互惠性的要求。但也有一些日本人担心，美国会因为实力

---

　　① 豊下楢彦『日本型現実主義の再検討』、『平和研究』第26号、2001年11月、27—28页。

　　② 于铁军：《东亚的军事同盟》，载阎学通、金德湘主编《东亚和平与安全》，时事出版社2005年版，第334—347页。

相对下降或倾向孤立主义而减弱对日本的安全承诺。①

对于这一变化，美国学者理查德·萨缪尔斯（Richard Samuels）用是否支持日美同盟和是否支持使用武力两个基准，将日本政治和知识精英的战略思想分成四大类型，分别是自主防卫论、正常国家论、和平主义和中等强国论。在他看来，既支持日美同盟，又支持使用武力的正常国家论已经成为主流。而在正常国家论中，近年来以安倍晋三为代表的试图摆脱战后体制的修正主义者正通过对政权的掌控，竭力把他们的主张变成日本的国家战略。②《日本经济新闻》的编辑局长春原刚也曾认为，日本的上述变化一方面可以归因于朝鲜核危机和中国军事现代化的冲击等外部因素，另一方面也来源于日本国内新民族主义的崛起和日本人希望成为美国平等伙伴的愿望。他用对待民族主义和日美同盟的态度为标准，将这一时期日本的战略思想分成六大类，分别是：亲美现实主义、激进的亲美民族主义、温和的亲美民族主义、温和的反美民族主义、激进的反美民族主义和反美自由主义。他发现，新一代政治精英中的大多数都来自四种民族主义之一，主要的路线之争是在亲美民族主义和反美民族主义之间，而坚持吉田路线的亲美现实主义和继承和平主义的反美自由主义已经式微。③

从现实政治的发展看，以鸠山由纪夫、小泽一郎为代表的温和的反美民族主义曾一度掌权，以石原慎太郎为代表的激进的反美民族主义也曾掀起政治风浪，但实际主导日本政策的是以小泉纯一郎、安倍晋三、麻生太郎为代表的激进的亲美民族主义。

对这种基于民族主义的战略倾向，《朝日新闻》的主笔船桥洋一曾提出过警告，认为其民族主义的矛头也会指向美国，或者为了避免指向美国而转向中国。④ 还有提倡现实主义的日本学者指出，对美一边倒让日本的

① Mashiro Matsumura, "The Japanese State Identity as a Grand Strategic Imperative," (working paper, Brookings Institution, Center for Northeast Asian Policy Studies, Washington D. C. , 2008), pp. 2, 7, http: //www. brookings. edu/ ~ /media/research/files/papers/2008/5/japan-matsumura/05_ japan_ matsumura. pdf.

② Richard J. Samuels, *Securing Japan: Tokyo's Grand Strategy and the Future of East Asia*, Ithaca: Cornell University Press, 2007, pp. 110 – 113, 131.

③ Tsuyoshi Sunohara, "The Anatomy of Japan's Shifting Security Orientation, " *The Washington Quarterly*, 33: 4, Oct. 2010, pp. 43 – 45, 53 – 55.

④ 船桥洋一『「小泉ドクトリン」という日本の死角』、『FORESIGHT』2004 年 2 月号、8—11 頁。

外交变得狭隘，让现实主义蜕变为"与强者为伍"（bandwagon），造成对中、韩、朝等亚洲邻国的态度强硬，这反而会让日本失去自主选择的空间。① 然而，这些批评意见都未能有效地影响日本政府的政策。

总的来说，二战后日本对美国的态度，从基于意识形态的争论，转变为围绕政策的争论，近来又转变为包含民族情绪的争论。具体表现为：和平主义与现实主义之争，政治现实主义与军事现实主义之争，以及亲美民族主义与反美民族主义之争。在这一过程中，能否与民族主义思潮相结合，是各种主张能否得到广泛支持的决定性因素。回顾上述三个历史阶段可以发现，正是反战和平、经济增长以及正常国家，分别构成了战后至50年代、60—80 年代以及冷战结束以来的 20 多年里日本民族主义的主旋律。

当前，尽管在日本民众中仍然存在维持现状的心理和对吉田路线的潜在支持，但日本的精英正朝着亲美民族主义的军事路线一步步推进，并寻找机会改变民意。下文将聚焦于近年来日本对美国认知的变化，以日本专家学者的观点为主要关注对象，对日本战略转型的动因和走向作更进一步的分析。

二　当前的变化及政策选择

近年来，美国地区影响力的相对下降和中美战略关系的发展，是引起日本对美认知变化的主要因素。日本的战略精英日益对日美同盟的可靠性和日本的国际地位感到不安。他们主张更加积极主动地借助于美国的力量以制衡中国，同时通过增强自身的能力和开展地缘政治外交来填补美国政策向内转而留下的权力真空。对美国认知的这种变化，使日本试图在战略上谋求更大的自主性和更强的实力。以下具体考察日本对"美国衰落论"、美国的"转向亚洲"战略以及中美建设"新型大国关系"这三个新事态的反应，从中勾勒出日本国内正在形成的战略新思维。

（一）"美国衰落论"引发的远虑和近忧

近年来日本对美国认知的变化，始于"美国衰落论"的冲击。和以往

---

① 渡邊啓貴『日本が直面するリアリズム喪失の危機』、『中央公論』2006 年 7 月号、148—158 頁。

一样，最近一波"美国衰落论"也主要发端于美国国内，以 2008 年和 2012 年的两次总统选举为契机蔓延开来，绵亘奥巴马政府两届任期。日本多年来一直以日美同盟为外交基轴，自然对此反应敏感。《中央公论》《文艺春秋》《世界》等综合杂志以及《外交》《国际问题》等专业杂志纷纷刊登专题讨论文章，以"世界会无极化吗""崇美主义的终结与世界萧条""再见吧'美国的时代'""霸权国家美国的凋落""美国衰落论的神话与现实"等为主题，从不同角度探讨美国实力的变化及其影响。在《国际问题》杂志于 2011 年实施的一次以专家学者为对象的问卷调查中，当被问及今后国际形势面临的最重要问题是什么时，不少人把目光投向了美国实力的相对下降。其中有代表性的回答有：受困于大规模财政赤字的美国能在多大程度上维持其在亚洲的军事力量和经济影响力，美国霸权的持续衰退和世界秩序的多元化将如何演进，如何通过对秩序的管理使美国军事实力、经济实力的相对下降不至造成国际秩序的动荡，美国能不能恢复全球领导力等等。①

在这些议论中，确有对美国实力的客观分析和真实疑虑。但耐人寻味的是，在表达疑虑的同时，大部分日本的专家学者都认为美国的霸权还不会被取代。他们的主要论据可以概括为如下几点：第一，从全球秩序的角度看，美国发挥的领导作用不可能由中、印等其他国家替代；第二，从美国自身的发展前景看，美国在人口、国土面积以及吸引人才和自我变革的能力等方面仍保有优势，美国只是需要一定时间调整内外政策，经过调整以后仍可恢复国力；② 第三，从美国国内的民意看，尽管美国民众中确实存在厌战情绪和内向态度，但还没有发展到期望美国霸权衰落或者单极秩序终结的程度；③ 第四，从"美国衰落论"产生的背景看，在美国历史上衰落论定期出现，每一次反映的都不是对未来的悲观，而是自我警醒、自我变革的呼声。④

总的来说，面对再度兴起的"美国衰落论"，日本国内的主流看法是：

---

① 『国際情勢と日本外交の課題』、『国際問題』2011 年 4 月号、26—53 頁。

② 中西寛『国際社会を待ち受ける均衡と軋轢の半世紀』、『中央公論』2009 年 2 月号、116—122 頁。

③ 長山靖生『オバマ新政権への期待』、『中央公論』2009 年 1 月号、162 頁。

④ 会田弘継「「米国衰退論」は時代を画す——停滞の時代に繰り返されるブーム」、『外交』2012 年 11 月号、27—28 頁。

美国作为世界霸主的地位将持续下去；[①] 当前美国正在经历考验，但"美国时代"不会终结。[②] 基于这样的判断，日本应该走的路自然是继续维持与美国的紧密关系了。事实上，在上述《国际问题》杂志实施的针对日本专家学者的问卷调查中，当被问及日本外交的方向时，回答最多的正是强化、激活日美关系或者维持日美同盟。[③]

那么，是否可以说日本并不真的担忧美国的衰落呢？实际上，比起美国衰落的"远虑"来，美国当前的政策调整，才是更触动日本人神经的。这种"近忧"的潜台词是，美国终究会恢复其实力和领导地位，但可能要经历相当长的调整期，在这期间如果美国从中东、亚洲等地区一步步后撤，甚至转向孤立主义，就会造成权力真空，引起地区局势的动荡，而对于在安全和经济上都严重依赖美国的日本来说，这样的前景显然是其不愿想象的。[④] 这种不安感和焦虑感，集中地体现在日本对美国"转向亚洲"（pivot to Asia）战略的反应中。

（二）对美国"转向亚洲"的期望和失望

美国"转向亚洲"战略的出台，在时间上恰好与中日围绕钓鱼岛紧张局势的升级相吻合。尽管日本官方始终没有明确将中国称为"威胁"，但在日本的精英舆论和媒体评论中，中国俨然已经取代朝鲜成为日本面临的最大安全威胁。在这样的氛围下，日本的不少专家学者自然希望美国的亚太战略能够助力日本，对抗中国。国际教养大学校长、中国问题专家中岛岭雄把"转向亚洲"直接视为 21 世纪版的"遏制"战略。[⑤] 东京大学的美国问题专家久保文明也认为，美国海军陆战队进驻澳大利亚的达尔文港，并计划扩至 2500 人，由于该地距离南海很近，又在中国导弹的射程

---

① 孫崎享『これからの世界はどうなるか—米国衰退と日本—』、筑摩書房、2013 年、243 頁。

② 松尾文夫、吉崎達彦、渡部恒雄『（座談会）オバマ新政権の布陣にみるアメリカのかつてない切迫感』、『中央公論』2009 年 2 月号、143 頁。

③ 高原明生『回答を読んで』、『国際問題』2011 年 4 月号、54 頁。

④ 加瀬みき『中国にも同盟国にも国民にも舐められるアメリカの暗い世紀と暴走する世界』、『中央公論』2011 年 3 月号、153 頁。

⑤ 中嶋嶺雄『米中「新冷戦」と日本』、『環』2013 年冬季号、156—157 頁。

之外，因而具有应对中国军事威胁的意义。①

需要指出的是，美国的"转向亚洲"战略本来包含了政治、经济、军事等各方面的政策变化，从奥巴马政府在内政外交上的优先顺序看，经济是其更重视的方面。但在现实中，引起更多反响的是其军事政策，特别是被认为针对中国的部分。例如，日本的防卫问题专家、后来担任民主党政府防卫大臣的拓殖大学教授森本敏认为，自重返亚洲以来，美国亚太政策中最重要的就是对华政策，其背景是中国在东海、南海的扩张，特别是中国发展反介入/区域拒止（Anti-Access and Area Denial，简称 A2/AD）能力对其他亚洲国家构成的威胁。日本地处向海洋进发的中国与美国在亚太的军事部署之间，具有战略性的地位，可以为美国的国防态势作出贡献。在森本看来，日本的"动态防卫力"构想以及重视西南方面防卫部署的举措，能够对美国的"空海一体战"构想发挥有效的补充作用。②

不过，在美、日两国的防卫政策是否能够"无缝"对接的问题上，日本国内存在不同的看法。与森本敏的上述观点不同，加藤洋一认为在日本的"动态防卫力"构想和美国的"空海一体战"构想之间存在差距。前者针对的是不至发生武力冲突的"灰色地带"（grey zone），即中日围绕钓鱼岛的非武力争夺，重视的是提高威慑的可信度；后者的关注点是在发生真正的武力冲突时如何维持作战能力。这两种构想所针对的事态在烈度上明显不同。③ 防卫研究所的高桥杉雄也指出，虽然美、日都强调威慑，但威慑的方式不一样。对美国来说，其在亚太地区的现有海空力量仍占有绝对优势，在短期内足以起到威慑作用，因而没有必要扩大可能刺激中国、同时也增加己方风险的前沿部署；而对日本来说，中国通过非武力手段在东海和南海争端中渐进地改变现状是最迫切的问题，因而当务之急是加强包括西南诸岛在内的前沿部署以及日美在这方面的合作。在高桥看来，前者可能减弱对中国的威慑力度，后者可能加剧与中国的紧张关系，在战略上是相互矛盾的。④

① 大野正美、久保文明、国分良成、田所昌幸『（座談会）「政治不信の時代」の外交』、『外交』2012 年 1 月号、39 頁。

② 森本敏『米国のアジア重視政策と日米同盟』、『国際問題』2012 年 3 月号、38、42 頁。

③ 加藤洋一『国際環境の変化の中で日米同盟』、『国際問題』2012 年 1・2 月号、36 頁。

④ 髙橋杉雄『財政緊縮下の米軍とアジア太平洋地域の抑止態勢』、『国際安全保障』2013 年 12 月号、75—76 頁。

　　从日本的上述反应中可以看出，尽管对美国"转向亚洲"的前景及其对日本的影响看法不同，但对美国在军事上制衡中国的期待却是一致的。不仅如此，日本国内在解读加入 TPP 谈判的意义时，也倾向于强调其地缘政治意义，而不仅仅是经济意义。2010 年 10 月日本政府首次表态就加入TPP 谈判展开研讨，恰好是在中日发生钓鱼岛撞船事件后不久，由此可以窥见日本对加入 TPP 可能带来的安全利益的考虑。到 2015 年 4 月，日本首相安倍晋三在美国国会参众两院联席会议上发表演讲时更是明确表示，TPP "在超越经济利益的长期安全保障领域具有重大意义"，以此呼吁美国国会通过《贸易促进授权法案》（Trade Promotion Authority，简称 TPA）。[1]事实上，早在 2010 年年底，前外务省事务次官、后来担任日本政府新设的国家安全保障局局长的谷内正太郎就撰文强调，日本参加 TPP 谈判的意义不只在经济方面，而且涉及安全保障方面，日本面对中国军力的急速上升，战略上的唯一选择就是维持太平洋同盟网[2]。几乎在同时，曾担任外务省副报道官，后来又出任第二次安倍政权负责宣传的内阁审议官的谷口智彦也明言，对日本来说，讨论 TPP 不应只看经济得失，而应关注日本的安全保障和国家特性问题；TPP 可以和由日本、夏威夷、澳大利亚和印度组成的菱形同盟相配合，构成海洋民主国家联盟，共同牵制中国的海上通道。[3]

　　日本一方面对美国"转向亚洲"的战略寄予厚望，期待美国制衡中国；但另一方面又担心这一战略会因为美国削减国防预算或重视与中国的经济关系而变得有名无实。如果说美国的"转向亚洲"或者"亚太再平衡"（rebalance toward the Asia-Pacific）战略在提出之时因为缺乏具体措施而让日本感到疑惑，那么这一战略在实践中进展不顺，就更让日本感到失望了。《日本经济新闻》的春原刚指出，随着国务卿克林顿和助理国务卿坎贝尔的离任，从第二届奥巴马政府一开始，"转向亚洲"战略就失去了以往的势头，这至少意味着在白宫政治意志的层面上"转向亚洲"几乎成

---

　　① 《安倍在美国国会发表演讲对二战表示"痛彻反省"》，共同网，2015 年 4 月 30 日，http://china. kyodonews. jp/news/2015/04/96671. html。

　　② 谷内正太郎『TPP 参加は「強い安保・経済」への分水嶺』、『ウエッジ』2011 年 1 月号、8—10 頁。

　　③ 谷口智彦『TPP と「同盟ダイヤモンド」　拡張中国への抑止力』、『中央公論』2011 年 3 月号、140—145 頁。

了纸老虎。在此局面下，日本不得不担心美国在亚洲政策上领导力的显著
下降。[①]

总之，日本的分析家们虽然对美国霸权的未来并不悲观，但对美国霸
权的当下却难掩焦虑。究其原因，在于近年来中国实力的上升和中日钓鱼
岛争端的激化，使日本对自身的国际地位和国家安全感到前所未有的不安
甚至威胁。而美国又恰在此时调整外交战略，名为"转向亚洲"，实际却
已转向国内或仍留在中东。特别是美国在对华政策上摇摆不定，甚至萌生
退意，让日本深受震动。

（三）中美"新型大国关系"的冲击

作为美国的盟国，日本长久以来一直面对"被卷入"或"被抛弃"的
同盟困境。在本世纪最初的几年里，日本虽然支持阿富汗战争和伊拉克战
争，但主要担心的仍然是美国的单边主义，不愿意"被卷入"美国的战
争。[②] 但是近年来，随着中美之间实力对比的变化和相互依存的深化，日
本对"被抛弃"的担忧日渐明显。在日本看来，如果真的出现美国不能或
不愿支持日本的情形，要么是因为美国实力相对衰落，无力施援，要么是
因为美国更重视与中国的合作关系，无心相助。如上文所述，日本对前者
虽有担心，但认为只是暂时的；而对后者则是深感忧惧，因为那意味着日
本战略地位的根本动摇。

以美国对中日钓鱼岛争端的政策为例，美国官方虽然反复宣称钓鱼岛
处于日本的管辖之下，属于《美日安保条约》第 5 条的适用范围，反对任
何单方面改变现状的行为，但同时明言在钓鱼岛的主权归属问题上不持立
场。这让不少日本人感到失望和不满。2013 年 11 月中国宣布东海防空识
别区，美、日虽然都表示不承认，但日本要求中方撤回，美国却没有这么
做，还让各民航公司自主提交飞行计划，这令日方迷惑不解。[③] 2014 年 4
月奥巴马访日，虽然在记者招待会上重申了美国对钓鱼岛的安全承诺，但
日本媒体立即注意到，他的发言与日本政府的期待有异。奥巴马不仅强调
钓鱼岛问题的和平解决，要求中日双方避免挑衅，寻求合作，并采取建立

---

① 春原剛『オバマ外交の現在』、『国際問題』2014 年 4 月号、7—8 頁。

② Kenneth B. Pyle, *Japan Rising: The Resurgence of Japanese Power and Purpose*, New York: Public Affairs, 2007, p. 352.

③ 春原剛『オバマ外交の現在』、『国際問題』2014 年 4 月号、9 頁。

信任的措施，而且还不忘向日方指明美国和中国也保持着非常密切的合作关系。① 对此，日本有评论认为，奥巴马的表现实际上就是无能为力。② 日方还注意到，在 2015 年 11 月的 APEC 峰会上，奥巴马在和习近平的联合记者招待会上表示赞赏中日紧张关系的缓和，并称美国也在推动同盟国与中国加强关系。在日本观察家看来，奥巴马是通过对中日首脑会谈的支持，公开否定了对中国采取遏制政策。③

日本对中美关系反应敏感的另一个突出表现是，近年来每次中美关系中出现指向合作的新概念时，日本都如芒刺在背；而每次中美关系出现波折时，日本都如释重负。2005 年 9 月，美国副国务卿佐利克发表演说，在对华政策上提出著名的"利益攸关方"（stakeholder）概念，很快在日本国内引起不安。《中央公论》甚至以"美国抛弃日本之日"为题刊发专题讨论文章，指出在看似顺畅的日美关系背后，两国在美军基地、靖国神社以及对华关系等问题上的分歧已开始显现，一旦首相小泉纯一郎离任，由小泉和布什建立起来的日美紧密关系将随之消失。

继"利益攸关方"之后，2008 年和 2009 年美国方面又传出了有关"两国集团"（G2）和"中美国"（Chimerica）的议论。尽管这两个概念并非出自美国官方，但奥巴马总统上台之初在对华政策上表现出相当积极的态度，副国务卿斯坦伯格提出了中美"战略再保证"（strategic reassurance）的构想。这让日本的观察家们感到中美关系 G2 时代正在到来。对此，日本国内出现了截然不同的评价。有观点认为，对美国来说，与中国的关系越重要，作为美国亚洲政策"基石"的日美同盟也就越重要。④ 原因是，美国对华外交有两面性，一方面尽量不与中国冲突，另一方面视中国为竞争对手，为此必然要加强日美同盟的力量。但另一种观点则认为，如果美国把东亚放在优先位置的话，或许会重视日美同盟，但眼下美国面

---

① 『日米首脳会談 アジアの礎への一歩を』、『朝日新聞』社説、2014 年 4 月 25 日。

② 水本達也『オバマが描くアジア太平洋の秩序―対中外交の理想と現実が交錯―』、『外交』2014 年 7 月号、80—83 頁。

③ 水本達也『「日中」「米中」首脳会談の評判―ワシントンの冷たい目―』、『外交』2015 年 2 月号、88—89 頁。

④ 坂元一哉『日米同盟の課題―安保改定 50 年の視点から―』、『国際問題』2010 年 1・2 月号、25—26 頁。

临的最大问题是中东，在那里与中国的合作比与日本的更有价值。①

对日本冲击最大的还是中美建设"新型大国关系"的动向。比起"利益攸关方""两国集团""战略再保证"等美方的提法来，中方的提法被美国所接受更加突显了中国的重要性，日本的反应可谓如临大敌。有专家注意到，中国早在2012年年初就正式提出了构建"新型大国关系"的倡议，但美方起初持谨慎和怀疑的态度；而从2013年秋开始，美国政府显示出了对这一概念的积极态度。在2013年9月的"20国集团"峰会期间，奥巴马总统在与习近平主席的联合记者招待会上称，两国就构筑"新型大国关系"达成了一致，首次公开接受这一提法。同年11月，国家安全事务助理苏珊·赖斯在一次演讲中更是明确提出，美国致力于将"新型大国关系"诉诸实施（operationalize）。② 对此，久保文明教授担忧地说，和此前的"核心利益"概念一样，直接使用中国提出的概念和词汇本身就有危险，更不要说将其"诉诸实施"了。③《朝日新闻》前总编船桥洋一则指出，中国早晚要让日美同盟从属于中美"新型大国关系"。在他看来，以往中国之所以容忍日美同盟，是想借助美国的力量控制日本；如今中国想把"日本问题"也纳入"新型大国关系"的框架与美国协商和共同管理，这当然会损害日本的利益。因此，日本的当务之急是，揭穿中美"新型大国关系"的假象，让中国的这一战略失去力量。④

对日本来说，美国是接受"新型大国关系"，还是推进"转向亚洲"战略，既关系到主权和安全之争，也关系到国际地位和世界秩序之争，其影响非同小可。然而，中美"新型大国关系"真的只是假象吗？大多数日本分析家对中美关系中战略协调和分歧管控的能力关注不够，总是更多地强调中美之间的矛盾，这暴露出日本对中美关系的战略性认识不足。

---

① 岡崎久彦、孫崎享『漂流前夜　日米同盟の運命を徹底検証する』、『中央公論』2009年7月号、55—56頁。

② 加藤洋一『米中「新型大国関係」の虚実と日本——米「アジア回帰論」との矛盾を問う—』、『外交』2014年3月号、105—106頁。

③ 久保文明『オバマ外交のヴィジョン——あるいはオバマ外交にヴィジョンはあるか？—』、『国際問題』2014年4月号、3—4頁。

④ 船橋洋一、北岡伸一『対談「積極的平和主義と静かな抑止力」をめぐって』、『外交』2014年5月号、88頁、94—95頁。

三　结语

从上述日本对美国实力和政策变化的反应看，日本当前的担忧主要包括短期和长期两个方面。从短期看，日本担心当前美国的孤立主义倾向会在亚太地区留下权力真空，从而弱化对中国的制衡与威慑，损害日本的安全利益；从长期看，日本担心中美战略关系会取代日美同盟，在未来的亚太国际秩序中发挥主导作用，从而动摇日本几十年来通过追随美国而在该地区享有的优越地位。针对这两种担忧，日本的专家学者提出了相应的新对策和新理念。

在短期方面，"活用"日美同盟成为不少人提倡的政策选择。[①] 在日本看来，不论亚太地区的力量对比如何变化，日本都不可能凭一己之力应对中国崛起带来的冲击，而美国受到财政紧缩等因素的制约也无法单独实施其亚太安全战略，因此强化日美同盟仍是日本对外战略的基轴。但与以往不同的是，日本不应该仅仅被动地承担美国所给予的任务，而应该主动地利用日美同盟为自己的国家利益服务，同时利用自身所处的地缘政治位置配合美国的国防战略。与"活用"日美同盟相呼应，一些专家学者提出了"日美 + α"的同盟扩展战略。[②] 在他们看来，日本应该加强与美国的其他同盟国、伙伴国之间的双边和多边安全合作，以便配合美国将其在亚太地区的同盟体系从"轴辐型"转变为"网络型"的战略。这么做既可以弥补美国投入的不足，制衡中国的力量，也可以扩大日本的地区影响力。[③]

从长期看，不少专家学者认为日本应该探索认识国际体系的新范式，并寻找自身在国际社会中的新身份。为此，有学者及智库提出了"发达国家—新兴国家复合体"的新概念。他们认为，国际体系正在走向发达国家和新兴国家相互渗透、长期共存的新模式。这两类国家在经济上相互依存，因而合作的必要性极大；但在政治和安全上分歧明显，因而有可能发

---

① 『国際情勢と日本外交の課題』、『国際問題』2011 年 4 月号、39—41 頁。長島昭久『「活米」という流儀　外交・安全保障のリアリズム』、講談社、2013 年。

② 別所浩郎、伊藤隆敏、神谷万丈、添谷芳秀、山本吉宣『（座談会）国際情勢の動向と日本外交』、『国際問題』2011 年 1・2 月号、16—17 頁。

③ 白石隆『膨張中国 VS 米新安保戦略—「海の帝国」再論—』、『外交』2012 年 5 月号、38—46 頁。

生对抗。① 在这一新的秩序中，日本已经不能再以"世界第二大经济体""发达国家的一员""西方国家的一员"等身份为依据制定大战略了；而应该在"和平国家"身份的基础上增加积极性，以"发达的稳定势力"作为新的国家身份，在此基础上推动"大国协调"和"地区协调"。② 还有专家和智库提出，日本应该构建"安静的威慑力"（Quiet Deterrence），作为应对亚太地区权力均衡巨大变化的新战略。其主旨是：一方面加强日本自身的防卫能力和日美同盟的介入能力，并构筑包括澳大利亚、印度、韩国和东盟等国家和地区在内的、贯穿印度洋和太平洋漫长海岸线的"海洋国家联盟"；另一方面避免不必要地刺激中国，并寻求与中国建立危机管理和战略沟通的机制。③

　　上述政策建议和战略构想在事实判断和逻辑思考方面具有很大程度的共通性，这反映了日本国际问题研究者中正在形成的主流看法。而这些新思维和新话语中已经有不少转化成了日本政府的新政策，反映了日本政界的战略共识。因此，在当前和未来一段时间，日本防卫力量和日美同盟的强化将是不可避免的趋势。

　　不过，日本的上述政策倾向能在多大程度上诉诸实施并取得效果，还存在很多限制因素。一方面，日本在安全政策上变得积极主动，有助于美国在削减军费的情况下维持其在亚太地区的优势地位，固然能得到美国的支持。但另一方面，美国的利益是稳定地区局势，而不是帮助日本强军，因而在钓鱼岛问题上一面表明作为盟国的承诺，一面要求日本保持克制，在历史问题上更是有意约束日本。所以，日本要"活用"日美同盟、让美国为其撑腰并非易事。而日本的同盟扩展战略也面临障碍，比如，安倍在历史问题上的倒行逆施严重损害了日本与韩国的关系，令美国很不满意，以至多次施压。同时，在日本国内，民意也不支持政府的新安全政策，声势浩大的反对安保法制的运动就是明证。在此背景下，日本的战略转型虽然方向明确，但步伐只能是渐进的。

　　① 山本吉宣『新興国の台頭におもう―従属の逆転？―』、『国際問題』2013 年 1・2 月号、3—4 頁。
　　② PHP「日本のグランド・ストラテジー」研究会事務局「『先進的安定化勢力・日本』のグランド・ストラテジー――『先進国/新興国複合体』における日本の生き方―」PHP 研究所、2011 年 6 月、16—26 頁。
　　③ 日本再建イニシアティブ　日米戦略ビジョンプログラム『静かな抑止力』日本再建イニシアティブ、2014 年、24—25 頁、66 頁。

更为根本的问题是，不论是日本专家学者提出的新概念，还是日本政府推行的新政策，都没能真正提供处理对华关系的良方。而不管对美国还是日本来说，中国问题在过去、今天和未来都是它们关系中的核心问题。[①]尽管日本的一些有识之士看到了日本和美国在如何认识和处理中国问题上的分歧，但相当一部分人仍然把中国看作威胁日本的他者，仍然把日本的身份定位在相对于中国的差异和优越性上。在这样的思维模式下，所谓"安静的威慑力"或者"发达的稳定势力"在实践中就很难带来真正的安静和稳定，所谓"大国协调"或"地区协调"也无从建立。日本如果真要寻求战略上的自主性，那么不论是在对美认识还是在对华认识上，都还需要有更理性、更包容和更长远的眼光。

---

① Walter LaFeber, *The Clash*：*U. S. -Japanese Relations Throughout History*, New York：W. W. Norton& Company, 1997, p. 5.

战后日本外交战略理念及对外关系轨迹

吕耀东*

内容提要 日本战后70年的对外关系经历了"经济中心主义""正常国家论"和基于大国化政治诉求的战略性外交三个阶段的演进历程。"经济中心主义"的外交战略理念开创了20世纪50—60年代冷战前后"吉田主义"经济外交的黄金时代,为20世纪70年代日本以"世界经济大国"身份开展"多元化"的自主外交奠定了雄厚的物质及国力基础。在冷战结束前后的20世纪80年代和90年代,日本关于"政治大国"理念与"正常国家论"的"国际国家"诉求,反映出日本力求改变"战后体制"的强烈意愿。进入21世纪,日本开展的战略性外交与价值观外交,是基于"大国化"政治诉求而进行的"自我实现",完全是从维护自身国家利益出发的。可以预见的是,"正常国家论"关于大国化的政治诉求,逐渐显露出日本"传统的国家主义"面目,并将成为日本主流的对外关系理念和实践目标。

关键词 日美同盟 经济外交政治大国 "正常国家论" 战略性外交 价值观外交

外交战略指国家间在交流和交往过程中根据各国不同情况,在一定时期内,以维护本国利益为出发点,而制定的对外关系路线及方略。主要包括:政治、经济、文化、民族等各方面关系到本国发展及对外关系的宏观性构想。考察战后70年日本外交战略及对外关系的发展轨迹,要将战后国际格局及变动与日本国内政治经济等因素结合起来加以考察,尤其是要注重日本作为战败国与战后国际秩序的相关性分析。当然,外交是内政的延续,日本外交同样深受内政及其外交决策机制的影响。正如日本学者五

---

* 作者简介:吕耀东,中国社会科学院日本研究所外交研究室主任、研究员。

百旗头真在《战后日本外交史》一书中所言：主导战后日本的有社会民主主义、经济中心主义和传统的国家主义三条政治外交路线。① 足见外交必然是日本国内政治需要的产物。本文认为，战后日本外交有着自身特有的发展路径和特征，经历了以经济外交改变战败国形象，通过"亲美入亚"，力求摆脱"战后体制"，实现"正常国家论"的"大国化"政治诉求等发展阶段。

一　基于"经济中心主义"的外交战略理念及实施

（一）占领期的日本外交准备

日本"二战"战败投降后，由盟军最高司令官总司令部（GHQ，SCAP）对日本实施占领，确定了日美关系成为战后日本的"外交基轴"。因战败主权被剥夺的日本丧失了外交权，在日本政府的请求下，GHQ 决定通过日本政府进行间接统治的方针，并停止了"日本的外交职能"和"国外的外交活动"，但是，日本外务省被保留下来，进行媾和的前期准备工作。② 这一时期，日本进行了日后恢复外交活动的前期准备，虽然这种"外交准备"有很多是 GHQ 主导日本政府进行的，但是，占领期关于外交方面的相关原则和精神的确立，却对日本未来外交产生了深刻而久远的影响。

占领期的日本本身因战败丧失外交权，但围绕不可避免的"外交"相关问题开展积极交涉与磋商：首先，参与由 GHQ 主导制定"和平宪法"相关提议。其中"宪法 9 条"规定"放弃战争、战争力量及不承认国家的交战权"等条款，"据说这个第九条是在新宪法制定过程中经币原首相主张而加入的，他就其意图做了如下说明：'今天我们高举宣布放弃战争的大旗，在国际局势的辽阔原野中虽然是特立独行，但是，全世界早晚会从战争的惨祸中觉醒过来，终将同我们共树一帜。'丸山真男在介绍币原的这个发言并且探讨其历史意义时说：'它预见到第九条在核武器时代的新意义，毋宁说是把国际社会中的先锋使命托付给了日本。'"③ 这说明"宪

---

① 五百旗头真主编：《战后日本外交史》，吴万虹译，世界知识出版社 2013 年版，第 212 页。
② 信夫清三郎：《日本外交史》（下册），商务印书馆 1980 年版，第 719、721 页。
③ 同上书，第 731 页。

法9条"正是出自于日本决策者本意的外交战略意图得以实行的。关于第九条涉及自卫权的问题，吉田内阁时期，"政府的官方见解就归结为，根据法律原理虽然有自卫权，但按照宪法第九条规定，'不能进行自卫战争'"①。这也是吉田茂提出"重经济、轻军备"，形成基于"经济中心主义"的外交战略理念的起始点。其次，作为战败国的日本，为了实现自主的外交权，力求同战胜国缔结和平条约，以图获得国际社会的认可。然而，美国于1951年9月8日主导的"旧金山片面媾和"，不仅苏联等国家拒绝签字，而且作为主要战胜国的中华人民共和国政府也被排除在外，这也导致了日后的日苏关系、日中关系的复杂化。上述两方面的"外交准备"，深刻地影响了战后日本外交的发展走向。

可以说，盟军最高司令官总司令部单独占领日本期间，尽管"日本内阁对盟国的要求绝不敢有丝毫怠慢，却将宪法第九条视为束缚手脚的镣铐"②。日本大致确立了今后依托美国庇护，回归国际社会，发展壮大国力的"重建日本"外交战略意图。历史事实证明，这一外交战略得到了充分展现与发挥。战后日本积极主动发展日美关系，得到美国的宽大媾和条件和安全保障措施，日方从日美基轴路线中得到的"外交便利"是显而易见的。

（二）"吉田主义"经济外交

在旧金山片面媾和"生效"（1952年4月28日）之后，日本获得了国际社会对于其"主体性"承认。基于"二战"发动军国主义侵略战争惨败的历史教训，以吉田茂为首的日本政府确立了"重经济、轻军备"、与美国结盟的国家发展战略，即用部分国家主权换取美国的军事保护，将主要精力投入经济建设的发展路线，这就是"吉田主义"。"吉田路线"不仅使日本经济在1952年就恢复到战前水平，而且在1968年超过联邦德国成为西方阵营中仅次于美国的第二经济大国。③

在占领结束之后，吉田内阁从复兴经济、主导亚洲的战略目标出发，视东南亚为日本经济复兴的关键，重点开展对东南亚、南亚的"赔偿外

---

① 信夫清三郎：《日本外交史》（下册），商务印书馆1980版，第732页。

② 加文·麦科马克：《附庸国：美国怀抱中的日本》，于占杰、许春山译，社会科学文献出版社2008年版，第156页。

③ 曲静：《近代以来日本外交战略的三次转变及其原因》，《日本学论坛》2008年第4期。

交"，积极开拓海外市场，修复被战争破坏的外交关系，加强对该地区的笼络和掌控。这一时期日本外交的基本特征是以经济外交为主，通过经济外交手段，消除东南亚国家对于日本军国主义侵略罪行的怨恨和疑虑。首先，日本针对东亚国家开展带有战争赔偿性质的经济外交。可以说，日本的战争赔偿是日本恢复与东南亚国家关系的起点。《旧金山和约》签署后，日本开始了同亚洲各国的"战后处理"问题谈判。日本与印度尼西亚、菲律宾、缅甸、越南共和国（简称"南越"）东南亚四国进行了基于《旧金山和约》所规定"战争赔偿"的外交谈判。尽管赔偿数额远远低于东南亚国家的预期，但日本因此"建立了向东南亚进行经济扩张的立足点"[①]。其次，日本积极开展贸易、投资和援助三位一体的经济外交。在日本经济得到高速发展后，日本同东亚邻国的经济外交形式由原来的劳务赔偿模式转变为"政府开发援助"（ODA）的"准赔偿"方式，日本于 1954 年加入了由英联邦国家发起的旨在通过以资金和技术援助、教育及培训计划等形式加强南亚和东南亚地区经济发展的"科伦坡计划"（Colombo Plan）国际合作项目，并于 1958 年开始援助印度等国。1967 年借东盟成立之契机，日本继续加强同东南亚各国的经济联系，并且在 1969 年开始对东南亚国家进行"政府开发援助"（ODA）项目。因为，这一时期日本的对外援助是将对外贸易和投资捆绑在一起进行的，为此东南亚成为日本最大的贸易顺差地。通过赔偿与开发相结合的经济外交手段确立了日本对东南亚经济政治的影响。"赔偿外交"取得了很好的政治效果，不仅改善了日本与东南亚因战争破坏的相互关系，而且促进了日本经济的迅速发展。通过"互惠互利"的方式开拓了针对东南亚国家的产品销售渠道，为日本以经济外交手段参与主导地区事务找到了突破口。

另外，日本的"经济中心主义"不排斥加强国际交往的外交互动。日本"回归国际社会"并加入联合国相关组织的愿望，还必须获得作为常任理事国的苏联的最终同意。为了降低吉田内阁时期对美"一边倒"政策给日本安全带来的负面影响，鸠山一郎内阁于 1956 年实现了日苏邦交，并顺利加入联合国。日本外务省于 1957 年首次发布《外交蓝皮书》，其中确认了"外交三原则"，即联合国中心主义、与自由主义国家相协调、坚持作为亚洲一员的立场。其中，"以联合国为中心"目的在于借联合国提高

---

① 信夫清三郎：《日本外交史》（下册），商务印书馆 1980 年版，第 801 页。

自己的国际地位，改变战败国形象；而"与自由主义各国协调"实际上是与美国协调，1960 年"新安保条约"的签订，进一步巩固了日美同盟关系；至于坚持"作为亚洲一员的立场"目的在于改变日本"二战"侵略者形象、参与亚洲事务、谋求资源和市场的现实需要。联合国、亚洲、日美同盟是战后日本外交的"三大组合"。可以说日本外交长期以来为调整这三大路线，付出了巨大努力。①

（三）开展"多元化"的自主外交

20 世纪 70 年代，随着日本国际经济地位的提高及经济大国地位的确立，其外交战略从服务于经济大国变为加强自主外交，并力争参与主导亚洲乃至国际事务。特别是由于国际环境和国际格局的重大变化，日本在坚持日美同盟的前提下进入自主外交的探索期，这一时期日本外交的基本特点是追求自主性和外交渠道"多元化"。

日本谋求的主体外交是通过"多元化"的对外关系表现出来的。第一，以 1972 年日中恢复邦交为标志，日本的外交战略开始由从属型向自主型方向努力。尽管日本恢复与中国的邦交，是美苏冷战格局及国际形势变化的体现，也存在中日两国民间友好的推动和中国"反对苏联霸权主义的立场"使然。② 不过，若没有基辛格和尼克松的先后访华，日本不可能率先与中国实现邦交正常化，不过借此表达日本一定的外交自主性，也是日本向美国及国际社会释放的政治诉求。第二，中东石油危机成为日本加强对中东外交的重要契机。第四次中东战争爆发后，石油输出国组织（OPEC）为打击以色列及其西方支持者大幅提升石油价格。日本转而放弃追随美国支持以色列的外交政策，以此换取石油输出国组织对日本放松石油出口限制。因为能源贫乏的日本对中东石油进口依赖严重，从维护本国的"经济安全保障"利益出发，日本公然与美国的亲以色列立场划清界限。这反映了正是在中东外交上，与日本国益密切相关的"能源外交"和日美基轴外交发生了严重冲突，③ 表现出日本基于国家利益的自主外交姿态。这在一定程度上反映出日本谋求日美关系"对等化"的政治诉求。第

---

① 細谷雄一『外交の新たなアイデンティティを求めて』、http：//www. nippon. com/ja/fea-tures/c00201/。

② 参见冯昭奎《日本外交：从冷战到战后》，《太平洋学科》1994 年第 2 期。

③ 同上。

三，通过加入西方七国集团（G7）峰会，体现日本的经济大国地位。日本于 1975 年参加了首次西方七国集团峰会（G7），其经济大国地位获得西方国家的认可。作为亚洲唯一的发达国家，日本在各种国际场合自诩代表亚洲国家，力图展现出日本自主外交的强烈愿望。第四，通过民间外交、公共外交等体现日本外交渠道的多样性。1971 年日本外务省建立"国际交流基金"（Japan Foundation），加强日本与国际社会的文化及学术交流，以增强日本的国际影响力。1979 年大平正芳内阁时期提出的"综合安全保障战略"指出，日本外交应发挥在经济、文化、安全、教育、科技、能源、粮食等多方面的积极作用。

可以说，20 世纪 70 代日本的"主体性"外交主要表现为外交形式的多样性和"多元化"。日本在保持日美同盟关系的前提下，加强自主外交以取得战略主动及扩大在国际社会上的影响力，并在参与国际事务时争取话语权和主导权。突出表现在同中国实现邦交正常化并签署和平友好条约，通过提出"福田主义"加强同东南亚国家的交往，等等。20 世纪 70 年代日本的经济外交成为缓解本国能源危机的主要手段，也是随后提出"综合安全保障战略"理念的动因。

二　基于政治大国理念与"正常国家论"的"国际国家"诉求

（一）作为"国际国家"的日本外交

20 世纪 80 年代日本外交战略的目标确立为做"国际国家"，提出"政治大国"构想，并力求在建立国际新秩序中发挥主导作用。也就是说，日本希望要成为与"经济大国"相称的能够参与国际事务的"国际国家"。尤其是中曾根康弘的"政治大国"战略理念的提出，标志着日本外交决策者已实现从经济优先变为经济政治并重的观念转变。这一时期的日本外交主要呈现如下几方面的特征。

第一，正式确定"日美同盟关系"概念，强调日美"两国都负有世界性的责任"。1981 年铃木善幸首相在访美期间，进一步明确"日美同盟"关系。日美"新安保条约"签署使得美日"保护和被保护"关系向着同盟关系不断深化的方向发展。事实上，日美同盟的军事合作关系得到了进一步强化，只是日本已改变了过去一味依赖、顺从美国的方式，强调所谓日美"两国都负有世界性的责任"的重要性而已。1982 年 11 月出任首相的中曾根康弘在任职的五年中，与里根和撒切尔夫人密切联系，① 三人被称为推行世界性新保守主义运动的"三驾马车"。1983 年 5 月，在威廉斯堡举行的西方首脑会议上，中曾根康弘支持了关于全球安全保障问题的讨论，并提出日本作为成熟的经济国家应担负起国际安全保障的责任。② 但是，1983 年 7 月曾根康弘表示：今后日本作为国际国家应同经济力量相称地在政治方面也积极发言并履行义务，"要在世界政治中加强日本的发言权"。这反映了他希望日本成为"政治大国"的战略诉求。

第二，以"战后总决算"，谋求政治大国战略愿望。在中曾根康弘看来，日本作为世界经济大国，应该积极参与国际事务，主动承担起相应的"国际责任"，扩大国际开发援助，要努力成为政治大国。中曾根执政时期，在对华、对美、对俄等国家关系上均取得较好成效。1983 年 7 月，中曾根康弘第一次明确提出要从经济大国走向政治大国。1985 年，中曾根首相提出"战后政治总决算""政治大国化论""不沉航空母舰论""从战后解脱出来"等新保守主义理念，③ 谋求对日本"二战"历史的彻底清算。可以说，中曾根康弘适时提出"战后政治总决算"的政策主张，充分迎合了日本民族主义者追求"政治军事大国"梦想的心理渴求。同时，"为了克服日本人在遭到战败、占领和国际谴责之后而自承负面形象，中曾根试图用培养民族自尊和理解他国传统之间的平衡以转变民族意识"④。他主张大力培养日本国民的"国防意识""爱国心"和民族意识，重新确立国家权威，不断增强日本作为政治大国参与国际事务的分量。可以说，中曾根以公职身份参拜靖国神社的实质就是力求通过否认殖民及军国主义侵略历史来重塑日本的所谓"民族精神"。但是，中曾根参拜靖国神社以及出现的历史教科书问题影响了同中韩等亚洲国家的双边关系。

第三，日本积极推进区域经济合作和"政府开发援助"（ODA）。基于欧洲一体化的发展榜样，20 世纪 80 年代的日本在区域经济合作上也表现

---

① 罗伯特·A. 帕斯特：《世纪之旅》，上海人民出版社 2001 年版，第 301 页。

② 五百旗头真主编：《战后日本外交史（1945—2010）》，世界知识出版社 2013 年版，第 226 页。

③ 毛里和子：《日中关系——从战后走向新时代》，社会科学文献出版社 2009 年版，第 151 页。

④ 肯尼思·派尔：《日本的问题——新时代的国力与目标》，金禾出版社 1985 年版，第 96、114—115 页。

了积极的姿态，同澳大利亚等国提出亚太经济合作组织构想（APEC），表达了日本积极参与区域经济合作构想的意愿。"政府开发援助"一直被日本自诩为承担大国道义和责任的重要表现方式，20 世纪 80 年代日本加大了对外援助的力度，对于日本的"国际国家"形象有一定的帮助。

可以说，20 世纪 80 年代日本已把外交触角伸向世界各地，尤其是重点发展与东南亚各国的关系，力图成为东南亚地区的主导者。同时还积极发展与欧洲各国的关系，突出自己已是日美欧三极中的一极，并寻求欧洲对日本走大国化道路的支持。同时，日本的经济大国地位使战后长期受到压抑的民族主义复苏，首相参拜靖国神社及否认军国主义侵略历史的言行屡屡出现。因战败而形成的和平主义意识日渐淡化，并逐渐认可了以日美同盟"借船出海"的现实存在。日本不再甘心安于只是经济大国的现状，渴望成为与自身经济实力相当的政治大国，力图重新登上参与国际事务的国际政治舞台。

（二）后冷战时期日本外交战略理念的变化

1989 年冷战结束的一系列国际局势变化，为日本迎来所谓"第三次开国"机会。在日本一些学者看来，"开国"的含义带有一定的"革命性"，[①] 这无疑是日本对外战略"调整"的极好契机。冷战后的"吉田主义开始分化为两种立场：一是继续以和平的国际协调的经济国家为中心的立场；二是重视日美同盟，致力于修改宪法和行使集体自卫权，与美国共同维持秩序的立场。前者是站在自由主义国际政治观上的和平发展主义，主张冷战后的日本必须发挥作为'全球性民生大国'的作用；后者是坚持现实主义观点，主张为保护日本的安全和维持国际秩序，应该在安全保障方面发挥积极作用"[②]。历史事实表明，后者已经成为冷战后日本对外战略理念的主流舆论：日本应以日美同盟为中心，扩大日本在参与国际事务方面的作用，彻底摆脱和平主义的束缚，成为所谓"正常国家"。冷战后，"1955 年体制"的崩溃，导致革新政党的衰落和保守政党的不断壮大，日本政坛的"正常国家论"和"总体保守化"导致日本对外关系及外交政策发生质的变化。

① 松本健一『日本のナショナリズム』、筑摩新書、2010 年、第 8 頁、第 20 頁。
② 五百旗头真：《战后日本外交史（1945—2005）》，世界知识出版社 2007 年版，第 238 页。

第一，冷战后产生"否认军国主义侵略历史"的民族主义思潮，严重影响日本与中韩等周边国家间的关系。日本学者毛里和子认为："'总体保守化'后所表现出来的新民族主义，与（20世纪）80年代的'新保守主义'有很大不同：第一，新民族主义尝试通过回归民族和传统来重建日本的认同感，为此就需要'对历史加以修正'，把正视日本侵略事实的历史观斥为'自虐史观'；第二，对和平宪法、民主主义教育等一系列'战后'问题进行改写。他们公然提出要修改宪法第九条。"① 上述观点表明了日本"新民族主义"的内涵扩大为在否认殖民及军国主义侵略罪行的基础上，试图修改"战后体制"赋予日本的"和平宪法"及其第九条。"新民族主义"持"自由主义史观"，主张强化国家观念。"它直接作用于政治家的思想和行动，不仅左右国内社会政治生活，对外交政策也产生重大影响。"② 随之，日本保守主义执政理念在国家发展目标等重大战略层面表现出具有民族主义色彩的对外关系特征。1995年8月15日，"村山谈话"承认殖民和军国主义侵略并道歉，尚属坚持和平主义的范畴，但这种官方立场在其后历届内阁还是发生了不能信守承诺的一些反复，导致与周边国家关系的不确定性。

第二，提出摆脱"战后体制"的"正常国家论"，明确关于国际新秩序的政治诉求。以小泽一郎为代表的"新保守势力"认为，自民党主流派在战后所奉行的以发展经济为中心的"吉田路线"，已不适应时代发展变化的要求，日本要实现从经济大国向政治大国的迈进，需要强有力的政府和政治领导人。③ 小泽一郎在1993年出版的《日本改造计划》中全面阐述了"正常国家论"。他主张修改日本"和平宪法"。首先，可在宪法第9条的两项中附加第三项，确定为"前两项不妨碍为了创造和平而进行活动的自卫队"可派赴海外；其次，"保持宪法现状，制定一部'和平安全保障基本法'，规定作为一切主权国家固有的权利，让日本拥有个别自卫权，为此，确保自卫队为最小限度的军事力量，拥有作为联合国一员积极协助

---

① 毛里和子：《中日关系——从战后走向新时代》，社会科学文献出版社2009年版，第152页。
② 杨伯江：《当前日本社会思潮与"新民族主义"》，《现代国际关系》2001年第5期。
③ 刘江永主编：《跨世纪的日本——政治、经济、外交新趋势》，时事出版社1995年版，第61页。

联合国维和行动的权利"①。在对外关系层面，小泽一郎认为，日本"同美国、欧洲并列构成世界三极中的一极"，"日本已经成为世界大国"，"逃避不了作为大国的作用"。"日本的一举一动已经影响到世界的各个地方"，日本有义务对"世界作贡献"。② 小泽主张要摆脱战败国地位，使日本成为与其他发达国家平起平坐的"正常国家"③，在国际上发挥与自己国家实力相称的政治和军事作用。"正常国家论"是一种谋求改变"二战"以来日本国家性质的战略理念。"正常国家论"主张把在军事上自我约束的日本变成与别国毫无二致的日本。④ "正常国家论"的实质就在于，以"为国际安全作贡献"为由，提倡突破"和平宪法"束缚和国内外舆论牵制，重获对外动用军事手段的权利。

可以说，"正常国家论"潜移默化地影响着日本的外交政策及主张，已内化到现在日本的外交战略理念及对外关系之中，这种对内力求修改"和平宪法"、对外实现"正常国家"的理念就是日本保守政党的共同政治目标。"这样，冷战后日本外交的轴心，由经济外交朝着更加政治性的包括安全保障在内的方向不断演变进化。"⑤ 要求在国际上拥有与经济大国相称的政治地位，成为这一时期日本外交及对外关系的重点。

三　基于大国化政治诉求的战略性外交与价值观外交

从根本上来说，国家对外目标是国家意志的体现，是各国为实现自己的国家利益所做的选择。随着全球化和区域经济一体化时代的到来，日本从维护自身的国家利益出发，强化21世纪日本国际战略的定位及对外战略诉求。

（一）21世纪初日外交战略的定位及政治诉求
在当代日本政治"总体保守化"的形势下，在对外关系方面，以摆脱

---

① 小沢一郎『日本改造計画』、講談社、1993年、第123—125頁。

② 小沢一郎『日本改造計画』、講談社、1993年、第16頁。

③ 小沢一郎『日本改造計画』、講談社、1993年、第110頁。

④ 刘世龙：《冷战后日本的外交战略》，《日本学刊》2003年第5期。

⑤ 細谷雄一『外交の新たなアイデンティティを求めて』、http://www.nippon.com/ja/features/c00201/。

"战后体制"、承担"国际责任"、"价值观外交"等方式追求日本国家对外目标，力求实现与日本经济实力相对应的政治大国地位。中曾根康弘在《21世纪日本的国家战略》一书中提出，"作为国家的长远目标，应该追求实现自我。这是以更为理想的方式生存，实现独立，维护安全和追求基于国际责任意识的自我实现。日本必须清楚地认识到，若日本没有更加强烈地意识到实现自我应明确国际责任，就不能在国际上实现自身的安全、独立和生存"。基于上述思路就会涉及对于国际政治经济环境的评判与展望、安保战略及危机管理体制、强化日美同盟和开展亚太地区外交等区域性构想等一系列课题。① 其中，将"国际责任"作为日本"自身的安全、独立和生存"的要件，反思"吉田主义"，进行"战后政治总决算"，提出了确立未来日本国家战略或基本构想，明确了21世纪日本外交战略的长远目标的重要性和紧迫性。

2002年的《21世纪日本外交基本战略——新时代、新视野、新外交》明确指出，战略的基础是国家利益，日本必须基于国家利益制定长远战略。"今后开展日本外交，有必要制定作为国家应有的明确的战略。"该战略报告提出所谓"开放的国家利益"。其体现在如下几个方面：第一，维护日本的和平与安全；第二，维护自由贸易体系；第三，维护自由、民主主义、人权等价值以及推动国际人际文化交往；第四，积极推动以学术、文化和教育为主的国际民间的交流。② 可以说，这些内容不仅反映出日本渴望参与国际事务，确立与其世界经济大国地位相符的政治大国地位，还表现出刻意以意识形态划线的对外战略理念。虽然该战略报告指出，只顾本国的狭隘国家利益必然导致与他国的对立，只有与他国的国家利益长久共存的才是真正的国家利益，但其中的"价值观理念"势必与不同社会制度国家形成对立与摩擦。这虽然是一个智库报告，但已经提出了国家利益的问题，明确提到日本应基于国家利益制定外交战略。事实证明，日本这样的"国家利益"已经成为21世纪初日本追求对外战略目标的指导思想，并贯彻于日本的外交战略之中。在2005年出台的《东亚共同体构想的现状、背景与日本国家战略》的智库报告书中，再次强调和确认了日本的"国家利益"，特别是突出了"维护日本的和平与安全"和"维护自由、

---

① 中曾根康弘：《21世纪日本的国家战略》，PHP研究所2000年版，第19页。

② http://www.kantei.go.jp/jp/kakugikettei/2002/1128tf.html.

民主主义、人权等价值"两大"国益"要件，表明日本树立对外战略目标的同时，进一步确认了其坚持"价值观"取向的外交方针。该报告对于日本对外战略侧重点主要强调了两个方面：一是在安全保障方面，要在拓展日本防卫能力的同时，通过以日美同盟为主导的国际合作，向改善国际安全保障环境的方向发展；二是在日本周边推动和平繁荣、自由与民主价值理念，并在此基础上实现"东亚共同体"的战略构想。① 可以说，冷战后日本对外战略原则是突出强调"国家利益"，对外战略的侧重点是以日美同盟为主导的安全保障机制和战略性亚洲外交。

（二）21世纪初日本外交战略及其对外关系

进入21世纪后，从国家战略原则、战略重点及国家利益出发，以政治、外交及安全领域的一系列重要法体变动为象征，摆脱战后体制，以"正常国家"为诉求，实质谋求全面大国化已经成为日本各派政治势力的战略共识。这样的战略共识外化为强化日美同盟、联合国外交、亚洲外交等战略重点，并以"战略性外交"和价值观外交的形式加以落实。

第一，追求"对等"的对美外交。日本历来把能否维护日美安保体制视为日本外交成败的关键。日本强调"日美同盟是亚洲和平与繁荣的基础"，并将之定位为"亚太地区的稳定装置"。日本的"正常国家化"与美国全球战略调整的利益交汇点，是日美同盟强化的原动力。21世纪初，日美同盟已经演化成为美国全球战略和日本大国化战略相结合的产物。

21世纪初期，美日基于各自的安全战略需要，进一步扩大日美同盟的发展空间。美国发生"9·11"事件后，日本制定《恐怖对策特别措施法案》《自卫队法修正案》和《海上保安厅法修正案》一系列新的法案以配合美国"反恐"，进一步扩大自卫队的活动范围。2003年7月，日本国会通过向伊拉克派遣自卫队的《伊拉克复兴特别措施法案》。这是日本应美国要求首次向战斗发生区出兵，是"二战"结束以来日本在海外派兵问题上的重大突破，也是日美同盟关系的重大突破。2004年2月，日美通过签署新的《日美相互提供物资劳务协定》进一步扩大了日本后勤支援的范围。3月，日本内阁又出台"有事立法"相关联的《支援美军法案》《国民保护法案》等7项法案，"日美同盟全球化"趋势日渐明朗。2005年10

---

① http://www.ceac.jp/j/index.html.

月，"日美安全磋商委员会"（2 + 2 会议）发表了《美日同盟：为了未来的改革与重组》中期报告，提出了美日军事一体化的具体措施。2009 年 5 月，"日美安全磋商委员会"签署《军事情报保护协定》并发表联合声明，表示将制定一份共享系统运用情报的里程表，鲜明地反映出将加强日美同盟和扩大自卫队的作用。2015 年 4 月，"日美安全磋商委员会"重新修订了《日美防卫合作指针》，其中规定日美可以行使集体自卫权。可以说，"9·11 事件"以来，日本加快"借船出海"的步伐，积极构建日美对外干预型军事体系，借助美国在亚太地区的军事存在，不断扩大日本在该地区安全秩序建构中的作用。

第二，旨在主导地区事务的战略性外交。日本通过改善亚洲外交，就东亚经济一体化、地区安全和国际问题与亚洲国家进行多边战略对话，提升日本在亚洲事务中的发言权和主导权。同时，日本力图建立有共同价值观的"民主国家"联盟，增强在东亚地区的支配力。关于重视亚洲外交的战略意义，中曾根康弘在《日本 21 世纪的国家战略》中明确指出："9·11"事件后，"关于外交问题，亚洲外交非常重要，应当以《日美安全保障条约》为基础，构筑东亚的多边安全保障和经济合作机制"。① 日本的亚洲外交战略的核心内容是开展多边安全对话。同时，日本还希望通过发展多边安全对话来减轻对美依赖程度。②

安倍晋三在 2006 年曾提出"战略性亚洲外交"的外交方针。"战略性亚洲外交"的具体内容是探讨创设有关机构和交流基金以在环境等领域推进日中共同研究，还提到"扩大接收来自中国和其他亚洲各国的留学生""加速缔结经济伙伴协定（EPA）的磋商"等内容。③ 但日本在亚太地区安全问题上日益借助于"价值观外交"的力量。麻生太郎曾在日本第 166 届国会上提出"自由与繁荣之弧"的外交方针，表示："现在，在位于欧亚大陆外圈形成弧形的地带，分布着沿自由、民主主义的道路前进的国家，或现在将要起步走这样道路的诸多国家。在这里，我国想扩大自由之环"④。其目的在于联合有共同价值观的"民主国家"，组成"排他性"战略联盟，共同对付所谓"异己势力"。在地区经济合作方面，小泉首相于

---

① 中曾根康弘：《21 世纪日本的国家战略》，海南三环出版社 2004 年版，第 270 页。

② 参见刘世龙《冷战后日本的外交战略》，《日本学刊》2003 年第 5 期。

③ 日本共同社 2006 年 8 月 23 日电。

④ http：//www. cn. emb – japan. go. jp/fpolicy/seisaku070126 – 1. htm.

2002年提出东亚共同体的构想，其后自民党历任政府主张以"10＋6"模式削弱中国的影响力，争夺东亚合作的主导权。民主党的鸠山由纪夫出任首相后，重提东亚共同体的构想，但菅直人上台后缄口不提东亚共同体，反而加入以美国为主体的跨太平洋伙伴关系协定（TPP）谈判。[①] 安倍晋三2012年年底再次上台后也将TPP谈判作为日本经济增长战略之一。

第三，着眼"遏制"的对华外交。进入21世纪以来，日本既期望从中国经济的快速增长中受益，又担心中国与其争夺地区主导权，认为中国未来有可能在军事上对日构成威胁。因而日本对华战略具有"不确定性"。[②] 日本这样的对华矛盾心态，导致日本对华政策保持两手准备。为了改变小泉当政期间日中关系的"经热政冷"局面，安倍内阁提议发展日中战略互惠关系，这体现了安倍内阁务实的一面；但在外交上采取的"价值观外交"，表现出中日关系的不确定性和不稳定性。福田出任首相后明确表示，要继续推动日中战略对话与合作，巩固和加深日中"战略互惠关系"，并与中国签署了《中日关于全面推进战略互惠关系的联合声明》。但是，日本政府对华政策是从日本国家利益出发的，并以价值观外交遏制中国，这就决定了日本对华政策的摇摆性、不确定性和不稳定性。2005年2月日美在举行"日美安全磋商委员会"后发表共同声明，确定了12项关于亚太地区的战略目标，首次将所谓"鼓励和平解决有关台湾海峡的问题"列为日美共同战略目标之一，大有插手中国内部事务的意图。2009年5月1日召开的"日美安全磋商委员会"签署《军事情报保护协定》并发表联合声明，强调"针对经济和军事实力不断提高的中国，双方在敦促中国作为负责任的国际'利益相关者'发挥积极作用的同时，也要求其提高军事透明度"[③]。2012年9月10日，日本政府宣布"购买"钓鱼岛及其附属的南小岛和北小岛，实施所谓"国有化"，中日关系再次陷入屡屡恶化的怪圈。麻生太郎曾表示，发展中日关系的所谓"友好"只是获取利益的手段而已。这已经明确表达了日本对华战略的本质。未来10年，日本决策者对华政策理念仍然具有或然性。

---

① 首相年頭所感『平成の開国元年に』、『産経新聞』、2011年1月1日。
② 刘世龙：《冷战后日本的外交战略》，《日本学刊》2003年第5期。
③ 日本共同社2009年5月1日电。

结　语

综上所述，日本战后七十年的对外关系经历了"经济中心主义""正常国家论"和基于大国化政治诉求的战略性外交三个外交战略理念的演进历程。其中，基于"经济中心主义"的外交战略理念，日本开创了20世纪50—60年代"吉田主义"经济外交的黄金时代，为20世纪70年代日本作为"世界经济大国"身份开展"多元化"的自主外交奠定了雄厚的物质及国力基础。在冷战结束前后的20世纪80年代和90年代，日本关于"政治大国"理念与"正常国家论"的"国际国家"诉求，反映出日本力求改变"战后体制"的强烈意愿。进入21世纪，日本开展的战略性外交与价值观外交，是基于"大国化"政治诉求而进行的"自我实现"，完全是从维护自身的国家利益出发的。战后日本外交可以概括为两个方面：一是战后日本外交是以"日美基轴"为基础展开的，在考察日本外交的诸多问题时都不能不考虑日美同盟这一决定性因素；二是日本实现经济大国战略目标后，在外交战略上必然谋求成为政治大国的战略构想，这也是未来日本外交的重中之重。在日本看来，"作为全球性角色，日本已在世界上得到承认。在通货、经济、高新技术等方面，日本获得了举世公认。这本应与日本在世界上的政治地位也是相辅相成的"，"只有作为全球性角色发挥作用，日本外交才有出路"①。

2013年12月出台的《日本国家安全保障战略》，以及日本国会在2015年9月通过的关于解禁集体自卫权的安保法案，用安倍首相的话来说都是具有"历史性"意义的，尤其是《日本国家安全保障战略》是明确在官方文件里提到的战略概念的，其内容涉及加强日美同盟关系，提升自身的防卫实力，还提到"爱国心"，这是《日本国家安全保障战略》的三点要件。这是完全基于"国家利益"而制定的国家战略，是日本外交战略的重大变化。基于这样的战略，现在的日本外交强化日美同盟关系和"战略性外交"，总体特点表现在"价值观外交"之中。

总结起来，日本的战后外交经历了经济中心主义，关于"政治大国"

---

① 渡邊啓貴『日本外交の活路はグローバル？ プレイヤーをめざすことにある』、http://www.nippon.com/ja/column/g00004/。

理念与"正常国家论"的"国际国家"诉求，基于大国化政治诉求的战略性外交三个阶段。这三个阶段逐渐演变到现在的外交战略路径，可以预见的是，"正常国家论"关于大国化的政治诉求，逐渐显露出日本"传统的国家主义"面目，并将成为日本主流的对外关系理念和实践目标。

（本文已在《日本学刊》2015 年第 5 期发表，收入本书时做了部分修改。）

战后 70 年日本的东南亚外交

——经济外交的开启与展开

白如纯*

内容提要 东南亚因其重要的地理位置、丰富的自然资源，历来为大国的战略关切。作为战后地区外交的原点，日本成功推进了经济外交。通过战后赔偿、政府援助、经济合作、朝野交往等全方位努力，在获取巨大经济利益的同时，日本与各国在政治、安全领域的关系也得到稳固和强化。尽管个别阶段出现过政策失误，但总体上日本适时实施了积极有效的政策措施。游刃于中、美、日、俄等大国间施展平衡外交的东南亚国家，也乐于接受日本的资金技术援助。因中国崛起及与东盟关系迅速推进，日本感到竞争压力，于是积极寻找应对措施。本文通过对战后 70 年日本东南亚外交的梳理，尝试总结其阶段性特征。①

关键词 战后日本 东南亚 经济外交 区域合作 亚太再平衡

引 言

战后日本的东南亚外交是在特殊的历史背景下开启，并在内部共识、外部协调、对方妥协等多重因素共同作用下得以实施的。内部共识的基础是受战争重创的日本，为谋求生存的本能性选择，即确保资源、能源与市场的需要成为当务之急；外部因素的最大特征是美军占领下日本外交的困境与局限。如果没有美国的认可并进一步撮合，这一外交进程必会困难重重。曾受到军国主义野蛮侵略的东南亚各国，对与日本的外交重建乃至经

---

　* 作者简介：白如纯，中国社会科学院日本研究所副研究员。

　① 正文标示的各阶段具体年份，依据各重大历史事件发生的时间，属于笔者的个人判断。由于对事件涉及时间学界认识不尽相同及个人水平所限，错误之处敬请批评指正。

济往来心存余悸；但美国的授意和撮合，使东南亚国家在对日外交方面的担心减轻，相关国家也需要日本在赔偿方面作出具体行动。

中国与朝鲜半岛近代以来长期担当了日本兴起"后方保障"的角色，同时遭受日本军国主义的侵略和奴役也最为深重。"二战"结束后中国内战连绵，新中国成立后不久，又采取了对苏"一边倒"战略，朝鲜半岛的分裂状态以及苏联在该地区存在的影响力，使得日本恢复在东北亚地区的外交在短时间内难见预期。但朝鲜战争爆发、《旧金山对日和平条约》生效，给日本地区外交（主要是对东南亚）带来转机。经过几十年的苦心经营，日本在东南亚地区取得巨大的经济利益，同时尽管一波三折，日本在东南亚地区政治与安全方面的影响力也得到恢复与稳固。在 20 世纪七八十年代日本经济达到巅峰时，"雁形发展"序列中日本"领头雁"地位确立，"东南亚是日本后院"似乎成为一个常态。在成为"正常国家"信念的助推下，在政治安全方面日本对东南亚国家寄予厚望。东南亚国家对日本的好感度也大幅上升，乃至在 90 年代中期亚洲金融危机发生后，东南亚各国产生了要由日本而非美国主导区域经济合作的认知。

进入 21 世纪，中国经济的快速崛起以及中国与东盟关系的推进，对日本的"地区主导梦"带来挑战。中国提出中国—东盟自贸区倡议并率先加入《东南亚友好合作条约》，日本的危机感自不待言。2010 年前后美国"重返亚太"战略出台，日本配合美国步调，在安全领域的投入大大增强，在东南亚与中国"一争高下"的姿态日趋明显。安倍二次执政以来，在"积极和平主义"的幌子下，在解禁"集体自卫权"、架空和平宪法以及强化美日安保等方面强行突破。中日关系也因日本"购岛"闹剧长期处于紧张状态。域外大国的介入，使围绕南海岛礁主权的争端出现复杂化趋势，东南亚地区再度成为中日以及诸大国角逐的舞台。

（一）经济外交成为日本与东南亚关系的核心（1952—1966）①

战后初期，日本对东南亚政策的基调是"经济外交"。由于处于被盟军（后美国单独）占领状态，在"美主日从"框架的束缚下，日本为解决产品市场、资源和能源严重短缺的困难，把恢复和发展经济作为最优先战

---

① 1945 年日本战败投降，被占领状态下的日本外交处于"不能自理"境地。1952 年《旧金山对日和平条约》生效后，日本得以以主权国家身份开始着手处理战后赔偿问题。

略，即扩大海外商品市场、拓宽海外能源与资源进口渠道成为迫切需求。中国大陆和朝鲜半岛是战败前日本最主要的商品市场和资源、能源来源地。1945 年日本战败投降后，长期与新中国处于无邦交状态。同时，朝鲜半岛的分裂局面和旧殖民地纷纷独立，也断绝了日本资源、能源的来路。争取东南亚地区丰富的自然资源和潜在市场成为日本的优先选项。

重返东南亚的目标，并非日本政府一相情愿能够轻易实现。作为战败国，日本必须解决战争赔偿问题。在百废待兴、财力不济的条件下，日本难以支付对多国的巨额赔偿。经美国居中调和，经过多轮艰苦的谈判，各国最终接受了由日本方面提出的由企业支付产品、提供劳务等作为赔偿的替代方式。这样既解决了对相关国家的赔偿，也带动了日本国内企业的"复活"。由赔偿开启的经济外交最终成为日本重返地区外交舞台的突破口。

凭借成功重返东南亚、朝鲜战争期间美国的"特需"及战后处理的顺利进展等有利条件，到 20 世纪 50 年代中期，日本经济迅速恢复甚至超过了战前水平。1954 年 10 月，日本以援助国身份加入"科伦坡计划"，① 凭借资本与技术的实力，日本巩固并增强了在东南亚的经济影响力。日本对东南亚的产品出口以及资源、能源的进口迅速增加。

鸠山一郎于 1954 年 12 月组阁后，"经济外交"成为其对外政策的重要支柱。鸠山力主"迅速解决赔偿问题，谋求与东南亚诸国正式建交并打开经济关系"②。岸信介于 1957 年就任首相后，破例在访美之前首先出访东南亚和南亚多国，并成为战后首位任上访问东南亚国家的日本首相。同年，外务省首次发表《外交蓝皮书》，宣示"外交三原则"：联合国中心主义、与自由主义国家相协调、坚持作为亚洲一员。"坚持作为亚洲一员"，成为其后日本领导人的"口头禅"之一。

1965 年 4 月，美国总统约翰逊提出"亚洲经济开发构想"③，日本政府认为配合好该构想，将是其强化对东南亚经济外交的大好机会。一年后

① "科伦坡计划"始于 1950 年，全称是"南亚和东南亚合作经济发展科伦坡计划"。目的是通过对该地区的援助，获取潜在的资源。英、美、澳、新等经济发达国家及南亚、东南亚发展中国家加入该计划。日本在经济恢复后，成为新的援助方成员。
② 古川万太郎：『日中戦後関係史』、原書房、1988 年、第 76—77 頁。
③ 约翰逊构想的主旨是：使用非军事的经济手段，确保"亚洲的和平与稳定"。『東南アジア開発閣僚会議の開催と日本外交』，日本国際政治学会編『国際政治研究の先端 3』。

的 1966 年 4 月，日本举办了有关东南亚问题的部长级会议，这也是战后日本首次举办的有欧美及亚太地区国家参加的大型国际会议。日本政府希望借机展示其地区外交的"自主性"，通过加大援助与合作的力度，博取东南亚国家的好感。

至 20 世纪 70 年代初，日本和东南亚各国间围绕战后赔偿的谈判基本完成并建立或恢复了外交关系。① 日本成功的经济外交，促进了其与东南亚各国的经济关系，相关各国对日印象和舆论逐渐好转。

（二）东盟成立后日本对东南亚政策的调整（1967—1989）

战后到 20 世纪 70 年代中期，强化经济关系构成日本与东南亚关系的基本内容。岸信介首访东南亚显示了日本对东南亚的重视。但东南亚国家试图通过联合实现自强却并非日本乐观其成的选项。1967 年 8 月，印度尼西亚、新加坡、泰国、菲律宾及马来西亚五国发起成立地区组织"东南亚国家联盟"（ASEAN）。日本最初对该地区组织的成立持消极态度。因为日本的外交思维基本上还是把东南亚当作它的"后院"。②

日本推进与东南亚各国经济关系的同时，与相关国家的分歧与矛盾逐渐暴露出来。这些不和谐因素主要表现为日本企业只注重商业利益但缺乏与当地人的交流和沟通。日本企业的垄断式经营和过度开发，甚至达到威胁当地民族企业生存的严重程度。日本人的"傲慢与偏见"溢于言表，血汗工厂大行其道，招致当地民众的疑虑与戒心，压抑已久的民族主义感情被重新引燃。1975 年年初，时任首相田中角荣访问东南亚各国，其间作为重要合作方的泰国、马来西亚和印度尼西亚出现了大规模的反日集会和游行，有些地方甚至发展为发泄针对本国政府对日妥协不满情绪的暴动，即所谓的"东南亚冲击"③。

为平息当地民众的不满情绪，弥补日本与各国间出现的紧张关系和感情裂痕，1967 年 8 月，借东盟成立 10 周年之机，田中首相的继任福田者

---

① 1952 年 4 月《旧金山对日和平条约》生效后，日本与东南亚各国解决赔偿问题的同时，加速建立外交关系。1954 年、1956 年、1958 年、1959 年分别与缅、菲、印尼、越建立外交关系。到 1977 年 4 月，日本支付最后一笔对缅赔偿，最终完成对东南亚相关国家的赔偿问题。

② 对 1967 东盟成立的消息，日本平面媒体只做了简要报道，次年《外交青书》也是简要记载。到 1971 东盟外长会议发表《东南亚和平、自由和中立区宣言》时，日本态度发生转变。

③ 20 世纪六七十年代，日本先后遭到"尼克松冲击""石油冲击"和"东南亚冲击"。三大"冲击"之下的日本政府，反思"经济外交"过程的缺陷，是"福田主义"出台的主要原因。

赳夫在菲律宾首都马尼拉发表演说，在该题为《我国的东南亚政策》的演说中，福田提出了改善日本与东南亚关系的新政策宣示：（1）日本不做军事大国；（2）建立"心心相印"的互信关系；（3）以平等合作的立场，为东南亚各国的和平以及繁荣作出贡献。该演讲被冠以"福田主义"美称而被大书特书。"福田主义"所表明的主张，是在总结战后日本对东南亚外交经验基础上，基于 70 年代内外环境变化，日本对外政策调整的结果。①

此间，在与东南亚各国的人文交流方面，日本也精心设计并逐步推进。早在 1974 年，日本曾倡议发起双方文化交流活动，即每年组织 300 名左右年轻人乘坐"日之丸"号客轮，在日本和东南亚国家的港口停泊。通过游览各地名胜、进行家庭访问及体验等方式增进相互理解。1980 年，日本设立"东盟青年学术基金"项目，每年提供 100 万美元为东盟国家的学生提供在日本接受教育的机会。中曾根康弘任首相时期，1984 年日本设立了"面向 21 世纪的友好项目"，以继续保持民间层面的亲密交往。

（三）冷战后混沌期日本的东南亚外交（1990—1997）

20 世纪 90 年代初，冷战结束后国际关系进入重新调整期。国际与地区政治经济格局的变化，给日本外交提供新的战略机遇。1991 年前后，由于推动柬埔寨和平成为该地区需要迫切解决的焦点问题，日本政府抓住时机，积极参与柬埔寨维和行动，希望借此加大对东南亚政治外交的力度。

1991 年 5 月，海部俊树首相在访问东盟期间，于新加坡发表演讲，认为 21 世纪初期将出现由东北亚、印度支那的越老柬三国，以及东盟结成的"繁荣的三角形"；希望日本和新加坡成为两个重要支点，推动东南亚地区的繁荣；同时表示日本希望为东盟与印支三国结成合作与伙伴关系提供支持。②

由于对推动包括东盟及越、老、柬、缅在内的"整个东南亚地区的合作与共同繁荣"表现出极大的兴趣，根据海部俊树首相的建议，1992 年日本筹办了"柬埔寨复兴"东京国际会议。此外，外务省还于次年开始筹办

---

① 白如纯：《战后日本的东南亚政策与中日关系》，《日本学刊》2006 年第 6 期，第 81—93 页。

② 外務省『外交青書』、1991 年、第 401—410 頁。

"印度支那综合开发论坛"（1993 年 1 月提议，1995 年 2 月实施）。同期，时任通产相桥本龙太郎倡议成立"印度支那产业合作组织"，并由泰国举办了有东盟六国、印度支那三国、缅甸加上日本参加的国际会议。日本学者认为，十国大东盟形成过程中日本发挥了相当大的影响。[①]

桥本龙太郎就任首相后，于 1997 年东盟成立 20 周年之际访问东南亚。日本政府对桥本的出访寄予极高的期望，基调定位为发表与"福田主义"同等重要的"桥本谈话"（一说"桥本主义"），目的是加大提升日本与东盟的双边关系。日本重返地区外交成功后直到本次桥本访问前，日本与东盟首脑会谈的主要议题基本局限在经贸领域。本次访问日方希望注重对全球性问题的讨论，桥本还提出日本与东盟双方在首脑对话及文化交流与合作方面得到加强。其中一个关键的建议是把双边部长级会议升格为首脑的定期会晤机制。[②] 桥本演说体现两个突出的特点：一是没有提及历次首相对侵略历史的反省和"不做军事大国"的一贯承诺；二是主张建立以"日本援助为主"和"相互协调与合作为主"的新型双边关系，主要是在政治与安全方面加大合作范围。

（四）亚洲金融危机后区域合作政策的新变化（1998—2009）

经过 20 世纪七八十年代的高速发展，日本成为资本主义世界第二大经济体，在国际经济格局中尤其是在东亚地区完成了由协调者到组织者再到领导者的角色转换。这期间，日本始终将东南亚作为日本的原料供应基地及工业产品的销售市场，工业产品及相关技术在东南亚保持控制地位。

其实早在 20 世纪 60 年代，西欧一体化的发展带动了新一波地区主义的兴起，区域经济合作被提上议事日程时，作为东亚"优等生"的日本已然成为东亚区域合作的探讨者与倡导者。但是，亚洲金融危机前日本的东亚区域合作构想一定程度上体现着"日本中心主义"的特征。进入 20 世纪 90 年代，美国对亚太地区经济合作表现积极。"亚太经济合作组织"（简称"亚太经合组织"或 APEC）成立，使日本以自己为中心的"环太平洋合作构想""东亚经济圈构想"等受到冷落。加之泡沫经济崩溃造成

---

① 山影进『日本の ASEAN 政策の変容』、『国際問題』、2001 年 1 月号、第 60 页。

② 桥本提议的日本与东盟举行首脑会谈的建议，成为东盟 + 模式的开始。只是东盟国家忌惮日本做大而疏远中国及相关国家，借机提出东盟与中国、韩国单独的以及中日韩集体的首脑会谈，即三个"10 + 1"及"10 + 3"框架。

经济持续低迷，日本在亚太区域经济合作中的作用日渐式微。

但 1997 年肇始于泰国的金融危机，使东南亚各国经济受到严重打击并波及整个东南亚。危机发生后，日本为东南亚有关国家提供了巨额信贷支援，使东南亚对作为经济大国的日本重新充满期待。日本也一度改变了之前在东南亚区域经济合作中"言必称亚太、合作不离美国"的态度，积极参与以东盟为平台的东南亚区域经济合作进程。

由于日本区域合作构想中的战略目标及其实施的阶段性与层次性模糊不清，战略重点不确定，其结果是至今也没有形成以日本为核心的"亚太经济圈"或者"东亚经济圈"，更不用说组成亚洲经济共同体与欧盟和北美相抗衡了。但作为战后东亚地区主义的探索阶段，日本力图通过经济外交方式推动地区合作，将东南亚各国纳入同一个命运共同体的尝试是具有积极意义的。

日本对东亚区域合作态度的转变，与中国通过与东盟加强联系，参与本地区合作的积极态度有很大关系。2001 年 11 月，在文莱举行的中国与东盟首脑会议上，双方提出在 10 年内建立中国与东盟自由贸易区的设想。该设想如能按计划实现，中国无疑将在东亚区域合作主导权竞争中占据先机。[①] 2002 年 11 月，中国和东盟双方签署了《中国—东盟全面经济合作框架协议》。根据该协议，将于 2010 年建成拥有 17 亿人口的中国—东盟自由贸易区。中国如此快速地与东盟签订协议，日本方面的危机感不言而喻。就在中国与东盟签订协议的次日，日本宣布有意与东盟签订有关经济合作的框架协议。

日本意识到自身的东亚合作政策滞后，已经使中国成为东亚区域合作的实际领先者，因而试图改变一直以来的消极态度，以免沦落到被边缘化的窘境。2002 年 1 月，访问东盟各国的小泉首相在新加坡发表了对东盟政策的演讲，成为 1977 年福田首相访问东南亚并发表著名的"福田主义"和"桥本倡议"以来，时隔 25 年后日本对东盟发表的新政策宣示。日本对小泉首相在演讲中提出的五点主张进行了追加说明，[②] 即在"10 + 3"框架基础上，增加了澳大利亚和新西兰，成为扩大版的区域合作，并指出美

---

① 《中国将主导亚洲经济》，《朝日新闻》2001 年 11 月 7 日。
② 小泉首相的五点主张包括：第一，发展教育，培养人才；第二，将 2003 年定为"日本·东盟交流年"；第三，"日本与东盟一揽子经济合作构想"；第四，举办有关东亚开发的会议；第五，在安全保障方面加强合作。

国在区域合作中的作用极其重要，日本将继续加强与美国的同盟关系。因而被舆论批评为"基本与 APEC 内涵相同"①。

在 2002 年度与东盟首脑会议期间，中日双方都曾得到东盟国家的建议，即邀请两国与东盟签署《东南亚友好合作条约》。出于可能影响到"日美同盟"关系的考虑，日本未能即时与东盟达成默契。2003 年 10 月，在第七次东盟与中国首脑会议（"10 + 1"）上，中国正式加入《东南亚友好合作条约》。一个月之后，日本政府宣布了其加入《东南亚友好合作条约》的意向。2003 年 12 月，东京举办首届"日本与东盟首脑特别会议"，双方共同发表旨在加强经济、政治和安全全方位关系的《东京宣言》，以及配合宣言落实的《行动计划》。该脑会议肯定了日本提出的建立"东亚共同体"设想，同时宣布启动日本与马来西亚、泰国、菲律宾建立自由贸易区的谈判。本次首脑会议上，日本正式宣布加入《东南亚友好合作条约》。一系列成果表明日本同东盟之间在经济、政治、安全方面实现了新的跃进。

总之，日本从冷淡、消极对待中国和东盟提出的地区合作主张，转变为明确参与东亚区域内的双边伙伴关系协定，再发展为积极推动并力图主导"东亚自由贸易区"建设，显示其东亚区域合作政策"被动性转型"的特征。如小泉内阁时期日本推动建立"东亚共同体"，也只是出于自身利益和维系日美关系的考虑。②

（五）"再平衡"背景下日本的东南亚外交（2010—　）

历史经验证明，维持世界和平与稳定局面，基本前提是各主要国际关系行为体间力量的相对平衡。但各国求生存谋发展的结果，表现为行为体力量的此消彼长。战后 70 年间，尽管冷战漫长、热战不断，但国际政治经济秩序在流动中不断调整，大国间以及各主要国际行为体集团间维持着微妙但有效的稳定格局。

2010 年前后，美国提出"重返亚太"及"亚太再平衡"战略。一般认为，中国经济和军事的快速崛起，是美国推行"亚太再平衡"战略的重

---

① 山下英次：《小泉首相的东南亚外交政策演说（2002 年新加坡演说）及其评价》，〔日〕《经济学人》2004 年第 105 卷第 2 号，第 14 页。

② 赵洪：《日本与东亚经济合作》，《当代亚太》2004 年第 3 期，第 56 页。

要考量。但美国政策调整的主要目标，似乎依然是从全球战略出发，以应对变化中的国际和地区力量格局的新变化，并谋求在建立国际政治经济新秩序过程中占据主动。借助美国"重返亚太"的时机，日本大力提升与美国的同盟关系。同时，高调宣称与东盟及相关国家加强在海洋安全等领域的合作。个别东盟国家因自身安全利益的需要，也主动与日本拉近距离。①

2009 年 9 月，日本民主党上台后，对东南亚地区的外交，尤其以援助为主要内容的经济外交力度有增无减。2009 年 11 月，鸠山由纪夫首相主持首届日本与湄公河流域五国首脑会谈，并发表《东京宣言》与《行动计划》。其后每年一度的首脑会谈、三年一轮的"援助周期"，成为日本对东盟外交新机制。安倍晋三二次执政后，沿袭民主党时期的惯例，2013 年年初副首相麻生太郎、首相安倍晋三相继出访东南亚，兑现对缅甸"减债"承诺，重申日本重视东盟的一贯立场。从民主党鸠山由纪夫内阁的《东京宣言》、野田佳彦内阁的《东京战略 2012》，再到自民党安倍晋三政权《新东京战略 2015》陆续发表，援助金额由 5000 亿日元、6300 亿日元、7500 亿日元逐次递增，日本对东盟外交的重视程度由此可见一斑。

一贯善于在大国间施展"平衡外交"的东盟国家，希望在包括中国、美国、日本、印度以及俄罗斯等大国间取得自身利益的最大化。配合 2015 年年底建成东盟共同体，按照"区域全面经济伙伴关系协定"（RCEP）的预计时间表，即 2013 年年初启动、2015 年年底完成谈判的路线图，东盟维护自身利益、主导区域经济合作的意图显而易见。RCEP 某种意义上是对美国主导的"跨太平洋伙伴关系协定"（TPP）的应激反应。尽管日本希望借力"再平衡"的美国，但遭遇了惯于"平衡术"的东盟，其联合东南亚国家对抗中国的打算似乎也没那么乐观。

（六）战后日本东南亚外交的特点

通过对战后 70 年间日本与东南亚关系的梳理，似可总结出如下基本特点。

1. 经济因素贯穿始终。战后初期日本为解决基本的生存和发展需求，优先开启了东南亚外交并获得巨大的经济利益。日本能快速走上复兴之

① 2011 年 10 月，越南总理访问日本，双方就日本对越出口核电技术和合作开发稀土资源等达成一致意见，目前越南已成为日本最大的对外援助国。

路，内外在因素是多样的，但在东南亚地区成功实施"经济外交"无疑是重要因素之一。在成为经济大国之后直到 21 世纪的今天，"经济外交"依旧是日本与东盟关系中最重要的关键词。

2. 政治议题逐渐上升。密切的经济关系给双方带来利益的同时，政治议题成为日本对东南亚外交绕不过的门槛。主要原因有如下三方面：一是前期日本在开发东南亚资源期间，其"经济动物"的特质导致当地人的反感和抵制，迫使日本政府从政治外交的高度重新审视双方关系；二是日本成为"普通国家"的政治诉求需要得到国际社会的理解与配合，东南亚国家的支持不可或缺；三是日本希望与东盟个别国家在南海问题上联手，以形成处理中日东海争端的有利局面。

3. 美国影响如影随形。不论是重启东南亚外交，还是表达"政治大国"的诉求，没有美国的支持，日本推进地区经济与政治外交不会如此迅速。几个重要的历史事件表明，日本的诉求与美国的需要互为表里。美国在东南亚地区的"淡出"与"回归"都成为日本的机遇。东南亚国家先是在美国、日本间，其后于日本、美国、中国、欧盟，以及更多方的势力平衡中，获取经济与政治利益。

4. 重点调整稳健及时。半个多世纪中，日本经历频繁的政党轮替与内阁改组，但对东南亚外交的重视程度并未受领导人更迭、政党轮替等国内政局的变化出现断档和减弱。除个别首相因"意外"[①] 未能成行，执政后首访美国再访东南亚成为"总理大臣必修课"。个别首相甚至在组阁后访美之前，优先访问东南亚以获取与美谈判砝码。调整对象的确定，主要是基于经济领域以及政治安全政策的需要。经济主导、"贸易立国"时代，日本把资源开发、市场扩大以及技术转让等作为优先选项。当"普通国家"成为目标时，政策重点向政治安全领域倾斜便顺理成章。由此出现的调整内容包括政策议题调整、援助对象（国家和项目）调整等诸多方面。

结　语

2015 年是"东盟共同体"成立的节点，有西方学者认为：东盟将继中国、印度之后，崛起为"东方第三极"。"东盟目前是第四大出口联盟，

---

① 如羽田孜首相等短暂执政，但几乎所有的首相在任职大臣期间也频繁出访东南亚。

贸易量为 2.5 万亿美元, 预计在 2020 年将达到 4 万亿美元, 并会在 2050 年成为世界第四大经济体。由于特殊的地理位置, 全球每年有超过一半的商船经过东盟的海上通道。而东盟人口中的中产阶级不断扩大, 大量的青年人口和民众不断提高的受教育水平, 使东盟市场被国际看好。"[1] 日本对东南亚投入巨大, 自然不愿失去在本地区的主导地位。

战后 70 年间, 日本凭借"经济外交"的成功实践, 在东南亚如鱼得水几无比肩者, 对东南亚外交成为日本地区外交的重头戏。尽管 20 世纪 90 年代初日本经济到达巅峰之后增长乏力, 但作为经济强国依然保持着该地区主要影响势力的角色。梳理战后日本对东盟外交的全过程, 总结各时期的政策特点, 本着取长补短的态度趋利避害, 对中国增进与东盟关系, 更好实施"一带一路"战略构想具有现实意义。

(感谢: 本研究成果的资料搜集得到日本国际交流基金的项目支持)

---

① http://www.isis.org.my/attachments/commentaries/2015/, 转引自中国社会科学院世界经济与政治研究所网站, 2015 年 4 月 28 日, 洪叶编译。

经济与社会

战后 70 年日本经济发展轨迹与思考

徐　梅*

内容提要　二战后资源贫乏、市场狭小的日本，在诸多促进经济增长要素的作用下，实现了近20年的经济高速增长。以1973年石油危机为转折点，日本经济开始减速，并出现一些现象，包括和当前中国经济发展所面临课题类似的问题。到20世纪80年代中后期，在后发效应趋于终结、市场日益饱和的情况下，日本经济出现严重的"泡沫"。90年代初"泡沫经济"崩溃，日本经济陷入长期低迷。尽管之后各届政府都采取了刺激经济增长措施，但由于经济体制改革滞后、政局不稳、宏观调控余地有限、劳动力市场相对封闭、外需作用减弱等原因，日本经济始终未能真正步入复苏轨道。目前执掌政权的安倍内阁正在积极推动结构改革，而人口少子老龄化的发展趋势、外部经济形势的复杂多变等决定了日本经济中长期将会处于低速增长的常态。

关键词　日本经济　高速增长　泡沫经济　长期低迷　结构改革

在中国经历了30余年改革开放的今天，回顾战后70年来日本经济的发展历程，重新审视日本曾经创造的"经济奇迹"、高速增长时期累积的问题以及"泡沫经济"的产生与崩溃等，会有更深入的理解，具有更深刻的意义。

本文拟在梳理战后70年日本经济发展轨迹的基础上，思考日本经济发展过程中的成功经验与失败教训，以更加全面、客观地认识战后的日本经济，从中探寻经济发展的某些规律，分析和把握未来日本经济的走向。

---

* 作者简介，徐梅，中国社会科学院日本研究所研究员、经济研究会主任。

一　关于战后日本经济高速增长的再认识

　　二战后，在遭受战争破坏、国内能源资源匮乏的情况下，日本实现了近 20 年的经济高速增长。1956—1970 年，日本实际国内生产总值（GDP）年均增长率为 9.7 %（参见图 1），跃升为资本主义世界第二经济大国，也成为东亚地区经济发展的"领头雁"。海内外各界一度热衷于探讨战后日本经济成功的"奥秘"，许多国家和地区纷纷学习和效仿日本。1978 年 10 月，时任中国国务院副总理的邓小平访问日本，在乘坐新干线时感叹："我明白什么叫现代化了。"改革开放后的中国，也十分重视学习和借鉴日本发展经济的经验。

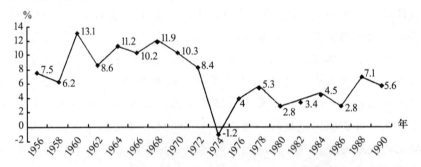

图 1　1956—1990 年日本实际 GDP 增长率的变化

资料来源：内阁府『平成 26 年度年次经济财政报告』、2014 年、321 页。

　　战后日本之所以能够实现经济高速增长，既有国内因素也有国外因素，既有传统因素也有现实因素，既有经济因素也有政治文化因素，既有宏观因素也有微观因素，归结起来不下几十条。综合经济增长理论及各国和地区经济发展的实践来看，资金、劳动力、技术、制度环境、资源、市场等是影响经济增长的重要因素。

（一）资本积累持续增加，不同层次的高素质劳动力供应充足

　　发展经济需要大量的资金投入。在经济高速增长时期，日本的家庭储蓄率直线上升，1975 年高达 22.8 %，比 1955 年提高近 11 个百分点（参见图 2）。20 世纪 60 年代中期以后，日本对外贸易收支转向盈余，外汇储

备额不断增加，1975 年为 128.2 亿美元，比 1956 年增长 26.3 倍。[①] 另外，日本的股东分红率低于欧美国家，其国防投入因受"和平宪法"制约而处于较低水平，这些因素为企业扩大生产提供了资金上的支持。

图 2   战后日本家庭储蓄率的变化

资料来源：内阁府『平成 26 年度年次経済财政报告』、2014 年、324 页。

需要指出的是，战后日本经济的发展对外资依赖程度很低。1973 年度，外国对日直接投资仅两亿美元。[②] 到 1985 年度，外国对日直接投资额与日本对外直接投资额之比为 1∶13.1。[③] 与其他主要发达国家对内对外投资大体均衡的状况相比，日本处于失衡状态。究其原因，主要有：日本对外资采取一些限制性措施，如 1950 年颁布《外资法》，对外资持股比率、合资企业的经营权等进行直接或间接限制；企业间相互持股、主银行制、流通体制等商业制度、习俗等阻碍外国企业进入日本；国内投资成本较高，税率、劳动力成本、土地价格等明显高于美、英、德、法等国，20 世纪 70 年代后日元不断升值，进一步增加了外国对日投资成本，外国企业不愿或难以进入日本。对外资依赖程度较低，有利于避免外资对本国经济的控制，减少外部影响，增强自身发展经济的主动性和稳定性。

这期间，日本国内劳动力供应充足。1973 年，日本劳动力人口数量为 5326 万人，比 1955 年增长 27%。[④] 尤其 60 年代是日本工业现代化和农业现代化发展最快的时期，也是城市工业吸收农村劳动力最多的时期。1970

① 内阁府『平成 26 年度年次経済财政报告』、332 页。
② 日本贸易振兴会『1988 世界と日本の海外直接投资』、1988 年、43 页。
③ 日本贸易振兴会『1993 世界と日本の海外直接投资』、1993 年、523—524 页。『1988 世界と日本の海外直接投资』、386—387 页。
④ 内阁府『平成 26 年度年次経済财政报告』、327 页。

年，日本兼业农户占全国农户总数的比重从 1960 年的 65.7% 上升到
84.4%，其中以他业为主、农业为辅的"二兼"农户超过一半。① 农村释
放出的大量劳动力，不仅支撑了日本工业现代化的发展，也促进了农民收
入的增加以及城乡居民收入均等目标的实现。1961—1970 年，日本农户年
均收入增长 2.4 倍，此后甚至超过了城市职工家庭年收入。②

　　除劳动力数量供应充裕之外，日本劳动力的素质普遍较高，这主要得
益于其重视教育的传统。早在德川幕府时期，日本即已成立先进的文化教
育机构。到明治时期，日本一直将获取西方先进技术、建立现代教育制度
作为长远战略。二战后，日本更是把发展教育作为经济恢复和增长的一个
重要着力点。战后初期，日本便实行九年制义务教育，之后重点普及高中
教育。1970 年，日本高中升学率为 82.1%，大学升学率为 24%，仅次于
美国，明显高于英国、法国和联邦德国，成为全民族受教育水平最高的国
家之一。③

　　日本政府和企业还比较注重对劳动者生产技能、协作精神和相互协作
能力等方面的培训。从小学开始，日本就设有手工课，普通中学都设有工
农商等职业课程，而真正担负职业教育的是职业高中和高等专科学校。企
业内教育是日本职业教育中最重要、最成功、最具特色的部分。大企业结
合生产和经营状况，普遍实行全员培训和职务层次教育。日本重视不同层
次知识传授和素质教育的做法，可满足经济发展对各类高素质人才的
需求。

(二) 引进和改良国外先进技术，较快地缩短追赶欧美的进程

　　技术进步是经济增长的原动力。明治维新后，日本大量引进欧美先进
技术，并结合本国国情加以改良和吸收。二战后，日本在立法、外汇、技
术队伍培训等方面为引进技术做好各种准备，如 1950 年的《外资法》规
定，对引进外国技术的企业给予奖励。以甲种技术（合同期限超过一年、
费用以外汇支付并需经过外资审议会和大藏省批准）为例，日本在 1954—

---

　　① 参见《简明日本百科全书》编委会中日经济专家合作编辑《现代日本经济事典》，中国社
会科学出版社、日本总研出版股份公司，1982 年，第 404 页。
　　② 参见《简明日本百科全书》编委会编《简明日本百科全书》，中国社会科学出版社 1994
年版，第 250 页。
　　③ 参见中日经济专家合作编辑《现代日本经济事典》，第 883—884 页。

1960 年度引进 984 件，1961—1970 年度引进 6968 件，而 1971—1975 年度的五年间引进 8368 件，相当于整个 20 世纪 50—60 年代的总和，其中一半以上源自美国。[①]

由于大量引进技术，日本技术贸易收支在 80 年代以前一直处于赤字状态，美国则保持世界技术出口大国地位，法国也是技术出口国，联邦德国的技术贸易虽存有逆差，但明显少于日本。在广泛吸收世界先进技术的基础上，日本在战后较短时间内实现了经济高速增长，继而达到赶超欧美的目标。据日本著名经济学家筱原三代平等测算，1952—1961 年和 1960—1971 年，日本经济增长中分别有 70.2% 和 51.5% 是依靠引进和应用新技术得以实现的。[②] 另据经济合作与发展组织（OECD）分析，1960—1973 年日本与美国经济增长速度差距的 78%、1980—1986 年经济增速差距的 100%，是技术进步对经济增长贡献的差距所致。[③] 可见，日本通过技术引进节省了研发时间和资金，有效地促进了经济增长，短时期内缩小了与欧美国家间的经济差距。经济的快速发展，又为日本继续引进和研发新技术提供了条件。

（三）政府专心于发展经济，为企业打造竞争有序的制度环境

政治稳定是一国经济发展、国力壮大的重要前提。在经济高速增长时期，日本处于 "1955 年体制" 下，自民党长期执政，历届政府都将发展经济、追赶欧美作为第一要务，经济政策具有连续性和稳定性。

日本政府践行依法治国的理念，各部门和各类经济活动都有相应的法规对其进行规范和制约。战后初期，日本对《日本银行法》《商法》《保险业法》等原有法律作了重大修改，并制定和实施《农地调整法修正案》《经济力量过度集中排除法》《禁止垄断法》《劳动标准法》《劳动关系调整法》《临时利率调整法》《地方财政法》《国土综合开发法》《工业标准化法》等。随着经济的发展，日本不断完善法规体系，如 1961 年颁布《农业基本法》、1963 年制定《中小企业基本法》等。在制定和实施法规的同时，日本政府十分注重宣扬法治观念，强化执法监督，以使法规真正

---

① 中日经济专家合作编辑：《现代日本经济事典》，第 680—682 页。

② 筱原三代平等『技術進步の産業別計測』、『経済分析』1994 年 4 月号。

③ 参见［韩］韩国科技处《1992 年研究开发活动调查结果》，《中央日报》1994 年 1 月 26 日。

落到实处，确保政策的稳定和行之有效。

在处理与市场的关系上，日本政府注重为企业营造良好的市场经济环境。战后初期，日本实施一系列改革，逐步建立起市场经济体制。与欧美国家自然发育的市场经济有所不同的是，日本的市场经济体制受历史、文化等因素影响而带有浓厚的政府色彩。政府通过产业政策等引导企业的经营行为，比如吉田内阁于1946年年末推行的"倾斜生产方式"，将有限的物资进行统一调配和集中使用，通过金融支持、补贴等措施优先发展钢铁、煤炭等产业，以此带动其他产业发展。到50—60年代，随着经济的恢复和增长，日本开始实行"重化工业化"政策，对企业引进外国先进技术和重要机械设备减免征税，并成立日本进出口银行、日本开发银行等政策性金融机构，向电力、造船、钢铁、煤炭、化肥等产业提供优惠贷款。"重化工业化"政策对促进日本企业规模化、确立制造业强国地位发挥了重要作用。

（四）工业现代化与对外贸易相互支撑，解决资源和市场问题

明治维新以后，在欧美国家工业化取得进展的情况下，工业基础薄弱、产业结构畸形的日本，通过学习西方近代工业化的经营思想、组织形式、制度安排以及引进先进技术装备等，加快了工业化进程。到二战前，日本的钢铁、兵器、机械、汽车、飞机等工业已具备较强实力，在技术和人才方面为战后制造业的发展奠定了基础。

日本战败以后，国内工业生产几乎陷入停滞状态，能源资源极度匮乏。1949年，日本制定战后规范贸易活动的基本法律——《外汇及外贸管理法》（简称《外汇法》），对贸易活动实行严格管制，旨在将有限的外汇用于进口国内发展工业急需的资源。50年代，在本国产品竞争力尚弱、国际收支连年逆差的情况下，日本采取"奖出限入"政策，如实行出口收入提成、振兴出口外汇资金等，以保护国内产业，鼓励扩大出口来赚取外汇。

随着国内产业竞争力不断提高，日本逐渐扩大制成品出口。70年代以后，尽管日元几次大幅度升值，但产业结构的升级和制造业产品出口竞争力的提升，使日本出口的增速仍快于经济增长，贸易收支基本保持顺差。可见，日本工业现代化的发展、产业结构的升级与对外贸易的发展相互依托和促进，保障了资源、技术设备等的进口，有效地培育了国内主要产业力量，扩大了国内制成品出口，进而弥补自身资源贫乏、市场狭小的先天不足。

（五）企业内部形成命运共同体，外部构建起稳定的合作关系

终身雇佣制、年功序列制等构成战后日本企业经营体制的重要支柱。企业经营者、员工的个人利益与企业的命运息息相关，形成独具日本特色的"会社本位"制。在特定的环境下，这一体制促进了日本企业茁壮成长，造就了一批像索尼、松下、丰田等世界知名大企业，成为战后日本科技、产业及经济高速增长的微观基础。当然，在"会社本位"制下，企业员工容易产生排外心理，不利于外部资金、技术、人才等进入，难以适应日益发展的经济国际化、自由化趋势。

在外部，企业努力构建长期稳定的关系网。大企业与银行之间形成主银行制，企业与企业之间相互持股，中小企业与大企业之间形成企业系列集团，相互建立起长期稳定的关系。在二战后很长一段时期内，日本企业自有资金比率较低，1/3 以上的融资依靠银行贷款，主银行长期向与其保持合作关系的企业提供服务。如表1所示，1960—1974年，在日本主要企业的筹资中，银行贷款所占比重不断提高，为日本企业发展及经济高速增长提供融资上的支持。70年代中期以后，企业的融资结构发生显著变化，内部资金和公司债券所占比重提高，而对银行贷款的依赖度明显减弱，到80年代中期以后降至10%以下（参见表1）。

表1 　　　　　　　　　　主要企业的资金筹措结构 　　　　　　（单位:%）

年份	内部资金	借款	短期借款	长期借款	公司债券	增资
1960—1964	22.9	33.8	20.3	13.4	6.8	10.8
1965—1969	37.5	36.9	17.2	19.7	5.2	3.8
1970—1974	35.1	41.6	19.3	22.4	5.1	3.2
1975—1979	45.8	26.5	16.9	9.6	10.6	8.0
1980—1984	55.3	16.4	9.9	6.5	8.5	10.4
1985—1989	45.2	6.4	5.3	1.1	17.4	15.8
1990—1994	87.3	5.2	-2.8	8.0	11.1	4.6

资料来源：渡辺慎一編『金融危機と金融規制』、アジア経済研究所、1998年、51頁。

二　石油危机后的经济减速与显现的问题

1973 年"石油危机"爆发，世界经济陷入低迷，原油几乎全部依赖进口的日本受到很大冲击，制造业成本大幅上升。1974 年，日本实际 GDP 增长率从上一年的 8% 骤降至 -1.2% 。在这种情况下，日本开始调整能源结构，推动可再生能源及新能源开发的同时，促进产业结构从资本密集型向耗能少的知识密集型产业转型，以提升制造业的竞争力。经过一段调整后，日本率先走出危机，但从此经济增速明显放缓，1975—1990 年，日本实际 GDP 年均增长率为 4.5 %（参见图 1），并出现一些现象和问题。

（一）贸易摩擦不断升级

战后日本对外贸易摩擦始于 1955 年的日美纺织品纠纷，此后一直以日美摩擦最为频繁而激烈。20 世纪 70 年代以前，日美之间的贸易总体上是垂直关系，主要围绕纺织品等轻工业品、杂品及钢铁等领域展开。尽管日本对美出口不断增加，但 60 年代中期以前对美贸易收支处于逆差状态，1960 年逆差额为 4.52 亿美元，日本对美国没有构成竞争。

70 年代以后，全球贸易自由化快速发展，日本作为资本主义世界第二经济大国的地位得到巩固，其产品竞争力进一步增强，对美出口继续扩大。除个别年份外，日本对美贸易收支基本保持顺差，1980 年顺差额扩大到 69.59 亿美元（参见表 2）。日美贸易摩擦的领域亦从钢铁扩大到白色家电、录像机、船舶、汽车、半导体、通信设备等技术密集型产品。到 80 年代，日美贸易摩擦全面升级，摩擦领域进一步扩展到建筑、金融等服务业以及投资、企业系列制、商业惯例等制度方面，以至于当时日本国内四大经济团体——经团联、日经联、同友会、商工会都表示，解决贸易摩擦是日本最大的课题。[①] 在这种背景下，美国开始将汇率作为缓解贸易收支不平衡和贸易摩擦的重要工具，引发"广场协议"后的日元大幅度升值。

---

① 佐藤定幸编『日米経済摩擦の構図』、有斐閣、1988 年、6 頁。

表2　　　　　　　　**日本对美进出口贸易的变化**　　　（单位：亿美元、%）

年份	对美出口		对美进口		对美贸易收支
	金额	占总出口比重	金额	占总进口比重	
1950	1.79	21.9	4.18	44.0	-2.39
1960	11.02	26.5	15.54	34.5	-4.52
1970	59.40	30.7	55.60	29.4	3.80
1975	111.49	20.0	116.08	20.1	-4.59
1980	313.67	24.2	244.08	17.4	69.59
1985	652.78	37.1	257.93	19.9	394.85
1990	911.21	31.7	528.42	22.5	382.79
1995	1220.34	27.5	758.80	22.4	461.54
2000	1429.11	29.7	724.32	19.0	704.79
2005	1348.89	22.6	644.97	12.4	703.92
2010	1181.99	15.4	671.71	9.7	510.28

资料来源：1985年之前的数据参见佐藤定幸编『日米経済摩擦の構図』、有斐閣、1988年、6页；1990年和1995年的数据参见日本银行国際局『国際比較統計』、1997年9月、153页、155页；21世纪的数据参见日本贸易振興機構『ドル建て貿易概況』、http：//www.jetro.go.jp/world/japan/stats/trade。

日美贸易摩擦不断升级，其直接原因是日本对美集中大量出口和贸易顺差持续扩大。日本的经历表明，出口导向型政策在一定程度上会弱化自身经济发展的主动性和可持续性。积极扩大内需，促进内需与外需协调发展，有利于维持贸易收支平衡、汇率稳定和经济增长。

（二）日元呈升值基调

1949—1971年，日元汇率被固定在360日元兑换1美元的水平上。以1971年12月主要发达国家达成的"史密森协定"为契机，西方发达国家的汇率政策开始从固定汇率制向浮动汇率制转变，日元兑美元汇率被固定在308日元兑1美元，升幅达16.9%，这是二战后日元对美元的首次大幅度升值。

1973年布雷顿森林体系瓦解后，日元兑美元汇率走向浮动，并且到20世纪90年代中期一直在波动震荡中呈升值基调。这期间，日元几度出现升值高潮。1978年度，日元平均汇率升至201.4日元兑1美元，比1976年度升值45.2%。此轮日元大幅升值的原因主要有：日本经济率先走出"石油危机"；产业竞争力进一步增强；此前日元汇率被低估；日本对美贸易收支顺差扩大，双方贸易摩擦频发。值得注意的是，此次日元升值对日本出口及经济增长的负面影响，在产业结构调整和升级中被化解了。

进入80年代，在经历了两次"石油危机"后，节省能耗的日本汽车大量进入美国市场，加剧了日美间贸易不平衡。1985年9月，为减少贸易收支逆差，美国召集西方五国财长和央行行长会议，达成"广场协议"，日本成为美国施压的主要对象，日元被迫大幅度升值。1986年度，日元兑美元汇率比1984年度升值52.8%，到1988年度升幅更达90.4%（参见图3）。这次日元升值的幅度之大、对日本经济的影响之深，至今仍为各界所探讨。

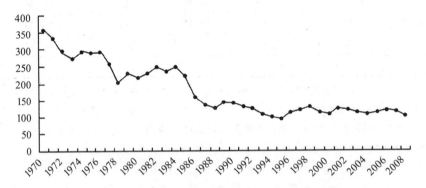

图3　20世纪70年代以后日元兑美元汇率的变化

注：数据为各年度银行间美元现货中心的平均汇率。

资料来源：1970—1992年度数据参见经济企画庁编『経済白書』、大蔵省印刷局、1993年、『参考资料』57页；1993—2008年度数据参见财务省财务综合政策研究所编『財政金融統計月報』2009年10月号、207页。

（三）人口日益老龄化

20世纪50—60年代，日本劳动力人口持续增长。1970年，65岁以上人口在总人口中所占比重为7.1%，日本进入老龄化社会，之后这一比重持续上升，到1990年达到12.1%（参见图4）。人口老龄化引发人口结构发生变化，70年代以后日本劳动力人口数量的增长开始放缓，导致技术创新能力减弱，家庭储蓄率持续下降。

1980年，日本的家庭储蓄率为17.7%，到1990年下降到13.5%，比

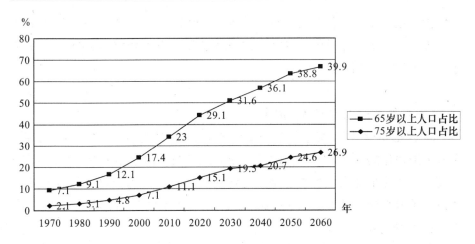

图 4　日本人口老龄化的变化及趋势

资料来源：厚生労働省『厚生労働白書』、2014 年、48 頁。

最高时的 22.8% 减少了 9.3 个百分点（参见图 2）。当时经济处于兴盛时期并排斥外来人口的日本，没有意识到老龄化会给经济发展带来严重后果，也没有像德国、新加坡那样通过放宽移民政策等引进劳动力。老龄化的进展、人口红利的消失，也是这一时期日本经济增速放缓的原因之一。

（四）环境问题凸现

环境问题在日本早已存在。1953 年年底，熊本县出现首例因吸入新日本氮肥水俣工厂排出的甲基水银化合物而中毒的水俣病患者；1955 年，神通川流域发现因三井金属神冈矿山排出的镉导致中毒的疼痛病患者；1959 年，三重县四日市出现因石油化学联合公司开工引发的哮喘病事件。

战后日本政府一直将发展生产、促进经济增长作为核心任务。伴随经济的高速增长，水质污染、大气污染、蔬菜等残留农药污染、噪音等公害事件日益增多。由于治理公害会影响企业利润和经济增长，应对环境问题被一拖再拖，导致受害者人数增加。1967 年，日本颁布《公害对策基本法》，开始将环境问题纳入法律框架。同年，厚生省正式确认水俣病，到 1982 年确诊患者达到 13567 人。[①] 环境问题不仅使日本在国民健康上付出

---

① 参见生野重夫《现代日本经济历程》，朱绍文等校译，中国金融出版社 1993 年版，第 82 页。

了代价，也付出了经济上的代价。据统计，1974 年，日本企业用于防止公
害的投资占国民生产总值（GNP）之比为 1%，高于美国（0.4%）、联邦
德国（0.3%）等国家。[①]

（五）技术引进效应逐渐消失

20 世纪 80 年代以前，日本一直是技术进口大国。随着经济实力增强、
经济大国地位的巩固，日本与欧美国家之间的技术差距不断缩小。进入 80
年代，日本在机器人、集成电路、光纤通信、激光、陶瓷材料等方面的技
术已处于世界领先水平。1994 年以后，日本技术贸易出现盈余并不断扩
大，技术引进效应减弱。[②]

同时，引进和模仿技术的风险增大。日本十分擅长改良和吸收，将之
应用到商业竞争后往往会超越对手。日本引进的技术中有一半以上来自美
国，引进后又能开发出更实用的技术和更好的产品，随着日美贸易摩擦升
级，日美间技术摩擦频现，美国企业因日本产品中留有美国专利痕迹而状
告日企的纠纷频发。譬如，美国 IBM 公司在 1982 年与日本富士通公司、
1983 年与日立公司出现专利纠纷，新日铁、松下、夏普、东芝、美能达等
大企业也都曾遭到美国企业的起诉，结果多以日方企业败诉并向美方赔偿
高额专利费而告终。这表明，引进和模仿技术也存在弊端，强化知识产权
意识、依靠自主研发创新更为重要。

进入 21 世纪以来，随着日美贸易摩擦淡出人们的视线，2000 年中国
取代日本成为美国最大贸易逆差来源地，[③] 中美贸易摩擦日益增多；人民
币自汇改以来升值超过 30%；中国"未富先老"，劳动力人口绝对数量开
始减少，人口红利正在消失；环境问题已到刻不容缓的地步；外资出现减
速迹象。综上可见，70 年代后日本经济发展中出现的上述问题，再现于今
天的中国经济发展中。

有所不同的是，当时的日本没有充分意识到支撑经济增长的条件已发
生变化，对高速增长中累积的问题和矛盾没有给予足够的重视，以为日本
经济仍会像以往一样惯性增长。这一点在 1970—1975 年和 1973—1977 年

---

① 環境庁編『環境白書』、大蔵省印刷局、1992 年、168 頁。
② 総務省統計局『日本長期統計総覧』第 3 巻、日本統計協会、2006 年、470—471 頁。
③ U. S. Census Bureau, http：//www. census. gov/foreign-trade/balance.

的日本经济计划中可以得到印证，当时政府所设定的计划增长率目标远高
于实际增长率，与之前实际增长率高于计划增长率的情况正好相反（参见
表3）。当前，中国政府已清楚地认识到，中国经济经过高增长后已进入
"新常态"，原有的经济发展模式需要深度调整，要素驱动将向创新驱动转
变，以解决经济增长新动力不足与旧动力减弱的矛盾。

表3　　　　　　**战后日本经济计划中的计划增长率和实际增长率**

计划名称	制订时间	计划期间	目标和课题	GNP 实际增长率	
				计划目标（%）	实际完成（%）
经济自立五年计划	1955	1956—1960	经济自立和充分就业	5.0	9.1
新长期经济计划	1958	1958—1962	生活水平的提高和充分就业	6.5	10.1
国民收入倍增计划	1960	1960—1965	生活水平的提高和充分就业	7.2	10.9
中期经济计划	1965	1964—1968	对高速经济增长的适度调整	8.1	10.8
经济社会发展计划	1967	1967—1971	造就均衡发展的经济社会	8.2	10.9
新经济社会发展计划	1970	1970—1975	通过均衡发展创造生活舒适的日本	10.6	6.0
经济社会基本计划	1973	1973—1977	国民福利的充实和国际协调	9.4	3.8

资料来源：日本经济企划厅统计，转引自生野重夫《现代日本经济历程》，朱绍文等校译，中国金融出版社1993年版，第41页。

三　日本"泡沫经济"与不良资产问题

进入20世纪80年代中期以后，日本不仅是世界经济强国、贸易大国，也成为对外投资大国、援助大国和债权大国，后发效应趋于消失，市场日益饱和。在这种情况下，本应进行全面体制改革的日本，仍陶醉于战后巨大的成功之中。

（一）"泡沫经济"的产生与崩溃

"广场协议"后的日元大幅度升值，给日本对外出口及经济增长带来负面影响。为消除"日元升值萧条"，日本政府开始放松银根，于1986年1月、3月、4月、11月和1987年2月先后五次降低基准利率，从5%下

调至2.5%，并持续到1989年4月。[①] 这期间，由于日元升值、原油等商品进口价格下降，货币供应量的增加并没有引起通胀率上升，物价依然稳定。

于是，日本央行继续实施扩张性货币政策。在日本，控制 M_2 + CD 是货币政策最重要的目标。1987—1990年度，日本 M_2 + CD 连续以超过10%的速度增加，释放出的大量资金流向股市和房地产市场，推高了股价和地价。到1989年，日经平均股指比1985年上涨1.7倍，全国地价上涨近七成，东京地价市值一度涨至相当于整个美国的地价，日本的资产价格飙升到近乎荒唐的地步。

当日本政府意识到资产价格过度膨胀后，1989年5月到1990年8月，先后五次上调基准利率，从2.5%提高到6.0%，[②] 并且1990年3月27日，大藏省发布"金融机构房地产融资总量限制"的通知，开始对房地产融资进行限制，这通常被认为是日本房地产泡沫破灭的"引擎"。

在政策引导下，日本各大银行纷纷提高贷款利率，减少有关房地产贷款，对抑制股价、房价上涨产生了效果。1990年6月，日本房价出现拐点，但制造业设备投资、对外出口及国内销售依然活跃，无论政府还是国民都没有意识到经济泡沫开始走向破灭，更没有想到的日本经济从此会陷入长期低迷。1991第二季度以后，日本实体经济开始转入萧条，国内失业人数增加。1992年，M_2 + CD 货币增长率仅为0.1%，日经平均股指比1989年下跌近五成，几大城市圈的地价均下跌，"泡沫经济"趋于崩溃（参见表4）。

表4　　　　　　　　　日本泡沫经济时期的主要经济指标

	1985	1986	1987	1988	1989	1990	1991	1992
M_2 + CD 货币增长率（%）	8.7	8.6	11.2	10.8	10.3	10.2	2.6	0.1
消费物价水平（%）	1.9	0.0	0.5	0.8	2.9	3.3	2.8	1.6

---

① 经济企画厅编『経済白書』、大藏省印刷局、1993年、558頁。
② 经济企画厅编『経済白書』、大藏省印刷局、1993年、558頁。

续表

	1985	1986	1987	1988	1989	1990	1991	1992
日经平均股指（日元）	12556.6	16386.1	23176.0	27011.3	34042.8	29474.8	24298.2	18179.4
全国地价指数	100	108	131	142	166	184	176	161

注：M_2 + CD 货币增长率、消费物价水平为年度值，日经平均股指、全国地价指数为年值。

资料来源：经济企画厅编『経済白書』、大藏省印刷局、1993 年、『参考資料』、59 页、55 页、564 頁。日本银行国際局『国際比較統計』、1997 年 9 月、22 頁。

　　"泡沫经济"留下的最大后遗症是银行不良资产问题。战后，日本的银行一直是以存款、贷款业务为主，很多贷款项目又以房地产作为担保物。随着股票、房屋价值缩水，银行出现大量不良资产。政府对银行不良资产规模迟迟没有进行认真清查，也未能提出切实的解决方案，使问题越拖越严重。1995 年 6 月 8 日，大藏省公布处理日本金融业不良资产方案，公开承认日本的银行不良资产余额高达 40 万亿日元（此前认定 13 万亿日元），相当于日本银行业发放贷款余额的 6%。[1] 国外机构的估算还普遍高于日本政府。

　　巨额的不良资产，不仅导致金融机构破产案接连发生，打破了日本"银行不倒"的神话，尤其北海道拓殖银行、拥有百年历史的山一证券公司倒闭案，使日本金融机构的信誉等级大跌，而且导致银行出现"惜贷"现象，严重制约 20 世纪 90 年代日本经济复苏。为解决不良资产问题，日本政府采取了一系列措施，如注入大量公共资金、建立专业机构、促进银行业重组、完善信息公开制度等。日本的银行不良资产在 2002 年达到顶峰后逐渐减少，到 2006 年大银行基本完成相关的处理工作。[2]

（二）"泡沫经济"及不良资产问题的教训和启示

　　日本"泡沫经济"崩溃后，海内外各界就其成因展开了广泛探讨。有

---

　　[1] 『日本経済新聞』2002 年 8 月 3 日。
　　[2] 矢部洋三等编著『現代日本経済史年表 1868—2006』、日本経済評論社、2008 年、501 页。

观点认为，日元大幅升值是"泡沫经济"产生的主要原因。然而，"广场协议"后，除日元升值之外，德国马克、法国法郎、英国英镑相对于美元的实际有效汇率都明显上升，有的升幅不亚于日元。[①] 这说明，日本"泡沫经济"及大量不良资产的产生，有其自身的特殊性。

1. 缺少监测预警机制，资金过多流向虚拟经济

20 世纪 80 年代前，日本没有经历过"泡沫经济"，缺乏感知和警惕性。实际上，在经济高速增长时期，日本地价的增速一直快于经济实际增长速度，出现资产价格脱离基本面的情况。在"泡沫经济"时期，政策当局也是侧重于观测物价的变化，而忽视资产价格的总体变化情况，只是看到土地价格异常上涨就通过加征土地交易税等抑制土地投机，看到股价上涨过快就加征股票收益税，结果在物价比较稳定的情况下，发生了严重的"泡沫经济"。

日本的经历告诫我们，有必要建立一套科学的宏观经济监测机制，一旦发现经济中含有泡沫成分，需要及时预警并挤出泡沫。当后发效应趋于终结、国内市场趋于饱和之时，要及时引导过剩资金流向实体经济，使之转化为产业资本，通过技术创新促进产业结构升级，以从源头上防止泡沫的形成和膨胀，并为经济进一步发展培育新的增长点。

2. 政府过于保护金融业，金融监管存在疏漏

国内外金融环境的变化、自身监管不力及特殊的制度、商业习俗等，也是日本"泡沫经济"形成的一个重要因素。战后日本政府一直将金融业视为特殊行业加以保护，很多情况下对金融机构的监察流于形式，加之信息公开制度不健全，经营中出现的问题被隐蔽和积累下来。政府的家长式保护，弱化了银行等金融机构的生存能力和风险意识，"银行不倒"的神话也正是诞生于这种背景之下。

随着金融自由化的发展，一些新型金融商品应运而生，大企业对银行贷款的需求减少，银行的危机感增强。为提高利润和扩大贷款市场份额，银行等金融机构竞相争夺贷款客户，放松对贷款对象的资信审查，甚至违规发放贷款。另外，战后日本的银行与企业之间形成主银行制，在每一家主银行周围都有一批企业。由于银行持有企业股票，希望股票升值以增加其资产和账面收益。当大企业出现问题时，主银行会尽力维护企业利益、

---

① 矢部洋三等编著『現代日本経済史年表 1868—2006』、日本経済評論社、2008 年、144 頁。

掩盖实情。当"泡沫经济"崩溃、股价暴跌时，银行不仅资产缩水，发放的很多贷款也成为不良资产。

3. 过度追求经济高增长，宏观调控政策失误

在"广场协议"后日元大幅升值的背景下，日本将克服"旧元升值萧条"、维持经济增长作为首要的政策课题。除连续降低基准利率外，政府采取的对策就是扩大公共投资。1988 年度日本财政预算公布"第十个道路建设五年计划"，次年又出台总额为 430 万亿日元的"公共投资基本计划"，比 1985 年度中央和地方财政支出总额增加了三倍多。[①] 每一次扩大公共投资，都带动土地需求的增长，推高了地价。银行、企业和国民都将房地产视为无风险、高回报的投资，大量资金涌向房地产，拥有较多土地的公司股价也随之上涨。在资产泡沫不断膨胀期间，政府和媒体一直没有人公开表示过对泡沫破灭的担忧，民众更多看到和听到的是"土地升值""银行不倒""三菱并购美国洛克菲勒中心"等振奋人心的消息，误以为"一个崭新时代的到来"，正如美联储前主席格林斯潘所言，"泡沫不破灭就没法知道那是泡沫"。[②] 当日本政府意识到国内资产价格异常上涨时，并没有渐进式地挤出泡沫，而是紧急收紧银根，将泡沫刺破。

当然，政府宏观经济政策失误也存在客观因素。随着金融自由化、国际化程度的提高及新型金融商品的出现，受外部市场的影响越来越大，货币供应量的计量界限变得模糊，制定调控政策的难度和不确定性增大，有效性降低。

4. 过多涉足泡沫相关产业，银行不良资产风险积聚

20 世纪 80 年代中期以后，银行业存贷差不断扩大。在对房地产等行业发放贷款受限的情况下，银行为消化过剩资金和增加收益，通过诸如"住宅金融公司""金融顾问公司""投资基金"等非银行金融机构进行"间接贷款"，资金流入股市和房地产市场。

由于银行业将房地产视为最具担保价值的资产，只要客户能提供这类担保物，银行通常就会放贷。在土地升值预期心理的作用下，银行的贷款额甚至超过担保物的价格。80 年代，日本全国的银行贷款增长率每年都在

---

① 参见张舒英《日本泡沫经济探源》，《求是》2008 年第 7 期。

② 吴晓波：《"泡沫"的中国式解读》，东方财富网，http：//finance.eastmoney.com/news/1370，20120310195654563.html。

10% 上下，而对房地产的贷款增幅高于总贷款，"泡沫经济"时期甚至高达 30% 以上。[①] 尽管银行的每一笔贷款都有担保，但在资产膨胀时期，所有的担保都含有泡沫成分。事实表明，依靠担保放贷的办法并不能真正防止不良资产的产生。另外，为防止变相逃税，日本允许银行提留呆账准备金的额度较低，不利于银行及时、足额核销呆账。在经济形势趋紧的情况下，这些薄弱环节极易演化成系统性的经济风险。

四　90 年代后日本经济的长期低迷

"泡沫经济"崩溃后，日本经济陷入萧条，政府采取了诸多对策，制定有关扩大内需、简政放权、结构改革等方案和计划，特别是 20 世纪 90 年代中期以后加快了改革步伐，每三年推出一个放松规制计划，所涉及的领域不断扩大，意欲"寻求日本经济社会彻底的结构改革"，给日本经济注入活力。

然而，日本经济依然不景气，1991—2013 年，实际 GDP 年平均增长率为 0.9%（参见图 5）。1999 年以后，日本经济陷入长期通缩。同时，日本制造业的竞争力趋于下降，一些知名电子企业经营业绩不佳。

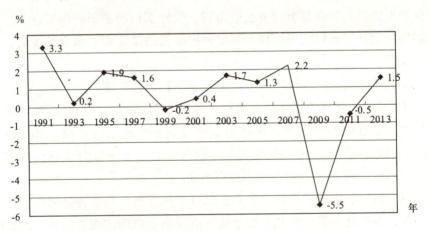

图 5　"泡沫经济"崩溃后日本实际 GDP 增长率的变化

资料来源：内阁府『平成 26 年度年次经济财政报告』、321 页。

---

① 经济企画厅编『経済白書』、大蔵省印刷局、1993 年、142 頁。

（一）经济体制改革滞后，难以适应变化了的环境

20 世纪 70 年代中期以后，美、英等国在减少政府干预、开放市场方面积极推动改革，并取得了进展。1986 年，中曾根内阁发布"前川报告"，该报告被认为是日本正式启动经济体制改革的重要标志，其后各届政府都朝改革的方向努力。

由于日本是一个官僚体制国家，改革计划由官僚制定，同时官僚本身又是实施改革的主体。减少政府干预意味着官僚的权力会受到削弱，"对某些团体来说，在政治上维持现状不变，是十分重要的事，因为他们可以由某些特定的计划得到巨大利益"[①]。官僚们很难真正热衷于改革，反而会抵制和设置阻力，加之日本经济业已成熟，在改革方面每向前迈出一步，不可避免地会触及制度中的深层问题，很多情况下是在形式上实施了改革措施，而实际仍以其他方式进行变相管制。因此，日本的体制改革进展缓慢，缺乏彻底性，与其成熟经济体制的要求存在较大差距，无法适应时代的发展变化。

90 年代以后，日本制造业的竞争力相对减弱，尤其在信息网络技术开发和应用普及等高新科技领域，落后于美国等发达国家。劳动生产率的变化在很大程度上反映了产业竞争力的变化。从表 5 中可见，80 年代日本劳动生产率提高的幅度为 2.6%，明显高于美国、联邦德国、法国和英国。而 90 年代以后，无论是纵向比较还是与其他发达国家的横向比较，日本劳动生产率的提高幅度均呈下降态势，明显低于美、德、英等国。

表 5　　　　　　　　　发达国家劳动生产率提高幅度的变化　　　　　　（%）

	1980— 1990	1990— 1998	1995— 1998
日本	2.6	1.3	1.1
美国	1.1	1.7	1.9
英国	2.2	1.9	1.6
德国	1.6	1.9	1.9
法国	1.9	1.4	1.4

资料来源：经済産業省编『通商白書』、2001 年、117 頁。

[①]　加里·贝克、吉蒂·贝克：《生活中的经济学》，薛迪安译，华夏出版社 2000 年版，第 19—20 页。

（二）政局动荡导致政策缺乏连续性，执政党不再专注于发展经济

政治稳定是经济发展的重要前提，经济发展又有利于保持政治稳定。二战后，日本正是在这种政治、经济的良睦互动中实现了经济高速增长。进入 20 世纪 90 年代，日本政界走向分化组合。1993 年宫泽喜一下台，从日本自民党分裂出的新生党、新党、先驱新党联合社会党、民社党和公明党，推举日本新党党首细川护熙组成多党联合政府，结束了自民党执政 38 年的历史。1994—2000 年，细川护熙、羽田孜、村山富市、桥本龙太郎、小渊惠三、森喜朗先后担任首相，几乎平均一年换一相。直到 2001 年 4 月，高举改革旗帜的小泉纯一郎就任首相，并执政五年有余。此后到 2012 年期间，出现安倍晋三、福田康夫、麻生太郎、鸠山由纪夫、菅直人、野田佳彦等多位首相。政权更迭频繁，不利于经济政策的连续性。

与此同时，伴随经济实力、国际影响力的提高，日本对政治大国地位的诉求不断增强。早在 1983 年，中曾根康弘曾提出日本要做"政治大国"。1992 年，日本在《外交蓝皮书》中首次明确提出，要发挥与其国力相称的领导力。次年，政治家小泽一郎撰文指出，日本应努力成为一个"正常国家"，改变"经济一流、政治三流"的状况。在这种情况下，日本不再像六七十年代那样优先发展经济，而是将很多精力放在追逐"政治大国"的梦想上。可以说，安倍政府试图修改和平宪法、在安保外交方面走到今天这一步，是 90 年代以来的一个量变过程，只不过安倍迈出的步伐更大。

（三）传统的刺激经济政策难以奏效，反而压缩了宏观调控的余地

"泡沫经济"崩溃后，在应对经济不景气问题上，日本政府制定政策的总体思路陈旧，主要通过降息、扩大公共投资来刺激经济增长。1991 年 7 月到 1995 年 9 月期间，日本将基准利率从 6.0％ 一直下调到 0.5％，并屡次出台综合性经济对策。这些措施非但没有达到预期效果，反而加重了政府债务负担，致使通过利率、财政等手段进行宏观调控的余地越来越小。

以财政为例。1993 年，日本政府债务余额与 GDP 之比为 69％，尚低于意大利、加拿大和美国；财政赤字与 GDP 之比为 4.5％，在发达国家中仅高于德国。然而，为刺激经济增长，政府扩大公共投资，财政支出不断增加。1995 年，日本政府债务余额与 GDP 之比升至 80.4％，财政赤字与 GDP 之比升至 6.0％。到 2000 年，这两项指标分别上升到 123.2％ 和

7.0%，均超过财政状况恶劣的意大利，大大高于 OECD 成员国的平均
水平。[①]

（四）人口老龄化形势日趋严峻，劳动力市场相对封闭

1990—2000 年，日本 65 岁以上的老龄人口在总人口中所占比重从
12.1% 上升到 17.4%，2005 年进一步升至 20.2%，到 2013 年则高达
25.1%。这期间，75 岁以上的人口比重也持续提高，已超过 10%，日本
医疗养老方面的需求持续扩大。20 世纪 90 年代末以后，日本劳动力人口
数量相应呈减少趋势，2012 年为 6555 万人，比 1998 年减少了 238
万人。[②]

在这一形势下，日本在劳动力市场开放政策上有所松动。2006 年 9
月，日本与菲律宾签署"经济伙伴关系协定"（EPA），首次涉及劳务市场
开放问题，日本对来自菲律宾的短期商务访问、工作调动、护理等人员放
宽入境和在日居留限制。在日本与泰国签署的 EPA 中也涉及类似内容，但
时过多年进展缓慢，日本在开放劳动力市场问题上的态度依然谨慎保守。
国内劳动力的萎缩，会影响家庭收入、消费支出及金融、科技创新能力，
进而削弱经济增长潜力，这已成为日本经济、社会进一步发展的一大困扰
因素。

（五）外部市场复杂多变，外需拉动经济的作用减弱

20 世纪 90 年代上半期，在日本经济萧条的情况下，日本对外贸易规
模仍不断扩大。除 1992 年贸易增速因景气跌落而略有下降外，1993 年日
本对外贸易额超过 6000 亿美元，1994 年和 1995 年贸易增长率均达到两位
数。这期间，日本贸易顺差居高不下，1994 年创下 1208.6 亿美元的纪
录。[③] 但 90 年代中期以后，尤其是日元汇率频繁波动、1997 年亚洲金融危
机、2001 年美国 IT 泡沫破灭、2008 年国际金融危机等因素，致使日本对
外贸易发展呈不稳定状态。

日本经济的长期低迷、对外贸易的起伏变化表明，在经济日益国际化

---

① 财务省、http：//www.mof.go.jp/jouhou/syukei/sy 014g.htm。
② 内阁府『平成 26 年度年次经济财政报告』、327 页。
③ 日本贸易振兴机构『ドル建て贸易概况』、http：//www.jetro.go.jp/world/japan/stats/
trade。

的形势下，各国经济受外部环境的影响日益增大，并且随着跨国公司经营趋于本地化，直接投资带动出口的作用逐步减弱，依靠出口拉动经济增长的方式越来越难以奏效。要实现贸易、经济稳定协调发展，需要扩大内需，建立较为科学合理的新型贸易体制及经济增长方式。

五　结构改革与日本经济的未来

当前，改革与创新成为许多国家和地区促进经济持续增长的动力和源泉。2012 年年底，再度出任日本首相的安倍晋三推出所谓的"安倍经济学"，接连射出两支"箭"——宽松的货币政策和灵活的财政政策，以刺激经济增长，摆脱长期通缩。受此影响，2013 年日本经济有所复苏，股市上涨，消费趋于活跃。以 2014 年 4 月提高消费税率为转折点，日本经济连续两个季度出现负增长，前两支"箭"的作用减弱。日本将实现经济长期稳定增长的希望寄托于"第三支箭"——结构改革。

（一）安倍结构改革

2014 年 6 月，安倍政府公布修订后的《日本复兴战略》报告，阐述了今后的结构改革方案，并出台一系列政策措施。

1. 应对人口老龄化形势，挖掘国内外劳动力潜力

由于《日本复兴战略》报告出台于少子老龄化形势日趋严峻的背景之下，应对老龄化社会问题成为改革的一项重要内容。安倍政府鼓励女性就业，提出在 2017 年年底前增加幼儿园、保育员数量，提高女性育儿休假补贴，到 2020 年将管理层的女性任职比率从不到 10% 提高到 30%，并扩大老年人就业，在一些领域引入机器人。同时，日本将实行和普及多样化的正式员工雇用方式，以缓解国内劳动力不足及相关社会问题。

在挖掘国内潜力的同时，日本还试图通过重新审视已有 EPA 中的劳动力市场准入条件、留学生制度等，引进外国人才，弥补国内劳动力供需缺口。例如：从 2015 年到 2020 年举办东京奥运会期间，日本计划在建筑业、造船业引进外国人才，将外国人技能实习期从三年延长至五年；允许外国人进入国家战略特区内的制造业、健康护理以及家政服务等领域。日本在对外开放劳动力市场方面又前行了一步。

2. 以"国家战略特区"为改革突破口，激发民间资本活力

安倍政府提出创设"国家战略特区",减少政府限制,构筑世界一流、开放的商业投资环境,并计划到 2020 年将引资余额从 2013 年年末的 18 万亿日元提高到 35 万亿日元。[①] 日本先在"东京圈"(东京都九区、神奈川县、千叶县成田市)、"关西圈"(大阪府、兵库县、京都府)、冲绳县、新潟市、兵库县养父市及福冈市建立"国家战略特区",针对每个特区的不同优势和特点,实施不同的改革内容。

具体而言,"关西圈"着眼于成为医疗等成长性产业的创新基地,"东京圈"定位于吸引跨国企业的商业基地,新潟市、兵库县养父市及福冈市成为农业改革和就业改革的试点,冲绳县则力争成为吸引外国游客的旅游业基地。由于特区制度有利于灵活发挥各地区的优势,促进相互间的竞争,可绕开一些法律限制和改革阻力,安倍政府试图以此为结构改革的突破口,加快改革进程,激发民间资本活力,搞活地方经济和国内市场。

3. 促进农产品市场开放,使农业从被动变主动

在区域经济一体化大潮愈演愈烈的形势下,日本在积极参与的过程中遇到的一个难题是农产品市场开放问题,尤其大米、牛肉、乳制品等敏感领域已成为日本推进"跨太平洋伙伴关系协定"(TPP)谈判以及双边自贸区谈判的最大障碍。农产品市场自由化的滞后,给日本发展对外经济关系、实施经济战略乃至国家总体战略带来负面影响。

《日本复兴战略》报告提出,鼓励企业投资农业相关领域,提高农产品科技含量,促进农产品市场开放,扩大对外出口,将农业培育成为"主动进攻型"的成长性产业。2018 年起,日本将改变已执行几十年的大米生产政策,增强经营者的自主性,计划十年内将大米成本降低 40%,并将促进牛肉、乳制品、水产品等的出口和市场化进程,拓宽流通渠道。日本还将对农业相关组织进行一体化改革,修订选举办法、干部聘用条件等,提高农业团体的自主性。

此外,日本自 2015 年度开始逐步降低企业法人税率,在改革社保制度、重建财政、推进 TPP 等经济合作、强化公司治理、改革研发体制等方面推出一些措施。

总之,安倍政府的结构改革内容广泛,并设定了一些数值目标。从内容上看,有的政策仍处于探讨之中,有的尚缺少明确的时间表和实现目标

---

① 『日本再興戦略(改訂 2014)』、2014 年 6 月 24 日。

的具体路径，也有的因缺少新意而受到置疑。譬如，特区制度并非安倍首创，在小泉内阁时期日本曾创设"结构改革特区"，并由内阁总理大臣亲自担任结构改革特区推进本部长，足见当时政府推进改革的决心之大。但由于改革触及一些部门的既得利益以及特区只能获得各种宽松政策而缺少资金上的支持，最终没有取得预期效果。

更为关键的是，要落实结构改革的各项政策措施，需要资金支持和相应的配套措施，而《日本复兴战略》报告中很少提及财政和资金来源问题。众所周知，日本的财政赤字在发达国家中最多，而且在社会保障、防务、灾后重建、奥运场馆建设等支出增加的情况下，又推迟提高消费税率、降低企业法人税率，使日本政府不得不面对处理经济增长与财政重建关系的难题。

（二）日本经济中长期发展趋势

基于各种因素分析，预计今后日本经济将呈以下发展趋势。

1. 经济保持低速增长，通胀率和失业率处于较低水平

劳动力供给是影响经济增长的结构性因素。日本少子老龄化形势加剧，劳动力市场改革滞缓，导致劳动力短缺问题日趋严重。同时，世界经济形势不容乐观，美国同样面临人口老龄化问题，劳动生产率增长放缓。据国际货币基金组织（IMF）预测，今后几年美国经济的潜在增长率年均约 2%，低于历史平均值。[①] 中国等新兴经济体增速放缓，日本通过出口拉动经济增长的作用机理减弱。

据内阁府 2015 年 7 月发布的预测结果，在"安倍经济学"取得预期效果的情况下，2014—2023 年度，日本实际 GDP 年均增长率为 1.7%，反之则可能为 0.8%，低速增长将是日本经济的常态；劳动力供给不足，不利于扩大内需，但会改善就业状况，日本消费者物价指数将维持在年均上涨 2% 左右，失业率将保持在 3.2%—3.5% 的较低水平。[②]

2. 努力重振制造业

制造业在日本经济中一直占有举足轻重的地位，其规模占 GDP 之比高

[①] 《IMF 预计美国未来几年潜在经济增长约为 2%，低于历史均值》，金投网，2014 年 6 月 16 日，http：//forex. cngold. org/c/2014 - 06 - 16/c2599048. html。

[②] 日本经济财政谘問会議『中長期の経済財政に関する試算』、2015 年 7 月 22 日、4—5 頁。

于美、英、法等发达国家。近年来，日本面临制造业技术人才短缺、信息技术渗透缓慢等问题。根据总务省的调查结果，2013 年日本制造业从业人员从 1993 年的 1530 万人减少到 1039 万人，占就业人口的比重也从 23.7% 降至 16.5%，20 年间减少了 1/3。[①]

目前，主要国家纷纷提出振兴本国制造业的相关战略或规划，如美国号召"制造业回流"，德国制定"工业 4.0"计划，中国提出"中国制造 2025"。日本在 2015 年版《制造白皮书》中强调，将着力于培养制造业相关技术人员和熟练工人、提高信息化程度、推动制造业不同行业间的融合等，以保持日本制造业的活力，创造新的经济增长点。

3. 推进财政重建

日本财政形势严峻，在一定程度上制约日本经济的发展。2015 年 5 月 27 日，瑞士国际管理发展学院（IMD）发布 2015 年"全球竞争力排行榜"，在 61 个主要国家和地区中，日本位居第 27 位，已连续三年下滑。在诸多评估的指标中，日本的财政状况、移民政策等处于较低水平，导致国家竞争力下降。

日本政府背负巨额的财政赤字，却没有出现像希腊那样的债务危机，主要在于其国债持有结构是以国内为主。这种情况在逐渐发生变化，截至 2014 年年末海外投资者持有的日本国债所占比重上升到 9.4%，比 2005 年年末增加了 5 个百分点，为近十年来最高。[②] 如果这种态势持续发展，债务风险将会增大。日本政府提出到 2020 年度实现财政平衡的目标，而在社会保障、灾后重建、国防、奥运场馆建设等财政支出需求增大的情况下，达到这一目标的难度较大。尽管如此，要使经济长期稳定增长，日本政府将不得不努力促进财政收支的健康、均衡发展。

4. 经常收支大量盈余状况难以为继

长期以来，日本贸易收支和经常收支保持大量顺差。2011 年东日本大地震发生后，日本贸易收支连续四年出现逆差并且规模不断扩大，经常收支也持续减少，其占名义 GDP 的比重已从 2% 以上降至 0.5%（参见表 6）。

---

① 经济产业省・厚生劳动省・文部科学省『平成 26 年度ものづくり基盤技術の振興施策』（概要）、2015 年 6 月、33 頁。

② 财务省、http://www.mof.go.jp/statistics/index.html。

表6   **日本经常收支的变化**   （单位：10亿日元、%）

项目 年份	经常收支					经常收支占名义GDP之比（%）
	金额	贸易、服务收支			所得收支	
		金额	贸易收支	服务收支		
1986—1990	10352	8204	12253	−4049	2605	2.8
1991—1995	12362	8998	14252	−5254	4147	2.6
1996—2000	12069	6582	12570	−5988	6615	2.3
2001—2005	15495	7185	10335	−2642	11420	3.1
2006—2010	18627	5550	7566	−2016	14318	3.7
2011	10401	−3110	−3302	−2780	13617	2.2
2012	4764	−8083	−4272	−3811	13991	1.0
2013	3932	−12252	−8773	−3479	17173	0.8
2014	2646	−13482	−10402	−3081	18120	0.5

资料来源：小峰隆夫：《回顾战后70年的日本经济》（『戦後70年の日本経済を振り返る』），"战后70年的日本经济与中日经济合作"学术研讨会，北京，2015年5月23日。

在制造业出口竞争力相对下降、海外生产转移及经营本地化削弱日元贬值促进出口的作用、核电恢复缓慢以及天然气等能源进口需求仍将持续等情况下，日本以往的经常收支大量盈余状况将会改变。

5. 对外进一步开放市场

日本在开放市场方面，比较受到关注的有几个方面。首先，劳动力市场开放是大势所趋。现在日本已经面临劳动力短缺问题，截止到2014年10月，在日外国劳动者人数将近80万人，同比增长9.8%，创最高纪录。[①] 据预测，到2025年，日本老龄人口占总人口的比重将超过30%，2040年将进一步升至36.1%（参见图4）。在这种趋势下，即使增加女性和老年人口就业也很难弥补劳动力的供需缺口。日本政府相关部门提出警告，到2030年，日本将有近3/4的农民超过65岁，建筑工人严重不足，甚至有研究显示，人口减少很可能会造成896个市镇和村庄消失。[②] 为此，

---

① 《在日外国劳动者人数达78.76万人创新高》，新华网，2015年1月31日，http://japan. xinhuanet. com/2015 −01/31/c_ 133960697. htm。

② 《日媒：人口减少日本会灭绝吗？》，参考消息网，2015年6月23日，http://column. cankaoxiaoxi. com/2015/0623/826623. shtml。

日本最具影响力的经济团体——经团联会长榊原定征近期呼吁日本要打开国门，放松移民政策，以应对人口的加速减少。人口老龄化的严峻现实，将迫使日本逐渐开放国内劳动力市场。

其次，进一步开放农产品市场。农产品市场相对封闭，是阻碍日本参与区域经济合作及发展对外经济关系的一大障碍。日本已经开始调整农业政策，减少对农业的财政补贴，取消大米等生产政策，以提高农产品竞争力。随着农民日益老龄化及其在政治上影响力的衰退，农民传统"票田"的地位正在发生变化，这将有利于减少日本开放农产品市场的阻力。

再者，继续深化对外经济关系。只要全球区域经济一体化潮流不止，日本将会积极推进和参与双边 EPA 及 TPP，"区域全面经济伙伴关系协定"（RCEP）、中日韩 FTA 等多边区域经济合作，以避免被排除在外的被动和损失。在发展对外经济关系上，将在多元平衡发展、分散风险的同时，注重加强与印尼、泰国、越南、缅甸等东南亚国家和地区以及非洲等地的经贸关系。

展望未来，尽管日本经济总量在 2010 年被中国超越，但日本依然具有雄厚的经济基础和资金储备、较完善的营销网络及丰富的海外运营经验。目前，日本拥有个人金融资产约 1600 万亿日元，仅次于美国；[1] 外汇储备超过 1 万亿美元，仅次于中国；[2] 海外纯资产余额为 366 万亿日元，已连续 24 年居于全球首位。[3] 在劳动力素质、研发投入方面，日本具有一定优势，比如：2010 年日本用于研发的经费支出占其 GDP 的比重为 3.44%，远高于中国的 1.44%，[4] 90 年代中期以后获得诺贝尔奖的尖端型人才也明显增加。这些因素都将继续支撑日本的经济大国地位。

（本文已在《日本学刊》2015 年第 6 期发表，收入本书时做了部分修改。）

---

[1] 『個人資産「眠る1600兆円」どう活用』、『日本経済新聞』、http://www.nikkei.com/article/DGXNASGC1101B_R11C13A1EE8000。

[2] 内閣府『平成26年度年次経済財政報告』、332頁。

[3] 『対外純資産366兆円、3年連続で最高』、『日本経済新聞』、http://www.nikkei.com/article/DGXMZO87132860S5A520C1MM0000。

[4] 中国国家统计局编：《国际统计年鉴2011》，http://www.stats.gov.cn/tjsj/qtsj/gjsj/2011。

战后70年日本科技发展的轨迹与特点

冯昭奎[*]

内容提要 战后日本科技的迅速发展，在本质上就是以战后科技革命发源地——美国为靠山，紧紧抓住科技革命机遇的结果，而坚持以民生为主的科技发展显然有利于日本抓住战后科技革命机遇。战后日本实施了比任何"技术引进国"都成功的技术引进，推动了日本经济的高速增长。民间企业是日本科技发展的主力，"匠人精神"是日本科技发展的源泉。"小发明"不断，"中发明"贫乏，"大发明"趋零是战后日本科技发展的主要特征。追赶、被追赶、再追赶是战后日本科技发展的基本路径。军民两用高技术的发展，使日本科技实力成为冷战期及冷战后国际安全战略格局的重要砝码。废弃"武器出口三原则"释放了长期处于"低调"状态的日本军工产业及其技术发展的巨大潜力。

关键词 科技发展 民生技术 武器技术 技术引进 日美军事技术合作

"得道多助，失道寡助。"日本军国主义失败的根本原因在于，他们发动了一场违背人类道义的罪恶滔天的侵略战争。其实，在军事失败背后，还存在着一个更为关键的因素，这就是科技的失败。历史表明：战前日本科技发展是极度偏向军事的发展，虽有"零式战斗机"等出色的武器出产，但作为武器技术重要基础的冶金技术却十分落后。换言之，当时日本的全部科技力量都服务于和英美等国的军事对抗，在短时期里临阵磨枪，可在军事技术方面逞强，甚至做出超越自己力量的事，而一般科学技术则明显地处于劣势。这是日本在"二战"中失败的一个重要原因。

战后，在世界科技革命方兴未艾的背景下，日本走上了以民生技术为

---

* 作者简介：冯昭奎，中国社会科学院荣誉学部委员、原日本研究所副所长、研究员。

主、有日本特色的科技发展路线。本文拟在分析和论述战后日本科技发展轨迹的基础上，就战后日本科技发展的特点进行探讨。由于科技发展与经济增长存在着非常密切的联系，本文将按照战后日本经济发展的不同时期划分，分析和论述战后日本科技发展的轨迹。[①]

一 战后经济复兴时期 (1946—1955)

1945 年 8 月 15 日日本投降，9 月 6 日美国总统杜鲁门批准"日本投降后的美国最初对日政策"，明确了"解除日本武装使之非军事化"的目标，这成为美国占领军对日政策的最优先课题。"非军事化"内容除了解散军事机构、排除军国主义势力以外，还要实施旨在"破坏作为潜在战争能力的日本工业生产力"[②] 的措施，这显然会波及日本科技发展的物质基础。就科技本身而言，日本在战前已达到相当发达水平的军事科技研究当然也在被禁之列，其中占领当局对飞机研究的禁止也成为战后日本飞机研发长期滞后的原因。这是因为在占领期结束时，飞机技术发生了革命性变化，从螺旋桨飞机时代进入喷气机时代，尽管战前日本开发过出色的军用飞机，有些日本企业还在战后悄悄地留住了飞机技术人员，但要追赶与战前相比发生了极大变化的新型飞机技术，显然是一个艰巨的课题。核能、雷达（电波研究）、机床等研究领域成为受禁重点，尤其是禁止飞机和核能研究的政策一直持续到占领期结束，其他科技活动也受到了严重影响。

随着冷战加剧与中国人民解放战争的节节胜利，美国自 1948 年开始改变对日占领政策，将日本建成"遏制共产主义的防波堤"成为其对日政策的最大目标，为此从抑制日本转向扶植日本，从解除日本武装转向要求日本"再军备"，从推行严厉的战争赔偿计划转向减少甚至取消日本的战争赔偿[③]，其结果是使日本得以保留战前遗留下来的工业化物质基础来推进科技发展，美军对日占领政策的方向转换成为战后日本科技发展的

---

① 自然科学技术涉及众多领域，本文仅讨论以军用技术为中心展开的战后科技革命的重点领域。与此同时，为节约篇幅，本文在引述历史及科技史资料时，对一些众所周知的内容将不特别注明出处。

② 有沢広巳監修『昭和経済史』（下巻）、日本経済新聞社、1980 年、72 頁。

③ 按照最初赔偿方案，应该将日本机床生产能力的一半、火力发电能力的一半以及生产铝、镁的全部设备等移出日本用于赔偿。后来随着美国对日占领政策的改变，这个赔偿方案不了了之。参见星野芳郎『先端技術の根本問題』、勁草書房、1986 年、210 頁。

起点。

　　战后日本科技发展的启动，其首要课题是从美国导入质量管理（QC）方法。这是因为，战前日本向欧美出口的产品以"价廉物差"闻名，而要复兴日本经济，必须扩大出口，要扩大出口，必须提高产品质量。事实上，早在1946年，日本科技界就邀请美国质量管理专家戴明来日本开设质量管理讲座。1950年6月朝鲜战争爆发，当月美军即成立了"驻日兵站司令部"，以"直接采购"方式向日本企业大量订购战争所需物资。7月，占领当局指令吉田内阁建立以旧军人为骨干的国家警察预备队，为开赴朝鲜战场的美军守备军事设施和物资仓库。随着美军订货单如雪片般飞向日本企业，日本列岛成了美军最大的后勤供应站。由于这是美军未经"日本政府"而直接向日本企业发出的军事订货，故称为"特需"，日本生产的煤炭、卡车、铁蒺藜、钢材、毛毯等军用物资源源不断地运往朝鲜。1952年占领当局许可日本重新开始从事飞机生产活动，为美军修理军机成为战后日本飞机产业发展的起点。环顾当时亚洲地区各国，只有战前已具备工业化基础的日本达到了可为美军提供战争物资的工业水平，但日本生产的工业产品仍不能满足美军指定的质量要求。有鉴于此，日本要接受"特需"订单，必须大力提高产品质量，这进一步推动了质量管理方法的普及。

　　随着七年占领期于1952年结束，占领当局对日本的飞机、核能等领域的研究禁令自然解除。面对美苏之间展开了研制原子弹、氢弹的军备竞争的国际科技发展形势，战后日本科技是以发展军事技术为主还是以发展民生技术为主，成为关系到战后日本是否走和平发展道路的重大抉择。

　　1952年4月片面对日媾和的《旧金山和约》生效后，占领当局立即开始将一些武器、飞机的生产许可权限移交给日本通商产业省，还公开地向日本企业订购凝固汽油弹用的容器、燃料桶、枪炮弹、照明弹、火箭弹定向装置、飞机轮胎和仪表等军用品，武器成品在"特需"物资清单中所占的比重迅速上升到首位。顺应美国欲将日本作为"远东兵工厂"加以利用的需要，日本的部分军工企业开始悄悄地复活和发展。

　　当然，由于朝鲜特需也包括武器以外的一般工业产品，因而也起到了推动日本民生工业技术发展的作用。例如，佳能等公司制造的照相机镜头获得美军著名随军记者的好评，日本的照相机企业受到很大鼓舞，以此为契机，迅速扩大出口并提高品牌声誉，居然击败了竞争对手——德国高级相机"莱卡"（当时莱卡相机十分昂贵，在日本有"一台莱卡可盖一所房子"之说）。总之，以军需为主的朝鲜特需成了推动日本经济复兴的"神风"，给当时在经济上处于严重困境的日本帮了大忙，有学者认为朝鲜特需至少使日本在其战后发展进程中赢得了十年时间。[①]

通过朝鲜特需尝到甜头的日本财界认为，朝鲜特需只是一时之需，日本应着眼于冷战时代可能出现的长期性军需，使日本军工企业获得可持续的发财机会，需将武器产业作为出口产业进行振兴。1952 年 10 月日本通产省制定了"武器等生产法要纲"，决定推进日本"再军备"所需的军工产业和飞机产业的发展，这显示出日本将重蹈战前经济军事化老路的迹象。但在日本强大的和平主义力量的影响下，吉田茂首相顶住了美国要求日本"再军备"的压力，采取了"重经济、轻军备"的和平发展路线。其后几十年，日本集中力量发展经济，在长期保持西方国家中最低军费开支水平的同时，一直保持着最高经济增长率（直至 1990 年），成为低军费造福经济社会发展的一个范例。[②]

然而，确立以民生为主的科技发展路线，并不意味着战后日本没有发展军事、武器技术的动向。1954 年，日本将"保安厅"所属的保安队、警备队改组为"自卫队"。为了满足自卫队的武器需求，满足军工大企业谋求军需生产利润的需要，日本政府以立法手段对涌向武器市场的中小企业进行整理淘汰，导致武器生产集中于少数大企业（比如，生产武器弹药的企业和飞机制造相关的企业从 1953 年秋季的 160 家和 30 多家减少到 1954 年的 31 家和 13 家）[③]，初步确立了战后日本军工产业发展的体制。

---

① 日本经济企划厅在《战后日本经济史》的"总论"中写到，由于朝鲜战争，"日本经济才有活路，从这个意义上说，动乱（指朝鲜战争）是日本经济回生的妙药"。参见经济企画厅编『戦後日本経済史』、大蔵省印刷局、1957 年、320 頁。

② 1982 年美国一家民间裁军团体提出了《世界军事、社会支出》报告，统计了西方九个国家从 1960 年至 1980 年的军事负担占国民生产总值（GNP）的平均比例与 GNP 的年均增长率。其中，日本的数据为不到 1%（军费占比）与 9%（经济增长率），联邦德国为 3.5% 与 5%，法国为 4.5% 与 5%，英国为 5% 与 3%，美国为 8% 与 2.5%。这个统计鲜明地表明了军事负担低、经济增长率越高的发展趋向，特别是日本的军费比例最低而增长率最高，美国的军费比例最高而增长率最低。

③ 赤木正一『日本の防衛産業』、三一書房、1969 年、51—52 頁。

二　经济高速增长时期（1956—1972）

战后初期，广大日本国民从媒体上了解到由洗衣机、冰箱、电视等家用电器塑造的美国人的家庭生活，对此充满了希望和憧憬。[①] 日本民众希望达到美欧国家那样的物质生活水平的迫切要求，与当时日本生产技术的相对滞后[②]形成了尖锐矛盾，如何更快地解决这个矛盾成为推动日本技术发展的根本动力。

当时日本老百姓对美好生活的追求，具体表现为对洗衣机、冰箱、电视（被称为"三种神器"）等家用电器的需求；市场的大量需求驱动民间企业之间展开激烈竞争。正如有日本学者指出的，"可以毫不夸张地说，高速经济增长期开始于家用电器的普及"，而家用电器和汽车的大量生产以及与之配套的公路、铁路、港口等基础设施的建设，又引发了钢铁、电力、机械制造、合成纤维、石油化学等重化工业的连锁式发展，进而推动日本整个产业技术体系提升到新水平。在这个背景下，大批战前及战时从业于军工产业的科技人才转向民生用品生产领域，例如战前从事军机制造的技术人员转向新干线建设等。

（一）依靠引进技术的重化工业化

1950 年开始的技术引进，助推了 20 世纪 60 年代日本经济的高速增长。在 20 世纪 50 年代，通过出口特别是朝鲜特需，越来越多的民间企业已经不缺资金（包括外汇），缺的主要是技术，而企业所需要的技术，又正好已经由美欧企业开发出来，日本只要把美欧先进技术引进来，通过模仿、消化与改良，就能迅速使之产业化和商品化。怀里揣着鼓鼓钱包（包括银行贷款）的大批民间企业竞相为引进技术而投资（包括配套投资），这意味着日本经济增长的主要动力已经从经济复兴时期的"出

---

① 尽管在战前日本也有人使用家用电器，但那是仅占总人口不到 1% 的上流人士，而在同时期的美国，家用电器的普及率已超过 50%。

② 由于战前日本将资源高度集中于发展军事技术，极度轻视民生技术的发展，加之 1939 年美国废除了《美日通商航海条约》，彻底断绝日本从美国引进技术的途径达十年之久，而正是这段时间至 20 世纪 50 年代，世界处于长期技术革新波动的上升期，美欧技术获得迅速发展，大大地拉开了日本与美欧的技术差距。

口""特需"转向民间企业设备投资，形成了投资主导型的经济增长。[1]
通过设备投资热潮，由欧美国家开发的新技术、新产品大量流进日本，
使原有产业设备一举更新，家电、钢铁、电力、石化、电子等一大批新
兴产业崛起。从产业结构的角度看，经济高速增长过程也就是战后重化
工业化的过程。

1960 年由池田内阁提出的"国民收入倍增计划"成为日本经济高速
增长的一面旗帜，使广大民间企业大受鼓舞，迅速扩大的设备投资推动
了先进技术的导入，促使生产设备日趋高级化和大型化。例如在钢铁
业，最大高炉容量从 1953 年的不到 1000 立方米扩大到 1973 年的 4600
立方米，1977 年在世界容积最大的十座高炉当中，日本占了七座。[2] 无
论是炼钢厂还是石化联合企业，其大部分装置都依靠从欧美引进的技
术，但日本企业对引进的各种技术设备和生产系统充分地加以消化，部
分加以改良，使之在整体上构成十分平衡和协调的系统，甚至做到"青
出于蓝而胜于蓝"。

如前所述，以战前工业化积累（特别是人才）为基础，日本具备使技
术引进得以成功的社会基础，特别是企业经营者、科技人员、技能劳动者
具备迅速将欧美先进技术学到手，并且把技术引进与自主开发结合起来的
能力。这就不能不提及"质量管理小组活动"对技术引进成功所作出的贡
献。在 20 世纪 50 年代末，民间企业的质量管理进一步发展成车间工人自
主自愿组织起来的"质量管理小组"，工人们利用下班时间开展活动，虽
然没有加班费，却可以提高自己的技术能力，因此感受到一种充实感。这
也显示出日本人普遍具有的所谓"匠人精神"。

20 世纪 60 年代，日本技术引进成功的一个主要结果就是形成了"一
号机进口，二号机国产，三号机出口"的良性循环，即从国外引进机器设
备后，能很快地将"物化"在机器设备中的技术消化为自己的血肉，用于

---

① 例如 1969 年民间固定资产投资率（民间企业的设备投资与国民生产总值之比）高达
27.3%，包括政府投资在内的投资率更是高达 35.3%。参见南亮进《日本的经济发展》，景文
学、夏占友译，对外贸易教育出版社 1989 年版，第 32 页。

② 又如在石化工业领域，日本在东京湾、伊势湾、濑户内海沿岸陆续建成石化联合企业，
最大乙烯生产设备的规模从 1958 年的年产 2 万吨扩大到 1966 年的 20 万吨、1973 年的 30 万
吨，形成了以大型联合企业为主的石化生产体系；在电力工业技术领域，最大火力发电机容量
从 50 年代后半期的 17.5 万千瓦扩大到 1967 年的 60 万千瓦，进而向 100 万千瓦升级。参见佐
贯利雄『産業構造』、日本経済新聞社、1981 年、37 頁、40 頁、51 頁。

制造国产机器设备并加以改进，使国产机达到能与引进来源国的机器设备进行竞争的水平并用于出口。有日本经济学家指出："通过弄清日本为什么能够成功地引进技术，可以解开日本经济增长的秘密。"①

（二）民间企业主导型研究开发结构的形成

随着日本经济迅速增长，民间企业的气场大增，1961 年前后日本各地出现了民间企业自办"中央研究所"的热潮，大学毕业生中愿意到企业工作的人才也日益增加。建立"中央研究所"热，与其说是民间企业为了追求基础研究的实际价值，不如说是为了提升企业的地位和名声，以便吸引更多大学毕业的优秀人才。

与此同时，日本民间企业用于研究开发的资金日益超过依靠政府预算支出的研究开发资金（这种情况持续到今天）。显然，资金充裕就可以购置更好的研究设施②，吸引更多的研究人才，到 20 世纪 70 年代，日本民间企业的研究人员数已经达到大学科技部门研究人员数的两倍。这意味着"企业优位""民间企业主导型"的日本研究开发结构在 60 年代就已经开始形成。

1957 年苏联发射人造卫星，对美国形成了强烈的刺激，为了应对苏联的科技挑战，美国大幅度地增加科技研发预算，促使世界各国的科技人才流向美国，很多科技人才流出国为这种"头脑流出"问题感到担忧。当时在日本，确有很多天文学者被美国挖走，东京天文台的研究人员甚至被"挖空"了，但天文学人才的出走似乎与重视实际应用技术的企业关系不大。可以说，由于民间企业掀起了"中央研究所"热和大力增加研究开发投资，致使日本受"头脑流出"问题的影响最小。

而且，早在 1956 年，日本经营者团体联盟就提出要强化战后导入的美国式教育制度，重视"毕业后能够很快进入企业发挥作用"的职业教育，要求日本政府增加理工科教育资源，得到了政府的支持。与此同时，日本企业十分重视企业内对员工的技术培训，特别是采用很有特色的"日本式招工方式"。比如，在美国，招焊接工人，就按焊接工的要求与企业

---

① 南亮進『日本の経済発展』、東洋経済新報社、1981 年、79 頁。
② 20 世纪 80 年代初，笔者在日本学习电子技术期间，一位研究生同学毕业后去了索尼公司工作，曾对笔者说，与公司里的研究设备相比，大学的研究设备就像"玩具"。

签雇佣合同；招油漆工，就按油漆工的要求与企业签合同。日本企业很少对招工工种进行严格区分，而是笼统地按照"制造工人"职务与面试者商议，决定录用后，依据企业需要，结合本人意愿，或搞焊接，或搞刷漆，一个工人往往会有从事各种工作、接受各种培训的机会，日久天长，逐渐被培养成"多能手"。

（三）在美国援助下的武器技术发展

1954 年日美签订了"共同防御协定"（MSA），该协定在相当长时期里促使美国军事技术大量流向日本，推动了日本军工产业的发展。1955年，日本制造了第一架喷气作战飞机——富士 T - 1 战斗教练机。1955—1957 年，日美决定以"经费分摊方式"推进喷气机的美日共同生产和部分零部件在日本"国产"。日本航空自卫队还在 20 世纪 60 年代中期自主开发了先进的 T - 2 超音速喷气教练机。

在舰艇技术领域，1964 年日本开始建造首艘"朝潮级"常规动力潜水艇，60 年代末开始建造"涡潮级"常规动力潜艇。在导弹技术领域，1956 年三菱重工着手开发反坦克导弹，成为日本国内开发最早的实用导弹，60 年代中期三菱电机与东芝公司对霍克导弹进行许可证生产。至于其他武器，进入 60 年代，日本对坦克、装甲车、小型武器等陆上武器在原则上实现了"纯国产"，例如 1955 年着手开发的日本第一代主战坦克 61式坦克，就是一款纯国产武器。

至 20 世纪 70 年代初，日本自卫队使用的武器装备的国产化率超过了90％。这里说的"国产"，主要是对美国开发的武器装备的"国内生产"，而不是从开发到生产都在国内进行的"纯国产"。由于自卫队规模不大，日本武器装备只能面向国内狭小市场"低调"发展。随着日本军工产业逐步具备了生产性能较高的军工产品的能力，它们越来越不能满足于仅仅为自卫队生产武器，而要求政府放开日本制造武器的对外出口，以便发挥大量生产的"规模效应"。然而，在日本国民、媒体特别是社会党等反对发展军工产业的呼声日益高涨的背景下，日本政府在 1967 年 4 月制定了"武器出口三原则"，规定不准向三类国家（即共产主义国家、联合国武器禁运国家和冲突当事国）出口武器。与此同时，期待日本购买美制武器的美国政府〔美国存在着追求发战争财的"军产复合体"（military-industrial complex)①，对国会和政府的影响力很强〕也给日本野心勃勃的"自主装备（自卫队）"计划泼了冷水。

三　经济稳定增长时期（1973—1990）

1973年爆发第一次石油危机后，日本经济高速增长期趋于终结。以石油危机为分界点的前十年与后十年，日本经济的平均增长率从9.3%下降至3.6%。② 与其他发达国家经济增长率下降到2%以下相比，日本经济在高速增长结束后仍保持3.6%的"中速增长"或"稳定增长"水平，与当时日本科技工作者所付出的巨大努力是分不开的。

（一）克服能源危机的科技发展

作为一个自然资源极其贫乏的国家，日本全国能源需求的70%依赖廉价石油进口，而且主要来自中东地区，因此石油危机对日本的冲击巨大。日本整个科技体系被动员起来应对危机，通产省努力寻找能代替石油的所谓"替代能源"，包括核能、天然气、煤炭、水力等，并在1974年开始实施"阳光计划"，致力于开发太阳能、地热能、煤炭的液化和气化、风能、海洋能等"新能源"，1978年又开始实施致力于研发节能技术的"月光计划"。从日本危机对策的整体效果看，真正起到实际作用的主要是核电发展、节能推广、产业结构调整和能源外交，至于太阳能等新能源技术则由于成本很高，加之进入80年代油价趋稳，虽然费了很大力气开发，却暂时未能进入实用阶段。

在核电技术方面，日本在20世纪60年代后半期从美国引进两种轻水堆——沸水反应堆（BWR）和压水反应堆（PWR），并于70年代初期投产，然而在其运行过程中却发现不少严重缺陷，致使故障多发造成停机频频，设备运行率只有40%。为此，通产省从1975至1985年度以产官学合作方式开展了三次轻水堆改良计划，取得了明显成效：BWR设备利用率从1975年的35.4%提升到1984年的72.2%，PWR设备利用率从46.6%

---

① *The Military-Industrial Complex*；*The Farewell Address of President Eisenhower*，Basements publications，2006.

② 日本経済新聞社編『日本経済入門』、日本経済新聞社、1997年、104頁。

提升到 76.2%。①

再看节能技术。20 世纪 70 年代，由于公害问题日趋严重，加上发生石油危机，世界各国汽车业都遇到了严重挑战，甚至被称为进入了"汽车业的冬天"。日本却逆势而上，将汽车业遇到的挑战转化为挺进世界市场的机遇，将公害和石油危机的压力转化为促使汽车节能减排的动力。1971年，即美国国会通过旨在减少汽车排放尾气中的有毒物质的"马斯基法"的第二年，刚刚成立的日本环境厅就强制要求日本汽车企业严格履行连美国汽车企业尚未能履行的"马斯基法"，起初日本汽车企业对环境厅的过苛要求表示不满，但科技人员却知难而进，积极利用微电子技术来控制发动机燃料喷射、开发新型的发动机等，使燃烧状态达到最佳化，产生了明显的节能效果，在全球率先达到了当时最严格的美国环保法规的要求，从而奠定了日本汽车业在环保发动机领域的领跑者地位。日本由于国土狭窄，本来就擅长发展小型车，又通过百折不挠的努力增强了节能减排的功能，使日本造小型汽车不仅打入了世界汽车市场，而且成了抢手货，在世界各国掀起了一股"小型车"热，世界"汽车业的冬天"对于日本汽车产业反倒成了"春天"。到 20 世纪 80 年代，日本的小汽车产量超过了美国。

总之，经过 20 世纪 70 年代的两次石油危机，日本产业的国际竞争力不仅没有减弱，反而得到了进一步加强，以至在 80 年代被誉为"世界工厂"。

（二）"轻薄短小"产业技术的发展与"技术立国"方针的提出

日本应对公害与石油危机的努力还体现在对整个产业结构实施转型，使产业重心从高能耗型的"重厚长大"产业转向低能耗型的"轻薄短小"产业，从钢铁、炼铝等基础材料产业转向汽车、微电子等加工组装型产业。到 20 世纪 80 年代前半期，产业结构转型不仅使日本对石油的需求明显下降，还推动了日本高技术产业的发展，甚至达到世界领先水平。

作为"轻薄短小"产业的典型，通产省最重视的是微电子和计算机技术的研发，特别是作为计算机主要器件的集成电路，具有非常广泛的用途，以至有"产业之粮"之称（如同过去钢铁被称为"工业之粮"）。为

---

① 『昭和 59 年度我が国の原子力発電所の時間稼働率及び設備利用率（12 - 01 - 01 - 06）』、http：//www. rist. or. jp/atomica/data/dat_ detail。

了与发明集成电路的美国竞争，在通产省的主持下，由日本最大的五家计算机公司（富士通、日本电气、日立、东芝和三菱电机）在 1976 年至 1980 年派遣精干的研究人员与通产省下属研究所一起组成"超大规模集成电路技术研究组合"，经过四五年的潜心钻研和共同开发，终于在半导体技术特别是电子束曝光技术方面追上了比自己强几十倍的世界计算机巨擘——美国的 IBM 公司（当时日本最大的计算机公司富士通在世界计算机市场上的占有率仅为 IBM 公司的 1/30）。这显示了在一个资本主义国家里平时相互竞争的同行企业，在对付外国强大竞争对手的目标下能联合开展基础性的研发活动，留下了如何组织研发尖端技术"国家队"的宝贵经验。同时，向半导体集成电路等"轻薄短小"产业转型，也促进了地方经济的发展，号称"硅岛"的九州经济的振兴就是一个典型事例。① 在 20 世纪 70 年代末至 80 年代，作为半导体技术"后发国"的日本的半导体企业在国际竞争中显示出比美国半导体企业更强的竞争力。

　　1980 年日本正式提出"技术立国"方针，采取各种政策措施来推动产官学的科技合作与交流。然而，日本提出的"技术立国"方针却被美国视为"技术民族主义"（"技术立国"的英语译文是 techno nationalisim），认为日本在"以国为本"的"立国"方针的背后，隐藏着将美国视为假想敌、以激励日本科技工作者发挥不输于美国的创造性的意图。这当然为推行"技术霸权主义"的美国所不容，结果导致日美贸易摩擦上升到更加激烈的科技摩擦阶段。诸如被形容为"日美半导体战争"的日美围绕半导体产品的激烈贸易摩擦、IBM 商业间谍事件、东芝将加工潜水艇螺旋桨的高级数控机床偷偷出口苏联引起的日美纠纷等，都显示了日美科技摩擦之激烈和深刻。由于篇幅限制，本文不拟对上述充满戏剧性的"战争""事件""纠纷"进行详述。

---

　　① 九州在 20 世纪 50—60 年代日本经济高速增长时期曾经是个"落伍者"。但从 60 年代末起，位于关东、关西等发达地区的电子大企业纷纷进入九州，采取"母鸡下蛋"方式在这里设立分公司或分厂。不到十年，九州就发展成为闻名遐迩的集成电路生产基地，被誉为"硅岛"。九州发展的一个重要原因就在于很多高技术产品具有"轻薄短小"特征，这成为高技术大企业有可能将工厂建在可利用空中运输的偏远但离机场较近的地区，比如一个两吨集装箱可运送价值 3 亿日元的集成电路，从位于日本的"硅岛"（九州）的大分工厂空运到东京，运费才 27 万日元，相当于产品价格的 0.09%。

（三）自主开发国产武器和向美国提供"军事技术"

1976 年 2 月日本政府进一步完善了"武器出口三原则"，将其定位于"和平国家的原理和原则"，将国内武器生产的目标定位于满足日本自卫队的需要。[①]

1. 自主开发国产武器

在 1973—1990 年，日本自卫队逐步从依赖美国提供武器的初期发展阶段"毕业"。这是因为日本军工企业通过利用美国特许证进行武器生产的过程，"日积月累"地消化和掌握各种先进武器制造技术，然后逐渐以自主开发的国产武器进行升级换代。

在飞机制造领域，1977 年日本设计研制了战后日本第一款自制的超音速战斗机——F-1 战斗机。1979 年防卫厅决定由三菱重工自主生产 F-15 战机作为下一代主力战斗机。同年，日本政府决定导入 P-3C 反潜巡逻机等美军最先进武器，日美开始探讨两军武器的共同标准化。

陆上武器方面，90 式坦克于 1990 年列装采用。需要说明的是，"二战"后日本国内共开发了四代主战坦克，第一代是 61 式坦克，第二代是 74 式坦克，第三代是 90 式坦克，第四代是 10 式坦克（分别以决定"列装采用"开始大量生产的公历年份最后两位数命名）。

在导弹技术领域，20 世纪 70 年代初，航空自卫队为了对付苏联的战略轰炸机而导入美国的 MIM-14"奈基—大力神"防空导弹，由三菱重工进行特许生产。1982 年防卫厅着手开发陆上自卫队使用的 88 式地对舰导弹 SSM-1，其特点是导弹发射阵地十分隐秘，发射后导弹可贴近地形飞行而很难被发现，带有目标选择算法等。

2. 作为"民生技术大国"向美国提供"军事技术"

发轫于美国的战后科技革命迅速扩展到西欧、日本等地，特别是日本通过引进美欧先进技术，通过将军用技术转用于大众化民生用品制造，产生了一系列"青出于蓝而胜于蓝"的军民两用高技术，引起了美国军方的高度关注。1983 年，作为军事技术大国的美国居然要求作为民生技术大国的日本"提供军事技术"，美国国防部向日本提出其所关心的、由日本国

---

① 防衛省『武器輸出三原則の緩和と国民の意識』、http：//www. mod. go. jp/msdf/navcol/SSG/review/4-1/4-1-5. pdf。

立研究机构和国立大学及民间企业开发的技术清单，涉及材料技术、信息和电子技术、火箭推进技术、生产技术等诸多领域，达 16 项，全是"军民两用技术"。

四　经济低迷时期（1991—2015）

20 世纪 90 年代，由于泡沫经济崩溃，日本经济长期低迷，被称为"失去的十年"。① 进入 21 世纪后，日本经济继续委靡不振，2011 年发生的东日本大地震又使日本经济遭受重创，在长达 25 年的经济低迷时期，日本科技在继续发展的同时，也出现了一些不容忽视的问题。

（一）从工业化向信息化过渡期的技术战略失误

在工业化时代，日本曾是成功的追赶者。明治维新以来，"日本最初是学习德国、接着学习美国，到了 80 年代日本实现了人类社会史上罕见的、比欧美更完善的现代工业体系和大量生产社会，达到了德、美等任何国家都未能达到的高度的工业化水平"。② 对于当时情景，日本媒体是这样描述的："在 20 世纪 80 年代世界经济中一枝独秀的不是美国，而是日本。在纺织、钢铁、造船、家电、汽车和半导体等制造领域，美国完全输给了日本。"③ 作为工业化的成功者，日本在 80 年代利用其雄厚的工业技术基础，达到了领先世界的水平。但是，由于缺乏创新与开拓精神，90 年代日本在兴起于美国、以互联网应用为标志的信息技术革命中落伍了，日本的国际竞争力世界排名大幅下降。④ 1999 年，日本在个人电脑和互联网的普及率方面，分别居世界第 20 位和第 22 位，明显地反映了日本在信息化方面滞后的现状。这表明日本在运用工业化的成功基础向信息化过渡方面，存在着严重的战略失误。

---

① 吉川洋『転換期の日本経済』、岩波書店、1999 年、1 頁。

② 冯昭奎：《日本正处在"知识价值革命"时代——访日本经济企划厅长官》，《世界知识》2000 年第 7 期。

③ 小关哲哉：《日本能不能在信息技术上与美国决一雌雄》，《时事解说》2000 年 8 月 25 日。

④ 根据有关竞争力的国际调查机构、瑞士洛桑管理开发学院（International Institute for Management Development，IMD）的报告《世界竞争力年鉴》(The World Competitiveness Yearbook)，1993 年，日本在国际竞争力排行榜上失去了连续八年拥有的第一桂冠，下降到第 2 位，1994 年下降到第 3 位，1995 年和 1996 年下降到第 4 位，1997 年下降到第 9 位，1998 年下降到第 18 位。

（二）被"反扑"和被追赶时代的开始

日本科技孜孜不倦地追赶美国，作为被日本追赶对象的美国自身也在不断发展，并针对日本的追赶进行"反扑"。另外，日本周边的亚洲国家也开始了对日本的追赶，使日本陷入了"前门有虎后门有狼"的境地。

在半导体芯片技术（主要包括存储器芯片与微处理器芯片）领域，随着个人计算机的普及，对微处理器（MPU）的市场需求大增，1993 年美国凭借其微处理器技术的优势，在半导体市场占有率方面重新夺魁，美国英特尔公司更是从日本 NEC 公司手里夺回了"世界最大半导体芯片企业"的桂冠并一直延续至今。

总之，如果说 20 世纪 80 年代是日本全盛时代，那么，在进入 90 年代以后，由于美国众多企业改善经营的努力（其中也包括向丰田公司等日本优秀企业学习），其生产率实现大幅提高；加上信息技术开拓了巨大新市场，使在信息化方面领先的美国竞争力得到极大恢复，再次成为世界第一。另外，在 90 年代后半期，韩国半导体企业大力发展一种重要的存储器——DRAM，与日本企业展开了激烈竞争，迫使日本基本上从 DRAM 领域撤退。据 2009 年 4 月的统计，世界八大半导体企业中，日本仅有三家，第一、第二位分别为美国和韩国的半导体企业所夺取。

（三）低碳技术的发展

2008 年 7 月，日本内阁会议通过了"实现低碳社会行动计划"，提出：在 2050 年日本温室气体排放量比目前削减 60%—80% 的减排目标之下，争取在 2020 年前使碳捕捉及封存技术产业化。[1] 2015 年 3 月，日本经济产业省探讨 2030 年电源构成比例，初步拟定可再生能源发电要占发电总量的 20% 以上。[2]

日本以创建"低碳环保世界"为目标，完善节能环保的能源消费模

---

① "Action plan for Achieving Low – Carbon Society", July 29, 2008, http：//www. kantei. go. jp/foreign/policy/ondanka/final080729. pdf.

② 参见《日本拟将可再生能源发电比例定为 20% 以上》，新华网，2015 年 3 月 11 日，http：//japan. xinhuanet. com/2015 – 03/11/c_ 134058213. htm。

式，推动日本传统社会向"新型低碳社会"转变。① 最突出成就体现在其堪称全球典范的节能技术方面。现在日本单位国内生产总值（GDP）的一次能源消费比 20 世纪 70 年代减少了 30%，特别是产业部门的节能做得非常好。从国际比较看，日本单位 GDP 一次能源消费仅为美国的 1/1.9，欧洲的 1/1.7，中国的 1/7.2，俄罗斯的 1/16.3，世界平均水平的 1/3.1（2012 年数据）。② 在节能汽车方面，丰田公司的混合动力车自 1997 年 8 月首次发售，至 2015 年的 18 年间累计销量突破 800 万辆。

（四）日美军事技术合作与日本武器出口解禁

1. 与美国共同开发导入弹道导弹防御系统

2003 年小泉内阁决定导入美国的弹道导弹防御系统（BMD），而且以"日美共同开发"为名，积极进行"爱国者 3"（PAC3）和"标准 3"（SM3）导弹的特许生产。2015 年 6 月由美国的雷神公司与日本的三菱重工共同开发的"标准 3"升级版 Block IIA 在美国海域成功地进行了实弹试验。

对日本来说，与美国共同开发新型拦截导弹，可谓"一举数得"：一是可使日本自卫队的反导系统不仅能拦截朝鲜的导弹，而且能防御中国和俄罗斯的导弹；二是可以偷学美国的尖端科技，特别是遥控技术，促进本国导弹和火箭技术的提高；三是通过与美国"共研"和"联训"，培养本国的导弹技术专家，锤炼一支"过硬"的导弹部队，为日美未来一体化联合作战打下技术基础；四是美日共同研发的导弹防御武器有可能出口第三国（或地区），获取可观的利润。

2. 日本为 F-35 战机生产零部件

2013 年 3 月日本政府决定，作为"武器出口三原则"的例外，由三菱电机、三菱重工等三家公司为美国 F-35 战机制造零部件，其后美国授权日本制造飞机引擎与雷达相关联的 24 种零部件，其中三菱重工承担制造发动机风扇和涡轮机等 17 种零部件，三菱电机承担制造信号接收器等 7 种雷达系统的零部件，其他日本公司则承担制造后机身、主翼和支架，飞

---

① 参见刘巍、刘阳《日本能源管理分析及对我国的启示》，《现代日本经济》2015 年第 2 期。
② 资源エネルギー厅『わが国の省エネルギー政策の动向』、2012 年 11 月。

机总装将在美国、意大利和日本进行，美国还将 F - 35 的亚太地区维修基地设在日本。①

　　一个在 2000 年由于受"武器出口三原则"限制而未参加 F - 35 共同开发计划的日本，在该计划开始 13 年后才决定为 F - 35 生产零部件，就获得了占整个飞机制造成本 10% 的零部件生产（美国还准备将这个比例提高到 40%），以及作为飞机总装地之一②和亚太地区维修基地所在地等特殊待遇（日本还可借此机会从美国获取相关的军事和武器技术），其原因除去日本是美国在亚太地区最重要的军事盟国之外，还在于日本具有很强的零部件制造技术实力。这反过来又可能进一步激活日本的军工产业。2015 年 6 月，日本开始生产第一架 F - 35 战机。

　　3. 发射侦察卫星

　　日本于 1970 年 2 月成功地发射了第一颗人造卫星，继苏、美、法之后成为世界上第四个发射人造卫星的国家（比中国早了两个月）。可以说，直至 20 世纪末，日本基本上立足于非军事目的进行航天技术开发（一般从事航天技术开发的国家往往是从开发导弹等军事目的起步）。直到 1998 年朝鲜发射导弹事件以后，日本着手开发侦察卫星。2003 年 3 月，日本在种子岛发射了第一颗侦察卫星，由于国会决议不认可日本拥有侦察卫星，因此这颗侦察卫星改名为"情报收集卫星"。③ 2008 年日本政府制定《宇宙基本法》，将导弹防御与侦察卫星列入"专守防卫"范围，使军事目的的航天技术开发"合法化"。现在日本拥有的侦察卫星有激光卫星与光学卫星两种，其侦察范围显然大大超出了朝鲜。有专家称："在国际社会，拥有侦察卫星具有仅次于拥有核武器的重要意义。"④

五　战后日本科技发展的特点

　　战后日本走了一条与美国以"军产复合体"为主导、以军备竞赛为中

---

　　①　Kuniichi Tanida，"Japan - made parts to push up price of F - 35 fighter jets for ASDF"，http：// ajw. asahi. com/article/behind_ news/politics/AJ201308220031.

　　②　2013 年度，日本防卫省已拨款 830 亿日元在三菱重工设在爱知县的工厂建设 F - 35 总装设施及其他相关建设项目。

　　③　藤冈惇『宇宙基本法の狙いと問題点』、http：//www. peaceful. biz/contents/4 - 5. html.

　　④　『週刊金曜日』編『国策防衛企業　三菱重工の正体』、株式会社金曜日、2008 年、87 頁。

心的科技发展路线不同，以"重经济、轻军备"和"国家科技研发相对较弱、民间企业科技研发相对较强"为特征的有日本特色的科技发展路线。

（一）长期坚持以民生技术为主的科技发展路线

战后日本科技的迅速发展，在本质上就是以战后科技革命发源地——美国为靠山，紧紧抓住科技革命机遇的结果，坚持以民生为主的科技发展显然有利于日本抓住战后科技革命机遇。

战后绝大部分新科技发明和创造源于美国，而且是美国首先为军事目的而研发的。[①] 在漫长的冷战期，美国的科技发展是以军备竞赛而非经济建设为中心进行的，直到冷战结束后，美国开始推进"军转民"技术战略，才真正尝到了科技革命推动经济发展的甜头。然而，对于处在美苏争霸夹缝之中的日本来说，恰恰是在冷战期间，可以尽兴地利用同美国的紧密同盟关系，将美国为军事目的所开发的各种尖端技术（如晶体管、集成电路等）转用于民生用品开发与生产，从而为其集中力量推动经济增长作出贡献。这意味着，战后日本从美国的长期技术引进正是美国的"军"向日本的"民"转化的跨国跨洋的"军转民"过程。当然，这与战后美国为了应付苏联"威胁"的战略需要，对日本科技发展提供"慷慨"援助分不开，也使日本得以比较容易地趁美国忙于同苏联进行军备竞赛而对发展民生技术有所放松之际，在一些重要的民生技术领域夺得了对美竞争优势。可以认为，处在美苏争霸夹缝之中的日本成为战后美苏对峙冷战格局的最大受益者，冷战格局下的日美同盟关系成为日本的"巨大的利益源泉"。而且，这种关系在冷战后仍在延续，因为当今日本正在通过配合美国"重返亚太"战略，继续在科技领域"利用美国"，获取有形或无形的最先进的军事和武器技术。

---

① 比如人类历史上第一台电子计算机"埃尼阿克"（ENIAC）是美国陆军导弹研究所为满足武器试验场计算导弹弹道需要而进行投资支持研制成功的；世界上第一台三坐标数控铣床是美国帕森斯公司接受空军委托，为加工形状复杂多样、精度要求极高的飞机螺旋桨叶片轮廓样板，在美国麻省理工学院的协助下研制成功的；将组成电子电路的许多晶体管制作在同一块半导体芯片上的"集成电路"则是当时美国国防部为了发展导弹武器和开发航天技术，大力推进电子设备小型化与轻量化，为此提供大量资金委托美国 TI 公司和仙童公司研发成功的。转引自冯昭奎《战后科技革命及其对国际安全的影响》，《国际安全研究》2015 年第 4 期。

（二）成功的技术引进是战后日本科技发展的突出特点

战后初期，虽然在日本科学界很多人主张"独立自主"地进行科技研究，然而多数企业经营者乃至政府相关部门认为：第一，从外国引进的技术都是人家已经研发出来的技术，比自己从头开始研发风险小，成本低，速度快，"与其创造不如模仿"；第二，日本一方面有战前工业化的基础，另一方面又存在战争期间与国际科技发展潮流隔绝所造成的断层和差距，引进技术恰恰是既可利用战前工业化基础作为一种"引进能力"，又可通过引进手段来填补战争所造成的落后与空白的两全之策；第三，日本可以说自古以来就富于引进技术的经验（特别是从中国），说得近一些，早在20 世纪 20 年代日本企业就与美、德等国的企业建立了合作关系，恢复和利用这种旧有的合作伙伴关系，可望成为引进技术的捷径。特别是作为日本同盟国的美国，在战后一段时期向日本提供技术十分大方，很多场合甚至派遣技术专家来日进行指导，直到产品能生产出来。

正是基于如上考虑，战后日本不仅选择了以技术引进为主的科技发展路线，而且确定了正确的技术引进方针。主要表现为：切实依据当时本国经济发展的最迫切需要来决定引进重点，把有限的外汇用在刀刃上；在发愤图强追赶欧美的民族精神的推动下，大力实施"勤俭持家"型技术引进，在西方的生产文明与消费文明之间，首先选择生产文明作为优先仿效与引进的对象，对外来生产文明的学习速度超过了对外来消费文明的学习速度。在技术引进的具体方式上，日本除去在引进最初阶段不得已将购买机器设备作为引进技术的主要手段外，还长期坚持以购买技术本身（如购买专利使用权等）作为技术引进的主要手段。正如有的科技史专家所指出的："美国不仅向日本、也向欧洲资本主义国家提供技术，但是，与欧洲及其他亚洲国家相比，日本从美国的技术引进最为成功。"[1]

值得注意的是，日本这种注重"利用美国"的技术引进方针一直延续至今，有所不同的是，日本开始以自己在某些高技术领域的强项为"诱饵"，通过一系列日美欧武器技术合作项目，学习和引进美欧先进的军事和武器技术。

---

[1]　中山茂『科学技術の戦後史』、岩波書店、1995 年、14 頁。

（三）民间企业是日本科技发展的主力，"匠人精神"是日本科技发展的源泉

在科技方面，日本有两个指标长期名列"世界第一"。一是日本全国的研发经费占 GDP 的比例，长期名列"世界第一"；二是由企业支出的研发经费占全国研发经费的比例，也长期名列"世界第一"。以民间企业作为主要推动力量的日本科技发展，自然会将重点放在技术开发而非基础研究方面，而对于一国的经济发展来说，开发的重要性要远远高于基础研究，这个认识当然不意味着贬低基础研究对人类科技文明发展的重要意义，应该说，对于基础研究的意义，从人类科技文明发展的角度来评价与从一国经济发展的角度来评价，两者不是一回事。日本在基础研究方面所作出的国际贡献少，为此而饱受欧美等世界各国的诟病；另外，重视技术开发又是日本科技发展的优点，这就是能将技术创新"进行到底"，促进生产力发展。① 日本的经验告诉人们，从科技论文出来的东西往往是易于移植和引用的，从科技实践出来的东西往往是易于保密而难以借用的。

日本企业非常重视生产现场，而生产现场恰恰是一个国家竞争力的基础。在民间企业的生产现场，大批优秀的大学毕业生投身生产第一线，与富于"团队精神"的广大员工一起积极追求技术革新，而企业经营者则善于通过管理将技术革新变成集体的知识，使技术革新成为一项有各种知识和能力相互配合的集体的事业。成千上万家拥有"一技之长"和能工巧匠的优秀中小制造企业构成"日本制造"金字塔的基础，很多只有百余名、几十名乃至十几名员工的中小企业为大企业提供高技术零部件、原材料、中间产品、机械装备，或提供试制新商品所需的复杂加工服务，不少中小企业在某种中间产品的世界市场上占很大比例甚至首位，更因为擅长制造独家产品而被称为"only one"（仅此一家）企业。长期以来，在日本工业品出口中，耐用消费品所占比重不到 20%，生产资料产品占比却高达 80%，日本当之无愧地成为高技术、高附加值的机械、零部件、原材料、中间产品、机械装备的"世界供应基地"。

关于日本民间企业员工与科技人员富于精诚的对内"团队精神"和强

---

① 例如液晶作为一种物理现象早就被科学家发现，但由于得不到应用而被世间遗忘，直到 20 世纪 60 年代后期日本人研发袖珍计算器，将液晶性能提高到批量生产水平。此后，从计算器到电子表、电视和手机，液晶日益成为大众化商品的重要组成部分。

烈的对外竞争意识，钱学森曾说，"一个中国人往往比一个日本人强，但三个中国人就往往比不上三个日本人"①。日本企业非常重视提高产品质量，例如美国三大汽车制造企业使用的轧制模具就点名要用"日本制造"，因为美国造的模具轧制 3 万次就磨耗得不能再用了，而日本造的模具可以轧制 6 万—10 万次。

从日本企业身上，人们还可以看到，作为"资源小国"和地震等天灾频发的岛国，日本总是抱有很强的危机感，并具有化"危"（危机）为"机"（机遇）、变压力为动力的出色本领。笔者通过实地考察深深感到："日本作为'资源小国'，却拥有缺乏资源所带来的压力和由于这种压力而激发的活力。拿日本和某些'资源大国'作个比较……这种缺乏资源而带来的压力和活力……比资源本身更加重要。"② 比如，近年来，当日本用于高技术的稀土资源进口受到制约之际，日本企业迅速开发出替代品，改变了依赖进口稀土的被动局面。

（四）战后日本基本上没有作出过重大科技发明和创新

战后日本的科技发展，可以说是"小发明"不断，"中发明"贫乏，"大发明"趋零。其中"小发明"和合理化建议层出不穷的事实，既与日本工业劳动者普遍具有"匠人精神"有关，也与日本企业的积极鼓励有关。1984 年笔者曾考察过日本一家中等规模的工厂，这家工厂的员工每人每年平均提出合理化建议约 50 件，只要提出一件（不管被采用与否）就可获 150 日元报酬，被采用的建议则按等级发给奖金，从 500 日元、1000日元、2000 日元直至 30 万日元（当时工人的工资为十几万日元）不等，每年还选出一两名优秀的合理化建议者，由公司出钱安排去美国旅行。③

然而，所谓"日本的先进技术"主要是通过引进、模仿源自美欧的重大科技创新，对之加以改良和商品化的结果，日本基本上没有作出过重大科技发明和创新，只是美国科技革命的追随者和从属国。整个 20 世纪，许多科技发明出自欧美，然而推动这些新发明或试制品最终实现批量生产

---

① 转引自《钱学森谈日本研究》，载中国社会科学院日本研究所《日本研究特刊》。

② 中国社会科学院日本研究所课题组：《日本的新技术革命》，湖南科学技术出版社 1985 年版，第 247 页。

③ 另据介绍，当时在日本佳能公司，每年获得 30 万日元奖金的职工达 100 人，提合理化建议最多的工人一年提出 200 件之多。

的工作，大多是由日本人完成的，表1列出了20世纪技术发明数、新产品化数、商品化数的国际比较，与美、欧的技术发明数分别达29项和11项相比，日本的技术发明数居然为零；将技术发明转化为新产品的数目，美、欧分别是30项和6项，日本只有2项；使新产品转化为商品的数目，美、欧分别只有6项和2项，日本则遥遥领先，达24项。

表1　　　　　　　20 世纪发明数、新产品数、商品化数的国际比较

	美国	欧洲	日本
发明数	29	11	0
新产品化数	30	6	2
商品化数	6	2	24

资料来源：美国商务部：《研究技术管理》1995 年 3—4 月，转引自冯昭奎《21 世纪的日本——战略的贫困》，中国社会科学出版社 2013 年版，第 139—140 页。

日本人能够做到小发明、小改进不断，坚持不懈地提高产品、服务的质量和可靠性（比如每年运行约 12 万趟的东海道新干线列车，包括灾害时的运行在内，其平均误点时间只有 36 秒）。[1] 然而，即便是"中发明"，日本与欧美相比也贫乏得多，比如光纤（美国）、录像机（美国）、无缝钢管（德国）、工程塑料（美国）、精细陶瓷（美国）等战后科技革命中的"中发明"，其最初发明者都不是日本，然而在这些"中发明"的产业化和商品化方面做得最出色的却往往是日本企业。例如，正是日本的钢铁公司制造出可用计算机控制、能适应地下几千米深处采油需要的材质和精度的无缝钢管，成为国际市场上的抢手货。

（五）出口武器技术的"民生技术大国"

由于存在"武器出口三原则"的限制，长期来日本的武器制造主要用于满足自卫队需要，出口数量很少，导致日本生产的武器装备价格昂贵，其原因就在于产量太少，无法发挥"规模效应"，而且导致日本在以美国为首的西方盟国之间日益兴起的"国际武器共同开发"潮流中陷于"孤立

---

① 『世界を驚かせた日本の技術』、http://sankei.jp.msn.com/economy/news/130105/biz13010507010002 - n1.htm。

化"境地。

制造业是产生技术创新最多的产业领域，日本的民间制造企业所开发的很多民用技术成为可望发掘众多具有军用价值的尖端技术的"宝库"，特别是在半导体、新材料、精密机械等尖端技术领域中，军用技术与民用技术之间并不存在截然分界，而是既具个性，又有共性，既互相区别，又可互相利用和转化。例如美国开发隐形轰炸机等隐形武器使用的涂料，就是从日本一家中小企业提供的用于家用微波炉的电波吸收材料样品中汲取到技术营养。有专家称，在 20 世纪 90 年代初爆发的海湾战争中，美军武器装备上必不可少的半导体芯片中，有 80% 是日本生产的，日本右翼分子石原慎太郎甚至狂言，"在计算机处于包括军事实力在内的国家力量的中枢位置的今天……假如日本将半导体芯片卖给苏联而不卖给美国，就凭这一点将迅速改变美苏军事力量的均衡"[1]。这番话虽然狂妄，却在相当程度上反映了一个事实[2]，这就是由于"日本军民两用技术的发展，使日本的科技力量成为冷战及冷战后国际安全战略格局中的重要砝码，日美在军事技术领域的相互支持和利用加强了美国的技术霸权乃至军事霸权"[3]。在美国推行"重返亚洲"战略的今天，这个事实依然需要人们高度关注。

（六）战后日本科技发展是一个追赶、被追赶、再追赶过程

战后日本科技发展是一个追赶过程，因此在明确追赶目标时期，其发展速度很快，然而一旦追赶上、失去了追赶目标，并陷入"被追赶"境地的时候，就开始彷徨迷茫，陷入了"战略的贫困"。

20 世纪 90 年代以来，日本在信息化方面被美国落下、出现严重战略失误的根本原因，主要不在于技术，而在于制度改革和创新方面的滞后，

---

①　北村隆司『日本を危険にさらす石原と「次世代の党」の国粋主義』、http：//agora-web. jp/archives/1624148. html。

②　事实上，美国军方一方面依赖日本的半导体技术，另一方面又对日本的半导体器件日益深入美国武器装备的中枢部位感到不安。参见『朝日新聞』经济部『軍事技術力』、朝日新聞社、1989 年、第 58 页。从克林顿执政时期开始，随着美国的信息、电子技术迅速发展并反超日本，美国对日本"防卫用的电子、半导体产品"的依赖程度大大降低，但这种依赖至今依然存在。

③　转引自冯昭奎《战后科技革命及其对国际安全的影响》，《国际安全研究》2015 年第 4 期。

因为日本战后40年的发展模式是"规格化大量生产模式"，是"现代工业社会模式"，"从教育、地区结构到金融、工业生产，都是集中于一个问题，就是如何适应规格化大量生产"。然而到了80年代末至90年代，人类文明出现了"从规格化大量生产的社会结构向适应多样化智慧时代的结构转变，即进入了知识经济发展阶段"，日本的适应"规格化大量生产"的陈旧经验不再管用，于是日本落后了。[1] 这说明已经追赶上美欧的日本似乎依然需要一个滞后于他国的"时间差"，以便进行新一轮"再追赶"，踏着先行国家的脚印跟进，而不能开时代之先河，创科技之新风。

另外，日本又面临着新兴工业国家的猛烈追赶。显然，日本的唯一出路就是毅然放弃在"比较劣势产业"领域同发展中国家进行低水平竞争，向着高技术、高附加值的新兴技术产业进军，形成一种技术的"再生产循环"。然而，由于迟迟未能对各种束缚市场活力的政府管制、税制、金融领域过时制度以及缺乏流动性的劳动力市场（包括吸收移民以应对少子老龄化问题）进行大刀阔斧的改革，严重地束缚了日本企业向新型产业领域的发展。目前日本制造业企业的80%以上面临着后继无人问题，许多中小制造企业陷入可能倒闭的困境，如果不克服这些问题，日本以中小制造企业为基石的"技术金字塔"将可能面临倒塌的危险。

六　结语

自2010年中国GDP超过日本、2011年日本发生东日本大地震以来，日本经济和日本企业的艰难处境很受关注，中国国内也出现"日本技术不行了""中国技术已全面超日"等看法。对此，笔者认为，对日本的民生技术、武器技术、军民两用技术的真正实力应进行实事求是的评估，既不应夸大，也不宜低估，更应掌握准确的统计数据，指出日本在民生、武器、军民两用技术方面的具体强项和弱项。[2] 如果中国不能培育出若干个能有长心、有毅力、不"见异思迁"、坚持不懈地磨炼一技之长的千万家中小制造企业组成的产业集群，中国的产业技术水平可能无法赶上日本。

---

[1]　冯昭奎：《日本正处在"知识价值革命"时代——访日本经济企划厅长官》，《世界知识》2000年第7期。

[2]　例如可望用于电池驱动潜艇的锂电池技术、用于X波段相控阵雷达的砷化镓器件技术、用作导弹"眼睛"的电子耦合器件技术等，都是日本的技术强项。

总之，科技力是综合国力的核心，企业进步是国家进步的基石，技能劳动者和科技人员的良好素质是科技发展的源泉，抓住新一轮科技革命机遇是实现"中国梦"的必由之路。①

（本文已在《日本学刊》2015 年第 5 期发表，收入本书时做了部分修改。）

---

① 在 2014 年，习近平主席不止一次地指出："当今时代，以信息技术为核心的新一轮科技革命正在孕育兴起"，参见《习近平致首届世界互联网大会贺词全文》，新华网，2014 年 11 月 19 日，http：//news. xinhuanet. com/zgjx/2014 – 11/19/c_ 133800180. htm。

战后日本产业的发展演进

——赶超成功、模式困境与战略转型

张玉来*

内容提要 近来，日本产业界犹如大浪淘沙。三洋退市、索尼断臂求生、松下结构改革、夏普卖股自救、高田门的"蚁穴效应"、东芝会计造假……层出不穷的"不祥事"充分暴露了日本产业竞争力迅速下滑的严峻事实。而村田电子等零部件企业异军崛起、伊藤忠携手正大持股中信、东丽联手波音与宝马、丰田开放5000项专利，这又反映了日本企业正突破旧观念、顺应全球化潮流、打造联合创新模式。

20 世纪 80 年代，日本产业曾形成强大的国际竞争力，其产品畅销世界，全球贸易占比几近10%，对美出口占比超过三成。借此，日本人均国民生产总值超过美国，成为世界最大债权国。但90年代日本产业却转向衰退、出口下滑、创新乏力。落伍于 IT 主导的技术革命、落后于模块化为特征的生产革命、全球战略趋于保守，这是以电子产业为代表的日本产业步入衰退的三大原因。由此，日本企业纷纷变革自救，日本产业也因此而步入重要转型期。

关键词 日本产业　赶超模式　技术创新　模块化革命　产业转型

20 世纪 80 年代，日本经济创造出辉煌的历史一页：1988 年人均国民生产总值（GNP）达到23416 美元，超过美国，达到世界最高水平。反观1960 年，该数字还仅为477 美元，也就是说在 28 年之间增长了 49 倍。[1]

---

* 作者简介：张玉来，南开大学日本研究中心副主任、副教授。

[1] 経済企画庁『年次経済報告（平成3年）—長期拡大の条件と国際社会における役割』、平成 3 年 8 月 9 日、http：//www5. cao. go. jp/keizai3/keizaiwp/wp－je91/wp－je91－00502. html。

再从整体来看，在世界贸易出口方面，日本占比不断提高，从 1970 年占比 6.8% 快速增长至 1987 年的 9.8%；日本的对外纯资产也由战后初期负值（1967 年仍为负的 9 亿美元）转为正值，到 1988 年年底已经达到 2917 亿美元，成为世界最大的债权国。① 这一切都建立在强大的产业竞争力基础之上，如日本对美出口已占其全部出口额的 34%，而后者则一直是战后世界第一大经济强国，高科技产品是日本敲开美国大门的关键。

然而，步入 90 年代之后，虽然贸易黑字状态继续维持，1992 年其经常收支甚至同比大增 61.3%，达 1259 亿美元，占名义 GNP 的 3.3%，② 但实际上日本产业却已步入强弩之末，出口竞争力开始下降。有三大因素是致使其转向衰退的关键：一是落伍于技术革命，美国主导了 IT 产业技术革命，它成为美国新经济的重要支撑，反观日本却把产业发展目标确立为机器人领域；二是落后于生产革命，20 世纪 60 年代首先在计算机领域生根发芽并普及的模块化，逐步泛化到其他产业，掀起了产业界的模块化浪潮，但日本企业却仍沉醉于精益生产方式，未能敏锐意识到这场设计革命将带来的产业巨变；三是应对全球化浪潮陷于战略保守，面对相关产业从美欧国际大举向新兴市场"整体搬迁"，日本仍极力维护所谓"本土意识"，只是向海外转移了生产功能。

近来，日本产业界犹如经历一场大浪淘沙：一方面是三洋退市、索尼"断臂求生"、松下结构改革、夏普卖股自救、高田门的"蚁穴效应"、东芝会计造假……一个又一个的"坏消息"充分暴露着日本制造业竞争力下滑的严峻事实。但另一方面也出现了村田等的异军崛起、伊藤忠携手中信和正大、东丽联手波音与宝马、丰田开放 5000 项专利……这些"好消息"也反映了日本制造企业正突破旧有观念、顺应全球化潮流、打造联合创新模式。正所谓"沉舟侧畔千帆过，病树前头万木春"。战后 70 年之际，日本产业也再次迎来一场重大的转型变革。

---

① 経済企画庁『年次経済報告（平成元年）—平成経済の門出と日本経済の新しい潮流』、平成元年 8 月 8 日、http://www5.cao.go.jp/keizai3/keizaiwp/wp-je89/wp-je89-00303.html#sb3.3.1。

② 経済企画庁『年次経済報告（平成 5 年）—バブルの教訓と新たな発展への課題』、平成 5 年 7 月 27 日、http://www5.cao.go.jp/keizai3/keizaiwp/wp-je93/wp-je93-00301.html。

第一节　赶超成功：日本产业竞争力的构筑

　　战后日本经济的增长过程，实际就是其产业结构不断升级的发展历程，也可以说，是日本企业在生产效率和技术进步等领域不断实现对欧美发达国家赶超的一部历史。1955 年是战后日本的重要节点，政治上建立起"55 年体制"，成为自民党长期执政的起点；经济上也是在这一年完成了战后经济复兴，从此日本经济开始步入高速增长时期。那么，当时日本经济到底处于一种怎样的起点呢？人均名义 GDP 水平仅仅相当于美国这一数字的 10%！然而，经过 30 年发展之后，1987 年日本人均收入水平超过了美国，再过十年的 1996 年甚至已经比美国人均收入高出 20%，成为全世界最高水平。

技术创新是跬步千里的原点

　　从供给层面来看一国经济增长的话，劳动、资本和技术是三大生产要素，具备并如何实现三者之间的有机组合，这是经济产业发展的关键所在。战争刚刚结束，日本出现了庞大失业大军——被解散的军人 360 万人、战争期间军需产业工人 160 万人、战败而从海外撤回国内者 650 万人，从劳动因素来看，存在供远大于求的状况。就资本而言，当时处于崩溃边缘的经济体系中根本难以挤出产业投资用的富余资本，于是，1940 年在哈佛大学获得博士学位的都留重人，领导经济安定本部（作为日本政府复苏经济规划机构）推出了所谓"倾斜生产方式"，在资金和原料严重不足的情况下，优先集中一切力量以恢复和发展煤炭和钢铁产业为主，以此为杠杆逐步带动整个经济的发展。

　　很显然，相对于劳动和资本而言，技术更是当时日本经济实现复苏的短板所在。于是，引进欧美国家的先进技术就成为日本技术进步的战后起点。由于战争等原因，当时日本与欧美之间形成了巨大的技术落差，而填补这一技术落差的技术赶超就成为日本经济高速增长的原因。之后的 50 年代和 60 年代也是如此，由日本自主研发的技术屈指可数，仅有聚乙烯和晶体管等。大量引进海外技术并进行各种组合的各种技术研发中心，成为推动日本技术进步的主力。进入 80 年代之后，在民间企业的研究开发经费中，技术进口比例开始下降，而技术贸易收支比例开始上升，日本企

业的自主研发得到了极大推进，技术出口也开始增加，这些都表明，日本
与欧美之间的技术差距大幅缩小。

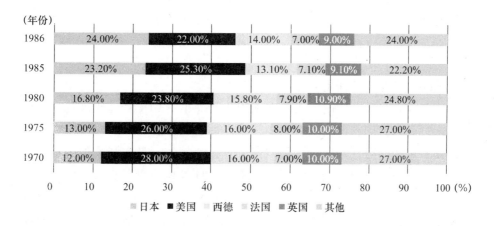

图1　世界高科技产品出口占比（1970—1986 年）

资料来源：美国科学审议会："Science& Engineeringindicators 1989"，转引自科学技术厅
『平成 2 年版科学技术白書』、http：//www. mext. go. jp/b＿ menu/hakusho/html/hpaa 199001/
hpaa199001＿ 2＿ 048. html。

研究开发一直为日本企业所高度重视，成为产业发展的原动力。通过
新的科学发现或是新的技术开发，不断实现技术进步，从而推动产业升
级，赢得国际竞争力。日本以电子机械为龙头，包括机械产业在内都获得
了快速而领先的技术进步。1988 年日本高科技产品贸易收支比高达 5.2，
位居发达国家之首；而且，从全世界高科技产品出口额来看，日本占比约
为 20%，已经实现与美国并驾齐驱的地位（见图1）。1989—1995 年，日
本的电子通信设备和办公设备等产品占到高科技产品出口的 80% 左右。与
此相对照，美国和法国以飞机相关产业出口为主，而德国的高科技产品占
比相对较低。不过，从技术贸易角度来看，美国一直居于领先优势，1996
年其技术出口高达 299.7 亿美元，而进口 73.2 亿美元，技术贸易黑字高
达 226.5 亿美元，[①] 1987—1996 年技术贸易收支为 1471 亿美元的黑字，仍
占据着技术竞争优势。同一时期，日本技术贸易则显示为 329 亿美元的赤

① 科学技术厅『平成 10 年版　科学技术白書』、平成 10 年 5 月、http：//www. mext. go. jp/b＿
menu/hakusho/html/hpaa199801/hpaa199801＿ 2＿ 040. html。

字状态，重点以通信、电子和电子仪器为主，从欧美国家进口。日本的产业技术强项主要集中在一般机械和电子机械等方面，不仅对欧美的技术依存不断下降，相反，在纤维、通信、电子以及电气设备、医药品等领域甚至向海外提供技术出口。到 2002 年，日本政府总务省统计显示，日本在技术贸易收支比方面首次超过美国，成为世界第一。[①]

民间主导型研发领先世界

从各国研究开发费用投入与其国内生产总值（GDP）之比来看，1989 日本超过联邦德国，成为世界第一，而且长期维持在 3% 的水平以上。[②] 但从研发费用的绝对金额来看，美国则一直遥遥领先，日本则紧随其后，排在世界第二位。从研发费用承担主体来看，日本是民间企业占比在七成以上，而政府投入一直不足三成。以 1996 年为例，日本政府所负担的研究开发费用仅占 21%，其余将近八成由民间所承担；另外，从研发经费使用状况来看，政府系统研发机构占比 8.8%，大学占比 20%，企业研发机构为 66.7%，最后就是民间研究机构，占 4.5%。与日本不同，美国政府承担的研发投入占比超过了 30%，德国、英国等更高，法国占比甚至高达 42.3%。[③]

另外，从研究人员的层面来看，根据 OECD 资料，20 世纪 90 年代美国研究人员总数为 96 万，日本则以 66 万人而位居第二。但是，若从总人口每千人的研究人员数量来看，美国为 3.7 人、德国为 2.8 人，日本则为 5.2 人，日本成为全世界比例最高的国家。不过，从支持高端技术研发的研究辅助人员比例来看，日本却意外地处于较低水平。例如，瑞士每位研究人员的辅助人员人数最高，为 1.7 人，此外，法国和德国也都达到 1.1 人，但日本的这个数字却仅为 0.4 人。[④]

再从作为研究开发重要成果之一的专利申请数量来看，1979 年之后，

---

① 技术贸易收支比也就是一国技术出口与其进口的比值，它是该国技术水平的重要指标。不过，技术贸易额同样也非常重要。

② 科学技術庁『平成 11 年版　科学技術白書』、平成 11 年 6 月、http：//www. mext. go. jp/b_menu/hakusho/html/hpaa199901/hpaa199901_ 2_ 016. html。

③ 科学技術庁『平成 10 年版　科学技術白書』、平成 10 年 5 月、http：//www. mext. go. jp/b_menu/hakusho/html/hpaa199801/hpaa199801_ 2_ 030. html。

④ 科学技術庁『平成 10 年版　科学技術白書』、平成 10 年 5 月、http：//www. mext. go. jp/b_menu/hakusho/html/hpaa199801/hpaa199801_ 2_ 038. html。

日本的专利申请数量一直遥遥领先于其他国家。1995年其专利申请数量就达到了38.9万件，远远超过第二位的美国的23.5万件。到2005年，日本在全球专利申请数量已经达到51.9万件，美国则以33.4万件仍居第二位。① 不过，从专利申请所在地而言，日本更显得"内向"，而美国则表现出突出的外向型特征。1995年，美国在海外申请专利数量是国内的6倍，相反，日本在国外申请专利数量还不及国内的40%。

国际化战略也是其竞争制胜之法宝

二战之后，日本对外投资起步于1951年，但由于日本政府在国际收支方面实施严格限制，到60年代为止，与美国等相比较而言，日本对外直接投资还处于微乎其微的状态。从60年代后期开始，伴随着日本的资本自由化，对外直接投资的限制逐步放宽，而且，1973年外汇也转向浮动汇率体制，这一年开始日本对外投资出现实质性增长。当时，对外直接投资特征是在生产成本较低的亚洲进行直接投资，且以纺织产业和电子设备为主。非制造业投资主要是在欧美投资的销售网络建设，或者为了获得稳定的石油、铁矿石资源供给而向资源型国家的投资。

到了80年代，由于日本商品大举进入欧美市场，导致日本与美国和欧洲国家出现严重贸易摩擦，以此为背景，日本企业开始采取"绕开贸易壁垒"进入对方市场的方式，即采取直接投资方式进入该国市场。伴随着1977年日本对美国出口彩色电视机采取自主限制措施，1981年又对向美国出口汽车采取自主限制措施，于是，以电子设备和运送机械为主，大批日本企业开始以直接投资方式进入欧美国家市场。

1985年"广场协议"带来了日元大幅升值，这更让日本企业对外直接投资快马加鞭。加之1988年美国导入了"超级301条款"，而欧洲则加速走向区域一体化进程，这更催促日本企业加大直接投资来避开贸易摩擦，日元升值显然又大大降低了投资成本，1989年日本企业对外直接投资额高达9万亿日元。与此同时，非制造业领域，也出现金融、保险以及不动产业对外直接投资也开始加速，一批大型并购案相继出现。

进入90年代，伴随"泡沫经济"崩溃导致日本经济减速，企业经营

① 科学技术庁『平成19年版 科学技術白書』、平成10年5月、http：//www.mext.go.jp/b_menu/hakusho/html/hpaa200701/032.htm。

恶化也导致其资产价值下降而影响了企业筹资，对外直接投资一度降温。但 1993 年以后日元再度转向升值通道，对外直接投资再度向上。1997 年度制造业对外投资再度升至 2.4 万亿日元，[①] 而且，投资地也转向亚洲地区。

从成本到国际分工的东亚经济圈

日本企业大举进入东亚地区的动机非常简单——可以大幅削减生产成本。以东亚地区与日本国内的生产成本相比较，极具有魅力。有 60% 的日本企业认为，若以日本国内制造成本为指数 100 的话，那么投资东亚地区的制造成本只有 70—90。而且，东亚地区劳动力供给丰富，而 80 年代后期开始，日本国内的劳动力供给出现了严重不足的现象。另外，从市场需求角度来看，整个东亚地区（包括东盟四国、"四小龙"以及中国在内）名义 GDP 已经从 1986 年的 6568 亿美元，迅速增长至 1995 年的 21653 亿美元，10 年增长了 3.3 倍，市场潜力具有极大前景。

区域一体化建设进一步推动日本企业投资该地区。起初，投资于东南亚地区的日本企业，考虑到各国所实施的高关税政策而采取了"一国一工厂"的战略，而面对东盟签署 AICO 计划以及 AFTA 自贸区计划，日本企业开始重构东亚地区生产据点，采取集约化战略，进一步提高了生产效率。比如家电厂商和零部件供应商在地区内各国设立更加集约化生产基地，本着区域内分工网络建设的目标，大举推进跨地区的产业链分工。

产业集群也发挥了重要作用。伴随着区域内分工发展，本地采购或区域内采购不断扩大，形成了各个地区的产业集群。这又进一步降低了生产成本，从而推动日本企业实施技术转移，甚至开始把设计与开发功能转移到该地区。另外，当地日企所组织的向日本总部派遣研修工人，以及从日本总部派来技术人员培训当地员工，这些人才培养的措施也提升了区域内的产业投资环境。

伴随着日本企业不断扩大在东亚的生产，日本对东亚地区出口，特别是生产设备以及机械类零部件出口不断增长。与此同时，在东亚地区投资的当地日本企业也扩大了向日本出口产成品，形成了对日本的所谓"逆进口"（由海外日企向日本进口）的扩大。当时，日本制造业企业制定了新

---

① 经済産業省『2005 年版ものづくり白書』、2005 年、38 页。

的国际分工战略，一种是"面向国内市场的产品在国内生产；面向海外销售的产品则转移到海外"，采取如此战略的企业占比最高；再有一种是"国内生产主要集中在新产品、高附加值产品，通用型产品转移海外"，制定这样战略的企业也不少。事实上，伴随着生产的大量向海外转移，就形成了从日本向这些生产基地供应零部件的贸易流，而生产成本又促使日本企业不断扩大海外生产规模，从而向欧美市场甚至日本市场提供产成品。于是，以日企直接投资为契机，在东亚地区形成了紧密的产业分工型经济圈。

第二节　模式困境：全球化与技术革命的冲击

20 世纪 90 年代，美国进入了以 IT 技术革命为特征的新经济时期。与欣欣向荣的美国经济正好相反，80 年代中后期开始的日本"泡沫经济"却几乎在同时崩溃，日本陷入了"失落的二十年"。

日本电子产业集体溃败

在"泡沫经济"崩溃之前，日本电子产业与汽车产业成为支撑日本经济发展的两大核心支柱。而且，日本电子产业界巨头们也不断实施精细化经营战略，形成了一个个超大型混合体模式（conglomerate），最具代表的就是十大企业集团——日立制作所、松下电器产业、索尼公司、东芝公司、NEC 公司、富士通公司、三菱电机、三洋电机、夏普公司、先锋公司。但是，一味强调销售额与经常利润，把经营触角覆盖到企业所能涉足的几乎所有领域，这种过于强调"规模经营"的模式，却让日本企业纷纷丧失了核心竞争力（core competence）。

日本电子产业巨头普遍采取事业部为核心的投资管理模式，这就导致各事业部"各自为政"的特点。为了扩大收益，各个事业部也不断扩大投资，带来企业生产能力普遍过剩现象。由此，也导致了缺少能够立足整个企业集团高度的投资战略。而且，泡沫崩溃后的日本资本市场也越加重视 ROE（股东权益收益率），过度重视经营资源效率的倾向，加大了实施战略投资的难度。这是日本 DRAM 领域在 90 年代初期被韩国反超的重要原因之一。

90 年代，日本家电产业销售额仍然维持了不断增长趋势。索尼、夏普、松下、富士通和 NEC 五大代表企业销售总额从 1990 年的 18 万亿日元增至 2000 年的 28 万亿日元，增幅达到 55%。[1] 但是，日本家电企业的营业利润却出现一路下滑，从 1990 年的平均 7% 下跌到 1998 年的 2% 的水平。21 世纪之后，日本家电产业颓势继续，到 2001 年十大巨头中，仅有索尼等 4 家企业勉强维持黑字，而日立、松下等 6 家企业均出现大幅赤字，赤字总额加总高达 1.9 万亿日元。

总之，日本电子产业整体衰退的原因包括如下几点：其一，产品价格下降严重挤压了企业利润空间，伴随电子产品数码化、半导体领域摩尔定律的影响，加之全球生产与全球销售的迅速普及，电子产品价格出现普遍下降趋势；其二，企业营销能力普遍下降，伴随量贩式销售以及电商模式的普及，制造型企业定价权遭到削弱，而且，销售商还可以 OEM（委托生产）方式生产自己品牌，韩国、中国台湾等家电企业的咄咄逼人导致日本综合电子巨头竞争力下降；其三，产业水平分工趋势带来的巨大压力，受模块化革命普及影响，以苹果公司为代表的新型企业开始去工厂化（fabless），代之以委托生产的 OEM 方式来打造竞争力，在这种浪潮下，日本企业仍然坚持传统的垂直一体化模式，导致竞争力下降；其四，丧失了核心竞争力，90 年代后期，日本企业经营改革主流趋势是获得现金流，各个企业纷纷导入分公司体制，但在这种"选择与集中"改革过程中，却因过度强调现金而忽视了维护核心竞争力。以索尼公司为例，因把精力集中于动漫开发和金融服务，其电视机、音乐等硬件领域竞争力却逐步丧失。

"高技术与低利润"的悖论

1999 年至 2009 年，这十年间日本出口欧美产成品从 1451.5 亿美元骤然降至 954.7 亿美元，降幅达 34%。但在同一时期，日本出口中国及东南亚地区的中间产品，却从 642.8 亿美元攀升至 1416.2 亿美元，升幅达 120%。[2] 这两个相互背离的事实说明，日本制造业正在从最终产品的制造者，变身为"全球制造体系再分工"的上游供应者。不仅如此，日本贸易出口的中间品大多又具有所谓"唯一性"，也就是说，占有更高的世界

---

[1]　三井物産戦略研究所『日本のエレクトロニクス産業—危機に直面する産業から読み取れるもの』、2012 年 8 月 15 日、5 頁。

[2]　経済産業省『通商白書 2011』、2012 年、96 頁。

份额。

以半导体芯片为例。半导体素有"工业大米"之称，伴随技术进步、特别是信息技术发展，几乎所有产业都离不开半导体产业芯片。而在全球半导体产业链中，日本企业控制着上游领域，它占据着37%的半导体装置和66%的半导体材料市场，在某些领域甚至占有一半乃至90%以上份额，形成了垄断优势，[①] 如在电子束扫描、显影以及切割装置等领域，东京电子、尼康、佳能、信越化学、SUMCO、东京应化等都是代表企业。另外，日本还有"微控制器（MCU）王国"之称，据美国 Gartner 公司调查数据，在微控制器领域中，日本占了前十位中的四席（2007年）。另据美国 iSuppli 公司数据显示，有5家日本 LSI 厂商进入全球前十。例如瑞萨电子公司在上述领域都独占鳌头，占有该市场20%的份额。[②]

然而，日本企业却陷入另一种困境——拥有技术优势却盈利乏力。近年来，过去日本企业以技术优势获得市场的传统发展模式已严重受阻，在全球市场中，日本半导体产业整体萎缩势头一直在延续。2011年日本半导体产业继续下滑，其全球产值占比跌破20%大关，降至18.9%的历史最低点。[③] 而在20世纪80年代，日本半导体产值曾占全球半壁江山，最高曾达到51%市场份额（1988年）。[④]

日本大地震之后，日本芯片产业更是出现"哀鸿遍野"惨状。在45家主要半导体厂商中，37家企业的销售额出现同比负增长，25家企业陷入了赤字经营。在全球 MCU 市场中占有率第一，也是日本半导体代表企业的瑞萨电子，出现了史无前例的626亿日元巨亏。[⑤] 另外，作为日本唯一 DRAM 生产商的尔必达存储公司，也因常年亏损而被迫在2012年宣布破产，这家曾是日立制作所与 NEC 在1999年联手打造的企业，如今不得

---

① DBJ『最先端のものづくり支える日本の半導体製造装置産業』、日本政策投資銀行、No. 181-1、2012年9月21日。

② 小島郁太郎『マイコン業界、黒船来航で競争激化』、『日経マイクロデバイス』、2008年11月号、27—35頁。

③ HIS iSuppli November 2012『2012年売上を本社所在地別にみた世界半導体マーケットシェア』、Tech - on! http://techon.nikkeibp.co.jp/article/NEWS/20121205/254641/？SS = imgview&FD = 1248918330。

④ 清水誠『半導体産業の国際競争力回復に向けた方策』、『ガートナーデータクエスト』、2005年8月、GJ05441、日本政策投資銀行、2006年。

⑤ 『ルネサス、最終赤字626億円12年3月期』、『日本経済新聞』、2012年5月9日。

不接受美国美光科技 2000 亿日元融资，成为其旗下子公司。由此，日本政府在 2009 年投入的 300 亿日元公共资金也瞬间化为泡影。① 从事半导体及相关业务的日本大企业同样遭受波及，索尼、松下及夏普三大企业集团 2011 年度赤字合计达 1.7 万亿日元，仅有富士通勉强维持了盈利状态，其利润也同比出现 22% 的下滑。②

"模块化改革"的严重滞后

1962 年 IBM 公司 360 体系设计是最早的模块化实践，这种崭新的生产方式很快在计算机领域普及，它带来了更加效的生产效率。从 20 世纪 90 年代开始，该模式又开始向其他产业领域蔓延，汽车产业的平台化趋势就是典型特征，最成功的案例就是德国大众汽车公司。进入 21 世纪以来，全球半导体产业步入更深层的模块化革命。以芯片为主的大型半导体公司普遍采取所谓 Fab Lite 战略，这是一种把生产委托给外部企业的模式，公司自身专注于设计研发。这一浪潮迅速席卷整个产业，它还催生出专门负责委托生产的厂商——Foudry 企业，代表型企业就是中国台湾的 TSMC（台湾机体电路制造有限公司）。

概况而言，半导体芯片产业的模块化已经经历了四大阶段：20 世纪 60 年代以前是所谓"全能企业"阶段，大多数企业全部采用垂直一体化的 IDM（Integrated Device Manufacturer）模式，其特征是企业覆盖了整个产品的设计与制造、封装及测试等全过程，属于一贯式经营模式；20 世纪 60 年代后期，出现了半导体材料与半导体设备开始分离，半导体芯片生产设备开始分离出去，整个产业形成 IC、设备和材料等三大子产业体系；从 20 世纪 70 年代开始，又出现了所谓前、后工程分开阶段，即封装与测试等后工程从整个产业中分离，这主要因为半导体后工序封装、测试等已基本物化到设备仪器技术和原材料技术之中，那些半导体后工程转向了劳动密集的东亚新兴国家；20 世纪 80 年代中期开始，进入半导体的设计分离阶段，由于 CAE 等辅助设计技术发展，半导体产业出现专门从事 IC 的设计公司——Fabless，如 1982 年成立的美国 LSI Logic 公司。

---

① 『エルピーダ、米マイクロンが買収へ3000 億円支援』、『日本経済新聞』、2012 年 5 月 6 日。
② 『ソニー赤字最大、5200 億円、国内テレビ3 社損失計上計 1.7 兆円』、East-japan、2012 年 4 月 11 日。

半导体芯片产业的高度模块化，也经历了不断深化过程，20世纪90年代后期这种高度分工模式的卓越成效凸显出来。在1994—2005年，全球专业化芯片设计公司（Fabless）数量增加了4倍，其整体营业收入也增长了40倍，年均增幅超过22%，远高于半导体产业整体8%以及IDM模式平均7%的水平。

日本半导体芯片产业一直滞后于模块化改革。1986年《日美半导体协定》的签署促使日本半导体产业步入最辉煌时期，其原因在于它有效控制了当时最具增长力的DRAM领域，而美国Intel公司却主动放弃了DRAM市场，转身进入了CPU和逻辑电路领域。90年代之后，日本芯片厂商便陷入腹背受敌之困境：一方面韩国企业在DRAM等领域迅速赶超；另一方面，美国企业早已悄悄占领了半导体设计的高端，全球顶尖的Fabless厂商多为美国企业。

一场不彻底的改革转型

21世纪之初，日本大型电子巨头曾实施战略重组，试图掀起半导体产业革命，实施了"跨企业、按不同业务分类进行的大规模重组"。核心方针有两点：一是大企业纷纷放弃DRAM存储业务；二是各企业切割重组新的系统LSI企业。当时东芝公司、富士通公司、索尼公司、松下公司、三洋公司、冲电气工业（OKI）等大企业，都退出了DRAM方式存储业务。另外，NEC公司和日立、三菱电机之间又重组了DRAM，成立了唯一一家DRAM的尔必达存储公司。在系统LSI领域，日立公司与三菱电机进行业务重组，成立瑞萨科技公司，2010年NEC公司也参与进来，将其LSI业务加入到新的瑞萨电子公司，组建起日本也是世界最大的微控制器企业。但是，除OKI的LSI业务加盟罗姆之外，大多数电机企业仍然继续保留了系统LSI业务，甚至作为重点战略，纷纷在公司内部成立专门的半导体公司。

这场大规模业务重组，也一度为日本半导体产业复兴带来新的活力。当时，出现了专业化、协作化和高端化等新的产业分工趋势，瑞萨电子迅速占领了世界MCU的主导地位。但是，相对于国际芯片产业"设计与制造分离"的发展趋势而言，这场变革又显得非常不彻底，改革之后，日本半导体产业也没能出现专业化的半导体设计与生产企业。在全球半导体产业卷入深度模块化浪潮之际，日本再次落伍，这成为其盈利大幅度下滑，并导致其市场份额逐步丧失的关键原因。

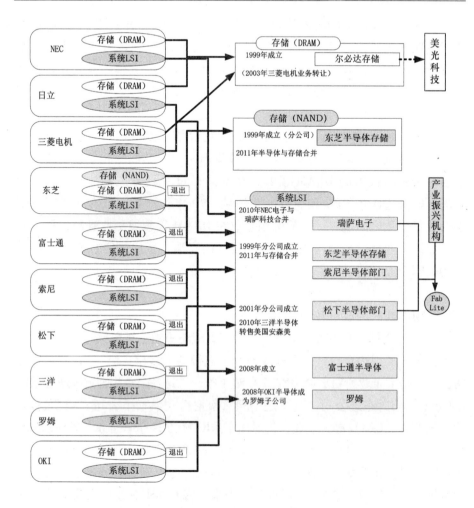

图 2　日本综合电机企业的半导体业务重组（1999—2011 年）

20 世纪 90 年代之后，全球半导体芯片产业的"设计工程"与"制造工程"分离趋势越加明显，世界范围内出现"设计—代工"这一新的生产合作方式，原有垂直一体化生产模式开始被水平分工模式所逐步取代。在美欧地区迅速崛起了一批专业化的设计公司，如美国的赛灵思（Xilinx）和阿尔特拉（Altera）等。与此相应，在东亚地区则崛起了一批专业化的芯片生产厂商，如中国台湾的台积电（TSMC）和联华电子（UMC）等企业。

事实证明，相对于传统垂直一体化模式（IDM），这种新的分工生产模式更加有效率、更具盈利特征。表 1 对比了 2004 年不同模式运营的芯片企业的盈利特征，整体而言，传统 IDM 企业明显逊色于采纳新模式的公司。

表 1　　　　　　　芯片产业经营模式盈利能力比较（2004 年）（单位：亿日元、%）

	专业制造商（Foundry）				专业设计商（Fabless）				垂直一体化制造商（IDM）					
	台积电公司		联华电子		赛灵思公司		阿尔特拉		NEC 电子		德州仪器公司		英特尔公司	
	数额	占比	数额	占比	数额	占比	数额	占比	数额	占比	数额	占比	数额	占比
销售额	8323	100	4181	100	1691	100	1099	100	7080	100	13609	100	37006	100
基本成本	4575	55.0	2988	71.5	619	36.6	336	30.5	4859	68.6	7523	55.3	15645	42.3
R&D	405	4.9	238	5.7	330	19.5	195	17.8	1079	15.2	2140	15.7	5169	14.0
纯利润	2987	35.9	1030	24.6	336	19.9	298	27.1	160	2.3	2013	14.8	8130	22.0

资料来源：日本经济产业省产业调查班『半導体産業の国際競争力回復に向けた方策』、2005 年。

相对于全球芯片产业水平分工模式迅速发展的趋势，多数日本芯片企业却仍然保持着传统的垂直分工体系，即 IDM 模式。然而，面对市场份额不断被侵占、利润大幅下滑的严峻形势，日本芯片企业也被迫实施战略转型，特别是 2011 年日本大地震之后这种趋势越加显著。

第三节　战略转型：喜忧参半的日本产业改革

受老龄少子化等结构性因素的影响，日本企业面对未来将持续萎缩的国内市场而选择了更快地"走出去"战略，扩大海外经营成为日本企业获取新的盈利的重要战略支柱。而且，为了提高"走出去"效率，日本企业还开始导入并不擅长的并购（M&A）战略，2000 年日本企业海外并购动用资金创纪录地超过 7 万亿日元，并购案件数量也超过 150 件。2007 年并购案件更是突破 400 件，并购资金约 15 万亿日元规模。① 大步"走出去"是进入 21 世纪以来日本企业经营的重要特征之一，与此相伴，采取彻底而深入的结构改革也是日本企业的另外一个突出特征，然而，从这种以转变企业经营战略为目的的结构改革的结果来看，各个企业却是喜忧参半。

① 米山洋『日本企業の対外 M&Aが加速』、『ジェトロセンサー』2014 年 6 月号、60 頁。

放弃"全能企业"的结构改革

为了适应全球半导体产业第四次革命——设计与生产分离的趋势，日本半导体产业掀起了一场摆脱"全能型企业"的结构改革，最典型的案例就是东芝共识和瑞萨电子公司所实施的系列改革。

东芝是日本最大的半导体厂商，其半导体产品的销售额也位居全球第三。2011 年 8 月，东芝公布其半导体业务的结构改革方案，其改革的核心目标就是要走向高附加值化，为此，彻底放弃传统的"全能式"产业结构，把重点转向半导体前工程，同时，集中精力和资源来开发新一代半导体产品。

"集中研发高附加值产品，强化成本竞争力"，这是此次东芝改革的基本方针。改革主要包括五大内容：一是大幅压缩分立半导体部件（discrete semiconductor）业务，确立以高能效半导体为主的业务结构，未来以 LED、SiC、GaN 等作为公司的研发重点；二是将公司的系统 LSI 业务分为逻辑 LSI 业务和模拟图像 IC 业务，同时公司转向无工厂化设计厂商（Fab Lite），把生产业务模块转为外部委托方式；三是半导体存储业务向更新技术转型，重点开发三元技术产品，投入所谓 MRAM 等最新产品；四是统合旗下的 HDD 与 SSD、NAND 三大业务，形成统一的解决方案；五是整合和重组国内生产基地，把原来六大生产基地压缩为三大基地，关闭北九州、静冈和千叶等工厂。

日本半导体代表企业，瑞萨电子的改革颇为引人注目。作为半导体产业的"新兴势力"代表，瑞萨电子是全球最大的 MCU 厂商。2012 年 7 月，它推出了令业界震惊的改革方案——关闭 12 座工厂、削减 1.4 万名员工。[①] 此次大刀阔斧式改革的核心词是"削减"和"退出"，也就是要大规模"瘦身"的同时，实现向更加专业化转型。此次改革内容包括五点：一是削减国内 6 成生产基地，将 19 个生产基地压缩至 7 个，直接解雇员工人数达 7000 人；二是彻底切割与核心业务无关领域，退出半导体芯片之外的手机半导体业务，为此再解雇 5000 名员工；三是部分生产"移师海外"，把半导体芯片的组装与配线等"后工程"转向海外生产基地，国内原来的 9 个"后工程"仅保留 1 个；四是非核心生产采取外部委托方式，

---

① 『ルネサス12 工場削減』、『朝日新聞』、2012 年 7 月 4 日。

非必要特殊技术与设备委托给台湾等企业生产，退出相关业务；五是确立两大战略核心——专业 MCU 和高能半导体产品（Power），前者是汽车与家电相关的核心 MCU 芯片，瑞萨电子确立了占领全球 30% 市场份额的目标，后者是开发调节电流电压的高能效半导体，继续执牛耳于整个产业。

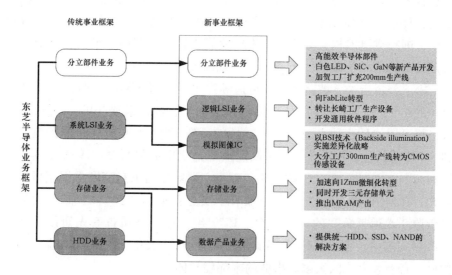

图3 东芝公司半导体事业改革框架

总之，放弃传统 IDM 模式、脱离"全能企业"成为日本半导体芯片企业战略调整的关键。大幅削减或压缩相关业务，特别是那些长期不盈利业务，成为此次改革重点。如松下就决定压缩营业利润在 5% 以下的所有业务，特别是对通用型产品采取水平分工方式，不再坚守"大而全"的全生产链。此外，政府支持和大企业间合作，也是日本半导体芯片产业转型改革的重要特征。

另外，日本政府也没有袖手旁观。早在 2009 年 7 月，日本政府就出资成立了产业革新机构（INCJ），它实际就是一家日本特色的投资基金，它有效填补了日本风险投资资金先天不足的劣势。在总资产 905 亿日元中，政府出资达 820 亿日元，超过 9 成，另有 16 家民间企业参与投资。不仅如此，由于有日本政府做担保，该机构还可以从金融机构获得 8000 亿日元的融资规模。值得关注的是，该机构并不计较短期盈利，其核心任务就是支持产业创新。该机构创立当年就出现 9.8 亿日元的巨亏，纯利润甚至出现 12.92 亿赤字。[1]

日本电子产业的艰难转型

截至 2000 年，尽管日本电子产业也不乏改革和创新企业，但整体产业衰退的大趋势并未出现改观。步入 21 世纪之后，索尼、松下、夏普、东芝、日立、NEC、富士通等综合电子企业再度高擎"选择与集中"改革大旗，削减或退出相关业务，实施经营战略转型。其中，最具典型意义的就是松下的"结构改革"和索尼的"断臂改革"。

松下公司步入下坡路的起点可追溯到 20 世纪 80 年代中期，1986 年该公司的总资产利润率（ROA）突然掉头向下，骤然跌破 10%。对松下而言，更可怕的是这种衰退并非一时性的，到 1999 年度其利润率甚至滑落到 3.3% 的低位。松下公司向来高度重视企业投资利润率，1984 年其总资产利润率曾创纪录地达到 19.4%。而且，这家公司更是高度重视创新经营理念，其创始人松下幸之助甚至被日本实业界奉为"经营之神"，他创立了所谓"水道哲学"的经营理念。1977 年，松下公司曾率先研制销售了 VHS 格式家用录像机，1983 年实施"行动 61"改革，构建起电视机、录像机、音响和电化四大家电事业的本部经营体制。

那么，为何松下为何突然转向衰落呢？这大致可归结为三大主因：一是经营模式严重滞后，或许正是因为创始人被奉为神，所以在松下幸之助 1989 年去世之后，其亲手缔造的事业部制、组织化家电流通体系以及"就业第一"经营理念等，一直在公司内被奉为圭臬，成为改革禁区，这就使松下没能搭上全球经济全球化与 IT 革命的快车；二是投资战略出现迷失，1986 年谷井昭雄社长提出以 7800 亿日元巨资收购美国 MCA，但大相迥异的企业文化使此次收购最终落败，鸡飞蛋打的松下竟然为此损失了 1600 亿日元，也耽误了实施战略转型的机遇；三是"大企业病"带来了经营效率低下，90 年代公司在原有庞大体制上，又叠床架屋地设立了家电和信息通信等部门，导致公司内文件主义盛行，各个部门也各自为政，创新精神逐渐丧失殆尽。

松下的战略转型经历了两次重大改革——中村改革和津贺改革，前者主要是战略层面，后者重点转向业务结构转型。2000 年，中村邦夫下车伊

---

[1] 『ルネサス、最終赤字 626 億円 12 年 3 月期』、『日本経済新聞』、2012 年 5 月 9 日。

始便打出"21 世纪超级制造业企业创新"的鲜明旗帜，紧接着又公布了三年改革计划《创生 21 计划》。松下迎来了经营战略转型，它终于放弃了传统的"大量生产，大量销售"模式，转向适应 21 世纪新型制造企业。中村改革获得极大成功，继 2001 年度出现 4310 亿日元赤字后，松下很快步入 V 字形复苏，2002 年度营业利润回升至 1266 亿日元，2007 年度其营业利润高达 5195 亿日元。[1]

中村改革的关键是破坏与创造，即"破坏"旧体制——放弃传统事业部制，重新筛选核心事业；"创建"新的经营体制——扁平化组织和单元化生产方式。改革涉及人、财、物以及组织领域：人事上不再坚守"维护就业"的传统理念，实施 1.3 万人大裁员，降低人工成本 1600 亿日元；以单元生产方式替代传统流水线，强调多能工、多品种小批量；放弃事业部主导体制，导入预托投资制度，强化总部对海外企业控制；废除事业部制、改革董事会，创建扁平化公司治理模式，将原 100 多事业部整合为 14 个领域子公司。

中村之后，松下实现七年持续增长，2007 年销售额突破 9 万亿日元。但金融危机阻断了松下增长之路，2012 年销售额跌破 8 万亿日元，盈利能力也随之下滑，2011 年、2012 年均出现超过 7000 亿日元的大幅赤字（7671 亿日元、7543 亿日元）。这成为津贺一宏社长实施业务结构改革的原因。津贺改革明确提出"去电视化""放弃等离子技术""从 B2C 转向 B2B"等明确口号，掀起了一场史无前例的业务重组。一是大规模裁员，总部、电池事业等部门人员编制减半，手机业务也转移马来西亚；二是"去电视化"，将企业资源集中到高附加值领域；三是经营模式转向进攻型，以汽车电池为例，松下不仅成为丰田最大合作伙伴，也携手美国新兴电动汽车企业特斯拉。2013 年度松下再度迎来曙光：集团销售额同比增长 6%，达 7.7 万亿日元；营业利润同比骤增 90%，实现 3051 亿日元；纯利润由 7543 亿日元赤字扭转为 1204 亿日元的黑字。[2]

索尼公司在同一时期也实施系列改革。从 1999 年至 2012 年，索尼累计裁员达 7.3 万人。但似乎改革成效并不显著，2008 年金融危机后索尼又

---

① 松下電器『2007 年度決算は22 年ぶりに過去最高の純利益』、AV Watch、2008 年 4 月 28 日、http：//av. watch. impress. co. jp/docs/20080428/pana. htm。

② パナソニック『2013 年度は営業利益 3051 億円で最終損益も黒字転換』、マイナビニュース、2014 年 4 月 28 日、http：//news. mynavi. jp/news/2014/04/28/462/。

陷入长期赤字状态，2011 年赤字攀至 57 亿美元。穆迪也以此而不断下调其信用评级，2014 年索尼跌入"垃圾级"。谁敢相信索尼曾是世界技术创新的领军者，它从收音机、电视机到随身听等，为世界贡献了 12 项具有划时代意义的新技术。2014 年年初，背水一战的索尼提出了"断臂式"改革计划，退出个人电脑业务并大幅裁员，同时还剥离电视机业务。

电子零部件产业的成功之路

2007 年苹果公司的第一款 iPhone 手机开始了一个新的时代，人类步入了智能电子时代。到 2013 年为止的七年间，全球智能手机出厂量突破 10 亿台。伴随智能电子产品的日趋普及，日本电子部件厂商也开始从"幕后"逐渐走上"前台"，它们凭借各自在不同领域的独特专有技术、卓越的性能以及优秀的质量，赢得了市场。这种所谓"鲫鱼现象"——附着鲨鱼身边、为其清除寄生虫的小鱼，可免费享受鲨鱼护航而不断成长——恰好证明了日本电子零部件产业的成功之路。下面以全球最大陶瓷电容器厂商也是世界 500 强的村田制作所为例，阐释日本电子产业的成功路径。

B2B 的"隐形冠军"。村田制作所源于一家名不见经传的陶瓷作坊，1939 年从岛津制作所获得飞机计速零件订单为契机，转型生产精密特殊陶瓷。1944 年又迈入电容器领域，最终获得了三菱公司的认可。战后第一次技术突破是参与日本政府资助的鱼群探测器项目，它利用与京都大学合作的科研资源，开发出廉价的碳酸钡稳定器。1950 年公司改组为村田制作所，相继成为神户工业（富士通）、日本电气（NEC）、日立制作所、东京芝浦电气（东芝）、东洋通信机等大企业供应商。

进入晶体管时代之后，日本电视机大举进军海外市场，以此为契机，村田也出兵海外。1960 年，它开始为摩托罗拉、通用电气等美国企业供应陶瓷电容器。此后，接踵而至的电子产品革命更让村田顺风顺水。一台黑白电视需要 50 个陶瓷电容器，而彩电则需要 100—150 个，于是，1970 年村田的该产品月产能达到 2 亿个。这一年，村田成功在东京证券所一部上市。两年之后，又在新加坡设立子公司，为该地的日立、三洋电机、GE 和飞利浦等供货。1973 年以为 GM 供货为契机，村田又踏入了美国的大门。

今天，村田制作所成长为跨国企业集团，在全球拥有 101 家企业。2015 年销售额已攀升至 10435 亿日元，营业利润更高达 2145 亿日元，营

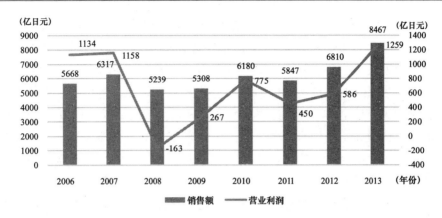

图4　村田制作所近期销售额与营业利润

资料来源：村田製作所ホームページ。

业利润率高达20.6%。① 村田全球总资产也达1.2万亿日元，税后纯利润高达932亿日元。产品线也覆盖了电容器、压电产品及相关电子组件、通信及电源模块等，业务范畴涵盖了通信、计算机、汽车电子以及家电等领域。在部分领域它拥有强大竞争优势，如95%的振动传感器市场、70%的陶瓷谐振器、60%的通信模块、45%的滤波器、35%的静噪滤波器和积层陶瓷电容器市场。

那么，村田电子等日本电子部件产业是凭借什么获得成功的呢？仅就村田的经营历程来看，两点经验至关重要：一是技术创新；二是适应时代潮流的经营战略。

村田公司高度重视"研发"的作用，其企业标志下面的一行英文意思是"电子产业改革者"，它号召"每一名员工都应作为改革者，不断追求创新自己的工作"。不仅停留在经营理念，该公司重视研发更重视付诸实践，规定公司每年销售额的7%务必用于研究开发。以2013年8467亿日元销售额为例，其2014年研发费用就达593亿日元。长期以来，村田的专利申请数量一直在600件以上，2007年之后还呈现出新增长势头，2012年达861件。②

---

① 『連結経営成績』、村田製作所ホームページ、2015年9月30日、http：//www.murata.com/ja‐jp/about/ir/financial/results。

② IP　FORCE　『知財ポータルサイト.特許ランキング』、2015年9月30日、http：//ip-force.jp/invention‐1146‐0‐1.htm。

　　"产学协同发展"是村田实现技术进步的重要手段之一。村田很早就支持大学科研事业，京都大学钛瓷半导体研究项目就是一例。也正因如此，钛酸钡技术才很快就应用到村田产品中，成为其主力产品的钛瓷电容器。村田与京大的"产学协同体制"还覆盖诸多领域，村田甚至租借该大学教研设施，让全体员工到这里从事研究和质量改善活动。1951年村田资助成立了钛酸钡实用化研究会，成员包括东京大学、京都大学、东北大学以及产业科学研究所等单位。这种"借助大学智慧"的经营哲学为村田技术进步奠定了坚实基础。

　　村田还确立了明确的研发战略和原则，它提出"全球专利"战略，积极在各国申请专利，该公司专利已有一半实现了全球化。20世纪80年代它又提出"开放战略"，把公司现有专利标准化之后向客户商开放，确保并扩大市场份额。为免遭知识产权侵害，村田还制定"闭门战略"，对非关联企业实施产权保护。在产品开发过程中，村田确立了两大开发原则：一是开发极致的小型化产品，如其积层陶瓷电容器（MLCC），2014年开始了0201尺寸（0.25mm×0.125mm）超小型部件，小到肉眼几乎看不到；二是开发多功能集成产品，致力于将其独具的近距离无线通信、调谐器、电源模块以及蓝牙等技术，集合在一个模块单元。

　　适应时代潮流的经营战略，也是村田不断获得成功的制胜法宝。作为以企业为客户的B2B厂商，村田深知紧跟时代潮流发展的重要性，为此，企业不断适时调整经营战略，以确保能够立身于不败之地。在电子产业的四次模块化革命中，村田不仅没有淹没于时代洪流，反而不断壮大发展。

　　60年代之前，第一次模块化革命带来了业界规格标准化。村田则把精力集中在使其产品获得相关标准认定，从而成为大型厂商的供应商。其高周波电容器先后获得美军JAN、MIL，以及日本保安队SSS规格认定，使其成为东芝、松下等固定供应商。第二次模块化革命使半导体材料与设备生产分离，业内形成了IC芯片、半导体设备、半导体材料三大体系。这一期间，村田重点发展芯片电容器产品，开发出芯片积层陶瓷电容器。第三次模块化革命在20世纪70年代，主要是前、后工程分离为特征，后工程大规模向劳动密集的东亚新兴国家转移。为适应这种潮流，村田在新加坡设立子公司MES，之后还相继在美国、中国台湾、中国大陆、泰国、马来西亚以及英国设立生产据点，适应全球半导体及电子产业转移趋势。第四次模块化革命是以设计分离为特征的，半导体产业界出现专门IC设计公司和专门代工企业。以村田为代表的日本电子部件厂商，通过努力赢得苹果、三星等跨国厂商的青睐。

为适应模块化不断深化的发展潮流，村田还制定了"内部磨合型、外部模块化"的经营战略。对内在材料、制造工序、各工序之间以及产品的开发上，强调磨合型开发；对外主要是积极适应智能产品技术的标准化趋势，不断实施小型化、大容量化技术路线。伴随智能电子产品市场的不断扩大，村田制作保持着良好的业绩增长。如今，智能手机在全部手机中的占比才刚刚过半，今后仍有较大的增长空间。

不过，村田也没有形成高度依靠单一市场的发展模式，这也是考虑到企业经营的风险因素。在智能手机市场出现低价格化且迅速拓展之际，村田也面向积极拓展低价智能手机的中国企业等表现出欢迎态度，它已经在为联想集团、华为、小米等中国厂商供应部件。不仅如此，村田也在积极拓展手机外的市场，如"汽车""医疗与保健"等产业，积极寻找智能手机的"接班人"，"环境和能源"等领域也是村田锁定的重要目标。

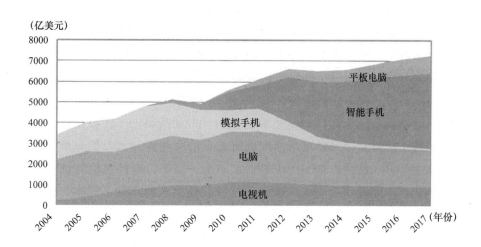

图 5　全球电子产品的变迁与发展趋势

注：2014—2017 年为预测值。

"高田门"冲击与汽车产业

最近，高田公司的安全气囊问题几乎让日本汽车厂商耗尽了精力。其中最痛苦的莫过于本田公司了，自 2008 年在北美地区召回 51 万台汽车以来，本田召回的规模在不断扩大。"杀人犯是安全气囊"——高田已经成为美国媒体的众矢之的。这场风暴的源头在2008年，当时，使用高田气囊的本田汽车曾发生多起气囊爆裂事件，本田为此被迫实施了大规模召回。但作为零部件供应商，高田却表现出不予配合态度，认为汽车召回乃是"汽车生产商自己的举动"。2009年之后，形势急剧恶化。美国出现了首次因气囊爆裂而致人非命的事件，态度仍然暧昧的高田，陷入了舆论批评的风口浪尖。

2014年高田斯托克社长的辞职也没能平息风暴，相反，马来西亚一场新的致人死亡事故则把这场风暴刮至全世界。2015年年初美国以高田不配合调查为由，宣布将对之处以每天1.4万美元罚款。高压之下，高田态度被迫转变。5月高田与NHTSA签署共同声明，承认了关于其产品缺陷的四项指控，并同意召回其生产并销往美国的约3380万个存在安全隐患的汽车安全气囊。

由于承认缺陷，高田公司将面临在美国召回3400万个、全世界合计召回4000万个以上的重压，这将导致怎样的巨额成本？在2014年度财务报表中的"特别损失"就计入了586亿日元，但这还不包括2014年11月以后的召回费用。预计高田未来为应对召回，将需要动用超过3000亿日元的巨额费用，但高田当前的资产却仅为1500亿日元。[①]

为何会发生高田门事件呢？这既有高田自身经营的问题，也有汽车产业普遍实施模块化革命的影响。自20世纪90年代德国大众汽车公司实施平台化战略以来，全球汽车企业纷纷采纳平台化战略——模块化在汽车产业的体现。于是，原来日本汽车产业所独具的系列体制就开始瓦解，垂直一体化生产方式已经告别了历史舞台。然而，高田门事件也恰好证明了模块化革命这个"硬币"的另一面——模块化确实大幅降低了成本，但大规模通用部件的采用，也带来了巨大的安全隐患，一旦发现问题，将导致一场系统性危机。作为全球第二大安全气囊装置制造商的高田公司，其客户不仅限于日系车企，还包括了德国宝马、奔驰在内等多家欧美品牌，高田门将冲击全球汽车产业。

"交通事故牺牲者为零"，曾是高田公司倡导的经营理念。也正是基于

---

① 山田雄大『タカタ、リコール費用はどれだけ膨らむのか—エアバッグ問題で全米英コールが3400万台に』、『東洋経済』、2015年5月22日、http：//toyokeizai. net/articles/－/70401？page＝2。

常年积累的高度信用，2005 年高田社长获得了来自美国联邦道路交通安全局（NHTSA）授予的特别贡献奖。两年之后，该公司高田社长又获得美国汽车安全委员会（AORC）授予的"开拓者奖"，这是美国大陆之外的第一位该奖项获奖者。

高田创立于 1933 年，曾以棉纺织加工生产为主业。二战之后，在一次访美机会中，高田发现了美国正在研发一种叫做安全带的新产品，于是，他将样品带回日本，与日立金属公司合作，花费 10 年时间开发出实用化的车用安全带装置，这创造了日本第一。此后，高田继续引领行业的创新，1970 年又开发出电子安全带（TESS），它是以电磁锁方式避免安全带被迅速锁死，该产品得到美国联邦道路交通安全局的称道，高田以此为契机，进入美国市场。1977 年高田又推出一键操作的车用儿童座椅，该产品同样是日本第一。

事实上，高田起初是坚决反对安全气囊产品的。但受邀参加 1983 年在美国举办的安全气囊现场实测之后，耳目一新的高田开始步入该领域。它与本田技研一道开始研发安全气囊产品，1987 年本田里程（LEGEND）成为日本第一款装配驾驶座安全气囊的轿车。此后，高田气囊产品不断推陈出新，2005 年的双气囊产品、2006 年的摩托车用安全气囊、2010 年的气囊安全带、2012 年的汽车前部整体气囊、2013 年的 FVT 气囊产品，等等，都成为世界首创技术。

表2　　　　　　　　汽车安全气囊相关专利技术企业全球排名

排名	企业名称	综合得分（分）	有效专利件数（个）	单项最高得分（分）
1	奥托立夫（AUTOLIV）	2755.4	441	79.8
2	高田集团	2325.1	487	90.9
3	丰田合成	1790.0	585	88.2
4	丰田汽车	1756.2	450	88.2
5	大赛璐（DAICEL）	867.7	186	85.5

资料来源：Patent Result，2014 年 2 月（以在日本申请专利为依据）

如今，高田已成为全球第二大安全气囊生产厂商，仅次于瑞典奥托立夫。而且，在技术进步方面它强调标新立异、不断开拓新产品渠道。20 世纪 90 年代，高田开始采用硝酸铵作为气囊膨胀装置，而非普遍应用的硝酸胍，其理由是这种材料可以使安全气囊变得更轻、更小，在技术上有很多优势。从相关专利申请件数来看，也可以看到高田的竞争优势，在日本市场上，它拥有仅次于丰田合成的 487 项有关安全气囊的专利技术。

截至 2014 年，高田的集团销售额已突破 6000 亿日元，在全世界 28 个国家拥有 58 座工厂。不仅如此，高田的海外销售额占比高达 88%，特别是在其最大市场美洲地区，占总销售额的 42%；其次是欧洲地区，占比达 26%。高田在亚洲市场的增长也非常快，已从 2012 年度的 923 亿日元迅速增长至 2014 年的 1647 亿日元，两年间增长了 78%。①

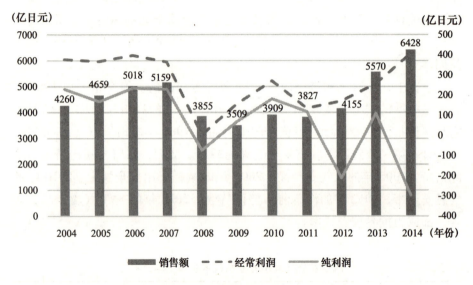

图 6　高田公司基本状况（2004—2014 年）

注：销售额参照左坐标，经常利润和纯利润参照右坐标。

如今，身陷气囊门事件的高田会不会面临灭顶之灾呢？其出路何在？对于高田而言，第一条出路就是所谓自救为主的模式。首先是可以采取增加股本的方式来融资，但此举将威胁高田家族对企业的控制。如今，高田家族持有公司约 59% 的股权，但今年公司股价已下跌 60%，因此现在需新发 1.5 亿美元股票，则该家族持股比例也将因此而降至不足 50%。再就

① Ullet. タカタ【東証 1 部：7312】 『輸送用機器』、2015 年 8 月 30 日、http：//www. ullet. com/% E3% 82% BF% E3% 82% AB% E3% 82% BF/% E6% 8C% 87% E6% A8% 99。

是采取"瑞萨电子模式"的援助，主要是在新管理层的监督下，以汽车制造商和政府基金的投资来对高田进行资本重整，这就类似于2012年瑞萨电子的纾困模式。

第二条出路就是依靠汽车厂商救助为主的模式。作为高田第一大客户，本田技研已经明确表示如果高田因此陷入经营危机，将基于维护零部件稳定供给的角度向其提供援助和支持。此外，作为日本也是全球最大汽车厂商的丰田公司也表示，愿意通过出资委托独立的第三方进行调查，本田、日产、通用、福特等均参与此项支持方案。汽车厂商们之所以愿意联合救助高田，主要有如下因素：一是因为汽车设计具有复杂性特征，整个链条形成了"一损共损"特征；二是零部件供应商长期为汽车厂商承担着压缩成本的重任，因此在遇到困难时，理应得到整车厂商的救助；三是对于汽车厂商而言，更换供应商不仅需要时间，还要付出更大的成本。

第四节　再现疯狂：日企掀起海外并购新高潮

根据汤森·路透的最新统计显示，2014年上半年日本企业的海外并购继续去年的高歌猛进之势，其购并金额同比大增了162%，高达333亿美元。此前的2013年，日本企业海外并购（M&A）金额高达640亿美元，这虽仍然不及2011年的670亿美元的峰值，但比2012年度则大增了24.8%，使得日本成为稳居美国之后的全球第二位。令人匪夷所思的是，这一现象是在日元大幅贬值的背景之下发生的，是年，日元对美元已经从1美元兑86日元大降至105日元，降幅达到18%。与之形成鲜明对照的是，美国企业的海外并购同比下滑了13%，而且，英法企业海外并购的降幅也均高于10%（分别为11.6%和12%），德国企业甚至同比滑坡幅度达28.7%。

此前有调查指出，日本企业的海外并购成功率仅为10%。那么，为何日企在本币大幅贬值之中，却表现得如此"疯狂"呢？而且，长期以来，令日本企业进军海外最长袖善舞的方式一直是对外直接投资（FDI），直至2000年，海外并购在日本企业的对外投资中占比还仅为2成。然而，到了2010年，这一比例却骤然增至6成，日本企业的这种战略转型因何而来呢？

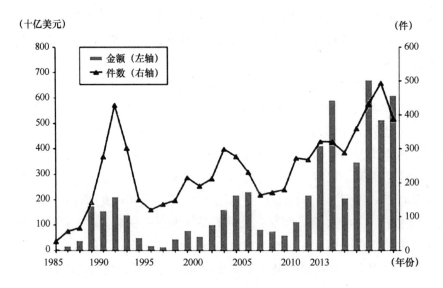

图 7　日本企业海外并购发展（1985—2013 年）

资料来源：根据 JETRO 数据整理。

日企海外并购呈现出新特征

第一，日本企业的海外并购已经进入了一个崭新阶段。1985 年"广场协议"（Plaza Accord）是日本海外并购的起点，主要原因是日元大幅升值。此后的阶段性特征非常明显：第一阶段是 1985—1992 年，其战略目标非常单纯，就是要"深入敌后"来规避日本与欧美之间的贸易摩擦大战，由于以直接投资为主，所以并购资金规模一直很少；第二阶段是1993—2004 年，受泡沫经济崩溃之困，日企开始主攻东南亚、东亚等新兴市场，战略导向则是建设低成本、面向世界市场的生产基地，并购资金规模也始终没有超过 250 美元；第三阶段是 2005—2008 年，受东亚经济崛起以及全球经济向好影响，日本全球并购资金规模曾在 2008 年逼近 600亿美元；第四阶段是 2009 至今，"雷曼冲击"之后的 2010 年日企海外并购规模就达到 350 亿美元，2011 年"3·11"大地震带来的"产业六重苦"更把日企推向了海外，并购资金规模创下纪录。

第二，大宗并购案件出现不断增加的势头。所谓大宗并购，主要是指一次购并金额超过 10 亿美元之上。2009 年以来，超过 10 亿美元规模的日企海外并购每年多达 5 件，主要以日本大企业为主导，甚至出现超大宗并购案，如 2011 年武田药品工业收购瑞士制药企业奈科明（Nycomed）一案就达到 136.8 亿美元，2013 年软银公司收购美国电信公司斯普林特（Sprint）更是达到 216 亿美元。[①]

　　第三，大量中坚、中小企业也开始把"并购"作为企业增长的核心战略。包括国内并购（IN—IN）类型在内，2006 年日本企业实施并购案件数创造了 2800 件的历史峰值。这些企业运用该战略的目标也呈现多样化特征：获得优秀的技术或者先进的商业模式、创建更有竞争力的销售渠道或是拥有强有力的市场伙伴等。以日本国内超市流通业为例，伴随人口减少带来的市场萎缩，加之又实施了消费税增税措施，市场竞争越加激烈，于是，在东京圈形成以 Seven &i 控股公司和永旺"两强"所主导的并购浪潮。即使是在地方城市占优的中型企业也积极采取该战略，如青森县的 u-niverse 就在 2011 年以后相继收购了岩手县的 jois 和 belleplus，成长为日本第二大的食品超市企业。在海外并购（IN—OUT）案件中，销售额超过 1 万亿日元的上市企业也仅占三成左右，未上市或销售额不足 500 亿日元的参与企业则高达四成以上。

表 3　　　　　　日本企业海外并购的大宗案件（2009—2013 年）

时间	并购企业	被并购企业			金额（亿美元）	出资占比（%）
		企业名称	所属国	行业		
2009.3	NTT DOCOMO	Teleservices Limited	印度	电气通信	26.55	26
2009.5	三菱人造纤维	Lucite	英国	橡胶树脂	16.00	100
2009.5	麒麟控股	生力啤酒	菲律宾	食品	12.25	43.3
2009.10	麒麟控股	Lion Nathan	澳大利亚	食品	34.17	100
2009.10	大日本住友制药	Sepracor	美国	医药品	23.57	91.4
2010.2	KDDI	Liberty Global	美国	传媒	40.00	100
2010.3	资生堂	Bare Escentuals	美国	化妆品	15.22	86.9
2010.6	安斯泰来	OSI Pharmaceuticals	美国	医药品	38.38	100
2010.12	NTT	Dimension Data	南非	IT 服务	27.3	100
2010.12	住友商事	米纳斯吉拉斯	巴西	矿业	53.90	24.5
2011.4	泰尔茂	CaridianBCT	美国	医疗器械	26.25	100

---

　　① 米山洋『日本企業の対外 M&Aが加速』、『ジェトロセンサー』、2014 年 6 月号、61 頁。

续表

时间	并购企业	被并购企业			金额（亿美元）	出资占比（%）
		企业名称	所属国	行业		
2011.6	三菱 UFJ 金融集团	摩根斯坦利	美国	银行	78.00	22.4
2011.8	麒麟控股	Schincariol	巴西	食品	25.23	100
2011.9	武田药品工业	Nycomed	瑞士	医药品	136.83	100
2011.11	三菱商事	Anglo American Sur	智利	矿业	53.90	24.5
2012.4	大日本住友制药	波士顿生物技术	美国	医药品	26.3	100
2012.4	旭化成	卓尔医学	美国	医疗器械	21.22	100
2012.5	东京海上控股	Delphi	美国	保险	26.48	100
2012.11	大金工业	古德曼	美国	一般机械	37.00	100
2012.12	丰田通商	CFAO	法国	商业	22.88	97.8
2013.3	电通	安吉斯集团	英国	广告	43.11	100
2013.7	软银	斯普林特	美国	通信	216.40	78
2013.7	丸红	高鸿（Gavilon）	美国	商业	27.00	100
2013.7	欧力士	Robeco	荷兰	金融	25.93	90
2013.12	三菱东京 UFJ 银行	大城银行	泰国	银行	53.15	72

资料来源：米山洋『日本企业の対外 M&Aが加速』、『ジェトロセンサー』2014 年 6 月号、61页。

第四，日企并购对象呈现全球化趋势、战略目标走向多样化特征。美国显然仍是日本企业瞄准的目标，2006 年以来并购案件数量及金额基本都是最多的。其中，高科技企业的占比一直在 1/4 左右，也就是说，日企一直将美国视为重要的技术来源。作为新兴市场代表的中国，日企购并案件已经从 2006 年的 21 件迅速攀升至 2011 年的 58 件，不过，金额规模都不大，如 2009 年朝日啤酒出资青岛啤酒（19.99%），2011 年麒麟控股则与华润共同创建饮料企业（40%），很显然中国仍是日企最大的生产据点，但最近流通服务业增长最快。对于东亚以及东南亚其他国家，日企正在通过购并方式加速占领市场、获得渠道。如三菱东京 UFJ 银行并购泰国大城银行时拿出巨资（股比 72%）。

第五，日本政府的积极支持，当然它也主要以能源资源等作为明确的政策指向，其手段是通过国际协力银行（JBIC）或产业革新机构等政府系机构给予融资支持，或是通过石油天然气及金属矿物资源机构（JOGMEC）

提供相关技术或服务等支援。最近,基础设施也纳入日本政府支持内容,对于日企进入亚洲及中南美市场提供融资和担保资金。

日企海外并购的成败得失

一般而言,海外并购的失败主要源于事前缺乏明确战略或收购价值误判、事后企业管控失效或企业文化难以融合等原因。最近,日企之所以再度掀起海外并购的高潮,除了因其资金充裕程度达到前所未有的水平,2014 年 3 月仅上市日企的手头资金就高达 92 万亿日元,丰富的并购经验、明确的并购战略目标以及把自身所擅长或紧密关联的领域作为并购目标,这些因素也都是日企对海外并购信心满满的重要原因。

首先,明确的战略目标成为企业实施购并且能制胜的重要前提。不是以并购本身为目的,而是充分与自身甚至所并购企业的未来发展战略与方向相结合,这是日企海外并购制胜的重要因素。例如日本烟草产业公司(JT)就是把并购作为企业发展战略的重要构成,为了开拓日本之外的更多新市场,它先后于 1999 年收购美国诺兹纳贝斯克在美国之外业务、2007 年收购英国 Gallagher,不仅一举成为全球第三大烟草厂商,还通过并购实现了品牌升级并赢得了欧洲高端市场。

其次,合理预估购并行动的乘数效果及相关因素。不仅仅确立并购战略,还要将投资金额目标与时间等纳入业务计划,这样的日本企业越来越多。例如,理光和日本制纸均确立了在 2016 年度之前的三年内投入 1000 亿日元,强化开拓新兴市场的办公设备以及生物、发电等新领域。东丽也计划以 1000 亿美元收购美国碳纤维企业和韩国的水处理膜企业,并在未来三年总投资 2000 亿日元。[①] 在这些预估中还囊括了海外并购的各种风险:当地政治局势、市场变化趋势、管理体制以及汇率变动等。

再次,综合并购双方经营资源,突出优势、打造核心竞争力。最近日企海外并购的一个突出特征就是把目标瞄准自己的强项或能与之互补的领域。例如,日立制作所收购意大利芬梅卡尼卡集团旗下的铁路车辆及信号业务,其实该领域也正是日立的擅长点,其并购显然是以大幅增长的世界市场为目标的。再如佳能公司宣布将斥资 3300 亿日元收购全球最大的网

---

① 《东丽碳纤维获波音 1 万亿日元订单》,日经中文网,2014 年 11 月 17 日,http://cn. nikkei. com/industry/manufacturing/11885 – 20141117. html。

络摄像头厂商瑞典安迅士公司，陷入主业数码相机行业苦战的佳能公司，试图以此作为企业转身、构建新的盈利来源的支撑。

最后，购并企业在企业文化融合方面也拥有了一定基础。20 世纪 90 年代中期以来，日本企业陆续引进了美国会计标准以及独立董事等相关制度，进一步接轨于国际型企业。例如，丰田 2013 年不仅迎来了竞争对手通用汽车前副总裁马克·赫根作为公司独立董事，还跨界邀请了日本生命保险公司顾问宇野郁夫。这种国际化战略的实施，显然也有助于其海外并购的成功。

产业环境改善与"回归国内"

2012 年年底，安倍再次领导自民党重新执政以来，经济被其标榜为安倍政权的核心任务。迄今为止，"安倍经济学"已经大幅改善了日本的金融投资环境，日元大幅贬值和股市振兴被视为是两大标志性成就。但是，日本国内产业环境真的得到大幅改善了吗？日本制造业"回归国内"的真实现状又是怎样的呢？

"产业六重苦"是 2011 年日本爆发"3·11"大地震之后，日本经济界对于国内产业环境的代表性观点。在"日元汇率高企""法人税税负过高""对外自由贸易协定（FTA）签约率低""劳动市场问题""环境约束问题"以及"能源成本高昂"六大问题中，仅有第一项已经得到彻底解决，而第二项也将成为安倍经济学"第三支箭"的重点，日本法人税有望降至 30% 以下。因此，在日本政府进行的问卷调查中，超过 60% 的企业回答"六重苦"得到改善的仅有这两项。

事实上，安倍政权一直希望能够彻底解决上述问题，从而切实扩大对内投资，甚至让日本企业回归国内。在 2014 年 6 月内阁决议通过的《经济财政运营与改革基本方针 2014》中，已经明确提出要改善国内产业环境，"在强化日本投资竞争力的同时，提高我国企业的竞争力。作为重要一环就是要将法人实际税率降至不逊于国际的水平，以经济增长为目标实施法人税改革"。日本政府确立的法人税目标是最终实现降至 30% 以下，具体是 2015 年降低了 2.51%，到 32.11%，2016 年再降 3.29%，降至 31.33%。与此同时，日本政府也积极推进 FTA 的相关谈判，当前的重点是推进美国领导的 TPP。在能源成本方面，安倍政权也早已制订了恢复核电计划，但碍于国民反对而迟迟难以彻底启动。

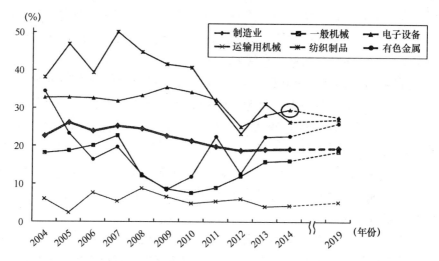

图8 不同产业的日本"逆进口"比率

资料来源：经济産業省『2015ものづくり白書』、2015年6月、第52頁。

从日本企业角度来看，已经出现了回归国内的初步征兆。在2014年企业资金计划中，已经有52.5%的企业表示将用于"国内设备投资"，相对于此，仅有26.3%的企业表示将用于"海外设备投资"，另有25.4%的企业表示将用于"研究开发"。很显然，2014年度日本国内的设备投资已经出现上升势头。日本经济产业省统计显示，已经有一些日企关闭海外工厂而"回归国内"，如西铁城关闭了中国工厂，已经投资30亿日元在长野县佐久市投资建设新的工厂；发那科也宣布在山梨县忍野村投资建设机床和产业机器人的控制设备；安川电机宣布在福冈县中间市投资建设机器人工厂，生产大型机器人设备；东芝公司也宣布将投资400亿日元在三重县四日市建设新的NAND闪存工厂；堀场制作所宣布投资100亿日元，在滋贺县大津市建设发动机尾气测量装置；光荣公司（Glory）也宣布将在兵库县姬路市总部兴建新的工厂，投资额为30亿日元。②

除此之外，最近日本经济新闻社也报道了相关信息，如松下正在计划

将在中国的微波炉、空调和洗衣机工厂，迁回至国内的兵库县和滋贺县工厂；大金工业也计划将家用空调的部分生产，从中国转回国内；夏普则计划将其在上海的空气净化器基地，迁回日本国内；甚至日产汽车和佳能公司也都在酝酿将部分商品生产转回日本。

其实，自从 2000 年开始，日本白色家电领域就出现在海外生产、向日本出口的所谓"逆进口"现象，从相关产业比率来看，电子设备的"逆进口"比例最高，达到了 29.6%。不过，最近由于日元大幅贬值，这一比例正呈现逐步减少趋势。

不过，是继续采取海外生产还是回归国内，各个产业是有着不同特征的。这是与日本企业所确立的"地产地销"（当地生产，当地销售）战略以及全球布局战略等密切相关的。

就汽车产业而言，2014 年日本 12 家汽车企业总计生产了 2725 万台汽车，其中海外生产台数为 1748 万，占比超过 60%。2004 年日本汽车产业的国内生产比例还维持在 50% 左右，但如今已经降至不足 4 成，其原因主要是企业确立了靠近消费市场的"地产地销"战略，日本国内汽车市场早已饱和在 500 万台左右，相对于旺盛的海外需求而言，海外生产比率仍将继续维持。反观日本的机床产业，在其每年 10 万台的产量中，国内生产占比高达 90%，这主要因为该产业不仅需要高度熟练的技术人员，而且也离不开提供高精度相关部件的供应商，因此，转移海外相对较为缓慢。机器人产业也是如此，2013 年日本产业机器人全球占比在 40% 左右，尽管需求主要来自海外，在日本生产的 67% 要用于出口，仍然维持着以国内生产为主的基本模式。不过，最近由于中国需求的迅速扩大，已经出现向中国转移扩大产能的趋势。

总之，日本产业的全球化趋势并没有止步，尽管近期出现了"回归国内"的现象，但其占比还仅为 13.3%，并没有形成主流。而且，关于"回归国内"的原因，也主要是因为海外采购质量和周期问题，因此，日本企业今后仍将维持向海外拓展的趋势。

战后日本社会70年的变迁：现代化论视角的总结[*]

周维宏[**]

内容提要 社会变迁是一种综合和立体的人文现象，其进程需要依据一定的学科原理，设计一种系列的具有高度概括性的指标来进行相对精确的测量。用根据现代化理论做成的四核心指标测量，可以发现战后日本社会现代化发展最显著的特征就是，在短短的70年里，一方面要完成现代化第一阶段未完成的指标，同时又不停顿地完成第二阶段的指标。第一阶段和第二阶段间的压缩发展，给日本社会带来了种种问题。亚洲其他国家旦晚也会遇到这些问题，加强对亚洲国家社会的压缩现代化现象的研究就尤为显得重要。

关键词 日本 社会变迁 现代化论 压缩现代化

2015年是日本战败70周年，战后日本已经走过了一个多甲子的历史。周年之际，给了我们一个契机来思考和总结战后70年日本社会变迁的轨迹。

本文主要用社会学的现代化理论作为总结日本社会变迁阶段的工具。现代化论的基本理论，萌芽于近代思想启蒙运动时期，正式形成于20世纪60年代。和其他理论相比，现代化论是一个多学科综合的学术理论。虽然是研究社会发展的理论，但它既吸收了史学的长时段分析手法，又展现了社会学结构主义的框架，更内含了经济学利用统计学等计量手段的传统，具有超常的广度、深度和精度。现代化论尽管也不断遭到质疑，却历久弥新，在社会发展理论中独领风骚。就研究对象而言，现代化论主要研

* 基金项目：教育部人文社会科学重点研究基地重大项目"日本城镇化进程中的公共治理及其启示"（编号：13JJD810002）。
** 作者简介：周维宏，北京日本学研究中心教授，博士生导师。

究的是欧美国家的现代化发展，但日本的高速经济增长引起全球的关注，日本也随之成为非西方国家现代化研究的最早案例。当韩国、新加坡和中国等亚洲国家也先后进入经济高速增长后，亚洲国家现代化研究构成了现代化论的一个重要部分。

依据现代化论的最新成果，本文将首先用现代化核心指标测量日本社会战后70年的发展，然后对比欧美国家，重点分析战后日本现代化进程的特征和问题。

一　战后日本社会现代化进程的测量

社会变迁是一种综合和立体的人文现象，其进程需要依据一定的学科原理，设计一种系列的具有高度概括性的测量指标，进行相对精确的测量。[①] 笔者在从事日本社会现代化进程研究时，根据社会学的现代化理论，曾率先尝试建立了一种日本现代化进程的核心测量指标体系。[②] 该指标体系基于美国社会学家帕森斯和日本社会学家富永健一等人将现代化整理为文化、政治、经济和社会四个子系统的观念，借用并模仿日本家庭社会学家落合惠美子用总和生育率（TFR）指标作为家庭现代化核心指标的方法[③]，给每个子系统分别选择一个核心指标，构建了如表1所示的现代化进程核心指标体系。

表1　　　　　　　　　现代化进程的核心指标体系

子系统	核心概念	指标	初始值	完成值
文化	理性化	高等教育普及率	现代大学出现	大学普及率超过50%
政治	民主化	代议制完善程度	立宪制度出现	普选制度实现
经济	产业化	产业结构变化	产业革命开始	第三产业占比超过60%

①　如联合国的人类发展指数，就是这样一种指标体系的代表，仅仅使用了人均预期寿命、平均受教育程度和人均国民收入这三个核心指标。

②　参见周维宏《颠倒和压缩：日本现代化时序考察》，《人民论坛·学术前沿》2012年第15期。

③　OCHLAI Emiko（GCOE Program Leader, Kyoto Lniversity）， "Reconstruction of Intimate and Public Spheres in Asian Modernity: Familialism and Beyond"，*Journal of Intimate and Public Spheres*，Pilot Issue, March 2010, pp. 2 – 22.

续表

子系统	核心概念	指标	初始值	完成值
社会	平等化	家庭现代化	第一次人口出生率下降	第二次人口出生率下降

　　该指标体系结构简明，兼顾了社会发展的不同层面。本文拟采用这一指标体系作为日本社会发展的测量指标，故对所选四个进程指标略作解释。

　　(1) 文化现代化指标。现代化理论认为，文化的现代化，是指人类社会从封建社会时期宗教、巫术、迷信横行的文化向近代科学、合理的文化转变的过程，核心是近代科学技术的发展和教育的普及。鉴于量化科学技术发展的复杂性，我们选取象征科学和教育水平的高等教育普及率作为文化现代化的核心时序指标。以现代意义上的大学出现为初始，以精英教育结束、大众教育开始（大学毛入学率超过 15%）为第一阶段结束、第二阶段开始，以大学入学率超过 50% 作为现代化的完成。

　　(2) 政治现代化指标。现代化理论认为，政治的现代化，是指人类社会从封建等级君主制政治向主权在民的民主主义政治转变的过程。民主政治的基本形式包括代议制、责任制内阁和科层制官僚（高效独立的公务员制度），其核心是代议制。而代议制的核心是民主选举制度。因此，我们设定选举制度的完善为政治现代化的核心时序指标，其初始点是议会选举制度的出现，完成值是全民（直接）普选制度的实现。其进程根据宪政历史经验可以分为五个阶段要素，每个要素赋值 10 分，总值 50 分（参见表 2）。

表 2　　　　　　　　　　　**代议制民主进程的指标**

君主立宪制 议会建立	议会责任制内阁 （或直选总统制）	议会统一直选	议会无财产 限制选举	议会无性别限制普选
10	10	10	10	10

　　(3) 经济现代化指标。现代化理论认为，经济的现代化，是指人类社会以农业为主的传统产业向机器工业为主的近代制造业大规模转变，并根据经济发展的配第一克拉克法则，后期从制造业为主的经济结构转向第三产业为主的经济结构。为此，我们选用经济结构指标为经济现代化的核心时序指标，其初始点是产业革命的发生，第一阶段完成值是第三产业占国

民经济的 50%，第二阶段完成值是该占比达到 60% 以上。

（4）社会现代化指标。现代化理论认为，社会的现代化，是指人类社会的各种组织、关系形式，从封建时代的血亲宗法体系走向个人平等的功能和利益团体关系的过程，其核心是家庭组织的现代化。即，从复合大家庭为主的形式转向核心小家庭为主的形式。落合惠美子认为人口出生率的下降是核心小家庭化的象征，故而选择人口出生率为家庭现代化的量化指标。本文完全同意落合的观点并借用她的方法，同样选取并利用人口出生率下降指标作为社会现代化的核心时序指标。第一次人口出生率下降初始是 6 以上，完成值是 2 左右，而第二次人口出生率下降初始值是 2，完成值是 1 左右。

依据上述指标，本文尝试代入日本近代以来的相应统计数据。为了直观地反映日本近代以来的社会发展，笔者还选择老牌的欧洲现代化国家英国作为现代化的典范，将其同期数据也一一代入，做成一个日英对照的日本近代社会发展指标示意图（参见图 1），并据此从社会发展的四个主要侧面来整体评价日本战后 70 年的社会发展进程。

首先，在政治领域，日本社会近代以来的政治发展起步较晚，在战前始终落后于欧美西方国家（以英国为代表，下同），并且出现较大的曲折，

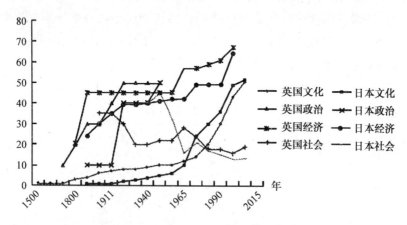

图 1　日本社会现代化发展进程的指标变迁
（1500—2015 年，与英国对照）

注：关于图中指标的单位，政治是 10—50 分，文化和经济是百分比，社会是子女个数 6—1 并放大 10 倍即变为 60—10。

资料来源：根据日英两国统计部门发布数据和部分联合国统计数据制图。

有两段明显的停滞时期，即 19 世纪后期和 20 世纪前期。1946 年以后，日本才达到了欧美的水准，保持了政治发展的一致性。其次，在经济方面，日本近代起步同样落后于英美国家，保持着一定差距，战后至 20 世纪 90 年代在经济结构上才达到了英国的水平。而且，在近代以来的长期发展中，在 19 世纪 20 年代至 40 年代和 20 世纪 70 年代至 90 年代各有过一段停滞时期。再者，就社会而言，战前日本和英国相比，不仅落后而且有着较大的差距，社会结构几乎没有大的变化，直到战后才大致实现了和英国的同步发展。最后，在文化层面，日本近代以来始终和英国存在着一定差距，但大致保持了一种追赶的趋势，直到 20 世纪 60 年代才开始赶上和反超英国。

综合社会发展的四个主要层面的状况可以发现，在社会学最新理论划分的现代化第一阶段（1500—1969 年），日本虽然在不断崛起，但始终和西方国家保持着相当的距离，也就是说，战前的日本崛起遇到了重大的失败。在现代化的第二阶段（1970 年至今），日本社会的现代化才全面赶超了欧美社会的现代化进程。

从日英两国现代化的指标曲线形状来看，相对于英国曲线的平缓，日本的进程曲线略为陡峻，尤其是在战后的 70 年间，现代化的各个层面都呈现出一种追赶和压缩的势头。其中，政治层面实现追赶最早，在 20 世纪 50 年代前就达到了和英国一样的水准，社会现代化在 90 年代初和英国接近并达到了现代化的第二阶段（总合生育率为 2 以下），经济现代化在 2000 年左右和英国齐平，文化现代化在 2010 年附近和英国齐平。也就是说，日本的现代化在第一和第二阶段之间表现出明显的压缩式发展特征。

二 战后日本社会现代化压缩发展的特点

战后日本社会现代化发展最显著的特征是，在短短的 70 年里，一方面要完成第一阶段未完成的指标，同时又不停顿地完成第二阶段的指标。韩国学者、首尔大学社会学系教授张庆燮，提出了著名的"压缩的现代化"概念[1]来概括这种特征。他认为，西方国家的现代化经历了前后两个

---

[1] Chang Kyung - Sup, "Compressed Modernity and Its Discontents: South Korean Society in Transition", *Economy and Society*, Volume 28, Number 1, 1999, pp. 30 - 55.

阶段，而亚洲国家的现代化大都是追赶型的现代化，这种追赶型的现代化把两个阶段压缩成了一个阶段。"压缩的现代化指的是一个社会的政治、经济、社会及文化层面都发生了极度浓缩的形式转变，不管是空间或是时间上的。而动态流动的这种不同历史背景、不同地域要素又使得重构后的结构是一个极其复杂和动态的社会系统。这个概念最初被用于解释当代韩国社会的独特现代化现象。因为其一方面在极短的时间内实现了全方位的资本主义产业化、经济增长、城市化和无产阶级化（指的是农民成为产业工人）及民主化进程。另一方面，在个人、社会及政治生活层面，各个地区仍清晰地保留着各自不同的传统和当地的特色。这些现象不仅见于韩国，在东亚的其他地区，无论是发达还是欠发达社会也都已经或正要发生上述的现象。"[1]

虽然张庆燮指出东亚国家都发生了压缩现代化的现象，但他毕竟是韩国的社会学家，所以主要研究的是韩国社会，对日本社会的现代化并未太多涉及。为了印证其论点，笔者曾在《颠倒和压缩：日本现代化时序考察》一文中，从时间上探讨日本社会现代化的压缩情形。[2] 本文将在此基础上，进一步探讨"压缩的现代化"在日本战后社会发展中的具体特征。

（一）在外力的作用下完成了政治上的现代化进程

从 1945 年战败至 1952 年《旧金山和约》签订，日本被美国单独占领，占领军总司令掌握了最高施政权。美国占领当局为日本制定了明确宣布主权在民的和平新宪法，结束了明治、大正和昭和前期的君主立宪式的开明君主专制制度。国会第一次实现了全体公民的无性别和财产限制的普选，日本妇女有史以来第一次拥有了选举权和被选举权。战前的华族制度和贵族院被废除，国会由众参两院组成，均通过按人口和区域划分的选区选举产生。两院在功能和任期上略有不同，有着相互制约的作用，但众议院占据主导地位。战前天皇是日本的最高统治者，掌握着军队、司法和行政的最高权力，在新宪法下，立法、司法和行政三权分立，相互制约，天

---

① Chang Kyung – Sup (Seoul National University), "Individualization without Individualism: Compressed Modernity and Obfuscated Family Crisis in East Asia", *Journal of Intimate and Public Spheres*, Pilot Issue, March 2010, pp. 23 – 39.

② 参见周维宏《颠倒和压缩：日本现代化时序考察》，《人民论坛·学术前沿》2012 年第 15 期。

皇只是日本国和国民整体的象征，没有任何实质性权力。

（二）战后经济现代化的高速发展

1945—1955 年，日本迅速在战争的废墟上恢复了战前的最高经济水平，之后日本进入了近 20 年的年增长率高达 10% 以上的持续高速增长时期。到现代化第一阶段即将结束的 1968 年，日本经济总量先后超越了意大利、英国和联邦德国，成为资本主义世界第二大经济实体。20 世纪 70 年代以后，日本经济虽然结束了高速发展，但仍旧保持了一段平均增速在 5% 左右的稳定增长时期（1972—1992），一直到 90 年代初期泡沫经济崩溃。

在发展经济学里，人们习惯把有些国家经济发展过程中突然陷入长期停滞、时间接近十年左右的时期称为"失去的十年"。最早有美国 20 世纪 20 年代至 30 年代的"失去的十年"，其后有英国 1946—1956 年的"失去的十年"以及 80 年代拉美国家的"失去的十年"等等。进入 90 年代后，日本泡沫经济危机爆发，经济增长率骤降甚至出现负值，并且久久不能翻身，日本出现了"失去的十年"。不仅如此，进入 21 世纪后，尽管朝野上下做出了不少改革的尝试，日本还是没能走出困境，如今"失去的十年"进一步恶化成"失去的二十年"已成定论，日本社会甚至开始担心日本会不会陷入"失去的三十年"。

（三）社会和文化层面的现代化急速发展

社会和文化层面是日本战前现代化发展较为缓慢的层面，战后日本政治现代化的完成和经济现代化的高速发展，给日本社会和文化的现代化发展提供了强大动力和有利环境。

战后日本的主要社会变动可以概括为地方自治制度的完善、大众社会的形成和战后家庭的出现与普及。

第一，战前日本地方政府首长由中央政府内务省任命和管理，不存在地方自治，战后日本取消内务省，制定了地方自治法，确立了地方自治制度，实行了地方分税体制和地方自治体首长的直接选举。

第二，战前日本社会是一个金字塔形的社会，战后迅速向菱形的大众社会转变。首先是一贯构成日本社会底层的农民，通过农地改革变成了独立小农，又通过农协制度联合起来占领了农村的金融和商业领域，走农村工业化道路，在短时间内（到 1970 年）农民家庭的收入就超过了城市工人家庭，农民把自己变成了日本社会的中间阶层。另外，战前的手工业者和个体商人在战后也扩大了经营规模，进而上升为社会中间阶层。再者，高速经济增长培育了大量技术和管理人员、企业白领，自 20 世纪 60 年代起日本出现了"一亿总中流"的思潮，大众社会意识开始占据主流。

第三，近代家庭在欧洲从 17 世纪开始出现，18、19 世纪普及。而在日本，战前的大正时代（1912—1924）虽然也出现了这种迹象，但并不普及。20 世纪 60 年代开始，日本家庭急速近代家庭化，男子工作、女子在家做专职主妇的工薪小家庭成了基本的家庭模式。

归结到战后日本社会文化现代化的发展，则可以概括为文化的多元化、大众化和传统文化的复兴。

战前日本在逐步走向法西斯主义的道路上，曾不断加强文化管制，使得文化的发展受到人为限制，而战后随着政治民主化的完成和经济高速发展，文化发展迎来了宽松的环境。首先，呈现出多元化的格局。比如，在宗教上，日本信教人口超过了总人口的 1.6 倍，意味着平均每个日本人信奉着两个以上的宗教，除了神道、佛教和基督教外，五花八门的新兴宗教也层出不穷。另外，在生活文化上，传统的日本式生活文化受到外来生活文化的冲击，年青一代开始适应西方生活方式，面包牛奶成为城市早餐的主流。

在多元化发展的同时，随着日本社会阶级结构日益扁平化，以广大中间阶层为对象的大众消费文化也快速发展起来。漫画、动画、电子游戏、电视、大众电影、流行音乐和大众小说等等，这些以廉价、连锁和通俗等快餐形式为特征的文化消费领域形成了广阔而繁荣的文化产业，从一个侧面支撑了日本经济高速增长，提高了日本文化的国际影响力，但也造成了不少社会问题，部分有识之士甚至将大众文化看成是使得日本人"一亿白痴化"的愚民文化。在西方文化随着国际化、全球化而大量涌入的时候，日本传统文化反而以一种再创造的方式大量得到复兴，比如传统节日、祭祀文化等等，大都是在高速经济增长过程中随着生活水平的改善和文化消费的扩大而重新得到发掘和流行的。

综上所述，日本的现代化第一阶段虽然只有短短的 25 年时间（1945—1970），但由于压缩发展，其速度是空前绝后的。政治现代化早早走完了第一阶段的最后一步，经济现代化实现了全面赶超的目标，文化和社会现代化虽仍有滞后，但也展现了历史上最显著的变化。但我们可以清楚地发现，日本战后现代化的原动力，是外力（占领）的强大推动。可以说，没有占领当局主导的政治、经济和社会的全方位民主改革，就很难有日本现代化的快速发展；没有战后国际经济发展的天时、地利和人和，就不可能实现日本经济与欧美的齐头并进。

从1970年至今的现代化发展第二阶段涵盖近45年的时间，但日本真正的第二阶段现代化发展应该是从20世纪80年代后期或者说90年代初才开始的。也就是说，属于西方国家现代化第二阶段早期的15—20年，日本仍在完成现代化第一阶段的最后追赶，直到80年代末或者说90年代才进入了第二阶段，此后与西方国家保持了同步发展。这也印证了日本社会从平成年代以后进入了一个新的历史时期的观点。

三　现代化压缩发展带来的社会问题

日本现代化第一和第二阶段间的压缩发展，给日本社会带来了种种问题。

（一）个人主义观念的缺失

现代化，在文化层面上主要是指从封建时代的宗教迷信意识形态向科学和合理主义的价值体系转化。在这种理性主义的价值体系中，很重要的一个特征就是个人自我独立意识的觉醒，即通常所说个人主义观念的形成和强化。

西方社会学家认为，是基督教的传播和影响，把个人主义带给了欧洲。① 基督教的教义主张上帝面前人人平等，从而斩断了人类在精神上的相互依附关系，引导人们走向了自我意识的独立。在进入现代化进程以后，政治上近代国民国家的建立、经济上自由劳动力市场的出现和社会结构上从血缘大家庭向核心小家庭的过渡，从不同侧面鼓励和催促了社会中个人主义观念的形成和强化。在现代化的第一阶段（1500—1969），西方

---

① 参见路易·迪蒙《现代个体主义的基督教起源》，《辩论》1981年9月号。转引自路易·迪蒙《论个体主义——人类学视野中的现代意识形态》，桂裕芳译，译林出版社2014年版，第21页。

各国基本上建立了以个人为主体的政治和经济体系，但是由于"男尊女卑"和男女分工的存在，妇女儿童还不被认同为独立的个人，因此代替真正的个人主义的是以个体男人为主体的（小）家庭主义。妇女在相当长的时间内不具有选举权和被选举权，不是真正意义上的独立公民。世界上最早赋予妇女选举权的国家是澳大利亚（1918 年），而英国和美国都是在 20世纪 20 年代以后才开始给妇女投票权。到了现代化的第二阶段（1970 年迄今，曾经被称为后现代化阶段），个人主义观念得到了深化，妇女不再依附于男子，即便仍旧存在着男女分工（男子就业，女子从事家务），但这种分工已经被视为是平等意义上的分工。家庭主义也开始向个人主义转变，家庭不再是社会的基本单位，结婚率急剧下降，婚姻形式也日趋多样化。

　　和西方相比，日本社会晚了近 300 年左右才进入现代化第一阶段（1868—1969）。而且，在 1945 年之前的战前时期，日本社会的现代化在文化上发展缓慢，个人主义意识并没有发育成熟。日本政府把个人主义观念视为西方的洪水猛兽，极力推行神道和儒家的伦理道德思想，阻止个人主义思想的传播。日本的官方舆论把日本社会形容成一个模拟血缘关系的大家族，天皇为顶点，其下为臣民本家和分家系列的等级血缘族群。为此，日本还制定了封建色彩浓厚的《民法典》，以法律形式维护封建血缘等级的家庭关系。这些封建措施一直到战后在美国的占领之下才在新宪法下的议会中被一一否决。即便如此，在现代化的第二阶段（1970 年至今），日本在很长的一个时期，意识形态上仍旧宣传东方家族主义思想，自诩集团主义为日本的民族特性。这种倾向一直维持到了 20 世纪 80 年代以后。尽管日本社会的其他层面已经发生了有利于个人主义的深刻变化，比如血缘大家庭体系被核心小家庭取代、不婚和不育人群大幅增长、无缘社会特征日益显现等，但在意识形态上，日本社会始终缺失公开和明确的个人主义观念体系，造成了显著的"没有个人主义的个人主义化社会"（individualization without individualism）[1] 特征。

　　因此，日本社会在文化现代化上的压缩，也可以概括为：较之西方社

---

① 　Chang Kyung‐Sup（Seoul National University），"Individualization without Individualism：Compressed Modernity and Obfuscated Family Crisis in East Asia"，*Journal of Intimate and Public Spheres*，Pliot Issue，March 2010，pp. 23–29.

会的现代化在第一阶段完成了半个人（男人）主义观念的形成并在第二阶段急速走向全个人（男女平等）主义，在日本社会中，现代化第一阶段几乎没有出现个人主义，所以必须在第二阶段同时完成半个人主义和全个人主义观念的形成，两个阶段的文化现代化的任务压缩在了第二阶段这一个阶段里。正是这种压缩，导致了亚洲国家第二阶段现代化在文化上的特点——"没有个人主义的个人主义化社会"。

究其原因，其一，可以说是亚洲缺失像基督教那样的个人主义启蒙宗教，亚洲原有的宗教大都是带有祖先崇拜色彩的原始多神教，容易走向以祖先为标志的宗族家庭制度；其二，亚洲的现代化是后发性质的变迁，各国政府有意识地颠倒了现代化的程序，以经济现代化为主，阻止或放缓了文化和社会结构的现代化，并且积极地以传统道德伦理思想体系来取代个人主义观念，使得个人主义观念的发育始终晚于社会结构自身的变化。

个人主义观念的缺失，主要后果是造成了第二阶段现代化的不适应症。意识形态的真空，使得走到现代化第二阶段的亚洲国家的中产阶级无所适从，出现大量自杀现象，就像中日韩三国社会目前所面临的情况。就日本社会来说，我们一直以为日本社会是以集体主义精神为特色的东方社会，但事实上日本社会早已走到了个人主义化的阶段，这种个人主义社会结构因为没有明确的思想意识而被掩盖，从而引发了像孤独死、宅男族等等的社会困境。

（二）近代（现代）家庭的出现和瓦解

关于近代（现代）家庭（英文是 modern family，日文译作"近代家庭"，中国译为"现代家庭"）的研究，起源于 20 世纪六七十年代的欧洲，而在亚洲，据说最早是日本家庭社会学家落合惠美子把这一概念引进日本。1985 年和 1989 年，落合先后两次对现代家庭的特征给予了界定和补充：（1）家庭私人领域与公共领域的分离；（2）家庭成员间强烈的感情纽带；（3）子女中心主义；（4）男人属于公共领域，女人属于家庭领域的性别分工；（5）家庭集团性的强化；（6）公开社交的衰退与私人隐私的形成；（7）排除非亲属；（8）核式小家庭。[1]

具有这八个特征的现代家庭，大致 18 世纪后期在西欧社会出现，19

① 落合惠美子『近代家族の曲がり』、角川書店、2006 年、11 頁。

世纪主要集中在欧美社会的中产阶级家庭中，20 世纪开始在全社会普及。但是西欧的这种现代家庭在 20 世纪 60 年代以后遇到了妇女解放运动、全球化、老龄化和少子化的冲击，开始走向瓦解。因此，可以说，现代家庭的出现是现代化第一阶段的标志，而现代家庭的瓦解则是现代化第二阶段的标志。

在日本，落合等学者经过研究发现，现代家庭主要在大正时期（1912—1925）出现，战后开始普及（战后家庭体制），经过 20 世纪六七十年代的发展，在 80 年代后期也开始面临老龄化和少子化的冲击。可以说，近代家庭在日本仅仅普及了不到 20 年的时间，就开始走向瓦解。这种普及和瓦解"前后脚"的现象，正是社会现代化发展在家庭问题上严重压缩的标志性现象。

2009 年，落合惠美子和她所在的京都大学社会学研究室团队为了对张庆燮的"压缩的现代化"概念从家庭社会学角度进行量化实证，得出精确的日本和亚洲主要国家的家庭现代化进程被压缩的时间数据，设计利用人口学的统计数据，以两次人口出生率的下降作为现代化两个阶段的标志，比较欧洲和亚洲各国的妇女总和生育率，发现：欧洲各国大致在 19 世纪 20 年代和 20 世纪 60 年代出现了两次人口出生率下降，中间有 50 年的稳定时间，而亚洲国家则从 20 世纪 50 年代开始连续出现人口下降，几乎分不出阶段。日本正好处于欧亚国家之间，比欧美国家晚 25 年，比亚洲国家早 25 年左右。[1]

亚洲国家与欧洲国家相比，在家庭形态上出现了压缩现象，带来了亚洲国家社会现代化上的几个重大难题：人口问题、妇女问题、老龄问题。

首先，人口问题，主要是少子化问题。由于妇女总和生育率没有欧洲那样的 50 年的稳定期，包括日本在内的亚洲国家的妇女总和生育率大致都是在现代化第二阶段急速下降的。失去了时间缓冲，日本社会在高速经济增长结束后不久便面临劳动力不足的问题。从 2006 年起，日本人口越过了最高峰阶段，开始每年减少，有预计说，到 2050 年时，日本人口将下降到不足一个亿（参见图 2）。如果不从引进外国人口的角度开放性思

---

① Ochiai Emiko（GCOE Program Leader, Kyoto University），"Reconstruction of Intimate and Public Spheres in Asian Modernity：Familialism and Beyond"，*Journal of Intimate and Puhlic Spheres*，Pilot Issue，March 2010，pp. 2 – 22.

考对策，日本社会将面临严重的人口危机。

其次，妇女问题，主要表现在对家庭主妇现象的评价上。在现代化的第一阶段，日本并没有能够像欧洲那样实现大量的家庭主妇化现象。在现代化第二阶段开始的时候，日本急速地实现了妇女的家庭主妇化，这通常被日本社会认为是正常现象。但是，同时期的欧美各国已经进入了反家庭主妇化的阶段，目前在一部分欧美国家，家庭妇女反而成了少数。日本也开始面临着如何促进妇女就业、实现男女同工同酬的目标。家庭主妇化到

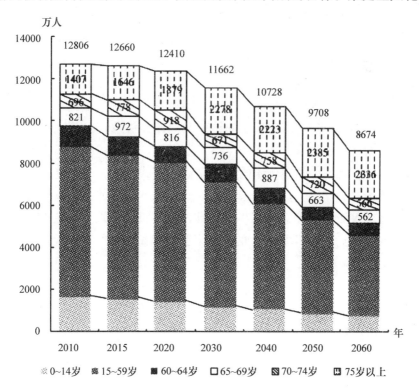

图2　日本不同年龄段人口的未来预测

资料来源：内阁府『高齢社会白書』2014 年版、http：//www8. cao. go. jp/kourei/whitepaper/w‒2014/gaiyou/index. html。

底是好还是坏，在日本社会开始引起争论。

同样，其他亚洲国家也会遇到这样的问题。尤其在中国，我们一度在社会主义思想的指引下，超前地实现了男女同工同酬，消灭了家庭主妇现象。但是，一旦进入社会主义市场经济，随着就业问题的严重，社会上早

在20世纪80年代就曾出现"妇女回归家庭"的呼声，也有一部分女性把家庭主妇视为人生的一大理想。在中国实施改革开放后，社会到底要不要和会不会走家庭主妇化道路，各国的社会学家也在热切地关注，并形成了不同的看法。这种由于压缩现象而引起的对家庭主妇化的不同观念，会在相当长的时间里困扰亚洲各国的妇女和全社会。

再有，老龄问题，主要是老年人的赡养问题。

如图3所示，到2050年，日本65岁以上的老人将占社会总人口的45.1%以上。而近代家庭的小家庭特征、近代家庭瓦解以后个人主义的社会结构，将严重影响对老人的赡养。日本社会在20世纪60年代刚面临老龄化问题时，曾经设想过提倡东方社会的家庭主义养老模式，企图以家庭为基本的养老单位，通过三代同居模式解决老年人赡养问题。日本实现了经济高速增长时也曾设计过实行全面福利国家的体制，走高福利、社会养老的道路，但很快经济高速增长的结束和泡沫经济危机的到来使得这种计划破灭。这样，近代家庭体系的压缩式发展（产生和瓦解在同一个阶段），迫使日本社会既不能幻想传统的东方家庭主义式养老，也不能重走欧洲高福利社会国家的老路，实现国家养老。如今日本探讨的是像欧洲各国所提出的实行"钻石四边形"养老体系，即国家、市场、地区社会和家庭共同承担养老负担。2000年后出台的关于老龄人口护理的社会保险制度，就是

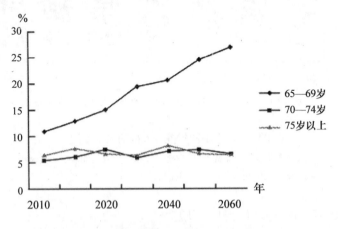

图3 日本老龄人口比例的未来预测

资料来源：内阁府『高齢社會白書』2014年版、http；//www8. cao. go. jp/kourei/whitepaper/w – 2014/gaiyou/index. html。

这一路线的最重要成果。

（三）双重产业革命并存

经济现代化在第一阶段（1500—1969）的主要任务是工业革命的兴起和完成，在第二阶段的特点则是信息产业的兴起和发展。可以说，信息产业的发展构成了第三产业发展的主体部分。从西方国家的现代化发展轨迹看，第一阶段以传统制造业为主的工业发展和第二阶段以信息产业为主的第三产业的发展，其特点是很明显的。但在亚洲各国，可以说，几乎是在第二阶段的经济现代化发展中，传统制造业的发展和信息产业的发展大体上同时并存。也就是说，由于追赶型的经济发展，在亚洲各国第一阶段的工业革命尚未完成赶超欧美发达国家的任务时，从欧美国家兴起的信息革命已经传播到了亚洲，亚洲国家在进一步完成传统工业革命的同时没有喘息的机会，必须同时追赶新的信息革命的脚步，发起信息产业创建高潮，即在第二阶段这一个时间带里完成被压缩了的两项任务。这就是亚洲国家经济现代化的被压缩特性。

从具体的时间上来看，日本是在战后的 20 世纪五六十年代大致完成了传统制造业的革命，并向高技术产业挺进，直到 80 年代才实现了高技术产业的升级换代。但 70 年代的时候，世界信息产业（半导体技术）就已经有了长足进步，日本也不得不同时投入信息产业的革命，大致在 90 年代才赶上了欧美国家信息产业的步伐。但由于压缩式的发展因素，最终，日本在 90 年代以后的信息产业发展中不敌美国，处于下风，导致了后劲乏力，陷入了长达 20 年的"失落"。和日本相比，中韩等亚洲国家的这一压缩时间更长，因此在信息产业发展上的差距也更大，追赶的任务也更重。

经济现代化的压缩式发展，造成了亚洲国家经济发展的传统和高端、城市和农村的双重结构，使亚洲国家始终处于一种产业发展的追随状态，十分不利。究其原因，不外乎亚洲国家的现代化是一种后起的追赶型发展，科学技术的积累和储备不足，无力领先产业发展的潮流，不得不在全球化的经济分工和合作中处于低端地位。

（四）集中民主政治和分散民主政治并存

在现代化的第一阶段，政治层面的主要任务是打破过去传统的封建割据政治局面，建立统一的民族国家，完善集中的民主政治体系。这种民主政治体系大致上是从开明专制、君主立宪走向代议制共和和全民普选、男女平等。西方国家大致在 20 世纪初期（20 年代左右）完成了这一基本任务。而在第二阶段，西方发达国家的政治现代化，主要是从第一阶段的集中民主政体走向地方分权的分散民主政治。具体时间而言，大致在 70 年代以后西方发达国家进入了地方的时代，地方自治进一步完善，财权向地方转移，而且非政府组织和志愿者团体运动也开始兴起。

从历史上看，由于封建制度历史的长久，亚洲国家在第一阶段的任务大都没有完全靠自力完成。日本虽然从 1868 年明治维新开始就走上了现代化的政治道路，但一直到战前都没有走完第一阶段的民主路程，最终是通过美国的占领才急剧地实现了第一阶段民主体系的完善。韩国、中国等也都是在战乱之中走向集中民主政体的建立。因此，在第二阶段，亚洲各国都面临着既要巩固刚刚建立的集中民主政治，又需要马上向第二任务即地方分散的民主体系转型的压缩过程。在亚洲最发达的日本社会，20 世纪 80 年代以后地方分权运动急剧展开，90 年代以后可以说已经进入了一个地方的时代，进入 21 世纪以来更是出现了以大阪维新会为代表的地方包围中央的运动趋势。同时，地方民主也出现了协动主义的新基本原则。非政府和非营利组织在地方政治中的地位日益上升。和日本相比虽然还有一定距离，但信息化时代带来的地方主义的冲击已经影响了中韩两国，草根参政的民众运动、以互联网为阵地的非政府政治运动也方兴未艾。被压缩了的政治进程，无疑对亚洲各国都是极大的挑战。一方面需要政府转变思维；另一方面也需要民众增强自觉，稳步地建立新的可持续政治进程，防止动乱和危机。

以上依据现代化理论，对日本战后 70 年的社会现代化发展进行了概括，量化测量了大体的进程，探讨了现代化压缩发展的基本特征及其带来的主要社会问题。由于此类研究属于社会研究的前沿领域，本文只是利用前沿理论开始了一个尝试，还需要更多的学者予以关注和投入。

（本文已在《日本学刊》2015 年第 6 期发表，收入本书时做了部分修改。）

战后日本社会运动的演进和特征

胡　澎[*]

内容提要　战后 70 年日本涌现出诸多内容、形式、特征各异的社会运动，如和平运动、工人运动、学生运动、反公害运动、消费者运动、环境保护运动、居民运动、妇女运动、信息公开运动、社区营造运动等。这些社会运动在与政府的关系上基本可分为"对抗型""要求型"与"建设型"三种。具有以下特征：运动的主体是"新中间阶层"，与社会问题密切相关，互联网的作用日益增强等。值得注意的是，20 世纪 90 年代以来，社会生活领域中的社会运动呈现出由"对抗型"转向"建设型"的趋势，而思想意识领域的社会运动则呈现出民族保守主义与和平民主主义两大势力的激烈交锋。

关键词　日本社会　社会运动　社会问题　新中间阶层

日本自 1945 年战败至今，已过去了整整 70 年。在不同的历史时期，伴随着国际环境的变化以及国内政治、经济的变迁，日本社会出现了诸如劳动问题、公害问题、食品安全问题、大量生产和大量消费问题、城市化进程中的大拆大建问题、少子老龄化问题、教科书问题、修宪问题等。这些社会问题的出现总是伴随着各种大大小小的社会运动。因此，战后 70 年的日本社会也是反战和平运动、工人运动、学生运动、反公害运动、消费者运动、居民运动、妇女运动、信息公开运动、生活者运动等社会运动绵延不绝、此消彼长的 70 年。

战后的日本社会运动领域宽泛、体系复杂，涉及政治外交、社会生活、思想意识、国家战略、社会治理等诸多方面。从社会运动这一视角，可窥探战后日本社会的整体运行轨迹及特征。

* 作者简介：胡澎，中国社会科学院日本研究所研究员、社会研究室主任。

一　战后日本社会运动的主要发展阶段

日本在"社会运动"这一词汇之外，还经常会使用"市民运动""居民运动""新社会运动"等。在对日本战后社会运动进行研究之前，有必要对以上概念予以界定。

社会运动（social movement）是指有组织的一群人，有意识、有计划地改变或重建社会秩序的集体行为，用意则在促进或抗拒社会变迁。赵鼎新为"社会运动"所下的定义是："有许多个体参加、高度组织化、寻求或反对特定社会变革的体制外政治行为。"① 日本社会学家盐原勉将"社会运动"定义为：直面因某种社会矛盾产生的生活危机的人们，试图以组织的或集体的形式，通过变革社会既有的资源分配状态、社会规范或价值体系，进而谋求通过思想意识的革新来解决危机的努力。② "市民运动"则是指那些对超越某一具体地域社会问题持有关心的人们，为了某种理想、信念或要求而发起的集体行动。如20世纪50年代的反对氢弹试验运动、60年代的安保斗争以及反对越战运动。"居民运动"是在某一地域凭借人与人之间结成的集团，超越阶级或职业的差异，以解决共同的地域生活的困难为目标的运动。具体表现为一定地域的居民为了共同的要求和问题解决，对政府、自治体、企业等进行的交涉等集体行动，其主体是城乡居民。日本"居民运动"产生于20世纪60年代对公害问题的应对过程。公害受害方的地区民众结成组织，针对企业和政府开展了要求赔偿和捍卫权利运动。"市民运动"与"居民运动"是涵盖在"社会运动"的范畴之中的。

60年代后期以来，西方诸如废除歧视运动、女权主义运动、环境保护运动、居民运动、反核运动、消费者运动、和平运动、地方分权运动等社会运动出现了一些新的特点，表现在身份政治化、非组织化、非经济化、斗争对象非具体化等方面。为了与以往的社会运动相区别，被冠以"新社会运动"。许多观察家和学者认为，"新社会运动是现代社会晚期的独特产物，在方法、动机以及方向上大大不同于以前的集体行动"，"新社会运动

---

① 赵鼎新：《社会与政治运动讲义》，社会科学文献出版社2006年版，第2页。
② 見田宗介、栗原彬、田中義久編『社会学事典』、弘文堂、1988年、390頁。

的发展反映了人类社会面临的不断变化中的风险。因为传统政治机构越来越不能应对所面临的挑战"。[①] 新社会运动主要是由众多的非政府组织（NGO）或非营利性组织（NPO）联合推动的运动，表现了人们对社会问题的意识和关心呈现个性化、多样化等特征。

本文在论述过程中使用"社会运动"，在强调居民主体时使用"居民运动"，在强调市民主体时使用"市民运动"，在强调 20 世纪 70—80 年代以后社会运动出现的变化与特征时使用"新社会运动"。

为对战后 70 年的日本社会运动分阶段予以梳理，本文借用战后经济史的划分周期，将战后历史分为经济复兴期、经济高速增长期、经济稳定增长期、经济长期低迷期。在这四个时期，社会矛盾和社会问题不尽相同，社会运动也呈现出各自不同的特征。

（一）战后经济复兴期的社会运动（1945—1955）

1945 年日本战败投降时，经济已濒于破产地步。通货膨胀严重、失业者大量增加、粮食匮乏、生活困难。这一时期社会运动的一个重要目标就是捍卫生活权。如 1946 年全日本出现了要求揭发藏匿物资并予以合理分配的运动。5 月 19 日，25 万东京市民参加了"争取大米人民大会"，会后举行了大规模的示威游行。在战后经济状况进一步恶化的背景下，工会组织及工人运动出现了蓬勃发展的局面。1946 年年末 1947 年年初，工人运动一度发展为反对吉田茂内阁的倒阁运动。

战后，日本的工人运动获得全面发展，各种工会组织纷纷成立，如全国产业界劳动组合联合、日本劳动组合总评议会（"总评"）、日本劳动组合总同盟、全官公厅共同斗争委员会、全国劳动组合共同斗争委员会、全日本劳动组合会议等。工会组织和领导的斗争风起云涌，目标是保障就业、提高工资、改善劳动条件以及推动员工参与生产管理。

战后不久，有着战争体验的一批知识分子开始思考战争与和平、战争责任与历史认识问题，这也成为日本和平运动的出发点。1948 年，丸山真男、久野收、都留重人、清水几太郎、安倍能成等 50 余名著名知识分子成立了"和平问题谈话会"，该团体在 1949—1951 年活动十分活跃。"和平问题谈话会"的主旨是"全面媾和、坚持中立、反对重整军备、反对提

---

① 安东尼·吉登斯：《社会学》，赵旭东等译，北京大学出版社 2003 年版，第 557 页。

供军事基地"的"和平四原则"。之后，该原则为社会党左派、"总评"所继承，对于战后民主主义在日本社会的普及和扎根起到了促进作用。

1954 年 3 月美国在比基尼岛礁进行的氢弹试验，导致正在附近海域作业的日本渔船"第五福龙丸"船员受到放射性尘埃污染而致病，另外，多达 856 艘日本渔船被称为"死灰"的核物质污染，从当地捕获的金枪鱼身上也检验出了大量核辐射物。该事件是日本继广岛、长崎原子弹爆炸后又一次受到核武器的侵害，也成为日本反核运动的导火索。事发后，出于对核污染的忧虑，为了下一代的健康，以东京杉并区的主妇为先导，禁止氢弹的签名运动轰轰烈烈地开展。截至 1955 年在广岛召开的第一届"禁止原子弹氢弹世界大会"，征集到了高达 3000 万的签名。以"比基尼事件"为契机，民间结成了"禁止原子弹氢弹日本协议会"（原水协），之后，反氢弹试验、反核运动迅速扩展到全日本。与此同时，1955 年第一届日本母亲大会召开，妇女们纷纷控诉战争带给妇女的伤害，表达了对战争、对核武器的坚决反对以及对和平生活的向往。之后，母亲大会每年召开，迄今已召开了 60 届。每届都聚集了成千上万的参加者，成为战后日本社会运动特别是妇女运动中极具影响性的事件之一。①

（二）经济高速增长期的社会运动（1956—1973）

"1955 年体制"形成后，政党格局长期维持执政党自由民主党与在野党日本社会党的两党格局。在自民党长期执政期间，日本实现了工业化、现代化的快速发展，并跻身于世界经济大国之列。同时，"1955 年体制"期间，保守的执政党和革新政党之间斗争不断，民众的政治参与意识也在不断高涨。

经济高速增长期，革新、左翼思潮势力强大，和平运动、学生运动、安保斗争、反公害运动及捍卫自身权利的社会运动风起云涌。这一时期的和平运动是在 50 年代和平运动的延长线上展开的。一些亲身经历过战争、不断反思战争并愿意维护和平的人士结成各种团体，进行了维护和平、反对战争、防止战争在日本重演的运动。1965 年，一批社会党、"总评"系统的人士从"原水协"分裂出来成立了"禁止原子弹氢弹国民会议"（简

---

① 参见胡澎《母亲大会：历程、特点与意义》，《日本学》第 15 辑，世界知识出版社 2009 年版。

称"原水禁")。在该组织领导下,开展了声势浩大的反核游行示威。反核运动超越思想、宗教、政党政治派别,成为所有阶层、团体、个人集合起来的广泛的国民运动。1959 年至 1960 年,由国会议员、劳动者、学生、市民参与的反对《日美安全保障条约》的抗议行动如火如荼,作为日本历史上空前规模的政治斗争,最终导致了岸信介内阁总辞职。1960—1975 年越南战争期间,小田实等人发起成立了"为了实现越南和平的市民联合"(1965 年成立,简称"越平联"),目标是反对越南战争、反对日美安保同盟等。这一时期,以该团体为代表的反对越战运动声势浩大。与此同时,作为社会党的支持者,"总评"继续高举"和平四原则"的旗帜,持续开展了反对日美同盟、反对越南战争的和平运动。

1956—1973 年,日本实际国民生产总值每年平均增长 10% 以上,创造了世界资本主义经济发展史上罕见的"经济奇迹"。1966 年日本超过英国,1968 年又超过联邦德国,成为资本主义国家中仅次于美国的第二大经济体。经济高速增长的同时也带来了诸多负面问题。例如,随着新干线、机场、港口、水电站、核电站等基础设施建设以及钢铁和石油化工产业的开发,自然环境遭到破坏,生活环境持续恶化,公害问题日益严峻。与此同时,在城市化进程中,大面积绿地缩减、珍贵野生动物减少、山村景观遭到破坏。针对公害问题,受害地区居民团结起来进行抗议,开展了多种多样的反公害运动。1973 年,在民众多年的抗争之下,水俣病、四日市哮喘病、骨疼病、第二水俣病为代表的四大公害病以受害居民的胜诉而告终。针对自然生态环境恶化,民众为保护生存环境,捍卫生存权利,在全日本范围内开展了各种有针对性的环境保护运动。

另外,这一时期以三里冢反对征地运动为代表的民众捍卫自身权利的运动引人注目。1966 年 6 月,政府决定将千叶县三里冢芝山地区作为国际机场候选地①,但却未与当地农民沟通。三里冢农民闻风而动,成立了"三里冢芝山机场联合反对同盟"进行抗争。1971 年,在政府强制征地行动中,同盟成员与警察发生冲突,导致三名警察死亡,双方各有多人受伤的惨剧。于是,政府不得不把原先建设三条机场跑道的计划缩减为一条。

---

① 20 世纪 60 年代初,日本政府决定建造一个代替羽田机场的国际机场,最初选在成田机场地址以南四公里一个叫富里的地方,但是富里地区的农民发起了激烈的反对建机场运动,政府只好作罢。

除此以外，1955 年的砂川斗争①、1957 年的"反对勤评运动"②、1958 年的"警察执法反对运动"③ 也各具特色。以学生为主体的"全共斗运动"④ 在 1968—1970 年达到高潮。60 年代末，妇女为争取自身权利以及男女平等目标而发起了妇女运动等。这些运动的主体是普通居民、家庭主妇、学生、教师、老年人等，他们对各自权利要求和捍卫为这一时期社会运动增添了色彩。

（三）经济稳定增长期的社会运动（1974—1990）

1973 年和 1979 年的两次石油危机，使得日本经济由高速增长转向稳定增长。70 年代日本经济基本处于稳中上升阶段。到了 80 年代，日本迎来了经济迅速全球化的时期，日元升值，海外旅行人数增长。70—80 年代的日本社会呈现出一些新的特征，如人口向东京等大城市圈集中、单身家庭增加、妇女就业率提高、家用电器普及、生活愈加方便。但同时也出现了相当多的社会问题。如自民党集权政治及内部存在的腐败问题导致民众强烈不满，"大量生产、大量消费、大量废弃"的社会经济体系带来了民众对生活方式的思考，汽车尾气导致大气污染，生活废水导致地下水质污染，城市生活型公害问题引发民众的强烈关注。

70 年代以后，日本的社会运动开始由政治领域逐渐转到生活领域，表现在运动目标与生活的关系日渐密切，消费者运动、生活者运动等具有"新社会运动"特征的社会运动成为主流。80 年代以来，随着日本国民生活方式、价值观的日益多元化，要求对支撑经济发展的官僚主导的社会运行机制和以大企业为中心的经济体制予以改革的呼声高涨。这一时期，对社会体制产生异议并对公共政策产生影响的市民运动一度消沉，而市民在

---

① 1955 年 3 月得知驻日美军要求在小牧、横田、立川、木更津、新潟扩建五个机场的消息，当地居民结成了"砂川基地扩张反对同盟"，召开了反对机场扩建的誓师大会，开始了"砂川斗争"。

② 1957—1958 年针对强制执行对教员的勤务评定，被认为破坏了教职员之间的团结、对教育权力的统制，因此，以教职员组合为中心在全国开展了激烈的反对斗争。

③ 1958 年 10 月，针对《警察官职务执行法》修订而开展的反对运动。运动主要参与者是社会党、总评、全日农、护宪联合等七家团体。11 月 5 日有 400 万人参加了街头抗议行动，导致修订搁浅。

④ 20 世纪 60 年代末波及全日本的学生运动。当时参加者多为"团块世代"的大学生，他们中后来诞生了多位自然环境保护运动、消费者运动的领导者。

日常生活中结成各种网络、市民团体的活动却日渐活跃。一批曾参与过社会运动的人士开始从街头运动走向社会变革。例如，20 世纪 70 年代中期，曾参加过学生运动的藤田和芳创立了"守护大地会"，分别以社区企业和非营利性组织两种运营方式，通过建立生产者与消费者之间透明、互动的关系，促进双方收益分享和土地与环境保护。目前已发展成为拥有 2500 个生产会员、9.1 万个消费会员、年营业额达 150 多亿日元的庞大组织。社会企业作为变革社会的一种方式与社会运动殊途同归。

值得一提的是，20 世纪 80 年代以来，一些日本民间团体不但作为战争的受害者来反思战争，同时也站在加害者的立场思考和研究日本的战争责任。他们编辑资料集、发行简报、举办演讲会和展示会等，还到日军曾侵略过的国家采访战争的受害者、幸存者，调查、搜集战争期间日军的罪行和证据，掀起了追究日本战争责任的社会运动。另外，80 年代中后期，反核运动呈现多样化特征，反核内容扩展到废除核武器、缩减军备、核电、人权、战争责任等诸多问题。这一动向，使得以社会党、共产党、总评等工会组织为主体的和平运动演变为多种和平运动，并植根于日本社会。①

（四）经济长期低迷期的社会运动（1991—2015）

20 世纪 80 年代末 90 年代初，东欧剧变、苏联解体，导致东西方两大阵营对立的冷战格局发生重大变化，世界由此进入一个多极化、大竞争的时代。日本的国内环境也发生了很大变化。"泡沫经济"崩溃后，股票、土地等资产价格急剧下跌，不少企业倒闭，金融机构不良债权严重，一些产业向海外转移。"泡沫经济"崩溃后的 10 年、20 年又被称为"失去的 10 年""失去的 20 年"。与之相伴随的是劳动者收入减少，临时工等非正规雇佣劳动者增加，社会差距拉大等。另外，日本社会少子老龄化现象日益严峻，导致劳动力人口减少、医疗费用剧增、养老保险制度入不敷出，同时也出现远离大城市的偏远地方年轻劳动力缺失，经济发展后劲不足、缺乏活力等问题。少子老龄化给日本的综合国力、社会结构、经济发展和人才培养带来诸多负面影响，已成为日本社会经济发展道路上的严重阻

---

① 安田浩『戦後平和運動の特徴と当面する課題』、『日本社会の対抗と構造』、大月書店、1997 年。

碍。2011年3月11日，东日本大地震与海啸、核泄漏多重灾难叠加，使日本经济、社会乃至国民心理受到前所未有的挑战。

20世纪90年代以来是日本民主主义发展和壮大的时期，也是日本社会运动异常活跃的时期。这一时期的社会运动呈现了一些不同以往的新特点。

一是20世纪90年代以来运用居民投票等直接民主主义方法的居民运动显著增加。例如，新潟县卷町的核电站建设抗议运动、阪神淡路大地震后针对神户机场建设的抗议运动、德岛县吉野川河口堰建设抗议运动等。这些运动的突出特点是诉求方式平和，运动形式灵活。一些社会运动开辟了居民与政治相关联的直接民主主义的新道路，并对地方社会产生了重大影响。

二是非营利性组织发展迅速，在推进市民参与、社会治理和社区建设中发挥着积极作用。阪神淡路大地震后，大量志愿者和民间组织开展了积极的灾后救援。之后，民间组织如雨后春笋般迅速成长，促进了市民社会的成熟。今田高俊认为："20世纪80年代以后，居民自发的志愿活动活跃起来，特别是90年代的志愿者活动和NPO、NGO活动的高涨具有象征性意义。这表明，人们在公益性较高的服务供给上不是靠政府，而是用自己的力量来解决。"① 1998年《特定非营利活动促进法》的制定，对于社会运动的发展有着里程碑意义。该法实施后，非政府组织、非营利性组织迅猛增长，在反对战争、保护环境、伸张人权、开展慈善和公益活动等方面，发挥着越来越重要的作用，社会运动也由此进入到一个更为广阔的空间。正如萨拉蒙在分析美国社会运动时所指出的："几乎所有的美国重要的社会运动，如民权运动、环境保护、消费者运动、妇女或保守派等，都扎根于非营利领域。这一现象的增长确实引人注目，因为与此同时发生的像选举、政党、工会这些更加传统的政治参与形式正在逐渐衰落。"② 进入21世纪后，日本的社会运动也开始转为遍布各地区、各领域、各行业的非营利性组织、民间团体、志愿者组织的日常化活动，并取得了突出成就。当今日本社会，非营利性组织的活动已成为改善公共治理的一支新生力量，

---

① 转引自佐佐木毅、金泰昌主编《中间团体开创的公共性》第七卷，王伟译，人民出版社2009年版，第3页。

② 转引自何平立《西方新社会运动趋向析论》，《上海大学学报》（社会科学版）2008年第2期。

有力地推动着社会变革。

值得一提的是，20 世纪 90 年代以来，日本民众的男女平等意识及人权意识有了明显增强。一些妇女运动家、女性主义者、妇女团体站在人权的高度，从社会性别的视角来审视加在妇女身上的不平等和对妇女权利的践踏，特别是在反对家庭暴力方面开展了一系列活动，并促成了一部专门针对婚姻暴力的法律《防止配偶间的暴力及保护受害人的法律》（2002 年 4 月 1 日实施）的出台。

三是 20 世纪 90 年代以来日本社会呈现出整体右倾化态势。右倾、右翼政治家、知识分子和媒体人把持着政治、经济和媒体的重要部门，以冠冕堂皇的理由蒙蔽民众，推动日本朝着民族保守主义方向前行。例如，以小泽一郎为代表的政治家呼吁日本应摆脱"战后心理"，要成为一个"正常国家"，即在国际体系中承担的责任与其经济地位相称的国家，具体而言就是修改宪法，以允许向海外派遣自卫队参与联合国的维和行动或其他的国际安全机制。一部分政治势力极力想冲破宪法第九条的制约，修宪风潮愈演愈烈。与此同时，随着中国、韩国国力的上升，日本在亚洲的优势地位受到挑战。面对中国的崛起，日本国民的优越感逐渐丧失，对日本未来深感忧虑。这种茫然不安的心态，也使民族保守主义思潮有了可乘之机。一些右翼分子针对中、韩两国采取了一些排外、排他的集体行为，如针对钓鱼岛、独岛（日称尖阁列岛、竹岛）的示威、反对外国人参政的游行、日韩断交游行等。

进入 21 世纪，针对新一股修宪浪潮，涌现出了众多的反对修宪市民团体，其中最具影响力的是成立于 2004 年的"九条会"。该组织聚集了井上厦、梅原猛、大江健三郎、加藤周一、奥平康弘、小田实、泽地久枝、鹤见俊辅、三木睦子九位著名知识分子和文化界人士，旨在捍卫和平宪法，实现日本与世界的和平。在其影响下，各地区、各行业、各领域纷纷成立各种各样的"九条会"。如"冈山九条会""大阪九条会""科学家九条会""女性九条会""日中友好九条会""诗人九条会""科学家九条会""影视界九条会"等。据东京大学教授小森阳一介绍，2012 年该会下属的"九条会"已经达到 7500 多个。[①]"九条会"成为反对修宪运动中一支重要的力量。

---

① 转引自刘晓峰《"平成日本学"论》，《日本学刊》2015 年第 2 期。

颁布于1947年的《教育基本法》作为"二战"后日本民主化改革的重要产物，长期以来是日本教育领域各种法令和解释的基础，因此也被称为"教育宪法""教育宪章"。2006年4月28日，文部科学省正式向国会提交"《教育基本法》修正案"，在支持该修正案的势力中，除执政党、鹰派政治家之外，一批右翼保守主义团体和知名人士起到了推波助澜的作用。像"日本会议""新历史教科书编纂会""谋求新的教育基本法之会""日本教育改革有志者恳谈会""日本教育再生机构"等团体负责人与某些政治家和政府官员在修改基本法上不谋而合。他们密切配合，构成一股推动基本法修正案法制化的强大势力。而与此相对的是反对修改《教育基本法》的社会运动。该运动旗帜鲜明地打出了"捍卫基本法的民主、自由精神，反对改恶教育基本法"的口号。不少市民团体以及运动参与者在运动中高度团结、密切配合，将反对教育基本法修改运动开展得有声有色。

近两年，针对解禁集体自卫权和新安保法案的通过，出现了一波又一波的社会运动。2014年7月1日的内阁会议上，日本政府正式决定解禁集体自卫权。会议当天即遭到许多民众的强烈抗议。2015年6月，由多名日本宪法学者和作家组成的"反战千人委员会"向日本国会提交百万人大签名，反对安倍政府进行包含解禁集体自卫权在内的新安保法案。2015年7月15日，日本执政联盟不顾日本民众的强烈反对，在众议院全体会议强行表决通过安倍政府提交的新安保法案，其核心是解禁集体自卫权后扩大日本自卫队在海外的军事活动，又被称为"战争法案"。新安保法案一出台，即遭到日本民众的强烈反对。民众自发组织的反对集会和游行动辄上万人，声势浩大，此起彼伏。据《朝日新闻》及共同社的民调显示，在强大的反对浪潮中，安倍内阁支持率已有所下降。

四是反核运动自2011年福岛第一核电站事故爆发后又重新进入了高潮。其中，大江健三郎发起的"再见核电站"大集会十分引人注目。在2012年的一次集会上，该组织向东京都政府提交了32万人的反核签名，呼吁关闭日本所有的核电站，实现"无核化"。反核民间组织"首都圈反核联盟"每周五都在首相官邸进行反核游行。游行者在国会议事堂周边1.5公里长的人行道并排站立，以示抗议。反核游行以普通市民为主，参与广，规模大，持续时间长，堪称20世纪60年代"安保斗争"以来最大规模的示威游行。

二　日本社会运动的类型

日本的社会运动种类繁多、流派纷杂，一些社会运动不排除背后有着特定商业的、政治利益等多种集团存在，因此，需要针对不同的社会运动，对其目的、背景和活动内容进行分析，在此基础上再对社会运动整体进行全盘评价。本文依据社会运动与政府之间的关系，将社会运动划分为对抗型、要求型和建设型三种。

（一）"对抗型"社会运动

站在与政府对立的立场、反对或阻止政府的某些政策或行政的市民运动被称为"对抗型"社会运动。这类运动主要有两大类。

第一类是为了保卫自己生存环境和自身利益的运动。包括：20世纪70年代针对经济高速增长、过度开发带来的公害问题产生的抗议和反对运动以及针对政府一些侵害自身权益的开发项目发起的反对运动；贯穿战后70年的反核运动；针对20世纪50年代以来驻日美军战斗机和直升机的坠落事故、噪声扰民以及基地美军对冲绳女性的性侵事件而爆发的冲绳反基地运动等。

第二类是为了实现理想和捍卫理念的一种运动。如：20世纪60年代末期以学生为中心的安保斗争；贯穿战后70年的反战和平运动与反修宪运动；70年代以后反核、反对核电站的运动①；90年代以来反对采用右翼教科书的运动；近两年来的反对解禁集体自卫权以及反对新安保法案的运动等。另外，还有现代化进程中被排挤和歧视人群为主体的部落解放运动；消除对女性的暴力运动等。这些运动均有着鲜明的"对抗型"特征。

像反对右翼教科书运动很有代表性。日本中小学施行教科书检定制度，民间编纂的教科书需由文部科学大臣审查通过，各地教育委员会自行决定所管辖学校采用哪种教科书。2001年，右翼团体"新历史教科书编撰会"主导编写、扶桑社出版的历史教科书引起了日本有良知人士的激烈反

---

① 早在20世纪70年代，在计划兴建核电站地区，民众发起了反对核电站建设，城市也有反对核电站的游行。切尔诺贝利核电站和福岛第一核电站事故之后，这一运动表现得更为兴盛。近年来，东京、福岛县乃至全日本爆发了要求废除核电站的游行活动，人数多达数万。

对，民间团体发起了让扶桑社教科书采用率为零的运动，他们召开集会、演讲会，对各地教育委员会进行动员。在强大社会运动推动下，该右翼教科书的采用率非常之低。2007 年扶桑社全额出资成立了育鹏社，该社出版的历史与公民教科书继承了扶桑社教科书的错误和修正主义历史观，一经出版即遭到了教育界有识之士和一些民间团体的强烈抗议和反对。目前，以"21 世纪儿童与教科书全国网络"为首的民间团体正在发起阻止育鹏社教科书进入学校的运动。

另外，"对抗型"社会运动中也包括针对工厂公害、交通公害、食品公害等的公害反对运动，福祉、文化、教育相关的公共设施的充实和整备的要求运动，针对垃圾处理场的建设以及机场、新干线、高速公路、核电设施、水电站等大规模公共设施建设的抗议运动等。

（二）"要求型"社会运动

"要求型"社会运动在参与社会、表示不满、表达愿望的方式上更为温和，其规模较对抗型社会运动要小，参与者大都居住在某一特定地区，并以一种自下而上的方式表达对平等权、自由权、环境权、生存权、发展权、和平权等方面要求和愿望。"要求型"社会运动以 90 年代以来的信息公开运动、居民投票运动、生活者运动等为代表。同时，一些"对抗型"社会运动也逐渐转为"要求型"社会运动。例如，随着经济和社会的发展以及政府对环境问题的重视，公害问题、过度开发问题等均得到一定程度的解决。以反公害、反过度开发等为目标的环境保护运动，逐渐由"对抗型"转变为要求政府对公害企业采取某种行政措施、防止公害发生的"要求型"。这类"要求型"社会运动大多不是政党和劳动组合等既有组织主导的，而是地区居民为主体发起并参与的。

"要求型"社会运动，以 1995 年围绕新潟县卷町修建核电站的居民投票运动最具代表性。当时，卷町居民对是否出卖预定建设的核电站的町有土地分成了两派意见。在町长选举中，主张进行居民投票的领导人当选。之后，町议会通过了居民投票条例。1996 年 8 月，在投票条例的基础上实施了日本历史上首次居民投票，投票率高达 88%，反对建设核电站的占半数以上。最终，反对修建核电站的议案获得通过。卷町之后，各地纷纷效法卷町，在抵制美军基地、要求驻日美军撤走的冲绳，在抗议建设产业废弃物处理设施的岐阜县御嵩町以及在针对是否修建吉野川可调节堤坝的德岛县等地都进行了居民投票。

20 世纪 90 年代以来，社会运动不再表现为居民与自治体的"对抗型"运动，而是自治体与居民团体通过对话、沟通、居民参与、居民监督来完成。居民投票运动直接冲击了旧有的日本政治文化和价值观，也逐渐改变着国家与地方的关系，开创了居民在选举之外参与自治体政策决定过程的道路。

居民投票成为居民参加公共性讨论、获得发言权的重要一步，给居民创造了参与政治的机会，并在地域政策中体现了居民的声音。近年来，居民的主人翁意识愈加强烈，居民参与逐渐过渡到了居民自治。

（三）"建设型"社会运动

"建设型"社会运动，最具代表性的是社区营造运动和代理人运动。社区营造运动包括两种类型：（1）因人口稀少等原因而面临衰退的地区为激发当地活力而开展的一系列活动，多见于地方的中小城市、农村和山村；（2）市民为了保护生活环境、提高地区生活质量而进行的一些运动，多发生在大城市的郊外地区。社区营造运动中最重要的组成部分、也是最早开展的运动始保存街区景观运动。该运动始于 20 世纪 60—70 年代，由一些热爱家乡的居民自发成立组织，针对城市化进程使城市景观和原有历史文化风貌面临被破坏的危险而开展运动。居民们在城市建设基本法的框架下，提出了既能保存城市历史文化景观又能配合城市化进程、旧城改造的提案，不少提案得到了地方政府的认可并得以实施。

代理人运动是"生活俱乐部·生协"的理事长岩根邦雄在 1977 年 3 月发行的机关报《生活与自治》中正式提出并呼吁发起的。生活俱乐部的成员们在禁止使用合成洗涤剂的运动以及对自治体的直接请求运动中深刻认识到：要想将市民的声音反映到政治中，必须推选自己的"代理人"去参与政治、改革政治。1977 年东京都议会选举时，东京都练马区的生活俱乐部推选土屋正枝作为候选人参与都议会议员的竞选，虽未当选，但却是代理人运动的首次尝试。同年 10 月，东京都练马区几位有政治抱负的成员结成了政治团体——"生活者小组"①。在练马区首位区议员即"代理人"诞生之后，代理人运动向其他地区辐射，并迅速扩展到神奈川、千叶、埼玉和首都圈的全部地区以及北海道、长野等生活俱乐部所覆盖的主

---

① 后演变为练马·生活者网络。

要地区。同时，代理人运动还影响到其他"生协"领域。① 代理人运动不仅仅是简单地推举代理人参加竞选并使之进入议会，而且要求代理人进入议会之后，经常将居民、会员对政策的提案反映到议会，开辟了一条市民参与政治的新的道路。

　　以地缘为纽带的市民活动团体、非营利性组织大都由社区居民组成，其活动与社区居民的生活密切相关，如根据居民的需求，展开保护消费者利益、文化体育、社会教育等各类居民活动，并在社区环境的治理、社区治安维护、社区就业和社区社会保障等方面做了大量工作。还有些市民活动团体和非营利性组织，致力于社区建设和福利，协调居民与政府、社区与社区之间的关系，形成了社区互助、互动的网络关系。

　　值得注意的是，由于居民在社会运动追求的是全体利益中产生的部分利益，因此，表现出地区利益之间、公私利益之间以及公共利益和地区利益的摩擦。比如核电站和垃圾处理场的建设问题、有毒药品的处理问题、机场建设问题、噪声问题、采光权问题、高速道路建设问题等关系到基本人权以及市民与公共性的关系。有些问题则涉及全体利益与部分人的利益、涉及国家利益和地区利益、涉及一部分人与另一部分人的利益。因此，既不能由国家、自治体来单方面对公共性进行决定，在公共性的名义下侵害部分居民的基本人权，同时，也不能让处于利益矛盾双方的居民长期处于对峙和争斗局面。因此，在进行社区建设、城镇建设中，"建设型"社会运动显得尤为重要。

三　日本社会运动的特征

　　战后日本社会运动的产生，源于社会问题的出现。随着社会问题的解决，社会运动的目标、方式、内容和参与者也逐渐发生变化。一些社会问题由于政府缺乏应对措施，而民众在政府之外寻求解决的途径是一种市民参与，标志着日本"新中间阶层"的出现及成长，也是日本市民社会走向成熟的标志。另外，互联网的应用在社会运动中重要性加强，社会生活领域的社会运动正在由"对抗型"转向"建设型"，而随着 20 世纪 90 年代

---

　　① "生协"是生活协同组合的简称，是一般市民以提高生活水平为目标结成的进行各种活动的团体，也指在消费生活协同组合法之下成立的消费生活协同组合。

日本民族保守主义思潮的兴起，思想领域民族保守主义主义与和平民主主义的交锋呈现激烈态势。

（一）社会运动与社会问题密切相关

社会运动具有快速应对新出现的社会问题的特点。社会问题的出现总是伴随社会运动的产生。例如，20 世纪 50 年代以后，驻日美军战斗机和直升机的坠落事故、训练噪声扰民和环境污染等问题引起当地居民的不满，特别是基地美军对冲绳女性的性侵事件屡屡发生，激起了当地居民的愤慨，多次爆发席卷冲绳全岛的反基地运动。另外，反对修宪运动、反对右翼教科书、反对修改《教育基本法》、反对解禁集体自卫权、反对新安保法案等"对抗型"社会运动的出现与 20 世纪 90 年代以来日本民族保守主义思潮的泛滥有着很大关系。

随着一些社会问题的改善和解决，社会运动的目标和方式也在发生变化。例如，战后不久出现的劳动者贫困和生存问题以及劳资纠纷问题促成了工会运动，但随着经济形势的好转、工人劳动环境的改善以及工资待遇的提高，特别是社会保障制度的普及，工人运动已经不再占据社会运动的主流，取而代之的是居民运动的登场。

从反公害运动到环境保护运动也体现了社会运动目标和方式的发展变化。经济高速增长期轰轰烈烈的反公害运动随着公害问题的逐步解决而衰退，当今的环境保护运动更加关注生活环境和自然环境的保护、社会的可持续发展、社区的绿化美化、低碳环保的生活方式、再生利用以及食品安全等。

进入 21 世纪，伴随着经济和社会发展而出现的诸如少子老龄化、社会差距、非正规雇用等问题，社会运动的主要目标也相继调整为：强调可持续发展、重视以人为本、促进世界和平、致力公正公平、改善生态环境、加强社会建设、消除家庭暴力、保障妇女权益以及关注弱势群体等。非营利性组织和民间团体在日常生活中发现问题后，往往不采用以往那种游行示威等方式谋求解决，而通过市民参与、非营利性组织与政府、企业采取"协动"[①] 的方式来促进社会问题的解决。

---

① 日本 NPO 中心为"协动"下的定义是：不同种类不同性质的组织为了达成一致的社会目的，在保持各自资源、特性的基础上，以平等的立场协力共同采取行动。"协动"的要素有以下几点：各个主体享有共同的目标；主体自主、自律与平等；为了达成目标，各主体之间应各有偏重，相互弥补；各主体承担相应的责任；依据求同存异的原则，相互尊重各自特点，达成目标。

（二）社会运动的主体是"新中间阶层"

战后初期工人运动的主要目标是民众对生存权的要求和捍卫，运动主体是广大劳动者阶层。"1955年体制"确立后，社会运动主体发生了变化，具有较高学历、受过专业化训练、主要从事脑力劳动工作、以工资薪金为生的"新中间阶层"开始作为社会运动主体登上历史舞台。20世纪70年代是"新中间阶层"迅速兴起和壮大的时期。70年代中期，日本人均国民生产总值达到5000美元，家庭的年收入增加了10倍以上，全国城市数量从1953年的286个发展到1975年的643个。① 有近80%的日本国民持有"中流"意识。② 因此，70年代以后，"新中间阶层"成为社会运动的主体已是不争的事实。正如日本社会学家三浦展所言："'1955年体制'在政治上是东西方冷战时代的产物，在经济上则正好与日本经济高速增长时期相契合，而在消费方面，这个时期又是大众消费社会不断发展，中流社会逐渐扩大的时期"，"'1955年体制'所追求的是社会财富的平均分配，是全社会所有人群的'中流化'。"③

如果再具体分析，"对抗型"社会运动、"要求型"和"建设型"社会运动的参与者也有细微差别。像反对修改和平宪法、反对修改《教育基本法》、反对右翼教科书等"对抗型"社会运动的主要参与者，是有良心、有责任感的市民，运动的目标与他们的生活虽无特定的利害关系，但却显示了他们作为国民对国家政治、外交、教育等政策的关心和政治理念。"要求型"和"建设型"社会运动的参与者，主要是生活在同一地区的居民，他们的日常生活与运动的目标有一定利害关系，运动的要求也较明确和具体。如环境保护运动的参与者主要是当地受到环境问题困扰的居民，当然也不排除来自外部对环保运动予以声援的环保主义者。

从"二战"结束到20世纪60年代初，教育领域的社会运动参与者主要是日本教职员组合（"日教组"）和全日本教职员组合（"全教组"），他们积极进行争夺教育主导权的反体制斗争。在反对右翼教科书运动中，"日教组""全教组""教育基本法全国网络""反对恶改教育基本法埼玉

---

① 本間康平・田野崎昭夫・光吉利之・塩原勉編『社会学概論』、有斐閣、1988年、308頁。
② 福武直『日本社会の構造』、東京大学出版会、1987年、146頁。
③ 三浦展：《下流社会》，陆求实、戴铮译，文汇出版社2007年版，第6页。

之会""儿童的人权埼玉网""21 世纪思考儿童培养与法律制度的市民之
会"等团体，站在运动最前沿，其参与者主要由教育第一线的教职员、知
识分子或退休教职员工构成。

在思想领域的各种社会运动中，知名人士、知识精英、文化名人充当
了运动的领导者。如：以"九条会"为中心的反对修改和平宪法的运动
中，以大江健三郎为代表的九位知名文化界人士展示了在民众心目中的强
大号召力，东京大学教授小森阳一、高桥哲哉等在运动中发挥了骨干作
用；在冲绳反基地运动、反对驻日美军对冲绳女性的性暴力运动中，也活
跃着不少妇女运动家和女性精英，如冲绳女性史专家宫城晴美、社会活动
家野口裕子、安里英子等；在社区营造运动和历史文化街区保存运动中，
一些具有法律、经济、建筑设计等方面专业知识的人士作为领导人起着举
足轻重的作用。

值得关注的是，在反核运动、反战和平运动、生活者运动、消费者运
动、代理人运动等众多日本社会运动中，家庭主妇成为运动的主要承担
者。参与运动的主妇们往往有着较高学历，对食品安全、环境污染、老年
人护理、青少年问题等与生活密切相关的社会问题十分关心。出于母性的
本能和对下一代健康担负的使命感，她们对核武器有着强烈的憎恶和危机
意识，在反战和平与反核电站建设运动中表现得非常积极。不仅如此，不
少家庭主妇也对日本能否走一条与亚洲邻国和睦相处的和平之路深感忧
虑，2015 年 7 月，为了反对新安保法案的通过，一批母亲自发结成"反对
安保关联法案妈妈会"，在东京举行了多次游行和抗议。

进入 21 世纪，非营利性组织成为社会生活领域中社会运动的主体，
由于活动涉及环境、福利、教育、贫困、差距等广泛内容，运动参与者的
成分十分复杂，一些非正规雇佣者、老年人、生活贫困者等社会边缘群
体、弱势群体加入了进来。

（三）互联网在社会运动中发挥着重要作用，有些运动有国际化倾向

互联网在当今的社会运动中起着互通信息、宣传理念、广泛联络、采
取一致行动的重要作用。市民团体、个人都可以在互联网上建立主页、进
行链接、相互配合与支援，并有可能采取一致行动。20 世纪 90 年代以来，
日益活跃的民族保守主义思潮成为主流社会思潮，日本各大主流媒体的右
倾保守化色彩日益浓厚。在这样的社会舆论形势下，诸如反对右翼教科书

等"对抗型"社会运动的相关消息和报道在报纸、杂志很难刊登，一些有良知的知识分子对政府和相关政策批判的声音也很难发出来。于是，互联网便成为市民团体发布报告会、集会、游行等消息的最快捷的传播渠道。各市民团体在互联网上建立主页，宣传理念，发布消息，并建立与其他市民团体的连接。通过互联网传播，原本规模小、影响力弱的市民运动往往会演变成多个领域、多个地区市民团体的联合行动。

伴随经济全球化的进展，越来越多的社会运动与国际 NGO 和国际上的社会运动产生密切联系，呈现出日益汇入世界社会运动大潮的趋势。例如，生活俱乐部与世界各国 NGO 以及协同组合经常进行交流，携手合作。追究日本战争责任运动将东亚的民间团体、知识分子和普通民众聚到一起，中日韩三国的市民团体、有良知的知识分子、普通民众开展了各种交流、声援和相互支持的活动。

（四）社会运动由"对抗型"转向"建设型"

20 世纪 50—60 年代的社会运动大多是"对抗型"社会运动，主要采取罢工、抗议、请愿等较为激进的方式，例如总评、中立劳联等工会组织自 1955 年后，在"春季斗争"前对运动的进程进行预先设定，采取先团体出面交涉劳资纷争，达不成协议再罢工的方式。60 年代"安保斗争"时，大学生也与警察发生了冲突，出现了人身伤害、放火、破坏财物等暴力行为。随着战后民主化程度的提高以及市民社会的成熟，社会运动的暴力性逐渐减弱。当今日本的社会运动基本上根除和杜绝了阶级斗争、暴力革命以及政府与人民之间的矛盾的尖锐化，社会运动很少或基本不采用罢工、暴力等激烈形式。大多数都道府县对游行示威都进行了规定，游行的主办方事前要向涉地警察署提出要求并获得许可。[①] 游行示威被置于法治国家的框架下，没有经过许可的游行会被取缔。因此，日本的社会运动在游行示威等方面非暴力特征十分明显。像反对修改宪法、反对修改《教育基本法》、反对右翼历史教科书等"对抗型"社会运动主要以召开集会、演讲会、研讨会、学习会、说明会、街头演讲、在街头散发宣传品等形式

---

① 道路上游行需要在《道路交通法》第 77 条的基础上接受所属警察署长的许可，此外，游行活动所在的县、市要遵从公安条例。国会议事堂、外国使领馆、政党事务所等周边地区要遵守《保护国会议事堂等周边及外国公馆等周边地区安静稳定的相关法律》，限制使用扩音器。对游行中搞破坏的团体，按照《破坏活动防治法》予以六个月之内在规定地区禁止游行。

为主，组织工作周密，集会秩序井然，即便是上万人规模的游行，也大都平和有序，较少发生混乱或出现暴力事件，对城市交通和市民社会生活的影响被控制在极小范围。这一点与战后工人运动通常采取的工会和政党的斗争方式有着本质的不同。

随着社会运动的特征由以往的"对抗型"转向"建设型"，要求、提案和参与型的居民运动在日本呈现扩展趋势，其主要形式是直接请求、参与选举、居民投票、集体诉讼、请愿陈情和制造社会舆论等。20世纪90年代以来，社会运动更多、更普遍地表现为一种温和而渐进的改良性运动。这些运动的目标虽不尽相同，但运动的参与者希望的是通过这一手段改变生活现状，提高生活水平，追求一种充实、富裕、安全的生活。社会运动由先前那种大规模的、与政府对立抗议、表达强烈不满的"对抗型"，转向对政府提出要求、希望政府重视并予以改变的"要求型"。以环保运动为例，在20世纪60—70年代经济高速增长时期，反公害民间团体的活动都是针对特定的公害制造企业进行的，运动方式表现得比较激烈，而当今的环境保护运动从反对公害、呼吁合理处理废弃物过渡到关注人们生活品质、食品安全上，方式比较温和。[①]当整个社会变得富裕、公害问题得到有效解决的时候，环境保护运动的特征也就变成了参与性和建设性。

作为"建设型"社会运动代表的社区营造运动，走的是一条通过社区建设来实现居民自治的道路，不仅解决了市民日常生活中的问题，提高了市民生活水平，还对地方行政起到了促进作用。在社区营造运动的推动下，许多自治体相继制定《城镇建设条例》《都市计划条例》等，承认和保障市民会议、协议会等居民组织参与城市政策制定。社区营造在社区发展、社会治理过程中发挥了建设性作用。

（五）民族保守主义与和平民主主义为代表两派力量激烈交锋

冷战结束后，东西方两大阵营的对垒失去了国际环境。20世纪90年代以后的日本国内环境也发生了很大变化，左翼势力代表的日本社会党的衰弱以及解体，造成了革新力量与保守势力制衡能力的衰退。泡沫经济崩溃后，日本经济长期不振，与之相反的是中国、韩国等亚洲国家经济的快速发展。2010年，中国GDP超过日本，成为世界第二大经济体，中日两

---

① 今西一男『住民運動による普遍的な公共性の構築』、『社会学評論』第49巻第2号。

国实力发生逆转。进入 21 世纪，日本社会弥漫着一股强烈的危机意识，国民丧失自信，对日本前途产生茫然情绪。一些右翼政客在领土问题、历史问题上屡屡发言，企图通过将中国树为假想敌，将国内民众的不满情绪归咎于中国经济的迅猛发展，以迎合日本国民希望重振日本往日"辉煌"的愿望。一时间，"中国威胁论""中国崩溃论"在日本大行其道。

　　目前，民族保守主义思潮已成为日本社会的主流社会思潮，主要表现为新保守主义、历史修正主义和民族主义等。值得警惕的是，一些右翼团体致力于民族保守主义思潮的普及和推广。包括暴力团系统的街宣右翼团体、以全国学生自治联络协议会为代表的右翼学生团体、神社本厅和灵友会①等宗教右派团体，以及主张再军备和对中国强硬路线的"幸福实现党"等宗教政党。一些右倾和右翼政治家、知识分子垄断主流话语权，主张"正常国家论"，不断强化日美同盟，企图修改和平宪法，谋求改变战后日本的和平发展路线。另外，一部分民众特别是青年人以自己生活为中心，远离或不关心政治。这样一来，民族保守主义思潮便在日本大行其道。

　　20 世纪 90 年代以来日本社会思潮的变化无疑会折射到社会运动之中，表现为民族保守主义与和平民主主义两派势力的激烈交锋。长期以来，新保守主义者和民族主义者一直将修改宪法、为日本成为政治和军事大国扫清"障碍"作为奋斗目标。面对这一思潮的泛滥，一批有良知的知识分子和民众组成的市民团体奋起反击，衍生出大量"对抗型"社会运动。反对右翼教科书运动、反对修改《教育基本法》运动、反对修改和平宪法运动、反对解禁集体自卫权运动、反对新安保法案运动是与反对日美安保条约的斗争，反对核武器、核试验、核竞赛的运动，反对越南战争、反对美军占领冲绳及其他军事基地的斗争一脉相承的。

　　例如，反对修改《教育基本法》运动就是对民族保守主义思潮的一种抵抗。长期以来，执政党、在野党、文部省、市民团体、教育界人士以及普通市民在《教育基本法》修改的问题上均有着各自不同的见解，在支持与反对修改基本法上形成了两股力量，这两股力量随着基本法修正案的法制化进程而逐渐演变为一场思想领域激烈的斗争。2006 年，围绕是否修改基本法的两股力量的斗争呈现白热化。这一年，参与运动的团体数量众多。从团体成立时间来看，有成立于战后且一直致力于和平、民主与平等

---

　　①　该右翼组织与自民党有着多种联系，是支持自民党的团体"日本会议"的参与者。

的市民团体，也有 90 年代以来成立的进步市民团体，还有在反对基本法运动中新成立的市民团体。虽然运动未能阻止《教育基本法》的修改，但这些市民团体在教育问题上的鲜明态度和开展的一系列活动无疑对政府的决策构成了一定压力，促进了日本社会思潮的多元化。

针对右翼团体编写篡改历史的教科书的风潮，一些民间组织进行了卓有成效的斗争。如"21 世纪儿童与教科书全国网络""历史教育者协议会""日本战争责任资料中心""和平之船""历史科学协议会""战争与对女性暴力日本网络""全国民主主义教育研究会"等民间团体相互配合，分别在 2001 年和 2005 年共同发起了两轮"让扶桑版教科书采用率为零"的运动。这些市民团体召开集会、演讲会，呼吁各地教育委员会、国会议员拒绝右翼历史教科书。在全国各地反对右翼教科书的市民、教师、学者、律师、劳动者、学生等团体的共同努力下，扶桑版历史教科书的采用率仅约为 0.38%，远远低于"新历史教科书编纂会"确定的 10% 采用率的目标。[①] 目前，各市民团体正在发起新一轮抵制育鹏社版历史教科书的运动，相关团体针对各地区教育委员会展开了积极的工作，试图影响委员们在选择教科书时不将选票投给育鹏社版教科书。

四　日本社会运动的发展趋势

首先，在社会生活领域，作为一种政治参与方式社会运动丰富了市民的多样化参政途径，市民通过社会运动表达了对政治的看法和意见。社会运动中的市民团体担负着进行经常性调查、研究、分析，充当早期预警机制，帮助监督和执行政府工作的职责，能及时把其成员对政府的要求、愿望、建议、批评集中起来转达给政府，向政府提出议案并监督政策的实施，又把政府的政策意图和对相关问题的处理意见转达给其成员和市民。社会运动的这一利益表达和利益协调过程满足了不同群体合理的利益需

---

① 2005 年 9 月，"21 世纪儿童与教科书全国网络"等 16 家市民团体发表共同声明，公布了他们调查的教科书采用情况：全日本共有 583 个地区需要选择下一年春天采用的教科书，现在已有 552 个地区明确了采用的版本，其中只有两个地区决定采用右翼教科书。确定下一年春天使用扶桑版历史教科书的公立和私立中学不到 50 所。这 16 家市民团体宣称，这套歪曲历史、美化战争的教科书采用率如此之低，是全日本"反对战争、追求和平的人们良知的胜利、草根民主主义的胜利"。

求，推动了政府与民众关系的改善。例如，在社区营造运动中，非营利性组织针对政府的城市改造计划，不再以大规模抵制或对抗的方式表达意见，而是进行调查研究，提出建议，广泛征求意见，采取研讨会等方式与政府进行对话，表达意见。地方政府也开始在制定城市建设和发展计划时吸收市民的意见。社会运动对于政府制定相关法律、法规和政策起到了积极推动作用，使法律、法规和政策能够照顾到各阶层人群的需要，保证它的可行性和准确性。

社会运动还对政策决定过程与政策内容予以批判性的监督，对政府行为构成了制约。例如信息公开运动在防止政治家、公务员贪污腐败和从事不法活动上发挥着监督作用；消费者运动保障了消费者的权益，推动了市民生活方式的改变；环境保护运动监督企业的生产经营环境，促进企业推行环境友好型的生产方式，使环境得到了明显改善。

因此，可以预测，今后在养老护理、弱势群体的权利保障、青少年健康健全发展、社区重新焕发活力等市民们关心、政府措施又比较薄弱的问题上，社会运动有很大的发展空间。

其次，20 世纪 90 年代以来，和平民主主义与民族保守主义两种势力力量对比发生变化。1989 年曾经作为工人运动主力的日本劳动组合总评议会解体，意味着工人运动的衰落和左翼力量的消退。同时，1955 年以来曾在日本国会长期占据第二大党的日本社会党出现衰败和妥协[1]。再加上庞大的无党派阶层出现，相当数量的民众对政治不感兴趣。这样一来，作为和平民主主义思潮重要的支持力量逐渐萎缩。特别是进入 21 世纪，在民族保守主义与和平民主主义对垒、交锋的过程中，和平民主主义阵营的式微已较为明显。主张"护宪""反战""反核"与"日中友好"的和平民主主义思潮势力消减，其对抗和掣肘日益强大的右倾保守化潮流已显得有些力不从心。劳动组合、日教组等群众组织力量日趋薄弱。例如，当前，以"九条会"为中心坚持和平与民主、反对修改宪法为主流的社会运动仍持续进行着，对民族保守主义势力构成一定的制约，对政界的修宪势力也有一定的掣肘作用。但随着民族保守主义势力的增强以及"九条会"核心成员的相继离世，"九条会"的影响力正在不可避免地减弱。在中日关系

---

[1]　例如，90 年代放弃对"PKO 法案""消费税法案"的反对，在国旗国歌、非武装中立等问题上予以妥协。

领域，以"日中七团体"为中心的对华友好团体活跃在中日民间交流的第一线，发挥着中日友好的骨干作用。然而，随着时间的流逝，一些对华友好团体出现成员年龄老化、经费紧张、专职人员较少等问题，甚至有的面临合并、更名或解散的命运。同时，中日关系在领土问题、历史问题等方面出现诸多问题，导致两国关系恶化，普通日本民众对华感情趋冷，出现"厌华"情绪。关心中日友好事业的日本年轻人数量锐减，对华友好团体中年轻会员的人数也比较少，中日交流活动中年轻人参与不够，导致对华友好团体活力不足，同时也制约了其未来的发展。

　　相比之下，20 世纪 80 年代末 90 年代初以来，伴随着经济的长期萧条，日本政治长期动荡，思想领域民族保守主义蔓延。民族保守主义表现在以下几个方面：歪曲和美化日本侵略历史；从安全保障角度对现行宪法体制进行讨论和修改的意识逐渐活跃；宣传"中国威胁论"，防范和限制中国。在保守主义思潮成为社会思潮主流、国民意识整体向右转的趋势之下，可以预见，今后在政治、外交层面，民族保守主义势力会更趋强大，和平民主主义势力与强大的右倾势力的较量将迎来更为严峻的局面。2015 年 7 月 16 日，安倍政府处心积虑推动的日本安全保障相关法案，倚仗执政党在国会的议席数优势，在众议院全体会议上获得表决通过。这似乎表明，日本解禁集体自卫权，大幅转变战后以来"专守防卫"国防政策的步伐似乎难以阻挡。为此，爱好和平的日本民众发起了多场声势浩大反对新保安法案的抗议游行。在"安倍谈话"出笼之前，包括学者、教授、律师等在内的一批进步知识精英开展了积极的行动，有 74 名国际法学、历史学及国际政治学的学者发表了联合声明，以督促安倍正视日本侵略的历史。"安倍谈话"对"殖民统治"和"侵略"等措辞的提及，可以说是民族保守势力与和平反战势力博弈的结果。今后，和平反战运动能否对安倍内阁右倾化的国家战略起到有效的制约作用还有待进一步观察。

　　　（本文已在《日本学刊》2015 年第 5 期发表，收入本书时做了部分修改。）

战后日本社会变迁中的新宗教

王新生[*]

内容提要： 日本战后初期的生活困难、社会混乱导致国内出现第一次新宗教高峰，新宗教的迅速发展是在经济高速增长时期，而 20 世纪 70 年代的经济危机以及 80 年代的泡沫经济是日本第二次新宗教高峰产生的背景。新宗教的特征包括创始人大多为普通人出身且宣称具有某种神奇能力、扩大再生产式发展成员、信徒自主加入教团、追求现实利益、在家传教等。新宗教适应工业化或后工业化社会的发展，既有在组织边缘群体基础上推动社会、政治发展的积极作用，也带有容易与现有体制发生矛盾及冲突的消极因素。

关键词： 社会变迁　新宗教　新兴宗教　新新宗教

20 世纪 60 年代，日本新宗教团体信徒急速增加的现象引起社会注目，舆论界将其称为"新兴宗教"，后来又将 80 年代以后出现的新宗教团体称为"新新宗教"。尽管这些词汇更多的是强调其新闻性，但也有"比起传统宗教来价值较低"的含义，因而学术界近些年来将其统称为"新宗教"，作为学术研究的对象。[①]

本文主要从宗教社会学的视角分析战后新宗教出现的社会背景及其影响，也就是"通过探讨宗教的社会结构和社会功能，来研究宗教与社会的相互作用及其对人的日常生活的影响"。换言之，即"通过研究人类自身

---

[*] 作者简介，王新生，北京大学历史学系教授，博士生导师。

① 井上顺孝『現代日本の宗教社会学』、世界思想社、2012 年、166 頁。中国学术界也出现了不少优秀的相关著作，例如张大柘的《新兴宗教与日本近现代社会》（天津人民出版社 2003 年版）、金勋的《现代日本的新宗教》（宗教文化出版社 2003 年版）、邵宏伟的《战后日本的新宗教与政治》（世界知识出版社 2013 年版）等。

与人类赖以生存的社会之间的互动关系，来认识与把握纷繁复杂的宗教现象"。①

一　社会变迁与新宗教

概括地说，新宗教通常集中出现在社会急剧变动的时期，战后两次高峰分别出现在战争结束后的占领时期以及 20 世纪 80 年代的泡沫经济时期。由于战争的严重破坏，1945 年度的日本经济处在崩溃状态。按当时的价格计算，日本财产损失 1057 亿日元，约占国民财富的 1/4。包括军人、平民在内的战争伤亡人员高达 870 万，日本大多数城市变成废墟，近半数工业生产设备遭到破坏。军需产业停止生产，该部门的 400 万就业工人失去工作，再加上从海外回国的 350 万复员军人及 289 万普通民众等，失业人数高达 1400 万。另一方面，农业严重歉收，粮食产量只有战时的一半，而且也不能再从旧殖民地进口粮食，因此，以大米为主的生活资料价格飞速上涨，黑市流行。1945 年 10 月，全日本城镇共有 1.7 万个黑市。②

因黑市价格过高，政府也难以控制，配给的食物远远不足，市民们纷纷到农村购买粮食或在城市空地甚至屋顶上种植蔬菜。由于通货膨胀严重，纸币贬值，市民只好用自己的衣物换取食品，俗称"竹笋族"，意思是像剥竹笋一样层层脱下身上的衣物。由于交通工具严重不足，破损的列车上严重超员，时常发生事故。1945 年 11 月入 3 日，共有 100 多万东京市民涌到附近农村购买食物。1947 年 2 月发生重大交通事故，满载购物人群的列车在高丽川站附近倾覆，造成 147 人死亡。③

与此同时，因粮食问题出现了震惊社会的"小平连续杀人事件""片冈仁左卫门一家灭门事件""帝银事件"。1945—1946 年，在东京地区发生连续强奸杀害年轻女性的案件。罪犯小平义雄曾作为海军士兵战时在中国有强奸女性的经历，战争结束后利用粮食或就业等借口将年轻女性引诱

---

① 菲尔·朱克曼：《宗教社会学的邀请》，曹义昆译，北京大学出版社 2012 年版，第 5、7 页。

② 参见戈登《日本的起起落落：从德川幕府到现代》，李朝津译，广西师范大学出版社 2008 年版，第 280 页。

③ 上野昂志『戦後 60 年』、作品社、2008 年、24 頁。

到偏僻处强奸后杀害，受害者多达十人，1947 年法庭将其判处死刑。1946 年 3 月 16 日，歌舞伎演员片冈仁左卫门一家五口遭残杀，凶手是寄居其家的剧团作者饭田利名，其动机因配给的粮食被克扣而常常吃不饱，而且写的剧本也经常遭到片冈的训斥，因而产生仇恨。1948 年 1 月，一位装扮成东京都卫生课职员、医学博士的男人进入东京帝国银行椎名町支店，声称附近流行痢疾，让 16 名银行职员饮用有毒的预防药，结果毒死 14 人，抢走现金 17 万日元和 1.7 万日元的支票。警方根据名片逮捕了 57 岁的画家平泽贞通，1955 年判其死刑。刚开始他坚称无罪，其后承认但很快又翻供，不断上诉，直到 1987 年死在狱中。

战败与占领也动摇了日本人的价值观，甚至在日本国内出现了性解放的趋势。战前、战时禁止放映带有裸体甚至接吻镜头的外国电影，在占领当局的推动下，1946 年 5 月公演的《20 岁的青春》第一次出现接吻镜头，但导演和演员仍然抵触此类情节。到 1946 年年底，却出现了上百种刊登色情内容的杂志。这些杂志用较为粗糙的纸张印刷而成，大约 40 页左右的篇幅。当时市场上畅销劣质烧酒，因而人们将这种杂志称为劣质烧酒杂志，以喝上三杯劣质烧酒就会烂醉如泥，比喻读上三本色情杂志也会意志崩溃。推动这种色情杂志流行的是 1946 年 10 月创刊的《猎奇》杂志，特别是该杂志第 2 期刊登了北川千代三的小说《H 上校夫人》，因露骨描写性爱而违反战后刑法第 175 条（发布猥亵文章罪）受到禁止发行处分，结果却使其知名度大增。

演艺界也是如此。最初是几乎全裸的女性在镜框中摆出各种姿势，其后发展为各个剧院的裸体舞，并受到大众欢迎。尽管多数知识分子对上述性解放现象持批评态度，但也有少数作家认为可以对原有的社会伦理进行彻底的改革。特别是作家田村泰次郎主张"肉体的解放才是人的解放"，并在《世界文化》1946 年 9 月号和《群像》1947 年 3 月号上发表了《肉体的恶魔》《肉体之门》。《肉体之门》生动地描述了以占领军为对象的妓女生活状态，引起较大的反响，甚至出现了"肉体文学"的流行语。1947 年 8 月，"空气座"剧团将《肉体之门》搬上舞台，获得观众追捧，成为演出超过千场的保留节目，后来该作品又被改编成电影。

因战败后的精神空虚、政教分离与信仰自由得到保障、生活困苦等因素，占领初期日本出现了战后第一次新兴宗教热，不仅涌现出许多新的教团，而且还获得大量信徒。从制度性背景来看，盟军总部颁布"神道指令"后，不仅天皇发表了"人间宣言"，否定自己是"现人神"，而且政府随即废除了战时制定、严格控制宗教团体的《宗教团体法》，同时制定《宗教法人令》，规定只要申请成为宗教法人就会得到许可。1947 年开始实施的新宪法更是规定"保障信教自由"。因此，从 1946 年到 1953 年每年有两位数的宗教团体登记为法人，其中以免税为目的的宗教团体增加数量令人注目。[1]

占领时期出现的新宗教主要有玺宇教和天照皇大神宫教。玺宇教的教主长冈良子自称是天照大神化身的玺光尊，大相扑选手双叶山、围棋选手吴清源等名人也加入该教团。但该教团由于其主张与占领当局政策发生冲突而遭到限制，很快衰落下去。山口县农妇北村萨约创建的天照皇大神宫教因提倡跳"无我之舞"而被称为"舞蹈宗教"，迅速在东京等地发展了30 万信徒。实际上，信徒发展较快的教团大多在战前已经出现，如创价学会、立正佼成会、生长之家、天理教、金光教、灵友会、PL（完全自由）教团、世界救世教等。其中，有些教团在战时受到压制或镇压，战后得以复活。例如，创价学会的前身是 1930 年创建的创价教育学会，1946 年第二任会长户田城圣重建；立正佼成会是 1938 年创建的大日本立正佼成会，1948 年重新登记为现名；PL 教团是 1931 年成立，战时在政府命令下解散，1946 年重建；世界救世教是 1935 年成立的大日本观音会，战后重新活动，1950 年改为现名。

尽管第二次新宗教高峰出现在 20 世纪 80 年代，但其渊源来自 70 年代的经济危机。正如 70 年代的政治、经济处在动荡时期一样，日本社会也呈现出各种现象，特别是石油危机带来的阴影，让刚刚富裕起来的日本国民对未来仍抱有不安。1973 年，小松左京撰写的科幻小说《日本沉没》，描述几位海洋地质学家发现日本列岛将沉没的征兆，越来越多的迹象证明了其推断，首相不得不向国民宣布"日本列岛将在十个月内全部沉入大海"，整个日本处在一片恐慌和混乱之中。在接连不断的地震、海啸和火山喷发中，人们想方设法逃往海外，政府策划向世界各地输送移民，又引起各国的强烈反应。该书出版后立即成为畅销书，一年内共发行 400 多万册，随后拍摄的同名电影观众累计达 880 万人次。一部预言未来的小说竟然引起如此之大的轰动，除日本人天生的危机感外，还有 1973 年年底因

---

① 井上顺孝『人はなぜ新宗教に魅かれるのか?』、三笠書房、2009 年、282 頁。

"石油危机"而引发的严重通货膨胀以及"抢购风潮"起到相互促进的作用。同年的畅销书还有五岛勉的《纳斯特拉达姆斯大预言》，预言世界将在1999年灭亡，该书累计发行量超过200万册，进一步加剧了人们的危机意识。

上述的不安心理，在某种程度上促使社会性暴力转化为少数人的恐怖行为或者集团内部暴力。20世纪60年代末日本学生运动逐渐转入低潮后，除"赤军派"外，还有少数激进分子进行恐怖活动。1971年，警视厅警务部长土田国保之妻被邮寄的炸弹炸死。1974年8月，名为"东亚反日武装战线"的组织在三菱重工公司大楼引爆炸弹，造成8人死亡、385人受伤。其后该组织又连续制造十多起针对大企业的爆炸事件。1975年5月，该组织的八名主要成员被警方逮捕，但到1979年仍策划了对包括北海道警察本部、北海道厅、东本愿寺、神社本厅等在内的爆炸事件。另一方面，学生组织之间的暴力活动频繁发生。"中核派""革命马克思主义派""社会主义青年同盟解放派"三个学生组织之间的暴力活动不断升级，仅在1974年就有11人死亡、605人受伤、423人被捕。暴力现象甚至蔓延至中小学和家庭，"校园暴力""家庭暴力"成为1980年的流行语。

进入20世纪80年代以后，补习学校、考试压力、校园暴力、拒绝上学等仍然是突出的教育问题。同时，日本经济逐渐进入空前繁荣时期，社会也因此出现许多新现象，日本人被卷入泡沫经济的浪潮中。正如京都大学教授佐和隆光指出的那样："80年代后半期，日本人在精神方面发生了不少变化。精益求精、勤奋、知礼、努力、热心、正直、谦虚、勤俭、质朴、求实等词汇已成为过去，人们赤裸裸地追求金钱物欲，甚至不劳而获的投机致富也被看作尊荣。"[1] 在银行存款利率较低的情况下，许多普通国民受媒体以及证券公司、房地产公司所谓"理财技巧"的鼓动，借钱投资股票和房地产。80年代后半期，日本普通家庭的银行贷款额比1985年增加两倍。正如1981年田中康夫描写女大学生追求名牌的《无意，水晶》成为畅销小说那样，时尚服装、高尔夫俱乐部会员证、高级进口轿车、海外著名艺术品均成为日本人追求的对象。

---

① 佐和隆光『平成不況の政治経済学—成熟化社会への条件—』、中央公論社、1994年、92頁。

80 年代，日本仍然存在女性"年轻短期就业"和"中老年再就业"的就业曲线，但继续劳动型的女性缓慢增加，其原因就是《劳动者派遣法》的实施。该法规定，劳务派遣公司只能对 13 种工作进行劳务派遣，而且不管是涉及高端专门知识领域还是涉及低端劳动密集型行业，派遣劳动者都需要专业技能和知识。学界将就业市场分为"库存型人才就业市场"和"流通型人才就业市场"，前者为专业技术人员，后者多指那些 30 岁左右工作，其后回到家庭生儿育女，中老年时再做"钟点工"的女性。这些人不是企业的正式成员，由派遣公司派到有关企业临时工作，工资待遇较差，也没有社会福利。最初以前者为中心，但随着经济衰退后者急剧增加，而且男性也加入进来。

泡沫经济时期，日本家庭生活服务的商品化，如家庭洗衣房、代购物、代扫墓、儿童旅馆，甚至充当家庭成员等推动了家庭生活的个人化。特别是 1983 年出现的家用游戏电脑到 1989 年销售了 1200 万台，成为儿童的主要娱乐活动，并由此导致了相互间的交往减少。另外，电视、音响、吸尘器等迅速普及，家庭成员各自生活的现象突出。与此同时，"单身赴任"的父亲增加，1985 年达到 14.7 万人，1988 年全家一起吃饭的家庭占比减少到 47%。①

泡沫经济也推动风俗业发生变化。进入 20 世纪 80 年代以后，除特殊浴室、桃色沙龙、脱衣舞外，日本出现许多新名目的风俗行业。如 1981 年，年轻女性服务员只穿超短裙不穿内裤的饮茶店急剧增加；1983 年兴起年轻女性与中年社长签订婚外恋契约的"婚外恋银行"；1985 年政府制定《关于风俗业等限制及业务适当化法律》，将风俗产业分为提供健康娱乐的"风俗营业"和包括特殊浴室、脱衣舞、情人旅馆、单间按摩等非健康的"风俗相关营业"。这些产业采取申报制，虽然受到严格限制，但各种名目的风俗行业仍不断出现。

尽管 80 年代中期日元大幅升值的状况进一步强化了日本经济大国的形象，由此出现了大国主义的社会思潮，但也存在"国富民穷""生活小国"的质疑。1989 年出现的《"富裕社会"的贫困》《什么是富裕》《富裕的精神病理》《"富裕社会"日本的结构》《质问"富裕的日本"》《哲学分析富裕》等书籍，批判性地分析了日本的富裕、暴涨的地价、终身劳

---

① 五十二嵐仁ほか 編『日本 20 世紀館』、小学館、1999 年、910—911 頁。

动也难以购买住宅的工薪阶层、出行难、长时间劳动、过劳死、资产悬殊的扩大、缺少社会基础设施、生活环境恶化等问题。

日本社会急剧变化带来价值观念的混乱，导致了难以适应这种变化的人们纷纷进入虚幻世界躲避，特别是那些被社会所排挤的弱者和游离于社会集团外部的人群成为新兴宗教团体的热心支持者，所以出现了战后的第二次新宗教热。但此次出现的新宗教与过去有很大不同：首先，主张"世界末日论"，强调超能力和"灵能"现象。其次，过去信徒大多是中年以上的女性，但 20 世纪 80 年代的新宗教信徒以年轻人为中心。再者，信教的目的也不同。过去的新宗教信徒追求现实的利益，即幸福、健康、成功等，但 80 年代新宗教否定现实社会的价值观，提倡超越末世的未来幸福，因而年轻信徒为度过世界末日，学习超能力、超自然的技能，同时消除家庭个人化带来的孤独、寂寞。正因如此，有人将这一时期出现的新宗教称为"新新宗教"，例如奥姆真理教、幸福科学、阿含宗、神理之会（GAL）、崇教真光等。

奥姆真理教的创始人麻原彰晃，1955 年生于九州熊本县八代市，因视力极弱而进入熊本市内县立盲人学校就读，并因家庭贫困一直靠领取学校奖学金生活。他高中毕业后受过两年按摩及针灸训练，后考东京大学不中，结婚后在千叶县开设药房，1982 年因未经许可生产、贩卖中成药被捕。1984 年麻原创办奥姆神仙会，1986 年到印度会见达赖喇嘛，自称得其真传。1989 年奥姆真理教正式登记成为宗教法人，以瑜伽、特异功能、超自然神秘现象和世纪末思想吸引信徒。

幸福科学创始人大川隆法总裁，1981 年开始与灵界交流，1986 年为传播佛法真理创建幸福科学，第二年撰写基本教义的《太阳之法》《黄金之法》《永远之法》等著作，1991 年获得宗教法人资格后游历世界传播其教义。幸福科学以创造地球的"最高神大灵"作为崇拜对象，其称呼意味着"优美光之国、地球"，但幸福科学的教义却宣称，大川隆法总裁是最高神大灵本体降临地球，并为实现贯穿此世与彼世的幸福以及在现实世界建立理想国而努力活动。为更广泛地推广幸福科学教义，该教团全力发行大川隆法的书籍，其内容涉及人生、工作、历史、政治、经济等，出版书的种类在全世界超过 1400 种。除此之外，从 2009 年年底开始收录灵言，即大川隆法通过自己的声音阐述灵人与守护灵的对话，已经收录成书 500 多册。据说，该团体目前在世界 100 多个国家拥有 1200 万名信徒，在日本约有 600 多个所支部、据点，拥有幸福实现党、幸福科学学园、幸福科学出版等相关组织。

二　新宗教的基本特征

尽管新宗教在教义甚至形式上与传统宗教有相关的一面，例如其内容受神道教、佛教、基督教以及江户时代的在家修行的教团等影响，但也存在差异，主要体现在以下几个方面。

第一，新宗教的创始人通常是身体欠佳或家庭不幸的普通的社会人士出身，大多宣称具有一定的神奇能力，创始人去世后教团容易发生分裂或者趋于衰亡。例如，玺宇教的教主长冈良子出身冈山县农家，因身体欠佳而接触宗教；天照皇大神宫教创始人北村萨约出身山口县农家，因家中火灾接触宗教；奥姆真理教的创始人麻原彰晃出身贫困；幸福科学创始人大川隆法为商社职员，特别是为战后创价学会发展做出巨大贡献的该宗教团体第三任会长池田大作小时候家道中落，兄长死在海外战场，而且自己体弱多病，上小学前曾患肺炎，进工厂后转为肺结核，并因劳累过度，病情逐渐恶化，时常发高烧及吐血。痛失亲人或自身患病的经历，使得本身就是弱者的宗教领袖在思考生与死这个人生根本问题的同时，也将传播"福音"的重点放在社会弱势群体方面。

实际上，对于新宗教创始人来讲，具有某种神奇能力是创造宗教团体并能够强烈吸引信徒的最重要因素。近代社会学奠基人韦伯特别强调这一点，有学者也特别指出："卡里斯马（'カリスマ'译为神圣的天赋）是一种附着于个人的神秘力量，能够吸引并感染人们，令个人服从其意愿。有时候具有魅力性人格者也被认为有着与生俱来的神秘天赋。韦伯相信，这种状况就是宗教的起源。"另一方面，"对于韦伯来说，所谓的卡里斯马是指个人的魅力和非凡人格，一切宗教先知都是卡里斯马式人物。卡里斯马的概念包含几个维度：首先，卡里斯马确认了一种特殊的个人超验经验，令先知们超然高居于普通人之上，卡里斯马作为来自神圣世界的命令或使命，这是易于接受的维度；其次，个人超凡的经验或神召对于其他人来说，即为先知所显示的非凡个人力量的证明，这是其行动力的维度；最后，还有其社会的维度，那就是，一个社群将先知的超人天赋作为权威性接受下来，而新的启示或使命就成为合法性的来源"。①

新宗教创始人大多具有神灵附体的经历，并通过预言或说教获得信徒，但继承者难以具备这种神奇能力，教团往往因此而衰退甚至消亡。例如，北村萨约在1944年5月4日神灵附体，并通过其口进行说法。在即将战败的1945年7月22日，他预言"日本全土均被烧毁""末法世界结束，日本即将接近黎明""今后是建立真正神国时代"等。作为同乡，北村曾对尚未指定为甲级战犯嫌疑并关押在巢鸭拘留所的岸信介说："你有三年牢狱之灾——磨炼灵魂，成为总理大臣之才。"②1952年后，北村在世界各地宣扬其教义——无我之舞，并以当地日裔为中心建立支部。1967年北村去世，由其孙女继承教团，但社会影响力逐渐衰退。按照幸福科学创始人大川隆法本人的解释，1981年3月23日是其与天上高级神灵开始交流的开端，当天下午大川手握铅笔自由滑动，书写"好通知、好通知"，由神灵告知开始拯救人类的"福音"，这个最初的神灵是创建日莲宗的日莲圣人高足日兴上人。③为纪念此事，该教团每年3月举行"大悟祭"。

第二，扩大再生产式发展信徒，信徒自觉进入教会。"在20世纪后半期，理性选择理论在宗教社会学领域内逐渐发展成为一套强势的研究范式，无论是对旧有的研究论题还是对新的宗教现象，宗教社会学的学者逐渐习惯并倾向于从一种宗教供求和个人理性决策的角度进行分析、讨论。……学者们基本上达成共识的基本点是：个人行动背后具有理性动因以及某种程度上人们的宗教活动和市场活动之间具有可类比性（comparability）。也就是假设人们在进行宗教活动的时候同样采取了一种理性的计算态度，去选择利益最大化和成本最小化的宗教活动类型。"④

尽管日本的新宗教团体积极传教，甚至带有强制性色彩，但基本上是信徒自觉加入教团。例如，创价学会为增加会员而实施的"折伏"（劝人入教）运动带有强加于人的一面，但其采取的人文关怀行为却迎合了城市新居民渴望与人交流的心理。因为学会除宣扬入会后可得到"大御本尊"

①　转引自范丽珠等《宗教社会学：宗教与中国》，时事出版社2010年版，第85页。Gregory Baum, Religion and Alienation, p. 148.

②　島田裕巳『戦後日本の宗教史—天皇制、祖先崇拝、新宗教—』、筑摩書房、2015年、56頁。

③　秋谷航平『幸福の科学』、泰文堂、2015年、43頁。

④　胡安宁：《宗教社会学：范式转型与中国经验》，社会科学文献出版社2013年版，第10—11页。

的降福从而获得"现世利益"外，还定期举行各种座谈会，会员可以在会上坦率交谈，倾诉苦恼或困难，得到其他会员的帮助。学会还经常举行较大规模的体育节、文化节、参拜大石寺的登山活动等，这对那些孤独寂寞的会员来说具有较大的吸引力。"没有任何地方能够这样坦率地互相倾诉苦恼，入会后虽然生活照样苦，但感到有些温暖了""参加了创价学会学生部和青年部的文化活动和座谈会后，发现这里能够互相交谈未来的理想和为他人和自己造福，感到生活有了意义"等家庭主妇和年轻人的感想反映了学会在某些方面对会员的吸引力。还有经济困难的会员可以到会员经营的批发商店购买生活用品，既节约了开支，又照顾了经营者，这种互助活动也确实在一定程度上解决了下层新市民的生活困难。

另外，不同时期、不同教团的会员在入会动机上也有相当差异，从中也反映出信徒自主选择信仰的特征。例如，对1946年到1950年加入立正佼成会者的调查显示，其入会动机最高比例48%是由于疾病，其次18%是由于贫困，还有18%是由于家庭不和。由于可以选择复数答案，因而贫困的比率最高，反映了战后初期的生活困难。即使经济高速增长时期在创价学会劝说下入会的成员中，明确具有入会动机的成员约占70%，其中疾病原因为28%，家族原因为16%，贫困原因为13%，个人问题为10%。而针对崇教真光教团（1978年成立）青年队的入教动机调查结果显示，对灵魂存在及超能力现象感兴趣者占46％，关心教团提倡的末世说者占16％。[①]

第三，适合现实需求的简明、易懂的教义。传统宗教追求来世，新宗教追求现实利益，而且其教义通俗，大多是教祖的语录。例如，幸福科学以"探索正心"为基本教义，所谓"正心"是指佛与神的心，具体的探索过程是"四正道"，即人类为实现真正幸福的方法论，由"爱""知""反省""发展"四个原理组成，也称其为"幸福原理"。实践"四正道"是磨炼"正心"，是实现灵魂成长的"人类理想国"。"爱的原理"是"给予爱"，而只考虑被爱仍然产生苦，是"夺爱"，是人苦的真正根源。因此，从"夺爱"中摆脱出来，实践不求回报的"给予爱"，是引导自己和周围走向幸福的捷径；"知的原理"是指"学习佛法之真理"，学习能获得知

---

① 渡辺雅子『現代日本新宗教論—入信過程と自己形成の視点から—』、御茶の水書房、2007年、147—151頁。

识，进一步通过实践提高智慧；人生总要经历失败、犯下罪行，必要的是
"反省"，"按照佛法原理检查思与行"，通过冥想、祈祷、坐禅等方式反
省，就能回到作为佛神之子的自己；"发展的原理"是"自己以神佛为目
标的提高可以为周围带来幸福"，提高觉悟、建造地上理想国就可以形成
符合最高神大灵之心的充满富裕的世界。①

　　具体地说，尽管幸福科学主张多维度的灵界空间，具有脱现世志向的
特征，但也存在批判现实的济世思想。例如，大川批判过度民主主义以及
恶性平等主义导致道德秩序崩溃，同时过度自由、欲望以及唯物主义造成
宗教权威的缺失，主张应当复兴传统的宗教性和道德性，在社会中恢复权
威和秩序。在实践方面，大川强调的教祖崇拜、建立阶层结构式的教团组
织等主张也体现了其社会忧患意识，由于这种新保守主义观点在很大程度
上与泡沫经济后的日本社会需求相吻合，因而受到广泛注目。②

　　第四，具有较为发达的组织机构。通常在家、巨大建筑物等活动场所
传教。例如天理教的最高领导机构本部设在天理市，本部下又设大教会、
分教会、直属教会、部属教会和一般教会，各级教会由教会长负责，定期
组织宣讲教义、教化信徒、举行各种庆典仪式等活动，每一名信徒必须隶
属特定教会，有维护本教会和促进其发展的义务。作为横向组织，天理教
按都道府县设置教区以及下属的支部和组，与此同时，会员按照性别、年
龄分别被编入妇女会、青年会、少年会和学生会中。③

　　创价学会组织更为严密，中央机构下分为 13 个大区，设大区运营会
议，下设县运营会议，下面是区、本部、支部、小区、小组，每个小组约
15 个家庭左右，每个月召开一次座谈会。座谈会既是组织活动的重要内
容，也起到相互帮助的功能。同时，按照性别、年龄又分为壮年部、妇女
部、男青年部、女青年部、学生部、未来部等，其中妇女部在学会中发挥
关键作用，因而地位较高。④ 第五，积极参与政治、教育、文化、医疗、
慈善、和平活动、海外传教等。尽管《日本国宪法》规定"政教分离"原
则，禁止国家给予宗教团体特权或行使政治权利（第 20 条第 1 款）、禁止

———————

　　① 『日本の新宗教』、増補改訂版、宝島社、2015 年、86 頁。
　　② 島薗進『ポストモダンの新宗教—現代日本の精神状況の底流—』、広済堂、2001 年、214 頁。
　　③ 参见张大柘《新兴宗教与日本近现代社会》，天津人民出版社 2003 年版，第 403 页。
　　④ 島田裕巳『創価学会』、新潮新書、2005 年、110 頁。

国家及其机关进行宗教教育以及其他任何宗教活动（第20条第3款）、禁止向宗教团体支出公共资金（第89条）等，但同时也规定信教及选择职业的自由，因而"政教分离"原则并不妨碍基于信仰的政治活动及宗教团体的政治性活动，由此也产生了以宗教团体为基础的公明党、真理党、幸福实现党等。因此，除支持特定的候选人外，新宗教团体还可以选举自己的政治代表进入立法机构。

但是，由于新宗教团体具有独特的国家观、社会观，如果准备不足，仓促组织政党参加选举，多以失败告终。例如，1990年以麻原为首的25名奥姆真理教干部以"真理党"的名义参加众议院议员选举，耗资2亿日元而无一人当选。全部候选人共得到10089张选票，其中麻原得到最多的1783张，得票率也只有0.3%，5000万日元保证金全部被没收。2009年，幸福科学教团组成"幸福实现党"，推荐337名候选人参加大选，结果无一人当选，被没收的保证金更是高达12亿日元。①

在教育方面，比较著名的新宗教团体所属中学有PL学园（PL教团）、天理高中（天理教）、创价高中（创价学会）、佼成学园（立正佼成会）、奈良的智辩学园以及智辩和歌山（均为辩天宗）等，所属大学有天理大学（天理教）、创价大学（创价学会）、关西福祉大学（金光教）、国际佛学大学院大学（灵友会）等。这些学校以信徒子弟为主，但也招收信徒以外的学生，例如灵友会的明法学园、立正佼成会的佼成学园。除此之外，新宗教团体还积极从事医疗、开设美术馆等活动。例如，PL教团的宝生会PL医院的设立理念为"人生是艺术，医疗也是艺术"；立正佼成会的佼成医院设立理念是"正确观之，正确治疗"；天理教的万事协商医院，由医疗、信仰、生活三个部门组成，具体分为综合内科、脑神经外科、皮肤科、妇科等27个科室，还设有糖尿病中心等附属机构，在近畿地区是首屈一指的医院。在美术馆方面，比较著名的有创价学会的东京富士美术馆、世界救世教的MOA美术馆和箱根美术馆。

新宗教团体扩展海外传教，同时为扩大其影响而开展和平、救援等活动。1951年旧金山对日和会后，新宗教团体开始海外传教。同年，天照皇大神宫教创始人北村萨约抵达夏威夷传教，生长之家在巴西设置总支部。

---

① 塚田穂高『宗教と政治の転轍点—保守合同と政教一致の宗教社会学—』、花伝社、2015年、232頁、342頁。

1953 年世界救世教在夏威夷和美国本土传教，1957 年 PL 教团在巴西设立本厅，当时均以当地日本人或日本后裔为传教对象。20 世纪 70 年代以后，随着国内信徒增加停滞，新宗教团体更为积极地向海外发展，而且地域从南北美洲扩展到东南亚、大洋洲等，其传教对象也转向非日本人或日裔。例如，创价学会在 1975 年成立国际创价学会，到 21 世纪初，在 192 个国家和地区拥有 180 万信徒。甚至有国外信徒超过国内信徒的新宗教团体。如生长之家在 2010 年时号称信徒 168 万，其中国内只有 63 万，而国外达到 103 万。[1]

值得注意的是，新宗教团体有时以非政府组织（NGO）或非营利组织（NPO）的名义从事和平、救援活动。前者有神道国际学会、国际创价学会、立正佼成会、户田纪念国际和平研究所（创价学会）等，后者有大本以色列巴勒斯坦和平研究所、金光教和平活动中心、MOA 自然农法文化事业团（世界救世教）等。

第六，与传统宗教不同，许多新宗教实行会费制。会费通常为低额的 200—300 日元，即使崇教真光也只有较高的 500 日元，如果会费较高则难以吸引信徒。因此，维持教团的费用多为捐款制，定期聚会或大型仪式时的捐献、建设大型建筑物时的捐赠等。例如，创价学会 1951 年建立财务部员的捐款体制，即被任命为"财务部员"的会员需要每年向学会捐款 4000 日元。该会为修建总部大石寺，以"供养"的名义向会员募捐，1961 年募集到 32 亿日元，大大超过 10 亿日元的预算。1965 年为建"正本堂"，四天之内筹集到 355 亿日元，更是远远超过 50 亿日元的预算。[2]

作为创收渠道，新宗教团体可以通过发行报纸及杂志、出版书籍来增加相当可观的收入。在宗教法人非征税制下收益也纳税，但与其他收益事业 30% 的税率相比，宗教法人的收益事业税率较低，为 22%。另外，宗教法人免除固定资产税、继承税、宗教活动收入税等，不征税的理由是保证"信教自由"和宗教活动的"公益性"。

三　以创价学会为例看新宗教的社会功能

从社会变迁的理论来看，战后第一次新宗教高峰是成熟工业化社会的

---

① 島田裕巳監修『あなたの知らない日本の新宗教』、洋泉社、2014 年、82 頁。
② 島田裕巳『創価学会』、2005 年、110 頁。

产物。尽管这些新宗教团体集中出现在占领时期，但其急速发展却是在经济高速增长时期。也就是说，新宗教作为工业化、城市化的产物，为那些从血缘、地缘关系较强的区域进入茫茫人海却难以产生归属感的城市新居民提供人际交流乃至精神慰藉的机构和场所，作为特定意义上的社会控制有效地化解了某些社会风险，因而在一定程度上推动了社会、政治的发展乃至精神面貌的变化。创价学会的战后发展历史典型地说明了这一点。[1]

具体说来，创价学会的规模之所以在较短的时间内获得急剧膨胀，信徒从战后初期的数百户发展到 1970 年的 700 多万户，其主要原因是适应了经济高速增长基础上人口变迁带来的社会结构急剧变化，即经济高速增长下的人口大规模流动以及社会急剧变化带来的不稳定感等为学会成员的急剧增加创造了条件。也就是说，创价学会的成员大多数是城市贫苦劳动者，其中包括没有参加工会或其他组织的中小企业职工、中小服务行业职工、零工、城市贫民、失业者、小摊贩、小业主、家庭妇女、基层文教界人士等，另外还包括一部分制造业劳动者。根据创价学会青年部的调查，在青年部会员中，中小企业职工、失业者、小摊贩、小业主占 80% 以上，这些人绝大部分由于经济困难、精神苦闷和对社会现状不满而加入学会。调查结果显示，排在前五位的入会动机分别是经济困难、工作苦恼、精神苦闷、家庭问题、患病，由于这些原因加入学会者约占全部会员的 76%。[2]实际上，这些人中的绝大多数是随着工业化、城市化急速发展的浪潮只身从农村流入城市的人员。

从 1955 年开始，日本进入经济高速增长时期，其年均 10% 左右的国民生产总值增长幅度一直持续到 20 世纪 70 年代初的第一次石油危机。在此期间，国民生产总值增加了九倍，对外贸易增加了十倍。迅速的工业化和城市化，使日本的产业结构和就业人口结构均发生了较大变化。例如，以制造业为中心的第二产业比重从 23.4% 上升为 34.5%，以农业为中心的第一产业比重从 41% 下降到 19.3%。[3] 1955 年，包括农业、林业、渔业在内的第一产业就业人口为 1611 万，约占全部就业人口的 41%；包括矿

---

① 其他新宗教团体如灵友会、立正佼成会、生长之家等也在经济高速增长时期迅速扩大规模并参与政治，因篇幅所限未能论及。

② 达高一编著：《创价学会——日本新兴的宗教性政治团体》，世界知识出版社 1963 年版，第 47—49 页。

③ 金子贞吉『戦後日本経済の総点検』、学文社、1996 年、130 頁。

山采掘业、建筑业、制造业在内的第二产业就业人口为 922 万，约占全部就业人口的 23.9%；包括饮食业、流通业、金融业在内的第三产业就业人口 1393 万，约占全部就业人口的 35.7%。到 1975 年，第一产业的就业人口下降到 661 万，其比例下降到 12.7%；第二产业就业人口增加到 1841 万，其比例上升到 35.2%；第三产业就业人口增加到 2710 万，其比例上升到 51.9%。[1]

值得注意的是，人口转移的方式并不是整家整户放弃土地迁移到城市，而大多是农户家庭中的年轻人单独流出农村。例如，1960 年农户总数为 606 万，其中完全依赖农业收入的专业农户为 208 万；以农业收入为主、以工业或服务业收入为辅的第一种兼业农户为 104 万；以工业或服务业收入为主、以农业收入为辅的第二种兼业农户为 194 万。1980 年农户总数下降到 466 万，其中专业农户下降到 62 万，第一种兼业农户下降到 100 万，第二种兼业农户上升到 304 万。农业部门统计的就业人口数据显示，从 1960 年的 1439 万人下降到 1980 年的 610 万人，其中以农业为主业者从 1148 万人下降到 339 万人，以农业为副业者从 291 万人下降到 271 万人。与农业就业人口的减少速度比，农村户数的减少速度较慢，可见农民家庭的部分成员流出农村居多。"由于父母多是农民，可以了解公明党的支持者多数是从其他府、县流进来的。根据调查的结果，这些人从东北、九州、四国、北陆、东山各地流入的特别多，在公明党的支持阶层中达 61.5%。"[2]

大批单身的农村居民流入城市，成为产业工人或服务业工人并定居城市，但他们在新的居住地举目无亲，而且时常受到城市原居民的歧视和排斥，同时又感到城市较快生活节奏的压力，其就职的中小企业或服务业又总是处在不稳定状态，工作压力大，收入较低，因而感到精神紧张、苦闷、彷徨，疾病和贫穷又常常伴随着他们。虽然创价学会为增加会员而实施的"折伏"运动带有强加于人的一面，但其采取的人文关怀行为却迎合了这些城市新居民渴望与人交流的心理。

20 世纪 50 年代中期以后，农村人口随着经济高速增长而大量涌入城市，因而带来学会成员的迅速增长。70 年代以后城乡之间人口流动停滞，学会会员的增加也基本停滞下来，从中也可以看出学会以城市新居民为主

---

① 参见王琥生、赵军山编《战后日本经济社会统计》，航空工业出版社 1988 年版，第 364 页。
② 堀幸雄：《公明党论》，辽宁外语专科学校 72 级学员译，上海译文出版社 1980 年版，第 185 页。

要社会基础的时代特征。在这一过程中，日本民族具有的排斥外来者特性也起到一定的推动作用，即日本社会具有严重的"内外有别"特征。正如著名社会人类学家中根千枝所指出的那样，日本人的人际关系是靠直接接触维持的，空间场所对于人际关系的维持具有举足轻重的作用。因此，被排挤出空间场所的"村八分"是最严厉的惩罚措施，同时也难以接受想进入空间场所的外来者。因此，原有居民对那些突然闯入自己空间场所的新居民持排斥态度是很自然的，而新居民为逃避这种排斥进入另外一个空间场所也是不得已的选择，这从另一个侧面推动了学会成员的增加。

重要的是，在工业化、城市化迅速发展时期，作为尚未融入城市主流社会的城市新居民只能以"边缘人"的方式存在。他们属于弱势群体，不仅遭到原有城市居民的排斥，同时又是市政部门遗忘的角落，即逐渐建立的社会保障体系和社会福利制度尚未惠及这个阶层，尽管他们承担了城市生活运转的基础性功能。如何将他们组织起来并给予适当的关照，特别是精神上的安慰，这关系到社会急剧变化过程中的稳定问题。尽管这些"边缘人"在城市中的处境比过去的农村生活要好得多，但他们更希望得到城市社会在体制上的容纳。与此相关联的是，虽然他们是城市生活中的"弱者"，但有时也会为生活所迫容易铤而走险，从事犯罪活动，遂成为潜在的暴力因素。因此，在有关市政部门尚未承担其管理边缘群体的责任之前，作为化解城市主流社会与边缘群体之间矛盾的缓冲机制，社区自治组织或第三者组织便成为重要的一个环节。

另一方面，经济与社会的急剧发展，对传统的价值观念也形成较大的冲击，人们常常感到无所适从，对那些刚从农村转入城市的边缘群体成员更是如此，因而有必要对其进行道德知识和行为规范的灌输。正如池田大作所强调的那样，通过人性革命，在进行自我变革的同时进行社会变革。池田认为，人性中善恶并存，因而道德教育具有重要地位。但是，道德知识不能直接转化成行为规范，需要在人的意识深处进行变革。"当然，这一变革不是外界强加的，而是从力图提高自己人格的本人意愿中产生的，但是，论述精神革命的哲学，起码蕴藏着一种力量，它促使坚持这种哲学的人进行自我变革。我们呼吁的'人的革命'，就是这种整个人性的改革。"① 正是这种

---

① 池田大作：《人生寄语——池田大作箴言集》，程郁译，上海社会科学院出版社1982年版，第58页。

"人性革命"或"人性改革"，在一定程度上适应了作为"城市边缘群体"道德精神以及价值观念上的诉求，不仅成为学会吸引会员的一个有力手段，也成为社会稳定的一个重要因素。与此同时，学会通过参与各级选举，不仅将自己的政治代表选进立法机构，以保护自己的利益，而且可以从最初的体制外团体演变为体制内团体，从而使其成员产生与其他社会成员政治地位乃至社会地位平等的意识。

创价学会在 1955 年的统一地方选举中，所属的 53 名地方议会议员候选人全部当选，而且学会的东京都议会议员候选人与横滨市议会议员候选人均以最高选票数当选，并实现了选举区内学会成员全部参加投票的目标。1956 年学会推荐 6 名候选人参加参议院议员选举，在全国区共获得99 万张选票，2 名当选，地方区大阪候选人当选，学会在国会中也有了自己的政治代表。1962 年 7 月参议院议员选举后，学会共占有 15 个参议院席位，由此组成了具有集体交涉权、提出议案权和决定议事日程权的院内会派"公明会"。

1964 年 11 月，学会在东京召开公明党成立大会，宣称该党"以王佛冥合、佛法民主主义为基本理念，从根本上净化日本的政界，确立议会民主政治的基础，深深地扎根于大众之中，谋求大众福祉的实现"。① 同时，池田大作撰写《政治与宗教》一书，明确写道："我国保守政党的压力团体是各种经营者相关的团体，保守政党在接受它们政治捐款的同时，制定并实施对其有利的各项政策。因此，保守政党是一部分具有特权的大企业或大资本的代表，并不作为真正大众的朋友代表大众。""另一方面，革新政党的利益团体确实是工会组织，但这些工会组织并不包括所有的工人，仅仅是一部分劳动者。当今社会各种就业者达到 4500 万，但参加工会组织者不过 800 万，而且分属不同的工会，支持不同的政党。"②

1966 年，池田大作提出"中道政治"作为公明党的政治理念："妙法中道主义、中道政治并不是仅仅存在于相互对峙的两势力之间，而且也不应当采取从双方选择有益的部分形成自己主张的做法"，"无论如何应将国民大众的利益放在第一位，必须实践旨在追求大众福祉的政策"，从而规

---

① 塚田穂高『宗教と政治の転轍点—保守合同と政教一致の宗教社会学—』、138 頁。
② 池田大作『政治と宗教』、鳳書院、1964 年、141 頁

定了公明党的性质及其代表的社会阶层。① 即，大批既不是经营者亦未参加工会组织的雇佣劳动者的新城市居民，难以将自己的利益要求输送到决策过程乃至政治过程中，从而为公明党的诞生及其发展创造了机会。从某种意义上可以说，不仅是创价学会，而且公明党的社会基础及政治基础正是那些作为新城市居民的弱势群体。1967 年 1 月，公明党首次参加众议院议员选举。在学会的全力支持下，该党共获得 247 万张选票，一举当选 25 名候选人。1968 年参议院议员选举结束后，公明党在参议院的席位增加到 24 个。接着，在 1969 年的众议院议员选举中，共获得 512 万张选票，议席增加到 47 个，成为国会两院的第三大党派。但学会以及公明党力量的增强，也引起社会舆论的关注，其中党的性质以及党与学会的关系成为社会争论的焦点。尽管池田明确指出："创价学会是宗教团体，公明党是政治团体。两者都是信奉日莲大圣人之教导，以王佛冥合为目的的同体异名的团体，离开创价学会就没有公明党。"② 但因其他在野党指责其"妨碍言论出版自由"，1970 年 5 月，池田宣布放弃学会参与政治的本来目的——"建立国立戒坛"，实施"政教分离"政策。随后召开的公明党大会修改了党纲，删除了"佛法民主主义""王佛冥合"等带有浓厚宗教色彩的词汇，将公明党定性为"尊重人性的、贯穿中道主义的国民政党"。

重要的是，创价学会参加各级选举与传教活动相结合，不仅扩大了该宗教团体的政治影响力——正如户田去世时首相岸信介也参加了其葬礼那样，而且在选举过程中的动员工作又推动了学会成员的增加，因而在选举和传教之间起到乘数效应。换句话说，如果学会不参加选举，就不可能出现学会成员迅速增加的局面。反过来说，如果没有成员数量的迅速发展，创价学会在各级议会中的势力也不会得到急剧增长。两方面的迅速增长不仅大大增强了学会的凝聚力，而且也被承认为是构成日本社会的重要阶层，至少成为学会成员在与外部交往时的一个支柱性理念。另一方面，创价学会组成政党参加众议院议员选举的目的，就是将那些没有被保守政党及革新政党吸收的社会成员的代表选入国家核心决策机构，以实现自己的利益诉求，这在很大程度上推动了政治多元化的发展。

如果将战后日本第一次新宗教高峰作为成熟工业化社会的产物，那么

---

① 『聖教新聞』1966 年 11 月 14 日。
② 池田大作『政治と宗教』、潮新社、1969 年、4 頁。

第二次新宗教高峰在很大程度上是后工业化社会出现的结果。目前，学术界对后工业化社会的描述大多是技术性定义，例如知识、信息、分散主义、自然主义、生态平衡等，但人们以何种精神面貌适应这种后工业化社会，仍处在探索之中，20 世纪 80 年代前后出现的所谓的"新新宗教"正是这样一种矛盾体。其宗教团体探索超能力、超自然现象，同时却希望通过各种参与活动回归社会，正如参加大选的真理党、幸福实现党那样。①但因其独特的国家观、社会观不仅难以实现目标，而且容易与现有体制产生矛盾、冲突甚至走向反社会之路，奥姆真理教就是一个典型的事例。1990 年 2 月大选失败后，麻原著书立说，论述 1997 年将发生第三次世界大战及其毒气战争的世界末日，同时以各种手段聚敛财富。其巨额财富主要来自信徒的捐献，该教团规定，一旦成为其信徒，个人拥有的财产必须全部奉献给教团，甚至以绑架、监禁、注射迷幻药的手段迫使那些不情愿的信徒奉献财产，教团用这些财富购置大量地产、建设道场、修工厂、生产化学物品和武器等。

与此同时，奥姆真理教模仿日本政府机构设立了大藏省、外务省、邮政省、劳动省、粮食厅等 20 个省厅，其中建设省、自治省、防卫厅是该教团的战斗部队，除负责麻原教祖的警卫外，还从事绑架和监禁企图脱离教团者等恐怖活动。1995 年 3 月 20 日上午 8 时 10 分左右，东京地铁三条线路的五节车厢同时发生被称为"沙林"的神经性毒气泄漏事件，造成 12 人死亡，5000 多人受伤。警方通过周密调查后，确定地铁毒气事件是奥姆真理教所为，随即逮捕该团体上百名成员。1995 年 10 月，东京地方法院认定奥姆真理教"从事违犯法律、损害社会公共秩序的活动"，依据《宗教法人法》和《破坏活动防止法》，宣布解散该宗教团体，取消其宗教法人资格，强行拆除其所有宗教设施。2004 年 2 月，麻原被东京地方法院判处死刑，但至今尚未执行。

战前将新宗教称为"类似宗教"，战后初期出现称呼上的空白。1959 年岩波书店出版高木宏夫的《日本的新兴宗教》是学术界第一次正式使用"新兴宗教"一词，1979 年社会学家西山茂发表在《中央公论》上的"新宗教的现状"论文中首次提出"新新宗教"的概念。日本社会发展到今天，一方面新宗教的信徒在大幅度减少，根据《宗教年鉴》的记载，从

---

① 塚田穂高『宗教と政治の転轍点―保守合同と政教一致の宗教社会学―』、243 頁。

1990 年到 2012 年，立正佼成会的信徒从 634 万减少到 323 万，灵友会的信徒从 317 万减少到 141 万，天理教的信徒从 181 万减少到 120 万，PL 教团的信徒从 181 万减少到 94 万;① 另一方面，新兴宗教与新新宗教的差别几乎消失，不仅学术界可以将其统称为新宗教加以分析，而且泡沫经济崩溃后的长期停滞化社会使民众也失去对新宗教的兴趣。尽管如此，对日本新宗教的研究远远没有结束，尤其在新宗教与社会风险的关系、信徒选择新宗教的主要取向、新宗教基本教义体现的社会价值等方面，对仍然处在经济、社会急速发展变化过程中的中国来讲，其经验教训值得借鉴。

（本文已在《日本学刊》2015 年第 6 期发表，收入本书时做了部分修改。）

---

① 島田裕巳『戦後日本の宗教史—天皇制、祖先崇拝、新宗教—』、310 頁。

现代与传统：战后70年日本家庭的变化

李　卓[*]

内容提要　战后70年来，日本的家庭形态、家庭观念都发生了巨大变化。经过战后家族制度的改革及现代化的发展，日本的家庭已经从传统家族转变为现代家庭。与此同时，由于经济发展带来社会保障制度不断完善，民主化思想深入人心，人们越来越追求个人享乐及独立，同时由于生活成本的提高，职场工作压力大等原因，家庭关系弱化的倾向也凸显出来。对于日本家庭关系弱化的原因，在从现代化视点进行分析的同时，也不可忽视传统因素对家庭分解的催化作用。

关键词　家庭　离婚　养老　传统观念

战后70年来，日本的家庭形态、家族观念都发生了翻天覆地的变化，这其中有民主化的成果，有现代化的结果，也有传统因素至今在影响日本人的生活。

一　战后家族制度的改革

战前日本的家族制度保存了大量封建残余，注重"家"的纵式延续，突出户主的权力，家长在一家之中具有绝对权威的地位，强调妻对夫、子对父的绝对服从，造成家族内部的严重不平等。这种家族制度是束缚日本人的精神枷锁，影响和制约着整个近代日本历史的发展。家族制度被延伸与扩大到政治生活中，导致日本特有的国家主义泛滥成灾。

确立以民主、平等为基础的家族法，否定家对个人的控制，树立与此

---

* 作者简介：李卓，南开大学日本研究院教授。

相适应的家族道德，本应是明治维新的任务之一。然而它却被人为地大大延误，并导致近代日本步入歧途，直到战败后在外力的强制下，这场社会改革的任务才痛苦而又艰难地完成，旧的家族制度得到清算。

1945 年，日本战败投降。随后，在占领当局的直接干预下，进行了一系列民主改革。针对战前在家长制下充满不平等的家制度，战后民主改革的重要任务是对家族制度进行改革。1946 年 11 月，公布了《日本国宪法》，就家庭、婚姻等问题在第 24 条中规定：婚姻基于男女双方之合意即得成立，且须以夫妻享有同等权利为基础，以相互协力而维持之；配偶的选择、财产权、继承、居住之选定、离婚以及其他有关婚姻及家庭之事项，法律应以个人之尊严及两性平等为依据而判定之。根据新宪法的精神，在新民法（1948 年 1 月 1 日开始实施）中对有关家族制度的内容（亲属编和继承编）进行了重大修改：首先，废除明治民法框架下的家制度，户主的权力、家督继承及有关家制度相关内容亦随之被全部取消。其次，改革婚姻制度，保护成年男女婚姻自主的权利；姓氏由双方协议确定；夫妻互负同居的义务。再次，改革继承制度，继承仅因死亡而发生，仅涉及财产继承，不再有家长权利、义务、地位的继承，子女平等继承遗产。最后，保障女性权益，配偶者有不贞行为时，即可提起离婚诉讼，不因其为夫或妻而不同；离婚时当事人的一方有权向另一方要求分割财产；被继承人的配偶有权继承被继承人的财产；母亲成为亲权人。战后家族制度的改革，使自幕府时代以来充满不平等的家制度归于瓦解，在此后 70年里，家庭形态及家庭关系发生了根本变化。

小家庭获得真正的独立

战前日本，随着工业化的发展，以父子关系为核心的纵式家族已经呈瓦解之势，以一对夫妇为核心的小家庭越来越多，但明治民法仍然维护以父子关系为核心、祖孙一体、纵式延续的家制度，不承认小家庭的独立。在战后废除家制度以后，家庭不仅将旁系血亲排除在外，即使在直系血亲的几代人当中，也逐渐排除了几代人同堂，社会学术语所称的核心家庭（Nuclear Family）即包括由一对夫妻组成的家庭、由一对夫妻及未婚子女组成的家庭代了大家庭。根据 1947 年 12 月颁布的户籍法，以基于婚姻关系的一对夫妻与其未婚子女为单位进行户籍登记，实行一本户籍一对夫妇原则，子女一旦结婚，必须另立户籍。这样，以法律促进了大家庭的解体，一夫一妻的小家庭拥有了单独的户籍，从家制度下的大家族脱离出来。随着企业需要大量劳动力，大批的青壮年离开家乡涌入都市，几代同居的大家庭越来越少。小家庭的比例逐年提高：1955年为62%，1960年为63.4%，1975年为74.1%，1990年为77.6%，2000年为81.1%，2010年达到84.62%[①]。

家庭规模缩小

战后日本告别大家族制度，家庭规模明显缩小。1950年平均每个日本家庭的人口为5.02人，到1975年，已经下降到3.48人，到1990年，进一步减少为3.01人，2010年，降至2.46人。[②] 造成家庭规模缩小的原因，除了小家庭确立和人口流动的促进作用外，还由于年轻人独立性增强，即达成年就脱离家庭独身生活的日益增多。此外，出生率下降也是一个重要原因。从50年代开始，日本的出生率急速下降，合计特殊出生率从1950年的3.65人，降至1960年的2.00人，从1975年开始到2014年，一直在2人以下。[③] 由于一般家庭至多只生两个孩子（一个男孩，一个女孩），故人们将此现象称作"长男长女时代"。

女性在家庭中地位的变化

在以男子优先、父子关系为本位的家转变为以男女平等为前提、以夫妇关系为本位的家庭以后，女性在家庭中的地位明显提高。她们有了结婚、离婚的自由，有了财产继承权，就业比例也逐年提高，[④] 改变了过去忍气吞声、逆来顺受的形象。虽然传统的"男工作，女家庭"的社会分工并未彻底改变，但是男人应该参与家务劳动的观念已经深入人

---

① 国立社会保障·人口問題研究所『人口統計資料集』、2013年、表7-11『家族類型別世帯数および割合：1920—2010年』、http://www.ipss.go.jp/syoushika/tohkei/Popular/Popular2013.asp?chap=7&title1=%87Z%81D%90%A2%81%40%91%D1

② 国立社会保障·人口問題研究所『人口統計資料集』、2013年、表7-4『世帯の種類別平均世帯人員：1920—2010年』。

③ 内閣府『近年の出生率の推移』、http://www8.cao.go.jp/shoushi/shoushika/whitepaper/measures/w-2013/25webhonpen/html/b1_s1-1.html。

④ 女性雇佣者占全体雇佣者的比例：1985年为35.4%，2005年为41.5%，2010年为42.9%。厚生労働省『働く女性の実情』、平成22年版、http://www.mhlw.go.jp/stf/houdou/2r9852000001c7u6-att/2r9852000001c7vn.pdf。

心。近年由于经济不景气，生活压力增大，主妇参加工作的"夫妇共稼"家庭也越来越多，女性经济地位得以提高。在现实生活中，绝大多数的日本家庭由主妇"拉着钱口袋绳子"，掌管家计，安排家庭的生活。近年来，出现了中老年离婚热（日语称"熟年离婚"），其特点是发生在过去崇尚"男主外、女主内"的人群中，也从一个侧面反映出女性在家庭中的地位在提高。

家庭功能转变

家庭功能与社会功能密切相关，并随着社会的发展而变化。战前日本的家是人们赖以生存的基础，家不仅具有生产与生活的经济功能、养育子女和传宗接代的生育功能、家庭成员的教育功能，还有决定人们社会地位的政治功能，以及祈求祖先神灵保佑家业永续的敬神崇祖的宗教功能。战后，由于家制被废除，门第观念大大削弱，家庭决定人们社会地位的政治功能和敬神崇祖的宗教功能已不复存在。随着家庭结构的变化和家庭规模缩小，家庭的生产功能被社会化大生产取代，教育子女的功能有相当一部分被学校取代，过去长期作为经济生活共同体的家越来越成为消费中心，在日常生活上和精神上互相照顾、家庭成员尤其是夫妻之间感情交流的功能日益凸显。仅以经济企划厅 1994 年实施的"国民生活选好度调查"中对"家庭的作用"的回答为例，54.1%的人回答是"休息和得以安宁的场所"（与此相似的 2000 年在内阁府实施的"关于男女共同参画社会舆论调查"中，77.4%的人认为是"精神得以安宁的场所"），其次是"互相扶助、互相支持的场所"（占48.4%），"家人共同成长的场所"（占39.0%），显然都注重精神层面的机能，而"支撑经济生活的场所"（占 13.6%）、"生养子女及教育场所"（占 11.4%）、"介护与抚养等福祉的场所"（占 1.8%）之类具有传统意义的内容显著低下。①

家族制度改革是战后民主改革的重要内容之一，是日本有史以来空前深刻的伴随着法律变化而发生的社会变革和观念上的变革。家族制度是民

---

① 厚生劳働省『厚生白書』、平成 8 年版、http：//www.mhlw.go.jp/toukei_ hakusho/hakusho/kousei/1996/。

主化得以贯彻的基础，由于明治维新的不彻底性而被大大延误了的社会改革的任务最终得以完成。

二　家庭关系弱化倾向明显

毫无疑问，战后 70 年间，日本的家庭已经从传统家族转变为现代家庭，这不仅是战后民主改革的成果，也是战后日本经济发展带来的人们生活方式变化的结果。但是由于经济发展带来社会保障制度不断完善、民主化思想深入人心、西方生活方式大力渗透，人们越来越追求个人享乐及独立，同时由于生活成本的提高、职场工作压力大等原因，家庭关系弱化的倾向也凸显出来。主要表现如下。

晚婚与不婚、不育

从 1898 年明治民法颁布起，日本的法定结婚年龄就是男 18 岁、女 16 岁，战后民法继承了这一规定，但日本人的实际结婚年龄大大晚于法定结婚年龄。据统计，1947 年的平均结婚年龄为男 26.1 岁、女 22.9 岁，此后，仅有高速经济增长的 1970 年为男 26.90 岁、女 24.2 岁，此后男女平均初婚年龄一直呈上升之势，到 2009 年，平均初婚年龄为男 30.4 岁、女 28.6 岁[1]。与 1980 年的男 27.8 岁、女 25.2 岁相比，相隔 31 年后的 2011 年，升高到男 30.7 岁、女 29.0 岁，分别增加 2.9 岁、3.8 岁。晚婚的结果是带来晚育，育龄女性生第一胎的年龄逐年推迟，1980 年为 26.4 岁，到 2005 年已经到 29.1 岁，2011 年进一步达到 31.1 岁。

在晚婚的同时，不婚者也呈增加趋势。尤其是从 70 年代中期石油危机以后，日本经济进入低成长期，由于男性的收入下降，终身不婚率从 1975 年的 2.12% 增至 2000 年的 12.57%（女性为 4.32% 和 5.82%）。[2] 在日本广播协会（NHK）实施的舆论调查中，认为"人生中应该结婚"的，从 1993 年的 45% 降到 2008 年的 35%，而认为"没必要结婚"的从

---

① 厚生労働省『子ども・若者白書』、平成 23 年版、平均初婚年齢の推移、http://www8. cao. go. jp/youth/whitepaper/h23honpenhtml/html/zuhyo/zu1103. html。

② 内閣府『国民生活白書』、平成 17 年版、『子育て世代の意識と生活』、http://www5. cao. go. jp/seikatsu/whitepaper/h17/01_ honpen/html/hm01010003. html。

51% 增加到 60%，其中在 25—29 岁年龄段的女性中从 75% 增至 90%。①近年来，原来人们认同的既达成年就离开父母独自生活的生活方式悄然变化，成年男女不结婚而和父母一起生活的"啃老族"（Parasinte single，日语称"规制獨身者"②）大量发生（见表 1）。虽然统计方面解释数字中除了"啃老族"之外，也包括不依靠父母的收入而生活及为了照顾父母而与其同居的人，但以 2012 年为例，48.9% 的青年及超过 300 万的壮年（16.1%）不结婚，本身已经说明日本不婚问题已经成为相当严重的社会问题。

表 1   未婚青壮年与父母同居情况推移   （单位：万人、%）

年份	青年人口	与父母同居未婚数	比例	壮年人口	与父母同居未婚数	比例
1980	2765	817	29.5	1755	39	2.2
1985	2507	879	35.1	1988	68	3.4
1990	2492	1040	41.7	1970	112	5.7
1995	2689	1147	42.7	1676	124	7.4
2000	2732	1201	44.0	1590	159	10.0
2005	2584	1170	45.3	1689	212	12.6
2010	2237	1064	47.5	1839	295	16.1
2012	2116	1035	48.9	1889	305	16.1

注：青年人口为 20—34 岁，壮年人口为 35—44 岁。

资料来源：根据西文彦『親と同居の未婚者の最近の状況』制作。総務省統計局、www.stat.go.jp/training/2kenkyu/pdf/zuhyou/parasi10.pd。

还有不少人甘当"丁克"族，结婚却不生孩子。从舆论调查结果来看，2008 年认为"结婚后可以不生孩子"的人已经达到 48%，超过七成的年轻女性（16—39 岁）认为"结婚后可以不生孩子"③。2008 年，已婚

① NHK 放送文化研究所『日本人の意識変化の35年の軌跡—第8回「日本人の意識・2008」調査から』、http://www.nhk.or.jp/bunken/summary/yoron/social/030.html。
② 此提法为中央大学教授山田昌弘 1999 年在『パラサイト・シングルの時代』（ちくま新書）一书中首次提出，此后成为流行语。
③ NHK 放送文化研究所『日本人の意識変化の35年の軌跡—第8回「日本人の意識・2008」調査から』、http://www.nhk.or.jp/bunken/summary/yoron/social/030.html。

但没有孩子的家庭已经占所有家庭比例的 22.4%①。晚婚、不婚、不育不仅挑战了家庭伦理，也带来少子化和人口下降的严重后果。

离婚率提高

长期以来，日本一直以维护传统、重视家庭、离婚率低的形象示人。20 世纪 90 年代以前，在发达国家中，日本的离婚率长期处于较低水平。自 20 世纪 90 年代中期以来，日本的离婚率明显上升，从 1999 年开始，连续 12 年年离婚总数超过 25 万件，其中 2002 年接近 29 万件，创造了 2.3‰这一自 1898《明治民法》颁布以来离婚率的最高纪录，较之 1960 年的 69410 件，增长了 4 倍多（见表2）。人们惊呼，每三对夫妇中就有一对离婚的时代已经到来。引人注意的是，在离婚热中，婚龄在 20 年以上的中老年离婚（熟年离婚）成为仅次于 10 年以下婚龄的最大的离婚群体。如 2000 年，有 13402 对结婚 35 年的夫妇离婚；2003 年，有 7032 对婚龄在 30—35 年的夫妇离婚；2007 年，有 5507 对婚龄 35 年以上的夫妇离婚。② 中老年离婚的特征一是多由女性提出；二是多伴随男性退休而发生。居高不下的离婚率及中老年离婚热，对日本社会产生了很大震动与影响。从家庭关系角度而言，曾经被认为是弱者的女性，在丈夫退休之际提出离婚的现象反映出有"企业战士"之称的男性在家庭生活中角色的缺失，离婚后带来贫困、流浪者增加、孤独死、自杀人数居高不下等社会问题，也引起社会对婚姻、家庭模式的思考。

表2   **日本离婚数字年次统计**

年份	1960	1970	1980	1990	1995	2000	2002	2007	2009
总数（件）	69410	95937	141689	157608	199016	264246	289836	254832	253408
离婚率（‰）	0.74	0.93	1.22	1.28	1.60	2.10	2.30	2.02	1.99

资料来源：根据厚生劳働省各年次『人口動態統計月報年計概况』制作。

---

① 厚生劳働省『国民生活基礎調査の概況』、平成 20 年版、http：//www. mhlw. go. jp/toukei/saikin/hw/k – tyosa/k – tyosa08/1 – 1. html。

② 厚生劳働省人口動態統計特殊报告『離婚に関する統計』（平成 21 年度）、http：//www. mhlw. go. jp/toukei/saikin/hw/jinkou/tokusyu/rikon10/01. html。

传统家庭养老功能丧失

战前日本在家制度下，强调家的纵式延续，在继承方面实行一子（一般为长子）继承制，与此权利相应，赡养老人也是继承人责无旁贷的义务。这种制度在战后民主改革中被废除，法律规定家庭子女不分男女，都有平等的继承权，也就意味着大家都有赡养义务。随着战后核心家庭成为主要家庭形态、社会福利的加强、个人及小家庭至上观念的普及，赡养老人的功能已经越来越退出家庭功能，如前述 1994 年厚生省实施的"国民生活选好度调查"对"家庭的作用"的回答中，只有 1.8％ 的人认为家庭是"介护与抚养等福祉的场所"。

在当今日本，随着老龄化加剧，所谓养老，对老人老后生活的照顾尤其是对患病老人的护理远远超过了对老人提供经济上的援助。在"男主外、女主内"意识主导的时期，往往主妇（或儿媳）作为约定俗成的护理责任人，承担照顾公婆、自己丈夫晚年生活的责任。但由于女性参与社会活动的热情高涨和男女平等意识在各个领域不断渗透，这一养老观念也日益淡薄。婚后与父母同住的年轻人越来越少，家庭间彼此在经济和生活上的独立在一定程度上淡化了家庭成员在精神上和心理上的互相依赖感。很多女性婚后继续工作，加之与长辈分居，很难发挥护理家庭成员的作用，传统的养老模式也发生了变化。根据近年来的调查显示，在问及自己年老不便时希望由谁来照顾时，已经很少有人希望由儿媳照料，而希望自己配偶照顾的人大幅上升（见表 3），说明家庭结构简单化之后，家庭成员代际间的责任感和依赖感正在逐渐减退，传统家庭养老优势已经丧失，"老老看护"（即由高龄者照顾高龄者）成为日本社会老年人照顾的重要模式。

面对家庭养老功能的缺失，越来越多的人选择了社会养老的方式。某种意义上说，家庭链条的松动导致了社会养老的发展，而社会养老的发展又进一步促进了家庭成员间责任与义务感的消失。但无论时代怎样发展，人与人之间的血缘亲情却是无法改变的，社会养老设施发展得再完善也不过是提供了一种选择和辅助手段，如果没有家庭成员间的紧密沟通，那么终将会成为一座功能齐备的现代化的"弃老山"。

表3	家庭成员中晚年生活的日常照料人		（单位:%）
	1991 年	1995 年	2003 年
配偶	47. 3	54. 8	60. 7
儿子	29. 1	5. 7	7. 2
女儿		19. 4	17. 3
儿媳	2. 8	12. 1	6. 0
女婿		0. 4	0. 2
孙子	—	0. 2	0. 3
其他亲属	0. 5	2. 0	2. 6
国家、地方公共团体	11. 3		
民间服务	2. 7		
志愿者	1. 0		
不知道	5. 2	5. 3	5. 7
其他	0. 1		

资料来源：内阁府政府広報室『長寿社会に関する世論調査』（1991 年）、『高齢者介護に関する世論調査』（1995 年、2003 年）。

三 传统因素对家庭关系的催化作用

虽然战后家族制度改革及现代化促进了传统家庭的解体，但是千百年来根深蒂固的家族伦理已经凝缩成日本传统文化的组成部分，其重要作用与影响在战后日本社会仍有显现。对于战后 70 年日本家庭关系弱化的原因，在从现代化视点进行分析的同时，不可忽视传统因素在家庭分解过程中的催化作用。

传统家庭本身凝聚力不强

1972 年中日恢复邦交后，不少于日本侵华战争中被遗弃而为中国人收养的"残留孤儿"回到日本，这些已经习惯中国生活方式的人回到日本后，往往感觉不到来自亲人的关爱，甚至很难融入自己所出身的家庭。实际上这件事情的背后隐含着一种文化冲突。中国的家庭是基于血缘关系形成的集团，以平等为核心的家庭秩序（如实行诸子析产制），其基本出发点是维护家庭的稳定及血缘亲情不疏远。而日本传统的家是以家业为中心的共同体，为了实现家业的长久延续，实行家督继承制，即在数个子女当中，只能由一个人（一般是长子）继承家长权、家业与家产的大部或全部，还要继承牌位、墓地等。在这种制度下，牺牲兄弟姐妹的利益，建立起一种单一的、纵式延续的家族序列。在这一序列中，亲子关系重于夫妇关系和兄弟姐妹关系，亲兄弟关系可能变为主从关系，家业继承人与非继承人之间存在着严重的不平等，因此日本的家不像中国的家庭那样具有凝聚力和亲和力，而是具有明显的离心倾向，亲情淡漠。早在江户时代后期，许多非家业继承人便义无反顾地离开家，去社会上谋求生存和自己的社会地位。尽管战前民法一直以法律维护已经瓦解了的家制度，但实际上家的意识已经稀薄，经过战后家族制度改革，缺乏凝聚力的家迅速瓦解是必然趋势。

没有强烈的多子多福观念

在传统中国人看来，无后是人生的失败，多子意味着多福。与中国人注重生物学意义上的传宗接代、具有浓厚的"不孝有三，无后为大"观念相比，日本人更注重的是家业的长久延续，而不是单纯强调"人丁兴旺""多子多福"。日本人的传统观念是，一个人不需要一大堆子女以求得经济保障和传宗接代，一个人口众多的大家庭不但不是宝贵财富，反而是个累赘。所以，就生育顺序与子女数量说来说，"一姬两太郎"（一个女孩两个男孩）曾经是日本人的理想生育模式。从室町时代到江户时代，人为堕胎、杀婴是较为普遍的现象。江户后期经济学者佐藤信渊曾指出，"百姓困穷，十室之邑年年堕胎阴杀赤子者，不下二、三人，或一国及七八万者往往有之。况于四海之大，可胜算乎？然皆惯习，绝无有咒其国君之不仁者"[①]，说明当时杀婴现象比较严重。在中国，如果一个家庭有兄弟三人，老大、老二都有男孩，唯有老三无子，那么这个老三就会为"无后"惶惶不可终日。相反地，在日本的家庭中遇到同样情况，老三就会比较坦然，因为老大、老二都有男孩，家已经有人延续其家业，至于他个人，有后无后都无关紧要。实际上，直到战前，日本人家庭中长子以外的男性成员有许多人都是终身不娶。这样的传统观念的影响使当今日本人尤其是男性很

---

① 佐藤信淵『慉造化育論』，轉引自關山直太郎『近世日本人口の研究』、龍吟社、1948年、199頁。

容易选择不婚、不育的生活方式。

孝道对家庭成员的道德约束有限

孝，主要指"事亲之孝"，善事父母。除了对父母的恭敬与顺从外，最重要的就是赡养父母。让老年人有安逸幸福的晚年，是对子女是否尽孝的基本道德考评。中国历史上之所以大力提倡孝道，是因为法律在为分家析产提供保障的同时，并没有给老年人在退出生产领域后的生活保障予以足够的关注，故只能通过强调"孝道"——通过社会舆论和道德教化来保证子女对父母的赡养。日本传统的继承制度，强调权利和义务的完全匹配，在赡养老人问题上责权分明，具有很强的可操作性，即继承人必须负担起父母赡养责任。在父母年迈的时候，这个继承人自然而然地就应该赡养父母，如果做得不好，就是不孝，就会被社会舆论所唾弃。其他没有赡养义务的子女表现得如何不会受到社会的"不孝"的指责。也可以说，孝道的约束力主要体现在继承人身上。战后日本实现了子女对父母财产的平均继承，这意味着都有赡养义务，但在实际的操作中多是按照父母的意愿优先分给某个继承人（一般是长子），在父母年迈的时候，这个继承人理所当然地应该赡养父母。这种观念实际上仍是战前家制度与家观念的体现，据日本广播协会1975年进行的舆论调查，认为"家是需要继承人的"的占63%，有39%的人认为"最好由长子继承家并承担照顾双亲的义务"①，现实生活中抚养和照料父母的责任往往多落在长子身上。2005年《读卖新闻》进行舆论调查时，多数人将长子置于"继承人"的位置，并认为长子应该履行赡养父母的义务。由于照料老人生活并不轻松，所以当今许多女性不愿嫁给长子，使长子尤其是农村家庭的长子处于结婚难的境地。另外，长子以外的人往往既不负赡养义务，却又主张继承财产的权利，最后只得诉诸法律，本来就不亲密的兄弟姐妹关系就更加淡漠了。从养老而言，原来有限的"孝道"约束力越来越小，有人说日本社会已经进入"上不必养老，下不想养小"的状态，这些已经不能简单地用传统孝道伦理去解释了。

---

①　日本放送協会放送世論調查所『図説戦後世論史』、日本放送出版協会、1982年、42頁。

结　语

　　在日本，家制度绵延存在千年以上时间，直到战后民主改革才被废除，家庭从此获得了真正的独立。70 年来经济的发展创造了较为发达的福利制度和安居乐业的社会环境，让人们减少了对家庭的依赖和养老的后顾之忧。然而，家庭关系的弱化同时带来少子化、老龄化问题加剧。一个国家中既不想承担家庭责任，也不愿承担人类再生产的社会责任的人多了，谈何可持续发展？因此，对于曾经创造了高速增长奇迹的日本政府与国民来说，解决家庭危机是与解决人口危机同样重要的课题。

战后 70 年日本的人口变化及其经济社会影响

冯文猛[*]

内容提要 人口是一个与经济发展、制度变迁、技术革新等要素紧密联系，相互影响的变量。一方面，人口因这些要素的改变发生变化；另一方面，人口变化自身，也带来这些要素的改变。在世界人口演进史中，"二战"后至今 70 年间日本的人口变化轨迹，提供了一个诠释一国人口如何随经济社会发展而变，又是如何对经济社会发展产生影响的经典案例。基于历次人口普查数据、相关文献资料以及笔者 2001—2009 年参加日本人口学会的相关积累，本文旨在对"二战"后至今 70 年间日本人口的变化轨迹进行梳理，对各时期人口如何随经济社会的发展发生改变，又是如何对当时经济社会的发展产生影响的具体历程和作用机制进行分析，在此基础上，提出从人口角度认识日本"二战"后 70 年社会变迁的基本判断。

关键词 战后 70 年 日本 社会变迁 人口

一 国际视野下的日本人口

在世界范围内，日本是一个人口大国，也是一个人口统计开展较早、人口研究相对发达的国家。[①] 同时，与大多数国家类似，该国人口的快速增长，也发生于 19 世纪之后。目前所能获得的准确人口数据，可以追溯至 1847 年。当时，日本的总人口为 3019 万人；1870 年，这一数字增至

---

* 作者简介：冯文猛，国务院发展研究中心社会发展研究部副研究员。

① 在日本，关于人口最早的国家层面的调查，是 1899 年开始的人口动态调查。这项调查，涵盖了出生、死亡、结婚和离婚等方面内容。而日本的人口普查（在日本国内称为"国势调查"），则从 1920 年开始实施，迄今为止，除 1945 年外，每五年实施一次。同时，作为对 1945 年人口普查的替代，日本于 1947 年实施了临时人口普查。

3441 万人（森田，1944）①。进入 20 世纪之后，日本的人口增长急剧加速。1900 年，总人口增至 4380 万人，之后一路攀升，至 2010 年达到峰值，为 1 亿 2800 万人。在整个 20 世纪的 100 年中，日本的人口翻了近三倍。

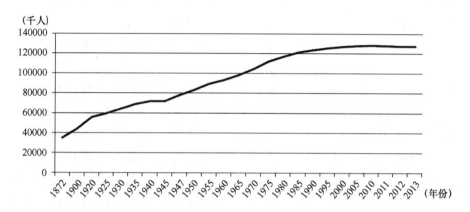

图 1 日本总人口的变化：1872—2013 年
资料来源：日本国立社会保障・人口問題研究所『人口統計資料集（2015）』。

日本快速的人口增长，在 20 世纪 70 年代中期之后开始放缓。2005 年，在延续了多年的人口增长后，人口的自然增长率首度转为负值。2006 年，虽然人口自然增长率一度转为正值，但自 2007 之后，人口的自然增长再度跌入负增长，这一状态一直持续至今。2011 年，日本总人口进入下降轨道。2014 年 12 月 1 日，日本总人口降至 1 亿 2706 万人，这一数字比 2013 年同期减少 21.2 万人，其中，日本人人口为 1 亿 2538 万人，比 2013 年同期减少 27.7 万人（总务省统计局，2015）。根据当前的预测，日本总人口将于 2050 年降至 1 亿，2100 年降至 8500 万。与此相对应，日本人口总量在世界范围内的排名，也将从 1950 年的第 5 位、2010 年的第 10 位，下降至 2050 年的第 16 位和 2100 年的第 29 位（UN，2012）。② 这一预测显示，21 世纪将是日本人口总量不断下降的时期。基于这种下降，日本在世界人口版图中的重要性也将随之降低。

---

① 森田優三『人口増加の分析』、日本評論社、1944 年。
② UN（2012），*World Population Prospects：The 2012 Revision.*

　　除人口总量外，健康水平和年龄结构，也是国际视野下分析日本人口不得不提的两个重要维度。

　　在健康水平上，日本当前在世界处于领先地位。按照联合国《世界人口展望（2012）》中的数据，当前日本男性平均寿命为80.03岁，在世界范围内排名第三，位于澳大利亚和瑞士之后；女性平均寿命为86.87岁，居于世界首位（UN，2012）。[①]

　　同数量和健康水平相比，年龄结构中展现的人口老龄化现象，恐怕是当前日本同其他国家在人口领域中的最主要差异。20世纪中叶之后，虽然老龄化逐步成为发达国家和部分新兴国家面临的共同挑战，但日本当前老龄化的严重程度远非其他国家所能比拟。1970年，65岁以上人口在日本总人口中所占比例超过7%，标志着日本进入老龄化社会（aging society）；1994年，65岁以上人口比例达到14%，标志着日本进入老龄社会（aged society）；而2007年，65岁以上人口比例达到21%，标志着日本进入超老龄社会（hyper-aged society）。2013年，65岁以上老年人口在日本总人口中所占比例达到25.1%，意味着每四个人当中有一个是老年人。同年，日本人口的平均年龄为45.8岁，中位数达到46.0岁。未来，日本的老龄化将进一步持续，2050年时65岁及以上人口在总人口中所占比例将增至38.81%（UN，2012）。

　　20世纪70年代之后开始的人口老龄化，改变了日本的整个经济社会发展轨迹。如果说20世纪人口数量的快速增长构成了日本人口领域的主要矛盾，那么21世纪日本人口领域的最大挑战，将是如何应对日趋严重的人口老化和人口减少带来的冲击。

二　战后70年日本人口变化的四个阶段

　　"二战"后至今的70年间，日本人口总体上维系了上升势头，先后于1947—1949年和1971—1974年经历了两次生育高峰（即通常所说的"婴儿潮"），并逐步实现了人口从"高出生、高死亡、低增长"向"低出生、低死

---

　　① 数据为2010—2015年的数据，来源为UN，*World Population Prospects：The 2012 Revision*。

亡、低增长"的"人口转变"①（见图 2）。依据变化特征及其对经济社会产生的具体影响，"二战"后至今 70 年间，日本的人口变化可以分为四个阶段。

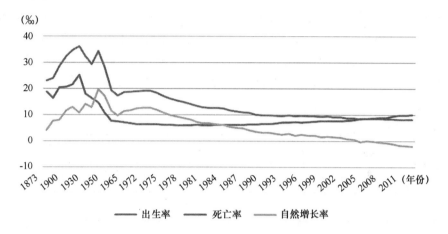

图 2　日本人口的出生率、死亡率和自然增长率：1873—2013 年

资料来源：日本国立社会保障・人口問題研究所『人口統計資料集』。

（一）第一阶段（战后至 1950 年代末期）：人口快速增长和第一次人口转变

受战争影响，日本未能如期在 1945 年进行人口普查，这个时点的人口数据，主要源自之后基于一些调查的推测。据推测，"二战"中日本的死亡人口约为 300 万人，1945 年"二战"结束时，其总人口约为 7200 万人（经济安定本部总裁官方企划部调查课，1949）。1947 年 10 月 1 日实施的临时人口调查显示，当时日本的总人口为 7810 万人，两年中增加了大

---

①　人口转变理论，是根据人类社会中人口的出生率、死亡率和自然增长率三者在不同时期呈现的特征提出的。从大的特征而言，人类人口变化可分为三个时期：第一时期是高出生率、高死亡率和低增长率的"多产多死"阶段。第二时期，随着医疗技术和卫生环境的改善，死亡率出现了明显下降，这一时期的人口特征表现为高出生率、低死亡率和高增长率，即"多产少死"的阶段。第三时期，随着随着生活品质的提高、个人观念的变化等带来的出生率的明显下降，这一时期的人口特征即表现为低出生、低死亡、低增长，即"少产少死"阶段。这种三个阶段的顺序变化，被称为"人口转换"。近些年，在日本随着出生率的低下，老年人口的增加，在到达一定时点之后，会出现死亡率上升，从而超过出生率，导致人口开始下降的情况。日本于 2010 年开始人口下降，进入了这一时期。这一时期的特征呈现出低出生率、高死亡率和人口负增长的局面。因此，也有学者将日本人口的这种变化称为"第二次人口转变"。

约600万人。这些新增人口，一部分来自战后返回日本本土的人员，另一部分源自从1947年开始的第一次婴儿潮。[①] 这一时期，日本的出生率维持在一个很高的水平上，年均30‰左右，其中1947—1949年更是超过了33‰。作为其结果，这一时期日本的总和生育率处于4.32—4.54（见图3）。由于1947—1949年新生人口规模的迅速膨胀，日本人口学界赋予了这三年中出生人口一个特殊称谓："团块的世代。"[②] 围绕"团块的世代"展开的研究，之后成为日本人口学界的一个重要研究领域。

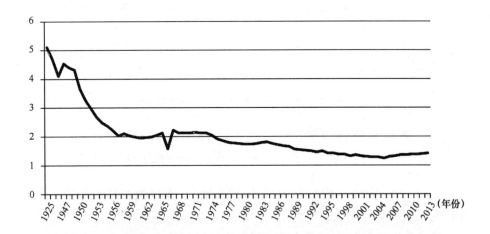

图3　日本总和生育率的变化：1925—2013年

资料来源：日本国立社会保障·人口問題研究所『人口問題研究』。

　　1947年的临时人口普查还显示，这一年，日本人口的人均预期寿命首次超过了50岁。其中，男性人均预期寿命达到50岁，女性人均预期寿命达到53岁。

　　1950年，日本进行了"二战"后第一次人口普查。结果显示，1950年日本总人口达到了8320万人，比"二战"结束时增加了1100万人。这

---

　　① 日本在战后第一次出现的婴儿潮于1947—1949年出现，其中，1949年的出生人口达到了2696638人。

　　② "团块的世代"，是基于这三年中出生人口的规模远大于此前和此后出生人口的规模，因此在绘制人口金字塔时，这时期出生的人口会形成一个突出的"团块"所做的形象比喻，该用语直接源自堺屋太一先生在1976年中出版的以描述这一时期的出生人口为主题的题为『团块の世帯』一书。

一时期，随着人口的快速增长，如何确保粮食安全和保护环境、谋求适度规模的人口，成为日本社会各界广泛讨论的议题。

直至 1950 年，日本的死亡率（尤其是新生儿死亡率）一直维持在一个较高的水平上。同时，由于这一时期出生率的水平也较高，这一时期日本人口整体上处于"高出生率、高死亡率、低增长率"的发展阶段。1950 年代后期，这一模式发生了显著变化。这一时期，人口的出生率和死亡率均出现了明显的下降，作为其结果，人口的自然增长率维持在 10‰ 左右的低水平上。这一变化，标志着日本在这一时期进入了"低出生率、低死亡率、低增长率"，即"少产少死"的阶段。这意味着日本在这一时期实现了第一次人口转变。

需要指出的是，同大多数国家相比，日本在"二战"后经历的第一次婴儿潮时间相对短暂，只维持了三年。而且，其第一次人口转变的实现，也相对迅速，仅用了不到 10 年的时间。这一结果的出现，主要由这一时期社会制度的显著变化所致。

1948 年，日本制定了《优生保护法》和《母子（健康）手账》，以此为依托开始开展母子保健服务事业。1950 年之后，日本在全国范围内逐步推行"新生活运动"[①]。这两项活动的展开，直接促进了家庭计划的普及，并最终导致了出生率的迅速下降。1957 年，日本的总和生育率降至 2.04 的更替水平（见图 3）。10 年中，日本的总和生育率从 4 以上减半至 2 的更替水平，这一变化在当时国际人口学界被称为"日本的奇迹"，并以其对经济社会发展产生有利性[②]被誉为"适于发展的人口模型"（日本老龄综合研究中心，2014）[③]。

（二）第二阶段（1960 年代）：适宜经济快速增长的人口结构的出现和持续

日本经济的快速增长，贯穿了 1950 年代至 1980 年代的 30 年。其中，

---

① 新生活运动，是由地方政府和企业合力进行推广的国民运动，通过引入家庭计划和家庭记账等方式，倡导更为合理、更有效率的生活方式。这项运动持续了十几年，使得日本国民的生活行动中的计划性大大增强。

② 这种有利性主要考虑被抚养的儿童人口数量的减少，但却造成了之后老龄化的迅速发生和这一时期劳动年龄人口的相应不足。

③ エイジング総合研究センター『大転換期日本の人口事情』、中央法規、2014 年。

自1955年至1970年在大阪召开世博会的这段时期，日本的实质GNP年均增长率达到10%，即为人们通常所说的高速经济增长期。随着经济的快速增长，日本人均收入在1970年代逐步对欧洲发达国家实现了赶超。进入1980年代，日本和美国的人均收入差距也迅速缩小，这一时期日本逐步成为GNP世界第二的经济大国。

日本这一时期的经济成功，可以从政府作用、产业政策、发展模式、美国援助等多个方面寻找解释，但不可否认的是，这一时期的人口变化，对于经济社会的快速发展，也起到了至关重要的作用。

这一时期人口对经济社会发展的贡献，可以分解为三个方面。

第一，年轻的人口结构提供了大量充足劳动力供应。得益于1950年代后期发生的人口转变，1960年人口普查时，日本0—14岁的少儿人口占比减至30%，15—64岁的劳动年龄人口占到64%以上。直至1960年代末期，日本总人口中劳动年龄人口占比一直维持在一个较高的水平上，而且劳动年龄人口的年龄结构，也趋于年轻化。与此同时，这一时期工业化的快速发展，也带来了日本产业结构的变化，第一产业所占比例迅速降低，而第二、第三产业所占比重迅速上升。作为满足第二、第三产业发展劳动力需求的基本支撑，人口年龄结构的年轻化无疑提供了一个非常有利的条件。

第二，劳动年龄人口人力资本的提升。人口年龄结构的年轻化，只是确保了劳动力的充足数量，而劳动力能够成为满足产业和经济发展的有效供给保障，还有赖于劳动年龄人口的人力资本改善。事实上，这一时期，日本就业人口的年均增长率，只有1.5%左右。这一数值反映出，这一时期日本的经济增长，更多地依靠了劳动生产率的提高。而劳动生产率的提高，则有赖于劳动力人力资本，即教育水平的提升。从表1中不难发现，1960年日本15岁以上人口中受过教育的比例已经高达90.5%。尤其是在1947—1949年第一次婴儿潮时期大量出生的人口（即"团块的世代"），在这一时期逐步进入劳动力市场，这些人不仅年轻且具有较高的教育水平，因其对产业和经济发展的巨大贡献，在当时的日本社会被称为"金蛋"。

表1　　　　　　　　　　　**15 岁以上人口中不同教育程度所占比例**　　　（单位:%）

15 岁以上总人口				
	1960 年	1980 年	2000 年	2010 年
合计	100.0	100.0	100.0	100.0
毕业人员	90.5	90.4	91.7	92.9
初等教育	63.0	38.5	22.0	15.2
中等教育	22.2	38.0	41.6	37.5
高等教育	5.2	13.7	24.6	28.0
在学者	7.3	9.3	8.2	7.0
未就学者	2.2	0.3	0.1	0.1
15 岁以上男性人口				
合计	100.0	100.0	100.0	100.0
毕业人员	90.4	89.4	91.0	92.3
初等教育	61.2	36.4	20.4	14.0
中等教育	20.8	35.5	40.1	36.1
高等教育	8.4	17.4	26.8	29.6
在学者	8.6	10.4	8.9	7.6
未就学者	1.0	0.2	0.1	0.1
15 岁以上女性人口				
合计	100.0	100.0	100.0	100.0
毕业人员	90.5	91.3	92.3	93.4
初等教育	64.7	40.5	23.5	16.3
中等教育	23.6	40.4	43.1	38.9
高等教育	2.3	10.2	22.4	26.5
在学者	6.1	8.2	7.5	6.4
未就学者	3.3	0.5	0.2	0.1

注：1. 初等教育包括小学、中学、高小（含旧青年学校）；中等教育包括高中、旧中；高等教育包括短大、专科学校、大学及研究生。2. 1960 年的数据中不包括冲绳。

资料来源：根据日本历次人口普查（国势调查）整理而得。

　　第三，人口综合素质的提高。除上述劳动力总量和人力资本改善外，这一时期一系列新的制度构建，也带来了人口综合素质的提高。这一提高，不仅带来了经济的发展，也带来了社会的进步。

　　事实上，"二战"后至1960年代末期的25年间，经过一系列制度构建，日本社会发生了显著变化。新的制度构建包括：战败后进行的土地改革，使农地从地主手中转移到了小农手中，这一变化为农村和农民的发展奠定了基础；基于过度经济力集中排除法等手段的应用，日本既有的财阀得以解体；等等。在上述背景下，平等意识开始在各个人群中普及，通过劳动获得应得收入成为社会中的共识。与此同时，当时新设立的大部分企业，通过在1950年代—1960年代开展的"新生活运动"，不仅获得了迅速增长，并通过将基于员工家庭收支科学化实现的储蓄资金用于企业内部的生产经营，实现了劳资一体。这种经营模式，对于克服之后的1970年代两度出现的石油危机的冲击，发挥了重要作用。

　　上述三方面的分析，反映了人口变化、经济发展和社会进步这三者之间在这一时期发生的正向相互影响。与此同时，这一时期的经济社会发展，对日本人口的福利状态，产生了包含一正一负两个方面的影响。

　　对人口福利状态产生正面影响的经济社会发展中，最值得一提的是"国民皆保险、国民皆年金"制度的建立。1961年，在中央政府主导下，日本建立了覆盖全人口的社会保障制度。根据这一制度，所有劳动者都纳入了保障体系，保险费采用个人和所在单位分担的形式。这一制度的建立，使得日本所有劳动者及其家人都享有了医疗保障和养老保障，整个人口的福利水平大大提高。

　　对人口福利状态产生负面影响的经济社会发展中，环境健康风险最为突出。1950—1960年代，随着经济的高速增长，大量环境问题在这一时期逐步凸显出来。基于"二战"造成的山林破坏进一步恶化，大量河流污染和有毒气体排放发生，导致了健康受损人群的大量产生。这些问题的产生，使得人口健康在随医疗技术和卫生制度整体改善的同时，部分人群的健康状态和生活质量出现了相对恶化的势头。70年代，以改善环境、保全自然环境等为宗旨的活动在日本国内频繁发生，基于地区居民开展的绿化、净水等运动，逐步覆盖至整个国家范围。但不可否认的是，环境的修复是一个长期过程。时至今日，东京等地依然进行着针对污染土壤的处理，而当时源于环境污染带来的健康损害赔偿和诉讼，也一直时有发生。

(三) 第三阶段 (1970 年代至 1980 年代中期): 安定人口概念的提出和老龄化的逐步显现

1967 年 7 月末, 日本总人口突破了 1 亿。1970 年, 65 岁及以上人口在日本总人口中所占比例达到 7.06%, 标志着日本正式进入了老龄化社会。但这一时点上, 少子化问题并未出现。[①] 1970 年, 日本男性的人均预期寿命为 69.3 岁, 女性人口的人均预期寿命增至 74.7 岁。在当时, 对于人均预期寿命的增加, 社会中普遍给予了正向评价, 即认为健康长寿是人类社会永恒的愿望, 人均预期寿命和老年人口的增加, 是社会进步的表现, 而不应该被看作问题。在国际范围内, 由于经济发展所带来的巨大成就, 日本实现的人口转换, 会同日本企业的经营方式, 也被普遍作为成功的典型, 向世界的发展中国家进行推广 (日本老龄综合研究中心, 2015)。

在上述背景下, 日本并未把老龄化的发生看作是很大的问题, 而是在 1970 年代提出了 "安定人口" 的概念, 即人口总量既不增加也不减少的状态。要实现这一状态, 需要总和生育率维系在 2.1 的更替水平上。在这一理念指导下, 日本在这一时期先后参加了 1972 年的联合国人类环境会议、1974 年的世界人口会议和 1984 年的国际人口会议, 对如何消解发展中国家的 "人口爆发", 提出了自己的经验参考。同时, 需要指出的是, 进入 1970 年代之后, 日本人的生活意识也逐步发生变化, 从 "重视物质丰富", 开始逐步转为 "重视精神丰富"。这一变化, 为之后女性针对个人价值和就业问题看法的转变埋下了伏笔。

1973 年发生的石油危机对日本经济发展带来了沉重打击。但也在同一年, 日本出台了一系列针对老年人口的福祉政策, 包括养老金随物价调整机制、对老年人的日常生活提供政府支持等。其中, 最引人注目的是针对 70 岁以上的老年人口实行免费医疗的制度 (这一制度在之后做了调整)。基于此, 日本的一些学者, 将 1973 年看作 "福祉元年"。同时, 1973 年也是日本战后第一次婴儿潮人口大量进入生育年龄的时期, 这一年, 作为第一次婴儿潮出生人口的子女, 日本出生人口达到 209 万, 这在日本人口史上被称为 "第二次婴儿潮"。

自 1975 年开始, 日本的总和生育率首次跌破 2.1 的更替水平, 降至 1.91。其后, 这种下降一发不可收拾, 日本的总和生育率总体上进入了下

[①] 日本 1970 年的总和生育率 (TFR) 依然维持在 2.1 的更替水平上。

降的轨道。虽然 1982—1984 年，日本的总和生育率出现了短暂的小幅反弹，① 但在 1985 年之后，这种反弹未能再持续，总和生育率再次跌入持续下降的轨道。需要指出的是，由于人口成长周期的影响，1970 年代后期发生的人口生育水平下降，并没有即刻展现出其对经济社会发展的影响。也是在这一背景下，日本社会当时对于低生育水平下降带来的少子化影响，几乎没有做任何考虑。

　　战后，日本从一个战败国逐步发展起来，克服了 1970 年代发生的两次石油危机，直至 1980 年代末期泡沫经济②发生之前，整个社会处于一个整体经济社会和人口发展都相对顺畅的阶段。同时，人口出生率也从 1950 年代至 1970 年代中期大约 20 年的期间，总和生育率一直维持在 2 左右的水平上。这对日本经济社会的持续发展，提供了最为基础的保障。遗憾的是，这种良好的人口发展态势未能一致持续下去。如后述分析中所示，随着之后总和生育率的进一步降低，日本的老龄化日趋严重，少子化也日益凸显，整个社会保障制度的代际间平衡、整个国家的人口持续，都随着人口发展态势的改变发生了变化。

（四）第四阶段（1980 年代后期至今）：老龄化加深、少子化的凸显和少子老龄化对策的全面实施

　　1980 年代后期，日本老龄化出现了进一步加剧的势头。在这一背景下，如何应对老龄化带来的冲击，越来越多地引起政策决策者和研究人员的关注。1986 年，日本正式出台了"长寿社会对策大纲"，首次确定了在总理直接领导下，全面推进老龄化社会的应对策略。政策制定当初，如上述名称中所体现的，讨论的都是同老年人相关的内容，而对于造成老龄化最大原因的少子化，则基本上没有做任何讨论。之后，针对老龄化日益蔓延的经济社会影响，日本不断加大应对力度，所出台的主要措施包括：1989 年制订了"老年人保健福祉推进十年战略"（即通常所说的"黄金计划"）；1990 年对既有的《老年人福祉法》进行了修订，确定了服务主体向市町村转移的策略；1994 年成立了老年人护理对策本部，探索如何构建

----

① 1981 年降至 1.74 后，1982 年、1983 年和 1984 年的水平分别为 1.77、1.80 和 1.81，但在 1985 年时又开始下降，跌至 1.76。

② 泡沫经济发生于 1988 年至 1990 年之间。这一时期的日本经济随着资产价格的上升，出现了异常发展的势头，因为经济发展形态和泡沫迅速膨胀类似，因此被称为"泡沫经济"。

老年护理体系；1994 年制订了"新黄金计划"，对旧有数值做了上调；1999 年通过"黄金计划 21"，对基础数值目标做了再度调整，并准备实施护理保险制度；2000 年正式实施了老年人护理保险制度；等等。近些年，针对如何为老年人提供全方位照料，日本开始探索如何进一步完善其既有的社区综合护理体系和护理保险制度。随着上述措施的先后出台，日本社会形成了相对完备的老年人照料体系，整个社会无论从城市规划、社区建设，还是从就业环境、日常生活等方面，都形成了一个老年友好型的社会发展模式。但与此同时，老年人数量的增加和人口结构的进一步老化，也为日本带来了庞大的财政支出压力。同时，如何增强老年社区活力、破解老年人照料人员不足等问题，也成为日本社会中亟待解决的重要问题。

　　另外，这一时期随着总和生育率的进一步降低，少子化问题在日本社会中逐步凸显出来。1990 年，日本发布了基于 1989 年人口动态调查计算的总和生育率降至 1.57 这一结果。由于这一数值比 1966 年的 1.58 历史最低水平还要低，这一结果震惊了日本社会，即引起了通常所说的"1.57 震惊"。人们认识到，少子化的进展，已经到了一个相当严重的程度，在构筑老龄化对策的同时，如何扭转生育率水平进一步降低的趋势，应对少子化带来的冲击，需要提到政府议事日程上来。在这一背景下，对女性提供支持，创造更为理想的育儿环境，使女性实现工作和育儿的两立，逐步成为政府施政考虑的重要内容。

　　2003 年，在既有老龄社会对策的基础上，日本政府制定了"少子化社会对策基本法"，公布了"少子化社会对策大纲"，明确政府从女性生育、育儿和就业等多个方面提供支持，以扭转出生率继续下降的势头。之后，在应对少子化方面，日本政府不断出台新的措施，以强化对这一政策的支持。

　　遗憾的是，尽管有上述努力，迄今为止少子化这一趋势并未在日本社会出现根本性的扭转。自"1.57 震惊"之后，总和生育率进一步下降，2005 年降至谷底的 1.26。从 2006 年开始，总和生育率有所恢复，2013 年这一数值增至 1.43 的水平。但上述变化，并不意味着日本在扭转低生育水平问题上取得了决定性胜利。根据目前的预测，在今后相当长的时期内，日本的总和生育率仍将维持在一个较低的水平上。[①] 如何扭转低生育

---

　　① 根据目前的测算，如果能够通过提升年青一代的结婚和育儿意愿，总和生育率有望回升至 1.6 的水平。联合国对日本总和生育率的测算，提出的基本判断为 2030 年之后会达到 1.6—1.9 的水平（UN，2012）。

率水平，应对少子高龄化所带来的冲击，在未来仍将是日本人口领域中最为突出的矛盾。

同中国家庭内子女数量的下降不同，导致日本少子化发生的最直接原因，是 1980 年代后期逐步凸显的晚婚化、非婚化现象，这一现象在女性中尤为突出。表 2 给出了 1960 年至 2010 年日本 20—39 岁人群婚姻状况的变化。从表中可以看出，自 1980 年代之后，无论是男性还是女性的结婚率均出现了迅速下降的势头。2010 年时，日本 20—39 岁男性未婚的比例高达近 6 成，而女性中选择未婚的比率，也首次超过了结婚人口的比例。

需要指出的是，同大多数欧洲国家不同，日本的文化和社会环境对于非婚生育的认同感较低。因此，在很少有婚外生子的情况下，结婚率的迅速降低，意味着整个社会所生育的子女总数下降，即低生育水平和少子化的出现。

表 2　　　　　日本 20—39 岁不同性别的婚姻状况：1960—2010 年　　　（单位:%）

年份	男性				女性			
	未婚	有配偶	丧偶	离婚	未婚	有配偶	丧偶	离婚
1960	41.7	57.4	0.2	0.7	27.9	68.4	1.5	2.2
1970	41.7	57.6	0.1	0.6	28.6	69.2	0.8	1.5
1980	41.6	57.4	0.1	0.9	26.4	71.2	0.5	1.8
1990	52.8	46.0	0.1	1.1	37.2	59.9	0.3	2.3
2000	58.7	39.7	0.1	1.5	46.0	50.5	0.2	3.2
2010	58.7	39.3	0.1	1.9	48.0	47.9	0.2	4.0

资料来源：根据日本历次人口普查数据整理。

1980 年代之后结婚率的迅速下降，既有经济、社会、文化等宏观环境的变化，也有个体价值观念改变等微观层面的原因。

首先，宏观的经济制度安排中，有着不利于女性结婚生育的因素。进入 1980 年代之后，同样面临着人口老龄化的法国和瑞典等欧洲国家，开始探索如何扭转低出生率的各项政策。作为其结果，这些国家先后出台了一系列家庭政策，特别是针对如何对生育、育儿等活动进行积极支持，以确保这些活动不对女性的就业产生影响。反观日本，其在 1980 年代对女性就业进行的支持相对薄弱。当时的大部分女性就业，依然是以家庭主妇为对象的非全职就业为主。进入 1980 年代，为了促进非全职就业人员的持续就业，通过和有就业愿望的人员签订协议，之后以劳动派遣的方式使这些人到企业就业的形态，即通常所说的派遣就业，这作为一些新的就业形态在日本逐步发展起来。对于企业来说，由于采用派遣社员具有更大的灵活性，因此很多企业也对采用这种"契约社员"的方式持积极态度。在上述背景下，这一就业形态在日本的劳动力市场中所占份额越来越大。根据日本总务省的"劳动力调查"，2012 年时，以非全职就业或签约社员等方式进行的非正规就业人员，在被雇用人员中所占比例为 35.2%，其中男性中非正规就业所占比例为 19.7%，而女性中非正规就业则占到了54.5%。换言之，即使在提倡男女平等很多年的今天，日本的女性劳动力在就业中依然处于相对弱势地位，20 世纪 80 年代之后制度安排，使得很多女性以非正规就业的方式参加劳动，这一形式进一步得以固定。

其次，传统的文化价值观念和社会环境中，依然存在着妨碍女性实现工作和婚育两立的因素。时至今日，女性婚后，尤其是有子女后辞职成为专职主妇，在日本依然被大多数人看作是理所应当的事情。目前，日本因为生育和育儿不得不辞职的女性依然高达 60%。这一比例，同其他发达国家和大多数新兴国家之间形成了鲜明对比。在这种情况下，很多女性不得不面临工作和婚姻中的艰难抉择。

最后，女性就业环境的变化、个体人力资本的提升和价值观念的转变，也导致了很多女性主动选择了晚婚或不婚。1970 年代之后，随着日本经济发展创造的大量就业机会，女性开始大量进入就业市场。在这一背景下，进入专科学校或本科学校学习，并在毕业后先工作几年，逐步成为社会中大多数女性的惯性做法。在这一背景下，一方面，女性个体的经济能力大大提升；另一方面，适龄女性的结婚率迅速下降。

需要指出的是，这一期间教育投资回报率的上升，也逐步成为女性选择晚婚或不婚的一个因素。由于教育投资回报率维系在一个相对较高的水平之上，作为其结果，女性的学历越高，所获取的工资收入也就越高。对于大学本科毕业生，男女之间的工资收入之间的差距相对较小。同时，高低学历之间的收入差距也出现了扩大倾向。在这一背景下，对于高学历的女性而言，停止工作，意味着将在经济上遭受巨大损失。同时，对于一些职位，离职所带来的不仅仅是经济上的损失，也伴随着对职业进取感的丧失。同时，即使将来回归工作岗位，在技能和知识上也会出现滞后，不容易赶上差距。在这一背景下，从个人工作角度出发，主动选择晚婚甚至不婚的女性比例日渐增多，逐步演变到今天近一半的适龄女性处于未婚状态这一格局。

少子老龄化的进一步发展，给日本整体的经济社会发展带来了深远影响。在经济上，随着研究的逐步深化，越来越多的研究人员将日本自 1980 年代末期开始的"失去的 30 年"及深陷当前的"高收入陷阱"的原因，从根本上归结为人口少子老龄化所带来的人口结构变化。在社会上，由于老龄化导致的村庄消亡和劳动力不足，进入 21 世纪之后，"限界村落"和"补充移民"逐步成为日本人口学研究中两个重要领域。在外交上，为获取充分的老年人口照料人员，日本不得不积极同周边国家开展合作，力图解决本国护理人员不足的问题。在政治上，由于养老金、医疗费用等社会保障支出的进一步增加，提升消费税已经成为近些年日本政治讨论中的重要议题。在技术革新和产业结构调整上，面对未来劳动力的进一步萎缩，日本提出了优先发展人工智能，采取在机器人研发上进一步加大力度的策略。以上种种迹象表明，人口少子高龄化这一人口变化今天在日本的影响，已经延伸至社会中的方方面面，成为日本制定未来各项政策中的首要考量。

三　从人口角度对日本"二战"后 70 年社会变迁的基本判断

基于前述分析，对于如何从人口角度认识日本战后 70 年的社会变迁，笔者给出了如下四点基本判断。

第一，人口变化为理解日本"二战"后经济社会发展变迁，提供了基本解释。一方面，不同时期所发生的人口变化，可以从当时的经济社会制度环境中寻找原因；另一方面，人口变化的发生，也直接影响了当时和之后经济社会发展的演进轨迹。在理解人口变化同经济发展、制度变迁、技术革新等要素之间如何相互影响、互为因果上，"二战"后至今 70 年的日本提供了一个相当完美的诠释案例。

第二，战后至今 70 年日本的人口演变历程，依据时期特征可以分为四个不同阶段。其中，自 1950 年代开始至 1970 年代中期的人口结构，为高度经济社会发展的实现提供了基本保障。与此相对，1980 年代中期之后日趋严峻的少子老龄化，则构成了自 1990 年代开始的日本经济社会发展陷入停滞的根本原因。

第三，当前和今后很长一段时期内，少子老龄化问题仍将成为困扰日本经济社会发展的基本矛盾。由于人口发展的惯性，这一问题并不能在短时期内解决。如何扭转低生育水平、克服少子老龄化带来的冲击，将成为日本未来各领域制定政策的基本出发点。

第四，日本人口转变的发生轨迹，以及其对经济社会产生作用的影响机制，可以成为我国未来发展和政策制定中的有益参考。我国于 2000 年进入老龄化社会，截至 2014 年年底，65 岁以上人口的老龄人口所占比例已经高达 10.1%。人口老龄化带来的经济社会影响，正在日益凸显。在应对人口老龄化问题上，经济上的"未富先老"、制度上的"未备先老"以及经济体制转型的三重叠加，使得我国在应对人口老龄化的冲击中面临更大的挑战。虽然发生机制和具体特点有所不同，但日本在应对人口少子老龄化中的经验和教训，无疑能为我国未来的发展研究和政策制定提供有价值的参考。

战后 70 年日本老年医疗护理制度的变迁

丁英顺[*]

内容提要 随着人口老龄化趋势的不断加剧，老年人的医疗护理问题已成为社会普遍关注的主要问题之一。人口老龄化体现了现代社会的进步，同时也意味着需要护理的老年人数量不断增多，老年人医疗、护理费用的增加。日本在人口老龄化速度快、老年福利支出多、社会负担加重的背景之下不断改革老年医疗制度，实施护理保险制度，减少了老年人医疗护理的后顾之忧，减轻了政府的财政压力。本文拟通过对日本战后老年医疗护理制度发展的社会背景、实施内容、历年修订、实施成果等问题的分析，梳理战后 70 年日本老年医疗护理制度的发展过程和特征，为我国发展老年医疗护理事业提供借鉴。

关键词 日本 战后 70 年 老年医疗 老年护理 人口老龄化

20 世纪 50 年代后期至 70 年代初期是日本经济高速发展的时期，同时也是日本老年医疗护理制度发展最迅速、成果最明显的时期。1973 年日本实施了 70 岁及以上老年人免费医疗制度，这一年被称为"福利元年"。但是，老年医疗免费制度的实施，造成了老年人长期住院现象的产生，使得国家的财政负担沉重。加上 1973 年"石油危机"后，日本经济进入低速增长时期，日本老年医疗福利制度也进入一个调整、转变时期。因此，日本于 1982 年废除了针对 70 岁及以上老年人的免费医疗制度，制定了《老人保健法》，让老年人负担一定的医疗费用。该法注重定期体检、治疗和身体机能训练等综合性保健，以保证医疗和保健之间的协调平衡。此后，人口老龄化的快速发展和由"泡沫经济"带来的经济滞后现象，使老年人的护理问题变得越来越严峻。日本于 2000 年开始实施护理保险制度，

---

* 作者简介：丁英顺，中国社会科学院日本研究所副研究员。

2008 年制定"后期老年人医疗制度",进一步加强和完善老年医疗护理体系。

一 日本建立健全老年医疗护理制度的背景

日本老年医疗护理制度是社会福利制度中最为重要的一个领域。"二战"后,随着人口老龄化的加剧,日本的长寿老人和需要护理的老年人口不断增多,对老年人的养老护理趋于长期化。为了减轻家庭的养老护理负担和政府的财政压力,日本逐步构筑老年医疗护理服务体系。日本老年医疗护理制度的实施及改革有以下几方面的背景。

(一)"二战"后日本人口变化

"二战"后,日本社会稳定,出生率上升。1947—1949 年出现了第一次生育高峰,这时候出生的人群就是后来人们所称的"团块世代",他们对日本经济的发展产生了巨大影响,也构成了今天庞大的老年人群体。1950 年以后日本就出现了生育率急速下降的现象。1955 年下降到 19.4‰,出生率首次下降到 20‰以下。进入 20 世纪 80 年代后,日本出生率下降到 15‰以下,此后一直维持在 10‰以下,2013 年日本出生率仅为 8.2‰。(参见表 1)出生率的下降不仅导致总人口的减少,也带来劳动年龄人口的减少。

从日本人口死亡率来看,1947 年的人口死亡率为 14.6‰,1955 年下降到 7.8‰,1980 年下降到 6.2‰。战后到 20 世纪 50 年代中期急剧下降,此后缓慢下降(参见表 1)。日本死亡率的下降与"二战"后日本社会经济发展、医疗技术进步、生活水平提高有直接的关系。死亡率的降低带来了人均寿命的延长。1950 年日本男性人均寿命为 58 岁、女性为 61.5 周岁,2000 年男性为 77.7 周岁、女性为 85.9 周岁。在 50 年的时间里日本男性和女性的平均寿命分别延长了 19.7 岁和 23.1 岁。[1] 2013 年日本女性的平均寿命达到了 86.61 岁;男性的平均寿命也达到了 80.21 岁,男性的平均寿命首次超过了 80 岁。[2] 死亡率的下降带来平均寿命的延长和老年人

① 内閣府『平成 25 年版高齢社会白書(全体版)』、http://www8.cao.go.jp/kourei/whitepaper/w-2013/zenbun/s1_1_1_02.html。
② 厚生労働省、2014 年 7 月 31 日、http://www.garbagenews.net/archives/1940398.html。

口的增多，是人口老龄化的原因之一。

表 1　　　　　　　　　　　**日本人口动态**　　　　　　　（单位：‰）

年度	出 生 率	死 亡 率	自然增长率
1947	34.3	14.6	19.7
1950	28.1	10.9	17.2
1955	19.4	7.8	11.6
1960	17.2	7.6	9.6
1965	18.6	7.1	11.4
1970	18.8	6.9	11.8
1975	17.1	6.3	10.8
1980	13.6	6.2	7.3
1985	11.9	6.3	5.6
1990	10.0	6.7	3.3
1995	9.6	7.4	2.1
2000	9.5	7.7	1.8
2005	8.4	8.6	- 0.2
2010	8.5	9.5	- 1.0
2013	8.2	10.1	- 1.9

资料来源：平成 25 年（2013）人口動態統計（確定数）の概況、http://www.mhlw.go.jp/toukei/saikin/hw/jinkou/kakutei13/index.html。

可见，日本在"二战"后仅仅用了 10 年时间，迅速实现了由高出生、高死亡到低出生、低死亡的人口类型的转变，并且使低水平的人口自然增长率一直保持到现在。由于"二战"后出生率的降低和死亡率的降低，1955 年以后逐渐开始了人口减少和人口老龄化的进程。

（二）日本人口年龄结构的变化与老年扶养比的上升

根据 1956 年联合国发表的《人口老龄化及其经济社会含义》提出的标准，65 岁及以上的老年人在总人口中所占比重超过 7% 则称老龄化社会，超过 14% 则称老龄社会。日本的 65 岁及以上的人口，1970 年已超过 7%，进入了老龄化社会；1994 年达到 14%，进入了老龄社会。日本的老年人口从 7% 增长到 14% 仅用了 24 年，其老龄化速度非常快。

　　出生率和死亡率的下降改变了日本的人口年龄结构。"二战"后，日本 0—14 岁的少儿年龄人口一直出现下降趋势。1950 年为 35.4%，1970 年为 23.9%，1990 年为 18.2%，2010 年为 13.1%。相比之下，老年人口比例一直在增高。日本 65 岁及以上老年人口占总人口的比例，1950 年为 4.9%，1970 年达到 7.1%。1997 年上升到 15.4%，少儿年龄人口所占的比率却下降到 15.3%，老年人口首次超过了少年儿童人口，两者开始出现逆转。截至 2014 年 9 月，日本 65 岁及以上的老年人口占总人口的比重创历史最高，为 25.9%（参见表 2）。其中，75 岁及以上后期老年人[1]为 1590 万人，占总人口的 12.5%。[2] 根据日本国立社会保障与人口问题研究所对未来的预测，到 2020 年，日本 75 岁及以上人口在总人口中所占的比率将达到 15.1%，首次超过 65—74 岁老年人口的比率（14.0%），此后，后期老年人比重将持续走高。[3] 日本老年人的高龄化趋势非常明显。

表 2　　　　　　　　　**日本人口年龄结构及所占比率的变化**　　　　（单位:%）

年度	0—14 岁	15—64 岁	65 岁及以上
1950	35.4	59.7	4.9
1960	30.0	64.2	5.7
1970	23.9	69.0	7.1
1980	23.5	67.4	9.1
1990	18.2	69.7	12.1
1997	15.3	69.3	15.4
2000	14.6	68.1	17.4
2010	13.1	63.8	23.0
2014	12.8	61.3	25.9

　　资料来源：根据日本国立社会保障·人口問題研究所《人口统计资料集》（2013 年版）（http://www.ipss.go.jp/）和総務省統計局（http://www.stat.go.jp/data/topics/topi841.htm）资料整理。

---

[1]　在日本，65—74 岁的人群叫前期老年人，75 岁及以上人群叫后期老年人。
[2]　総務省統計局『人口推計（2014）』、http://www.stat.go.jp/data/topics/topi840.htm。
[3]　日本国立社会保障·人口問題研究所『人口統計資料集』（2014 年版）、http://www.ipss.go.jp/syoushika/tohkei/Popular/Popular2014.asp? chap = 2&title1 = % 87U% 81D% 94N% 97% EE%95% CA%90l% 8C% FB。

　　根据日本内阁府公布的资料，预计到 2060 年日本总人口将下降至9000 万人以下，其中，15—64 岁的劳动年龄人口占总人口的 50.9%，65岁及以上的老年人口占 40%，而少年儿童人口所占的比率只有 9.1%。①届时每 2.5 个日本人中就有一个 65 岁及以上老年人。劳动年龄人口的不断减少，老年人口继续增多，使老年扶养指数明显上升，给国家带来严重的财政压力。

　　日本人口年龄结构的变化导致社会老年扶养比的上升。"二战"后，日本经历了总扶养比由高向低又由低向高的过程，但在具体内容上截然不同。1947 年日本总扶养比是 66.9%，其中，少年儿童扶养比是 58.9%，老年人口扶养比仅为 8.0%；到 1970 年总扶养比下降到 44.9%，少年儿童扶养比下降到 34.7%，而老年扶养比上升到 10.2%。少年儿童扶养比高于老年扶养比的情况一直持续到 1995 年，2000 年开始老年人口扶养比超过了少年儿童扶养比，而且差距越来越大（参见表 3）。老年人口比例超过少儿年龄人口比例，老年人口已经成为社会的主要扶养对象，这样的人口结构变动将不利于社会经济的良性运行。这种现象必然导致社会经济负担的急剧增加，社会保障给付的增长已经远远超过了日本经济的增长速度，严重挑战原有的老年医疗护理制度，这需要日本稳妥地解决好社会保障体制问题。

表 3　　　　　　　　　　　**日本人口扶养比的变化**　　　　　　　　（单位：%）

年份	人口扶养比		
	总扶养比	少年儿童人口扶养比	老年人口扶养比
1947	66.9	58.9	8.0
1950	67.5	59.3	8.3
1955	63.1	54.4	8.7
1960	55.7	46.8	8.9
1965	46.8	37.6	9.2
1970	44.9	34.7	10.2
1975	47.6	35.9	11.7

①　内阁府『平成 25 年版高齢社会白書（全体版）』、http：//www8. cao. go. jp/kourei/whitepa-per/w－2013/zenbun/s1_ 1_·1_ 02. html。

续表

年份	人口扶养比		
	总扶养比	少年儿童人口扶养比	老年人口扶养比
1980	48. 4	34. 9	13. 5
1985	46. 7	31. 6	15. 1
1990	43. 5	26. 2	17. 3
1995	43. 9	23. 0	20. 9
2000	46. 9	21. 4	25. 5
2005	51. 3	20. 8	30. 5
2010	56. 7	20. 6	36. 1
2012	59. 0	20. 6	38. 4

资料来源：日本国立社会保障・人口問題研究所『人口統計資料集』（2014 年版）、http：//www. ipss. go. jp/syoushika/tohkei/Popular/Popular2014. asp? chap＝0。

二 战后 70 年日本老年医疗护理制度的演变

日本老年医疗护理制度是日本社会保障制度的一部分，专指以老年人为对象的医疗、护理服务。伴随着日本社会经济的发展和人口老龄化的加剧，日本不断建立和修订相关的法律法规。"二战"结束以来，日本老年医疗护理制度经历了形成、发展、完善的过程，大致可分为以下几个方面。

（一）日本老年医疗护理制度的形成

日本医疗保险起步较早，先于养老保险。1922 年 4 月，日本政府颁布了《健康保险法》，主要适用于中小企业，日本医疗保险就此展开。1938 年 7 月，日本开始实施《国民健康保险法》，建立了以个体经营者、农民、退休和离职人员为对象的健康保险。就当时来讲，《健康保险法》和《国民健康保险法》是日本医疗保险历史上具有划时代意义的法律，它建立起了现在的"全民皆保险"的雏形。起初，日本没有专门的老年医疗保险制度，国家主要注重老年人的生活保障。1946 年日本制定了《社会救济法》，在其中"公共责任原则"的法条中明确了政府有责任保障所有贫困者基本生活安全，并对老年人生活实施扶助措施。1950 年日本制定了《生活保障法》，规定了以

"收容和扶助因衰老而无法独立正常生活的贫困老人"为目的设立养老院。日本有以长子供养双亲的传统习俗，一般老年人都和长子一家一起生活。因此，战后初期日本只是把贫困的老年人作为生活救济的对象。

1960 年代，日本迎来了经济高速发展期，生活水平和医疗技术不断提高，出现了人口出生率和死亡率急剧下降，老年人口比率逐渐上升的趋势，老年人的生活、健康等问题变得更为重要，给日本老年社会保障提出了新的课题。在这种背景之下，日本于 1963 年制定了《老人福利法》，确立了老年人社会福利保障的基本框架。规定了健康检查、建立老人之家、确保老年人参与社会的机会等。日本《老人福利法》第一次明确了老年人福利的权利与义务，可以说是"老人宪章"。该法的颁布和实施标志着日本老年福利制度的正式确立，为之后日本老年福利制度的发展奠定了基础。《老人福利法》是日本社会福利六法①中的一部，旨在保障老年人身心健康和社会安定，当时，老年人根据该法得到了相应的医疗保障。该法将老年福利的服务对象分为一般需求和特殊需求。一般需求为 65 岁及以上老年人，主要为他们提供养老金保障和医疗保障；特殊需求是指患有残疾或生活困难的老年人，除了给他们提供相应的基本生活保障之外，还提供福利设施收养。

老年人一般退休后靠储蓄和养老金来维持生活，但是，当时日本养老金制度还未完善，医疗费是影响老年人正常生活的主要因素。当时，工作的老年人作为职工医疗保险（健康保险）的被保险人就医时只需负担少额费用，但退休后的老年人则归属于国民健康保险制度，就医时这项保险只提供 70% 的医疗费用，30% 由个人承担。由于老年人发病率高，并失去收入来源，医疗费用成为老年人沉重的经济负担。

《老人福利法》根据老年人的特殊情况，对老年福利设施也做了一些明确规定，为今后日本老年人的养老护理事业打好基础。该法第 5 条第 3 项的规定，日本老年福利设施有以下几个种类。老年日托服务中心：以 65 周岁以上因身体障碍或精神障碍而难以进行日常生活的老年人为对象，向他们提供饮食、洗浴服务，并帮助进行功能训练。老年人短期入住设施：以 65 周岁以上老年人为对象，在其家人因疾病及其他原因暂时无法进行

---

① 日本社会福利六法：《儿童福利法》（1947 年）、《残疾人福利法》（1949 年）、《生活保护法》（1950 年）、《精神薄弱者福利法》（1960 年）、《老人福利法》（1963 年）、《母子福利法》（1964 年）。

居家护理时，让老年人暂时入住设施，并对其提供护理服务。养护老人之家：65 周岁以上因身体上、精神上、环境上、经济上的原因，不能居家受到养护的老年人。特别养护老年人之家：是指那些完全丧失生活自理能力的 65 周岁以上老年人，全部生活需要由服务人员照顾的老人疗养院。也开展日托服务事业、短期服务事业、派遣家庭服务员等居家服务。低费用老年人之家：以 60 周岁以上的老年人为对象，接收这些人当中因家庭环境、住房条件等原因难以进行居家生活的老年人，仅收取很少的费用。老年福利中心：对本地区的老年人进行各种咨询，提供增进健康、提高文化水平等综合性服务。老年人护理援助中心：对接受居家护理的老年人及其护理人，提供信息、咨询和指导。

老人疗养院一般为 50 张床位以上，特护老人疗养院为 30 张床位以上；疗养院内老人的卧室不得放在地下室。特护疗养院卧室内应设病床供老人寝卧，便于护理（因日本老人习惯睡榻榻米），一间卧室内最多住 4 人。为确保个人隐私，后来日本疗养院单人房间的比例逐年增加。单人房间能使入住者感受到家庭气氛，尽管它增加了服务人员的劳动强度，但还是越来越成为一种趋势。

20 世纪 60 年代是日本社会保障制度发展的黄金时期，也是老年医疗护理制度形成的重要时期。伴随日本经济的高速发展，老年人的生活也受到了广泛的关注。另外，伴随社会经济的发展，越来越多的子女脱离家庭独立关注和生活，使得传统的家庭老年护理方式逐渐破裂，老年人的医疗护理等社会保障问题逐渐凸显起来。虽然《老人福利法》为最初的老年医疗制度形成打下基础，但是，限于当时的社会经济背景，还没有提到老年保健方面的内容，给之后老年医疗费用的激增埋下了伏笔。

（二）由偏重治疗转为防治兼顾

1970 年日本老年人口占总人口的比率达到 7.1%，进入老龄化社会，老年人口剧增，老年人独居的比率也越来越高，家庭护理功能减弱，日本社会福利的需求开始多样化。而 1973 年之前高速成长的日本经济给日本社会保障的发展提供了丰富的资金，社会发展也开始从经济成长优先转向福利优先。因此在实施《老人福利法》10 年后的 1973 年日本对其中的一些内容进行了修改，主要针对 70 岁及以上老年人实施了免费医疗制度。在《老人福利法》第 10 条第 2 项的新增内容中指出，对 70 岁及以上的生病或负伤的老年人，由公费来承担老年人在医疗保险中的个人负担部分，即对70岁及以上老年人实行完全免费医疗制度。该制度赢得了老年人的欢迎和赞赏，当时被誉为日本划时代的改革。

另外，政府推行老年人免费医疗制度的目的是让老年人在晚年得到良好的待遇，但却助长了老年人经常光顾医院，出现了医院的大部分床位被老年人占用的情况（60%以上为老人病床）。①制度的设计偏重于医疗，而忽视预防、保健，老年医疗支出剧增，给国家的财政带来了巨大的压力。此外，因只是对70岁及以上老年人实施免费医疗制度，而没有对65—70岁的老年人规定相应的医疗保障制度，引起了这一部分老年人的不满。同时，实施老年医疗免费制度当年爆发的"石油危机"使得日本经济陷入低迷，迫于财政压力，日本老年医疗免费制度不得不被重新审视。在这种背景之下，为了确保老年医疗服务的同时，减轻国家的财政负担，日本于1982年废除老年医疗免费制度，制定了《老人保健法》，提出了"40岁保健、70岁医疗"的原则。该保健法主要强调老年人疾病的预防保健应从中年开始，并且规定凡年满40岁以上的国民都可免费享受疾病的预防诊断、检查、保健治疗等体检服务，使疾病早发现、早治疗。对于70岁及以上的老年人则以医疗为主，规定70岁及以上的老年人在支付必要的医疗费用，即70岁及以上老年人在门诊看病，无论实际花费多少，个人每次只交400日元，而且在一个月内如果缴纳过4次，之后无论看几次病都可以免费；住院每人每天缴纳300日元。②《老人保健法》使医疗和保健分离，在重视医疗的同时重视保健的作用，强化了健康保健事业，降低国民的发病率，在一定程度上控制了医疗开支的增加。

日本《老人保健法》最重要的社会意义在于首次对医疗供给体制提出了改革的方针。通过1986年、1991年、2003年等年份的修订，提高了老年人对门诊住院费等个人负担的比例，变更了国家财政和各医疗保险制度的分担比例，实现了全民对老年医疗费公平分担的支付体制，也在很大程度上杜绝了老年人长期住院和不必要住院的现象，减少了不必要的医疗费支出。1986年，日本又对《老人福利法》进行修订，实现了日托服务、

① 殷立春：《日本护理保险制度制定的原因分析及启示》，《东北亚论坛》2004年第5期，第35页。

② 厚生劳働省保险局『第五回高齢者医療制度改革会議資料』、2010年4月14日、http：//www.mhlw.go.jp/shingi/2010/04/dl/s0414-4d.pdf。

短期收容护理等居家福利服务的法律化，为老年人的居家护理服务提供了更多的政策支持。

1980 年代以后，日本人均寿命显著延长，进入了所谓"人生 80 年"时代。在这种社会大背景下，日本于 1986 年制定了《长寿社会对策大纲》，明确指出，对策大纲的基本方针是要构筑有活力、有包容力、富足而充实的长寿社会，并为建立这样的长寿社会，决定在就业与收入、健康与福利、养老金保障、老年人的终身教育与社会参与、社会环境等方面采取对策措施。① 《长寿社会对策大纲》是日本步入老龄社会之后出台的第一部指导性文件，在日本老龄化对策当中具有代表性意义。20 世纪 80 年代后期以来，日本老龄化速度超出了人们的预想，卧床不起等需要照顾的老年人剧增，而出生率却一直在降。越来越多的女性走向社会，从而使家庭的抚养功能进一步降低。在这种情况下，日本认识到有必要建立老年人社会服务系统。1989 年制订了推进老年人保健福利的"黄金计划"（《推进老年人保健福利十年战略》），1994 年进行修改和完善，并更名为"新黄金计划"（《新的推进老年人保健福利十年战略》），这个时期的改革主要针对居家福利和设施福利事业制定了具体计划与目标，提出开展社区服务是解决老年人养老护理服务的根本出路。日本实现了设施福利和居家福利的并举，促进全社会参与老年人的养老护理服务。应该说，"黄金计划"的制订标志着日本的社会保障、社会福利政策又一次出现转变。从某种程度上说，它确定了日本社会保障、社会福利此后的发展方向。

可见，1980 年代日本老龄化速度超出了人们的预想，1982 年颁布的《老人保健法》是为应对这种老龄化趋势而实施的法律。根据《老人保健法》，日本过去根据《老人福利法》实施的老年人医疗保障被独立成一种新的制度，使医疗和保健相分离，同时注重医疗和保健，由此减少了国家的老年医疗费的支出。

（三）建立护理保险制度和"后期老年人医疗制度"

1990 年代，受到"泡沫经济"的影响，日本曾经的经济高速增长状况不复存在。由于经济的长期滞胀、家庭观念与居住形态的变化，日本的

---

① 内閣府『長寿社会対策大綱』、1986 年 6 月 6 日、http：//www. ipss. go. jp/publication/j/shiryou/no. 13/data/shiryou/syakaifukushi/297. pdf。

老年医疗护理制度迎来了前所未有的严峻考验。为适应这种形势，日本实施了护理保险制度和"后期老年人医疗制度"。

1. 日本护理保险制度

2000 年日本人口老龄化率达到了 17.3%，后期老年人的数量不断增多。据预测，到 2020 年日本 75 岁及以上的后期老年人在老年人口中所占的比率将达到 15.3%，超过 75 岁以下的前期老年人口的比率（13.9%）。[①] 需要护理的老年人数越来越多，并且养老护理趋于长期化，很多家庭难以承受对老年人的护理负担。

后期老年人中容易出现长期卧床或老年性痴呆的现象。2012 年，在 65 岁及以上人口中有 305 万人患有老年痴呆，2025 年将增加至 470 万人，占 12.8%（参见表 4）。需要护理的老年人数越来越多，很多家庭将难以承受对老年人的养老护理负担。

表 4　　　　　　　　　　　　**日本老年痴呆人数推移**　　　　　　（单位：万人、%）

2010 年	2015 年	2020 年	2025 年
280	345	410	470
9.5	10.2	11.3	12.8

资料来源：《社会新報》、社会民主党全国联合機關宣传局、2013 年 1 月 30 日。

这种现象对日本的老年福利制度提出了前所未有的严峻考验。先前的老年福利制度显得捉襟见肘，不断暴露出新的问题时，日本重新认识和解决政策存在的问题，积极维护老年福利制度的稳定发展。而通过《老人保健法》的制定，原本由《老人福利法》实施的老年人医疗保障问题被分离出来形成了独立的体系，但其结果是并没有有效抑制和解决老年人医疗费用不断上涨的趋势，反而造成了老年人在利用福利服务和保健服务时的各种差别及利用服务的不便，使老年人的服务体系变得更为复杂。

在此状况下，日本政府选择了建立护理保险制度作为改革的突破口，于 1997 年 12 月制定了《护理保险法》，并于 2000 年 4 月开始实施了护理保险制度。在日本社会保障制度的改革中，建立护理保险制度是极其重要

① 王桥主编：《东亚：人口少子老龄化与经济社会可持续发展》，社会科学文献出版社 2012 年版，第 244 页。

的一部分。这种制度改变了过去过多依赖政府的传统，与保险相结合，政府、社会保险、个人共同承担费用，使老年人护理更加社会化。护理保险制度一方面向需要长期住院的老年人提供生活护理和身体康复的服务；另一方面，从老人福利和老人医疗中分离出来，使护理保险制度的利用者能根据自己的选择利用更加贴切的护理服务。

日本护理保险制度覆盖面高，给付对象范围广。制度规定，凡年满 40 周岁以上的国民均须参加护理保险，国民每月缴纳一定的保险金额就可以在被认定需要护理的时候享受这项保险制度提供的服务。护理保险个人承担以外的费用由税金和保险金两部分组成，各占一半。其中 50% 的税金由国家承担 25%、都道府县承担 12.5%、市町村地方政府承担 12.5%，保险金由政府固定财政基金和个人从养老金或额外缴付的保险金支付，使用者只负担护理服务总费用的 10%。参加老年护理保险的主体有第一号和第二号。第一号被保险人是指 65 岁以上老年人、第二号被保险人是指 40—64 岁的人群。还有，外籍人士也要参加该保险。即办理外国人登记手续并 40 岁以上的下列人员必须加入护理保险，即有永久居住资格或有特别永久居住资格或在日本居住一年以上或根据实际生活状态得到一年以上在留资格许可的人。

日本护理保险制度是以基层的市町村为主进行运作。当老年人需要护理保险制度所提供的服务时，根据老年人的身体状况及需要，向有关部门申请相关服务。市町村接到被保险人申请后，派调查人员上门对其进行全国统一的护理认定调查。调查涉及直接生活护理、间接生活护理、问题行为、机能训练相关行为、医疗相关行为等项目。护理认定审查委员会根据调查结果和主治医生诊断意见判定护理等级。护理认定的标准全国统一，客观执行。具体费用根据护理保险的规定，按护理程度的七个等级（两个支援、五个护理）所规定的保险金额支付。

日本在实施护理保险制度以来，惠及的人群非常大，护理业市场迅速扩大。2000 年日本护理业市场规模大约为 3.7 万亿日元，2010 年增加至 7.5 万亿日元。① 接受护理保险服务的人数也不断增多，2000 年 4 月为 149 万人，2012 年则达到了 500 万人，其中 97% 的人为 65 岁以上的老年人，

---

① 『エコノミスト』、毎日新聞社、2012 年 9 月、80 頁。

平均年龄达到了 82.5 岁。① 护理保险制度整合、统一了过去全额公费的老人福利和由医疗保险、公费负担的老人保健制度，改变为由护理保险费和公费共同负担的保险制度。这样不仅可以做到使用者享有选择权，也可以解决由于高龄者住院带来的医疗难题。

日本护理保险制度针对因年老、疾病全部或部分丧失生活自理能力的人群，提供必要的护理服务和护理补偿，保证了保费负担的公平，减轻了政府的财政负担。另外，使传统的家庭护理功能社会化，把家庭成员从繁重的老人护理当中解放出来，也使家庭成员之间的情感得到维系，减少了老年人的后顾之忧。

2. 日本"后期老年人医疗制度"

随着老龄化进程的加快，日本政府为老年人（尤其是 75 岁及以上的后期老年人）支付的医疗费用急剧上升，2006 年日本 65 岁以上老年人的医疗费用达到了 17 万亿日元，占整体国民医疗费用 33 万亿日元的一半以上。② 而增加的部分由国家（都道府县和市町村）和年轻人来承担。为了老年人和年轻人公平地承担医疗费用，为了提高和维持对老年人的医疗、护理服务的质量，日本于 2008 年制定了"后期老年人医疗制度"，也叫长寿医疗制度，这是一种新制度。"后期老年人医疗制度"与健康保险、国民健康保险、船员医疗保险、各种共济组合医疗保险一起构成日本五种医疗保险制度。

"后期老年人医疗制度"主要针对 75 岁及以上老年人和 65—74 岁有身体残障的老年人。其运营主体是各都道府县以及市町村参加的"后期老年人医疗广域联合会"，并成为保险人，主要负责被保险人的资格管理、制定保险金、医疗费的给付等事宜，市町村负责收缴保费、发放保险证等事务性工作。财源的具体构成是各医疗保险制度的援助金占40%、公共财政占50%、75 岁及以上的参保人缴纳的保费占10%。在公共财政的50%当中，国家占80%、都道府县占10%、市町村占10%。以往的《老人保健法》规定，无收入或低收入的 75 岁及以上老人可以免费缴纳公共医疗保险费用，但实施"后期老年人医疗制度"后，75 岁及以上老年人也要承担一定的保险费用，并自动在其养老金中扣除。这给本来在经济上处于弱势群体的 75 岁以上老年人增加了新的保险费的负担，在一定程度上影

① 『賃金と社会保障』、旬报社、2011 年 4 月上、5 页。
② 『後期高齢者医療制度ガイド』、http：//www.k-cycle.com/2009/07/post-2.html。

响了老年人的生活质量。根据制度设计，一般低收入者缴纳的保险费较少，高收入者缴纳的保险费较高。截至 2013 年 1 月，日本全国共有 47 个后期老年人医疗广域联合，有 1473.3 万参保人员。[①]

日本建立"后期老年人医疗制度"是为了尽量降低公费开支，维持收支平衡，通过增加被保险人负担的保险费来维持制度的运营，以此克服财政危机。日本通过医疗改革减少了老年人经常光顾医院、医院的大部分床位被老年人长期占用的现象，服务模式也从单一医疗向集医疗、预防、保健、康复为一体的模式转变，实现了医疗和福利服务的整合。为了解决财政问题，日本于 2012 年确定以提高消费税率为主的社会保障与税制一体化改革大纲，2014 年 4 月消费税率提高到 8%，并计划提高到 10%，消费税收全部用于支付包括养老金、医疗等在内的社会保障费用。

可见，战后日本老年医疗护理制度在法律法规的保障之下，逐渐形成和发展起来。《老人福利法》和《老人保健法》、护理保险制度、"后期老年人医疗制度"在推动日本老年医疗护理事业中起到了重要作用。日本在完善老年医疗护理事业的过程中，把老年照顾制度作为重点内容之一，虽然存在一些问题，但满足了老年人的照顾需求，减轻了国家的财政负担。

三　战后 70 年日本老年医疗护理制度的特点

随着老龄化的不断加快，为了迎接超老龄化社会的到来，日本在老年医疗护理制度方面，不断建立和修订已有的法律，颁布新的法律，取得了显著成果。日本老年医疗护理制度作为日本老年福利制度的一部分，在其发展过程正是日本政府积累经验的过程，有以下几方面的特点。

（一）根据经济发展和人口结构的变化不断完善相关制度

"二战"后，日本政府在经济发展困难，老龄化率出现突破性变化时，根据老年人的需求和政府财政压力之下不断出台了有关老年医疗护理制度的政策。

日本之所以进行老年医疗改革，建立护理保险制度是因为日本社会保障制度的基础发生了变化。20 世纪 50 年代后期至 70 年代初期是日本社会保障发展最迅速、成果最明显的时期，这与日本经济的高速增长有着密切

---

① 厚生労働省『厚生労働白書』、平成 25 年版、日経印刷、資料編、26 頁。

的关系。经济的高速增长带来了国民经济总体规模的扩大，从而保证了社会保障制度扩充所需要的财源。但是 70 年代初"石油危机"爆发之后，日本经济进入低增长期，财政收入恶化；90 年代"泡沫经济"的崩溃，使日本进一步陷入"二战"后不曾有过的经济低迷，财政出现了巨额赤字。财源不足是日本老年医疗护理制度面临的最大的挑战。

从人口方面看，"二战"后，随着生活水平和医疗技术不断提高，出现了人口出生率和死亡率急剧下降，老年人口比率逐渐上升的趋势，老年人的生活、健康等问题变得更为重要。在这种背景之下，日本颁布了专门针对老年人的《老人福利法》。1970 年日本老龄化率达到了 7.1%，进入了老龄化社会，这在当时发达国家中是最低的，这使日本未像欧美发达国家那样遇到沉重的人口压力，比较从容地在一定程度上充实和完善了老年社会保障制度。例如，1973 年日本根据修订的《老人福利法》对 70 岁及以上老年人实现免费医疗制度。但是，1980 年代，日本老龄化率达到了 9.1%，老龄化程度超出了人们的想象，老年医疗费用的支出不断上升。日本尽快改变过去老年免费医疗制度，1982 年实施了《老人保健法》，使老年人负担一定的医疗费，以此缓解政府面临的财政压力。然而，日本老龄化的速度是惊人的。1997 年 65 岁及以上老年人占总人口的比率达到了 15.4%（参见表 2），超过了少儿年龄人口，老年人越来越多，年轻人越来越少，意味着社会保障的负担越来越重。

2000 年日本人口老龄化率达到了 17.3%，后期老年人的数量不断增多。据预测，到 2060 年 75 岁以上的后期老年人在老年人口中所占的比率将达到 26.9%，超过 75 岁以下的前期老年人口的比率（13.0%）（参见图 1）。需要护理的老年人数越来越多，并且老年人的护理趋于长期化，很多家庭难以承受对老年人的养老护理负担。这是日本引入老年护理保险制度的主要原因之一。而且人口老龄化导致老年医疗费用的上升。根据日本厚生劳动省的数据，1985 年日本老年人的医疗费在国民医疗费中的比例为 25.4%，1995 年上升到 33.1%，2005 年为 35.1%，2010 年为 34.0%。[①]另根据日本厚生劳动省的预测，到 2025 年日本国民医疗费将达到 69 万亿

---

① 厚生労働省『医療費動態』、『医療保険に関する基礎資料』、82 頁、http：//www.mhlw.go.jp/file/06 – Seisakujouhou – 12400000 – Hokenkyoku/kiso24.pdf。

日元，其中老年人的医疗费为 34 万亿日元。① 届时，老年人医疗费将占日本整个医疗费用的近 50%。鉴于这种状况，人口老龄化率每增长 2 个百分点以上时，日本政府就探讨并出台新的法律法规，积极促进老年医疗护理事业（参见表 5）。

表 5   日本人口老龄化与老年医疗护理制度

年代	老龄化率	主要政策
1960 年代 老年福利政策的开始	5.7% （1960 年）	1963 年制定《老年福利法》，老年人根据该法得到相应的医疗保障，奠定了老年医疗制度的基础
1970 年代 老人医疗费的增加	7.1% （1970 年）	1973 年实行老年免费医疗制度
1980 年代 社会性住院，卧床不起老年人成为社会问题	9.1% （1980 年）	1982 年制定《老年保健法》，老年人负担一定的医疗费 1989 年制订"黄金计划"，整备老年设施，推进居家福利
1990 年代 推进"黄金计划"	12.0% （1990 年）	1994 年推行"新黄金计划"，制定了居家福利和设施福利事业的具体计划与目标
准备护理保险制度时期	14.5% （1995 年）	1997 年制定《护理保险法》 1999 年制订"黄金计划 21"
2000 年代 护理保险制度、"后期老年人医疗制度"的实施	17.3% （2000 年）	2000 年实施《护理保险制度》 2005 年第一次修改护理保险制度 2008 年第二次修改护理保险制度 2008 年实施"后期老年人医疗制度" 2011 年第三次修改护理保险制度

资料来源：根据日本老龄化变化情况整理。

可以看出，"二战"后，日本在经济的发展变化和人口老龄化加剧的大背景下，对老年医疗护理制度不断进行修订和完善，是适应社会形势发展的必然要求。随着日本经济发展速度减慢，老年医疗制度面临日益恶化的财政风险；人口老龄化产生了巨大的老年人护理需求，原来的老年医疗保健制度的缺陷产生的"社会性住院"问题给日本财政安全造成巨大威

---

① 厚生労働省『国民医療費予測』、http://www.mhlw.go.jp/。

胁，在这些因素的综合作用下，日本及时进行制度的建设和完善，使老年医疗护理事业得到进展。

（二）实现医疗护理方式的多样化，让老年人根据需求自由选择服务

日本从老年人的共性及个性特征出发，不断拓宽老年医疗护理的服务项目与服务内容，满足了不同层次不同对象的服务需求。在制度的实施过程中，充分尊重老年人的意见、选择和习惯，使政策更具人性化。

随着人口老龄化趋势的日益明显，日本的家庭规模趋于小型化、核心化，家庭养老功能急剧弱化。而且女性就业者激增，使家庭的扶养功能进一步降低，使得一向依赖儿媳妇、女儿照顾老年人的传统逐渐动摇，对老年人的护理不得不求助于社会。日本政府为了有效利用有限的护理费用，尽量抑制资金投入相对大的设施养老服务，大力发展居家护理服务。日本的居家护理服务种类大致有上门护理、上门洗浴护理、上门帮助康复训练、短期入住生活护理、痴呆老人生活护理以及福利用具的租借等服务。2006 年，日本建立了社区紧贴型服务，主推"小规模多功能的社区养老"，这是日本政府配合护理保险制度而推行的一项名为"地区综合护理服务系统"的新举措。主要在距离大概以 30 分钟车程为半径的社区内，建设配备小型养老护理服务设施的社区，推行小规模多功能型自家养老护理和上门服务。在小规模多功能的社区养老院中，床位有 20—30 张，提供包括 24 小时的入住照顾服务、白天的日托服务和居家上门服务等。日本又根据 2012 年 4 月公布的《护理保险法修正案》，将 24 小时定期居家访问服务也纳入了保险制度的使用范围之内，向独居或重度老年患者提供更好的服务。

预防老年人生活习惯病和帮助老年痴呆症患者是日本护理制度中不可缺少的一部分。日本积极建立了护理预防体系，为轻度需要护理者和虚弱的老年人提供提高运动机能、改善营养、提高口腔机能等护理预防服务。日本在护理保险制度中也导入"护理预防"的思想，实施预防给付，为社区老年预防疾病工作提供了资金基础，让"预防"成为医疗政策的重点。通过多年的政策调整，日本已经基本形成了针对高龄老人、低收入老人、老年痴呆症患者等特殊老年群体的社区支持体系。

各种老年福利用品租借与销售也是日本老年服务的重要部分。经批准并授权的护理支援事业所向利用者提供电动轮椅、轮椅配件、护理床、拐杖、手杖、助行器等 12 种福利用具出租业务及坐便器、护理浴缸等 6 种特殊福利用具的销售业务，为老年人的养老护理提供便利。这一方面得益于强有力的经济基础支撑；另一方面更是由于政府的重视和引导，企业积极参与开发"银发市场"的结果。

（三）加强医疗护理队伍的专业化，切实保证护理服务的人才队伍

培养专业的护理人员是在发展老年医疗护理服务的关键。日本开办老年护理专业培训学校，对老年医疗护理人员进行专业化的培训，为老年人提供最专业化的护理服务。

在日本，原来从事护理工作的人主要是没有固定职业的家庭主妇。随着人口老龄化的快速发展和社会需求的加大，护理师逐渐成为了一个固定的职业。护理师的来源一部分是全日制学校护理专业的毕业生，另一部分是经过业余学校正规培训的人。目前，日本的很多大学都设立了护理专业，其就业率几乎是 100%。培养这方面的人才，除了医护知识外，责任心也很重要，而且身体负担也很重。

2002 年日本颁布了《社会福利士及护理福利士法》，实现了护理行动不便、老年痴呆及瘫痪在床老年人的护理工作的专业化、体系化。在确保护理人才方面，日本首先制定了严格的护理人员上岗资格考试制度。从事老年护理服务的人员大致分为两类，第一类称为福利护理员，第二类称为访问护理员。前者需要 2 年的正规学习，并通过国家统一考试，合格后才能取得上岗资格，他们一般在护理设施内就职，从事技术性较强的护理服务。后者大多从事在社区的老年服务工作。有了护理师和护理保险制度，不但能使老年人受到精心照顾，还能减轻有中风老年人或老年痴呆患者的家庭负担。

为了解决护理人员短缺问题，日本接受更多的外国人来从事养老护理工作。日本政府目前已与菲律宾、印度尼西亚等国家签订协议，将从这些国家引进一些护理人员。但前提是要通过日文的"护理考试"，而其通过率非常低。[①] 让国外护理人员照顾老年人，在语言、文化、宗教、习惯等方面存在着很多不同之处，非常不方便。根据东京都社会福利协会的调查，目前在东京 316 个护理设施中工作的 32.0% 为外国人，其中 55.6% 为

---

① 《日本护工缺口大，外国护工门槛高》，《广州日报》2011 年 2 月 12 日。

菲律宾人。① 日本的各个养老院每年都急需养老护理人员，2014年全国平均招聘护理人员数增加了2倍。其中，东京都增加了4.34倍，爱知县增加了3.96倍，大阪府增加了2.77倍。②

为了解决护理人员短缺问题，日本又积极促进志愿者活动，为老年人的生活、活动提供方便。根据日本内阁府2011年统计，在日本经常参加为老服务自愿者活动的人占16.8%，今后希望参加自愿者的人占33.5%。③ 早在1998年日本通过了《特定非营利活动促进法》，有力地推动了NPO的蓬勃发展。该法使从事增进福利事业、保护环境、提供灾害救助、振兴文化艺术体育事业等12个领域活动团体获得了法人资格。这些成为日本社区活动的主体力量，其中大部分都集中于对老年人及残疾人等弱势群体的帮助。他们本着为弱势老年人群服务的理念扎根社区，并开展各种工作，对后来法律法规的制定和推动监管方面起到了很大的作用。

总之，日本《老人福利法》《老人保健法》、护理保险制度、"后期老年人医疗制度"作为战后支撑日本老年医疗护理制度的基本保障，在日本老年福利事业的发展过程中起到了重要的作用。《老人福利法》是日本最早的有关老年福利制度的法律法规，为战后日本老年医疗制度的发展奠定了基础；《老人保健法》以预防为主，向70岁及以上老年人提供医疗保障，支付特定的医疗费和老年保健设施的使用费，促进了医疗和保健之间的协调发展；护理保险制度是从老年福利和医疗中分离出来，给利用者提供选择权。该制度导入社会保险的方式，其财源不仅依靠公费（都道府县、市町村等各级政府的资金）还依赖参保人缴纳的保险费；"后期老年人医疗制度"主要针对的对象是75岁及以上老年人和65—74岁有身体残障的老年人，该制度的建立虽然减轻了国家医疗费支出的压力，但增加了老年人的经济负担，今后可能会进一步修订和完善。

参考文献

[1] 王桥编：《东亚：人口少子老龄化与经济社会可持续发展》，社会科学文献出版社2012年版。

---

① 『社会福祉研究』、2012年第4期、（财团法人）铁道弘济会、116頁。
② 『朝日新聞』、2015年1月5日。
③ 『高齢者の健康長寿を支える社会の仕組みや高齢者の暮らしの国際比較研究報告書（2013年度）』、（一般財団法人）長寿社会開発センター国際長寿センター、79頁。

［2］ 王伟：《日本社会保障制度》，世界知识出版社 2014 年版。

［3］ 张暄：《日本社区》，中国社会出版社 2007 年版。

［4］ 松原治郎編『日本型高齢化社会』、有斐閣選書、1981 年。

［5］ 橘木俊詔『現代女性の労働、結婚、子育て』、ミネルア書房、2008 年。

［6］ 吉村昭『三陆海岸大津波』、文春文庫、2011 年。

［7］ 内閣府『少子化社会白書——少子化対策の現状と課題』、2005 年。

［8］ 『賃金と社会保障』、旬报社、各年度版。

［9］ 『エコノミスト』、毎日新闻社、2012 年 9 月。

［10］ 『周刊东洋经济』、东洋经济社、2012 年 10 月 20 日。

［11］ 『朝日新聞』相关报道。

［12］ 『読売新聞』相关报道。

［13］ 『日本経済新聞』相关报道。

［14］ 日本総務省統計局、http：//www. stat. go. jp/data/jinsui/new. htm。

［15］ 日本厚生労働省、http：//www. mhlw. go. jp/。

［16］ 日本国立社会保障・人口問題研究所、http：//www. ipss. go. jp/。

战后日本老龄产业政策变迁与路径选择*

田香兰**

内容提要 "二战"后，在经济恢复和高速发展的过程中，日本逐步制定和实施了一系列社会保障和社会福利制度。尤其，1963 年颁布的《老人福利法》作为领先于其他发达国家的一部独立的老人福利法，为老年福利事业及老龄产业的发展提供了法律依据。日本政府将老龄产业看作是解决老年社会福利问题的有效途径积极加以扶持。日本老龄产业经过 1970 年代萌芽期、1980 年代形成期、1990 年代成长期及 2000 年后的扩张期，产业市场趋于成熟，产业制度体系趋于完善。日本政府在产业发展的不同时期采取差别化战略，通过一系列政策（鼓励民间资本投入老龄产业、培育老龄产业行业组织、规范老龄产业市场秩序、维护老年消费者权益）使老龄产业取得迅猛发展。

关键词 老龄产业 制度变迁 路径选择

"二战"后，日本确立了由国家承担主要责任的社会福利发展模式，国家主导型的社会福利成为日本社会保障的基本发展模式。50 年代初期完成了《儿童福利法》《残疾人福利法》《生活保护法》三部社会福利基础性法律。进入 60 年代后，国家加大了对社会福利经费的预算支出，相继颁布了《精神薄弱者福利法》《老人福利法》和《母子福利法》，从而与前三项法律一起构成了相对完整的社会福利法体系，使社会福利走向制度

* 基金项目：国家社会科学基金项目"日韩两国依托产官学研发展老龄服务产业机制研究"（项目编号：14BGJ007）；国家社会科学基金项目"国家创新系统支撑下日本发展新型产业制度安排研究"（项目编号：13BGJ010）；天津市哲学社会科学规划课题"日韩两国老龄服务产业比较研究"（项目编号：TJZZ13－009）。

** 作者简介：田香兰，吉林延吉人，经济学硕士、法学博士，天津社会科学院日本研究所副研究员。

化、法制化。尤其是 1963 年颁布的《老人福利法》是领先于其他发达国家的一部独立的老人福利法，前瞻性地把社会福利援助对象从部分特殊群体扩大到国民全体，为此后老龄产业发展奠定了法律基础。1982 年制定的《老人保健法》是第一部为迎接人口老龄化而制定的法律，该法与《老人福利法》相比，明确了国家的责任是制定政策和实施国家监督，表明了由国家包揽型逐渐向地方分权型转换，同时强调了老年社会福利中的家庭和社区的作用。进入 90 年代后，日本进入了社会福利模式的转型时期。政府在对日本型社会福利模式进行批判的基础上，引入了护理保险制度。建立护理保险制度的主要目的在于一方面通过社会保险形式转嫁社会福利财政危机，另一方面强化市场经济在社会福利领域中的调节作用。进入 21世纪后，随着人口老龄化的进一步加剧，老龄产业从老年社会福利中衍生出来并成为重要的战略产业。

一 日本实施老龄产业政策背景

老龄产业市场的主要构成主体有老年群体（消费者）、老龄产业（供给者）、政府和协会（监督者）。[①] 日本老年人口的急剧增加及收入水平的提高为日本政府积极发展老龄产业创造了消费环境。一国经济发展总体战略的改变、国家产业结构优化升级、老年人消费能力和偏好的改变将影响老龄产业政策的制定和实施。[②] 日本国家产业结构升级，使老龄产业成为支撑日本经济可持续发展的战略产业。

（一）人口规模减少，老年人口比重剧增

从人口规模来看，2015 年，总人口为 1 亿 2349 万人，到 2030 年，减少到 1 亿 1108 万人，到 2060 年减少到 8674 万人。总人口持续减少，但老年人口持续增加。2014 年日本 65 岁以上老年人口为 3296 万人，老龄化率为 25.9%，老年人口占日本总人口的 1/4，达到世界最高水平。而且 75 岁以上后期老年人口为 1590 万人，占总人口的 12.5%，相当于 8 人中有 1

---

① 管萍、李正龙：《国外老龄产业发展对我国的启示》，《经济导刊》2010 年第 8 期，第20—21 页。

② 吴玉昭、党俊武：《中国老龄产业发展报告（2014）》，社会科学文献出版社 2014 年版，第 210 页。

位是 75 岁以上老年人。今后人口老龄化速度加快，到 2060 年老龄化率将达到 39.9%，2.5 人中就有 1 位老人。① 2015 年日本"团块世代"（1947—1949 年出生的人口）全部进入 65 岁老年期，2020 年"团块世代"人数达到 3612 万人，到 2033 年增加到 3701 万人，2042 年增加到 3878 万人，达到最高峰。从家庭构成来看。2000 年，65 岁以上独居老人家庭为 303 万户，2015 年将增加到 562 万户。2000 年，75 岁以上独居老人家庭为 139 万户。到 2015 年增加到 296 万户，15 年间增加 2.1 倍，75 岁以上人口及独居老人家庭增加说明护理服务需求增加。随着老年人口的急剧增加，今后 30 年日本医疗、护理及健康有关产业需求持续增加，老年人作为消费者将对日本消费市场产生重大影响。

（二）老年人消费能力提高

日本老年人的收入来源主要由三个部分组成：年金（养老金）、储蓄（资产）及再就业收入，其中年金是日本老人用于消费的主要部分。据 2014 年度《老龄者白皮书》显示，老人家庭平均收入为 303.6 万日元，其中公共年金收入 209.8 万日元（占 69.1%），财产收入 17.6 万日元（占 5.8%），再就业收入 59.2 万日元（占 19.5%），年金以外的社会保障给付 2.3 万日元（占 0.8%），其他收入 14.6 万日元（占 4.8%）。可见，老人家庭收入结构中年金所占比重很大，老人家庭对年金的依赖度高。老人家庭平均储蓄额为 2209 万日元，比普通家庭的平均储蓄额（1658 万日元）高出 1.3 倍。2005 年，老年人消费支出占总消费的 35.1%，而 2015 年扩大到 42.3%，达到 70 万亿日元，老年人逐渐成为消费主体。战后婴儿潮时期出生的"团块世代"跟以往的老人不同，追求高品质生活。大部分老人已偿还住房贷款，子女教育负担减轻，并能拿到完整的年金，经济上较为宽裕。据统计，2015 年社会保障给付费将达到 117 万亿日元，"团块世代"年金总额为 54 万亿日元，老龄产业市场前景广阔。② 日本总务省"家计调查"显示，家庭消费支出的变化体现在耐用消费品消费大幅度转向服务消费。最为明显的是住房相关支出减少，医疗福利服务支出扩大。

---

① 日本国立社会保障・人口問題研究所『日本の将来推計人口』、http：//www.ipss.go.jp、2012 年。

② 経済産業省『産業構造ビジョン 2010』、http：//www.meti.go.jp/committee/summary/0004660/vision2010i.pdf，下载日期：2015 年 3 月 5 日。

2012 年，老年消费市场规模为 100 万亿日元，每年以 1 万亿日元速度扩大，老年人消费在消费市场中已占一半，① 预计到 2025 年老龄产业成为拥有 155 万亿日元巨大规模的支柱产业。

二　日本老龄产业政策变迁

日本老龄产业经历发芽、形成、成长、成熟等产业周期的演变，在不同的发展阶段，产业政策的侧重点有所不同。日本老龄产业政策变迁与日本人口老龄化趋势密不可分。1970 年日本人口老龄化率超过 7% 进入人口老龄化社会，1994 年超过 14% 进入人口老龄社会，2006 年超过 20% 进入超老龄社会。纵观日本老龄产业政策及市场特点，其老龄产业的发展可以分为四个时期：1970 年代萌芽期；1980 年代形成期；1990 年代成长期；2000 年代扩张期。②

（一）1970 年代萌芽期

1950—1960 年代日本从法律上确立社会福利制度。1963 年颁布《老人福利法》，制定家庭护理员派遣条例，从法律上允许民间部门开设特别养护老人之家（养老院）等收费养老机构。这是日本政府关于老龄产业发展的第一部法律。但实际上因养老设施有限，只有低收入老人能通过"措施制度"入住养老机构，普通老人无法利用。70 年代初日本政府对老人实施免费医疗，但由于发生两次石油危机，经济进入低速增长，再加上老龄化率超过 7%，政府感到单靠政府提供社会福利存在局限性，开始探讨由国家和地方、公共和民间共同负担社会福利费用的方案，并制订《社会福利设施紧急整备 5 年计划》（1970 年），扩大养老机构数量。

（二）1980 年代形成期

1980 年代初老人医疗费猛增，1982 年不得不制定《老人保健法》

---

① 前田展弘『高齢者市場開拓の視点—100 兆円市場が求める商品サービスとは』、http：// www. nli－research. co. jp/report/researchers_ eye/2012/eye121227－5. html，下载日期：2015 年 3 月 14 日。

② 查建华：《中日两国老龄产业发展比较研究》，《上海金融学院学报》2011 年第 4 期，第 52 页。

（2006 年变更为《老人医疗确保法》），取消免费医疗，对 75 岁以上老人实行后期老人医疗制度。1982 年，第二次临时行政调查会向政府提议鼓励民间参与社会福利。为了促进民间参与老龄产业发展，政府决定逐步制定三项专门法律（《民间老后综合设施完善法》《福利用具法》《护理保险法》），以及相关行政指导指针。作为具体政策措施，厚生省于 1985 年设立"老龄产业振兴指导室"，1987 年变更为社团法人"老龄产业振兴会"，组织老龄企业和团体参加该会，并制定道德纲领。同年，为了促进福利用具研发，设立财团法人"techno-aid"。1988 年，通过修改《社会福利医疗事业团法》向收费老人之家、居家护理、居家入浴等机构提供低息贷款，并修改居家护理及居家入浴事业的行政指导指针。1989 年为了应对老龄社会，日本政府制订"老人保健福利 10 年战略"（黄金计划），鼓励民间参与特别养护老人之家等有关养老机构建设。同年还实行"老龄产品认证制度"。另外，各都道府县成立老龄产业振兴协会，支援各地老龄产业发展。

（三）1990 年代成长期

1990 年政府制定"护理用品及护理器械租赁指南"，1992 年制定"关于护理型收费老人之家（接收无自理能力老人）的业务指针"和"关于护理用品、护理器械租赁的行政指导指针"，并由社会福利医疗事业团提供贷款。由于进入 90 年代后老龄化速度超出政府预想，1994 年全面修改"黄金计划"，并制订"老人保健福利 5 年计划"（新黄金计划）。新黄金计划将重点放在居家护理上，增加 17 万居家护理员及 6 万短期入住机构老人，增设 17 万家日照护中心和 1 万家居家护理支援中心，建设能容纳 29 万人的特别养护老人之家。1996 年制定"居家配餐配送服务指南"，1997 年全面修改"设立和运营收费老人之家指针"和"日护理事业指针及短期入所生活护理事业指针"。[1] 2000 年实施护理保险制度后废除了该指针。1999 年"新黄金计划"结束，制订了"黄金计划 21"，重点支援认知症老人，综合促进疾病控制和社区生活支援体系。根据该计划，扩建老人福利设施及居家护理服务设施。此时，老龄产业主要限定在政府主导的公共领域。

---

① 朴株天：《通过日本老龄产业对我国老龄产业的政策提案》，《老人福利研究》2005 年（夏季号），第 114 页。

（四）2000 年代扩张期

2000 年颁布《护理保险法》，规定受保人为 40 岁以上国民，投保人为市町村。受保人只要缴纳保险费，并认定为需要接受护理，就可以只缴纳 10％的费用后利用护理服务和护理用品。而且该制度不同于以往以行政主导的措施制度，利用者可以直接与护理服务提供方签订合同，并自主选择服务。2001 年全面修改有关收费老人之家的开设及运营指导指针。民间企业和非营利性组织经营护理服务业务，使原先以公共服务为主的护理制度通过市场经济原理，实现供给主体多元化。也就是说，放宽对营利企业和 NPO 法人的限制，使更多的民间企业和团体参与护理服务，促进了老龄产业发展。尤其在护理服务领域，随着服务需求的增加，从事护理服务的企业和团体急剧增加。2009 年 12 月，民主党鸠山政府制定"新增长战略"基本方针，确定包括健康医疗护理产业在内的六大重点产业。在健康医疗护理领域，到 2020 年实现 45 万亿日元的新市场，创造 280 万人的新就业岗位。为此，采取一系列措施，如鼓励民间资本参与；促进药品、医疗、护理技术研发；开拓亚洲等国外老龄市场；促进无障碍住宅供给；提高和改善医疗护理从业者的待遇；构建地域医疗护理一体化网络等。

三　扶持老龄产业发展的路径选择

从日本产业政策实践来看，老龄产业政策对推动老龄产业发展，尤其是老年护理产业、老年用具用品产业及老年居住产业发展的作用是明显的。日本老龄产业政策特点在于阶段性目标明确、政策内容具体，政策与措施有机统一。日本根据人口老龄化条件下的市场需求结构的变动趋势，促进产业组织的优化，加大扶持老龄产业发展的财政、税收、金融、技术、人才等政策的优惠程度和扶持力度，增强各项政策的可操作性。

（一）鼓励民间资本投入老龄产业的政策

日本虽是市场经济国家，但中央政权对经济走向和企业经营的影响力远比其他发达国家强大。日本八九十年代老龄产业之所以能有较大的发展，除了内在动力和需求机制外，针对老龄产品和服务的规范措施和老龄产业扶持政策发挥了重要作用。① 1985 年，社会保障制度审议会提出"关于老人福利的方向"（对民间企业的鼓励和限制）的研究报告，主要内容涉及：一是禁止行政部门开设与民间企业经营内容重合的项目；二是强调民间企业的社会责任；三是行政机关需要提供更加有效的保护消费者的服务措施；四是为了方便老人作出更加正确的选择，政府完善信息体系。② 1986 年，日本制定"长寿社会对策大纲"，积极利用民间创意满足多样化的老人需求，积极培育民间服务。1987 年，福利关系第三审议会提交"关于今后老龄产业方向"的报告，指出：第一，鼓励民间企业积极投入老龄产业发展，但如政府放任不管容易导致服务低劣、失去信誉，需要政府引导老龄产业健康发展；第二，重视民间企业的创意和效率，同时要监督民间企业遵循企业道德，为此进行适当的行政指导，谋求老龄产业健康发展；第三，公共部门主要面向低收入阶层和供给不足的部门，其他领域委托给民间部门，从而提高效率。1989 年福利关系第三审议会合作企划分科会报告书强调：第一，从保护利用者角度出发积极制定完善的政策，保障老人和残疾人利用收费老人之家；第二，对民间服务，不是采取直接限制的手段，而是行政机关积极引导民间自律，通过公共融资政策积极培育民间服务。

（二）培育老龄产业行业组织的政策

市场无秩序、不规范是制约产业发展的短板。日本政府为了维护老龄产业市场秩序，积极建立指导老龄产业各行业健康发展的行业组织，引导老龄产业向规模化、专业化、连锁化发展，促进产业标准体系，实施品牌战略，鼓励企业创新，积极培养行业所需人才，为老龄产业健康快速发展奠定坚实的基础。

1. 社团法人老龄产业振兴会

1987 年 3 月，政府为了应对超老龄社会，提高民间企业的产品质量，在厚生劳动省下设立社团法人老龄产业振兴会。老龄产业振兴会作为引领日本老龄产业的组织，主要为行政机关和利用者牵线搭桥，为企业提供老

---

① 陈茗：《日本老龄产业的现状及其相关政策》，《人口学刊》2002 年第 6 期，第 8 页。

② 朴株天：《通过日本老龄产业对我国老龄产业的政策提案》，《老人福利研究》2005 年（夏季号），第 113 页。

龄产业有关的信息，积极引导企业提高产品和服务质量。与老龄产业有关的民间企业、市民团体、大学、职能部门、各种非营利机构是该会会员。老龄产业振兴会现任理事长是水田邦雄。该会主要开展以下业务：收集和公布护理服务信息，运营护理信息支援中心；开展各种职业教育；实行老龄产品认证制度；建立健康长寿村；管理福利用具的认证制度；宣传和普及老龄产品；联系行政机构及其他团体，提出政策建议；开展国际交流（派遣海外调查团）；举办会员研究会。截至 2015 年 2 月，老龄产业振兴会正式会员为 126 家，预备会员为 32 家（参见表 1）。

表1　　　　　　　　**老龄产业振兴会会员**（截至 2015 年 2 月）

正式会员（126 家）		预备会员（32 家）
1. 护理有关机构	7. 休闲有关机构	自治体 公益团体 其他
2. 住宅设施有关机构	8. 调查研究机构	
3. 金融有关机构	9. 食品有关机构	
4. 生命保险机构	10. 医药品有关机构	
5. 建筑、设计机构	11. 公益团体	
6. 信息通信、广告、出版机构	12. 其他	

资料来源：一般社团法人老龄产业振兴会网站：http://www.espa.or.jp/shinkoukai/member/associate_ member.html，下载日期：2015 年 3 月 13 日。

2. 财团法人 "techno - aid" 协会

1987 年，财团法人 "techno - aid" 协会成立，注册资金为 5 亿日元，由厚生劳动省管辖。1993 年，根据《关于促进福利用具研发及普及的法律》成为指定法人。成立该协会的目的在于研究和开发福利用具、示范及评价福利用具、提供福利用具有关信息、培养义肢装具师、增进残疾人及老人福利水平。该法内容包括实行义肢装具师国家考试、对助听器认证技术员进行培训及考试、培养福利用具指导师。另外，还提供福利用具有关的信息。为方便顾客和企业利用信息，建立"福利用具信息系统"数据库，顾客可以通过互联网和日本福利保健医疗信息网检索到有关服务。服务内容包括福利用具总量、福利用具选择方法、福利用具利用方法说明（DVD）、利用护理保险费购买和租赁福利用具的指南、护理实习及普及等。该协会从长寿社会福利基金获得经费资助，对经审查合格的企业和研究机关提供研发补助，这些经费对福利用具的商业化做出了贡献。1988—
2003 年，该协会对 192 项研发项目提供补助，其中 79 项实现了商品化。

3. 日本福利用具及生活支援用具协会

日本福利用具及生活支援用具协会成立于 2003 年，是由福利用具制
造、流通有关的企业组成的任意团体。该团体由 1996 年成立的两家协会
即制造业者协会（厚生省主管）和健康福利用具工业会（经济产业省主
管）合并而成，目的在于从硬件上提高福利用具的安全性，从软件上提高
利用者的方便性。该协会职能是评价福利用具的安全性和标准；调查国外
信息及健康老人的市场需求；提供有关开发和流通的咨询；对护理保险、
建筑基本法及税收政策提出建议。该协会定期对全国福利用具产业规模进
行市场调查。该调查原先由经济产业省主管，后委托给福利用具及生活支
援用具协会进行。

（三）规范老龄产业市场秩序的政策

创造公平的市场竞争秩序是产业发展的重要保障。日本为了规范市场
竞争秩序，营造公平竞争的市场环境，制定了一系列法律法规，防止不正
当竞争和垄断。为了使老年人放心使用高质量的老龄产品和服务，1989
年，老龄产业振兴会制定和实施了老龄产品认证制度，该制度主要面向从
事居家护理服务的企业和民间团体。老龄产业振兴会根据产品的稳定性、
道德性、舒适性原则制定严格的认证标准，只有那些符合该认证标准的企
业和团体才能使用 S 认证标志。该会为了扩大老龄产品认证标志的认知
度，针对护理保险利用者及其家属、护理经理、护理人员开展宣传普及活
动。在全国性刊物和行业刊物、广播、互联网，介绍认证标志的特点，并
制作宣传册积极开展宣传活动。通过老龄产品认证制度，针对老年消费者
提供高质量的护理服务，满足老年人需求。在日本，认证制度已被认定为
具有公信力，对控制和管理从事护理服务的企业提高服务质量，保护消费
者等方面发挥着积极作用。第一，制定老龄产品认证标志。该标志以利用
者至上的服务为前提，遵守认证标准和道德纲领。另外，为了使从事居家
护理服务的企业和团体能够遵守有关法律，持续有效地提供高质量的服
务，制定经营标准和服务标准。提供居家护理服务的企业（上门护理、上
门入浴护理、福利用具租赁、福利用具销售、送餐服务），经严格审查后，
才能取得认证标志。第二，认证标志后续管理。认证标志有效期为两年，

每两年重新验证和更新服务内容。具体验证事项如下：一是检查提高服务水平的情况。检查是否按照服务指南提供服务、是否保管记录、是否对职员进行培训等。二是检查服务内容。当持有认证标志的企业出现被投诉情况时，随时对该企业进行检查。三是制定自我评价表。申请认证标志时要求企业制定自我评价表，每年都要制定，并制订改善计划。有关部门定期检查履行情况。四是提交对事故的报告。获得认证标志的企业需要加入损害赔偿保险。当发生事故时迅速联系老龄产业振兴会或保险公司。S 认证标志种类分为五种，即上门护理服务、上门入浴护理服务、福利用具租赁服务、福利用具销售服务、居家配餐服务。截至 2013 年，获得认证标志的企业和组织达到 249 家，其中获得认定最多的是上门护理服务（105 家），其次是福利用具租赁（77 家）、福利用具销售服务 42 家、上门入浴护理服务（25 家）、居家配餐服务（0 家）。

（四）维护老年消费者权益的政策

老龄产业是由老年消费市场需求增长带动而形成的，如何保障消费市场的主体——老年人的权益，直接影响老年消费市场的健康发展。保障老年人基本消费需求、维护老年消费者正当权益，尤其保障那些靠监护人的老年消费者的权益是老龄产业健康可持续发展的重要保障。日本从维护消费者权益角度颁布了《消费者基本法》《消费者契约法》《产品责任法》及成年监护人制度。

1. 《消费者基本法》（2004 年）规定了消费者权利和国家、地方及企业的责任和义务。关于消费者权益有八项条例[①]：一是保障基本消费需求；二是确保健康生活环境；三是确保消费者安全；四是确保消费者自主、合理选择商品和服务的机会；五是提供必要的信息；六是提供接受教育的机会；七是反映消费者意见；八是及时提供损害救济。关于消费者责任规定以下四项条例：一是企业要努力向消费者提供信息和业务活动情况；二是消费者通过自主、合理的行动掌握有关信息和知识，并努力改善环境和保护知识产权；三是消费者团体要努力收集和提供信息，表明意见，启发和教育消费者，防止消费者权益受损；四是国家制订基本计划，促进消费者教育，协助都道府县迅速处理消费纠纷。

---

① 渡边孝雄、服部治等『福祉産業マネジメント』、同文館、2008 年、110—112 頁。

2.《消费者契约法》规定以下内容：一是消费者与企业签订的所有契约均受该法保护。二是解决消费者签订契约过程中产生的纠纷。当消费者因企业不当行为导致无法正常作出决定时有权取消契约。三是有关契约条款产生的纠纷。消费者有权取消已签订的契约中违背消费者利益的部分或全部不当条款。

3.《产品责任法》规定因产品缺陷而消费者利益受损时消费者可以获得赔偿。当能够证明因产品缺陷导致生命、身体或财产受损时，受害者向企业索要赔偿。除了上述三项法律外，根据产品特点，还制定了《食品卫生法》《建筑标准法》及《上门销售法》《住宅建筑交易法》《旅行社法》等法律。

4. 成年监护人制度[①]是指因患痴呆症、认知障碍及精神疾病，判断能力存在缺陷时，从法律上保护其个人权利的制度。实行护理保险制度后利用者和护理服务提供者之间需要签订合同。但是当利用者判断能力有缺陷时，有可能所签订的契约有损利用者利益。监护人制度分为两种，一是法庭监护人制度，即家庭法院根据法律规定，根据监护的人的判断能力选定监护人。二是任意监护人制度，即本人以签订合同的形式选定监护人，并给予权限。

四 对我国老龄产业发展的政策启示及政策建议

从以上分析可以看出，日本基于人口变化规律、老年人需求特点及老龄产业属性，采取阶段性发展老龄产业的政策，使得老龄产业成为新的经济增长点。深入研究和借鉴日本政府促进老龄产业发展过程中的时机选择、制度安排与政策设计等经验，有助于我国完善老龄产业政策体系、制定中长期规划，增强政策可操作性，加大政策扶持力度。

1. 日本老龄产业发展的政策启示

第一，从老龄产业政策取向上看，日本老龄产业政策属于激励性的产业政策。日本政府积极采取各种优惠政策、技术指导及资金支持扶持老龄产业发展。应对人口老龄化，日本采取老年社会福利政策和老龄产业政策同时推进的战略。日本把发展老龄产业看成是解决老年社会福利负担过重

---

① 法务省『成年後見人制度』、http：//www. moj. go. jp/MINJI/minji17. html#a1、2015。

的最佳方法。即老年社会福利政策面向低收入老年群体，而老龄产业政策则面向中高收入老年人的多样化需求。为了扶持老龄产业发展，20 世纪 60 年代制定《老人福利法》（1963 年）、70 年代制订"社会福利设施紧急整备 5 年计划"（1970 年）、80 年代成立社团法人"老龄产业振兴会"（1987 年）及"老人保健福利 10 年战略"（黄金计划）（1989 年），并实行"老龄产品认证制度"，90 年代制订"老人保健福利 5 年计划"（新黄金计划）（1994 年）、"黄金计划 21"（1999 年）及《老龄社会对策基本法》（1995 年），进入 21 世纪实施《护理保险法》（2000 年）、制定"新增长战略"基本方针（2009 年）。这些制度安排在分阶段促进老龄产业方面发挥了重要作用。分阶段适时出台相应的政策措施，使得各项政策和计划有法可依，增强了老龄产业政策的可操作性，促进了老龄市场发育和老龄产业的发展。

第二，从老龄产业决策模式上看，日本老龄产业发展选择了一条由政府主导，依托产学研发展的道路。从老龄产业政策的设计到产业政策的贯彻落实，政府始终掌握主要话语权。通过各种法律、规划、扶持政策及监管制度，积极培育老龄产业市场，使老龄产业在国家、企业、教育机构、研发机构的共同支撑下，迅速成为国家经济发展的新增长点和提供巨大就业空间的现代服务型产业。政府全面制定老龄产业发展战略、规划、政策、法律。产业协会制定实施各种行业标准及规范，为企业提供技术指导和市场信息，开展消费者需求调查。企业和研究机构携手共同研发各种福利用具及用品，政府提供研发经费、减免税收及低息贷款等优惠政策。高校及专门培训机构积极培养老年护理人才。日本很多大学都开设"社会福利""福利工学"及"社会工作"等专业。另外，政府主导作用还反映在规范老龄市场，维护老年消费者权益上。老年人虽然是老龄产业的消费主体，但却是一个相对弱势的社会群体。为了维护老年消费者权益，由政府主导先后制定了《消费者基本法》《消费者契约法》《产品责任法》及成年监护人制度，解决了老年人的后顾之忧。为了使老年消费者了解产品（服务）和厂商信息，开设了老龄产品体验馆，定期举办各种健康医疗护理用品博览会。

第三，从老龄产业政策内容看，形成了以本位产业（养老机构和设施、老年房地产、老年护理服务等）为基本，相关上下游产业（护理人员培训、老年用具用品等）提供支持，衍生产业（老年储蓄投资理财产品等）为有益补充的发展格局，三个产业维度之间相互补充，形成经济与社会效益良性循环的产业链。[①] 日本老龄产业政策中护理服务产业及老年用具用品产业政策占主导地位。1987 年厚生省成立老龄产业振兴会，制定实施老年护理服务标准及"银色产品（服务）认证"制度，同年国会通过《社会福利师和护理福利士法》，1993 年，通过《关于促进福利用具研发及普及的法律》等，都为老龄产业健康发展奠定了基础。当主导产业发展趋于成熟后逐步加大对老年住宅产业及金融产业的扶持力度，使其成为支撑老龄产业可持续发展的重点产业。如公布《长寿化社会住宅设计的指导指针》《老人居住法修改案》大力发展老年公寓、护理配套租赁住宅，并通过《护理保险法》对老年人现有住宅进行了改造。

2. 对我国老龄产业发展的政策建议

第一，积极培育老年消费市场，重视老年人的需求。产业发展需要由消费需求拉动，消费者的消费心理和行为偏好的变化直接影响市场发展的导向。目前，我国老龄产业市场发展速度缓慢，主要原因是企业认为该市场投入大、风险高、回报低，没有针对老年人的消费内容、消费能力、消费偏好、消费行为、消费方式、消费观念、消费习惯、消费决策等方面开展深入的市场调研，没有了解老年群体与其他群体的差异性需求，开发针对性的消费产品，并有的放矢地投资相关老龄产业。[②] 我国老年人口众多，地区差异大，光靠企业无法开展老年人需求的市场调研，需要政府有关部门定期进行调研，并把信息及时反馈给企业，这样企业可以减少调研经费，把更多的资金投入到研发老龄产品上，更好地生产出物美价廉的老龄产品。另外，实施护理保险制度后消费者对福利用具的关注度提高。利用者选择老年用具用品之前往往咨询护理人员。因此，老龄产业协会应为消费者提供正确的产品信息。

第二，积极研发和推广老年用具用品。迄今为止，老年用具市场主要面向护理人员，但今后需要扩大对象。日本健康老人对维护及增进健康、预防疾病的关注度提高。为了适应这种需求，应积极普及老年用具用品。在产品开发过程中应积极考虑增进健康、疾病预防的需求，使健康老人也从预防角度使用用具用品。同时，扩大老龄产品的研发功能。在发达国家

① 冯佺光、钟远平等：《养老产业开发与运营管理》，人民出版社 2013 年版，第 216 页。
② 李珊珊：《江苏连云港老龄产业的 SWOT 分析》，《统计科学与实践》2012 年第 8 期。

的高价高技术产品和东亚地区低价低技术产品之间寻找适合我国的道路。如用具用品的研发需要人体工学和医疗福利现场人员的密切配合。另外，在中心城市开设老年用具用品展览体验馆，使老人通过体验感受到用具用品对生活带来的便利。因为老年人的需求多样化，中小企业比大企业更能灵活应对市场需求。因此，政府积极向中小企业投入研发经费，并在税收上给予优惠，使老年用具用品产业得到迅猛发展。

　　第三，积极发展医疗护理配套型老年住宅及现有老年住宅的改造。老年住宅建设上要做到医疗护理配套，满足老年人医疗护理需求。及时出台操作性强的土地供应、税费优惠、财政补助等方面的优惠政策，引导企业积极开发医疗护理配套型住宅。在住房设计和建造时，充分考虑老年人的需求，特别是预留不能自理时的需求，如增加扶手、拓宽过道等潜伏性设计，使老人在家中安度晚年，享受生活乐趣。同时，积极研究制定现有住宅改造的财政补助、税费优惠等支持政策。日本在建设和改造老年住宅时经历了从无障碍改造到适应老龄社会的通用住宅的历程。今后，我国应在所有住宅建设中贯穿通用原则。从短期看，虽然具有潜伏性设计的老年住宅增加建设成本和先期投资，但从长远看，一是可以节约社会资源，大力节省居民日后住宅改造的费用；二是可以有效减轻政府建设专门的养老机构的压力；三是可以尽量满足更多的老年人在家中安度晚年的要求。①

　　第四，创新发展老年金融产业，丰富老年金融产品。随着平均寿命的增加，退休后需要度过漫长的老后生活，这需要老年人应对老后生活，采取更加系统和综合地准备。而目前，政府提供的社会养老保障无法满足人们对养老的需求。我国过度依赖政府提供的基本养老保障，个人并未做好养老资产储备。最佳的养老计划是在自己的整个生命周期进行资产积累和资产配置。我国基本养老保险制度是以社会养老保险、企业年金和补充商业养老保险作为三大支柱，并由政府最低保障、个人储蓄和家庭支持做补充。② 我国除了第一支柱以外，其他金融产品利用率很低。必须大力推动第二、三支柱作用的发挥，提高补充型养老保障在老年人退休收入中的比重，从而抵御生存风险、健康风险及财务风险。鉴于日本住房反向抵押贷

---

① 吴玉昭、党俊武：《中国老龄产业发展报告（2014）》，社会科学文献出版社 2014 年版，第 177 页。

② 魏华林、金坚强：《养老大趋势——中国养老产业发展的未来》，中信出版社 2014 年版，第 232 页。

款经验，为解决拥有房产的老人缺乏养老资金的难题，有必要积极开展住房反向抵押贷款业务。

参考文献

［1］冯佺光、钟远平等：《养老产业开发与运营管理》，人民出版社 2013 年版。

［2］管萍、李正龙：《国外老龄产业发展对我国的启示》，《经济导刊》2010 年第 8 期。

［3］吴玉昭、党俊武：《中国老龄产业发展报告（2014）》，社会科学文献出版社 2014 年版。

［4］日本国立社会保障·人口問題研究所『日本の将来推計人口』、http：//www. ipss. go. jp、2012 年。

［5］経済産業省『産業構造ビジョン 2010』、http：//www. meti. go. jp/committee/summary/0004660/vision2010i. pdf、2015 年。

［6］查建华：《中日两国老龄产业发展比较研究》，《上海金融学院学报》2011 年第 4 期。

［7］朴株天：《日本老龄产业对我国老龄产业的政策提案》，《老人福利研究》2005 年夏季号。

［8］陈茗：《日本老龄产业的现状及其相关政策》，《人口学刊》2002 年第 6 期。

［9］渡辺孝雄、服部治『福祉産業マネジメント』、同文館出版、2008 年。

［10］法務省『成年後見人制度』、http：//www. moj. go. jp/MINJI/minji17. html#a1、2015 年。

［11］永和良之助、坂本勉『高齢者福祉論』、ミネルヴァ書房、2009 年。

［12］内閣府『高齢者住宅と生活環境の意識に関する調査』、http：//www. esri. cao. go. jp/、2010 年。

［13］社会福祉学習双書編集委員会『高齢者福祉論』、全国社会福祉協議会、2010 年。

［14］金京来、李在成等：《日本福利用具市场的研究》，《区域产业研究》2011 年第 2 期。

［15］王曼：《日本老龄产业的发展与启示》，《特区经济》2012 年第 7 期。

［16］李珊珊：《江苏连云港老龄产业的 SWOT 分析》，《统计科学与实践》2012 年第 8 期。

［17］魏华林、金坚强：《养老大趋势——中国养老产业发展的未来》，中信出版社 2014 年版。

日本战后 70 年的公营住宅制度

周建高[*]

内容提要　面临人权观念的普及、国民住宅困难的情况，战后初期通过《生活保护法》确立了最低生活保障制度。1951 年开始实行的《公营住宅法》是住宅保障的基本规则，解决低收入群体的居住困难是地方政府的责任。公营住宅在各地分别叫做"都营住宅""县营住宅"等，由地方政府负责建设和管理，国家给予建设主体或居住者经费补助。入住者公开招募，低收入、住宅困难和家族同居是申请的基本条件。随着经济发展，申请条件对老人、单亲母子家庭、残疾人放宽。近 30 年来，通过改善住宅结构和设施、与福利机构合作等方式积极应对老龄化。公营住宅具有房租低廉且稳定、交通便利等利益，但一般以 3 年为限，入住者收入提高后得搬出，也存在着面积较小、环境较差、地域不均衡等问题。日本住宅政策以支持国民自有住宅为主，公营住宅居住者占日本家庭总数的 5% 上下。在解决国民住宅问题上与欧美比较，日本更多利用市场机制。公营住宅制度作为资源再分配的手段，保障了弱势群体的最低生活，对于维护社会安定有益。行政改革中住宅政策被反思，不少问题有待深入研究。

关键词　制度　公营住宅　社会保障　老龄化　国家

我国学界对于日本的社会政策、社会保障、社会运动、社会变迁等，研究者较少，研究成果也少。对于日本住宅的关注，建筑工程界、不动产开发者关注较多，讨论住宅保障的有凌维慈的《公法视野下的住房保障》（上海三联书店 2010 年版），以日本为对象讨论住房保障权利法律问题。关于住宅政策，我国迄今为止只有一本译著，是平山洋介所著的《日本住宅政策的问题》（中国建筑工业出版社 2012 年版）。

---

[*]　作者简介：周建高，天津市社会科学院日本研究所研究员。

　　我国最近 20 来年城市化的快速发展，使住宅问题成为社会关注的焦点之一。城市住房市场化方向的改革是房地产业繁荣的重要动力，但也是房价快速攀升，贫富差距拉大的重要推手。日本在利用市场力量保证资源配置效率的同时，以公共政策弥补自由竞争的缺陷、保障社会公平正义方面，形成了有自己特色的体制，在经济和社会两方面都产生了积极影响。其住宅政策以鼓励和支持国民拥有自有住宅为主，对住房困难的弱势群体，政府建立了多层次、覆盖周全的住房保障体系。由公营住宅、机构住宅等组成的公共租赁住宅体系，囊括了对低收入者、中等收入工薪族、老年人、残疾人等各类住房困难的弱势群体的支持，以公共力量构筑了国民的住宅安全网络。

　　在现行日本行政体制中，国土交通省住宅局掌管全国住宅行政事务。住宅行政以应对国民多种需求、提高国民居住生活质量为目标，主要内容分四个领域：（1）供给公共住宅；（2）支援国民获得自有住宅；（3）确保住宅质量；（4）整顿改善居住环境。其中（1）供给公共住宅的内容，主要是供应公营住宅等廉租住宅，另外还有中间阶层、老人的租赁住宅的整理及房租补贴、都市再生机构面向家庭的租赁住宅的供给。①

一　公营住宅及其产生背景

　　公营住宅是国家或地方自治体投资建设管理、为住宅困难的社会弱者提供的廉租房。在日本，公营住宅、公团住宅、公社住宅、公库住宅等多种制度组成了公共住宅体系，其中公营住宅是承担住房保障任务的主力。2007 年春季调查时点的统计数据显示，日本共有公共住宅存量约 344 万户，其中公营住宅约 219 万户，占 64%，另外六种合计占约 36%。② 1951年 7 月 1 日开始实行的《公营住宅法》是有关公营住宅的根本规则。法律明确了公营住宅的性质、资金来源、建设程序、供应对象等。法律把解决

---

　　① 国土交通省：ホーム＞＞国土交通省について＞＞国土交通省のご案内＞＞国土交通省の使命、目標、仕事の進め方＞＞住宅局，http：//www. mlit. go. jp/about/file000078. html，2013 年2 月 1 日。

　　② 第一回都市再生住宅セーフティネットの現状資料 3—2、住宅ストック・住宅セーフティネットの現状，2008 年 9 月。国土交通省：ホーム＞＞政策・仕事＞＞住宅・建築＞＞住宅，http：//www. mlit. go. jp/jutakukentiku/house/singi/syakaishihon/kotekibukai/1bukai/1bukaisan - 1. pdf。

低收入者住房困难规定为地方政府（都道府县、市町村）的责任。根据建设经营主体的不同，公营住宅分别被称作"都营住宅""县营住宅""市营住宅"等。

公营住宅制度是社会保障体系的一部分。首先产生于工业化先驱的英国，以后逐渐传播到世界各地。它是人类文明发展的成果，既与经济社会发展状态相关，更与人类思想观念的进程相关。日本战后以公营住宅为主的住房保障制度的建立、演变，是在国际、国内多种因素影响下出现的。

（一）对弱者的帮助：从慈善到人权

自然状态下的人类与一般动物群体并无二致，吃、穿、住、性等需求都是自行解决。虽然个体之间因体质、意志的不同以致享受水平有差异，但是在国家产生之前原始阶段，差异很小，人与人之间基本平等。在智慧、情感逐步发育起来后，人类组织成家庭、国家，进入了文明状态，包括日常生活在内的许多方面发生了改变。在生产力提高的同时，权力差异造成分配不公，贫富悬殊。富者田连阡陌，贫者无立锥之地。对于贫苦者、弱者的同情和救助是人类社会常见现象，无须启发和动员，民间就自动发生。多数宗教也产生于对苦难的悲悯和人类互助的需要。作为国家有组织地救助社会弱者在中国史不绝书。例如唐代京师长安有收容乞丐的悲田养病坊，宋代 1099 年的元符令要求州县官员调查本地鳏寡孤独者状况，向其中无家可归者提供住宅，养济院在全国推广。元代立法明确对于"应收养而不收养"者"罪其守宰"。① 官府对于穷苦者抚恤、救济在古代日本也有，近代日本 1874 年制定的《恤救规则》就是济贫政策。

近现代出现的社会保障制度的思想基础是人权观念。虽然同样是对于社会弱者的扶助，自古以来的慈善行为源自人类天然的慈悲心、同情心，多是自发的、零散的，是一种道德的善。人权思想萌芽于古代希腊、罗马的自然法和自然权利思想，即没有人生来就是奴隶，上帝使人生而自由平等。经过漫长的中世纪神权、王权的黑暗统治，近代文艺复兴启蒙运动中出现了天赋人权思想，在美国独立、法国大革命发挥了重要作用，并且传播到全世界，"二战"后联合国的建立更是以推动人权在全世界的普及为

---

① 张群：《居有其屋——中国住房权历史研究》，社会科学文献出版社 2009 年版，第 44—47 页。

宗旨，迄今为止通过的有关人权的宣言、公约、议定书已经达到 70 多种。与传统的基于仁慈、博爱思想的慈善行为不同，19 世纪下半叶的欧洲，权利被普遍视作受到法律支持的正当要求。对于社会弱者的救助，在古代国家是某个皇帝或官吏的仁政，是偶然的、零星的，在近代国家社会救助成为国家的义务，社会保障制度因此建立。

以保护弱者为重点的人权观念能够在全世界普及，是人类思想理性发展的结果。自由竞争是文明进步的基本动力。由于各人先天禀赋以及生活环境的不同，竞争也带来贫富差异、社会阶级分化，因此引发诸多矛盾。这些矛盾因工业化、城市化的发展而日益尖锐。英国 18 世纪开始工业革命后，乡村人口涌向都市，出现了工人阶级住房困难状况。19 世纪工人运动此起彼伏，劳动条件、居住环境恶劣是重要起因。与中国春秋时代思想家认识到"君者，舟也，民者，水也，水则载舟水则覆舟"的道理一样，19 世纪中期英国贤达也提出"茅屋里没有幸福，宫殿也不得安宁"（当时首相迪斯雷利之语），为了缓和矛盾、达到整体利益最大化，救济社会弱者的社会政策应运而生。因此颁布了一系列劳动者住宅法，规定地方政府有责任给工人提供廉价住宅。进入 20 世纪以后，一方面是第一次世界大战对于建筑的大量毁坏；另一方面工人运动的压力，英国、美国等传统自由主义国家开始干预国民住房事宜，承认国家有责任帮助国民解决居住问题，公共住宅制度获得发展。"二战"后英国首先提出建设福利国家的目标，住房保障与医疗保险、教育并列为每个人应该享有的权利，投入很大力量建设公共住宅。英国福利国家政策影响到欧美亚诸多国家，日本是积极跟随者之一。

（二）日本公营住宅制度的动因

日本近代资本主义的发展催生了大批贫困人口，集聚于城市的工人阶级住房困难。明治时代开始了对贫困者的救济政策，但真正的住宅政策起步于大正时期。第一次世界大战期间日本工商业高速发展，大批人口涌向城市，城市住房不足、房租飞涨，人口过密、郊区乱开发导致治安、卫生等方面众多问题，工人运动时隐时现。为了消弭矛盾，政府不得不重视住宅供应问题。因此在研究了英国范例后，日本 1919 年制定了《都市计划法》和《市街地建筑物法》，通过大藏省的低息融资，1919 年至 1932 年间建设了约 6.3 万户的非营利租赁住宅。这是日本公营住宅的起点。[①]

战后日本公营住宅制度的成立，并非直接继承大正和昭和初期的住宅政策，而有更多的影响因素。首先是"二战"结束后全国性的住宅严重匮乏，日本国民住房在第二次世界大战中受到严重损毁。根据经济安定总部发表的报告，仅太平洋战争日本国家财富损失额达 643 亿日元，损失率为 25%，其中建筑物损失率为 24.5%。据战灾复兴院的调查统计，战争中受到空袭损坏的城市总数达 120 座，战后初期据推算缺少住宅约 420 万户。战灾烧毁 210 万户、为疏散而拆毁 55 万户、战时应建而未能建设 118 万户、海外归国者需要住宅 67 万户，减去因战死亡人口的住宅需求约 30 万户。[②] 战后初期城市为废墟，工厂停滞，粮食减产，人心空虚。当局最紧迫的课题是解决大量失业人口的衣食住。为了解决缺少住所的问题，日本政府采取过的措施有：（1）建设应急简易住宅。（2）在非住宅建筑中临时安置住宿。（3）奖励甚至命令民间富余住房出租。（4）限制迁徙、统制市场。这些措施虽然在缓和住宅极端紧缺的矛盾上起了一定作用，但是一般国民住宅改善进展很慢。主要原因是，国家财政首先必须为占领美军建造兵营宿舍，而且在倾斜生产计划下，必须首先集中资金与材料建设为增产粮食而开辟的开拓地住宅、煤矿住宅、产业工人住宅。当时许多人栖身于简陋的棚舍甚至弹坑中，居住条件相当恶劣。

战后日本作为社会保障事业一环的公营住宅制度的发展，另一个重要原因是国际、国内思想观念和社会制度的变化。1945 年 10 月宣告成立的联合国以"增进并激励对于全体人类之人权及基本自由之尊重"为根本宗旨，标志着人权成为普世价值。1946 年联合国人权委员会建立、1948 年 12 月联合国大会通过《世界人权宣言》，"人人享有生命、自由和人身安全"的权利成为国际社会的共识。战后日本处于被美国为首的盟军占领下，社会保障制度、宪法的确立都受到美国的巨大影响。新宪法被称作人权宪法，而且以 1946 年 10 月 1 日开始实施的《生活保护法》明确了保障生活贫困的国民以最低限度的生活是国家的责任。最初确立的保护范围仅限于生活、医疗、分娩、就业、丧葬五种救助。1949 年对《生活保护法》

进行了修改，根据宪法第 25 条明确了保障国民生存权是国家的责任，把保护范围扩大为七类，即在原来五类之上增加了教育和住宅扶助。① 新《生活保护法》1950 年 5 月 4 日公布并施行（现行《生活保护法》的保护范围分为八种，分别是生活、教育、住宅、医疗、介护、分娩、就业、丧葬）。法律明确规定，接受生活保护是国民的权利，具备接受法定保护条件的人，拥有接受保护的请求权。在不服保护决定时具有提出异议的权利。这是与以前的政府抚恤、救助政策不同之点，是重要的进步。

"二战"后初期的日本政府，外有来自盟国的压力，国内面临着劳工运动的压力。战后风起云涌的工人运动和社会运动是社会保障制度的重要推动力。以美国为首的盟军占领下的日本，废除了法西斯专制，在结社、言论自由下，国民觉悟得到提高，工人阶级、教师学生等积极主动地组织起来捍卫自己的权利。战后初期劳动争议件数、参加人数迅速增加，产别会议、自由法曹团等组织联合起来推动生活保护法的修改。② 当时群众斗争的主要目标就是民主参与、提高劳动和生活条件、保障自由等。公营住宅制度就是在国民的强烈呼声下、在占领当局的引导下建立起来的。

二　公营住宅制度的内容

战后公营住宅制度由 1951 年 7 月 1 日开始实行的《公营住宅法》规定。战后初期鉴于国民住房困难非短时间内可以解决，为了促进国家与地方自治体合作建设能够满足健康文明生活需求的住宅，以低廉的价格提供给住房困难的低收入者，从 1950 年夏开始，建设省参考英国、美国等的住宅法，由众议院建设委员会议员田中角荣牵头起草，1951 年 5 月以议员立法的形式在两院通过。自法律公布实施以来，适应经济社会的变迁经历过多次修改，但是基本部分如立法宗旨、公营住宅性质、建设程序等始终未变。

（一）公营住宅的建设与国家补助

公营住宅建设事业，包括住宅的建造、必要配套设施如儿童游园、公

---

① 池田敬正『现代社会福祉の基礎構造』、法律文化社、1999 年、311—312 頁。
② 周建高、王凌宇：《日本公营住宅制度与住房保障》，《中国名城》2014 年第 4 期，第44—45 页。

共浴室、集会场所以及其他政令规定的居民共用福利设施等的建设。由地方政府直接建设，也可以购买、租借民间住宅作为公营住宅。建设程序是，由地方行政长官向国土交通大臣提出本地低收入者住房困难状况，大臣听取住宅对策审议会意见，拟订公营住宅建设三年计划，提交内阁讨论。内阁根据国家财政状况，将公营住宅建设所需经费纳入预算，议决后提交国会审议。公营住宅建设要根据本地住宅建设 5 年计划安排，住宅及其配套公共设施都得按照国家的标准进行。

中央政府对地方建设公营住宅的补贴分为两种，一种是针对建设单位的建设费用的补贴（补砖头），另一种是针对居民的房租差额（承租者标准负担额与市场租金之间的差额）的补贴（补人头）。中央政府的补贴占公营住宅建设资金的一半左右。

（二）公营住宅的入住条件与程序

国家政策必须既保证贫困阶层拥有必需的生活条件，又避免不劳而获导致人们奋斗动力的丧失，因此日本以法律、政令等形式设定了公营住宅入住的详细标准，并且根据经济社会形势的变化不断调整。

1. 入住公营住宅的资格

（1）低收入。收入指工薪族的工资、自营业者的营业收入、退休老人的年金等。所谓低收入是指家庭收入水平处于社会收入分位最低的 25% 的阶层。[①] 申请公营住宅的收入基准随着经济社会形势的变动而不断调整。例如，以标准四口之家的收入为例，申请第一种住宅（公营住宅分两种，其中第二种针对特别困难家庭）的家庭月收入基准是 1951 年 2 万日元，1962 年为 3.6 万日元，1972 年为 5.8 万日元，到 1986 年上升到 16.2 万日元。[②] 收入基准由各个地方政府根据当地工资、物价水平综合考虑后确定。横滨市根据家庭入住人口数及家庭抚养人口数确定的申请公营住宅的家庭收入标准，2012 年是一般家庭 15.8 万日元以下者。

---

① 日本统计家庭收入时，按照家庭各种收入总和把全部家庭从低到高排列后，以数量等分，确定家庭的阶层，称作"分位阶层"。有四分位、五分位、十分位等。総務省統計局：ホーム ＞ 統計データ ＞ 家計調査 ＞ 家計調査　用語の解説，http://www.stat.go.jp/data/kakei/kaiset-su.htm#p9，2014 - 01 - 09。

② 住房和城乡建设部住房改革与发展司等编：《国外住房数据报告 No.1》，中国建筑工业出版社 2010 年版，第 102—105 页。

当代社会变迁中，人们的职业、家庭、阶层出现更多形态，公营住宅制度也随之作出对应，除了法定的收入分位25%以下的"原则阶层"外，收入分位在25%—40%者属于"裁量阶层"，可以根据实际情况予以考虑。低收入是分配公营住宅的主要根据，另外一些不符合低收入标准但属于弱势者也可申请公营住宅。这些弱者主要包括三类：（A）残疾程度达到国土交通省令规定的标准，如身体残疾在残疾程度等级表中1级至4级；精神残疾者属于障碍等级1级或2级。智障者，到达与精神障碍者相当的程度。（B）50岁以上而且同住者都达到50岁以上或者18岁以下。（C）战争伤病者、原子弹爆炸受损者、海外归国者或者麻风病疗养者。

（2）当前住房困难。住房困难包括没有住宅、住宅面积过小、住宅简陋等，还包括家族团聚、居住环境、住宅与通勤的关系、房租与收入之比等情况。政令规定的选择入住者标准是：（1）居住在住宅以外的建筑或场所，或者居住在不安全或者卫生上有害状态下之住宅者。（2）由于与其他家庭共同居住而生活上显著不便或者没有住宅、无法达到夫妇或亲子同住者。（3）从住宅规模、设备和户型与家庭结构关系上，处于卫生上、风俗上不适合的居住状态者。（4）因正当理由被要求退房搬家、没有适当去处而困难者，但出于自己责任的原因除外。（5）因没有住宅而不得不居住在远离工作场所的地方，或者与收入相比，不得不支付过多的房租者。（6）除了上述条件外，当前住宅困难显著者。①

（3）以家庭为单位。申请公营住宅原则上以家庭为单位，单身者不能申请。政令甚至把"亲族同居"列为申请公营住宅的首要条件，其次才分别是低收入、住宅困难。1959年后，建设省（国土交通省的前身）扩大了公营住宅的申请资格范围，不在低收入线内的老人家庭、单亲母子家庭、残疾人家庭作为特殊情况，也具备入住资格。随着社会结构的变化，家庭形式出现了多样化，现在法令规定50岁以上者、身体残疾者、战争伤病者、原子弹爆炸受损者、被生活保护者、海外归国者、麻风病疗养者可以单身入住。

（4）其他条件。以地方政府为事业主体的公营住宅，其入住资格一般必须是本地的常住居民，有些地方还有对于申请人及其同住者品行的要

---

① 国土交通省住宅局『公営住宅制度の概要について』、http://www.mlit.go.jp/jutakuken-tiku/house/singi/koutekishoui/3-sankou.pdf，2013-02-01。

求，例如申请人及同居者没有拖欠市税、拖欠公营住宅房租的记录，非暴力团成员等。

1996 年建设省大幅修改了住宅法。对于高龄者、残疾人等，提高收入基准线，属于全社会收入阶层的 40% 以下者均可申请。从事一定的社会福祉事业的社会福祉法人等团体也可申请使用公营住宅。① 2011 年 3 月 11 日东日本大震灾发生后，面临灾民救济与灾区重建的繁杂任务，公营住宅制度又一次被全面反思，《公营住宅法》做了许多修改。

2. 入住公营住宅的程序和手续

一般情形下，入住者必须公募决定。符合《公营住宅法》中规定的入住资格者，未必全部申请得到。在供不应求之际，政府在传媒上发布通告，或者把申请表以明信片的形式寄达辖区住户，申请者填好寄回，等待通知；或者把申请人集中起来，当场抽签决定。在无法满足全部申请者需求的情况下，一般采用抽签方式在符合条件的申请者中选取入住者。但也根据具体情况轻重缓急恰当安排，优先照顾的顺序是必须接受护理的人—新婚者—普通人，对于住宅贫困度特别高者、收入低的老人家庭、母子家庭、残疾人家庭等给予特别照顾，优先接受他们的申请。各地公募公营住宅住户时，有的申请者一次申请就成功，也有的多次申请得不到房屋，个别的申请书寄出后四五年都没有回信。② 申请者数量与公营住宅数量之比为应募倍率，从横滨市 2012 年 4 月 11—20 日统计数字看，应募倍率不同地段差异很大，最高者中区、西区、南区共收到 267 份申请而只有一套住宅供应，应募倍率为 267。最低者泉区也达到 10.7。全市 124 套住宅共收到 3577 份申请，平均应募倍率达到 28.85。③

（三）公营住宅的利益

公营住宅是对社会最低收入层住房困难户的住房保障制度。受制于地方财力，尤其是经济快速发展阶段土地和材料、工资成本上升很快，公营住宅建设经常遇到困难。而且日本从资源配置的效率出发，采取以鼓励国

---

① 川池智子等编『現代社会福祉概論』、学文社、2001 年 8 月、243—244 頁。
② http：//detail. chiebukuro. yahoo. co. jp/qa/question_ detail/q1219158092, 2012 – 6 – 19.
③ 横浜市住宅供給公社：ホーム > 市営住宅 > 市営住宅のご案内 > 市営住宅の入居者募集・抽選のご案内、市営住宅応募状況表。http：//www. yokohama-kousya. or. jp/siei/pdf/shiori/bo-syunoshiori-xs – 201210 – 04 – 1. pdf, 2013 – 01 – 29。

民自有住宅为主的政策导向，相对欧美而言日本全国住宅总数中公共住宅比重较小，公营住宅在居住水平上与自有住宅存在差距，平均每套住宅的建筑面积低很多。但是对入住的社会弱势群体而言，公营住宅具有显著的利益，主要体现在以下几个方面。

1. 房租低廉

公营住宅租金价格，适应入住者的收入及其住宅的位置、规模、房龄等情况，低于近旁同种住宅租金，由地方政府按照政令规定确定。居住者收入自行申报，如果坚持不申报，则按照市场价收取房租。减去政府补贴后，住户实际支付的房租一般不超过市场租金的一半，甚至 1/3。在大都市，公营住宅的租金优势更显著。1983 年东京住宅的平均月租金，公营住宅为 17297 日元，只有民营木结构住宅 49170 日元的 35.2%；每叠月租金公营住宅为 1067 日元，仅为民营木结构住宅租金 3561 日元的 30.0%。[①]此外还有不少房租减免的政策。例如，入住者患病或者其他特别情况下，房租可以减免。同一地区、同样类型的住宅，公营住宅房租要便宜不少。例如，2015 年 6 月 1 日的信息，爱知县丰田市牛车（住宅名）3DK 的住宅，公营住宅房租每月是 2.71 万—4.04 万日元，特定公共赁贷住宅（特公赁，面向中间层的优良租赁住宅）是 6.8 万日元。东山 4DK 住宅，公营住宅房租为 3.08 万—4.59 万日元，特公赁需要 7.4 万日元。[②]

2. 房租价格稳定

与民间租赁住宅价格随经济波动而频繁变化相比，公营住宅租金则十分稳定，例如 1987—1990 年的 4 年间，日本 47 个都道府县所在地的最高临街地价的平均值同比增长率分别是 19.6%、23.7%、28.0% 和28.7%。[③]而公营住宅租金，1983—1990 年间年均上涨率仅为 4.4%。就是在地价、市场房价上涨高峰期的 1989 年和 1990 年，公营住房租金的上

---

① 城戸喜子『住宅政策評価への再分配の視点——住宅補助受給層の分析』、社会保障研究所編『住宅政策と社会保障』表 5.10、東京大学出版会、1990 年、99 頁。

② 豊田市：トップページ＞組織から探す＞都市整備部＞建築住宅課＞市営住宅管理・入居者募集（現在のページ）。http://www.city.toyota.aichi.jp/division/aj00/aj10/1194121_7168.html，2015 - 6 - 17。

③ 杨霄、孙平：《回顾历史：日本房地产泡沫危机带给我们的启示》，《金融经济》2008 年第 9 期，第 23 页。

涨率也只有 5.3% 和 3.3%。① 公营住宅给低收入群体提供了居住保障，避免了市场房价急升给弱势群体的居住形成冲击。这给抗风险能力脆弱的社会弱势群体在经济起伏剧烈的时期提供了很好的安全保障。

3. 住宅交通便利

公营住宅一般都选址在铁道、公路等车站附近，充分考虑出行便利。2008 年的土地住宅统计结果显示，每天通勤途中所需时间在 30 分钟以内者的比例，公营住宅居民达 64.14%，远高于自有住宅居民的 49.10%，也比民间租赁住宅居民高。而通勤需要一小时以上者，公营住宅居民比例最小，不足自有住宅者的一半。

4. 住宅建筑质量较好

在日本，整体上租赁住宅的质量不如自有住宅。但在租赁住宅中公营住宅建筑质量、住区环境都好于一般民间租赁住宅。比起同年代建造的同样结构的建筑物，一般说来公营住宅质量好的较多。公营住宅区建设成为后来住宅公团小区建设的示范。

5. 可以继承等其他利益

原则上，在公营住宅入住名义人死亡或离婚、出现继承情况时，同住亲族可以继承。② 在翻建公营住宅、拆除住宅而需要住户搬家时，政府必须给住户支付通常必要的搬家费。

（四）居住者的责任

公营住宅是利用公共财政资金建设、管理和维护的公共资源，住用者在享受低廉房租等的福利的同时，法律规定了公营住宅入住者的义务和责任。

公营住宅住户必须维持住宅及公共设施的正常状态，不可把自己居住的公营住宅转借他人或者把入住权利让给他人。未经同意不可变更住宅外观、用途。一般情况下，入住者在持续居住 3 年以上、收入超过政令规定基准后，就丧失了公营住宅的居住资格，应该搬出公营住宅。如果住户以不当手段申请入住，或者滞纳房租 3 个月以上，或者故意损毁公营住宅或

---

① 国家计委价格司：《日本房地产价格管理对我国的启示》，《宏观经济管理》1999 年第 9 期，第 45 页。

② 国土交通省住宅局『公営住宅制度の概要について』、http：//www.mlit.go.jp/jutakuken-tiku/house/singi/koutekishoui/3-sankou.pdf，2013－02－01。

者其公共设施等，可以要求该住户迅速腾出住宅。一般情况下，公营住宅仅限居住者本人及其亲族住用。亲族原则上限入住者名义人的三亲等[①]（包括预约结婚者）。

三　社会变迁中的制度调整——以应对老龄化为例

作为社会弱者的居住保障制度，公营住宅制度为适应经济社会的变化，一直在不断地修改。战后日本发生的巨变，在经济上表现为经过高速发展，科技、生产力得到提高，成为世界经济大国。国民收入有了较大提高，耐用消费品普及，进入大众消费时代。通过资源配置上高效的市场体制和弥补市场缺陷的国家作用的配合利用，人民居住条件也得到巨大改善。1948 年内阁设置的建设省是住宅建设的行政管理机构，住宅建设中充分利用工业化生产方式，1966 年制定了《住宅建设计划法》，自当年开始了第一个住宅建设五年计划，直到 2004 年为止持续 8 个五年计划，有力推动了日本住宅的建设。在 1950、1960 年代首先要解决的是住宅数量的绝对不足问题。在住宅建设第一个五年计划内，实现了全国平均每个家庭一套住宅的目标，第二个五年计划中又实现了每个人一个房间的目标。自 1970 年代中期以后，住宅数量不足的矛盾基本解决，开始重视住宅质量问题。公营住宅从 1952 年开始实行三年计划，至 1966 年的第五个三年计划完成，为解决战后严重的住房不足问题做出了巨大贡献。每年开工建设的公营住宅户数，1972 年达到 12 万户的高峰后逐年下降，1984 年降到 4 万余户。[②] 2005 年第 8 个住宅建设五年计划完成，全国住宅总数约 5400 万户，超过了约 4700 万的家庭总数，并且当年开始日本人口总数开始减少，因此住宅政策由重视新建转变为重视存量利用。2006 年制定了《居住生活基本法》，并且据此制订了 2006—2015 年的"居住生活基本计划"。

老龄化可谓当代日本最重大的社会变迁。日本老龄化率（总人口中 65 岁以上老人所占比率）在 1990 年为 12.1%，与主要发达国家相比，仅略高于澳大利亚的 11.2%，比英国、法国、意大利、德国、瑞士、瑞典、美

---

① 日本亲等的划分：本人及配偶的父母、子女为一亲等，兄弟姐妹、祖父母、孙子女为二亲等，曾祖、曾孙为三亲等。

② 参见平山洋介《日本住宅政策的问题》之"图 4-1 公营住宅的开工户数"，丁恒译，中国建筑工业出版社 2012 年版，第 115 页。

国等都低。而到了 2000 年已经达到 19.9%，超过了所有其他国家。老龄化率 2010 年为 23.0%，根据现有发展趋势，推测到 2060 年将达到 39.9%。当前日本女性平均生育率为 1.3 左右，远低于 2.1（人口更替水平），人口总数开始下降，知名学者正村公宏称日本人已经成为"濒危物种"。[①] 人口老龄化、绝对数量减少成为当今日本社会最焦虑的问题，年金、医疗、福利等合计的社会保障支出 2010 年达到 103.4879 万亿日元，占国民所得的比例从 1970 年的 5.8% 上升至 29.6%。65 岁以上老人耗费的年金、医疗、福利与服务费用三项合计占社会保障支出的比重，从 1973 年的 25% 剧增到目前的 69% 左右。[②] 为应对老龄社会的挑战，日本社会从政治、经济、法律等众多方面作出了努力，公营住宅政策是其中重要一环。

（一）赋予老人优先入住资格

公营住宅制度上对老人的优待，始于 1959 年把老人家庭与单亲母子家庭、残疾人家庭作为特殊情况给予申请资格。1964 年厚生省、建设省发布政令要求公营住宅在设计和建设时照顾老人需求，而且优先安排老人家庭入住。1972 年以后随着进入老龄化社会，日本开始关注老人的住宅难问题，国家在公营住宅建设中按照一定比例安排老人住宅，而且根据入住老人的收入情况减收房租。1980 年修改了《公营住宅法》，把原先必须以家庭为单位申请的规定，修改为对于老人（男子 60 岁以上、女子 50 岁以上）认可其单身入住的权利。

1996 年建设省大幅修改了《公营住宅法》。关于入住资格，废除此前的第一种、第二种的区别[③]，把老人、残疾人等的收入基准线从全社会收入分位的 25% 提高到 40%，使部分中等收入的老人也具备了公营住宅的申请条件。东京公营住宅申请资格除了收入条件外，还有甲、乙两类优待资格。甲类优待资格指准多子家庭、残疾人、公害病患者、难病患者等。

---

① 正村公宏『日本の危機』、東洋経済新報社、2012 年、6 頁。
② 张舒英：《日本人口老龄化与社保制度改革》，《求是》2013 年第 6 期，第 55—56 页。
③ 根据公营住宅法，公营住宅分两种。第一种入住者为一般低收入者，月收入为公营住宅月租金的 6—15 倍。第二种是指入住者收入最低的群体。以 4 口家庭为标准的平均每月收入（不包括奖金，按照过去 6 个月的平均值计算）基准额，1951 年第一种为 2 万日元以下者，第二种为 1 万日元以下者。国家对公营住宅建设费补助率，第一种为一半，第二种为 2/3。

这些家庭申请者抽中率是一般的 5 倍。乙类优待资格指单亲家庭、老人家庭、残疾人家庭、3 个孩子以上的多子家庭等，这类申请者抽中率为一般的 7 倍。老人家庭是指申请者本人 60 岁以上、所有同住的亲属符合下列条件之一的：（1）配偶；（2）大体 60 岁以上；（3）未满 18 岁；（4）身体障碍者手册中的 1—4 级障碍者；（5）重度或者中度智障；（6）精神障碍者保健福祉手册的 1 级和 2 级。①

　　对于老人入住，公营住宅先是特殊优待，后来逐步扩大到普遍优待，允许单身申请、抬高收入基准线、设定更高的抽中率，都使老人得到较多享受公共资源的机会。

（二）改善住宅的硬件条件

　　老年人因身体机能下降，在普通住宅中生活经常会出现困难。为了适应老年人的身体特点，公营住宅制度早就从住宅硬件方面作出了应对。

　　1964 年，有的地方政府开始供应面向老人的"特定目的公营住宅"。②这是一种把老人家庭与母子家庭、残疾人家庭等作为"特定居民"，赋予优先入住、房租减免等优惠措施，而且是住宅标准较高的制度。例如，一般公营住宅为两室一厅的结构，但面向老人、残疾人等开发的住宅为三室一厅。1965 年建设省的指导意见提出，供应老人的公营住宅应注意在位置选择、住宅设计等方面要尽可能适应老人的生活习惯。老人住宅要平房，或者设置在集合住宅的一楼。扩大卫生间面积，安装带扶手的坐便器，在餐厅、厨房的地面铺设榻榻米，在走廊壁根安装脚灯。寝室、便所等处安装报警铃，以便紧急时可以通知护理人员。配备的电话机带有扩音装置，以便于听力下降的老人使用。如果申请公营住宅的低收入家庭有老人同住，则安排 3 居室或 4 居室的住宅，确保老人寝室处于有日照的南侧。小区内应该设置庭院或者其他适宜老人闲暇利用的设施。③1970 年日本进入老龄社会后，建设省的意见受到重视，1975 年开始向有老人同住的家庭提供规模、设备等方面特殊设计的公营住宅。在 1980 年的公营住宅政令修改中，把面向有老人的 6 人以上家庭供应的住宅面积标准提高 $5m^2$，第一

---

① 東京都都市整備局：都営住宅経営 > 都営住宅に関すること > 優遇抽せん，http：//www.toshiseibi.metro.tokyo.jp/juutaku_ keiei/261toei3.htm，2014 - 03 - 08。

② 社会保障研究所『住宅政策と社会保障』、1990 年、46 頁。

③ 佐武弘章等『高齢化社会政策の実験』、新評論、1991 年、28 頁。

种住宅面积从 80m² 增加到 85m²，第二种住宅从 75m² 提高到 80m²。①

因应 1980 年代独身老人急剧增加的形势，1982 年度开始个别进行既存公营住宅的去除台阶、安装扶手和电梯等的无障碍化改造工程。1987 年开始实施的银发住宅工程，即在公营住宅、公团住宅、公社住宅等的公共租赁住宅中建设一批适宜老人生活的样板住宅，以此倡导住宅建设考虑老龄社会的需求。1991 年日本推出公营住宅、公团住宅对应老龄化的式样标准，以后按此标准改造和新建。随着技术的进步，住宅内家居用品电气化、自动化发展，银发住宅中安全和便利设备日益增加。例如，现在住宅楼入口处有对讲器，出入凭安全卡。冲水马桶都连接了节奏传感器，当马桶水箱内的水隔一定时间没有流动，就自动向服务员发出通知。迄 2005 年 3 月末，日本全部 219 万户公营住宅中，进行了某种程度无障碍化改造的有 93 万户，占总数的 42%。② 老人住宅的无障碍化改造当前依然在按部就班地进行。

（三）住宅与福利机构结合

在日本行政系统架构中，住宅建设由建设省管辖，福利事业由厚生省管辖。为了应对老人居住公营住宅的问题，这两个行政部门互相配合共同努力。1964 年 4 月 1 日厚生省与建设省联合发布通知，确立了一般公营住宅的一楼部分给老人优先入住制度。这是两个行政部门在老人住宅问题上的首次联手。③ 两省正式合作事业始于 1987 年的银发住宅工程。在银发住宅工程中，建设省负责硬件建设，主要是住宅及配套的生活咨询室、团聚室等的建造。厚生省负责在银发住宅中配置福利服务事业。当年厚生省推出了"生活援助员（LSA）制度"，即对于纯粹老人家庭，每 10—30 户配备一名生活援助员，与老人们居住在同一住宅楼中。生活援助员职责主要是向老人提供各种咨询、在紧急情况下与相关机构联络、临时帮忙做些家务等。这种生活援助员制度首先在东京都葛饰区、神奈川先藤沢市、兵库县神户市等（1987 年度）和大阪府大阪市、富山县富山市等（1988 年

① 野村歓『高齢者・障碍者の住環境』、社会保障研究所編『住宅政策と社会保障』、東京大学出版会、1990 年、239 頁。
② 住宅のバリアフリー化に向けた取り組み、高齢者が安心して暮らし続けることができる住宅政策のあり方について（答申案）、24 頁。
③ 佐武弘章等『高齢化社会政策の実験』、新評論、1991 年、27 頁。

度）开始实施。①

1993 年对银发住宅制度进行了扩充，与更多福利机构合作。在银发住宅楼或住宅小区引入老人日间照料中心、养护老人之家、老人福祉中心等福利机构。随着社会老龄化的日趋严峻，福利机构和设施在不断发展。例如 2000 年日本建立了护理保险制度，厚生省当年开始设置"认知症老人组屋"，改变以往把智障老人集中护理的做法，让他们在普通社区的自己家里享受福利机构提供的服务，经费由保险金支付。例如，1995 年 7 月投入运营的京都府京都市南区东九条市营住宅是一栋 5 层住宅楼，总共 79 户家庭中，普通家庭 49 户、银发住宅老人家庭 30 户。住宅楼的一楼设置特别养护老人之家、日间照料服务中心、在宅护理支援中心，还有生活咨询团聚室 70m²、集会室 95m²。② 东京都面向老人的公营住宅称作"银发朋友"，迄 2011 年 3 月末，东京都共有 10135 户入住（定员 11913 人）。具有紧急时对应、安否确认系统。③ 这种与福利设施结合的公营住宅使老人足不出户就能够享受到各种福利服务，可以在自己久居习惯的社区安心生活。"银发朋友"老人住宅在硬件方面很好，但是舆论调查中被认为最好的是其设置有看护员、生活援助员，每天看护居住的老人，紧急情况下有人帮助联系。

（四）创造社会融合的环境

1. 成对住宅流行一时

1965 年推出的最初的老人住宅政策中，就已经注意到老人的社会交往问题。当时提出要避免老人住宅的集中，应谋求老人家庭与普通家庭的社会融合。1969 年公营住宅开始供应的"成对住宅"，是让亲子两代家庭相邻而居，各自有独立空间，老人住一居室的住宅、年轻夫妇住二居室的住宅，两户相隔距离以送一碗汤不变凉为标准，便利年轻夫妇照料老人。这种制度得到居民欢迎，各地相继仿效，成对住宅一度如雨后春笋般出现。

① 野村歓『高齢者・障碍者の住環境』、『住宅政策と社会保障』、東京大学出版会、1990年、239—241 頁。
② 財団法人高齢者住宅財団等編著『高齢社会の住まいと福祉データブック』、風土社、1998 年、65 頁。
③ 都営住宅申込資格・単身者向シルバーピア、http：//www.to-kousya.or.jp/toeibosyu/sikaku/sikaku2_8/silver_tansin.html#3，2014 - 03 - 08。

但是"成对住宅"房租较高，而且年轻人调动工作或者老人死亡之际，必须两户同时退房。这些缺陷使成对住宅制度在流行了数年后偃旗息鼓。①

2. 交流住宅方兴未艾

随着 1980 年代以来国际交流的扩大，一种在北欧国家发展起来的集体住宅②制度被日本认识。日本模仿创设了"交流住宅"制度，北海道音更町率先于 1991 年 3 月决定设置老人与青年交流住宅，以促进老人与青年的交流。1996 年 4 月 1 日开始施行。③ 1995 年阪神大震灾后，临时住宅中发生多起独身老人的孤独死，引发社会的关注，因此 1997 年兵库县在建设安置灾民的公营住宅时，专门建成老人用的交流住宅，让老人互相帮助。神户市长田区浜添地区的"真野交流住宅"是利用一栋 7 层钢筋混凝土建筑的一部分改造而成，1998 年 12 月投入使用。房间有大、中、小三种，由 27 户单身者住宅（其中 21 户是老人用）和 8 户普通家庭住宅构成。住户前的阳台贯通，从室内和走廊上可以互相关照。还设有多功能食堂。④ 把老人住宅与普通住宅混合搭配，使老人居住小规模集中，在便利福利机构提供服务的同时，增加了老人的社会交往机会，有利于促进老人与社会的融合。

住宅政策应对老龄化方面，除了公营住宅外，还有 1990 年住宅公团创设的"长辈住宅"制度、1998 年创设的"高龄者优良赁贷住宅"（高优赁）制度、2001 年开始的"高龄者圆滑入住赁贷住宅"（高圆赁）制度等。2011 年 10 月第 177 届国会通过了《高龄者居住确保法》的部分修正案，把高优赁、高圆赁等制度统一为"带服务的高龄者住宅"制度。⑤

---

① 佐武弘章等编『高齢化社会政策の実験』、新評論、1991 年、28—29 页。
② 集体住宅（collective housing），1925—1935 年起源于斯德哥尔摩，是情投意合的人聚居一处的居住形态。在一栋住宅楼或者一个住区，除了各户住宅外，设有共用的食堂、育儿室等公共空间和设备，便于人们互相联系，加强交流。这种住区减轻了女性的家务负担，有助于消除独身老人的生活不便。在瑞典、丹麦、荷兰等地得到发展。
③ 音更町高齢者と若者のふれあい住宅条例、http：//www1. g-reiki. net/otofuke/reiki_ honbun/a183RG00000379. html，2014 – 03 – 03。
④ 神戸復興コレクティブ住宅『真野ふれあい住宅』、http：//www. k-sodo. jp/article/13240487. html，2014 – 3 – 3。
⑤ 周建高：《多层次全覆盖的日本公共租赁住宅体系》，《经济要参》2014 年第 26 期，第39—40 页。

四　公营住宅制度的作用及存在问题

2010年的调查中，日本共有5105.5万户，其中居住于自有住宅中的占61.9%，租赁公营住宅的占4.2%，民营住宅的占28.1%，另外租住于都市再生机构和地方住宅公社者1.8%，工资住宅者2.8%，合租者（借间、借室）1.1%。[①] 公营住宅利用者计214.43万户，低于公营住宅存量，约有5万套公营住宅空置。公营住宅住户在全国家庭中的比重如此之低，一是因为日本住宅政策以促进社会中间层拥有自有房产为主；[②] 二是因为低收入阶层自有住房率较高，全国住宅自有率平均为6成上下，而最低20%收入分位者住房自有率达5成左右。[③]

（一）公营住宅制度的积极作用

1. 最低居住水准的保障

社会保障制度是针对资本主义自由竞争必然产生的分配不公现象而进行的财富再分配，是为社会弱势群体提供的生活安全网。虽然，日本在经济发展过程中不同社会阶层收入趋于平均化，中流意识在国民中的比例从1955年的42%大幅增加到1972年的73%。[④] 在先进资本主义国家中，日本在社会财富分配上比较平等。即便如此，相对贫困的群体始终存在。在经济高速发展时期的1950年代末，东京的铁道沿线到处都有简易棚舍住宅。城市化过程中必然出现住房困难群体。公营住宅给社会弱势群体提供了居所，节省了居住支出。统计显示，日本居民家庭居住费用支出占总收入的比例，1975年公营住宅仅为2.2%，比民营租赁住宅的7.6%低得多。这个比例此后虽然上涨，2008年公营住宅达到了9.3%，但比起民营租赁住宅的14.2%、自有住房的16.8%都低得多。[⑤] 从这点看，公营住宅提供了确实的居住安全网。

---

①　『平成22年国勢調査　人口等基本集計結果』、平成23年10月26日総務省、http：//www. stat. go. jp/data/kokusei/2010/index. htm#kekkagai，2014-08-12。

②　平山洋介：《日本住宅政策的问题》，丁恒译，中国建筑工业出版社2012年版，第2页。

③　社会保障研究所编『住宅政策と社会保障』表5.4、東京大学出版会、1990年、86页。

④　王振锁：《日本战后五十年（1945—1995）》，世界知识出版社1996年，第243页。

⑤　住房和城乡建设部住房改革与发展司等编：《国外住房数据报告NO.1》，中国建筑工业出版社2010年版，第119—121页。

2. 引领住宅质量水准

公营住宅改变了日本住宅样式。传统日本住宅结构简单，功能分区不足。公营住宅的设计都是食寝分离、性别分离，而且创造了带餐厅的厨房。在住宅不燃化、中高层化以高度利用土地方面起了先导作用。有的地方，公营住宅成为先驱性的建筑，成为地方建筑、住宅的模范。例如 1986 年的爱知县足助町桑田团地等。

3. 促进城市化

公营住宅作为集团住宅团地在城市发展中发挥了很大作用。特别是在大都市圈的郊外，不少城市是以包括公营住宅在内的住宅团地为核心发展起来的。

根据 2008 年的住宅与土地统计，对各类住宅的满意度中，"满意"与"基本满意"合计的住宅满意度，公营住宅达到 64.6%，虽然比自有住宅72.9%、民间租赁住宅 67.0% 的满意度低，但是差距很小。作为以社会最弱势群体为对象的公营住宅，原则是保底线，因此当前平均每套住宅建筑面积为 $50.9m^2$，只及自有住宅平均面积 $122.6m^2$ 的 41.5%。[①] 根据"物中主人意"的通用标准，公营住宅满足了特定群体的需求，获得了大多数居民的认可。

(二) 公营住宅存在的问题

1. 居住水准较低

（1）住房质量差。在日本各类住宅中，公营住宅面积较小。根据 2002年数据，公营住宅的面积全国平均低层 $74.7m^2$、中层耐火 $85.5m^2$，而自有住宅平均是 $116.8m^2$。制度起步阶段面积更小。1957 年 IFHP（国际住宅·都市计划会议）制定的公共住宅最低居住水准是 3—5 人的标准家庭为 $69.2m^2$，日本的公营住宅是进入 1990 年代后才超过这个标准的。[②] 今天，公营住宅已有不少较为陈旧，也很少维修。[③] 如有个网名为 sadakatay 的人曾经住在房租 4500 日元的独立市营住宅中，虽然便宜，但是柱与墙壁的缝隙可以看清室外，冬季寒冷。浴缸、热水器、厨房、纱窗等设备基

---

① 住房和城乡建设部住房改革与发展司等编：《国外住房数据报告 NO.1》，中国建筑工业出版社 2010 年版，第 34 页。

② 本間義人『戦後住宅政策の検証』、信山社、2004 年、168 頁。

③ http：//detail. chiebukuro. yahoo. co. jp/qa/question_ detail/q1414661234，2012 – 06 – 19.

本上由居住者自行添置，有故障时也是自己解决。① （2）居住环境差。公营住宅用户对于居住生活常见的不满有：邻居儿童奔跑、使用吸尘器产生的生活噪声；住宅面积狭小，儿童活动范围小；公营住宅多是多层集合住宅，住户密集导致个人生活私密性差；不同性格的人紧挨着居住，互相影响；有些居民缺乏教养、不守礼仪规则。作为社会弱势群体安身之所的公营住宅，收容了精神病人，也影响居民的生活。另外有些公营住宅区还有暴力团、文化不同的外国人等。因此，公营住宅的住户往往在收入增加或者孩子多了后搬离了。

2. 福利被滥用

公营住宅一般以住房困难的低收入户为供给对象，因代价低廉，也出现了一些收入不低贪图公共福利的居民。他们穿西服、用名牌包，乘坐高级车。因此 1959 年导入收入超过者制度，对于入住之后收入水平超过上限标准的承租人，公营住宅法规定其必须在 3 年之内搬出公营住宅，在搬出之前对其租金水平按规定进行上调，以体现公营住宅的政策目标。

3. 地域分布不均

公营住宅是全国建设供应的。制定有公营住宅建设计划的地方政府，都道府县、区市町村 1998 年达到 1300 个以上。根据建设情况看，地域差别较大。在最低居住水准以下家庭较多的大都市圈例如东京、大阪，公营住宅的建设不能满足需求。

4. 供不应求

与最低居住水准以下家庭总数相比，公营住宅存量太少。因此很多低收入的住房困难家庭无法入住公营住宅。例如东京都，公社住宅入住者的约30%是相当于公营住宅入住阶层，而公营住宅入住者中40%是收入线以上的家庭。抽签决定入住者而且中签比例很低，使真正住房困难的人没有入住机会，而居住着公营住宅的人中有些收入提高了却不肯搬出，造成了不公平。

五　住宅问题中的市场和国家

鸟有巢、兽有窟，住宅是人类文明生活的必需品。只要人类存在就有住宅需求，而且随着文化的发展，对于居住生活越来越重视，要求会日益

---

① http://detail.chiebukuro.yahoo.co.jp/qa/question_ detail/q1167680601, 2012 – 06 – 19.

提高。从经济视角看，住宅与一般日用消费品不同，价值巨大，对于多数家庭来说是最大资产。国民的住宅需求可以形成巨大的生产力，房地产开发可以带动土地、建材、设计、建筑施工、家具等众多产业，成为国民经济的支柱产业。从社会角度看，自古以来不同等级的住宅同时是房主不同阶级的象征，关系房主幸福与否。贫富差距、阶级鸿沟时常是玉石俱焚的社会动乱的根源。因此，住宅之事，不仅因大众消费社会的到来、科技的进步致人们对于居住条件要求提高，即从自身纵向比较，希望住宅现代化，而且因人权观念的普及，追求社会地位平等。无论东西方，平等始终是正义的主要内容之一，对于最大多数人的最大幸福而言，权利差异悬殊的危害可能更甚于普遍贫困，中国古贤就提出"不患寡而患不均"。因此，即使在崇尚自由主义的西方，住宅问题也不完全视作个人私事而放任民间自行解决，而是公共力量与市场力量互相配合，在居住水平普遍提高的同时，阶级差异也呈缩小趋势。战败之前，日本社会有华族身份制、地主、财阀的存在，对战前日本社会的基尼系数，橘木俊诏估计大约超过 0.4，显示贫富差距较大。而战后 1950、1960 年代的基尼系数在 0.3—0.38。从战前某个造纸厂的案例看，相对于普通工人的工资，厂长的工资是 17.27 倍、代理厂长的工资是 10.25 倍，白领阶层是蓝领阶层的 3.39 倍，可以窥见相当不平等。[①] 战后民主化改革中，解散财阀、禁止垄断、农地改革、税制改革等都包含着财富分配更平等的目标，极大地改变了社会结构。经济高速发展带来的就业结构中工薪阶层扩大、教育普及、妇女参与社会等，统计数据和舆论调查显示出中流社会的形成。

在解决国民住宅困难、改善居住条件方面，日本与欧美国家不尽一致，形成了以市场为主、国家为辅的特色。从公共出租住房占全部住房的比例看，高峰年份荷兰达 40%（1990 年前），英国达 33%（1980 年）、瑞典为 23%（1995 年），法国为 20%（1990 年前后），联邦德国为 18%（1970 年）。据 2008 年的"住宅·土地统计调查"，日本各类公共住宅 344 万套，占全国住宅总数 5758.6 万套的 5.97%。公共住宅有公社住宅、公团住宅、公库住宅等六种，公营住宅 219 万套，在全国住宅总数中只占 3.80%。日本国民居住自有住宅的约占 6 成，其余居住在租赁住宅。租赁

---

① 橘木俊诏：《日本的贫富差距——从收入与资产进行分析》，丁红卫译，商务印书馆 2003 年版，第 38—40 页。

住宅以民间住宅为主，公共租赁住宅处于次要地位。1941 年对 24 个城市调查显示，自有房产占 22%、租赁住房占近八成。由于战时和战后初期实行地价租金控制使出租住房无利可图，房主纷纷出售房屋，1947 年自有房产比例在 24 个城市中上升至 41%、全国平均达到 67%。此后虽有所降低，但到 1968 年的 60.3% 后变化极其微小，长期维持在 6 成上下。

关于国家与市场的关系，如杨栋梁教授指出，近代以来日本经济发展虽然尊重市场原理，但却表现出"组织性市场经济"特征，国家对国民经济的"计划性"干预贯彻始终。[①] 在国民住宅问题解决上，政府并未完全视作个人私事而放任不管，而是积极介入问题的解决。1955 年《经济白皮书》承认"基本生活恢复到战前水平，但三大生活条件之一的住宅明显滞后，生活结构不合理是老大难问题"。因此当年政府开始制订"住宅建设十年规划"，建立住宅公团开展大规模的住宅小区建设。因经济高速发展带来乡村人口向都市大规模转移，都市住宅需求激增，于是 1966 年制定了《住宅建设计划法》，确定了包括民间开发在内的全国住宅建设发展方向和长远目标，并且据此制订了"住宅建设五年计划"，佐藤内阁提出了每家一套住宅的目标，决定 5 年内建造 670 万套住房，其中通过公营住宅、公库住宅和公团住宅等公共资金建设 270 套，通过私人投资解决 400 万套。自此，民间投资在房地产投资总额中的比重快速增加，从 1966 年的 50.3% 上升到 1971 年的 79.7%。同年建设省颁布了"国土建设的长期构想"，计划从 1966 年至 1985 年的 20 年间投资 100 万亿日元建设道路、河川、住宅。战后发展轨迹显示，日本走了一条先经济后生活的道路，在取得经济高速发展后大力投资基础设施建设和社会保障事业。

战后日本经过数十年的发展，从生产技术水平、人均国民收入等方面看，到 1980 年代已经与欧美处于同一水平上，有些方面甚至超过。但是住宅的社会保障面比起欧洲一些福利国家来小得多。这是由市场和国家两种因素共同作用的结果。一方面，国民倾向拥有自己的住宅。经济高速增长中收入增长使人们支付能力提高，1955 年至 1970 年日本经历了经济高速增长，GNP 总额从 47.24 万亿日元增加到 187.92 万亿日元。随着生产发展就业改善，符合生活保护条件的人逐步减少。根据《生活保护法》等

---

① 杨栋梁：《日本近现代经济史》，世界知识出版社 2010 年版，第 316 页。

确定的受保护人员数量，1946 年达 270.34 万人，1955 年、1965 年、1975 年分别是 192.94 万人、159.88 万人、134.92 万人。保护率（每千人中的受保护人数）1947 为顶点达 37.7，到 1960、1970 年分别为 17.4、13.0，1995 年降低到 7.0，到 1995 年减到 88.22 万人。有置宅意向的家庭从 1955 年的 52% 快速跃升到 1969 年的 90%。同时，相对于租赁住宅，自有住宅面积宽敞适宜有孩子的家庭生活、居住安定、可以自由改建。而且，从投资角度也促使更多人拥有自己的住宅。战后日本经济发展中，不动产价格的快速上涨远远超过工资和物价，稀有性使土地具有保值功能。公营住宅的房租与同时期的民间租赁住宅比较算是低廉，但是对于贫困线以下的被保障群体来说依然不低，因此不少人认为与其付房租不如利用贷款自己置房。拥有自己住宅还是中产阶级的象征，① 这些因素促使人们拥有住宅以形成自己的资产，即使在社会保障范围内的群体，住宅自有率与社会平均水平差距不大。另一方面，国家政策鼓励国民拥有住宅。首先，在日本行政架构中，负责公营住宅建设管理的是建设省，负责社会福利的是厚生省。后者主张多建福利性的公营住宅，但前者在行政机构中更为强势。建设省负责的公营住宅事宜，主要从建设、经营的成本回收角度考虑而设定公营住宅的租金。公营住宅收益较低，因此对建设公营住宅比较消极。其次，重视市场经济的学者对于国家提供公共住宅是否真的带来社会公正持怀疑态度。早在昭和初期的 1927 年贵族院委员中岛守利针对改良住宅问题，提出与其把破旧住宅拆除新建后给居民，不如直接把钱给贫民。当代的山崎福寿也认为，为保护一定收入准线以下的人，须进行所得再分配。但给温饱都成问题的人提供住宅，未必理想。给他们发住宅补助，实际上降低了住宅价格，他们会选择超过必要的大房子。对于低收入群体来说，最急需的不是更大的住宅。如果不是发住宅补助而是给予所得补助，他们会节约居住费而转用到更急需的方面。抽签决定公营住宅分配方案，真正急需住宅的人未必能够获得及时帮助，产生了不公平。② 到 1980 年代，全国住宅数量充足使社会重视充分利用存量资源，减少了新建住宅规模。1970 年代开始的福利国家建设使

---

① 平山洋介：《日本住宅政策的问题》，丁恒译，中国建筑工业出版社 2012 年版，第 1—5 页。

② 本間義人『戦後住宅政策の検証』、信山社、2004 年、161—163 頁。

社会保障费用急剧增加，1980 年达到247736 亿日元，是1970 年的7倍。社会保障支出占国民所得的比例从1950 年的3.54% 上升到1980 年的12.41%。[①] 日本自石油危机后，经济增速放缓，国家财力增速也随之下降，于是1980 年代中曾根内阁大力推进行政改革，主要内容就是减少公共支出、利用民间活力的新自由主义。公营住宅制度也受到冲击，建设数量自80 年代开始大幅减少。

六　结语

古代国家基本上是少数家族的私有财产，朝廷考虑的主要是江山如何在家族中遗传，百姓生活不在其考虑范围内，穷苦无告者的造反结果多是鱼死网破，或者更换为另一个家族统治，国家总是在建设与毁坏之间循环。近代国家的基本职能是向国民征税（经过同意）然后为国民提供公共服务，以保护公民的生命、财产和自由等权利。通过社会政策调节资源分配，以维护整体的社会稳定秩序。因此，社会保障和福利事业20 世纪在先进国家获得长足发展。住宅关系人的基本需求和尊严，不仅是个人、家庭的问题，也是社会的、国家的问题。日本通过公营住宅制度保障低收入者的居住需求，面对产业化、城市化过程中出现的大量工薪族的住房需求，则通过住宅金融公库、住宅公团、住宅公社等多种制度组合的住宅政策，与市场机制密切配合，既促进了国民居住条件的改善，又促进经济发展。对于保障产业和城市需要的劳动力发挥了积极作用。住宅与小区的建设改善了旧城区的面貌，带动了建设业的发展，促进了投资和消费。因此，在日本，公共租赁住宅被看作具有外部效益的社会资本，其建设、经营和管理是政府工作的重要内容。

虽然因人口稠密导致人均住宅面积跟欧美先进国比较有差距，[②] 但住宅结构、设施以及社区环境等方面都比较完善。世界在变化，日本也在不

① 菊池正治・室田保夫『日本社会福祉の歴史』、ミネルヴァ書房、2014 年改訂版、158 頁、177 頁。
② 按照住宅墙体中一中计算的人均住房建筑面积，美国59m² （2005）、德国47m² （2006）、英国44m² （2001）、法国44m² （2006），日本为37.4m² （2008）。数据来源：日本《住宅经济数据集2009》，转引自住房和城乡建设部住房改革与发展司等编《国外住房数据报告 NO.1》，中国建筑工业出版社2010 年版，第35 页。

断改变自己适应世界。包括公营住宅制度的整个公共住宅体系、公共服务，国家和市场即公平和效率的问题，日本一直在不断探索改变，值得我们保持关注、追踪研究。

思想与文化

战后日本的思想辙迹：表象的和实际的

韩东育[*]

内容提要 战后70年来，日本思想界发生了一系列"变与不变"的乱象。面对战败，日本曾有过集团性的忏悔"转向"，也不乏学术界的思想"反省"，但最终却没能完成政治上的价值"转换"。"明治近代"的优越意识和"正常国家"的复原梦想，决定了其扭曲的战争观念和错误的历史认知。结果，在一个经年对外侵略的战败国家最需要形成正确历史观的关键时刻，它的国家意志却抛却了这种可能性。其制造中日摩擦、以所谓"中国威胁"来利用和倒逼美国对己松绑并试图摆脱战后国际秩序的思想和行动，不但使"左翼""右翼"等国际社会的对日观察标准屡遭颠覆，也使亚太地区被再度置身于险象环生的境遇。

关键词 战后日本 反省装置 明治近代 正常国家 左翼右翼

战后70年来，中日两国虽有过近半个世纪的交谊，甚至在民间层面上还不乏秦晋之好，但刻薄地讲，这些都未能在实质上消解黄遵宪当年"只一衣带水，便隔十重雾"[①]的世纪感慨。和平年代应作为研究对象来看待的"他者"——日本，在"汉字文化圈""华夷秩序圈"甚至"筷子文化圈"的历史观察中，在犯下大罪却不思悔改者已尽失国格人格的价值判断下，大概不是"大中华"的模仿者和子孙国度，就是"虽百世亦难辞其咎"的道德侏儒。这种认识所具有的正当属性，应该是没到过奈良和京都者所无法理解的，也是没有遭遇过日寇侵略和屠杀的人们所无法体会的。于是，在我们的预期中，日本便理所当然要向中国传统表达永恒的敬意，

　＊ 作者简介：韩东育，东北师范大学副校长、教授。
　① 参见（清）黄遵宪《近代爱国志士歌》，氏著《人境庐诗草》，商务印书馆1937年版，第39页。

并向侵华战争中的被害者表示永久的忏悔。然而，当想要看到的和实际看到的事实之间总会出现距离甚至反例时，即便是那些看上去已属于最冷静和最克制的对日表达，人们也能从中嗅出某种火药味道。而与此不同的反应是，中日之间一旦发生纠纷，中方媒体和民众的愤怒与许多日本人的反应之间，总会呈现出一道不甚对称的"风景线"——他们对侵华战争的近乎无知甚至一脸无辜，开始让中国人对于无视血腥和淡忘罪恶的观念与行为，大为错愕。不宁唯是，由于日本当局总能设法让中国不痛快，而每次抖出的"包袱"，又总能让中国百姓难以坐视和容忍，于是乎，一位外籍华人在愤懑无奈之余，竟提出要反躬自省，从自己身上找原因的想法来："我们今天或许该问问自己：我们是应该让日本正视历史，但如果它就是不正视呢？我们是应该让日本道歉下跪，可如果它就是不道歉不下跪呢？我们是应该反对日本政要参拜靖国神社，但如果他们就是拒绝接受呢？我们除了叫叫嚷嚷，还能干些别的吗？"① 其略带情绪的系列问题中，或许内含有各种答案，但对中国学者而言，认真研究战后日本的思想演变辙迹，才应该是更重要的：不知道对方在想什么，却要知道它做了什么、正在做什么和将要做什么，毕竟是不可能的。

一　临场体验下的细微观察

实际上，比起管制并改造日本达70年之久的美国，我们对于战败邻国的真实想法以及那些想法所以发生的社会环境，还缺乏动态的把握、细部的了解和准确的判断。这或许不怪我们：素以侵华和反共著称，并把战后的一切——无论是美好的还是丑陋的素颜全部托付给美国的日本，其近现代以来高筑于日中之间的"政治隔离墙"和"价值隔离墙"，不但没有因"二战"的败北而被打破，反而在随即发生的冷战格局下被进一步强化了。然而，战败初期的日本，其所面临的生存危机和举国失序乱象，却一点也不比德国好。美国历史学家约翰·W.道尔（John W. Dower）的描述是："满目疮痍的国土、颠沛流离的人民、衰亡没落的帝国与支离破碎的梦想。"当然，"（如果）我们从战败者的眼光来看这个世界，将会学到更多：不仅是悲惨、迷茫、悲观和怨恨，还有希望、韧性、远见与梦想"。

① 参见雪珥《绝版甲午：从海外史料揭秘中日战争》自序，文汇出版社2009年版。

这促使他"试图'从内部'传达一些对于日本战败经验的认识"，进而"关注这一进程中最难捕捉的现象——'民众意识'"，亦即"试图通过还原社会各个阶层民众的声音获取一种认知，即：在一个毁灭的世界里重新开始，到底意味着什么"。①

日本战败的原因有很多，其中，"武威精神"的膨胀者出于对自身能力的无端自信进而不自揣量和盲目冒进，应该是人们在观察日本终局时的有效视角。这一点，朱云影早年在《日本必败论》中，已根据其内政、外交、财政、产业和派阀等翔实统计数据，给出了答案。② 这意味着，当为某个自明的"神圣"目标而杀人和自杀者意识到自己的全部行动最终不过是逞"匹夫之勇"的脱缰暴走时，形成于欺瞒和无知的脆弱"信仰"，也只能迅速瓦解而别无可能。日本人在形容战败瞬间的国家情状和国民心理时所使用的"举国虚脱"和"茫然自失"语词，果然以"潘潘"（パンパンガール，对美军慰安妇与街头娼妓）、"黑市"（闇市，私人违法交易市场）和"粕取"（粕取り，酗酒浇愁）等绝望生存实况，为人们展示了这一切；而就在昨天还信誓旦旦要"一亿一心"和"一亿玉碎"的天皇效忠者们，也一夜之间变成了利己主义和败坏风纪的最典型代表："有警方的目击者提供，不少人步履踉跄地将抢来的军用物资尽可能多地扛回家，仿佛是'迷途知返'的本能所驱使。即使是神风特攻队的幸存者，也参与了疯狂的物资掠夺"，"有一位飞行员以此来迎接战败：他将飞机装满军需日用品，飞到他家附近的一个飞机场，把战利品装车运回家，然后再返回将飞机引爆"。③ 吊诡的是，除了无知尊皇者的切腹自杀和激情如太宰治等自害自毙者外，大部分日本人选择的是如何迅速地洗心革面、告别过去以示"辞旧迎新"。对此，官方"一亿总忏悔"或"全体国民总忏悔"令④的发出时间与老百姓的疾速转向，几乎同时发生："很难找到另外一个两种文化交汇的历史时刻，比这更强烈、更不可预知、更暧昧不明、更使人迷惑和令人兴奋了。许多

---

① 参见约翰·W. 道尔（John W. Dower）《拥抱战败：第二次世界大战后的日本》序言，胡博译，生活·读书·新知三联书店 2008 年版，第 6 页。

② 参见朱云影《日本必败论》，中国文化服务社 1940 年版。

③ 参见约翰·W. 道尔（John W. Dower）《拥抱战败：第二次世界大战后的日本》，第 26 页。

④ 分别参见《朝日新闻》，1945 年 8 月 27 日、9 月 6 日。

美国人，当他们到来的时候，做好了心理准备将面对狂热的天皇崇拜者所带来的不快。但当第一批全副武装的美国士兵登陆之时，欢呼的日本妇女向他们热情召唤，而男人们鞠躬如也地殷勤询问征服者的需求。他们发现自己不仅被优雅的赠仪和娱乐所包围，也被礼貌的举止所诱惑和吸引，大大超出了他们自身所觉察的程度。尤其是他们所遇到的日本民众，厌倦战争、蔑视曾给自身带来灾难的军国主义分子，同时几乎被这片被毁的土地上的现实困境所压垮。事实证明，最重要的是，战败者既希望忘记过去又想要超越以往。"① 如果有如此感受者不想自我欺瞒，就会发现，上述事项当中，应该是真情和表演都有，否则，美国人便不会感到自己已多少被日本人的妩媚所"迷惑"和"诱惑"。可是，随着时间的推移，美方已经无法从"欢迎者"的言行中看出更多的表演成分——他们宁可相信日本人的眼神和表情全是真的，因为这至少可以满足美国最想扮演的解放者和救世主心理。与此相应，日本人的说法和做法也似乎变化得更加乖巧，其拥抱占领军的程度甚至让人无法相信，他们当中的许多人就在战败的前一刻，还是"鬼畜英美"骂个不停的死硬分子。

道尔的记录显示，1942 年曾把罗斯福和丘吉尔的下半身描绘为野兽，并将一把亮闪闪的日本刀戳在他们屁股上的日本画家加藤悦郎，居然在"8.15"后一夜间就把可憎的敌人变成了解放者，其变化之遽，几乎不需要过程。与此同时，有许多前帝国军人，竟自发地向美国人揭露起曾经虐待过盟军战俘的日方人员，而那些未能按照盟军最高司令官命令上缴私藏家传刀剑的人也频遭举报。事情显然并没有到此结束。有一些人来信说，天皇才是日本最大的利己主义者，是个"吸血鬼"；另有人写信要求，对战犯的审批，无论如何都不过分，因为至少有十万军国主义分子应当被处以绞刑。而最令道尔感到吃惊的信件，竟然是来信者迫切要求日本被吞并，或者成为美国永久的殖民地。他们断言，不如此，则美国在日本所推行的民主改革，将很快破灭。然而最富于戏剧性的案例，还要数道尔的以下记录，尽管这种记录过度地表现了日本人言行的某种夸张："这些信也暗示了占领的潜在的——有时也不是那么隐蔽

---

① 参见约翰·W. 道尔（John W. Dower）《拥抱战败：第二次世界大战后的日本》序言，第 6 页。

的——性的维度。正如美国本身一样，麦克阿瑟被日本男女民众认为是虽然宽大却占据优势的男性的存在。甚至被认为是具有启蒙精神的《朝日新闻》，也以某种天主教式的说法，称麦克阿瑟为'我们的父'。麦克阿瑟的司令部也分享了这种男性的身份。在写给最高司令官与总司令部的信中，不难分辨出那种持久的依赖心理。而许多写信者显然分不清楚接受麦克阿瑟、接受家长制的权威与接受民主之间的区别。在这点上，最露骨的是一些女性写给麦克阿瑟的独特来信，被困惑的专家们分析为'我想给你生孩子'的类型。在这里，拥抱征服者的愿望，如果不能在现实中达成，至少是在字面上实现了。"①

当这些一时还"分不清楚接受麦克阿瑟、接受家长制的权威与接受民主之间的区别"的草根式反应经过日本的"头脑们"——教育家和思想家的思考后，一系列不乏理性色彩的发言，似乎给战后日本如何走出困境提供了某种方向性的指导——这显然要比从外部强行植入的美国人的要求，更富于日本格调，也更容易被接受。日本知识界能发生如此变化，就常理看应该是异常艰难的："这对知识阶层来说，是一次戏剧性的转变，因为它们之中曾经反战的仅是凤毛麟角。尽管占领当局对军国主义者和极端民族主义者的清洗，最终只涉及数百名学者和作家，但是事实上到1930年代中期，战前大多数的自由主义者和左翼知识分子放弃了他们的信仰。无论如何，他们支持过战争。"正唯如此，能有一群知识分子同时反省那场错误的战争，已足以使这种转向变得意义不凡，道尔于是乎想到了"进步文化人"丸山真男的所谓"悔恨共同体"。他认为，对于许多像丸山这样的学者和文化人而言，战败与被占领，包含着对未来欣喜的期待，还掺杂着对过去深深的悔恨。这也是他们何以会决意重新开始，并将占领军当局"配给的自由"变成自发拥抱非军事化和民主化的原因。当然，道尔也同时指出感情与理性即便在知识人身上也未能完全剥离的事实："在知识层中间，政治和意识形态问题，就这样彻底地与悔恨和自我批评纠缠在了一起"，他暗示，所谓"进步文化人"的上述转变，其实也反映了某种不得已心态："在这个时代做一名受人尊重的知识者，就需要成为一名民主革

---

① 参见约翰·W. 道尔（John W. Dower）《拥抱战败：第二次世界大战后的日本》，第36、206—208页。又，袖井林二郎『拝啓マッカーサー元帥様：占領下の日本人の手紙』、第一章、岩波書店（岩波現代文庫）、2002年。

命的传道者。"① 道尔或许不了解丸山真男与南原繁之间的师承关系，否则，无论在时间还是观点上，"进步文化人"的称号，大概都会首先送给东京帝国大学末代也是东京大学初代总长南原繁——这位被他誉为"战争批判的先导者"的人物。他指出，与许多教育者相同，"南原繁为曾经鼓励学生支持战时'光辉的日本'使命的个人之罪，背上了沉重的精神负担。南原繁转变为战争批判的先导者与和平的传道者，经历了理论和信仰上大的飞跃"，这种"飞跃"已被具体体现在此后他的系列营为中："在欢迎复员学生的集会上，南原繁直率地告诉学生们，战争的真正胜利者是'理性和真理'，而且这些伟大理想的担负者不是日本，而是英美。这是值得庆祝的胜利"，重要的是，南原繁甚至认为那些死在战场上的学生是"为国民的罪恶而赎罪的牺牲"！② 这种看似激动的发言，其实已基于他为时不短的思考。他的学生丸山真男事后回忆说，南原似乎早就预料到日本的战败终局：其以人性为旨归而提出的"共同体论"，某种意义上已构成了他上述判断的主要依据。③ 而这个"共同体论"对于日本的改造意义，似乎比丸山的"共同体说"还要更根本些。

　　以上情况意味着，战败初期的日本，无论是官弁走卒，还是知识精英，他们都曾以极快的速度"完成了"让美国人"震惊"的价值转向工程："战败显示了多年来所有的极端民族主义的教化，竟然可以被如此迅速地丢弃！"④ 可是，这同时也使学者们特别是那些穷年研究日本学问的专家们的学术观点和智库建议，在 GHQ 的对日政策制定上，显得有些多余。几乎没有证据能够证明，麦克阿瑟的政策是出自哪个学者或哪家智库之手。传说最多者，是初版于 1946 年的鲁思·本尼迪克特的成名作《菊与刀》。据称，它的出台，曾直接决定了战后初期美国的对日策略。实际上，从这本书的观点

① 参见约翰·W. 道尔（John W. Dower）《拥抱战败：第二次世界大战后的日本》，第 208—209 页。"悔恨共同体"的说法，最早出自 1977 年 10 月丸山发表于《学士会会报》（特别号）上《近代日本的知识人》一文中，意为：值此战争甫毕之际，日本的知识人，应通过各自立场和不同领域，就迄今自身的存在方式是否正确以及如何从根本上反省过去等问题，进行集体省思，以结成"自我批判"的学术共同体。丸山真男『近代日本の知識人』、『丸山真男集』第 10 卷（1972—1978）、岩波書店、1996 年、第 254 页。

② 参见约翰·W. 道尔（John W. Dower）《拥抱战败：第二次世界大战后的日本》，第 472—473 页。

③ 参见丸山真男、福田歓一『南原繁の回顧録』、岩波書店、1984 年。

④ 参见约翰·W. 道尔（John W. Dower）《拥抱战败：第二次世界大战后的日本》，第 94 页。

中，除了能发现与 GHQ 的想法发生某种巧合的一致性外，却无法找到麦克阿瑟将军参考过该书的直接凭证。事实是，"标志着保守的日本专家失去权威的时间，可以被精确锁定"，即"1945 年 8 月 11 日"。这一天，美国国务院为麦克阿瑟指定的第一位政治顾问，竟是一位中国问题专家，而非国务院的资深日本事务专家。而且，在此后数年间，定期往返于华盛顿和东京之间的顾问团中，也很难寻觅到日本专家的影子。有资料证明，麦克阿瑟从不与日本人交往，也不听学者之言。据他亲近的一位人士说，只有 16 位日本人跟他说话超过两次。麦克阿瑟只是通过一些由美国军方摄影师拍摄的关于日本的新闻纪录片，使他至少在银幕上跟他所统治的国家保持联系。[①] 而且除了情报机关提供的报告书外，他并没有涉猎过有关日本的书籍，也从不询问他的部下有关日本的问题，当然也不从日本人那里寻求情报。当一位在德国出生并且在德国受教育的法学家应聘前来监督日本全部民法和刑法修订任务时，曾谦虚地对统帅部一个陆军上校说："尽管我精通欧洲事务，但是我对日本的情况毫无所知。"可上校的回答简直可以用"意外"来形容："噢，那样正好。如果你对日本了解得太多，你可能就会有成见了。我们不喜欢日本问题的老手。"道尔于是在分析麦克阿瑟将军所谓"有华盛顿、林肯、耶稣基督、他再加上天皇的帮助，就能将日本民主化"这一说法时指出："尽管可以将麦克阿瑟的这种信念归为偏见、假设和陈腐的豪言壮语的混合，但是它却没有受到日本或亚洲问题专家们的干扰。"[②] 这意味着，如果仅仅听凭某些人的评价就断言麦克阿瑟将军全然不知日本，那就过于冒险了。事实上，前面所揭示的日本人的战后表现诸相，已在一定程度上证明了这位最高司令长官对自己治理对象的细微了解、渊博学识、自我改变及其所独有的事物掌控能力。这一观点，至少可以从麦克阿瑟本人的《回忆录》中获得细节上的支持。他写道："今天我们在东京回想起九十二年前我国同胞海军准将培理。他的目的是通过对世界的友谊、贸易和交往揭起锁国帷幕给日本带来一个开明和进步的时代。但遗憾的是，由此而得到的关于西方科学的知识却被铸成一种对人压迫和奴役的工具了。言论自由、行动自由乃至思想自由都通过诉诸迷信和使用武力而被剥夺了。我们由于原则性的波茨坦宣言而承担

---

① 参见约翰·W. 道尔（John W. Dower）《拥抱战败：第二次世界大战后的日本》，第 195、178 页。

② 同上书，第 195—197 页。

了务必使日本人民从被奴役的条件下解放出来的义务。我的目的是，军队复员以及采取其他必不可少的抵消战争潜力的步骤，尽快地去实施上述承诺。"于是，"我从受命为最高统帅那时候开始，就拟定了我想要遵循的各项政策，通过天皇和帝国政府机构来执行这些政策。我完全熟悉日本的行政的弱点和强处，感到我们所设想的改革是会使日本与现代先进的思想和行动齐头并进的改革。首先摧毁军事力量。惩罚战犯。建立代议制政府结构。使宪法现代化。举行自由选举。给予妇女选举权。释放政治犯。解放农民。建立自由劳动组织。鼓励自由经济。取消警察压迫。发展自由而负责的新闻事业。教育自由化。分散政治权力。政教分离"。他相信，"如果得到正当的引导，日本民族的活力将能向纵的方面而不是向横的方面发展。如果这个民族的才智转到建设渠道，国家就能从当前这样可悲的情景提高到受人尊重的地位。"惟此，麦克阿瑟对自己有效地避免了对日改造方案中可能会出现的这样或那样的强迫行动而深感得意："没有任何在新的日本政府中的好事由于我强加上去或由于对我和我所代表的那些盟国的畏惧而去施行"，"（否则）一旦我离开日本，这些改变也就消失了"；"我所提出的一些改革，是要深入日本人性格的核心的"，"改革必须来自日本人，我知道如果我们不从这个基本的假定出发，整个占领工作就会失败。我在东京时的那几年里，我经常让我的参谋人员记住这个想法：'我们必须谨慎地避免仅仅为了寻找连我们在我国也许都不能享有的某种程度的完善而干预日本人的行动'"。① 1945 年 10 月中旬，一位访问东京的特使向杜鲁门总统报告说："（麦克阿瑟）将军声明说，东方人具有一种自卑情结使得他们在战争胜利时会'像孩子般的残忍'，在失败时则会像奴隶般地顺从和依赖。"② 据载，有关"孩子"的说法，还出现在麦克阿瑟的另一个发言中。1951 年 5 月，在美国国会举行的长达三天的"听证会"上，统治日本近 6 年的占领军总司令麦克阿瑟，一方面赞美了日本，认为单纯的日本国民比老道的德国人要更可信，但同时他也十分感性地宣称，在现代文明的标准下，如果 45 岁是一个成人的年龄标志，那么，日本人的精神年龄，却很像 12 岁的孩子。话语间或许没有贬低日本人的用意，因为在他看来，小孩子的头脑中没有固定的思维框架，这样才容易从零开

---

① 参见道格拉斯·麦克阿瑟（Douglas MacArthur）《麦克阿瑟回忆录》，上海译文出版社 1984 年版，第 169、177、170、191 页。

② 参见约翰·W. 道尔（John W. Dower）《拥抱战败：第二次世界大战后的日本》，第 196 页。

始，学习和接受新的思想观念和世界规范。① 但日本人的反应显然比较激烈，他们甚至动用广告为自己证明，说"我们不是 12 岁的孩子!"②

二　潜在的思想伏流

　　1946 年 2 月 2 日，麦克阿瑟把一张纸条交给民政局局长惠特尼。这张被称为"麦克阿瑟便笺"（マッカーサー・ノート）的纸条，日后成为日本国新宪法的基本原则，并最终凝结为"和平宪法"最核心的第九条款。③尽管不拘小节的美国人以这种传纸条的方式决定了日本的未来，但 1946年 11 月 3 日经 GHQ 批准颁布的新《日本国宪法》给日本战后带来了巨变，却是不争的事实。而且，由于非战条款的最初建议者是时任日本首相的币原喜重郎，④ 因而直到今天，当有人要对"放弃战争"和"否认交战权"等日本新宪法第九条提出反对甚至修改意见时，都会遭到严守宪法和爱好和平的广大日本民众的抵抗和奋争，表明此时的日本，与往日穷兵黩武和侵略成性的"帝国"相比，已呈显出截然不同的新面貌。⑤ 但是，正如《菊与刀》的作者试图以"耻感文化"来总括日本"国民性"的做法有些书生气一样，麦克阿瑟给日本人的"12 岁"定性，也不乏政治上的天真。这两种略为简单的评价，一定程度上来源于对战后日本人"从善如流"态度的廉价好感。在不排除有相当多的人对战争深表悔恨的同时，研究者却不可低估潜伏于部分日本人内心深处的另一价值指向。由于保全种族才是战后日本的头等大事，因此，美国人从这个战败国脸上所能看到的表情，事实上已充满了求生本能下的保护色。丸山真男曾将政府发出的"一亿总忏悔"令，戏谑为乌贼鱼遭遇险情拼死逃生时所喷出的"墨色烟幕"（イカの墨）。⑥ 而美国占领军对这一现象的视而不见甚至有意无视，

　　① 参见 U. S. Senate, Hearings before the Committee on Armed Services & Committee on Foreign Relations, *Military Situation in the Far East*, May 1951, Part 1。
　　② 参见講談社编集『昭和：二万日の全記録』第 9 卷（昭和 25—27 年）、講談社、1989 年、第 142—146 页。
　　③ 参见鈴木昭典『日本国憲法を生んだ密室の九日間』、創元社、1995 年、第 294 页。
　　④ 参见道格拉斯·麦克阿瑟《麦克阿瑟回忆录》，第 201 页。
　　⑤ 参见韩东育《日本对外战争的隐秘逻辑（1592—1945）》，《中国社会科学》2013 年第 4期。
　　⑥ 参见丸山真男『戦争責任論の盲点』、『丸山真男集』第六卷、岩波書店、1995 年、第 160 页。

还表明"耻感"与"12 岁"形象，不过是在一个特定的时空背景下美国人的期待与日本人的迎合之间所形成的默契。

这意味着，一个同样影响到今天甚至有可能演变成日本主调的思想"低音"，也将从此赢得从暗颂到高歌的时间和空间。原本，"忘掉过去，面向未来"，对追悔战争的日本人来说，是有其积极的向上意义的。但是，"忘掉"本身所兼具的"双刃剑"功能，也刚好从人们喊出它的瞬间起，便开始滑向了正负参半、善恶并进的双轨。对此，至少有三种现象为研究者提供了有效的观察途径。首先，美国人的烧夷弹、原子弹和随之而来的满目疮痍与举国失序，除了让日本人看到自己的"被害惨状"外，已很难让他们想起日军在别国的"加害场景"。在这种状况下，"一种普遍的受害者意识落地生根实不足为怪，使得许多日本人都觉得自己是战争的最大受害者。自身的悲惨境遇，远比帝国军队在遥远的异国对陌生人实施的暴行记录更直接，更看得见摸得着"，于是，"对自身苦难先入为主的成见，使得绝大多数日本人忽视了他们对他人造成的伤害。这一事实有助于阐明，受害者意识是通过何种方式扭曲了集团和族群为自身建构起来的身份认同。对于战争罪恶的历史健忘症，在日本自有其特定的形式，但是将之置于一个更为广阔的、有关群体记忆与神话制造的背景中来进行观照，其记忆和遗忘的模式则更加寓意深长"。① 然而，从接下来将要讨论的第二类现象中人们不难看出，美国占领军也曾经在相当的程度上助长了日本人的"历史健忘症"。1945 年 12 月 15 日，GHQ 发布了一道被戏称为"神道指令"的命令。在这道命令中，"大东亚战争"的提法遭到禁止，"太平洋战争"的概念被推向前台。而且，即便到 GHQ 已完成使命的 1952 年 4 月以后，"大东亚战争"的概念，亦未尝复活。这显然已直接影响到学者们对那场战争的表达：丸山真男发表于 1946 年 5 月的论文——《超国家主义的论理与心理》之所以使用"太平洋战争"的表述而未用"大东亚战争"，无疑是忌惮于那道"神道指令"的结果；而他在文中依然敢使用"支那事变"一词则意味着，这种表达方式并未被 GHQ 纳入禁忌。② 美国人之所以要废止"大东亚战争"的提法而代之以"太平洋战争"，除了嫌

---

① 参见约翰·W. 道尔（John W. Dower）《拥抱战败：第二次世界大战后的日本》，第 87、11 页。

② 参见松本健一『丸山真男：八·一五革命伝説』、劲草书房、2008 年、第 126—127 頁。

恶日本军国主义引以为荣的亚洲殖民扩张行径外，显然还有过度强调美国对日宣战的决定性意义等考量所在，尤其是后者。但是，日本所发动的原本包括侵略亚洲在内的所谓"大东亚战争"，却因为易名的关系，不仅使战争的时间和空间被人为地缩短和收窄，而且，战争本身也变成了一场只对美国的战争。这就意味着，在日本人心目中曾经有过的"加害"亚洲的历史，在如此设计下将极易被有意无意地淡忘掉。[1] 一个案例，或许有助于人们的上述观察。虽说 A 级战犯东条英机发迹于关东军，而且在推进亚洲战争的过程中担任了主要角色，但 1946 年，当他在东京远东国际军事法庭接受审判时，被指认为"共同谋议"首谋者之理由，却主要与他参与决策对美国以及欧洲列强的开战有关。审判期间，GHQ 的审阅官压制了认为东条的角色被夸大以及"战争责任问题"的真正核心是对中国的侵略的批判声音。[2] 甚至在审判结束后，这种批判的见解仍属禁忌。法学家戒能通孝在文章中提出这一主张，并发表在学术杂志的 1949 年 6 月号上，结果遭到全文查禁。[3] 而问题所呈显的第三类现象，实际上还分别在价值和情感层面点明了美日间可能发生的友好关系和已经开始的终身怨恨。东条英机的遗言能在《世纪遗书》中占据永久性地位，是因为在他看来东京审判只是政治审判，包括他对英美人明确指摘的三大错误：（1）他们破坏了日本这一反共堡垒；（2）他们容许了"满洲"的赤化；（3）他们会把朝鲜一分为二，并给未来的纠纷种下祸根。东条相信，人的本质不可能改变，并由此推测第三次世界大战不可避免。他要求美国人不要让日本赤化。在遗言的结尾处，他还要求美国对使用原子弹与轰炸平民的行为进行反省。东条的反"赤化"言说，使得美国人和他们在日本统治层中的反共支持者，有了对中国之苦难轻描淡写的新理由：中国将要"共产化"，并将代替日本成为美国人眼中在亚洲的主要敌人；但东条让美国人反省所谓"无差别杀戮"的遗言，却引来了道尔大义凛然的批判。他斥责被某些日本人誉为"伟大圣书"的《世纪遗书》："这是宽恕不名誉的死者的民族

---

① 参见焦兵《访韩东育：拨开近现代日本对外战争的迷雾》，《中国社会科学报》2013 年 5 月 6 日。

② 参见吉田裕『占領期における戦争責任論』、『一橋論叢』第 105 卷第 2 号、1991 年 2 月，第 134 页。

③ 参见约翰·W. 道尔（John W. Dower）《拥抱战败：第二次世界大战后的日本》，第 492—493 页。

主义的辩解，这是遮蔽日本的战争罪犯与暴行的可怕现实的烟幕！”然而，在此后的岁月中，人们毕竟目睹了公众意识中 A、B、C 级战犯大规模的名誉恢复过程。于是，早前被认定为有罪并判刑的被告，开始被公认为是受害者而非加害者。它导致了这样的后果：人们记住了罪犯，却忘记了他们的罪行。① 而尤其值得关注的是，仅就后来的东亚国际关系和美日情感关系而言，无论是朝鲜战争、越南战争的爆发及其冷战结局，还是裹挟在日本人每年原爆纪念仪式背后的悲情，都或多或少地应验了东条英机的预言：前者是价值的，而后者，却是怨恨的。

　　A 级战犯在远东国际军事法庭接受审判时异口同声的“无罪”回答和《世纪遗书》对所谓“战争意义”的陈述，给全体日本国民留下了极深的印象；英美审判官对日本战犯的起诉和指控，也引发过许多“不服”者对所谓“双重标准”的怨恨。为此，战后 70 年来，有许多日本学者，包括对战争有过深刻反省并号召日本人民“脱胎换骨”的学术大家，也开始透过其大量论著，为人们呈现出其学术思想的另一面。

　　1942 年，河上彻太郎、小林秀雄、林房雄等人在《中央公论》和《文学界》杂志上提出了“近代的超克”的命题，其宗旨是要克服欧美文化，从欧美的“近代”中解放亚洲并最终肯定“大东亚战争”。对这场讨论，竹内好表现得十分热衷。这是一位学界公认的中国学主要是鲁迅研究者，也是对中国革命抱持相当同情的日本思想家。然而，这似乎并不妨碍他同时对“近代的超克”命题寄予超常的热情，并试图多方论证“大东亚战争”的正当性与合理性。这种矛盾，决定了其有关中国说辞的拗口和怪异：“作为存在物的支那终究在我之外，但因为在我之外的支那是作为应予超越的存在在我之外的，所以在终极意义上说它必须在我之内。自他对立毋庸置疑是真实的，但这种对立只有在成为我的肉体痛苦的时候它才是真实的。就是说。支那在终极意义上必须被否定。”② 有学者指出，“右翼思想”，几乎贯穿了其战前战后的学术活动；而 L. 奥尔森甚至认为，竹内有将日本所发动的对外侵略战争予以合法化的倾向，其中国论的理论基础

---

　　① 参见巢鸭遗书编纂会编『世紀の遺書』、巢鸭遗书编纂会、1953 年、第 683—685 页。又，［美］约翰·W. 道尔（John W. Dower）《拥抱战败：第二次世界大战后的日本》，第 497、493、501、495 页。

　　② 参见竹内好『中国文学の廃刊と私』、《竹内好全集》第 14 卷、筑摩书房、1981 年、第 455 页（译文参见孙歌《竹内好的悖论》，北京大学出版社 2005 年，第 46 页注①）。

则是亚洲主义。① 竹内好忽左忽右的政治立场和学术立场，显然不易使他本人被简单定性为左翼或右翼。早在 1948 年，他曾通过鲁迅研究而严厉地批判过日本的"脱亚"式近代主义，并将亚洲的未来寄托在中国身上。② 尽管如此，关于日本对外战争的认识问题，却已在他发表于 1959 年的长文中，有过相对定型的表述，即："大东亚战争，既是殖民地侵略战争，也是对帝国主义的战争。尽管这两个侧面事实上已被一体化，但我们却必须对其作出逻辑上的区分。日本并没有要侵略美国和英国的意图。它虽然从荷兰手中夺取了殖民地，却并无夺取荷兰本国的想法。由帝国主义来打到帝国主义是不可能的，由帝国主义来裁判帝国主义，也同样鲜存可能。"③ 据称，1946 年日本评论社出版的《竹内好全集》改订本，在未征求作者本人意见的情况下，将初版中的"支那"改为"中国"，"支那事变"改为"日华事变"，这一举动，曾遭到过竹内好的抗议；后在讲谈社初版该书时，编者征求了竹内好遗孀的意见，并将其改回到初版的原貌。有研究者认为，"这里牵涉到竹内好的思想方式问题，由于本文试图呈现竹内好的这个思想方式，故在引文中也保留了初版的用词"，并进一步称誉说，竹内好"与支那学家们的对阵不再是就事论事的技术性讨论，它获得了世界观意义上的自觉"。④

也许不是偶合，作为战后日本的中国学研究者，沟口雄三教授曾对中国近代化运动所开辟的有别于西欧和日本的第三条道路——"王道式近代"，给予过较高的评价；其以"日本知识分子的良心"承载者身份广泛活动于中日学界的学术形象，也时令中方学者和普通民众感动有加。⑤ 但是，这一切似乎同样无法构成他在战争性质解读上的任何妨碍。所不同的

① 参见 Olson，Lawrence 1992，Ambivalent Modern Portraits of Japanese Cultural Identity，Lanham MD：Rowman & Littefield Publishers，Inc.，p. 65。又，诸葛蔚东《战后日本知识共同体的流变》，《社会学研究》2010 年第 5 期。

② 参见竹内好『魯迅』、未来社、1961 年；『中国の近代と日本の近代—魯迅を手がかりとして』、東京大学東洋文化研究所編『東洋文化講座』第三巻『東洋的社会倫理の性格』、白日書院、1948 年。

③ 参见竹内好『近代の超克』、近代日本思想史講座 7『近代化と伝統』、筑摩書房、1959 年、第 253 頁。

④ 参见孙歌《竹内好的悖论》，北京大学出版社 2005 年版，第 33 页注 1、第 41 页。

⑤ 参见溝口雄三『方法としての中国』、東京大学出版会、1989 年、第 11 頁；又，沟口雄三《历史认识问题是什么问题》，中国社会科学研究会编《全球化下的中国与日本：海内外学者的多元思考》，社会科学文献出版社 2003 年版，第 6 页。

是，与竹内好不承认"帝国主义裁判帝国主义"的合法性却认可"大东亚战争乃殖民地侵略战争"的战争表述有异，沟口教授在谈到 1931 年以来的侵华战争性质和 1945 年向谁投降之"意义"等问题时，却巧借"日本人"或"某些日本人"之口，提出了他本人的疑问并给出了离奇的解释和意外的答案："我们日本人对于战争要谢什么罪？谢罪到什么范围？是仅就残酷暴行谢罪，对出兵侵略中国本身谢罪，还是对明治以来的近代化全过程谢罪？可是，一个国家的历史全过程就这样成了对其他国家的罪孽，这难道是可能成立的事吗？"当说到"南京大屠杀"中死亡人数是否成立时，发言者还制作了一个离奇的"比喻"："有个国家遭到邻国军队的侵略，在该国的一个城镇，邻国士兵入侵后实行了掠夺。后来，一个少女控诉说，那时她被一士兵强奸，该兵是身高两米多的大汉。但是，这个邻国承认入侵及掠夺行为，却不肯承认强奸这一事实。理由是当时在军队中不存在两米高的士兵。这个比喻揭示了感情记忆与事实记录的差异。对那个少女来说，两米高这一数值并非事实记录，而是恐怖心理的表征即感情记忆。在邻国一方则以此数值为事实的记录，并以两米高的士兵之不存在来证明强奸事实的不存在。"于是，"南京大屠杀'被害者三十万'"的说法，就成了"复杂的政治性数值"，而这一"数值"又"足以显示日中之间围绕感情记忆与事实记录产生的认识上的错位，同时因为各自所处的语境互不相通，使之成为两国间在历史认识上的隔阂之象征"。它大概想说明，既然与战争有关的"明治维新"是东亚公认的文明进步事件，既然战争的后果已被解读为"政治性数值"而不是"事实性数值"，既然要求谢罪者的谢罪根据只出自"感情记忆"而不是"事实记忆"，一言以蔽之，既然这一切都发生于"日中之间围绕感情记忆与事实记录"之"认识上的错位"，那么，侵略一方便无须对被侵略者谢什么罪，无论是代表"近代化"的日本历史"全过程"，抑或"两米高"士兵的"强奸罪"与"三十万人"的屠杀罪等，似乎均应作如是观。这一理论装置，与部分日本学者研究中日战争时的惯用常套之间，似乎已不分轩轾，即拿"近代"遮掩"暴力"、用"被害"置换"加害"、以"定量"否决"定性"。其中，最先需要关注的，应该是利用"近代文明"之"善"来消解对外侵略之"恶"的学术手法。沟口教授的设问是："为什么日本的侵略战争行为与日本近代化的过程被视为不可分割的整体呢？……就是说，在这里存在着以近代化的迟早、先后为衡量其民族的历史与文化之优劣标准的历史，而且，基于这种历史意识上的记忆仍以现在时态存在着。"于是，"不管中国人是否意识到，通过控诉日本人的残酷暴行，中国人是在对从自尊心上无法接受的日本人近代优越意识之傲慢进行焦虑的抗议。而且，当中国人站在西洋标准的近代史观上，身处不得不承认日本近代的优越性这一两难之境时，则更加焦虑。所抗议的对象轮廓的不清晰，使得抗议之矢不知何时如同'归去来器'般又刺向自身，于是这时其焦虑便越发严重"。① 在如此框架下再来讨论谁是战争的受害者，则片面的"历史健忘症"在战后日本人身上周期性发作的反应频谱，也就不再难以捕捉，即比较起"南京"，他们只记住了"广岛"；相对于日本对亚洲的涂炭，他们只记得"下町烧夷弹"和"东京大空袭"。于是，在讨论战争胜负时的以下说法，在日方看来似亦不违逻辑："日本是与欧美对抗、与欧美争战，最后败于欧美特别是美国，而非败给了亚洲。"为此，一连串潜在的反问也似乎同步成立：既然日本自己才是"受害者"，又怎么可能会变成"加害者"？既然日本没有败给亚洲，干吗要向亚洲谢罪？既然"帝国主义无权裁判帝国主义"，那么除了实力不逮于其他列强外，日本人又错在哪里？这些反问仿佛在提醒那些曾与日本交战过的相关国家包括英美，你们其实并不了解战后日本人的复兴动力和真实想法，即日本人的上述质疑，"同时也成为从战败中站起来之不屈精神及国民困苦与勇于奋斗的象征；而诱导这些思考的就是关于近现代的历史认识"②！它试图在帮助中国人逆推：被强奸少女对施暴者身高的放大，只表现了中国人的群体性"被害妄想"；而在"事实记忆"的强调下，日军在"南京大屠杀"中杀死三十万人的问题，似乎也应在"感情记忆"的归谬中诬为虚诞。在"定量"不等于"定性"的被害国呐喊声中，日本或许会一时谢罪，但这种谢罪好像也很难逾越沟口教授的"坦言"范围："日本人就本国的侵略行为向中国人谢罪，并对日本资本主义的发展始于中日甲午战争这一事实进行反省时，即使未必是有意的，但仍是以'资本主义化的成功'这一优越性为潜在的前提，而其谢罪本身亦是寓于'谢罪之傲慢'这一认识中的。而就同一问题的另一面而言，中国人如果视日本的近代化为成功而给予肯定性评价，在逻辑上便完全可能容忍日本的侵略，从而使自己陷入两难之境。"然而，既然谈"逻

---

① 参见沟口雄三、陈光星、孙歌《创造日中间知识的共同空间》，《读书》2001 年第 5 期。
② 同上。

辑"，并且假如是"学者良心"在独白，那么，沟口教授的上述观点或许只有在否定明治近代意义的前提下方能成立："我很久以来就主张这样一种近代史观：以未受到欧美压力的十六、十七世纪为日中两国近代过程的起点，两国近代构造的架构在'西洋的冲击'以前即已形成了。"① 可由于这一学术假设不啻"以取消问题的方式来解决问题"，因而无奈之下假设者也只好去续写假设不成立时自己的真实反应了：想要日本人认错，恐怕还需要"少则半个世纪，长则一个世纪以上"的时间，因为在他看来，"日本人的历史认识问题，从根本上说是政治责任问题"而不是其他。② 关于日本人何以如此对待周边被害国的正当诉求问题，纐纈厚教授指出：随着 50 年代的朝鲜战争、60 年代的东京奥运会和"越战"特殊供给下日本经济的高度成长，"经济大国"的意识开始笼罩全日本；冷战所导致的美日默契，使昔日的敌对关系转变为同盟关系。关系性质的改变，使美国对日战争责任追究问题只能走向暧昧。它帮助日本人忘却了曾经发动的侵略亚洲的战争和美国原爆打击前已经败给亚洲抗日战力的事实，其逻辑后果便是可以不承认战败。于是，不但"加害"意识无从谈起，甚至还复苏了日本对邻国曾经有过的轻蔑嫌忌之心，而周边邻国也显然已被日本再度措置于"落后的亚洲"地位。纐纈厚教授把日本的这种变化，明确地称为被恢复了的"大国意识"和"帝国意识"。③

　　这意味着，A 级战犯的"无罪"宣言及其"遗产"，虽衍生出为数可观的学术饶舌者，也消费了一大批强化"独立自尊""国家的品格"和主张"摆脱自虐史观"的御用文人包括他们的反对者。但是，如果光凭这些现象就以为上述研究者已触及问题的本质，那就显得有些天真了。事实上，那些不动声色地潜伏于日本肌体中并足以规定日本人全部表象行为的非表象结构，才应该是战后日本人史观的终极制约者。换言之，那些不动声色地潜伏于日本肌体中的下意识反应，或某种可以规定日本人全部表象行为的非表象存在，才应该是战后日本思想辙迹的终极制约者。那么，这个看上去不乏结构性思考的终极制约者，到底是什么呢？日本学研究者神

① 参见沟口雄三、陈光星、孙歌《创造日中间知识的共同空间》，《读书》2001 年第 5 期。
② 参见沟口雄三《历史认识问题是什么问题》，中国社会科学研究会编《全球化下的中国与日本：海内外学者的多元思考》，社会科学文献出版社 2003 年版，第 16 页。
③ 参见纐纈厚『日本はなぜ戦争をやめられなかったのか：中心軸なき国家の矛盾』、社会評論社、2014 年、第 200—201 頁。

岛二郎在《现代日本的精神构造》中开宗明义地指出："我这里所提出的'现代日本的精神构造'问题，并不是现代日本人的精神构造问题"，换句话说，"我的研究对象并不是个人的精神构造，而是'现代日本'之'集合主体'的精神构造"。① 他试图从以下五个层面展开这一构图：（1）关于非武装国家问题；（2）关于单身者本位体制问题；（3）关于战后民主主义问题；（4）关于日本社会和日本文化问题；（5）关于天皇政治的逻辑问题。其中，（1）（2）（5）这三个问题点，需要研究者给予特别关注。

该文发表于日本战败后的第四十个年头，也是日本《和平宪法》颁布的第三十八个年头。无论是战败的后果还是和平的要求，"非武装国家"的定位，对当时的日本来说都是绝对必要的。但是，这种原本是 GHQ 的强制与日本人的顺守间的结合物，在神岛氏看来却是符合历史上日本的自身经验，并且还是主动选择意义上的自身经验。这一看上去出人意表的讲法，为人们勾勒出这样一个历史的和逻辑的过程：日本国的非武装化条款，原本是占领军司令部的强制产物。但是，在该条款未尝废弃而新一轮武装军备已导致宪法空洞化的今天，非武装宪法的精神却依然存活于日本国民当中，并且国民也不会允许执政党自民党去实现已被提上日程的所谓修宪纲领。可当问及非武装宪法何以会落脚于日本时，诺艾尔·培林（Perrin Noel）的《抛却铁炮的日本人：日本史中的军缩》（*Giving up the Gun：Japan's Reversion to the Sword*, 1543—1879）一书，则为神岛提供了历史性佐证：1543 年葡萄牙人把步枪传到种子岛后不到一年的工夫，日本人便仿制成功并迅速将这种新式武器普及全国。其中，以堺和国友村的步枪制作最为有名，以至于 1549 年，当织田信长预订枪支时，国友村竟能一次性出具五百余条，而这件事距离日本人拿到第一支步枪，才只过去六年。在培林看来，16、17 世纪时，日本已是世界上为数不多的工业国，无论是原料、产品，还是在武器生产上，其优质度都不但远超亚洲，甚至已凌驾于欧洲之上。尽管如此，当国内和平局面得到确立后，日本在武器装备上却由步枪退回到重操刀剑的老路。培林对此举出了五点原因：（1）日本武士团的规模超过欧洲骑士团，且人数也是后者的 10 倍以上；（2）日本士兵武艺高强，只用通常的冷兵器即可以完成国家的统合与防卫任务；

---

① 参见神岛二郎『現代日本の精神構造』、『戦後日本の精神史』所収、岩波書店、2001年、第 25 頁。

（3）比起欧洲，刀剑在日本远具有更大的象征性意义；（4）轻视步枪的背后有忌避西洋人的基督教和商人观之用意在；（5）刀剑被认为是强于远射程道具的品位高雅和富于美感的武器，等等。尽管日本完全掌握了当时各种口径的新武器制作技术，但由于上述原因，19 世纪中叶前，日本显然是有意地关闭了这条迈向现代化军备的道路。直到"黑船事件"发生后，日本这才接续起当年的能力，并且到 1900 年，其军事装备也再度追赶上了西洋列强。培林由此认为，日本人具有控制技术选择方向的能力：它可以完全中止兵器的发展甚至令其倒退，而将这种能力转向其他领域，并使之走向发达。这意味着，近代以降的日本尽管可以对应军事化时代的要求，但日本同时还有技术选择上的非军事化经验。神岛于是得出结论说，这才是战后日本可以选择并维护非武装宪法的历史远因。问题是，这是否也意味着当某一天再有需要时，日本人也会同样带着技术选择的基因式天份，在军事领域重新披挂上阵呢？当人们看到安倍戎装临幸的"731"号战机和下水不久的"出云号"准航母这些当年曾肆虐于中国和东亚的标志性符号复制品时，相应的担心自然并非无端。

与"非武装国家"有所连带的关于"单身者本位体制"问题，还为我们提供了另外一个对战后日本的观察视角。似乎有这样一个不争的"事实"：在近代化过程中，前近代以家族和自然村落为基本单位所结成的社会结构走向解体，并首次代之以集团性社会组织形式。在前近代的家族走向崩解而近现代家族又无法成立的情况下，以往的组织形态只能转化成"单身者本位"的社会体制，并逐渐演变成日本社会的现实。在神岛看来，近代日本单身者集团的典型体现，便是军队。近代以来直到第二次世界大战战败时为止，日本之所以会发动旷日持久的对外战争并迈向军国主义化的道路，都是单身者本位的社会体制基础使然。战争的失败，固然使军国主义国家走向崩溃，但作为其基础存在的单身者本位社会体制，却非但没有解体，反而更加彻底化了。原因在于，战败前被编入到单身者本位社会体制中的人员只有男子，而战败后，随着占领军对妇女的解放，女子也颇具讽刺意义地被编入该体制当中。神岛在这里用"家族度"的概念，来判断家庭到底以多大的内涵在充任着共同体的职能，结果发现，当男女均被编入单身者本位的社会体制中去的时候，家族度已显示为零。而且，相对于战败前的"国家"，战败后以单身者本位社会体制来彻底吸收社会成员的装置，则是"企业"。就是说，战败后，企业在吸收单身者的行为中已代替了往日的国家职能，其所带来的日本经济高速发展意味着，曾经的军事大国和当下的经济大国，其实是建立在相同的社会体制基础上的。值得注意的是，就社会将"家族"化为单身者本位的分解能力而言，企业比国家还要彻底，所谓"一亿一村"的说法，形象地道出了战后日本社会的实存状态。透过神岛氏的上述观察，人们很容易想起战败前日本国家发动"总力战"时的"一亿一心"和"一亿玉碎"，也不难忆及战败后日本国民整体转向时的"一亿忏悔"和"一亿谢罪"。而且，无论怎样观察，战败后的日本"企业"功能都容易被直观地解读为战败前"军国"结构的接收器。如果我们还要继续追问：既然军国主义的国家组织形式可以轻易变身为资本主义的企业经营方式，并且这种变身还为日本国民日用而不知，那么，一旦当外部条件要求日本人去实现"军国"对"企业"的"逆接收"时，坚持《和平宪法》的"应然"口号和实务主义的"必然"选择之间，还会形成持久的"张力"吗？我们所提出的这一类问题，在神岛氏的逻辑中，大概也只是一个"设问"。

　　作为前两个特征的某种背景性因素，"天皇政治的逻辑"，在神岛看来显然还属于日本社会中更加本质问题。他认为，所谓"天皇政治"，一言以蔽之曰，是以最少暴力来实现最大凝聚的政治形态。古代律令制下的天皇政治形成于大陆中国文明的影响，却不尽同于中国政治；明治宪法下的天皇政治虽形成于西欧近代文明的影响，却并未尽失古来的传统。天皇身上似乎凝聚着两种权力：一个是看不见的人心归趋，一个是看得见的政治支配。"以最少暴力来实现最大凝聚"的天皇政治逻辑，到了明治时代发生了明显的改变，这种明显改变了的天皇政治一直持续到第二次世界大战战败时为止。而且，明治以来的天皇政治最终因日本战败和美军占领而遭到否定，并且这种否定还构成了日本国宪法的立宪基础。也就是说，战败后昭和宪法下的天皇政治，形成于美军的压倒性优势下。其新的内涵虽日渐含混，但古来的传统却或多或少地得到了保留。律令制时代的天皇，原本是"归服推戴""嘉纳听许"（まつらう・しらす）之所在。尽管明治宪法下的天皇政治朝西欧君主政治作出了明显的倾斜，但起草明治宪法的井上毅，却借用了古代天皇的固有价值指向，使天皇的"有权力无责任"旧习获得了在近代社会的延伸。于是，明治宪法下控制广大国民的天皇权力究竟是什么性质的权力，恐怕直到今天也并没有被搞清楚，云云。神岛的叙述显示，与传统迥然有异并一直影响至昭和前期的明治宪法，似乎并不能完全代表天皇政治的本来属性。但是，天皇固有的建立于权威基础上的权力以及附着于其上的"无责任"属性，之所以能被历史地继承下来，恐怕与天皇原本的"归服推戴"和"嘉纳听许"特征有关，即与"看不见的人心归趋"有关。在这样的前提下，神岛的以下发问，也就具有别样的味道："日本人曾经脱却的天皇权力与战后再遭束缚的核武器权力，果然是基于同一逻辑上的权力吗？如果是，当然毋庸置喙，但如果不是，那应该是怎样一种逻辑上的权力呢？之所以这样发问……是因为统治的逻辑与归趋的逻辑毕竟是两码事。为了客观地明确解析天皇政治，我认为，似乎有必要将上述逻辑从天皇家的营为当中进行一次剥离。"这种主要是针对美国的疑问，耐人寻味，可神岛接下来的表达，似更加如此："因战败而理应回到原点的日本，却在 60 年代经济高速发展中再度挺立于文明的前沿。当我们意识到这一点时，日本似乎已不再是什么'追赶'，而是步入了'领先'的行程。之所以能造成如此局面，亦如我所指出的那样，一个应该是支撑日本战争过程的单身者本位社会体制，另一个则是非武装和平宪法，而且事实上是二者的乘积使然。但是，这两者也恰恰是相互矛盾的东西：前者优位，则后者必将改变，而后者牵制，则前者亦将倾覆。"于是，日本是继续追随西方，用民主主义价值和武装市民去迎合西欧现代的世界战争和核权力，还是从再度被发现的江户时代去汲取现代日本的养分？神岛认为，摆在日本人面前的道路只有两条，而现在，这种选择才刚刚开始。①

神岛上述观点之矛头所指，显然是欧美世界。他所推出的一系列"事实"和"不得已"，试图收获到足以让那些总想改造日本的欧美人对日本固有性格的"无可奈何"和"放弃努力"之功效。美国芝加哥大学教授 Tetsuo Najita 部分地接受了他的观点，并从一个侧面迎合了其上述构图的合理性。② 不过有一点是肯定的，即我们至少可以通过上述叙事，了解到真正进入思考状态的日本学研究者到底在想什么和为什么会这样想。而且，由此而呈现的"只看战后看不懂战后"和"只读历史读不懂历史"的

---

① 参见神岛二郎『現代日本の精神構造』、『戰後日本の精神史』所收、岩波書店、2001 年、38—43 頁。

② Tetsuo Najita 教授指出，就事实而言，日本人富于技术天赋的创造性活动，并不是美国人强加给他们的能力，同时，作为实现创造之策略的民主主义价值，也并非由坚守近代化论的美国社会科学者出于扩大美国权益的单纯目的就可以高扬于日本的意识形态。这一切的核心，其实均来自明治启蒙主义自身。参见 Tetsuo Najita『戰後日本における社会科学と人間の挑戰』、『戰後日本の精神史』所收、岩波書店、2001 年、第 19—20 頁。

研究方法，还试图在历史反思和哲学建构上，给学界展示某种"型范"。日本政治思想史研究者丸山真男及其"原型论"，应该是首次尝试将日本作为客观审视对象的"他者"，以求在历史哲学层面抓取日本文化本质的学术实践。当然，这种实践也只能被定位为"尝试"。

被约翰·W. 道尔誉为"进步文化人"的丸山真男，曾经是战后批判日本军国主义的一面旗帜。他明确将反省日本国战败原因的焦点，集中于天皇的权力结构——日本"国体"上。在他看来，明治以来，作为兼具权威中心和道德源泉的"超国家主义"的核心装置——天皇体制，曾利用时间性的延长和空间性的扩大之巧妙逻辑，恶性发作为"日清、日露、满洲事变、支那事变乃至太平洋战争"等系列兵燹。从这个意义上说，给日本军国主义打上终止符的 8 月 15 日，也同时意味着"超国家主义"总基盘——"国体"的绝对性的丧失。① 然而，由日本所造成的空前巨大灾难，总要有人负责，而且必须负责。早在 1950 年代，丸山便明确指出："我们日本人无论在何种意义或何种形式上，都要承认并担负起战争责任，而且要与责任者进行一次根本性的对决。如果回避或隐匿之，那么和平运动也好，护宪运动也罢，都将寸步难行。"他认为，"一亿总忏悔"这一意识形态式的非白即黑转向和"二分法"的草率处理方式以及由此而造成的随意自我原谅与其实不思悔改之恶性循环，不要说在历史的理解上是错误的，即便对人们今后的思考和行动，也未必能发挥积极的效用。从这个意义上说，那种要区别对待"统治者"与"国民"的主张固然不错，但这并不意味着在所有方面都可以否定"国民＝被统治者"的战争责任：对于外部，日本国民至少在给中国人生命、财产和文化所造成的严重破坏面前，不能全部免责；对于内部，倘若可以对"昨日"迎合邪恶统治者的国民免却罪责，那么，也就不要指望他们还会对"明天"的邪恶支配势力去做积极的抵抗。然而，在所有的战争责任承担者中，最应被问责的，乃是"天皇"和"日共"，特别是天皇。丸山指出，远东军事审判没有对天皇问责，显然不是依据法律的结果，而是政治考量的产物。然而，一个作为"大日本帝国"的主权者、政权总揽者、大臣任免者、统帅权掌握者和终战决定者，居然可以对日本数十年政治进程及其后果不负责任，这即便在政治伦

① 参见丸山真男『超国家主義の論理と心理』、『現代政治の思想と行動』（増補版）、未来社、2004 年、第 26—28 頁。

理常识上，也无法被接受。有人以政治傀儡为由为天皇开脱，但战争期间的天皇却并不是傀儡。对一个并非傀儡的最高权力者免究战争责任，那么，那些盲目盖印的大臣之责，又从何谈起呢？问题的要害还在于，天皇只负道德责任的论调中有哪些国际政治的原因另当别论，关键是日本人如何看待之。可怕的是，在国民的心目当中，天皇本身已被视为"非政治的"或"超政治的"存在。如果说，将自身地位粉饰成非政治存在却能发挥最大政治功能的手法已构成日本官僚制的传统机密，那么，这一机密之集中体现者，便正是位处官僚制顶端的天皇。这意味着，确认并继续追究天皇个人的政治责任，直到今天依然是剔除日本民主化之不治之症——官僚统治方式及其精神基础的紧要课题。对此，天皇承担责任的唯一方式，就是"退位"。实际上，天皇对皇位的蒙混恋栈行为，才是战后"道义颓废"的第一号典型。而人们必须认真思考的问题是，这种放任，很快就可能变成不知廉耻的日本帝国诸神死灰复燃的先兆。[①]

　　然而，"非政治存在却能发挥最大的政治功能"这一独特的政治结构，与其说是"日本官僚制的传统秘密"，不如说是日本传统天皇制特别是明治天皇以来的日本国体的"秘密"所在。该"国体"及其"意识形态"在战后的"一举崩溃"固然值得庆幸，[②] 但天皇乃"非政治存在"的"无责任"者这一认识本身，已透露出日本"国体"在战争性质问题上的反现代和反民主本质。从某种意义上说，这其实已构成了丸山真男"原型论"或"古层论"出台的最初触媒。从下面的简要梳理中不难看出，这种研究，已开始在历史哲学的层面上部分地触及了日本的本质。由丸山首次提出的特别观察视角——"原型"，原本是指由上古"神话"的各种观念和绵延不断的民间传承累积而成的"型范"，包括"伦理意识的原型""历史意识的原型"和"政治意识的原型"。就抽取方法而言，他认为，只有从日本古典中实行儒佛消去法、神道观念精练法和民间传承提升法，才能提炼出这一"原型"。70 年代，丸山开始用"古层"一词来代替"原型"，并进一步引入一个音乐术语——"执拗低音"（basso ostinato，执着而持续的低音），来譬况"原型"或"古层"，表明丸山的"原型论"，似乎已给

---

① 参见丸山真男『戦争責任論の盲点』、『丸山真男集』第 6 卷、岩波書店、1995 年、第 159—163 頁。

② 参见丸山真男『原型・古層・執拗低音』、『丸山真男集』第 12 卷、岩波書店、1996 年、第 117 頁。

日本的"伦理意识""历史意识"和"政治意识"带来了思考的"基盘"和解释的"终极"依据。① 根据丸山本人的回忆，"原型"的说法，始于他 1963 年度的讲义。但有学者指出，"原型论"提出的最早时间点，应该是 20 世纪 50 年代末。理由是：在 1961 年岩波书店出版的《日本的思想》后记中，丸山曾写过"過去のなもの——極端には太古的なもの——の執拗な持続"这样一段话。② 然而进一步观察还会发现，日本战败后不久，丸山真男的《超国家主义的逻辑和心理》（1946）③ 和《军国支配者的精神形态》（1949）④，就曾用"超（极端）国家主义"和"无责任体系"的视角，追问过战争前后日本国民的"精神形态"。尽管丸山当时还无力从"道"的层面对日本人的思维类型作出形而上的抽象，但这项工作，却较早反映了丸山试图从根本上挖掘战争原因的学术初衷。

对"国体"的苦恼，使丸山将"原型"的思考更多投向了日本的"政治意识原型"，即古代天皇的祭祀与行政功能在"政事"上的二元分立与矛盾统一结构。"政事"一词，在日本语中被写作"まつりごと"：既是"政事"，也是"祭事"。但是，在"记纪"神话中，却出现了与中国政治原则截然相反的祭政分离倾向。由此而形成的"二重权力结构"，乃如"卑弥呼与男弟""神功皇后与武内宿祢""推古天皇与圣德太子"等政治关系格局不一。丸山曾就字面的意义解释说，政事与祭事，是通过"まつる"＝"奉"（奉仕、服从）之中介才实现的连接。尽管上述"二重权力结构"在决定事务时并非呈现出"二元对立"格局，而是相偕运作，但由于"天皇并非宗教的绝对者而只是祭祀行为的统率者"，加之具体行政事务往往交由他人去处理，因此，在重大的政治问题发生时，天皇似乎不需要承担根本性责任。⑤ 行文至此，人们或许会发现，丸山已在日本传统的政治体制中找到了天皇作为"无责任者"的原始根据。这是否意

---

① 参见韩东育《丸山真男"原型论"考辨》，《历史研究》2015 年第 1 期。

② 参见水林彪『丸山古代思想史をめぐって』、『日本思想史学』第 32 号、日本思想史学会、2000 年。

③ 参见丸山真男『超国家主義の論理と心理』、『現代政治の思想と行動』（増補版）、未来社、2004 年、第 11—28 頁。

④ 参见丸山真男『軍国支配者の精神形態』、『丸山真男集』第 4 卷、岩波书店 1995 年、第 97—142 頁。

⑤ 参见丸山真男『政治的諸観念の原型』、『丸山真男講義録』第 7 册、東京大学出版会、1998 年、第 114—115 頁。

味着，如果日本传统的"二重权力结构"一直持续到明治乃至昭和时代，那么，对"二战"期间日本侵略行为的主要负责者，恐未必是天皇，而是担当具体事务的政府和军部呢？

　　然而，一个微妙的变化，也刚好发生于丸山在印证日本近代天皇政治思维的有害性时与中国政治及其理论装置——儒家思想体系的频频对比中。在他看来，儒教政治之"修身齐家治国平天下"这种"使道德与政治直接连通"的思维，"在使政治权力无界限地侵入精神领域的同时，正像儒教家族内部伦理所显示的那样，也产生了将伴随强制力的统治关系植入道德领域的倾向。于是，在最坏的情况下，权力的强制竟被粉饰以道德，反过来，（政治本身）亦夺走了道德的内在性，使之堕落为顺应（conformity）共同体或集团（利益）的道具"。就是说，儒家的"政教混一"和"公私不分"，曾极大地影响了日本天皇制度的近代转型。由于这种转型的萌芽发育于江户时代，因此，"有关判断父爱式慈善统治和以亲子关系为模板的社会关系的思考方式，究竟使儒教主义这一江户时代的通念产生了怎样的病理现象等问题，已经在《劝学篇》中遭到过福泽（谕吉）的明确批判"。① 这使人想起两点。首先，丸山在追究战争责任时称：天皇仿佛是长着两个头的怪物，即"立宪君主"和"绝对君主"之一体两面。于是，和战中与战后的"统制经济"一样，政治决断的传达过程几乎没有正规的渠道，而是暗箱操作。重要的是，这种现象绝不是突然发生的变异，而是明治以来日本统制结构自身不透明体制基础上的自然反应。就是说，这种 30 年代后越发明显的"政治病理"现象，绝不是明治期未尝发生过的情况。② 其次，是丸山的成名作《日本政治思想史研究》在他本人学术思想走向上的底色性规定。这部由发表于 1940—1944 年的几篇大论文汇集成册的学术著作，通过解构朱子学在江户思想界之影响过程，搭建起一个日本早期近代论的象征——"徂徕像"及相关思想结构。在这个构图中，丸山已把近世儒家学说之总代表"朱子学"，视为与近代化原理相悖的思想体系，并将其定性为"旧体制"——德川体制的帮凶。在这种情况下，比较接近近代日本思想（或具有近代性潜质）的"古学"（荻生徂徕）和

----

① 参见丸山真男『近世儒教の思想的地位と政治的諸観念』、『丸山真男講義録』第 7 册、東京大学出版会、1998 年、第 251 頁。

② 参见丸山真男『戦争責任について』、『丸山真男集』第 16 巻、岩波書店、1996 年、第 327—328 頁。

"国学"（本居宣长）勇敢地站出来，对这种旧体制的思想载体展开了有力地批驳，并最终完成了日本早期近代化的准备工作。实际上，对"儒教—东洋旧体制"的否定和克服这一丸山图示，矛头所指乃是近代以来的天皇政治集团。明治以降，曾造成过重大社会影响和学术影响的"国家主义国民道德论"思潮及其凝结物——明治天皇颁布于1890年的《教育敕语》，是被朱子学做过极致发挥的"五伦"教义和道德形而上学。井上哲次郎的《敕语衍义》（1891）及其对近世朱子学作出首次系统性哲学诠释的作品——《日本朱子学派之哲学》（1905），显然极富成效地支持了明治时代的国家意识形态。鹈沼裕子在谈及井上的工作"效果"时指出："一般说来，近代日本思想史上的'国民道德论'，指的是明治四十年代因国家统制而被倡导的国家主义的道德运动。但实际上，该运动的风潮，却上可溯及明治十年的儒教道德复活意识，下可延至太平洋战争末期风行的国粹思想"，时期相当"漫长"。① 这意味着，津田左右吉在昭和时代的反儒教言行，势必会引发反对天皇体制的联想，其遭遇某种"不幸"甚至酿成被追究法律责任的"津田事件"，亦在意料之中。② 丸山本人因现场庇护津田而受到牵累的体验，决定了嗣后丸山在学术领域上的转向——其江户思想史研究，与其说是导师南原繁的建议，不如说是政治压力所致。它教会了丸山如何采取学术"迂回"的方法，既批判了导致"圣战"的原因又不去直接触动炙手可热的军国主义。事件发生后的第二年，丸山给津田写信，称希望能通过自己的研究给津田以"暗默的支持和声援"，并同时寄去他研究日本政治思想史的代表作——日后被集结成《日本政治思想史研究》一书的主干论文开篇——《近世儒教发展中徂徕学的特质及其与国学的关联》。丸山十分希望这篇研究德川朱子学解体过程的文章能够引起西洋社科专业出身者津田的惠顾，哪怕是些微的瞩目，也"幸甚至哉"，③ 只因为这篇文章首先确立的自明式标准，便是黑格尔在《历史哲学》绪论中对中国事物的批判性叙述。④ 当然，丸山的理论构图，明显比位处对立两

---

① 参见鹈沼裕子『国民道徳論をめぐる論争』、今井淳・小澤富夫編『日本思想論争史』、ぺりかん社、1979年、第356頁。

② 参见丸山真男『ある日の津田博士と私』、『丸山真男集』第九卷、岩波書店、1996年、第121—130頁。

③ 参见丸山真男『丸山真男書簡集』1（1940—1973）、みすず書房、2004年、第3—4頁。

④ 参见丸山真男『日本政治思想史研究』、東京大学出版会、1952年、第3頁。

极的井上和津田要巧妙得多：其出发点虽然与津田思路极其贴近，但他先是把研究视角远投江户时代，然后在强调朱子学在幕府初期之"崇高"地位的同时，给朱子学赋予了被"捧杀"的命运。这种做法，既没有重蹈儒教虚无论的老路，也避开了招致当下政治风险的一般可能性。但是，"津田事件"时他们逃离现场后津田博士的自言自语，却给丸山留下了更深的印象："若听任这帮人闹下去，日本皇室可就危险喽！"① 这大概意味着，原本在祭政高度一致的中国皇帝身上才会出现的责任追究问题，将因为儒教的极权导向而使日本固有的"祭—政"二元"国体"改弦易辙，并给天皇本人带来可以逆料的灾祸。丸山于是乎通过所谓日本"政治意识原型"，对日本人之所以对"易姓革命"和"万世一系"同时并存现象提出质疑的历代言说②赋予以结论，认为那是中国人平行但对立的两种传统政治思维次第涌入日本后给日本人带来的政治信仰上的混乱："儒教思想在日本化之际所引发的甚大困难和抵抗，表现在这一民本的'革命'思想和与之相关的王朝'正统论'问题上。江户时代的'国体论'，正是将兼容儒教的'君臣之义'和有德者君主思想这两种意旨完全相反的观念间是否具有同一的可能性，即君臣名分的绝对不动性（以伯夷叔齐的故事为代表）与有德者君主思想（德治主义）之根本性归结的禅让放伐肯定论之间所存在的矛盾，作为最大的 issue（争论点）来展开的。"③ 他之所以通过"徂徕学"来次第裁断朱子学的"连续性思维"，④ 并推尊"古学派"所谓"天人相分""政教相分""圣凡相分""公私相分""物我相分"这"五大斩断"⑤，所要解决的也正是上述问题。丸山的研究，不但勾勒出"古学派"特别是徂徕学派对肢解和瘫痪朱子学所发挥的决定性作用，作为对津田的"暗默"呼应，这一叙事还着力强调了"国学派"及其集大成者本居宣长（1730—1801）与荻生徂徕之间的间接继承关系，并为他日后推出的"原

① 参见丸山真男『日本政治思想史研究』、東京大学出版会、1952年、第130页。
② 参见荻生徂徕『弁道』、『弁名』、日本思想大系36『荻生徂徕』、岩波書店、1973年；本居宣长『直毘霊』、野口武彦編注『宣長選集』、筑摩書房、1986年。本居宣长『源氏物語玉の小櫛』二の巻、『本居宣長全集』第七巻、吉川弘文館、1927年、第515—518、529页。福泽谕吉：《文明论概略》，北京编译社译，商务印书馆1997年版，第2页。
③ 参见丸山真男『丸山真男講義録』第7册、第224页。
④ 参见丸山真男『日本政治思想史研究』、東京大学出版会、1952年、第25—26、30页。
⑤ 参见韩东育《日本近世新法家研究》，中华书局2003年版，第367—378页。

型论"（"古层论"）埋下了深深的伏笔。① 于是，在构成"原型论"底色的学术构图中，对于"文明"，丸山抑"中世"而扬"近代"；对于"国体"，则重"自统"而斥"外来"。这意味着，对欧洲文明的激赏，使他必须反对"近代的超克"；而对"革命"的警惕，又使他必须远离儒家。战败的不堪，使他对天皇的唾弃，连着对儒教的反感；而面对国体的崩溃，又使他痛感到日本人认同上的危机。这种由"近代"与"中世""本土"与"外来"之张力所形成的思想上的"两难"困局，使他在努力追究天皇及国体的战争责任的同时，又无法不自陷于所谓"日本近代的窘境"："日本究竟'欧化'到何种程度还依然是日本？对于这一问题，即使到今天也并未得到解决。一般的情况下，改变过去或在变化中前行，或者将同一性保持下去，是国民或民族的认同问题，而这又恰恰是一个两难的问题。实际上，近代日本的国体论，并不是单纯意义上的政治意识形态，其难点正在于隐含其中的日本认同问题。战败时围绕'国体护持'而引起的巨大骚动，也只因为一点，即如何保持与统治层的利害难以拆分的民族认同问题"，简言之，在"民族认同或同一性问题上"，真不知如何才能处理好"传统与欧化或者传统与近代化的关系问题"。② 这段发表于1986 年的文字与 1956 年揭载于《思想》第 381 号的《战争责任论的盲点》以及 1940—1944 年发表于《国家学会杂志》上的系列论文之间所呈现的变化，反映了丸山真男的真实心理活动，也反映出许多日本思想者的心理状态，有时还导致他们在战争责任追究问题上的茫然③甚至诡辩。④ 然而，作为对战后日本知识界特别是思想界发挥过长期影响的学术大家，丸山

---

① 参见丸山真男『日本政治思想史研究』第一章第二、三、四節、東京大学出版会、1952年。又，津田左右吉『神道及び國学に於いて』、『支那思想と日本』、岩波書店（岩波新書）、1938 年、第 53—77 頁。又『原型・古層・執拗低音』、『丸山真男集』第十二巻、岩波書店、1996 年、第 149—150 頁。又『丸山真男講義録』第七冊第一章第二節、第四冊第一章第一節、東京大学出版会、1998 年。

② 参见丸山真男『日本近代のディレンマ』、『丸山真男集』第 13 巻、岩波書店、1996 年、第 54—55 頁。

③ 参见丸山真男『戦争責任について』、『丸山真男集』第 16 巻、岩波書店、1996 年、第 323—333 頁。

④ 加藤周一说："在十五年战争中，作为个人，日本没有一个战争责任者，即大家都有错。战争责任由全体日本国民承担，不是由领导人承担。所谓'一亿总忏悔'，就是说无论是香烟铺的老板娘还是东条首相，都有一亿分之一的责任。一亿分之一的责任，事实上就是等于零，即变得没有责任。大家都有责任，几乎等同于没有责任。"参见加藤周一『日本社会・文化の基本的特徴』、『日本文化のかくれた形』、岩波書店（岩波現代文庫）、2004 年、第 26—27 頁。

等人在天皇和国体问题上由战败之初的激进逐渐走向暧昧甚至责任分散和消解的态度，对研究者准确把握战后日本思想的流变轨迹，应不无意味。

三　对战后 70 年的再省思

用"左翼"和"右翼"的标签让日本人对号入座，是战后国际社会对日本观察时的习用方法。可当我们真的这样去做时却发现，日本人中，既有对美意义上的左翼和右翼，也有对华意义上的右翼和左翼；有人在超越的价值层面上是左翼，在民族主义问题上则是右翼；政治上是左翼，文化上是右翼（反之亦然）；历史观是左翼，当下观是右翼（反之亦然）；来华访美时是左翼，回日本后是右翼（反之亦然）；上午还是左翼，下午就变成右翼（反之亦然）……它给人们带来的心绪混乱和情感跳荡是空前而剧烈的。这意味着，"左""右"的标准和尺度，用来表现政治或无不可，用来研究学术，却不知其可。2005 年加藤周一在清华大学讲演时，说过一段调侃的话："我的观点多年来并没有变化。50 年代我这么讲，今天也还在这么讲。但是 50 年代在日本听我讲话的说我是右派，今天在日本听我讲话的人说我是左派。我没有变，但是社会变了。"① 加藤所谓"社会变了"其实是在说"时代变了"。实际上，不管局外人怎样观察日本和日本人怎样自我观察，也无论有多大程度的名实乖离，人们都无法否认其 70 年来所发生的改变。毕竟，它走过了从"一亿玉碎"向"一亿忏悔"、从野蛮施虐向道德颤栗、从天皇体制向民主政治的坎坷历程，也实现了从自国发达转向惠及周边、从资本输出走向教育援助、从一龙独舞带动群龙共舞、从经营本邦转向贡献世界的部分理想……这是事实，人所共见，所以即便没有毛里和子教授的"提醒"，② 与日本有过接触的人特别是中国人，均十分清楚。但是，正如前面所述，战后日本人"疾速转变"的虚实现象和"形亡实存"的自身结构，却是人们需要关注的重大问题。

首先，我们了解那些公开否认战争责任的言行并斥之为"右翼"，却不太了解那些承认罪责而否认自身变化、承认战败却未必拥抱战败的反美理论。日本战败之初，美国人曾乐天地相信了日本人的"一亿总忏悔"表

---

① 参见刘晓峰《"平成日本学"初探》，《日本学刊》2015 年第 2 期。
② 参见毛里和子《重建中日关系》，《日本学刊》2013 年第 4 期。

态，并认为他们很简单，至少没有老道的德国人那样复杂。于是，为了占领后日本国内的稳定，美国在作出免除天皇战争责任的决定①后，又在美苏对峙、韩战和越战等冷战寒流中，释放并公开接纳了被指控为右翼战犯的岸信介等人且以之为首相或部门大臣。毋庸讳言，那些能将日本迅猛复苏的精英们，几乎全部是经历过战争过程和战败体验的那代人。但是，道尔的观察显示，"当谈到日本的极端暴行时，许多人都坚持否认。事实上，所有的人都真诚地悲悯那些为国捐躯的亲友和熟人。他们也还记得战败后数年间，白人胜利者轻蔑地将他们看做'小男人'而引起的迷茫困惑"。尽管今天这些人大都淡出了历史舞台，但"对于裕仁统治的前20年间日本所犯下的掠夺罪行，此时正当需要明确承认和道歉的历史时刻，在他们身后却只留下了糟糕的历史记录。在他们心目中，承认这个，就包括必须承认'东京审判史观'，而那对他们来说是不可想象的。他们的爱国心，为他们的国家招来了多数外部世界的轻蔑和不信任"。② 这或许意味着，不太长于做公开表态的战争参与者们——那些比例还不在少数的日本"战争遗民"，他们对战争性质的复杂认识以及由美国人所谓"双重标准"所造成的认知困惑等思想问题，战后似乎并没有因 GHQ 对日军的和平遣散和对天皇的无罪免责而得到有效的解决。美国人的功利性考虑也只好使他们对接下来所发生的大量事实有意视而不见：1960年代近千万人参加的"安保斗争"和时断时续的反美集会，是日本各界的共同行动；GHQ 在凸显美国一家对日意义的目的下禁用"大东亚战争"而力倡"太平洋战争"的结果，在使日本人忘掉其在亚洲罪恶的同时，还让他们牢牢地记住了美国人那两次空前绝后的"无差别杀戮"；而日本每年在"珍视和平"名目下一定要举办的"原爆"纪念活动，说到底，也不过是对美国的无声控诉和仇恨记忆的强化装置而已。然而，美国的"重返亚太"和"亚太再平衡"等

---

① 直到1945年9月2日，日本的兵力还有"六百九十三万八千人，是由一百五十四个陆军师、一百三十六个旅和二十个重要的海军部队单位组成的"。"一些盟国特别是俄国人和英国人颇为强烈地要求把他（指天皇——引者注）列为战犯"，"我由于认识到这种不公正的行动会引起灾难性的后果，就对这种做法加以坚决的抵制。当华盛顿有点转向英国的观点时，我就提出要采取这一行动至少需要一百万人的援军。我认为如果天皇作为战犯受到控告或被绞死，那么整个日本就必须建立军事管制政府，而很可能爆发游击战争。天皇的名字从战犯名单上勾销了"。参见〔美〕道格拉斯·麦克阿瑟（Douglas MacArthur）《麦克阿瑟回忆录》，第180、183页。

② 参见约翰·W. 道尔（John W. Dower）《拥抱战败：第二次世界大战后的日本》，第551页。

一系列挑拨东亚各国关系的战略举措，却有效地控制住了日本的反美情绪。至于那些举措能够奏效到几时，美国人对日本社会的"非军事化和民主化"规定还能维持多久，却是一个实难逆料的问题。一个人所共见的现象是，在战后日本，一方面是从"道歉反省"到不知"侵略"为何物、从"防卫厅"到"防卫省"、从"保护国民知情权"到《特定秘密保护法》的颁布、从"军人不得干政"到新版《防卫省设置法》正式废除"文官统领"制、从"禁止行使集体自卫权"到"解禁集体自卫权"等政策和制度的推进，另一方面则是反对战争、捍卫和平宪法的"第九条"保护运动。在日本政治整体发生问题的情况下，"九条会"，无疑是一大弥足珍贵和平主义力量，其行动也是令亚洲各国特别是中国人民感动备至的义举。可是，一如有学者所指出的："九条会的组织方式非常独特。它有异于一般的社会政治团体，没有严格的内部组织形式，也没有为增强团体内在凝聚力而设定的各种规章与制度，只要是支持和赞成宪法第九条的人都可以动员自己身边的同道者组织起来，九个人就可以组织某一地方或某一领域的九条会，再通过各地、各领域的九条会来组织关于宪法第九条的各种学习会、讲演会。"① 于是，在日本社会中，步步为营的制度推进和可圈可点的信念坚守这两股力量之间，事实上已呈现出越来越大的失衡格局。当神

---

① 参见刘晓峰《"平成日本学"初探》，《日本学刊》2015 年第 2 期。当然，"九条会"所采取的运动方式，起到了或试图起到在日本现有政党政治框架中在野党无法或无力起到的作用。7 月 16 日日本国会众议院强行通过"解禁集体自卫权"的《新安保法案》后，日本东京和全国地方都市，均爆发了规模不等的民众示威游行。全国民调显示，7 月 17 日、18 日，安倍内阁的支持率为 35%，不支持率达 51%，首次超过半数（《每日新闻》）；18 日、19 日，内阁的支持率为 37%，不支持率为 46%（《朝日新闻》）；18 日、19 日，内阁的支持率为 39.3%，不支持率为 52.6%（《产经新闻》）。安倍内阁的支持率，显然已降至组阁以来的最低水平。与此同时，同"九条会"相互呼应的日本宪法学界及其他领域的上万名学者，还纷纷仗义执言，对安倍内阁强行通过"解禁集体自卫权"的《新安保法案》，明确给予了"违宪"定性。8 月 7 日，日本前首相中曾根康弘投书日本《文艺春秋》《读卖新闻》等多家媒体，称日本在过去那场大战中的行为是"明白无误的侵略"。对于安倍即将发表的战后 70 周年谈话，中曾根强调："应该带着勇气与谦虚的态度正视自身历史中负面的部分。牢记从中汲取的教训，引领国家是现代政治家的责任和义务。"中曾根将过去的那场战争称为"轻率的战争"，"尤其严重地伤害了中华民族的感情"。关于改善与中韩等国的关系，中曾根警告说："应该以谨慎的态度对待历史问题上的摩擦，在坦率反省过去的同时应该谨言慎行。"他说："一个民族受到的伤害，即使历经三代人上百年的时间也不会消除。"8 月 11 日，一个由日本老记者组成的团体公开了前首相细川护熙、羽田孜、村山富市、鸠山由纪夫、菅直人反对安倍修改"集体自卫权"的共同意见。日本《每日新闻》8 月 30 日的报道称，5 位日本前首相批评安倍无视国民、破坏日本立宪主义，要求立即撤回安保法案。另据 8 月 30 日《朝日新闻》报道，当日下午，有 12 万人围聚日本国会议事堂，坚决反对政府欲强行通过的安保关联法案。参加者包括 20 世纪的战争体验者、60 年代反安保运动人士和各校大学生，抗议浪潮再度席卷了全国各地。日本国内的抗议行动和反对声音，适足令东亚各国特别是被害国人民感动不已。但上述行动能否真正影响到国会参议院的终审意见并最终推翻之，还需要学界的密切关注和审慎观察。

岛二郎的论著所传递出来的信息让人感到许多日本人在战后的"变"不过是出于隐忍生存甚至是卧薪尝胆之需时，潜伏于该观念下的"不变"和积蓄久矣的逆向能量，将是巨大和恐怖的。日本战败之初，竹内好在对比日中两国接受西方价值和制度的不同表现时曾讲："转向，是发生在没有抵抗处的现象，它缺乏化外物为自身的欲求。固守自我的事物，是不会改变其方向的，而只能走自己的路……转换（回心）则不同。它看上去像似转向，但方向却相反。如果说，转向是向外的动作，那么，转换却是内向的归趋；转换以保持自身来体现，而转向则以放弃自我为特征；转换以抵抗为媒介，而转向则无需媒介；转换发生的地方不会出现转向，而转向出现的场所也不会有转换发生。转向法则支配下的文化与转换法则支配下的文化，存在着结构上的差异。"简言之，"日本文化就类型学而言是转向型文化，而中国文化则是转换型文化"。[1] 由此反观神岛氏的"不变论"，那么，其所谓"非武装国家"的要求与明治与昭和、战前与战后一以贯之的"单身者本位体制"在社会结构上并不存在矛盾的认识，其实已暴露出美国对日本的改造工作并未触及也无力触及其社会基础这一事实；而所谓"单身者本位体制"乃建立于前近代家族和自然村落解体基础上的说法所构成的事实与理论盲点——军队或企业中并未消亡的、以拟家族和拟村落化的形式转生而来的共同体纽带及其价值本质，还足以让人在不堪回首的历史往事中勾起超时代的连贯兵燹记忆，[2] 尽管我们仍愿意对道尔的良好预测乐观其成："在不久的将来，宪法很有可能被修改，但是其中涉及的问题，仍然可以反映出当今日本民众的政治意识。尽管宪法第九条已经被扭曲变形，以维持'自卫'能力的名义被不断扩充阐释，但它毕竟仍然作为具有强制效力的不战理想的宣言，与宪法导言中强烈反战的言辞一同留存了下来。"[3]

其次，我们了解那些追责天皇的正义呐喊并誉之为"左翼"，却不太关注其国体否定行为已经发生的两难困局和对华归谬倾向。天皇制，对现

---

[1]　参见竹内好『中国の近代と日本の近代』、『日本とアジア』所収、筑摩書房（ちくま学芸文庫）、1993 年、第 47—48 頁。

[2]　参见韩东育《日本对外战争的隐秘逻辑（1592—1945）》，《中国社会科学》2013 年第 4 期。

[3]　参见约翰·W. 道尔（John W. Dower）《拥抱战败：第二次世界大战后的日本》，第 550 页。

代中国人而言，是一个极其陌生的国体。这意味着，我们还需要对其展开深入的现场调查和心理分析。丸山真男的相关研究表明，前近代日本的政治制度，长期呈"祭""政"分离的"二元"权力结构。这种观察，一定程度上揭示了日本历史的某种实际。历史上，日本虽受到过外来势力的威胁，但这种威胁不但极其微弱，而且，因大海的天然阻隔，直到1945年为止，日本还从未有过被外来势力侵略和统治的体验。可当这种原本符合日本自身风土的"二元"体制首次遭遇西方列强的武装压迫和殖民威胁时，日本人却突然发现，面对庞大如清朝的中国都难以抵御的西方力量，倘不思凝聚、一任松散，则不但会重蹈鸦片战争的覆辙，国土不及中国十分之一的日本全土，恐亦将直面被吞噬的命运。"公武合体""大政奉还""废藩置县""殖产兴业""富国强兵"等事件和政策的发生与出台，就本质而言乃根源于此。至于所谓面向西方的"文明开化"行动，也与对中国价值期待的整体"幻灭"有关，这一点毋庸讳言。日本要想生存，在强权的新世界规则下就必须"辞旧迎新"，何况，这对于日本打破"华夷秩序"、取代中国的东亚地位而言，又何尝不是千载难逢的机遇！但是，长期习惯于权威与权力、宗教与行政分家的日本旧有政治，想在一夜之间把全国民心聚合为一，单靠宗教意义上的精神纽带——对天照大神的神道信仰，显然是无法做到的。这就使江户中晚期以来持续受到批判的新儒学体系"朱子学"，突然被派上了用场。他们发现，在继续强化天皇与国民之纵向关系——"神人纽带"的前提下，只有加强横向"人际关系"，才能真正实现日本的内部凝聚，而堪任这一凝聚之功者，却非"忠孝一本"之儒教德目而莫属。它有助于我们理解以往不易了然的系列现象：日本近世时期，在看似德川"体制意识形态"的朱子学体系下，幕府却容忍甚至部分地遵循了"古学派"的"天人相分""政教相分""圣凡相分"等价值取向。这其中，不能说没有公武分离时代幕藩制度的体制性考量在内——它需要借助这些思想来论证"二元"政治结构而主要是自身存在的政治合理性。可是，当西方势力压来后，"后期水户学"和"萨长土肥"开始走上"尊王攘夷"的皇统独尊道路，而完成"公武合体""无血开城"和"大政奉还"之历史转折任务的，除了西南诸藩的压力外，还要特别关注幕府末代将军德川庆喜之所以能做到"大政奉还"的重大学术背景：庆喜是水户藩第九代藩主、以力倡儒教道德和尊攘思想而闻名内外的德川齐昭的子嗣，而庆喜自幼所受到的水户学"皇统"教育，则让人无法否认，他所作出的历史性决断其实并不突然。庆喜的行动，有效地排除了明治天皇在"二元"体制和观念结构上的政治·学术障碍，而明治政府对德川遗产的处理方式也十分耐人寻味："文明开化"，使具有早期近代化倾向的"古学"并未遭到排斥，且通过西周和福泽谕吉的继承获得了近代性转换；而"体制一元"的绝对化要求，又同时复活了与后期水户学关系致密的"儒学"。结果当然是人们所熟知的，除了日本近代化在东亚地区的一枝独秀外，还有日本帝国的对外系列战争直至 1945 年的收场。从这个意义上说，丸山将近代以来的天皇制国体变化归谬给儒教作用之言说，或许也不乏一定的根据，但如果仅仅因为这一点就否定儒教的全部意义,[①] 并且也仅仅因为这一点便连同福泽谕吉一道去厌华、排华、脱亚，甚至不惜拿傲慢的近代性来重新竖立一道与中国之间的"价值隔离墙"，这显然不应是一个战争反省者的应有态度，却很像是连接于"无责任体制"延伸线上的新型"责任外推"。黑住真教授在谈到日本近代儒教时指出："我们可以把日本近代儒教分为如下三种形态：（1）广义上知性的、道德的、作为文化教养的儒教，（2）参与了民族国家形成和帝国主义的儒教，（3）在学院学术中形成的儒教。"他承认"近代天皇制试图把以权威、权力极度集中于天皇一身的形式来实现立宪"的事实，也注意到"在近代日本，为数众多的知识分子都认为'儒教参与并袒护了近代化中的暴力和帝国主义，它绝不是无垢的'"等说法，但他同时强调，"这里所说的儒教，是指'某种近代日本儒教'，而并非是近世日本儒教或者日本以外的儒教。但是，当前者（某种近代日本儒教）的印象被投射到后者（近世日本儒教或者日本以外的儒教）时，便滋生了贬低儒教、警戒儒教的倾向"。[②] 由于这关联着足以倾动战后日本思想界全体的丸山真男及其系列研究，并且这种研究已衍生出明显的中国轻蔑意识，因此，黑住教授的长视角观察，还具有深中肯綮的意味："丸山的［原型论］由于被视为'转向'和'蹩足'，而评价很差。其实，这并不是什么'转向'，而不过是把原本暗伏于《研究》（指《日本政治思想史研究》——引者注）中的潜形存在变得表面化了而已"，因为"在《研究》中，有一种面向近代的单线发展史观。这里，只

---

① 参见丸山真男『丸山真男講義録』第 7 册、東京大学出版会、1998 年、第 242—248 頁。

② 参见黑住真《近代化经验与东亚儒教：以日本为例》，香港：《二十一世纪》2004 年 12 月号。

是把西欧和日本捆绑在一起，而中国却未被连接。中国被包裹于停滞论的议论框架里。这种中国停滞论，是包括丸山在内的五十年前的通念。在这里，中国不但被轻视，连最初还有的对中国和亚洲的关心，也消失了。"①而部分日本学者对中日问题的学理编织能做到如此细密甚至不乏牵强，或许与他们不了解毛泽东的早年分析有关：毛注意到，"日本有人"喜欢"把政治问题说成是技术问题"。②

最后，我们尽可以强化邻交敦睦、中日通谊，甚至为此已做到了忍所难忍和容所难容，却忽略了中方的努力和日方的响应之间，无论在前提还是在程度上均不甚对等或者结构失衡等事实。然而，让日本人难以想象的是，"二战"结束后，特别是中华人民共和国成立以来，无论日本有过怎样的历史表现，中国领导人仍能以宽阔的胸襟和超然的站位，对日本人民释放过真诚的善意。毛泽东在讲到那场战争时曾对日本社会党国会议员黑田寿男说："中国人民同日本大多数人民历来是友好的，战后友好关系还有发展……要分清同日本人民的关系和同日本政府的关系，两者是有区别的。"他不但将战争的发动者和普通日本民众作出区别，甚至想主动为日本人民卸去战败后的精神包袱，并忘掉那场战争："战败了，殖民地都没有了，这对日本有利。日本人民、革命的政党应当了解，这个失败不是耻辱，对垄断资本来说是耻辱，对人民来说是胜利。打败仗是不是好事情，是不是耻辱，你们应当展开争论。有部分人不这样看，认为战败了没有面子，于是他们心中有愧，觉得干了坏事。这是因为他们对垄断资本和人民不加区别，所以得出那样的结论。过去的战争应由垄断资本、军国主义政府负责，而不应由日本人民负责。人民为何要负责？如果说人民要负责，那末大家都来反对日本人民，那还得了！事实上是日本军国主义政府威胁、欺骗、强迫日本人民去当炮灰的"，③"中日关系的历史是很长的，人类几十万年以来过着和平的生活，我们的祖先吵过架、打过仗，这一套可以忘记啦！应该忘记，因为那是不愉快的事情，记在我们脑子里干什么

———————————

　　① 参见黑住真『日本思想とその研究：中国認識をめぐって』、『中国—社会と文化』第 11 号、1996 年 6 月。

　　② 参见毛泽东《同日本国会议员访华团谈话》（1955 年 10 月 15 日），《毛泽东外交文选》，中央文献出版社 1994 年版，第 227 页。

　　③ 参见毛泽东《日本人民斗争的影响是很深远的》，《毛泽东外交文选》，第 456—460 页。

呢？"① 毛泽东的上述态度，应来自他宏阔的历史视野、现实高度和阶级意识。1955 年 10 月 15 日，他在同日本国会议员访华团的谈话中，曾就六点超越性价值，阐述了两国间和平友好的意义：第一，我们都属于有色人种，而有色人种并不低人一等；第二，我们都在搞现代化，发展工业文明，这一点，日本有很多地方比中国高明；第三，有一个国家同时压在中日两国的头上，那就是美国；第四，中日两国不同的社会制度并不妨害相互间的尊重和友谊；第五，过去的事情已经过去，中日两国应主要关注未来的问题；第六，要把未来的前进目标定在解放、独立、民主、和平友好和人类进步上面。② 这些由人种平等、工业进步、民族独立、制度超越、未来面向、和平民主和人类进步等价值所构成的系列标准，不但极大地超越了民族主义，而且伴随着毛泽东对 1959—1960 年代日本国内反"日美安保条约"斗争的有力声援，③ 还使日本人民对新中国的博大气象和正义力量，寄予了强烈的政治认同和情感认同，以至日本民众在反美游行时，竟高高擎起"毛沢東万才（毛泽东万岁）"的标语牌！1970 年代以来，随着中、美、日三国的政治和解，政治制度和意识形态领域的差异逐渐被淡化，各国人民之间的往来也越发频密。但是，1990 年代冷战结束后，特别是近十年来，中日间的误解越发深重，两国关系甚至被世界舆论夸大成战后以来最糟糕状态！然而，面对日本政界的极度不负责任给中日关系所造成的巨大损伤，中国政府却始终将两国人民的友好放在第一位，不但出色地继承了毛泽东、周恩来和田中角荣、村山富市等老一辈政治家所创下的中日友好基业，且能在如此紧张的两国关系中步伐稳健，言行举止足令日本朝野和国际社会仰视。2015 年 3 月 3 日上午，日本东京大学教授高原明生受邀在中国中日关系史学会，以《日中关系：公共外交的重要性》为题做了专题报告。高原明生说，日中间误会的例子很多，例如日本民众认为"习近平一直对日本强硬"，但是习总书记于去年 12 月 13 日在"南京大屠

---

① 参见毛泽东《同日本国会议员访华团谈话》，《毛泽东外交文选》，第 226 页。

② 同上书，第 219—224 页。

③ 毛泽东对日本友人讲："很高兴看到日本人民进行着反对帝国主义压迫、反对垄断资本压迫的斗争。日本人民反美日'安全条约'和反政治暴力行动法的斗争，一个浪潮接着一个浪潮地发展，真令人高兴。……日本人民大胆起来了，不怕鬼，就是说，不怕美帝国主义这个鬼了，不怕岸信介这个鬼了，不怕池田这个鬼了，日本人民的斗争信心加强了。我们出了一个书叫《不怕鬼的故事》。（面向廖承志）有没有日文的？送他们每人一本。"参见毛泽东《中间地带国家的性质各不相同》，《毛泽东外交文选》，第 489 页。

杀死难者国家公祭仪式"上曾讲话称："我们为南京大屠杀死难者举行公祭仪式，是要唤起每一个善良的人们对和平的向往和坚守，而不是要延续仇恨。中日两国人民应该世代友好下去，以史为鉴、面向未来，共同为人类和平作出贡献……我们不应因一个民族中有少数军国主义分子发起侵略战争就仇视这个民族，战争的罪责在少数军国主义分子而不在人民……"高原明生表示，习总书记的这段讲话对中日关系来说，是一段非常积极的话，但是很多日本人都没有注意到这一点，这是非常遗憾的事情。①

　　这意味着，在"树欲静而风不止"的东亚世界中，在超越性的价值已变得越发稀薄的情况下，中国人的和平主义传统和国际主义优长，其实更需要来自周边国家的呵护和鼓励，而不是刺激和贬损。日本学界最近有极端舆论称：当代中国是资本主义、民族主义、帝国主义和法西斯主义的混合体。② 问题是，把这一曾经在明治—昭和期集中出现于日本的污泥浊水不负责任地泼向中国的行为，是否暗含某种希望中国也和当年日本一样发动一场对外战争呢？历史学家郭廷以曾讲："如果就相交之道来论，中国绝无负于日本，日本大有愧于中国。八十年前的两千年，中国施之于日本者甚厚，有造于日本者甚大，八十年来日本报之于中国者极酷，为祸中国者独深。"③ 这意味着，如果蒙受过如斯大灾难的国家到头来不但连句"侵略"和"谢罪"之类的道歉话都听不到，还要无端受辱、横遭诟病，那么，国际社会将不知依据何等指标去预测中国民众不计前嫌的宽容之心，还能够坚持多久。但有一点，即当我们回首外籍华人雪珥所提出的问题时却必须思考：在一个经年对外侵略的战败国家最需要也最应该形成正确历史观的关键时期，日本为什么反而会选择一条不惜与中国和亚洲被害国为敌的"险途"呢？如果可以尝试性给出回答，那么我以为，战后 70 年来，日本无论有过怎样集团性的忏悔"转向"和学术上的思想"反省"，都未尝完成过政治上的价值"转换"。它决定于日本人念兹在兹的"近代优越"意识和前赴后继的"正常国家"追求，也决定了其扭曲的战争观念和错误的历史认知。其不断制造中日摩擦、以所谓"中国威胁"来利用和倒

---

① 参见人民网—日本频道，http://japan.people.com.cn/n/2015/0305/c35469 - 26641394.html。

② 参见西冈力、岛田洋一、江崎道朗『歴史の大転換：戦後 70 年から100 年冷戦へ』、『正論』総力特集『戦後に終止符を』、産経新聞社、2015 年 5 月号、第 86—104 頁。

③ 参见郭廷以《近代中国的变局》，联经出版事业公司 1987 年版，第 185 页。

逼美国对己松绑并试图摆脱战后国际秩序的思想和行动，不但使"左翼""右翼"等国际社会的对日观察标准屡遭颠覆，也使亚太地区被再度置身于险象环生的危笃境地。

在历史语境中理解战后日本的"民族"与"民主"

孙　歌[*]

内容提要　本文主要尝试讨论在冷战结构形成的初期阶段，"民族"与"民主"这两个概念是如何被使用的，它们之间的关系如何。本文的主旨在于，"民族"与"民主"这两个概念都是历史性的概念，使它们在政治场域中发生关联并日益结合为一体的，是历史的理由而不是知识的理由。特别是当它们分别与"主义"相结合从而构成政治学的两大概念的时候，不追溯其历史形成的脉络几乎无法确定其准确的内涵。

"民族主义"与"民主主义"，与冷战这一历史过程有着密切关系。回顾它们所产生的历史背景，确认它们在历史沿革过程中的具体形态，特别是关注这两个概念中那些没有成为主流意识形态但是却暗含了巨大潜在能量的思想要素，或许对于我们重构战后70年的历史叙述有所助益。

关键词　民族　民主　冷战　尼赫鲁　丸山真男

导　言

在"二战"结束70年的时间点上，回顾这段历史，我们可以看到各种历史脉络的起伏消长。冷战，是横亘在这段历史中的一个巨大的阴影。今天，冷战在形式上已经解体，冷战意识形态也正在被跨越，然而冷战初期那一代人遗留下来的思考与努力，却并未随着时间的流逝而消除。或许正是在回顾日本战后70年的历史轨迹之时，我们越发有必要重新回到当年的历史语境中，去探寻这个阶段历史脉络的源头。

"二战"结束之时，即是冷战时期开始之时。冷战作为一个历史结构，主导了"二战"结束之后到苏联解体半个多世纪的世界格局。作为一个笼

＊　作者简介：孙歌，中国社会科学院文学研究所研究员。

统的判断,这个说法是没有错误的。但是,假如我们把这个说法放到历史中去检验,那么显而易见,有一些非常重要的问题并不能被回收到这个判断中去。这些问题是:

第一,冷战格局的形成是在"二战"期间,它的准备期却是从"一战"结束、苏维埃政权诞生之后就开始了。但是,由于世界反法西斯斗争的需要,这个缓慢形成的"自由民主的资本主义社会"与"独裁专制的共产主义社会"的对立结构,在前冷战时期并非截然对立、水火不容的。换言之,冷战时期与前冷战时期是否具有不同性质的历史内容,冷战格局是否是前冷战格局的必然发展结果?

第二,冷战格局形成之时,除了苏美两国的对立之外,还存在着各种不同层次的对立。比如亚洲殖民地国家与西欧殖民宗主国之间的对立;亚洲内部被侵略国家与日本的对立;东亚、南亚、东南亚多数国家在获得民族自决权的同时在其内部发生的分裂乃至内战冲突,等等。这种种对立是如何组织到冷战格局中去的?抑或它们并不能完全被冷战结构所涵盖,不能被冷战话语所表述?

第三,在冷战初期,还存在着非常广泛的非政府国际联盟,以及由这样的联盟所发动和支持的民间运动。在这样一个运动的视野里,可以观察到一些与国家行为错位甚至对立的民间立场。在冷战结构显在化之前,尤其是"二战"结束之后到朝鲜战争爆发之间的这一段时期,这些民间运动曾经拥有过自己的理念,这些理念具有着对抗冷战意识形态的能量;但是随着冷战的升级,这些民间运动逐渐被吸纳到冷战结构中去,从而逐渐削弱乃至失掉了自身的思想能量。在冷战意识形态依然阴魂不散的今天,重新回顾当年民间运动的基本理念,是否真的不具有现实意义?

第四,在"二战"过程中获得了民族自决权的大部分亚洲国家,在冷战格局形成之时并非立即认同这个结构。其结果,在相当长的一个历史阶段中,亚洲国家中形成了缓冲冷战的"中间地带"。这个中间地带由于经济落后和相互之间的矛盾冲突,并没有形成取代冷战结构的世界性主导格局,但是它却一直存在并且不断变形。在冷战结构解体的今天,如何看待这个曾经发生过巨大作用的"中间地带"?

如果我们把冷战的过程看作是一个自第二次世界大战结束至苏联解体的世界性历史结构,那么上述问题必然被视为"派生性"的问题。或者相反,如果我们把上述问题对立于冷战结构,那么这些问题与冷战之间的互动关系也将会被遮蔽。在冷战已经成为历史的今天，有一个基本的课题却没有失掉它的现实意义，那就是作为冷战产物的冷战意识形态依然潜移默化地支配着今天的世界认识。必须承认，当冷战结构解体、世界上大大小小的后发达国家在资本主义的世界体系中"兴起"的时候，全世界的知识分子却尚未找到调整自己认识论的有效方式。因此，冷战意识形态将脱离冷战历史过程，依旧充当当今世界的主导认识工具。正是在这个意义上，把冷战视为一个思想史讨论的媒介而非出发点或者终结点，将是一个值得尝试的分析视角。

"民族主义"与"民主主义"，与冷战这一历史过程有着密切关系。回顾它们所产生的历史背景，确认它们在历史沿革过程中的具体形态，特别是关注这两个概念中那些没有成为主流意识形态但是却暗含了巨大潜在能量的思想要素，或许对于我们重构战后70年的历史叙述有所助益。

本文主要尝试讨论在冷战结构形成的初期阶段，"民族"与"民主"这两个概念是如何被使用的，它们之间的关系如何。本文的主旨在于，"民族"与"民主"这两个概念都是历史性的概念，使它们在政治场域中发生关联并日益结合为一体的，是历史的理由而不是知识的理由。特别是当它们分别与"主义"相结合从而构成政治学的两大概念的时候，不追溯其历史形成的脉络几乎无法确定其准确的内涵。

东北亚地区在"二战"后的冷战结构中，逐渐形成了自己的知识格局和思想格局。本文希望在上述思想史讨论的基础上，进一步勾勒这种格局的基本轮廓。

一　战后世界冷战格局中的"民主"概念

在"二战"基本结束，铁幕拉开的过程中，"冷战"并非一个轮廓清晰的固定格局。众所周知，在"二战"后期，斯大林直到蒋介石政权呈现了明显的败象为止，都没有真正确立支持中共打击国民党的政策，相反，进入中国境内的苏联红军在多数情况下采取了配合国民党军压制共产党军队的措施；其后的朝鲜战争，更不是一个明确的"自由民主的联合国"与"独裁专制的共产主义"之间的对垒，把中国推上前台的斯大林一直对于介入这场战争保持着高度的戒备状态，尽可能地对美国显示"中立"的姿态。当一切尘埃落定，事后回想这段历史的时候，后世的人们倾向于把这段极端混乱的历史过程整理为轮廓清晰的"冷战对立",并使用"社会主义阵营与资本主义阵营的对立"这样的模式去表述它;但是这种简化最大的问题在于,它忽略了那些并非可以用二元对立加以归纳的历史要素,而这些历史因素却恰恰具有非常重要的认识论意义。

在这段历史里,民族与民主这一对范畴也同样具有这样的历史性格:它们并不能够仅仅被它们的对立概念所定位。或许正是在"二战"结束之后的最初十年里,这一对概念具有最为丰富的历史含义。它所包含的理论可能性与现实关怀,远远超出了后冷战时期的知识能量。

一个最基本的事实是,在"二战"结束之后,亚洲国家重建自己的政治社会时,是否选择社会主义这种政治形态变成了一个实际问题。在一些共产党势力相对薄弱的地方(例如印度以及东南亚其他国家)或者由美国高度掌控的地方(比如日本、中国台湾和朝鲜战争停战后的韩国),社会主义和共产主义并不具有社会现实基础,因而成为一种真正意义上的"他者";但是我们可以观察到,即使在这些区域,有能力制造意识形态的人们(这里说的主要是知识分子)对于社会主义的态度,仍然具有程度不同的宽容性和理解力。这种状况的主要原因在于"二战"中形成的国际政治结构,这个基本结构就是以英、美、苏为首的盟国共同对抗德、意、日法西斯,它使法西斯成为世界公敌,而使盟国内部"资本主义与社会主义的对立"成为第二义的对抗。

1948年夏天,联合国教科文组织(以下简称为UNESCO)发动了一场讨论,并在讨论基础上形成了一个呼吁建立和平机制、消除战争隐患的声明。这个为时两周的讨论由八位社会科学家参加,他们的国籍分别为美国、巴西、法国、加拿大、英国、匈牙利。除美国参加者为三人外,其他国家均为一人。这个会议召开的时候,远东的中国战场上,国共内战尚未结束,美国与苏联在如何插手中国事务的谈判中正在翻云覆雨;很明显,在铁幕已经拉开、冷战正在推进的时候,UNESCO的这个会议却是朝向另一个方向,即促进各国之间的和平与相互理解的方向推进的。在这个声明发表之后,同年12月,联合国发表了《世界人权宣言》,而UNESCO的讨论,在事实上正是为这个人权宣言的产生所做的先行研究。

UNESCO在这个时期的努力,从一开始就引起了一些争议。它推动的一系列讨论虽然旨在从学术的角度追究战争为什么会发生、如何防止再度出现这样的世界性悲剧,但是它在人文社会科学领域内设定的课题,却基本局限于"人类的偏见与无知如何驱动战争"这样一个框架。换言之，它的立场是设定在与现实政治保持一段距离的位置上。从原理上说，从这样的立场出发讨论战争与和平这类重大的现实课题的时候，它的功能是间接的，无法直接对抗冷战意识形态。同时，由于它强调了"心理"的功能，甚至提出了"战争起源于心灵"这样的问题意识，必然招致当时共产主义阵营的反感。据说早在1946年UNESCO第一次全体会议上，南斯拉夫代表就明确反对UNESCO宪章这种"缺少辩证唯物论"的思想取向，认为这个组织的指导方针没有抓住引发战争的真正根源。因此，他明确地表示，南斯拉夫将不会与UNESCO合作。①

与此同时，从1948年UNESCO这场讨论的人员配置上看，尽管它有着超越铁幕的意愿，但是这种超越显然力不从心。在八位参加者中，只有一位来自社会主义国家匈牙利，而最具代表资格的苏联并未派出代表。相反，美国代表占据了3/8。尽管来自自由民主阵营的代表中不乏对共产主义抱有同情之心的学者，但是这次讨论仍然基本上是在社会主义阵营的"外部"展开的。可以说，在战后初期的各种国际会议中，这种由美国代表"唱主角"的情况不在少数。

但是，从这场讨论之后发表的由八位学者［他们的专业领域分别为社会学（4人）、心理学（2人）、精神医学和哲学（各1人）］共同签署的声明看，他们却并非代表美国国家立场，或者充当西方阵营的代言人，相反，尽管这八位知识分子相互之间在见解上存在很多分歧，他们所达成的共识，却并不能被简单地视为"冷战意识形态"。毋宁说，它具有鲜明的对抗冷战的乌托邦色彩。因此，他们与西方世界的主流意识形态之间，明显地存在着某种张力关系。

以这八位社会科学家之名发表的声明《社会科学家为和平而作的如下呼吁》，就12个问题达成了一致见解。在整体上呼吁和平与和解的前提下，其中有些观点非常值得关注：第一条指出人类本性共通的欲望并不是战争，而是远离饥饿、疾病、不安与恐惧以及和睦、被尊敬等情感；第二条至第四条提出最大限度地限制战争的条件在于调整现代生产力和资源利

---

① 参见『唯物史觀と主體性』（『世界』1948年2月号）、『丸山真男座談（1）』、岩波书店1998年版、90—91頁。本文关于UNESCO哲学和思想取向的讨论所参考的资料，全部来自日文文献，特此说明。

用状况，而经济上的不平等和不安定才导致了战争；同时，社会正义的实现不仅依靠改变人们的思维方式，而且需要超越浓厚的国家主义色彩；第八条和第九条提出社会科学家由于国家的、意识形态的和阶级的差异而相互隔绝，这使得他们不仅难以进行客观性的研究，而且很难联手对抗那种为政治服务的伪科学理论。第十二条提出"为自己所属集团所进行的努力与为人类而作的努力并非不能两立"，等等。①

从今天的国际关系角度看，上述这些分析似乎没有太多特别之处（尽管它们在今天可能仍然具有现实意义），但是在"二战"结束后的国际政治关系中，这个声明的意义却是重大的。在当时共产主义意识形态看来，这个声明无疑是属于"资产阶级"的；但从资本主义阵营的意识形态角度看，特别是在冷战意识形态已经形成的时候，这个声明却显然包含着对共产主义的"过度宽容"。完全可以想象这个声明在当时腹背受敌的状态，但是，它却在冷战伊始便奠定了对抗冷战的思想立场。这个立场的终极目标是和平，而重要的支柱就是民主。我们可以清楚地观察到，UNESCO 推出的"民主"概念，植根于西方经典自由主义，它的历史条件和社会基础基本源自欧美发达国家；UNESCO 并非在两种意识形态的对抗中不偏不倚，但在充满争议的状况中，它仍然推出了一个饶有兴味的视角：世界上存在着两种民主主义，一种是以西方自由主义社会为基本模式的"形式民主主义"，一种是以苏联社会主义社会为代表的"人民民主主义"。它同时还明确了进一步的问题，那就是这两种民主主义都是"意识形态"，因此两者之间的对立属于意识形态的对立。② 在这样的视野之中，"民主"作为

---

① 参见日译本，载《世界》1949 年 1 月号。以下为部分译文。"第三条……正是经济的不平等、不安定、失望，引发了所有集团之间和国家之间的抗争。而所有这些事实，又往往诱导人们盲目地相信那些错误的意象，以及过于单纯的解决方案，或者听信煽动家们转嫁责任的动员。这种情况往往构成下述紧急状态的一个重要原因——甲集团把乙集团作为目标，将其设想为一大威胁。""第四条——国家间乃至国家群间的近代战争，被国家代代相传的自负的神话、传统、象征之类的要素所孕育。今天通行的社会象征中，依然包含着众多浓厚的国家主义色彩，正是这些要素，在世界事实上已经相互依存一体化之时，依然阻碍着超越政治的国境所进行的自由的思想交流。""第八条——现在有许多社会科学家在进行这方面的研究。但是他们至今仍然因为国家的、意识形态的、阶级的差异而相互隔绝。而且由于这种差异，当那些为政治指导者自身目的服务的伪科学理论出现的时候，社会科学家对其进行有效抵抗非常艰难。""第十二条——社会科学家对于世界上所有的国民，可以提供揭示下述问题的力量：一国国民的自由、幸福，最终是与世界上其他国民的自由、幸福紧密结合的；世界不应该成为弱肉强食的场域。"上述引文转引自《世界》1985 年 7 月临时增刊号《战后和平论的源流》，岩波书店 1985 年版，第 99—102 页。

② 联合国教科文组织委员会：《关于民主主义的意识形态对立》，《世界》1952 年 8 月号。

一种意识形态，它的绝对性仅仅是针对法西斯主义而言的，在后冷战时期可以观察到的"民主"对"独裁"的二元对立思维，在冷战前期虽然也有显露，却并未真正形成主导性的认识论。恰恰相反，在冷战初期，争论的焦点在于"什么是民主主义"。

"关于民主主义的意识形态对立"是 UNESCO 在 1948 年进行的一项问卷调查，这份问卷被发放给铁幕两侧的五百位思想家，征求他们对问卷所提四个问题的回答；UNESCO 的这个举措与它对于当时国际局势的判断有关。在调查意向书中，UNESCO 指出，在两次世界大战中"民主主义"都构成了关键词，例如 1918 年"一战"结束被认为是"民主主义的胜利"；1943 年罗斯福、斯大林、丘吉尔在德黑兰会谈时为盟国树立的目标是建立"民主主义诸国的世界家庭"，1945 年的雅尔塔、波士顿宣言也都强调了"遵守民主主义的各项原则"。但是，这些场合使用的"民主主义"所指称的对象却未必是同一个东西。当"二战"结束之后，这样的分歧日益显露。意向书指出，在诸大国的宣言中并无分歧的各项关于民主的原则，一旦应用到具体问题中去的时候，就产生了意见分歧。例如，一方认为民主主义不能在种族歧视、剥削民众和掠夺殖民地的基础上繁荣；另一方则认为民主主义不可能在一党执政、不允许反对党存在的地方发展。UNESCO 认为这种对立的背景非常复杂，需要进行观念的清理和哲学层面的平等讨论，它试图在意识形态对立的两大阵营之间建立这样一个讨论的空间，并通过讨论寻找和解的途径。UNESCO 给出了四个问题。

这四个问题是：第一，如何看待民主主义这一词汇在使用过程中的暧昧性以及口号性质？判断使用错误的标准是否存在？认为只有一种使用方式是正确的并排斥其他方式的做法，其历史的基础是什么？第二，仅仅作为政治概念的"形式的"民主主义和作为更广义的社会及政治概念的"真实的"民主主义，两者之间存在什么样的关系？民主主义仅仅意味着普遍选举权，还是意味着更多的平等权利——例如教育、经济？第三，宽容的问题。民主主义是否意味着不加限制地容忍所有立场的团体都参加政治生活且对舆论施加影响，抑或对其加以限制？它是否意味着必然有多个党派存在？它有没有与"反民主主义"的团体进行斗争的义务？第四，现行论争所显示的分歧，是反映了价值观的根本对立因而不可能消除，还是在其深处也包含了意见的一致性与和解的可能性?① 在这四个大问题项下,还有共计 30 个具体的子问题,UNESCO 要求回答者不必全部回答,但务求回答的部分要进行透彻的分析。

在发出问卷的同时,UNESCO 还做了其他的一些事情以强调这项工作的紧迫性。日本《世界》杂志在 1952 年 12 月号刊登了 1948 年的另外两份文件,一份是起草该问卷的专门委员会成员关于问题重要性的声明,另一份是该委员会关于基本概念哲学分析的报告。与同一时期关于和平的声明一样,这两份文件也具有非常强烈的现实危机感,它们说明这份问卷的真正意图在于通过清理混乱的概念理解,在思想上甚至是意识形态上找到通向和解的有效途径。不过问题还不仅仅如此。它们还对民主主义概念在使用过程中的具体问题进行了勾勒,这才是在今天这些文件依然具有意义的原因所在。

问卷的子问题中,涉及了林肯"人民的、依靠人民的、为人民的政府"这一演说词,它在当时被视为民主主义概念讨论的出发点;它还涉及了托克维尔 1848 年 9 月在宪法会议上的演说,该演说反对把社会主义视为民主主义的一种形态,强调说:"与民主主义在自由中要求平等相对,社会主义是在压制和隶属中要求平等的"。② 问卷同时还援引了列宁和斯大林的说法,他们指出上述"形式民主"的核心在于保护少数人的利益和自由。UNESCO 提出了这样的问题:人们普遍认为并不存在"一般性的民主主义",只存在着多数具有不同历史和社会乃至心理机制的"各种民主主义"。针对这一基本状况,UNESCO 把民主主义大致分为两种形态:政治民主主义和社会民主主义。前者注重普选权等政治参与的形态,而后者注重的是多数人的社会平等问题。③

UNESCO 很清醒地认识到,意识形态的冲突是不可能依靠概念的清理来调解的。同时,对立的意识形态也导致了对于同一事实的完全不同的认知。但是,它仍然强调这种"哲学整理工作"的必要性,因为它至少在认识论和知识的层面上可以使意识形态冲突的性质明确化,并从混乱的问题

---

① 联合国教科文组织委员会:《关于民主主义的意识形态对立》,《世界》1952 年 8 月号,第 22—24 页。

② 《世界》1952 年 8 月号,第 28 页。

③ 《关于民主主义的意识形态对立的 UNESCO 问卷》,《世界》1952 年 8 月号,第 26—29 页。

中分离出真正的论点。针对当时冷战两大阵营各自用自己的理想来取代现实认知，并按照理想状态指责对方现实的问题的做法，UNESCO 认为必须详细地分解民主主义的各个具体环节，通过对这些环节的讨论揭示这种对立的真实状态。①

　　围绕着 UNESCO 提出的"关于民主主义的意识形态对立"，日本的几位自由主义和马克思主义知识分子曾经在 1953 年进行过一次讨论，并从日本自身的历史经验出发深化了这个基本命题。② 讨论者之一丸山真男提出了一个讨论前提：民主主义不是学者在研究室中制造出来的思想，它是在剧烈的斗争实践中发展出来的意识形态，与人们不断变动的日常需求和价值观等密切相连，因此仅仅使用形式逻辑和概念加以组合，则会使它丧失生命力；但与此同时，如果缺少必要的整理，它的滥用和混乱又会导致不必要的摩擦。丸山呼吁，要在"两种民主主义"之间发现"最大公约数"，而不是相互指责，这才是建设性的态度。

　　这个讨论会对"两种民主主义"进行了进一步的诠释。有趣的是，他们并没有沿用 UNESCO 关于政治民主和社会民主的分类，而是使用了"形式民主"和"人民民主"的分类方式。恐怕这与 1953 年这个特定的时点有关。③ 论者指出，在欧美的近代传统中，自由主义通行无阻，民主却被视为含有危险性的观念。对于既得利益阶层来说，大众的政治参与具有威胁性。因此，在实质上变革社会与经济制度的民主改革，和不关涉社会变革、只是让人民参与政治决策的民主程序，就形成了对立。这种对立就是人民民主与形式民主的对立。讨论者特别指出了"形式民主"的历史沿革过程，作为欧美发达国家的历史产物，它一直是一种有意味的形式，而这种有意味的形式的社会土壤，在于人民对于民主程序这一形式所具有的意味（亦即它所可能达成的结果）不仅有理解力，而且还拥有相当的期待。正是这种期待，有助于在欧美发达国家形成依赖于程序的一整套政治制

----

　　① 《委员会成员关于问题重要性的声明》，《世界》1952 年 12 月号，第 42 页。
　　② 《关于民主主义的意识形态对立和日本》，《世界》1953 年 1 月号，第 73—106、129 页。出席这次座谈会的有：蜡山正道、平野义太郎、古在由重、鹈饲信成、辻清明、丸山真男、久野收。
　　③ 与 1948 年的国际形势不同，1953 年已经在东亚出现了社会主义政治形态，中国革命的成功、朝鲜战争的停战、《旧金山和约》的签订方式和美国占领军在日本民主政策虚伪性的暴露，使得日本知识分子丧失了对美国式民主的好感，反倒对新中国的民主前景充满了期待。这种情况一直持续到了 1960 年代初期。

度，同时在另外一面，它也恰恰因为这种纯粹的技术性格而在20世纪之后渐次失掉了内容，成为与现实割裂的抽象形式。与此相对，在实现了社会主义巨大变革的国家，例如苏联和东欧各国以及中国，最为缺少形式民主的传统，这些地方的为政者毋宁说是首先通过"独裁"的过程来建立实质上的人民民主社会，然后才有可能推进程序上和方法上的民主。

形式民主与人民民主在历史发展过程中哪一方处于初级阶段，这个马克思主义的基本命题在这个讨论中引起了分歧。自由主义者显然并不认可把后者视为前者的高级阶段的简单图式，他们强调的是在历史发展过程中这两种民主在两种社会制度下是同时并存的；而马克思主义者则强调形式民主的局限性，认为人民民主才是人类社会的理想状态。在寻找最大公约数的诚意下，这些立场不同的日本知识分子避免了在这个问题上的对峙，把话题最终转向了日本如何民主化的问题。但是至少在一个基本问题上他们达成了共识——曾经联合起来对抗法西斯的"两种民主主义"，现在却互相以对方为敌，而以民主主义自居的欧美国家对共产主义显示了明确的敌视态度，这种非宽容的精神本身就是违背民主主义原理的。毋庸置疑，这种略显书生气的论述并无扭转现实国际政治局势的现实功能，甚至也无法真正有效地对国际政治状况进行批判，特别是当社会主义阵营的政治与社会实践刚刚从苏联推向更多国家的时候，这种"人民民主主义"的轮廓还没有真正定型，日本知识分子显然具有很多一相情愿的美好想象。但是尽管如此，这些论述却很鲜明地显示了一个特定时代的认知状态：比起后冷战时代贫瘠的"民主主义"意识形态来，冷战初期的知识分子对民主主义的理解显然更丰富也更历史化。或许正是因为如此，在冷战意识形态形成的时期，这种历史化的认识本身反倒不具有意识形态的功能，也很难直接参与到意识形态对抗中去。而正因为如此，它才保存了那个时代思想生产的复杂张力，为后世留下一些重新进入这些问题的线索。

二 "民族"概念的亚洲定位

在"二战"结束之后，"亚洲"并不是一个绝对意义上的独立范畴。作为远东战场的主要构成部分，东北亚的中国、蒙古国、朝鲜半岛和日本的主权问题都被作为以美国和苏联为主的西方大国争夺世界霸权的筹码，而中国和朝鲜也反过来利用美苏争霸的局面，试图借助于外部力量解决内部政治势力的对立，最终确定政权形态。东南亚各国在争取民族独立的过程中，也面对了如何利用"二战"结束的时机转化欧洲宗主国在自己内部的势力、从而消除内部的异己力量建立政权的问题。在此意义上，可以说，亚洲各国在"二战"过程中谋求民族独立，并非一个简单的"内对外"的对抗过程，这个逐步实现的民族自治，恰恰因为具有某种程度的"西方内在化"的因素，这就迫使亚洲各国的政治经济以及社会生活不得不与外来政治经济文化机制发生融合，其结果，使得独立之后的亚洲，不再可能回到西方入侵之前的状态。如果换一个角度来看，可以说在不同程度上获得了政治主权独立的亚洲各国，也同时在不同程度和不同层面上使西方大国内在化了。日本是一个最为极端和显在的例子，它的"独立"是以美国最初的军事占领（尤其是对于冲绳的长达 20 年的管制）以及其后的美军基地驻留为前提的；其他并非如此显在化的地区，状况也有着某种类似性：朝鲜半岛至今仍然处在"停战"而非"休战"状态；中国在"二战"结束之后产生的大陆与台湾的对立，也同样并非仅仅是内部的分裂，苏美的介入与掌控一直以各种形态起作用。摆脱苏联与美国的介入，需要一个漫长的历史时期，而在这个漫长的历史时期中，资本的全球化过程却在实质上使得这种"纯粹的亚洲"不再具有现实可能性。

但是"亚洲"作为一个论述范畴，在战后的历史里却依然是重要的和无法回避的。因为，它意味着东方的旧殖民地已经开始摆脱殖民统治，新的世界格局开始形成。这个变动是剧烈的，它必然带来价值观念与思维模式的变动。

与 UNESCO 讨论民主意识形态与和平的关系几乎同时，另外一个国际性的组织"太平洋国际学会"（以下简称为 IPR）也以类似的方式推动着关于亚洲民族主义的讨论。1950 年 10 月，IPR 在印度的勒克瑙（Lucknow）召开第十一届国际会议，中心议题为"亚洲的民族主义及其国际影响"。与 UNESCO 组织讨论时参加者的构成情况相类似，这次会议上美国知识分子发挥的作用也是相当占主导性的。

1925 年 IPR 创立于美国，是一个国际性的非政府组织，旨在以学术的方式讨论太平洋地区各国的基本状况，并通过促进相互理解来维护和平，这个主旨与 UNESCO 非常相近。在创立当初，中国、日本、朝鲜都是其成员并在本国建立了分会；但是在 1950 年，中国已经成立了共产党领导的新政府，国民党时期的 IPR 中国分会因多数成员流亡国外，已经在事实上解体，替代的组织未及形成；朝鲜正处在战争状态之中，只有日本分会在1949 年以"复归"的方式重新获得认可，得以派出代表团。

这次讨论会虽然以"亚洲"为基本视角，但是与会的九个代表团中有五个来自亚洲以外地区，[①] 且来自亚洲的参加者几乎全体都受过良好的西欧思想教育，有能力使用西欧的概念框架来讨论问题。尽管他们未必因而赞同西欧的立场，但是他们的教育背景却构成了以西欧思想为前提的对话框架。[②] 这一在亚洲崛起时期形成的讨论亚洲问题的知识模式，其长处在于避免了因为西方世界对于亚洲状况的陌生而无法对话，因此可以很好地找到接触点，也不妨碍东西方知识分子共同批判西方霸权；但弱点在于这种对话框架有意无意地把亚洲作为西方世界的派生物或者反命题，它妨碍亚洲原理的自主形成。

这次会议中最值得关注的，或许是印度总理尼赫鲁的基调讲演。他在开头就指出：亚洲比起世界其他地方，更处在激烈的变化之中，它没有办法缓慢地改变；这种急剧的变化伴随着危险，但是亚洲人别无选择，而这正是亚洲人最大的苦恼。尼赫鲁说："如果大家想要理解我们，那么，只是讨论我们的经济、社会、政治或者其他问题，并不能真正达到理解。必须更深入一步，理解亚洲心灵中的这一苦恼。"[③]

美国代表维拉·麦克尔兹·德恩在其报告《亚洲想要什么》中呼应了尼赫鲁的这一提议。他在报告开头指出："即使是美国那些通情达理的官员，说起中国人朝鲜人来，也不把他们视为民族，而是看作'家畜之群'。这看上去就是在说，我们在亚洲面对的是不具有自己的观念、恐怖、希望、愿望，就连表情和声音都没有的群众，他们似乎是被机械性的冲动所操纵的机器人。"[④]

特别值得注意的是，在这里与"家畜"对立的，是"民族"概念。"民族"代表的不仅仅是被歧视的有色人种的尊严，更包含了丰富的情感和理性。这也正是尼赫鲁所说的"亚洲的心灵"。近代以来西方的种族歧

[①] 会议正式代表团为：加拿大、法国、印度、日本、新西兰、巴基斯坦、菲律宾、英国、美国。列席代表团为：澳大利亚、缅甸、锡兰、印度尼西亚、马来西亚、荷兰、越南。联合国等国际组织亦派出观察员。
[②] 加拿大代表埃德加·马提尼斯在总结发言中特别强调了亚洲代表受到的西方思维训练。见『アジアの民族主義：ラクノウ会議の成果と課題』、岩波書店 1951 年、265 頁。
[③] 同上书，第4 页。
[④] 同上书，第14 页。

视，正是以无视有色人种的"心灵"为特征的。与此同时，德恩的这种用法传达了一个重要的信息，那就是在 1950 年代，"民族"被理解为拥有自身观念和理想、可以被有机组织起来的政治群体，这种能力一度被视为白人社会的特权。

尼赫鲁在他的讲演中指出，亚洲内部存在巨大的差异，因此很难说清所谓"亚洲的感情"究竟是什么内容。但可以确定的是，它是针对欧洲在过去的几百年中称霸亚洲的"反作用"。在同一个意义上，尼赫鲁也定义了"民族主义"。他说：在殖民地条件下，民族主义是很容易定义的，它就是反对外国势力的力量。但是在获得了自由的国度里，对民族主义的理解不免出现分歧。他承认民族主义具有积极的功能，但仍然强调，构成它的一大要素是否定的或者反对的精神。尼赫鲁说，本来作为一国之内进步的解放势力，民族主义是健全的，但是往往在获得了独立之后，这种否定的要素会把它推向反动的膨胀的地步，成为觊觎他国的侵略势力。因此，民族主义是好的还是坏的，要看它是如何作用的，以及它是存在于哪些层面的。"因此我重视民族主义，并非因为它是好的，而是因为现在在亚洲的大部分地区，它都是必须承认的要素。"[1]

在朝鲜战争爆发的时候，尼赫鲁迅即表达了印度的中立态度，并尽最大努力在联合国斡旋，试图把这场战争阻止在萌芽状态。这次 IPR 的圆桌会议上，以美国代表为首的很多人对这种方式提出了质疑，认为中立在战争状态下一定是对某一方有利的，所以印度是在帮共产主义势力的忙。尼赫鲁在演讲中从原理上回答了这个问题。他说，以恶抗恶的后果是自己也感染恶，这个世界的问题并非可以靠军事解决的；但是同时，没有任何一个国家可以放弃自己组织起来的暴力机构。尼赫鲁在这个现代世界最大的悖论面前大声疾呼：当一国的国民和政府助长军事气氛的时候，这个国家的国民将是没有希望的。即使战争不得不发生，在可以制止的时候就应该立刻制止；"否则，战争将使我们堕落"[2]。

民族的概念与民族主义的概念，在亚洲后发达国家反对殖民地斗争中从一开始就具有悖论性格。正如尼赫鲁指出的那样，民族主义的双重性在

---

[1] 加拿大代表埃德加·马提尼斯在总结发言中特别强调了亚洲代表受到的西方思维训练。见『アジアの民族主義：ラクノウ会議の成果と課題』、岩波書店 1951 年、10 頁。

[2] 同上书，第 13 页。

亚洲的历史进程中是相互纠缠的：在世界上存在着不平等和歧视，存在着暴力和战争的时候，民族主义就将具有积极的功能；但与此同时，它的否定性格也就同时规定了它可能具有的暴力与扩张性。在一定条件下，民族主义就将走向它的反面，转化为它曾经反抗过的霸权。在健康的民族主义和反动的民族主义之间划出清楚的界限，只有在历史的语境当中才是可能的；理论上的预设可以推进问题，却无助于进入现实中的这个极限状态，因为理论没有能力涵盖"心灵"，亦即没有能力涵盖不断变动的状况背后的精神动力。

在民族主义问题上处于亚洲最尴尬状态的，无疑是战后日本。随着朝鲜战争爆发，以及在美国主导的《旧金山和约》签订之后，日本的进步知识分子推翻了他们在战败之初对美国占领当局"民主政策"的信任，开始重新思考"民族"的问题。把民族主义作为日本法西斯的社会动员能量加以否定，并且试图建立一个没有军队的和平国家，这个在美国占领之初深得人心的共识，很快就被美国占领当局以民主之名行独裁之实的事实所打破，而朝鲜战争也进一步加剧了日本人对"和平国家"现实性的怀疑。如何才能不与日本右翼同道，在杜绝日本法西斯军国主义复活的前提下建立"健康的民族主义"，或者找到替代民族主义的更有效的方案？

日本的进步知识阵营找到的解决方案是"和平"。尽管和平代表了一个民族的最大利益，但是它绝不是仅仅限于一个民族的"内部事务"，它必定是与其他民族之间的合作结果。在 50 年代初期的和平运动中，日本的知识分子和活动家们并未打出"民族主义"的旗号，但是显然，这个和平运动的真实结果是造就了日本社会新的"民族感觉"。尽管在后来的"和平主义"论述以及和平运动过程中存在着种种问题和思想分歧，但是毕竟在理论上，日本的和平运动有着与尼赫鲁的中立主义相连的思想能量，它是对于"以恶抗恶"思维模式的最真实的抵抗。在后来的历史中，当和平运动发展到了跨越国界的程度时，日本的"民族主义"至少已经找到了它脱胎换骨的契机。

三　民主主义与民族主义：社会制度与民族自决精神

当民主问题与民族问题同时出现在战后思想空间时，它们之间的关系很少被作为一个明确的课题加以讨论。但是，在亚洲的民族独立运动不断推进的时刻，如何建立国家主权、如何设计政治制度，却使得这两个原本并不直接相关的问题具有密切的联系。

尼赫鲁在 IPR 的讲演中是这样回答人们对他是否支持共产主义的询问的："亚洲国家无论哪里，无论是否是共产主义，只要是与民族主义的精神背道而驰的想法，就都不会得到重视。"[1] 他强调说，共产主义或许对世界构成了威胁，但是还有更多的其他威胁同时存在着。印度因此要在种种威胁中进行权衡，才能确定自己如何判断。

在同一个会议上，其他代表也从民族精神的角度谈到了中国革命的意义。维拉·麦克尔兹·德恩这样分析：亚洲人"对于他们所见成为西欧列国傀儡的亚洲领导人——特别是鲍代、蒋介石、李承晚，抱有深刻的敌意。亚洲人无论自己如何反对共产主义，对于中国毛泽东政府的政策，只要它是反对西欧诸国侵略亚洲诸地域的，只要它意味着排除'外国'干涉，他们都会产生共鸣。……今天，如果中国在与大陆其他国家的关系上能够避免走过头，那么，它将会在日本失败之处获得成功。"[2] 德恩的分析凑巧是在中国向朝鲜战场派出志愿军前夕作出的，它很像是一个预言。[3]

在这里，民族主义与民主主义之间插入了一个新的维度，那就是"西方干涉给亚洲带来的威胁"。印度的尼赫鲁和美国的德恩阐述了同一个逻辑：对于亚洲人来说，当国际政治关系中存在着西方大国控制亚洲的不平等结构时，民族自决权的定位就将高于社会制度的选择。在这个层面上，是自由民主主义还是共产主义，并不是最重要的，最重要的在于是否"与民族主义的精神背道而驰"。但是，当民族自决权被确立之后，民族精神是否会如尼赫鲁所担心的那样，转变为反动的侵略势力，这就要看社会制度的制约能力了。德恩显然对于毛泽东领导的中国有着某种期待，这就是在国际关系中对于亚洲的其他国家"避免走过头"，不要把民族独立的精神导向昔日日本的"大东亚共荣圈"。

德恩认为，在战后初期的亚洲，独立并非意味着自由。政治经验的缺乏和国民素质的低下使得亚洲并没有西欧和美国那样的政治选择，它只能

---

① 《亚洲的民族主义》，第 10 页。

② 同上书，第 16 页。

③ 中国正式向朝鲜战场派出志愿军是在 1950 年 10 月 19 日。IPR 的这次印度会议则在 1950 年 10 月 3 日至 15 日召开。

"在两种独裁——共产和反共——中二者择一"。① 显然，德恩的判断与同时期 UNESCO 的判断是不同的，他并不承认共产主义也是一种民主主义。但是，由于民族自决被作为一个重要的前提，在麦卡锡主义已然在美国刮起旋风之际，德恩并没有简单地认同极右翼的反共立场，他显然把民族立场置于民主立场之上，并以一种历史的态度对待亚洲的不同国情。英国代表麦克马洪·波尔则指出，在欧洲，国家主权从统治者转移到一个阶级再扩展到整个社会，大众积极参与国家政策形成是进入 20 世纪之后的事情，这个民主化过程经历了 300 年，而在亚洲，仅仅用了几年或者几十年就试图完成这个过程，它必然具有自己的特征；作为西欧自由主义核心的个人权利原则，需要一个渐进的过程才能形成，在经济、政治关系剧烈变革、缺少庞大的中产阶级的亚洲，这种自由主义的模式是否适用是一个疑问。资源匮乏和经济落后，使得亚洲人无法容忍经济个人主义所必然带来的浪费和不平等，这也正是共产主义的社会基础。

1950 年的这次 IPR 会议，除了尼赫鲁和一位印度代表之外，其他的报告人和圆桌会议的主持人兼整理者都来自西方世界，而且基本上坚持自由主义立场；尽管在圆桌讨论中亚洲代表与西方代表就美国的评价等问题发生了分歧，但是从整体上看，这个会议的欧洲自由主义逻辑是被共享的。值得慎重对待的是，这种自由主义的思路对当时的社会主义·共产主义阵营采取的并不是敌对态度，而是"于他在之中理解他者"的态度，换句话说，与会者虽然并不认同共产主义逻辑，并且认为共产主义理论中的"专政"部分对于欧洲自由主义立场而言是难以接受的，但是他们并没有否认社会主义政权和共产主义理论在亚洲发展的历史必然性。或许正是因为这种基本立场，IPR 才遭受到麦卡锡主义的"亲共"指控并在十年之后解散。②

在 1950 年代初期，苏联与亚洲社会主义国家（首先是中国）之间的差异已经成为一个思想课题。这部分地是由于当时的政治实践，中国的新

---

① 《亚洲的民族主义》，第 18 页。

② 1957 年美国众议院国内治安分科委员会曾经对有共产主义倾向的团体以及共产党人进行过调查和迫害，IPR 亦在其列。从 1957 年该委员会对访美日本教授都留重人的传讯来看，美国政府当时是把 IPR 的活动作为共产党活动的手段加以定位的。参见《都留证词》（《世界》1957 年 6 月号，第 292 页）。事实上，至少从 1950 年的这次会议发言看，当时构成 IPR 主干的并不是共产党员，而是自由主义知识分子中的左派，他们对于共产主义虽有同情，却并不同调。

政权显示了有别于苏联的历史文化要素，它在建立的当初体现的清廉、公正让人们相信它代表了多数中国人民的利益。更主要的，则是由于中国的社会主义实践体现了亚洲在反殖民过程中对抗西方的民族自决精神。中国的政权更迭让全世界尤其是西方的自由主义知识分子看到了另一种可能，他们希望看到有别于斯大林苏联模式的"亚洲共产主义"社会形态。而这种期待，恰恰与他们对于西方殖民历史的反省和批判直接相关。虽然在 IPR 会议上没有看到例如拉斯基那样的对于欧美民主主义社会中公平、正义观念局限性的反思和批判，也就是说，没有通过正面的检讨把西方的自由主义民主主义相对化；但是，与会者却形成了一个基本共识，那就是亚洲在当时不可能接受欧美式民主主义，它只能在共产独裁与反共独裁中二者择一；而这种状况并非源于它的人民落后愚昧，而是主要源于西方对亚洲的殖民地掠夺。在这个过程中，亚洲不得不走上西方式现代化道路，但同时却没有机会像西方那样从内部发展出以市民社会为基点的民主政治形态。无论从逻辑上还是从良知上出发，这些自由主义知识分子都无法对亚洲的"非民主"状态进行居高临下的讨伐，他们体现的恰恰是西欧彻底的自由主义精神。

亚洲内部唯一一个在"二战"中站到了亚洲对立面的国家是日本。当亚洲人强调自身民族主义正当性的时候，日本的知识分子却在检讨日本民族主义中的"超级国家主义"是如何导致日本走向法西斯末路的。IPR 的日本代表团向大会提交了丸山真男的一篇论文《战后日本民族主义的一般性考察》，这篇论文是由日本 IPR 的民族主义研究小组集体讨论、由丸山真男执笔整理的，因此它具有丸山特有的思辨色彩；同时，它提供了一个不同于"亚洲—欧美"这一认识框架的结构性视角，为民族主义的历史定位提供了另外一种视野。

《战后日本民族主义的一般性考察》不仅论述了日本民族主义以家族、乡党的利己主义为基础的封建特征，以及它与明治时期"自上而下"的近代化过程相关的体制化特征，而且指出了日本民族主义在战后与冷战结构的关系，从而推出了民族主义与民主主义的关系这样一个理论命题。值得注意的是，它是以一个动态的理论视野讨论观念之间的历史关联性的。丸山指出：日本的民族主义以封建家长制为基础，在前近代的江户时期表现为"攘夷思想"，而明治维新建立的中央集权的民族国家，是一个封建势力自上而下建立的帝国，它完成了富国强兵的近代化，却妨碍了民主主义势力的发展，而民族主义则基本上是内在于这个帝国的统治体制之中的，它不但不具有牵制体制的功能，反倒在推动日本的对外扩张方面与体制共谋。丸山认为，日本民族主义与体制的这种共谋关系，至少与两个要素相关：一个是日本的明治时期成功地完成了民族国家的确立，抵制了西方列强的入侵可能，因此没有产生足以对抗体制的民族主义能量；另一个要素是民族主义在日本并不是一个文化概念，它仅仅是一个政治和军事概念。因此，它以天皇和皇军为象征，也随着天皇和军队的溃败而受到重创。

与此相对，丸山谈到了中国民族主义与上述日本民族主义形成对照的两个特征。由于近代中国并未完成日本那种自上而下的近代化，陷入了半殖民地和被侵略的困境，这使得中国的民族主义，从孙中山经蒋介石到毛泽东，都延续了反帝运动与社会革命（即变革旧有政治体制）结合的传统；而且，中国的民族主义并不仅仅是政治概念，它同时还是一个文化概念。

这样的特征使得中国的民族主义不会像日本民族主义那样与国家体制如影随形，它总是具有自己的某些独立选择空间。中华意识由于是以文化传统的优越性为其支柱的，因此，它不会轻易由于政治体制的崩溃和军事的败北而发生动摇。

不过丸山并非意在进行比较研究，他关注的重点是日本这种以政治、军事为核心的民族主义在战败之后的解体状态，以及当它被重新整合时的危险性和可能性。在战后被占领的特殊状态下，日本的"民族主义"渐次抬头，但是它却更多地被亲美反共的日本右翼所利用，在冷战结构中渐渐趋向右翼保守势力。丸山断言："为了在日本确立健全的民族主义亦即民主的民族主义，恐怕必须在日本的政治经济社会所有方面都要推进比现在所谓'健全'的政策更为'左'的政策。"[1]

联想到本文上述两节所讨论的关于民主主义和民族主义的认识，可以看到的一个基本状况是，民主和民族在历史语境中一直是相互缠绕的问题，战后日本民族主义的问题也不能单独地进行讨论是不言自明的。作为一种政治形态，日本的民族主义在美国占领的最初几年曾经一度溃不成军，其中一个重要的理由在于美国输入了日本所匮乏的民主制度，使得底层民众获得了更多的政治自由；而且在占领初期很注意避免刺激保守国民

---

① 『丸山眞男集』第 5 卷、岩波書店、1995 年、121—122 頁。

阶层的传统感情，例如保护天皇和神社等，这使得一代日本人确信放弃民族主义立场是一个好的选择。否定了日本军队的和平宪法受到进步日本人的拥护，其原因也在于它被视为民主的样板。

但是，当美国占领当局与日本社会的蜜月结束之后，日本人发现原来美国恩赐的民主并不可靠。冲绳的社会重建和归属问题等自不待言，本土的日本人也发现，他们并不具有真正意义上的民主，美国开始干涉日本人的社会生活，包括集会、罢工和言论自由。因此，日本人开始跟美国占领当局和占领军士兵发生冲突。日本的左翼和右翼几乎都在 1950 年前后试图重建民族主义，但是由于传统民族主义的特质，使得右翼更有可能利用它。正如丸山真男指出的那样，明治维新在使民族主义与民主主义结合的问题上失败了，日本尚未建立近代意义上的民族主义。当国民的政治选择能力没有达到成熟状态的时候，国民的爱国心就将是对于作为环境的政治秩序的情绪性依赖。因此，丸山援引了法国思想家勒南（ Renan, Joseph Ernest）在《民族是什么》（也有人翻译成《国民是什么》）中著名的关于国民的"每天进行投票"的论断。勒南认为，构成民族（国民）的并不是种族、语言或者其他要素，而是人们希望成为同一个民族的意志。他指出：民族就是一个一个自由的人每天进行投票选择的结果。丸山真男把这种每天投票的比喻解释为国民作为政治主体的"高度自律的契机"，并认为这是防止日本民族主义重蹈法西斯主义覆辙的唯一途径。[1]

丸山作为日本代表性的自由主义知识分子，提出了一个把民族主义与民主主义关联起来的构想，这就是在民族主义内部建立民主主义的契机。当然，这种民主主义契机并非 UNESCO 当年所谈论的政治民主或者社会民主，它是作为政治主体的国民的政治成熟度。这也就是丸山政治学一贯强调的"近代精神"。按照丸山的一贯思路，民族主义只有在确立了近代性格亦即具有"高度自律的契机"之后，才能超越其非理性的、本能的层面，获得国民的政治决断力。同时，他敏锐地揭示，亲美反共的日本右翼和以民主之名行反共之实的美国占领当局，并不代表真正的民主。

一个有趣的细节证明了丸山真男的这个揭示。从 1948 年开始《世界》杂志陆续刊载了 UNESCO 关于维护和平的呼吁和其他相关的围绕类似议题的讨论，却没有刊载"关于民主主义的意识形态对立"的问卷以及相关的

---

[1] 『丸山真男集』第 5 卷、岩波書店、1995 年、95 頁。

文件。这些资料是在1953年才发表的，这个五年的时间差正与日本民族主义和民主主义的大起大落同步。换言之，到了1953年，日本知识分子才产生了讨论民主主义是什么的需求。他们在追问，民主是什么？民族又是什么？

在当时的历史条件下，日本的有识之士正在努力为了和平寻求突破冷战格局的"全面和谈"之路，虽然这个努力最后没有成功，但是它留下了一笔思想遗产，这就是在培养普通日本人政治民主能力的过程中打造"健全的民族主义"的思想尝试。当丸山的论文作为日本代表团的讨论资料提交给IPR大会的时候，它也正是在回应尼赫鲁的那个深刻的忧虑：在民族独立完成之后，民族主义如何才能避免走上对外扩张的危险途径？

结　语

民族主义和民主主义，在今天越来越成为两个脱离了历史语境的抽象概念。在它们踽踽独行之际，冷战意识形态又为其赋予了价值判断色彩。民族主义在今天基本上被视为一个负面的现象，它被视为非理性的、具有对外扩张威胁性的社会思潮；而民主主义则在抽空了具体的历史含义之后，被绝对化为正面的价值。在冷战结构已经解体之后，全球化的经济体系带来了国际政治关系的迅速调整；一方面，"二战"结束时的社会主义国家在基本完成现代化准备条件之后，开始进入向发达国家靠拢的阶段；另一方面，发达国家在控制世界的格局中并没有因为经济危机而退出中心位置。在这样一个全球都处于剧烈变动的时刻，国家作为基本的国际单位，它的结构方式和功能也在发生变化，这导致了民族主义和民主主义产生了前所未有的不确定性。正是在这个意义上，重新回到战后的历史语境中，探讨在那个错综复杂的历史脉络里这些概念是如何纠缠如何制掣的，从而打破今天对于民族主义和民主主义的超稳定想象，这也许是一个紧迫的思想课题。在战后70年之际，我们进行这样的回顾，并不仅仅是为了了解日本的思想脉络，也是为了促进我们自身的思想建设。

战后日本民主主义的发展及其局限

——以战后初期文部省教科书《民主主义》为中心

刘岳兵　王　萌[*]

内容提要　日本文部省分别于 1948 年 10 月和 1949 年 8 月发行的教科书《民主主义》（上、下册），作为当时人们对民主主义思想理解的最大公约数，是研究和探讨战后日本民主主义发展及其局限的重要史料。该教科书的出台过程受 GHQ 占领政策变化的影响，最终演变为冷战意识形态斗争的工具。其宣扬和美化以资产阶级抽象人性论为基调的民主主义精神、歌颂资产阶级议会政治的先进性及其将共产主义作为独裁主义和绝对主义的一种形式而置于民主主义对立面的思想倾向，遭到了当时日本马克思主义者针锋相对的批判。尽管如此，在战后初期日本的精神废墟上，该教科书作为思想启蒙读本，为当时的日本国民，特别是青少年提供了一种理解民主主义本质的规范，作为思考战后日本民主主义的"原点"、剖析战后民主主义发展及其局限的文本，无论在日本教育史还是思想史上都具有重要的意义。

关键词　战后日本、民主主义、文部省教科书《民主主义》

以美国为主导的驻日盟军总司令部（GHQ）所推行的战后占领期日本系

---

* 作者简介：刘岳兵，南开大学日本研究院教授、博士生导师，主要从事日本思想史、中日思想文化交流史研究；王萌，南开大学日本研究院世界史专业博士研究生，主要从事日本近现代思想史研究。

列改革统称为战后民主改革。对这些改革的意义，学界给予了充分的肯定①。当然也有一些学者主张不应该过分强调 GHQ 主导的战后改革的意义，这有两个方面的意思：一方面，众所周知，虽然其民主化改革犹如风暴一样强劲，但是由于美国自身利益的需要，并没有将民主化改革进行彻底，"美国式的民主主义既意味着反法西斯，也包含着反共产主义"②。另一方面，更进而有论者主张战后日本的现代民主主义政治体制可以从第二次世界大战期间的总动员体制中找到原型，③ 或侧重于从战前、战后的连续性、重层性来理解历史的发展过程，将战后改革视为"近代化、现代化、前近代残留的多层性改革"④。那种仿佛"在日本，刚一结束战争，一夜之间所有的人都成了'民主主义'者"的时尚高调，在当时就被视为一种"轻薄"⑤ 的表现，而当时那种"将过多的内容塞入民主主义，反而会淡化对民主主义本身的反省"⑥ 的忧虑，对于今天的战后思想史研究者而言，占领期间各种以民主主义面目粉墨登场的思想形态及其源流依然是尚待梳理的课题。

　　我们虽然早就意识到战后民主改革"是一次从思想意识到政治、经济制度方面的革命性变革"，并且积极评价"这次民主革命确立的精神财富"对于"真正理解战后日本经济高速发展"的重要意义⑦，但是，此前的研

---

　　① 本文刊于《南开学报》（哲学社会科学版）2015 年第 3 期。此次收入本论集时略有修改。
　　如王振锁强调"美国主导下的战后改革，对战后日本的发展道路发挥了至关重要的作用"，"为日本走上现代民主制国家奠定了坚实的基础"（王振锁等：《日本政治民主化进程研究》，上海三联书店 2011 年版，第 5、137 页）。而一些美国学者则更加倾向于对将"民主主义革命"作为"从天而降的礼物"这一话题津津乐道（约翰・W. 道尔：《拥抱战败：第二次世界大战后的日本》，胡博译，生活・读书・新知三联书店 2008 年版）。
　　② 中村正则：《日本战后史》，张英莉译，张谷校，中国人民大学出版社 2008 年版，第 27 页。
　　③ 山之内靖、ヴィクター・コシュマン（J. Victor Koschmann）、成田龍一編『総力戦と現代化』、柏書房、1995 年。
　　④ 中村正则《日本战后史》，张英莉译、张谷校，第 5 页。关于日本战后改革的"断绝说"与"连续说"，中国学界也早就注意到，并且主张应该综合地、辩证地看待。如吴杰的《关于日本战后改革研究的若干意见》（《日本研究》1985 年第 4 期）、王振锁的《战后日本五十年（1945—1995）》（世界知识出版社 1996 年版，第 77—81 页论"战后改革的历史意义"）等。
　　⑤ 丸山真男语。『座談会 民主主義をめぐるイデオロギーの対立と日本』、『世界』第 85 号、岩波書店、1953 年 1 月、第 77 頁。
　　⑥ 辻清明语。『座談会 民主主義をめぐるイデオロギーの対立と日本』、『世界』第 85 号、第 77 頁。
　　⑦ 赵建民、刘予苇主编：《日本通史》，复旦大学出版社 1989 年版，第 338 页。

究多集中于对外在的制度改革的描述，而对于这些外在的改革政策或措施是如何具体落实到人们的精神层面的，即对"这次民主革命的精神财富是如何确立的"还有许多问题值得深入研究。① 战后改革的最大"精神财富"，一言以蔽之，当然是民主主义思想的普及。而众说纷纭的日本战后民主主义思想的原点何在？学界还没有形成共识或找到一个比较公认的文本。文部省分别于 1948 年 10 月和 1949 年 8 月发行了教科书《民主主义》（上、下册），这两本一直使用到 1953 年的中学社会科教科书，可以作为当时人们对民主主义思想理解的最大公约数，而且这两本教材作为反思战后民主主义的文本一再被重新翻印或编辑出版，② 是理解和探讨日本战后民主主义发展及其局限的重要史料。本文通过回顾该教材的出台过程、重温其基本内容及其主要思想倾向，以及当时社会与思想界的反响，旨在揭示在日本战后初期围绕民主主义的思想斗争相关实况，相信这可以为进一步分析战后日本民主主义的发展及其局限提供某些重要线索。

一　文部省著作教科书《民主主义》的出台过程

1946 年 11 月 3 日《日本国宪法》公布，是战后改革的标志性成果，确立了战后日本资产阶级民主主义的社会政治体制。以此为契机，GHQ 专

---

① 日本学界最有代表性的研究成果当属中村政则、天川晃、尹健次、五十岚武士编的六卷本『戦後日本 占領と戦後改革』丛书中的第 3 卷『戦後思想と社会意識』和第 4 卷『戦後民主主義』（岩波書店 1995 年、2005 年新装版）。美国这方面的研究，寡闻所及，有 J. Victor Koschmann 的 *Revolution and Subjectivity*（芝加哥大学出版社 1996 年出版。葛西弘隆翻译为『戦後日本の民主主義革命と主体性』、平凡社、2011 年）、Toshio Nishi（西锐夫）的 *Unconditional Democracy: Education and Politics in Occupied Japan, 1945–1952*（Hoover Institution Press, Stanford University, 1982）等。国内学界尚未有专门研究日本战后占领时期思想的专著。纪廷许的《现代日本社会与社会思潮》（中国社会科学出版社 2007 年版）、邱静的《战后日本的知识分子护宪运动与护宪思想》（社会科学文献出版社 2012 年版）、谭晓军的《日本马克思主义经济学派史》（中国社会科学出版社 2012 年版）、陈都伟的《日本战后思想史研究：以丸山真男为中心》（南海出版社 2011 年版）及刘岳兵的《日本近现代思想史》（世界知识出版社 2010 年版）等的相关章节对这一时期思想的某些侧面有所论述。

② 『民主主義』下册发行（1949 年 8 月 26 日）46 年后，1995 年 8 月 26 日东京的出版社径书房将上下两册合刊出版『文部省著作教科書 民主主義』，到 1996 年 5 月 16 日该书已经重印了四次。本文即以此为分析的文本。2004 年 8 月，『あたらしい憲法のはなし・民主主義—文部省著作教科書』（该书策划、编辑委员会）由东京的展望社出版。东京大学教授、反对改宪的"九条会"事务局长小森阳一为该书撰写《前言》，强调在 21 世纪重读《日本国宪法》刚刚颁布后文部省的教科书《新宪法讲话》和《民主主义》的重要意义。

门负责教育事项的机构民间情报教育局（Civil Information and Education Section，CIE）的教育科向文部省提出为中小学生编写通俗易懂的解说新宪法的教科书。1947 年 8 月出版的《新宪法讲话》就是日本文部省与 CIE 合作的结果。该书除了根据新宪法的顺序进行逐条解说之外，还对"民主主义""国际和平主义""主权在民主义"进行了简单的概说，认为这三点是新宪法前言所提出的三种最重要的思想，而民主主义是新宪法最根本的思想基础。在这本解说新宪法的小册子中，对民主主义的概说只是从国家治理方式加以说明，即强调民主主义就是"以国民全体的意见来治理国家"①。CIE 同时要求文部省组织社会科学工作者专门就民主主义思想本身撰写一本比较系统的入门读本，这就是 1948 年、1949 年文部省发行的教科书《民主主义》（上、下册）。

在日本新宪法发布之前，《民主主义》的写作就已经在 CIE 教育科与文部省教科书局之间酝酿。具体负责人，CIE 方面是贝尔（Howard Bell）②，日本方面是教科书局调查科科长西村岩与两位科员深井龙雄、木田宏。具体经过，片上宗二已经有详细的研究，③归纳起来大体情况如下。1946 年 11 月 1 日，贝尔向 CIE 教育科科长提交了写作《民主主义》的临时计划，以此作为日本方面教科书写作的参考框架。同时，CIE 要求教科书局的第一编辑科长石山修平和调查科科长西村岩提交一份写作计划，两人于 11 月 4 日会见贝尔，提出了计划，并就写作班子人选进行了协商。12 月 12 日，贝尔将自拟的《民主主义》概要交给写作班成员，并在会上进行了说明，同时，与石山和西村所写的概要进行比较，对不同的地方进行了协商调整，双方在主要问题上达成了共识，成为再探讨的基础。12 月

---

① 文部省『あたらしい憲法のはなし』、実業教科書株式会社、1947 年 8 月、第 6—7 頁。

② 贝尔的情况学界了解很少。据尾高朝雄的文章『教科書「民主主義」について』所言，"贝尔博士是政治教育的专家，这方面有优秀的著作"。但是他有什么样的优秀著作，尚不得而知。他"是科罗拉多州人，将西部牛仔的野性味与深厚的人文主义的人类之爱集于一身，是最像美国人的美国人"。特别提到他"为了这本教科书的工作而累得心力憔悴，损害了健康。于下册将要出版之际回到美国，住在弗吉尼亚州，在一条静静的河畔筑起了新居"。（『教育現実』第 1 卷第 5 号、1949 年，第 34 頁）贝尔在日本三年，主要的工作就是制作教科书《新宪法讲话》和《民主主义》。从以佐藤秀夫为代表的研究成果看，他 1946 年 9 月来到 CIE 的教育课，先后在教育课程・教科书班和教育专家班的社会科学组工作。其称呼从一般的先生（Mr.）到 1949 年 7 月改称博士（Dr.）了。（佐藤秀夫代表：『連合国軍最高司令官総司令部民間情報教育局の人事と機構』、日本教育研究所、1984 年、第 217 頁）

③ 片上宗二『日本社会科成立史研究』、風間書房、1993 年、第 882—904 頁。

16 日的会议上，西村等提出："我们想知道的是，民主主义作为一种体制该如何处理。因为在《民主主义》中也必须对共产主义这种体制进行分析，在此希望加以明确。"对此，贝尔回答说："对能够证明的事实进行忠实的分析就可以，不必惧怕其反动。如果是诚实的分析家，就应该勇于指出民主主义的弱点，对于公平而无偏见的读者来说，不会因为对共产主义的客观分析而蒙害的。"① 经过与写作班子的磋商，1946 年 12 月 19 日的第二次会议上，贝尔提出了自己修改过的提纲，经过讨论修订之后得到了大家的认可。这份修订过的提纲基本上决定了写作框架，即《民主主义》分为两部分，第一部分是对民主主义进行一般性论述，第二部分是作为政治问题论述民主主义与现实日本的相关问题。1947 年 1 月，定下来全书由 18 章构成（定稿只有 17 章），每一章的执笔者及篇幅基本上确定下来。

众所周知，两个月后的 1947 年 3 月 12 日，美国总统杜鲁门的讲演作为冷战宣言的"杜鲁门主义"正式亮相，与此同时，美国的对日占领政策开始发生转变。1947 年 4 月 21 日，贝尔坚定地表示："美国人如果不以一种类似于俄国人宣扬他们认为的共产主义道德那样的进取心和干劲来开始展示和教授民主的美德的话，就将陷入真正的麻烦。"② 其此前所谓的"勇于指出"西方"民主主义的弱点"和客观分析共产主义当然不可能再坚持下去了。1947 年 6 月，CIE 的教育科内设置了"共产主义对策委员会"，《民主主义》写作的意图也由原来的"克服超国家主义、军国主义或封建主义"转移到"与苏维埃共产党进行意识形态斗争"和批判共产主义这一目标上来。③

到 1947 年 4 月，部分执笔者已经完成了草稿，开始互相讨论。但是在此过程中，一些作者对民主主义的相关用语及一般原理的理解上存在的分歧也表现出来。为了统一认识，贝尔对民主主义的一般原理进行了一些解释，但是他觉得还是不够充分，自己又亲自写出了一章作为样本，在 3 月 29 日召集执笔者来讨论。而且他还表示自己要亲自撰写还没有找好作者的三章。到 6 月，他同意由东京大学经济学部的大河内一男来写《与其他体制相比较的民主主义》等两章（另一章是《民主主义与工会》），《与其他

---

① 片上宗二『日本社会科成立史研究』、第 884 頁。

② Toshio Nishi, *Unconditional Democracy: Education and Politics in Occupied Japan, 1945 – 1952*, Hoover Institution Press, Stanford University, Stanford, California, 1982, p. 252.

③ 片上宗二『日本社会科成立史研究』、第 901 頁。

体制相比较的民主主义》在贝尔看来是《民主主义》整个结构中关键的一章，也是《民主主义》上册的最后一章。但是就其中一些观点，大河内与贝尔之间存在很大分歧。"大河内相信任何产业化的社会都必然走向政治上的独裁主义"，贝尔对此不赞成。10 月大河内写完草稿，也未得到贝尔的认可。后来经过修改，还是认为太专业，不好理解。更有甚者，这一章的题目，也改为"民主主义与独裁主义"，这反映了 CIE 方面已经明确地坚持将共产主义作为独裁主义的一种形态来论述的态度。①

　　正是因为作者的观点不统一，贝尔一直在寻找该书的统稿者。在 1947年 8 月 4 日的《会议报告》中，贝尔这样记载："长期以来，我在寻找能够从内容上和文章上都能够对《民主主义》全书 18 章进行编辑的可以信任的人物。最后终于发现了东京大学法哲学的教授尾高朝雄。选择尾高，无论从哪方面说，都是最合适的人选。"在 1948 年 2 月的写作班子会上，尾高被赋予了可以对整个书稿进行"自由裁量"的权力。② 而实际上，尾高作为编辑主任和最后的统稿者，其工作不仅仅局限于编辑，除了统稿的工作之外，贝尔以及 GHQ 其他部门的意见都必须听取。对此，尾高在该书下卷也出版之后，谈到自己的感慨时说："最初我完全与此事无干，后来有人写了两三章出现问题，让我来代写，最终经不住文部省的软磨硬泡，只好接受了对全书的改写或干脆信笔写下去的任务。各章虽然有不同作者的原稿，但是文章的难易、个性的不同，复杂多样，而且论旨还有不少矛盾之处。要努力将全文统一，从整体上进行总括好。而且这期间各方面提出各种要求，对这些进行调整也大费心思。即便这样，完成后的各章很多地方在文体、风格上还是参差不齐，内容方面也有许多不完备、不充分的地方。"③ 尽管如此，无论是从当事者的证言来看，还是从尾高自己的思想倾向来看，该教科书虽然是根据 GHQ 的意向，在其协助下，并得到其全面认可的基础上完成的，但是，尾高也还是反对将其纯粹视为美国的宣传册，因为毕竟书稿的内容是由当时日本具有代表性的学者起草并由统

---

　　① 片上宗二『日本社会科成立史研究』、第 890—891 页。

　　② 片上宗二『日本社会科成立史研究』、第 887、888 页。关于尾高朝雄（1899—1956），可参见陈根发的《论日本法的精神》（北京大学出版社 2005 年版）的相关论述（第 74—79 页）。

　　③ 尾高朝雄『教科書「民主主義」について』、『教育現実』第 1 卷第 5 号、1949 年、第 30页。

稿者"以非常强的政治上的信念"① 去完成的。

　　该教科书的性质究竟如何，美国方面的态度或许可以参考。简而言之，美国方面实际上是将该教科书的写作纳入其冷战战略中了的。这明确地表现在对待第十一章的态度上。贝尔强调这一章最为重要，其他的章节都是为此章作准备和铺垫的，日本文部省向贝尔表示过这样明目张胆地批评和攻击苏联和共产主义，违反了《教育基本法》的精神，但是这种意见被贝尔强硬地抵挡了回去。他这样做的原因，在他向 CIE 的教育科科长、陆军中佐 Mark T. Orr 的报告中有明确的分析。他说："若在第十一章上有所保留，将在很大程度上摧毁该书潜在的效果。"而且，"考虑到所谓冷战在意识形态上的紧张性，和迄今为止我们略嫌温和无力的表现，如果不那样表述，将会显得不合逻辑而又胆怯"。② 可见，该教科书具有鲜明的作为意识形态斗争工具的性质。

二　文部省教科书《民主主义》的基本思想及其批评意见

　　尽管该教科书结果变成了意识形态斗争的工具，但是其为了阐释新宪法中的民主主义思想的初衷也值得重视。该书上册的前言开篇就说："现在社会上，民主主义这个说法泛滥。提起民主主义这个词语，谁都知道。但是真正懂得民主主义的意义的有多少呢？这一点很让人怀疑。""民主主义，涉及的面极为广泛，且内涵很深。……要从各个角度来把握民主主义并不简单，要想对复杂而多方面的民主主义的世界有一个通盘的了解，就需要有一幅好的地图和一本周到的参考手册，这本教科书的目的就是希望能够成为这样的谁都能信赖的地图和参考书。"教科书《民主主义》的内容如下（从第十二章开始为下册的内容。括号内为 1948 年 1 月所定每章执笔者姓名，其中尾高朝雄、林茂、鹈饲信诚、大河内一男为东京大学教授，班目文雄为东京高等师范学校附属中学教师）：

---

　　① 谷口知司、三宅茜巳、興戸律子、有薗格『木田宏と教科書「民主主義 上・下」について：オーラルヒストリー等の木田教育資料から』、『教育情報研究』（日本教育情報学会学会誌）第 21 巻第 4 号、2006 年 6 月。

　　② Toshio Nishi, *Unconditional Democracy: Education and Politics in Occupied Japan, 1945 - 1952*, Hoover Institution Press, Stanford University, Stanford, California, 1982, p. 252.

前言

从上述目录可见其涉及的内容不仅包括民主主义的本质或根本精神，还论及它在社会政治、经济和社会生活、国际关系等方面的表现；不仅论及民主主义在世界范围的发展历史，也分析了日本历史变迁；而且对议会制度、独裁主义、新宪法及妇女问题还进行了专门的阐述，可以说是点、线、面相结合的一本很"周到"的民主主义思想"导游图"。

教科书《民主主义》上册于 1948 年 10 月出版后，引起了很大的社会反响。主要有世界评论社出版的《教育》杂志编辑部召集了宫原诚一（东京大学讲师）、清水几太郎（二十世纪研究所长）、高岛善哉（东京商科大学教授）、本田喜代治（民主主义科学者协会评议员）、铃木正四（历史学研究会员），就文部省教科书《民主主义（上）》举行座谈，其记录发表在该杂志 1949 年 4 月号上（以下简称"《教育》杂志座谈会"）[1]。而

---

① 『社会科教育史資料 4』（編集代表：上田薫）、東京法令出版株式会社、1977 年、第 124—132 頁。

1949 年 10 月三一书房出版的井上清著《文部省〈民主主义〉解说与批判》①，更是对该书逐章逐节进行解说批评，代表了当时马克思主义者的主要观点。下面对该教科书中的一些基本思想结合尾高朝雄的观点，特别是引起较大反响甚至非议的部分，做简要的介绍。

（一）民主主义的本质及根本精神

在教科书的前言与第一章对民主主义的本质及根本精神有明确的论述。前言的第二段这样写道："民主主义究竟是什么呢？许多人认为民主主义是政治的手段，是大家通过选举而以代表自己的人去从事政治活动。不错，这也是民主主义的一种表现。但是认民主主义仅仅是一种政治的手段，就错了。民主主义的根本在更深处，它在大家的心中。将所有的人都作为个人、作为具有尊严的价值来对待的心，这是民主主义的根本精神。"②

对民主主义的本质是一种"精神态度"，教科书的第一章中有进一步具体而明确的论述："作为政治制度的民主主义固然也重要，但更重要的是领会民主主义的精神。因为民主主义的根本，无非就在于其精神态度上。那么民主主义的根本精神是什么呢？那就是对人的尊重。"（第 16—17 页）个人的尊严在人与人之间得到相互的理解和认可，这种意识或精神在社会上推广，就可以形成民主主义的社会。就是说："主张自己的权利的，也必须尊重他人的权利。主张自己的自由的，也必须对他人的自由致以深深的敬意。这样才是相互的理解、好意和信赖，才是承认所有人的平等性。……无论何时何地，这种精神一旦贯穿于人际关系，那里就有民主主义。政治，也只有在以此为基础时，才会有真正意义上的民主的性质。"（第 17—18 页）而且教科书强调民主主义尽管在不同的时代不同地域有不同的表现形态，但是其根本精神是不会变化的，民主主义的本质就在于这种恒常不变的根本精神。写道："民主主义的本质，就是恒常不变的根本

---

① 关于此书的缘由，该书前言中写道：此书是"1949 年 4 月中旬，以朝野勉、井上清、小此木真三郎、铃木正四四人为中心，三一书房的编辑也参加，进行了为期数日的彻底的讨论研究之后，四人共同整理而成。不能说那一部分由谁执笔。全部都是由大家共同讨论，甚至有些地方的如何表达都是通过讨论决定的。只是在最后，形式上是由井上清完成的。"（前言，第 3—4 页。）

② 文部省『文部省著作教科書　民主主義』（はしがき）、径書房、1995 年、第 1 頁。以下引文出自该书者只在引文后注页码。

精神。因此，关于民主主义的本质，其中心问题，不是其外在形态有哪些种类，而是其中含有怎样程度的精神的问题。民主主义在家庭、学校、工厂中都有。在社会生活、经济生活、政治生活中都有。但是，问题在于何种程度上它是真正的民主主义。"（第18—19页）

那么这种"程度"能否测量？如何测量？也就是说，如何辨别民主主义的真伪便成了重要的问题。教科书紧接着写道："有测量其程度的东西吗？我们可以测量合金中纯金的分量。可以鉴别金与镀金。同样，我们不能够某种程度正确地测量出社会生活、经济生活或政治生活中所含民主主义的分量吗？与金或银的分量不同，因为民主主义的本质是精神性的，测量它固然是很难的。但是，明确识别带着民主主义的面具而专横跋扈的独裁主义与真正的民主主义，是极为重要的。无论如何困难，都必须尽可能认清。"（第19页）这样就引出了民主主义的对立面，即"独裁主义"。独裁主义也称为"权威主义"，它"以专制主义、全体主义、法西斯主义、纳粹主义及其他各种形式表现出来，但是它们具有根本的共通点。那就是有权威的人轻侮、蔑视一般的普通人，丝毫不关心一般人的命运"（第20页）。而该教科书中引起最大的争议与反响的，就是将共产主义纳入独裁主义中，将共产主义作为民主主义的对立面加以批判。

对《民主主义》这本教科书的定位，尾高朝雄有一个概括性的说法，即认为"这本书是将作为《日本国宪法》的基本原理的西欧式的民主主义从所有的角度尽可能进行认真解说的著作"[1]。这样，也就难怪在上述《教育》杂志座谈会上，高岛批评该书对民主主义的理解流于"形式"，对民主主义的发展缺乏历史的分析。清水则指出该书只是写欧美"优等生"的事，写得太美了，对日本的现实、各种困难及苦涩经验注意不够。本田也认为写得过于理想化，缺乏对现实的反省，具体而言，他说该书所写的民主主义，主要是19世纪的民主主义。井上清则直接指出该教科书的最大特征也是其最大缺点，"在于其议论是抽象性的，很少触及民主主义的历史与现实中正确的事实，特别是对日本现实的实践既没有具体的意见也没有可供参考的事实"[2]。井上清批评教科书的资产阶级民主主义的实质，指

---

① 尾高朝雄『教科書「民主主義」について』、『教育現実』第1卷第5号、31页。

② 井上清『文部省「民主主義」解説と批判』（はしがき）、三一書房、1949年、第1—2页。

出"民主主义的根本不是暧昧地将'所有人'都作为个人来尊重这种观念性的东西。而是为了维持社会并使之发展的根本力量、最重要的生产者、劳动人民，用劳动人民的手去处理政治经济和文化问题"。强调"如果从精神方面来定义民主主义的话，民主主义的根本精神就是追求人民的生命、自由、幸福，断乎与妨碍这些的一切进行斗争的精神"。[1]

（二）民主主义与议会政治

教科书虽然强调民主主义的根本在于其精神态度，但是书中论述的并未贯彻这种思想，在论述民主主义发展史时实际上只是局限于代议制度、议会政治的发展历史。在论述民主主义制度的主要形态时，列举了英国的议会中心制形态、美国的三权分立制形态和瑞士的直接民主制形态，并进而指出日本新宪法所规定的组织形态与英国的制度很相似，日本人应该首先研究和学习英国的政治组织。西洋近世最早出现民主主义的是英国，经过不断的斗争发展到现在经历了约九百年的历史（第35页）。相比之下，"日本今天完全的普选权，国民几乎没有经过什么苦斗就一举获得了，仅此，只是在形式上非常齐备了，而国民的政治自觉与训练还很不充分。在这种完备的形式中，如何使之具有相应的民主政治的实质，这完全有赖于国民贯彻民主主义的根本精神的思想准备到了何种程度。"（第66页）这种根本精神落实到具体的可操作的制度性层面，就是"少数服从多数"的原理。该教科书不仅在第五章专门论述该原理，而且在第一、七、九、十一章等处都强调这一问题，少数服从多数这种技术性的操作原理几乎被视为民主主义最本质的东西了。民主主义的精神实质就转换成了"数的政治"。

尾高朝雄在《国民主权与天皇制》一书中对此做了非常直白的解说：

根据国民主权主义的原理，其政治的主体在于国民。以国民为主体的政治，就是以"国民的总意"来决定立法及行政的方向的政治。但是所谓依据国民的总意的政治，按照字面的意思来理解的话，依然是一个理念，而不是现实。现实中依据国民的总意的政治，是根据"少数服从多数的原理"来施行的。国民投票的多数来决定国会议员，国民支持的多数来使一个政党成为国会中的多数党，由国会的多数党掌握立法的指导权，进而组

---

[1]　井上清『文部省「民主主義」解説と批判』、第260、261頁。

织内阁。因此，民主政治是"数的政治"。如果民主主义否定少数服从多数原理的话，那决非民主主义。①

当然，如尾高在其后所著《数的政治与理的政治》中所言，民主政治同时"必须是'理的政治'。因为民主政治必须是合符理性的正确的社会秩序的原理。无视正确的道理的多数统治，只能堕落为愚民政治。"②

就"数"的方面而言，如井上清所指出的那样，关键的问题在于"其所谓的'多数'是否能够真正充分代表民意"③，而"只有承认直接的少数服从多数，即人民的绝对多数的直接少数服从多数，才是真正名符其实的民主主义。议会的多数即相对的多数，从属于绝对的多数"④。只有人民民主专政才能够实现和保证"多数"真正代表民意。"因为议会的相对的少数服从多数只有以革命的绝对的少数服从多数才能成立。没有这个基础立刻就会动摇倒塌"⑤。唯物论哲学家寺泽恒信干脆一针见血地指出："议会制度仅仅是资产阶级为了掩盖对无产阶级的统治的无花果的叶子吗？现在已经转化为了法西斯主义者推进其政策的机关。"从而批判"尾高氏的全部理论，是第二次世界大战后新法西斯主义为了将自己合理化而掩盖自己的本质的"⑥。

从"理"的方面而言，众所周知，与宫泽俊义主张战败后日本由于接受《波茨坦公告》，已经由君主制国体转变为民主制国体的"八月革命说"不同，尾高朝雄将主权概念、民主制及天皇制都理念化，主张无论是国民主权还是天皇主权皆受制于"nomos"这一更高层次的理念，力图以这种"nomos 主权论"来缓和新旧体制之间的冲突。⑦ 他说："国民主权主义承认'nomos 主权论'的立场。因为国民主权主义所提出的政治的最高权威'国民的总意'，决非现实的权力意志。它无非就是在所有的权力意志之上、规范所有的现实政治的'永远正确的立法意志的理念'。"⑧ 可见

---

①　尾高朝雄『国民主権と天皇制』、国立書院、1947 年、202—203 頁。

②　尾高朝雄『数の政治と理の政治』（はしがき）、東海書房、1948 年、1 頁。

③　井上清『文部省「民主主義」解説と批判』、118 頁。

④　井上清『文部省「民主主義」解説と批判』、126 頁。

⑤　井上清『文部省「民主主義」解説と批判』、264 頁。

⑥　寺沢恒信『新しいファシズムは如何に自己を合理化するか——尾高朝雄氏の所論に対する批判』、民主主義科学者協会『理論』4（6）、1950 年 6 月。

⑦　長尾龍一『日本法思想史研究』、創文社、1981 年、310 頁。

⑧　尾高朝雄『国民主権と天皇制』、132 頁。

无论是"数"的政治还是"理"的政治，都是建立在对资产阶级民主制度的幻想的基础上的。而且事实上，战后日本保守政治势力通过对选举制度的调整，使得日本政坛无论是"数"还是"理"都在朝着有利于促进其"总体保守化"向常态化方向发展。①

（三）民主主义与共产主义

该教科书的第十一章将共产主义作为一种独裁主义的形式，对无产阶级专政进行了批判，强调无产阶级专政或工人阶级专政这种"独特的独裁政治的形态"，"与法西斯主义或纳粹主义不同，是立足于'共产主义'的"。（第 224 页）并且从理论和实际两个方面批评了苏联的立足于共产主义的无产阶级专政。

从理论上说，该教科书指出：

由共产党的独裁所实行的某种共产主义，最重视经济上的平等。近世的民主主义，给予被专制政治所束缚的人们以自由，使得由封建社会的阶级所分割的人们获得了平等。但是这些最初主要只不过是法律上的自由与平等而已。以法律上的自由与平等为基础，资本主义经济实行了垄断的经营方法，其结果，使得人们经济上的不平等越来越增大。共产主义为了纠正这种经济上的不平等，对资本主义进行了激烈的批判，力图用事实上大幅度限制政治上的自由的所谓"无产阶级的独裁"，来为劳苦大众一举实现经济上的平等。经济上的极大的不平等固然应该纠正。但是，无论如何重视经济上的平等，也不能因此而放弃个人的政治上的自由。共产主义即便把政治上的自由完全作为单纯的形式上的东西，也要力图得到平等。对此，民主主义则始终是以自由为基础去实现平等；以国民的自由意志去施行政治，由此而构筑起平等地追求幸福的社会。由此明显可见独裁主义与民主主义两者之间的巨大不同。（第 236—237 页）

民主主义中自由与平等的关系，在教科书第一章"民主主义的本质"专门有一节论述。对于自由，其中论述道："民主主义是在社会秩序及公共福祉并立的情况下尽可能多地承认个人的自由。"当然这种自由不是任性而动，而是同时也要尊重他人的自由，并且"赋予的自由越大，越要发挥此自由为社会服务、承担更大的责任，这是民主主义的根本思想。如果

---

① 吕耀东：《试论日本"总体保守化"的选举制度要因》，《日本学刊》2015 年第 2 期。

没有将赋予给自己的自由最大限度地为社会公共福祉服务的思想，无论多么自由也没有任何意义"。（第26—27页）与自由同样重要的还有平等。"将所有的人都同样作为人来尊重，给予同样的钻研知识、发挥能力的机会，这是民主主义的高贵理想。"（第28页）另一方面也要看到，"如何利用这种机会，个人的才能发挥到何种程度，这些在很大程度上会受到个人的努力程度和不同的天分的影响。因此会出现与人们才能与实力相应的不同的社会地位。如果认为民主主义重视人的平等就意味着人们所受的社会待遇都一样，那就大错特错了"。（第29—30页）以这种自由、平等的标准来评价苏联的社会政治情况，教科书认为苏联的"共产主义者所谓'无产阶级的独裁'，实际上是'共产党的独裁'"（第233页），是"与稳健的社会主义有明确区别的共产主义，是一种绝对主义"。（第234页）这里所谓的"稳健的社会主义"，教科书认为这就是"根据议会政治的原则，光明正大地行动、堂堂正正地以多数表决的方式实现其政策"，指出"各国共产党，如果尊重议会政治的纪律与秩序，一旦在议会获得多数则行其经纶，如果为少数党，则服从多数。如果以这种态度行动，就被列宁等人激烈地批判为机会主义，这是马克思主义阵容中的稳健派的立场"。（第239页）

尾高朝雄在为这一部分辩论时说："共产主义，宣扬与资本主义不共戴天，采取直冲资本社会的内部矛盾并力图尽快使之崩溃的立场。如果只是一味地以此为绝对不变的态度，那么就会否定民主主义的自由与宽容性，因此不能认可其为民主主义。文部省的教科书《民主主义》就这样得出了共产主义不是民主主义的结论。因而同情共产主义的就关涉到企图抹杀这种'民主主义'，其否定民主主义无非就是否定日本国宪法的基本原理。"① 他表示"在现实的国际关系中不可能采取中立的立场"，共产主义与资本主义之间，该教科书的写法只能"尽量去发现资本主义好的方面"②。他认为在当时议会政治这种形式为资产阶级牢牢掌握的时代，"只要国民自觉，能够选出真正代表自己利益的人，通过议会民主主义应该也

---

① 尾高朝雄『教科書「民主主義」について』、『教育現実』第1卷第5号、31頁。
② 井上清『文部省「民主主義」解説と批判』、12、13頁。

可以实现真正的为了人民的政治"①。

井上清在第十一章批评教科书"疏漏了最重要的地方。这就是，是谁将民主主义推进到今天的，对此教科书只字未提。好像民主主义的原理是上帝悄悄地赐予的，'人类'既而发现了它并首先在政治上适用而建立起政治上的民主主义，然后由社会到经济领域适用的范围不断推广。在此，对坚持不懈地为民主主义的确立与发展而奋斗的人民的努力丝毫没有顾及"②。近代民主主义的推动者和原动力不是某种空穴来风的观念，而是受压迫受剥削的工人阶级和劳苦大众。马克思主义者充分认识到在阶级社会没有超阶级的所谓"纯粹"的"民主主义"，井上清指出："自由与平等作为民主主义的两大原则是正确的。然而，只有在人民的自由与人民的社会秩序、人民的公共福祉，继而人民的平等真正实现了的社会，即没有阶级的社会、没有剥削的社会才可以说是真正的实现了民主主义的社会。"③因此，他最后感叹："认为民主主义与资本主义是不可分离，这样的想法是不幸的。"④ 而尾高朝雄将共产主义者视为"只是在异想天开时才有干劲的人，因为红旗飘飘而色盲，陷入了自我陶醉。要戒备的是虚无与狂信"⑤。由于各自的立场不同，当时两种意识形态的斗争也由此可见一斑。

三　代结语：文部省教科书《民主主义》的意义

尽管有各种反对意见，但是《民主主义》作为文部省的教科书在战后日本初期的中学中得以推行，发行量达 200 万册以上，其影响之大可想而知，当然其意义也是不容小觑的。其意义，至少可以从教育史和思想史两个方面来认识。

（一）教育史上的意义

《教育基本法》在 1947 年 3 月 31 日公布并实施，《日本国宪法》虽然

---

① 尾高朝雄、矢内原忠雄、森有正等『民主主義を語る（座談会）』、『独立』第 9 期。教科书中赞赏的"稳健的社会主义"和这里提到的"议会民主主义"即以考茨基和伯恩斯坦等为代表的德国社会民主党的立场。

② 井上清『文部省「民主主義」解説と批判』、253—254 頁。

③ 井上清『文部省「民主主義」解説と批判』、31 頁。

④ 井上清『文部省「民主主義」解説と批判』、283 頁。

⑤ 尾高朝雄『教科書「民主主義」について』、『教育現実』第 1 卷第 5 号、34 頁。

在 1946 年 11 月公布，但是到 1947 年 5 月 3 日才实施。从时间上看，《教育基本法》的实施比《日本国宪法》还早，这可以从一个侧面看出日本战后教育改革的重要性和紧迫性。《民主主义》从形式上以文部省教科书颁布，其在教育史上的意义不言而喻。从其出台的过程我们可以看到占领初期日本的相关情况。在《民主主义》下册，对日本教育状况有直接的描述。其中说道："明治以来，我国的科学与文化大体上得到很大的发展。但是其大部分都是借自西洋文化，遗憾的是未能真正成为国民生活的血与肉，其主要的原因可以说是由于教育的缺陷。"因此呼吁："为了将日本建设成为优秀的民主国家，必须从根本上对教育方式进行改革。"此前日本的教育方式，"一言以蔽之，就是'自上灌输'的教育、'填鸭式教育'"。（第 291 页）并且指出其更有甚者，"很多时候是根据政府的指示而动"（第 292 页），这就很难培养出自由的思想与独立的人格。《教育基本法》认为要实现《日本国宪法》所确定的"建设民主的文化的国家，以为世界和平与人类福祉作贡献"的理想，"从根本上说取决于教育的威力"。《教育基本法》是《日本国宪法》精神在教育领域的贯彻。

文部省教科书《民主主义》作为新设的社会科的教材出版使用，作为日本战后教育史上的一种现象，涉及的问题很多，这里仅就已经出现的批评与争议而言，至少有以下两点值得注意。

第一，从事社会科学的教育，是否可以有国家的立场和官方的思想？《教育基本法》第八条规定："法律认可的学校，不得支持特定的政党或为反对这一政党而进行的政治教育以及其他政治活动。"[①] 据此，井上清指出："教育基本法中规定在学校不允许拥护或反对特定的政党，而在日本也有共产主义的政党，其活动是由宪法和其他法律公开认可的，而如该书将共产主义作为反民主主义来看待的话，将这种理论运用到现实中，就成了宣传日本共产党是反民主主义政党，这与不允许推荐共产党的学校教育的意图完全一样。用此教科书的理论来处理现实问题，就有违反教育基本法的危险，必须认真注意。"[②] 在《教育》杂志座谈会上，高岛善哉提出："社会科学的问题，不能用教科书的体裁来处理。因为在社会科学中不能

---

① 《教育基本法》（1947 年 3 月 31 日），载瞿葆奎主编、钟启泉选编《日本教育改革》（教育学文集第 23 卷），人民教育出版社 1991 年版，第 52 页。

② 井上清『文部省「民主主義」解説と批判』、14—15 頁。

有国家规定的立场和官方的思想。"① 关于这一点，如前所述，文部省早就有自知之明了。

　　第二，教科书《民主主义》是否可以视为《国体的本义》和《臣民之道》的翻版？井上清谈道："在军国主义过激国家主义时代，文部省制作了《国体的本义》和《臣民之道》这样的书，印刷了数百万册，全国的学生、教师不用说，还广泛地强制全国的国民阅读，宣传可怕的军国主义过激国家主义。这次《民主主义》这本著作也施以同样的方式，做法非常相似。因此社会上已经有许多人将其作为《国体的本义》的民主主义版来加以批评。"② 进而指出，这种教科书以文部省的名义颁发之后，"学生不是用自己的眼睛看、用自己的脑子想，而只是死记硬背教科书上的道理，觉得这样就懂得了民主主义，而且教师也有灌输教科书的理论的危险。这样的话，就与挂上民主主义的名义的《国体的本义》的强制没有两样了"③。这样的话，上述该教科书中所描述的日本教育的缺陷不仅无法从根本上得到弥补或改正，甚至可能陷入一种恶性循环之中。实际上，这触及教育领域日本战前与战后的连续性问题。

　　对于上述批评，尾高朝雄也感到了问题的所在，但还是为此辩护，说："这本书是以尽可能通俗易懂地解说日本新宪法根基中的民主主义的意义为目的而作成的。"不过是"在尽可能便宜、尽可能使之普及的意义上，采取了教科书的这种方式"④。这不过是一种方便的说辞，并未触及问题的核心。当权者的思想或意识形态如何在教育领域表现或贯彻，这是一个具有普遍性意义的问题，围绕文部省教科书《民主主义》的教育学上的争议，可以说是战后日本教科书问题的滥觞。

（二）思想史上的意义

　　《日本近现代思想史》（世界知识出版社 2010 年版）一书对战后日本思想只用最后一章的篇幅论述，而且主要围绕东京审判与天皇制展开，自知很不充分。一位日本教授在看了之后来信说："在日本人看来，战后思想中，如和平思想、民主主义、近代主义等是主流，大概以中国的眼光

---

① 『社会科教育史資料 4』（編集代表：上田薫）、130 頁。
② 井上清『文部省「民主主義」解説と批判』（はしがき）、2—3 頁。
③ 井上清『文部省「民主主義」解説と批判』、14 頁。
④ 尾高朝雄、矢内原忠雄、森有正等『民主主義を語る（座談会）』、『独立』第 9 期。

看，当然不能不以东京裁判或天皇制为中心问题吧。"将民主主义作为战后日本的思想潮流，笼统地说或许不难，但是要对其进行分析梳理，并不是件容易的事。如前所述，不仅因为战后仿佛一夜之间所有的人都变成了民主主义者，而且如一个外国记者所看到的那样，许多日本人挂在嘴上的民主主义，对他们而言不过就像拼命地背诵棒球规则，实际上他们并没有真的想要去打棒球。[①] 如何辨别这些真真假假、形形色色的民主主义，还是战后日本思想史研究者的重要课题。文部省教科书《民主主义》为当时的日本国民特别是为青少年提供了一种理解民主主义本质的规范，具有重要的思想史意义。

1. 民主主义思想的启蒙意义

大江健三郎的证言比较有代表性。他在回顾自己上中学对教科书《民主主义》的体验时说："那时大家对这本教科书都非常热衷，但是三十个人的班级里，只有五套书。而且得到了上卷的，就不能有下卷了。大家抓阄，得到书的非常高兴，没有得到的就向隅而泣。……在四国的一个小小村子里的孩子们的心里，也因为民主主义一词发挥着敏锐的作用而具有特别的力量。……根据该教科书，我们这些农村的孩子，学习到了民主主义，在此我最为关心的还是主权在民和放弃战争这两个说法。……热情的教师用《民主主义》这本教材教给了我们主权在民和放弃战争这些说法的意义。这是替代战后被废止了的修身课的时间，感觉心情很紧张的课程。这一点现在还印象很深。"他由此强调对自己而言，"放弃战争、主权在民的说法，这新宪法中的两大根本思想，已经成为自己现实生活中的道德观念了"[②]。就是说，通过教科书《民主主义》，大江健三郎不仅"学习到了民主主义"的一般原理，而且将放弃战争、主权在民这些新宪法中的根本思想融化在自己现实生活中了。

当然也有一些中学生对该教科书感到不满足，在上述《教育》杂志座谈会上，铃木正四列举了一些学生特别觉得该书"对共产主义的攻击过多，还不如让我们理解其优缺点，让自己来批评的好"。[③] 这实际上是提出了应该如何进行民主主义的思想启蒙，或者说以什么来进行启蒙的问题。

---

① 飯塚浩二『比較文化論』（1948 年）、大田堯編著『戦後日本教育史』、岩波書店、1978 年、164 頁。

② 大江健三郎『厳粛な綱渡り 全エッセイ集』、文芸春秋新社、1965 年、139 頁。

③ 『社会科教育史資料 4』（編集代表：上田薫）、126 頁。

该座谈会上，本田、高岛和铃木都批评该教科书所言民主主义只是停留在19世纪的水平上，而没有清楚地阐明最为重要的民主主义的现代形态，即20世纪的形态。强调"如果不了解从19世纪后半期到当今世界民主主义的发展历史，就不仅不能明白民主主义与共产主义的关系，也不能阐明这场战争的性质"①。值得注意的是，1946年2月8日开始到4月，丸山真男在静冈县三岛的"庶民大学"②分八次讲授的也是19世纪欧洲思想史。这是因为他认为"无论是社会主义、共产主义，还是浪漫主义、存在主义，甚至非合理的国家主义都是从19世纪开始，当时提出的那些问题至今仍未解决。因此不从十九世纪开始讲无法了解今天的问题。听众对这种被认为是抽象的话题听得津津有味，就像吸纸吸墨一样地吸收了。这种民主主义的'启蒙'运动不仅在三岛，而且遍及全国"③。究竟是用19世纪的西方民主主义思想还是用20世纪的思想作为民主主义思想的启蒙教材，也是战后日本民主主义的发展及其局限的一种重要表现。

　　2. 反思战后日本民主主义"原点"的启发意义

　　1995年文部省教科书《民主主义》上、下卷由东京的径书房合刊为一册出版，《朝日新闻》报道其出版缘由时转述出版社的意思说："大家都在说的'民主主义'到底是什么？这本书可以确认其原点。"④ 2004年该书被摘编与1947年8月刊行的文部省教科书《新宪法讲话》合为一册重新出版，小森阳一为该书所写的前言中不仅强调21世纪重读这些教科书的现代意义，而且认为可以借助《民主主义》这本教科书中的相关记述，"明确地认清当今日本朝着什么方向发展"。具有讽刺意味的是，当时该教科书批判共产主义而将其归入民主主义的对立面，即独裁主义之列，而随着战后日本政府不断地在修改宪法、修改教育基本法的歧路上越走越远，如小森阳一这样的有识之士不得不呼吁现在的日本已经成了"'独裁者'支配的国家、'全体主义'的国家"⑤。

---

　　① 『社会科教育史資料4』（編集代表：上田薫）、130頁。

　　② 大田尭編著『戦後日本教育史』、62—63頁。

　　③ 丸山真男『戦後民主主義の「原点」』（1989）、『丸山真男集』第15巻、岩波書店、1996年、62頁。

　　④ 『朝日新聞』1995年8月21日。

　　⑤ 文部科学省著、『あたらしい憲法のはなし・民主主義』企画・編集委員会編『あたらしい憲法のはなし・民主主義—文部省著作教科書』、展望社、2004年。小森陽一の『はじめに 解説にかえて』、14、15—16頁。

　　回到"原点"来反思战后日本民主主义的发展及其局限，1989年，丸山真男曾经追溯到《日本国宪法》制定之前，指出"在战败当时，因为是宪法制定之前制度还没有建立起来，是从理念和运动这种民主主义的ABC开始的，与高度成长期的所谓'民主主义'正好相反。如果不理解这一点，就不会明白战后的出发点"。因此他强调与制度相比，"作为理念与运动的民主主义"才是"永久革命"，"不管是什么制度，民主主义都不会因此而终结。只存在不断的民主化"。民主主义"决不是制度化就了事了"，"必须不断朝着主权在民去运动这个理念"才是关键①。值得注意的是在同一年，美国学者弗朗西斯·福山发表了《历史的终结?》一文。该文论述了"作为一种政体的自由民主制，随着它在近几十年内战胜与之竞争的各种意识形态，如世袭君主制、法西斯主义以及最近的共产主义，关于其合法性的突出共识，已经在全世界范围内出现"。甚至还主张"自由民主也许是'人类意识形态演化的终点'和'人类政体的最后形式'，并因此构成'历史的终结'"。可是，到2014年他又强调："我的历史终结论从来不是一种决定论，或者只是简单地预测自由民主制度势必在全世界取得胜利，民主国家还继续存在并获得成功，只是因为人民愿意为法治、人权和政治问责制奋斗"②。这与教科书中所论民主主义的本质不在其外在形态，而关键在于"其中含有怎样程度的精神"也颇有相通之处。民主的理念与精神，是民主主义的原点，这种探究和追求是不会终结的。

　　我们注意到日本舆论界对战后民主主义的评价，有两种截然不同的声音。如理论经济学家、评论家村上泰亮对战后日本的议会制民主主义给予了高度的评价，认为其政治组织不亚于世界上任何国家。社会上的自由、平等，就客观的指标而言，也几乎胜过欧美各国。③对战后日本的民主主义的发展持全面肯定的态度。相反，更多的应该说是批评和怀疑的声音。这从一些著作直接以"民主主义的幻想""战后民主主义批判""民主主

　　① 丸山真男『戦後民主主義の「原点」』（1989）、『丸山真男集』第15卷、63、69—70页。
　　② 福山：《历史的终结与最后的人》，陈高华译，广西师范大学出版社2014年版，第4页（代序）、第4页（新版序）。
　　③ 国際文化会館編『国内情勢の展開』（現代日本の政治経済 第1卷）、総合研究開発機構、1987年、73页。

义还能否存活"甚至"日本没有民主主义"为书名的情况可见一斑。[①] 无论是肯定，还是批评或怀疑，对于作为涵盖战后日本社会方方面面的民主主义思潮，如何从形态上进行梳理并总结其特点，从深层次揭示其发展与局限，对于客观地了解战后日本社会，无疑具有重要意义。这项工作还有待于研究者从一些具体的文本入手做实证的研究，而文部省教科书《民主主义》无疑是一种富于启发意义、值得关注的文本。

[①] 勝田吉太郎『民主主義の幻想』（大増補改訂新版、日本教文社、1986 年）、大熊信行『日本の虚妄——戦後民主主義批判』（増補版、論創社、2009 年）、民研社編『民主主義は生延びうるか 戦後日本の再検討』（民主社会主義研究会議、1976 年）、M・トケイヤー著、箱崎総一訳『日本に民主主義はない』（日新報道、1976 年）。

战后日本的知识分子护宪运动与思想

邱 静[*]

内容提要 战后日本的护宪运动及其指导思想有更加复杂的特点与变化过程，并不能一概归于"和平主义"。知识分子护宪运动曾切实遏制了政府的改宪进程。20 世纪 80 年代以来，护宪运动影响力衰退的主要思想原因并非通常所认为的和平主义思潮的衰退，这里更加不容忽视的思想背景是护宪运动主体的国民主权思想的式微。第二次安倍内阁以来，以立宪主义为代表思想的知识分子护宪运动体现了相当的政治影响力。现有知识分子护宪团体能否坚持在国民主权、立宪主义原则的指导下与政府违反宪法、违背民意的行为进行斗争，将直接影响未来宪法问题的走向。

关键词 知识分子护宪运动 国民主权 和平主义 立宪主义

1947 年 5 月 3 日，作为战后制定的新宪法，《日本国宪法》正式施行。该宪法规定了国民主权、和平主义和基本人权保障的三大原则，为日本战后政治的发展奠定了基础。然而，从 20 世纪 50 年代起，随着美国默许的日本再军备过程，宪法的和平主义内容实际上已被架空。为摆脱一系列既成事实的违宪状态，长期以来，日本政界保守势力以"占领期宪法""强加宪法"等为由，主张修改宪法，意在使日本成为拥有武装部队、自卫权等的"正常国家"。这种意图与其实践至今仍在继续。与此相对，战后各种护宪力量反对修改宪法，改宪—护宪的政治过程至今仍是战后日本政治的重要内容之一。

由于历史原因，日本宪法修改问题不但涉及日本国内的政治变动，也

---

* 作者简介：邱静，中国人民大学国际关系学院副教授。本文部分内容曾以《战后日本的护宪运动与护宪思想——以知识分子护宪思想的演变为中心》发表于《国际政治研究》（2008 年第 1 期）。本文增加了第二次安倍内阁以来的相关内容。

不可避免地会对东亚乃至整个亚太地区的国际关系产生巨大影响。因此，该问题也始终是国内外日本研究学界瞩目的焦点之一。但包括日本学界在内，现有研究对战后日本护宪运动及其政治影响的研究还远远不够。护宪运动是否可以简单地归结为和平主义运动？其兴衰的思想背景是否在于和平主义思潮的起伏？为什么 20 世纪 80 年代以来护宪运动的影响力呈现衰退？宪法问题的未来走向可能受到哪些因素的影响？这些问题仍有待进一步考察追踪。虽然政界保守势力修宪意图强烈，并长时间占据国会多数席位，但由革新政党、日本国民和知识分子等构成的护宪力量在历史上曾切实遏制过政府的改宪进程，今后也仍有可能发挥重要影响。在第二次安倍内阁制造又一次宪法危机的情况下，关注护宪运动及其思想背景的整体变化具有现实的必要性。本文将主要研究战后日本知识分子护宪运动发展变化的过程，并着重分析其发展变化背后的思想原因。

战后日本护宪运动的三个方向

　　日本不但有"和平宪法"，在思想界也素有"战后和平主义"的提法，然而，由于这些"和平主义"所表达的意义并不一定与西方或中国的理解相重合，日本以外的国家与日本在对"和平主义"的认识上往往存在双重误区。具体而言，在西方，作为政治思想概念的"和平主义"（pacifism）有特定的定义，即以非战·非武装·非暴力为理念和原则的思想。这种定义在政治思想研究中通行，但包括日本、中国在内的非西方国家在提到"和平主义"一词时却并不一定指代上述内涵。而且使问题变得更为复杂的是，日本和中国各自为"和平主义"一词所赋予的意象也常是大不相同的。日本的特点在于常将"和平主义"与"和平"不加区别地使用，不论是"非武装和平""中立和平"还是"武装和平"，都会宣称自己拥护"和平主义"，而实际上三种观点虽然都不反对"和平"，其实现和平的方式却是大相径庭，并不一定都能够归入"和平主义"的范畴。而中国对"和平主义"的理解往往是褒义的、理想主义的，因而难以认识到日本各种"和平主义"背后存在的差别。这就造成日本的"战后和平主义"与作为政治思想的"和平主义"之间，以及日本的"战后和平主义"与中国所理解的"日本战后和平主义"之间存在着错位。这种错位也是目前国内的日本研究者易将护宪运动（思想）简单归结为和平主义运动（思想）的原因之一。

　　国内外现有研究常将战后日本的护宪运动与护宪思想不加区别地等同于"和平主义"运动与思想，或者只关注护宪运动与护宪思想中关于宪法第九条的部分，国内学界的通行观点则据此认为 20 世纪 90 年代以来日本政治变化的主要思想背景在于"和平主义"思潮的衰退。但事实上，战后日本的护宪运动及其指导思想有更加复杂的特点与变化过程，如果对其进行归类，至少可以分为以下三个主要方向。

　　（1）市民和平运动。战后至今，许多日本国民为反对战争、反对日本重新武装、反对修改规定了和平主义内容的《日本国宪法》，自发地结成团体或参与街头运动，拥护和平主义。他们的主张以非战、非武装的和平主义思想为主，也常同时包含争取市民权利等内容。

　　（2）左翼政党或左翼团体领导的反改宪运动。这一类护宪运动以政党主导的议会斗争和街头运动为主要方式，其指导方针是通过发动舆论、确保反对改宪案通过的议会席位等阻止改宪案的通过，捍卫宪法。其中最有代表性的运动团体是 1954 年由日本社会党（左、右两派）与日本劳动组合总评议会（"总评"）发起的"宪法拥护国民联合"。值得注意的是，在指导思想上，这一类护宪运动与一般的市民和平运动并不完全相同。虽然宪法拥护国民联合等团体亦以捍卫和平宪法为诉求，但他们的思想更倾向于"非武装中立"，实际上与纯粹的和平主义理念有一定的区别。同时，在政党主导下，他们的主张在很大程度上受到现实的党派斗争和政治斗争的影响，带有与主张修改宪法的保守势力对抗的意味，也受到左翼阵营内部矛盾的限制。随着社会党的分裂，"宪法拥护国民联合"也在 20 世纪 60年代初分裂成社会党·"总评"系的"宪法拥护国民联合"与民社党·"同盟"（全日本劳动总同盟）系的"宪法拥护新国民会议"。

　　（3）知识分子护宪运动。这一类运动通常很少采取街头游行等引人注目的运动方式，长期以来并未受到国内外学界的关注，但实际上其影响力不容小视，甚至可以说在很多时期都超过了市民和平运动。战后以来最有代表性的知识分子护宪运动团体是由大内兵卫、我妻荣、宫泽俊义等约 50名日本各个领域的一流学者组成的"宪法问题研究会"（1958—1976）。该研究会成立的直接动因是对抗 1957 年岸信介内阁设立的旨在修改宪法的"宪法调查会"，其一系列宪法启蒙活动对宪法调查会和政府的改宪活动造成了相当大的障碍。宪法调查会最终没有得出"改宪"的结论，很大程度上是宪法问题研究会努力的结果。在护宪的指导思想上，这一类运动的情况更为多样，但可以肯定的一点是，战后至今，护宪知识分子的主流宪法观并不是理想化的和平主义思想。

新宪法制定时期知识分子的宪法思想

事实上，从战后新宪法制定时起，日本主要知识分子的宪法思想就与和平主义有着明显的区别。1945 年 10 月 25 日，币原喜重郎内阁成立了"宪法问题调查委员会"（通称"松本委员会"），负责战后新宪法草案的起草工作。该委员会由数名内阁法制局官员与法律学者组成，其中包括后来成为知识分子护宪团体核心人物的宪法学者宫泽俊义和清宫四郎。尤其是宫泽作为战后宪法学的权威，在委员会中担任了新宪法草案的实际执笔工作，可以说是新宪法制定过程中的关键人物之一。此外，宫泽的老师、宪法学者美浓部达吉等担任了委员会的顾问。然而，在起草新宪法草案的过程中，不论是宫泽还是其他法律学者都没有提出消灭军队、放弃战争等和平主义的内容。值得注意的是，宫泽虽然提出削除明治宪法中有关军队统帅权的条款，但他的理由并不是和平主义的非战理念，而是《波茨坦公告》中有关日本军队解除武装的规定。对此，美浓部达吉提出，日本未来将结束占领状态成为独立国家，而独立国家当然应拥有军队，因此不应只根据目前状况而彻底削除相关条款。①

最终，1946 年 2 月 8 日，"松本委员会"向 GHQ 提出的《宪法修改纲要》中并没有规定消灭军队的条文，而只是将"陆海军"的提法改为笼统的"军队"，并规定有关军队的编制及常备兵力的内容将改由相关法律作出规定。② 在与宪法草案同时提交的说明文件《关于宪法中陆海军有关规定的变更》中对这一改动的原因做了说明："即使在结束占领状态，日本被允许进行再军备时，也将使军队保持非常有限的、维持和平与国内秩序所必需的规模，并且绝不会企图恢复旧有的陆海军。因此这里废除了'陆海军'的提法而单纯使用'军队'一词。"③ 很明显，这一草案中没有任

---

① 『口述後の質疑応答』入江俊郎（述）『日本国憲法成立の経緯』（憲法調査会事務局、憲資・総第四十六号、1960 年 7 月）、94 頁。

② 『憲法改正要綱』（1946 年 2 月 8 日）、佐藤達夫文書 22、国立国会図書館、5 頁。

③ 『憲法中陸海軍ニ関スル規定ノ変更ニ付テ』（1946 年 2 月 8 日）、佐藤達夫文書 24、国立国会図書館、1 頁。

何废除军队的规定，包括学者在内的委员会成员在按自己的意愿起草宪法时，并未打算制定废除军队的和平主义条款。

由于不符合对日本进行战后改造的构想，"松本委员会"提出的这一《宪法修改纲要》并没有被 GHQ 所接受。1946 年 2 月 13 日，GHQ 向日本政府提交了由其民政局起草的宪法草案，其中包括象征天皇制、国民主权、和平主义和基本人权等内容，实际是后来颁布的宪法的雏形。日本政府于 2 月 22 日决定接受这一草案，并于 3 月 6 日公布了基于这一草案重新制定的《宪法修改草案纲要》。以此为基础，经过一系列起草和审议程序，1946 年 11 月 3 日，《日本国宪法》正式公布。

虽然基于 GHQ 草案的《日本国宪法》与最初的构想有相当大的差别，"松本委员会"和参与宪法草案审议的大部分学者并没有对其产生抵触情绪，相反，大多数学者欣然接受了这一草案，并为普及和捍卫新宪法做了不懈努力。宫泽俊义与知识分子护宪运动的另一位核心人物、民法权威我妻荣都积极参加了旨在向国民宣传新宪法的宪法普及会的活动。但是，这里必须注意的是，学者们衷心拥护新宪法，既不是屈从美国占领当局的"变节"行为，也不代表他们从现实主义者转变成了和平主义者。正如宫泽俊义所描述的，新宪法草案最让人们感到意外的内容并不是废除军队和放弃战争，而是"曾经那样高度集中在天皇手中的主权被转移到国民的手中"①。经历了战前和战争中个人权利受到国家机器无限挤压的黑暗年代，许多学者在战后无比珍视新宪法中所规定的国民主权原则，这也正是他们在后来发起护宪运动的思想基础。

20 世纪 60—80 年代的知识分子护宪思想

战后日本知识分子护宪运动出现的背景是 20 世纪 50 年代日本保守势力主导的第一次改宪高潮。1950 年朝鲜战争爆发后，美国改变对日政策，默许日本的再军备过程。由于既成事实的再军备违背了《日本国宪法》中放弃战争、放弃武装力量的规定，自卫队等实体实际上处于违宪状态。于是，日本政界保守势力开始主张修改宪法，掀起了战后日本第一轮修改宪法的高潮。从 1954 年起，自由党、改进党都成立了各自的"宪法调查

---

① 宫沢俊義『憲法講話』、岩波書店、1967 年、100 頁。

会”，并通过这些调查会提出了改宪案。中曾根康弘等政治家还提出了私人改宪案。由保守政党改组联合而成的自由民主党（自民党）成立后，1956 年，该党的宪法调查会也提出了改宪案。这些改宪案虽然在具体内容上各有侧重，但其共同之处是主张修改有关放弃军备及战争的宪法和平条款。在经过以上酝酿后，自民党将改宪提到了政府的议事日程上。而标志着第一轮改宪高潮进入顶峰的事件，就是内阁“宪法调查会”的成立。

　　1957 年 8 月，岸信介政府在内阁中设立了“宪法调查会”，规定其职责是“审查《日本国宪法》，调查审议相关问题，将其结果向内阁或通过内阁向国会报告”①。鉴于《日本国宪法》第 96 条规定，“本宪法的修订，必须经各议院全体议员三分之二以上赞成，由国会创议，向国民提案并得其承认”，宪法调查会作为设立在内阁中的机构，未经国会授权而从事修改宪法的相关调查审议工作，有违宪的嫌疑。因此，宪法调查会试图邀请社会党参加，但被社会党拒绝。包括后来成为宪法问题研究会发起人的宫泽俊义和我妻荣在内，许多著名学者也拒绝加入宪法调查会。最终成立的宪法调查会虽然包括国会议员和学者，但主张改宪者占 90% 以上。其实质并非单纯的学术研究机构，而是岸信介内阁为修改宪法、实现再军备而制造舆论的工具。

　　面对上述局面，1958 年 5 月 28 日，大内兵卫（经济学者、法政大学校长）、茅诚司（物理学者、东京大学校长）、清宫四郎（宪法学者、东北大学教授）、恒藤恭（法学学者、大阪市立大学名誉教授）、宫泽俊义（宪法学者、东京大学教授）、矢内原忠雄（经济学者、东京大学名誉教授）、汤川秀树（物理学者、京都大学教授）、我妻荣（民法学者、东京大学名誉教授）等 8 名著名学者向 46 名当时各领域的一流学者发出《关于设立宪法问题研究会的倡议书》，倡议成立宪法问题研究会②。在这份倡议书中明确指出，“从其（宪法调查会）成立及委员选择的情况看，该调查会并不一定能代表目前在宪法问题上的广泛民意和正义良知。虽然并非

---

　　① 『まえがき』、『憲法調査会報告書』、憲法調査会、1964 年 7 月、1 頁。
　　② 被邀请的 46 名学者包括：入江启四郎、鹈饲信成、戒能通孝、菊池勇夫、佐藤功、高木八尺、辻清明、中川善之助、中村哲、南原繁、野村平尔、真野毅、丸山真男、峰村光郎、横田喜三郎、蜡山政道、有泽广巳、家永三郎、大河内一男、城户又一、久野收、清水几太郎、竹内好、谷川彻三、都留重人、中野好夫、务台理作、宗像诚也、浅井清信、猪木正道、大西芳雄、冈本清一、黑田了一、佐伯千仞、末川博、田畑茂二郎、田畑忍、俵静夫、前芝确三、森义宣、贝塚茂树、桑原武夫、岛恭彦、名和统一、松井清、松田道雄。

调查会的所有意见都应被反对，但只从特定立场出发解释和审察深切影响一国命运的宪法问题，只能说是非常令人遗憾的做法。……为防患于未然，避免上述情况的发生，我们决定尽可能正确地研究宪法的基本原理及其条文的含义，为关注该问题的各界国民提供参考。为此，我们希望宪法学或其他法学、政治学，以及相关科学的有良知的研究者们加入研究会，以期从多种角度研究宪法问题"①。1958 年 6 月 8 日，宪法问题研究会正式成立，学者们规定研究会首先是"纯粹的学问研究会——不直接从事政治活动"，但同时也是"为国民而存在的研究会——不辞进行启蒙活动"②。会上还规定以大内兵卫、我妻荣、宫泽俊义、城户又一、鹈饲信成、辻清明、佐藤功为负责人，大内兵卫为研究会的代表，并在东京本部的基础上成立以恒藤恭、末川博为代表的关西支部。战后日本知识分子护宪运动由此正式拉开了序幕。

宪法问题研究会成立后，不但被各大新闻媒体评价为"在学术上、政治上的影响力都超过宪法调查会"③"有政治意义"④"极大地刺激了政府方面"⑤"对政府而言是潜在的'一大敌人'"⑥，也赢得了日本国民"对研究会寄予极大信赖"⑦"欢迎研究会与调查会的较量"的支持⑧。宪法问题研究会每年 5 月 3 日主办的宪法纪念演讲会听众都在 1000 人以上，成为宪法纪念日的一大特色。《朝日新闻》《读卖新闻》《每日新闻》等主要媒体对其进行了持续关注，甚至延续到了研究会解散之后的 1977 年。研究会出版的《宪法读本》（1965 年）被评价为"对有关宪法问题的舆论形成

①　『憲法問題研究会設立についての勧誘状』、憲法問題研究会編『憲法を生かすもの』、岩波書店、1961 年、5 頁。

②　大内兵衛『憲法問題研究会——その目的と仕事』、『憲法を生かすもの』、第 7 頁。

③　『解説　憲法調査会に打撃　学者グループの「研究会」結成』、『日本経済新聞』、1958 年 5 月 31 日。

④　『政治的結果やむなし　研究は学問を中心に　憲法研究会大内氏ら語る』、『日本経済新聞』、1958 年 5 月 31 日。

⑤　『憲法研究会のスポンサーは?』（『読売新聞』、1958 年 5 月 31 日）、『憲法研究会に政府シブイ顔』（『毎日新聞』、1958 年 5 月 31 日）。

⑥　『憲法問題研究会　「低姿勢」で地道な研究　だが政府には「一大敵国」』、『朝日新聞』、1958 年 9 月 30 日。

⑦　『声　憲法問題研究会に期待する』（読者来信）、『朝日新聞』、1958 年 6 月 1 日。

⑧　『投書　憲法問題研究会に思う』（読者来信）、『毎日新聞』、1958 年 6 月 1 日。

发挥着重大作用"①，发行册数达到 35 万册，直到 1986 年还在岩波书店新书畅销书前 100 位中榜上有名。另外，研究会的演讲记录和例会报告大部分都发表在岩波书店出版的杂志《世界》上，② 研究会与《世界》相互支持，对战后日本社会尤其是战后成长起来的青年一代的影响绝对不容小视。

除了形成舆论，宪法问题研究会对改宪—护宪双方都产生了切实的政治影响。

首先，宪法问题研究会的成立不但使社会党坚定了拒绝加入宪法调查会的决心，③ 也使政府与宪法调查会处境尴尬。研究会对有关宪法问题的社会观点形成起到了主导作用，舆论普遍认为研究会的权威性超过调查会④，这无疑给宪法调查会以无形的压力。宪法调查会除了表示批评之外，不得不在总会上将如何对待宪法问题研究会作为重要问题进行特别讨论，并对为改宪提供舆论准备的既定方向作出重大调整，决定按照"避免出现他们（笔者注：宪法问题研究会）所批评的情况"⑤ 的方针进行今后的"宪法调查"。

其次，1964 年 7 月发表的《宪法调查会报告书》最终并没有提出明确的改宪结论，很大程度上是宪法问题研究会一系列努力的结果。除通过各种方式开展捍卫宪法的活动之外，1964 年前后，学者们对如何回应宪法调查会报告书可能的论点进行了讨论，并以对第九条问题的辩论为中心进行了准备。⑥ 学者们多次表明，如果宪法调查会得出改宪结论，研究会一定

---

① 伊藤正巳『憲法問題研究会編「憲法読本（上、下）」簡潔で要を得た編集』、『読売新聞』1965 年 5 月 13 日（夕刊）。

② 直到 20 世纪 80 年代，《世界》都是战后日本最有影响力的杂志之一，发行量超过 10 万册，并被评为最受青年欢迎的杂志。

③ 可以参见『別記 23 「日本社会党の参加を要望する決議」に対する同党の回答（昭和 32 年 9 月 21 日）』、『別記および別表』、『憲法調査会報告書』憲法調査会、1964 年 7 月、957—959 頁。

④ 参见『学者の人民戦線』[『読売新聞』1958 年 6 月 5 日（夕刊）] 等。

⑤ 憲法調査会『憲法調査会第十四回総会議事録』、1958 年 7 月 2 日、8 頁。

⑥ 参见曾任宪法问题研究会秘书的池田政章提供的宪法问题研究会例会记录，以及丸山真男、佐藤功『「第 9 条改定に対するわれわれの態度」をまとめるについての資料』（憲法問題研究会資料）（1964 年 6 月 13 日）、立教大学宮沢俊義文庫。

会直接开展有针对性的批判和斗争。① 有趣的是，宪法问题研究会成员真野毅与佐藤功还作为宪法调查会起草委员会委员，对《宪法调查会报告书》的写法施加了一些影响。由于与宪法调查会的斗争并不涉及议会斗争，而主要是在舆论方面的论战，社会党及其领导的护宪运动与市民和平运动在这里所起的作用实际上都无法与直接与宪法调查会形成对峙局面的宪法问题研究会相比。

　　最后，在安保斗争和推进地方革新自治的过程中，宪法问题研究会及其成员也发挥了极其重要的作用。宪法问题研究会的学者们指出："安保改定问题不像一部分人所说的那样是个小问题，而是日本立于世界，从今往后将如何生存、与谁共存亡的问题。因此对于我们的宪法而言也是最大的时事问题。"② 他们通过演讲会、声明等方式积极参与安保斗争，成为倡导民主主义这一运动方向的领导者，对社会党和舆论都产生了一定的影响。两名革新自治体知事的诞生也与研究会学者们的努力是分不开的：1967 年 4 月到 1979 年 4 月在任的东京都知事美浓部亮吉与以大内兵卫为代表的研究会学者相交甚笃，1971 年 4 月到 1979 年 4 月在任的大阪府知事黑田了一本人就是宪法问题研究会的成员。宪法问题研究会及其成员对这两名革新知事提供了大力支持，③ 两名知事则在任内组织宪法纪念活动、积极捍卫宪法，并自觉通过推进地方自治贯彻宪法中的国民主权原则，对护宪运动实际起到了推动作用。

　　值得注意的是，宪法问题研究会的护宪思想并不是通常所认为的放弃战争、消灭军队的"和平主义"，而是捍卫国民主权的民主思想。关于这一思想特征的最好例证是学者们关于宪法第九条的观点。首先，学者们并没有把第九条问题当作护宪的唯一焦点。通观其有关宪法问题的各种著作、演讲，宪法问题研究会的关注对象包括国民的宪法意识、象征天皇制、议会制度、司法制度、经济与社会、基本人权等广泛内容，并不拘泥于第九条问题，直接以第九条或和平主义为内容的研究反而只占很小的比

---

　　① 可以参见我妻荣『私たちの役割』（『世界』1959 年 7 月号、第 228 页），大内兵卫『開会の辞』（『世界』1960 年 8 月号、343 页），『あす憲法記念日　論争三つどもえ　「新護憲」も運動活発化』（『読売新聞』1961 年 5 月 2 日）等。

　　② 大内兵卫『学者国を憂う』、116 页。

　　③ 除对两名知事的当选和行政提供多方支持之外，学者们曾在社会党与共产党严重对立时促进了两党的和解，使地方革新政权得以在革新阵营统一战线下继续存在。

例。更重要的是，宪法问题研究会的第九条论也是基于国民主权主义而非和平主义的思想而展开的。也就是说，宪法问题研究会所强调的并非"非武装和平"的观点，而是"主权在民"的思想；其关注点并非"是否应修改第九条""是否应拥有军队"等问题，而是反对侵害国民主权的改宪行为、试图创建新的国家与个人的关系。

例如，在宪法问题研究会讨论资料《关于宪法第九条》中，学者们并没有将军队视为禁忌，而是围绕自卫队问题的解决办法，就"民兵制"和"警察队案"这两个方案进行了探讨。他们认为："若建立新的理想的军队，就应基于民主主义的构想。也就是说，应与热爱和平的民众联手，并有必要对组织进行民主监管。例如，应当由民众自发地进行武装，并公开选举指挥官。……若采用民兵制，也须考虑军事预算与经济的平衡，武器应尽可能地少。"① 也就是说，在这里，学者们并没有将消灭军队当作讨论的前提，相反，他们的论述是以军队的存在为前提而展开的。但这里需要注意的是，学者们并非再军备的拥护者，他们在这里所反复强调的仍然是民主这一核心内容。他们的逻辑是：若建立军队则必须是民主的军队，而当时并不具备建立民主军队的条件，因此要反对当时政府主导的旨在实现再军备的改宪行为。在研究会1964年6月13日作成的月例会讨论资料《关于编纂〈我们对于第九条的态度〉的资料》中，学者们明确表示了他们对于政府主导的宪法修改的态度："（1）目前并非改宪的时机。（2）反对目前占支配地位的改宪论所主张的宪法修改。（3）在讨论修改宪法之前应讨论另外一些问题。（4）关于第九条的修改涉及极多重大问题，不应只依据片面的主张过早作出决断。"②

此外，在对宪法的整体态度上，宪法问题研究会的学者们也体现了强调民主的思想特征。学者们特别指出，宪法条文本身不应当是"永不磨灭的大典"，"宪法修改"或"军队"本身也不应该成为讨论的禁区或绝对应当反对的对象③。但同样，宪法问题研究会的学者们在这里强调的也并

---

① 『憲法第九条について』（憲法問題研究会討議資料）、立教大学宮沢俊義文庫、資料C21〔憲法第9条〕、No.1、5—6頁。

② 丸山真男、佐藤功『「第9条改定に対するわれわれの態度」をまとめるについての資料』（憲法問題研究会資料）（1964年6月13日）、立教大学宮沢俊義文庫、5—6頁。

③ 大内兵衛『憲法問題研究会への疑問に答える』、『週刊朝日』、1958年6月15日号、13頁。

不是支持修改宪法，而是宪法应体现国民的意愿的思想。他们认为《日本国宪法》基于国民主权原则规定了宪法能够修改是一大进步，但同时必须反对与国民主权原则相悖的宪法改恶。针对改宪派认为《日本国宪法》因是占领时期制定的、被迫接受的宪法而需要修改的观点，宪法问题研究会的学者表示："《日本国宪法》的制定过程虽然未能得到国民实质上的充分参与，但其内容显示了正义的理想。现在我们应当为使国民充分理解规定了日本未来应有方向的大原则而努力，除此以外别无它法。"[①] 他们将自己的目标规定为"建成一个模范的研究会，做今后各大学、各市町村、各工会组织以及日本全国各地的宪法研究会的先驱。并使现行宪法或未来的宪法真正成为国民的宪法，使日本变为真正的民主之国"[②]。也就是说，宪法问题研究会的护宪思想的出发点和归宿都是国民主权的思想。

在提及《日本国宪法》的三大原理时，绝大多数团体或个人（无论是改宪派还是护宪派）都会首先列出"和平主义"这一原则，而宪法问题研究会则总是把"国民主权"放在第一位。这并非偶然现象，而是研究会思想实质的体现。在作为制度与运动的民主之外，研究会的学者们注重启蒙国民的主体性精神，并将民主作为自身行动的指南，以高度的责任感思考日本的历史与未来，在必要时打破日本固有的"不偏不党"的成见，积极发挥知识分子的政治影响力，与政府侵害国民主权的行为进行斗争。可以说，研究会之所以能有效遏制改宪进程，正是因为它在护宪运动中落实了国民主权的思想。

20 世纪 80 年代—21 世纪初的知识分子护宪思想

宪法问题研究会虽然于 1976 年解散，但其影响力一直延续到 20 世纪 80 年代初期。20 世纪 80 年来以来的知识分子护宪团体也在组织方式、活动内容乃至定位宗旨上自觉或不自觉地继承了宪法问题研究会。然而，到 21 世纪初[③]，从几个较有影响力的知识分子护宪团体的情况看，知识分子

---

① 我妻栄『憲法を国民のものに』（『憲法記念講演会』、1963 年 5 月 3 日）、『世界』1963 年 7 月号、185 頁。

② 大内兵衛『憲法問題研究会への疑問に答える』、『週刊朝日』、1958 年 6 月 15 日号、14 頁。

③ 本文此处"21 世纪初"截至 2007 年 9 月第一次安倍内阁结束。

护宪思想已经发生了比较明显的变化，宪法问题研究会强调民主的护宪思想并没有被延续。

成立于 1965 年 4 月的"全国宪法研究会"① 在宪法问题研究会解散后延续了每年 5 月 3 日的宪法纪念演讲会，常被视为宪法问题研究会的后继者。但与宪法问题研究会不同，全国宪法研究会从创立之初就缺乏基本一致的护宪理念，会中各种相当不同的观点共存，其中甚至不乏与改宪论相近的观点。20 世纪 90 年代以来，全国宪法研究会的研究课题以基本人权与和平主义方面的内容居多，对"护宪"的理解停留在"明文改宪反对 + 非武装和平主义"② 的层面上，而有关国民主权的问题则很少被关注。2000 年之后，"民主"虽频频成为其研讨会的关键词，但多被等同于"多数决"而当作立宪主义的对立面，并不具有宪法问题研究会时代的指导性意义。全国宪法研究会虽自成立时起就在规约中规定了"在拥护以和平、民主、人权为基本原理的日本国宪法的立场上开展学术研究"（第一条）、"在适当时发表意见"（第二条—三）③，但更多的是将自身定位为学术研究组织，避免以学会的名义对政治问题发表意见。1999 年 3 月、2001 年 11 月，全国宪法研究会曾以"有志研究者"的名义发表过《对周边事态法等表示忧虑的宪法研究者声明》《对修改反恐特别措施法・自卫队法表示忧虑的宪法研究者声明》，署名者分别为 223 名和 231 名。但学会内部存在强烈的反对意见，认为作为内部意见多样的学术研究组织，以学会名义发表声明不适当、是政治利用。④ 此后学会未再发表过相关声明。

另一个重要的知识分子护宪团体——"民主主义科学者协会法律部会"⑤ 在形式上延续了民科时代的"民主"号召，但对"民主"含义的解

---

① 由小林直树、长谷川正安等宪法学者发起的以进行纯粹的宪法研究为目标的知识分子团体。目前有会员 500 多人，每年举行两次研究大会，编有杂志《宪法问题》。

② 木下智史『護憲とは何か—「五五年体制」—と護憲・改憲』、全国憲法研究会编『憲法問題』6（1995 年）、101 頁。

③ 『全国憲法研究会規約』（1971 年 5 月 10 日総会制定、1980 年 10 月 13 日総会改正）、全国憲法研究会 HP、http：//zenkokuken. org/about. html。

④ 参见戸波江二『転換期の全国憲—20 世紀末期の問題状況とその克服—』（全国憲法研究会编『日本国憲法の継承と発展』、三省堂、2015 年）。高橋和之『学術的「学会」による政治的意見表明に思う』[『ジュリスト』2001 年 12 月号（No. 1213）]。

⑤ 该会曾是战后初期的著名知识分子团体"民主主义科学者协会"（"民科"）的一个支部，在"民科"解散后独立活动，延续至今。该会有会员 700 多人（2007 年），设有宪法分科会及宪法问题特别委员会，编有杂志《法的科学》。

释发生了变化："所谓民主主义并非狭义的概念，在国民主权之外，还含有重视和平主义或基本人权保障等现行宪法基本价值的意味。"① 从表面上看，这种理解扩展了民主的含义。但实际上，这也说明民科法律部会并未像宪法问题研究会那样强调国民主权原则对于和平与宪法本身的基础性意义。在这一阶段，该组织的声明也多是强调和平主义与基本人权保障的内容，而对国民主权的强调则相对薄弱。

在这一期间的知识分子护宪团体中，形式上与宪法问题研究会最接近的是 2001 年 9 月成立的"宪法再生论坛"②。该组织也是由各领域著名学者发起，成员限定在 40 人左右，其目标也是通过非政治性的研究活动影响宪法问题的发展，活动也以演讲会和出版活动为主，作为重要的知识分子护宪团体受到了媒体的关注。但是，宪法再生论坛在思想上与宪法问题研究会存在着距离。首先，其成立动机并非抗议政府在国会中设置宪法调查会（1999 年）等违反民意的举动，而是在"9·11"事件的背景下，号召"超越暴力的循环"③。其次，宪法再生论坛的学者认为，"日本国宪法所依据的的原则……在国内是民主主义……对外最重要的是第九条"④。也就是说，他们指出了民主与和平主义的价值，但并未强调国民主权对于避免战争的意义。2004 年 6 月，旨在发扬第九条精神、联络各界拥护第九条人士的组织"九条会"⑤ 宣告成立，其发起人和事务局重要成员中有许多都是宪法再生论坛的成员。宪法再生论坛作为学者的研

① 『理事長あいさつ』（民主主義科学者協会法律部会第 21 期理事会理事長、西谷敏）。民主主義科学者協会法律部会、 『理事長からの挨拶』，http://wwwsoc. nii. ac. jp/minka/chairman. html（2007 年 6 月 6 日）。

② 成立时的成员为（2001 年 11 月）：代表——加藤周一、杉原泰雄、高桥哲哉。会员——石川真澄、井上厦、冈本厚、奥平康弘、小仓英敬、加藤节、金子胜、姜尚中、小林直树、小森阳一、坂本义和、佐藤学、进藤荣一、杉田敦、隅谷三喜男、辻村美代子、坪井善明、晖峻淑子、丰下楢彦、长谷部恭男、樋口阳一、古川纯、间宫阳介、水岛朝穗、最上敏树、持田季未子、山口二郎、山口定、渡边治。

③ 小森陽一『はじめに』、加藤周一、井上ひさし、樋口陽一、水島朝穂編『暴力の連鎖を超えて—同時テロ、報復戦争、そして私たち—』、岩波ブックレット No. 561、岩波書店、2002 年、1—4 頁。

④ 加藤周一、前揭、『現在は解釈改憲の第二の分岐点』、加藤周一、井上ひさし、樋口陽一、水島朝穂編『暴力の連鎖を超えて—同時テロ、報復戦争、そして私たち—』、岩波ブックレット No. 561、岩波書店、2002 年、5 頁。

⑤ "九条会"发起人：井上厦、梅原猛、大江健三郎、奥平康弘、小田实、加藤周一、泽地久枝、鹤见俊辅、三木睦子。

究团体继续存在，但近几年活动已逐渐减少。而九条会则以"争取'保卫第九条'的过半数舆论"①为目标，并不将成员仅限于知识分子，只要赞成日本宪法第九条的旨趣，不论思想、信仰、政治立场如何都可以参加。这两个团体有着不同的存在方式，但相对而言都更加强调和平主义而非国民主权的思想。

从以上团体的思想可以看到，现有研究中"和平主义衰退"的说法在知识分子护宪运动中实际是不成立的，相反，在这一时期，和平主义已经取代民主思想成为知识分子护宪思想的主流，而宪法问题研究会时代所倡导的国民主权的精神并没有得到发扬。这实际上也正是知识分子护宪团体影响力衰退的思想原因。20 世纪 90 年代以来，日本政府积极推进改宪，在国会中设立宪法调查会，并在未进行充分讨论的情况下对《国民投票法》《教育基本法》等法案进行强行表决，其违反民意、践踏国民主权原则的行为比 20 世纪六七十年代有过之而无不及。然而，以和平主义为主要诉求的知识分子护宪团体未能像宪法问题研究会那样对侵害国民主权的改宪进程进行有效批判和斗争。

第二次安倍内阁以来的知识分子护宪思想

在积极推进改宪的第一次安倍晋三内阁（2006 年 9 月—2007 年 9 月）之后，包括民主党内阁在内的几任内阁未将修宪作为首要政策重心，但包括不少民主党人士在内，政界主要势力也从未放弃修宪意图。短暂成为在野党的自民党于 2012 年 4 月提出新修宪草案，其中规定日本国民必须尊重太阳旗、君之代，并增加了"国防军"等内容。2012 年 12 月成立的第二次安倍内阁再次将修宪作为最主要的议题积极推进，从"修改宪法 96 条"到"解释改宪"再到"解禁集体自卫权"，从干涉 NHK、内阁法制局人事到设置"国家安全保障会议"，从强行表决《特定秘密保护法》到强行表决"安全保障相关法案"，《日本国宪法》正面临战后又一次重大危机。对此，日本各政党、国民、知识分子以各种方式开展了相当规模的抗议活动。知识分子护宪运动及其指导思想一方面表现出与之前阶段的延续

---

① 『「九条の会」からの訴え』（2006 年 6 月 10 日）、http://www.9-jo.jp/news/news_index.html（2007 年 5 月 18 日）。

性，一方面也体现出了一定的新变化。

全国宪法研究会、民主主义科学者协会法律部会、九条会等团体在这一阶段都在以各自的方式积极发出声音，在指导思想上基本体现出原有的特点，但在危机面前普遍对立宪主义、民主主义有了更多的强调。全国宪法研究会仍主要将自身定位为学术研究组织，表示不以学会名义发表声明。但除定例研究集会外，该学会继续在每年 5 月 3 日举行宪法纪念演讲会。2014 年演讲会听众超 1000 人；2015 年演讲会以思考战后 70 年、何为宪法的历史精神为题，听众近 900 人。2015 年 7 月 11 日，在安倍政府对安保法案进行强行表决前夕，全国宪法研究会组织了题为"从宪法看'安保法制'"的紧急演讲会，学者们结合"砂川判决"分析"集体自卫权"及"安保法制"的问题所在，批评现政府破坏民主主义、立宪主义的行为。现任代表水岛朝穗表示，全国宪法研究会虽然不会发表声明，但学者们将以每个人的学术生命去努力。① 总体来看，在各位学者的危机意识下，全国宪法研究会对于捍卫立宪主义的强调在不断增强。

民主主义科学者协会法律部会在这一时期，除指出民主主义与战后初期的关联性和在战后含义的丰富性，也对"民主主义科学者协会法律部会"的任务作出了这样的解释："'民主主义'意味着民众的联合、协作、参与，'科学'意味着在法解释的同时认识法现象的重要性，'法律'意味着在专业性的基础上对法加以整体性的把握。"② 近年来，该会发表了《要求特定秘密保护法案废案的声明》（2013 年 12 月）、《抗议变更日本宪法第 9 条解释、容许行使集体自卫权的阁议决定的声明》（2014 年 7 月）、《反对安保相关法案（战争法案）、要求立即废案的研究团体共同呼吁书》（2015 年 6 月）、《抗议安保相关法案强行表决、要求立即废案的声明》（2015 年 7 月）。其中在主张基本人权与和平主义的同时，也明确指出相

---

① 参见『自己抑制を失った安倍政権—憲法施行 67 周年に一』（水島朝穂『平和憲法のメッセージ』HP、http://www.asaho.com/jpn/bkno/2014/0512.html），2015 年全国憲法研究会憲法記念講演会（2015 年 5 月 3 日、立教大学），全国憲法研究会緊急公開シンポジウム『憲法から「安保法制」を考える』（2015 年 7 月 11 日、専修大学）等。

② 『理事長あいさつ』（民主主義科学者協会法律部会第 24 期理事会理事長、吉村良一）。民主主義科学者協会法律部会、http://minka - japan.sakura.ne.jp/main/annai/aisatu_yoshimura（2014 年 12 月 8 日）。

关法案的内容及其成立方式都与立宪主义相抵触，是对国民主权原则的
践踏。①

　　九条会自成立时起就以捍卫宪法第 9 条为主要诉求，主要通过建立草
根组织体现国民的声音。到 2014 年，日本各地各界的"九条会"组织已
有 7500 个。2015 年 2 月，九条会发表《阻止从根本上颠覆宪法 9 条的
"战争立法"和改宪暴行——从全国草根层发出主权者之声》② 的呼吁书，
并组织各种学习会、发起请愿署名活动，各种规模的"九条会"也在全国
各地的抗议集会中积极发出声音。除了和平主义的一贯诉求，九条会也批
评安倍内阁"在国民多数表示反对的情况下进行强行表决，是在双重意义
上践踏立宪主义的暴行"③。

　　"宪法再生论坛"除月例研究会外，在 2008 年、2009 年针对当时的政
治现状举办了如下演讲会④：

第 9 回 2008 年 6 月 20 日　　早稻田大学
"日美军事一体化与基地强化——冲绳、岩国发生了什么"
讲演：明田川融（法政大学讲师）、井原胜介（前岩国市长）
讨论：明田川融、井原胜介、水岛朝穗（早稻田大学教授）
司会：杉田敦（法政大学教授）

---

　　① 『特定秘密保護法案の廃案を求める声明』、http：//minka – japan. sakura. ne. jp/main/wp –
content/uploads/2013/12/himitsuhantai. pdf（2013 年 12 月 3 日）。『憲法 9 条解釈変更・集団的自衛
権行使容認の閣議決定に抗議する声明』、http：//minka – japan. sakura. ne. jp/main/katudo/seimei/
seimeishudantekijieiken（2014 年 7 月 20 日）。『安保関連法案（戦争法案）に反対し、そのすみや
かな廃案を求める研究団体共同アピール』、http：//minka – japan. sakura. ne. jp/main/katudo/sei-
mei/sensohouanhantai（2015 年 6 月 24 日）。『安保関連法案の強行採決に抗議し、そのすみやかな
廃案を求める』、http：//minka – japan. sakura. ne. jp/main/katudo/seimei/seimei_ 20150726（2015
年 7 月 26 日）。
　　② 『アピール　憲法 9 条を根底からくつがえす「戦争立法」と改憲の暴走を止めよう―主
権者の声を全国の草の根から―』、http：//www. 9 – jo. jp/opinion/20150223apeal. pdf（2015 年 2
月 23 日）。
　　③ 『衆院での強行採決に抗議し、戦争法案廃案に向け草の根からのうねりを！』『九条の会
ニュース』（2015 年 7 月 21 日、第 210 号）、http：//www. 9 – jo. jp/news_ list/index. html。
　　④ 『06. 20　憲法再生フォーラム 6 月公開講演会』日本ジャーナリスト会議、http：//jcj –
daily. seesaa. net/article/100054148. html（2008 年 6 月 10 日）、『04. 11　憲法再生フォーラム公開
講演会』日本ジャーナリスト会議、http：//jcj – daily. seesaa. net/article/115896466. html（2009 年
3 月 19 日）。

第 10 回　2009 年 4 月 11 日　法政大学
"民主政治的危机——有责任的政党政治如何建立"
基调讲演：佐佐木毅（学习院大学教授）
讨论：辻井乔（作家）、佐佐木毅、山口二郎（北海道大学教授）
司会：杉田敦（法政大学教授）

　　其后，虽然宪法再生论坛处于活动停止状态，但"以此为母体形成了'宪法 96 条会'"①。后来成立的"立宪民主会"中也有许多学者是宪法再生论坛的成员。面对第二次安倍内阁制造的宪法危机，"宪法 96 条会""立宪民主会"作为知识分子护宪团体的中坚力量发挥了相当的政治影响力。

　　2013 年 1 月，第二次安倍内阁成立后不久即抛出意欲降低修宪门槛的"96 条先行改宪论"。3 月，在野党部分倾向改宪的国会议员（民主党、日本维新会、众人之党）成立了"宪法 96 条研究会"。5 月，国会中的"以修改宪法 96 条为目标的议员联盟"（自民党、民主党、日本维新会、众人之党等，会长为自民党古屋圭司国家公安委员长）也重新开始活动，成员增至约 350 人。在此情势下，2013 年 5 月 8 日，"96 条会"的发起学者们召开会议起草声明书，选举东京大学名誉教授樋口阳一为代表，"96 条会"正式成立②。该会由 36 名各领域著名学者组成③，其中 12 人都是宪法再生论坛的成员。5 月 23 日，"96 条会"在众议院第一议员会馆会议室召开记者发布会。6 月 14 日，"96 条会"成立演讲会在上智大学举行，听众达 1200 人。7 月 16 日、9 月 28 日，该会分别于同志社大学、国际基督教大学举行演讲会。11 月 16 日，冈野八代等学者发起了"京都 96 条会"④，并组织市民与学者的宪法交流会。《朝日新闻》等媒体对这些活动进行了报道。

---

　　①　『辻井乔さんと品川正治さんを悼む』、水島朝穂『平和憲法のメッセージ』HP、http：// www. asaho. com/jpn/bkno/2014/0120. html（2014 年 1 月 20 日）。
　　②　『「96 条の会」発足—立憲主義の定着に向けて—（1）』、水島朝穂『平和憲法のメッセージ』HP、http：//www. asaho. com/jpn/bkno/2013/0527. html（2013 年 5 月 27 日）。
　　③　这 36 名学者是：樋口阳一、青井未帆、阿久户光晴、新崎盛晖、蚁川恒正、石川健治、石村善治、伊藤真、稻正树、上野千鹤子、浦田贤治、冈野八代、奥平康弘、桂敬一、姜尚中、木村草太、小林节、小森阳一、齐藤纯一、阪口正二郎、坂本义和、杉田敦、高桥哲哉、田岛泰彦、千叶真、辻村美代子、中野晃一、西谷修、长谷部恭男、林香里、三浦麻里、水岛朝穗、山口二郎、山内敏弘、和田守、渡边治。
　　④　发起人为关西地区的 24 名学者文化人，包括上野千鹤子、君岛东彦、谷口真由美等。

　　"96 条会"的学者们思想观点多样，但共通一致的是捍卫立宪主义的思想。该会一大引人注目之处是，成员中包括曾长期任自民党学习会教师的"改宪论者"小林节。小林在安倍提出"96 条先行改宪论"后表示，"我虽是 9 条改宪论者，但放宽修宪规则（修改第 96 条）是邪道。不能接受否定立宪主义的行为"①。"96 条会"骨干人士表示，虽然自己的立场与改宪派学者不同，但在面对危机的情况下，学者们希望超越改宪/护宪的分界，共同捍卫立宪主义，而这样的"战略"实际取得了很大的成果。

　　学者们的行动对政界与舆论都产生了切实影响。在"96 条会"正式成立之前，自民党干事长石破茂即表示："坚定的改宪论者小林节庆大教授也持绝对反对的立场展开辩论，深受启发。……若要修改 96 条，不能不去回应所有的论点，看来有必要进行彻底的相关工作。"② 日本维新会共同代表桥下彻也对樋口阳一、石川健治等学者在《每日新闻》《朝日新闻》上批评 96 条改宪论的文章表示了强烈不满。③ 由这些学者联合发起的 96 条会对议员、官僚、政治家造成的影响可以想见。在舆论方面，媒体人士表示"石川的文章是最近朝日'观点'栏中反响最大的报道之一"④。而关于修改 96 条的舆论调查结果也在 5 月前后发生了重大的变化，普遍变为"反对"超过"赞成"。极少数主张修改 96 条与集体自卫权"合宪"的宪法学者之一、日本大学教授百地章也表示，关于修改 96 条，"4 月 9 日 NHK 的舆论调查是赞成 28%、反对 24%，赞成数较多；4 月 20 日《读卖新闻》的调查也是赞成 42%、反对 42%，呈对抗之势……其后可能是这些（笔者注：指学者们的行动）发挥了作用，此后的舆论调查中修改 96 条反对派势力增强了：5 月 2 日《朝日新闻》的调查是赞成 38%、反对 54%，5 月 3 日《每日新闻》的调查也是赞成 42%、反对 46%，都是反对派占多数。在最近的调查中也是如此：《读卖新闻》的调查是赞成 34%、反对 51%（6 月 11 日），共同通讯社的调查也是赞成 42%、反对 51%（6 月 16 日）"⑤。安倍内阁最终搁置"96 条改宪"，转而寻求变更宪法解释，

---

　　① 山田孝男『最近「96 条」攻防録』、『毎日新聞』、2013 年 5 月 13 日。
　　② 『憲法第 96 条など』、石破茂オフィシャルブログ、http：//ishiba‐shigeru. cocolog‐nif-ty. com/blog/2013/04/index. html（2013 年 4 月 26 日）。
　　③ 橋下徹ツイログ、http：//twilog. org/t_ishin/date‐130504（2013 年 5 月 4 日）。
　　④ 山田孝男『最近「96 条」攻防録』、2013 年 5 月 13 日。
　　⑤ 百地章『憲法を国民の手に—96 条改正はその第一歩—』、『正論』2013 年 8 月号、215—216 頁。

虽与公明党对修宪持慎重态度等因素相关，但学者们的行动在此发挥了不容忽视的作用。

其后，"立宪民主会"作为"发展地再生96条会"① 的知识分子护宪团体，继续与政府的改宪行为进行针锋相对的斗争。2013年2月，安倍内阁重启"关于重建安全保障法律基础的恳谈会"（简称"安保法制恳"）。该会由14名学者、前官僚组成，但7次正式讨论会均有安倍及内阁官房成员出席，并有内阁法制局、内阁府国际和平合作本部事务局、外务省、防卫省的"观察员"各一名列席。② 作为首相个人咨询机构，该会的研究结果并无法律效力，但其意在为改宪寻求依据、制造舆论，所扮演的角色几乎可以相当于岸信介政府时期的"内阁宪法调查会"。2014年2月，该会表示将在"4月之后的适当时期提出报告书"③。4月1日，安倍政府阁议决定以"防卫装备转移三原则"取代"武器出口三原则"。在此严峻形势下，4月18日，学者们在众议院第二议员会馆召开记者会，正式宣布成立"立宪民主会"，由奥平康弘、山口二郎担任共同代表，发起人包括来自法学、政治学、社会学、人文学科、理科等各个领域约50名著名学者，其中25人都是96条会的成员，12人是宪法再生论坛的成员④。学者们主张："设置各种各样的制动机制，防止为一时民意所支持的当政者为所欲为、轻视个人尊严自由，这才是立宪民主。……当前要务，是在对特定政策表示赞成或反对之前，首先恢复以宪法为依据的政治。……并使议会不

---

① 『集団的自衛権行使を国民は支持していない—最近の世論調査—』、水島朝穂『平和憲法のメッセージ』HP、http：//www. asaho. com/jpn/bkno/2014/0421. html（2014年4月21日）。

② 参见『安全保障の法的基盤の再構築に関する懇談会』開催状況、首相官邸HP、http：//www. kantei. go. jp/jp/singi/anzenhosyou2/kaisai. html。

③ 『安全保障の法的基盤の再構築に関する懇談会』第6回会合『柳井座長及び北岡座長代理による記者ブリーフィング要旨』、首相官邸HP、http：//www. kantei. go. jp/jp/singi/anzenhosyou2/dai6/yousi. pdf（2014年2月4日）。

④ 现任共同代表樋口阳一、山口二郎（奥平康弘于2015年1月去世）。召集人66名（2014年6月）：樋口阳一、山口二郎、爱敬浩二、青井未帆、阿部浩己、蚁川恒正、石川健治、稻正树、君岛东彦、木村草太、小林节、阪口正二郎、高见胜利、谷口真由美、中岛彻、长谷部恭男、水岛朝穂、最上敏树、石田宪、伊势崎贤治、宇野重规、远藤乾、远藤诚治、大竹弘二、冈野八代、五野井郁夫、斉藤纯一、酒井启子、坂本义和、白井聪、杉田敦、千叶真、中北浩尔、中野晃一、西崎文子、前田哲男、三浦麻里、柳泽协二、大泽真理、金子胜、高桥伸彰、中山智香子、滨矩子、水野和夫、诸富彻、市野川容孝、上野千鹤子、大泽真幸、色川大吉、臼杵阳、内田树、加藤阳子、桂敬一、国分功一郎、小森阳一、佐藤学、岛薗进、高桥哲哉、林香里、西谷修、三岛宪一、山室信一、鹫田清一、池内了、益川敏英、丹羽宇一郎。

再只是多数决的场所，恢复其实质性的议事讨论与行政监督职能。"① 4 月 25 日，立宪民主会在法政大学举行公开演讲会，听众约 600 人。

2014 年 5 月 15 日，"安保法制恳"向安倍提出报告书。5 月 28 日，樋口阳一、小林节、长谷部恭男、最上敏树、爱敬浩二、青井未帆、伊势崎贤治、伊藤真等学者与大森政辅（前内阁法制局长）、孙崎享（前防卫大学教授、前外务省情报局长）、柳泽协二（前防卫省防卫研究所长、前内阁官房副长官助理）共同设立了"国民安保法制恳"，与安保法制恳直接形成对立之势。6 月 9 日，立宪民主会召开紧急记者会，针对安保法制恳及安倍记者会发表见解，批判否定立宪主义的安倍政权是"从'法治'到任意妄为的'人治'的倒退"②。7 月 1 日，安倍政府通过了以修改宪法解释解禁集体自卫权的阁议决定。7 月 4 日，立宪民主会举行公开演讲会，并于同日在记者会上发表《对安倍内阁解释改宪的抗议声明》，抗议以阁议决定变更宪法解释"是从根本上否定立宪主义的行为""是对国民主权与民主政治的根本挑战"③。9 月 29 日，国民安保法制恳提出自己的报告书，要求撤回 7 月 1 日的阁议决定。10 月 7 日，在政府公布新日美防卫合作指针中间报告的前一天，立宪民主会的《我们要容许政治的暴走吗?》由岩波书店出版发行。11 月 21 日，安倍宣布解散众议院重新举行大选，意在以"问信于民"为名摆脱执政危机。11 月 26 日，立宪民主会召开记者会，发表《关于安倍政权的解散·总选举的见解》，敏锐指出该解散意在"在支持率降低之前重新洗牌"，是"解散权的滥用"，在未解决"一票之差"问题的情况下再次进行总选举也是"对司法机关乃至国民的愚弄"，期待国民在选举中深思熟虑，对暴走政权表达反对意见。④ 12 月 1 日，在对防卫指针中间报告问题进行研究后，国民安保法制恳也召开紧急

---

① 『立憲デモクラシーの会　設立趣旨』、立憲デモクラシーの会 HP、http：//constitutional-democracyjapan. tumblr. com/setsuritsushyushi。

② 『安保法制懇報告と安倍首相記者会見に関する見解』（2014 年 6 月 9 日）、立憲デモクラシーの会 HP、http：//constitutionaldemocracyjapan. tumblr. com/post/88265288851/集団的自衛権行使容認をめぐる会の見解。

③ 『安倍内閣の解釈改憲への抗議声明』（2014 年 7 月 2 日）、立憲デモクラシーの会 HP、http：//constitutionaldemocracyjapan. tumblr. com/post/90801431486/安倍内閣の解釈改憲への抗議声明。

④ 『安倍政権による解散·総選挙に関する見解』（2014 年 11 月 26 日）、立憲デモクラシーの会 HP、http：//constitutionaldemocracyjapan. tumblr. com/post/103624937026/安倍政権による解散総選挙に関する見解。

记者会，发表了《关于我国目前被推进的安全保障政策的紧急声明》，指出"该中间报告脱离了宪法及日美安保的范围，是超过了行政府权限的对美公约，可谓我国安全保障政策基本方针的大转换。……事关我国根本的重大问题，在无视民主主义程序的情况下被推进，我们不能不对此抱有强烈的忧惧"，期待"身为主权者的国民的贤明判断"①。

2014年12月24日，在投票率创战后最低（52.66%）的众议院选举之后，第三次安倍内阁成立，继续强行推进安保法制。2015年4月29日，在未经国会、国民讨论的情况下，安倍在美国会发表演说时称安保法制"这一日本战后最大规模的改革，将于今夏之前完成"，表示就日美防卫合作新指针已与美国达成了一致。② 在5月11日与公明党达成一致之后，5月14日，安倍政府再次以"阁议决定"通过安保法案，并于翌日提交国会审议。在自公两党占据众院绝对多数、民主党与维新会等内部意见多样、共产党与社民党议席极为有限的情况下，日本宪法与战后体制面临极其严重的危机。

对此，立宪民主会于5月13日发出题为"立宪主义的危机"的演讲会通知，6月6日演讲会当天听众达约1400人。国民安保法制恳也于5月15日召开记者会，发表了《要求撤回重视美国、轻视国民的新指针·"安保法制"的紧急声明》。6月3日，由爱敬浩二、青井未帆、君岛东彦、水岛朝穗等38名学者发起、173名宪法学者共同发表《反对安保相关法案、要求立即废案的宪法研究者声明》③。6月4日，在众议院宪法审查会上，作为参考人的三名宪法学者（自民党、公明党推荐的早稻田大学教授长谷部恭男、民主党推荐的庆应大学名誉教授小林节、日本维新会推荐的早稻田大学教授笹田荣司）全部认为安保法案"违宪"。这在朝野及社会各界都引起了巨大反响，被认为是转变形势的关键事件。此后，在野党士气受到鼓舞，各大媒体纷纷要求政府正视学者的批评，舆论调查也发生了明显的变化。例如，在6月5日《读卖新闻》关于安保法案在本次国会成立的调查中，与前次调查（5月8日）相比，"反对"的由48%上升为

① 『現在進められている我が国の安全保障政策に対する緊急声明—「日米防衛協力指針の見直しに関する中間報告」を中心に—』（2014年12月1日）、国民安保法制懇 HP、http://kokumin - anpo. com/wordpress/wp - content/uploads/2014/12/da165434c683e117a094ca2b97c229bd. pdf。

② 《安倍总理大臣在美国联邦议会参众两院联席会议上发表题为"面向希望同盟"的演讲》（2015年4月29日），首相官邸主页，http://www. kantei. go. jp/cn/97_ abe/statement/201504/uscongress. html。

③ 到2015年6月29日，署名赞同的宪法学者已增至235名。

59%，而"赞成"的由 34% 降至 30%；安倍内阁支持率也下降了 5%。①

　　此后，6 月 15 日，长谷部、小林在日本记者俱乐部、外国记者俱乐部召开记者会，谴责安倍政府的行为。同日，佐藤学、上野千鹤子、内田树、益川敏英等发起以 60 名各界著名学者为召集人的"反对安保相关法案学者之会"，并发表了《反对迈向"战争国家"的安保相关法案》的呼吁书（赞同学者 2413 人）②。6 月 24 日，立宪民主会召开记者会，发表了《要求撤回安保法制相关诸法案的声明》。7 月 13 日，国民安保法治恳也发表了《要求违宪的安保法案废案的声明》。7 月 14 日、15 日，国会前连日聚集着 2 万—6 万抗议民众。但安倍内阁无视在野党及学者的批评，无视 6 成国民反对、8 成国民认为说明不充分的事实，于 7 月 15 日再次以强行表决方式通过"安保法案"，激起了各界的广泛愤怒。对此，立宪民主会于同日发表《抗议安保法制在众议院特别委员会强行表决通过的声明》。7 月 20 日，"反对安保相关法案学者之会"召开约 150 名学者的记者发布会并发表抗议声明。7 月 28 日，"反对安保相关法案的宪法研究者" 204 人发表抗议声明。同日，立宪民主会学者的宪法问题论集《向安倍式改宪说 NO!》由岩波书店出版。7 月 31 日，学者们与学生团体 SEALDs 共同组织了 4000 人规模的抗议集会游行。

　　在学者们与各界国民的积极行动下，形势发生了切实的变化。在众议院审议中，安保法案的违宪性成为焦点之一。在舆论调查中，不但安保法案"反对"大大高于"赞成"，连长期居高的内阁支持率也发生了大幅逆转：③

---

　　① 『内閣支持率、53% に低下…安保法案に懸念か』（2015 年 6 月 8 日）、『読売新聞』、http：//www. yomiuri. co. jp/feature/TO000302/20150607 – OYT1T50081. html。

　　② 61 名召集人中，有 28 名都是立宪民主会成员（此外还有 2 名是宪法再生论坛成员）。到 2015 年 9 月 18 日，学者、研究者赞同人数达 14120 人，市民赞同人数达 30957 人。

　　③ 表格为笔者根据以下资料制成：『政治意識月例調査（2015 年）』、NHK、https：//www. nhk. or. jp/bunken/yoron/political/index. html。『賛否が拮抗する憲法改正—「憲法に関する意識調査」から—』、NHK、https：//www. nhk. or. jp/bunken/summary/research/2015 _ 07/20150702. pdf。『本社世論調査：内閣支持率急落35%　不支持51%』（2015 年 07 月 19 日）、『毎日新聞』、http：//mainichi. jp/select/news/20150719k0000m010093000c. html。『内閣不支持46%、支持37%　朝日新聞社世論調査』（2015 年 7 月 19 日）、『朝日新聞』、http：//www. asahi. com/articles/ASH7M5DC3H7MUZPS008. html? iref = reca。『内閣支持急落37% で最低　不支持過半数、初の逆転　安保衆院採決73% 批判』（2015/07/19）、『共同通信』、http：//www. 47news. jp/47topics/e/267244. php。『「産経・FNN 合同世論調査」内閣支持と不支持が初めて逆転』（2015 年 7 月 20 日）、『産経新聞』、http：//www. sankei. com/politics/news/150720/plt1507200015 – n1. html。『内閣支持が最低43%　不支持49%、初の逆転』（2015 年 7 月 26 日）、http：//www. yomiuri. co. jp/feature/TO000302/20150726 – OYT1T50098. html。

实施者 （日期）	NHK （7月13日）	每日 （7月19日）	朝日 （7月19日）	共同社 （7月19日）	产经/FNN （7月20日）	读卖 （7月26日）
安保法案	（行使集体自卫权）赞成22%，反对30%	赞成27%，反对62%	赞成29%，反对57%	（在本次国会成立）赞成25%，反对68%	（在本次国会成立）赞成29%，反对63%	（在本次国会成立）赞成26%，反对64%
内阁支持率	支持41%，不支持43%（不支持率首次超过支持率）	支持35%，不支持51%（支持率最低、不支持率首次过半）	支持37%，不支持46%（支持率最低、不支持率最高）	支持38%，不支持52%（不支持率首次超过支持率）	支持39%，不支持53%（不支持率首次超过支持率）	支持43%，不支持49%（支持率最低、不支持率最高，不支持率首次超过支持率）

　　7月27日安保法案进入参议院审议后，法案的违宪性仍是在野党追问的重点，而安倍内阁开始直接以"中国威胁""周边安保环境"等作为说辞，试图回避违宪批评。但许多学者已在各个场合表示，招致邻国关系、周边事态紧张的正是安倍政府自己。例如，立宪民主会在7月15日的声明中指出，即使出现相关问题，亦属于"个别自卫权"而非"集体自卫权"的应对范畴；而更重要的是，"通过与邻国继续对话、增进信赖，使潜在的威胁逐渐减少，这些才应当是政府的使命。以近邻诸国的威胁为借口，以不明确的形式扩大军力行使范围，反而才会招致邻国的不信任、引发威胁日本安全的事态"①。

　　在政府预计于9月中旬通过法案的情势下，各界抗议达到高潮。8月26日，"反对安保相关法案学者之会"发起"100所大学有志共同行动"并召开记者会。8月30日，国会前聚集的抗议民众达12万人。9月11日，长谷部、杉田敦主编的《安保法制的问题在哪?》由岩波书店出版。NHK舆论调查（9月14日）显示，对安保法案在本次国会成立"赞成"为

---

　　① 『安保法制の衆議院特別委員会強行採決に対する抗議声明』（2015年7月15日）、立憲デモクラシーの会HP、http://constitutionaldemocracyjapan.tumblr.com/post/124123703221/安保法制の衆議院特別委員会強行採決に対する抗議声明。

19%、"反对"为 45%；认为国会审议"充分"为 6%、"不充分"为 58%。① 但政府仍于 9 月 15 日、16 日召开公听会，并计划于会后立即总结表决。对此，各界民众强烈抗议。15 日，小林节作为中央公听会参考人再次强调安保法案违宪。16 日，樋口、长谷部、岛薗进、西崎文子等学者在早稻田大学、东京大学召开紧急演讲会；立宪民主会在参议院议员会馆前举行街头演讲会并参加抗议集会，樋口、长谷部、千叶真、坂口正二郎、青井美帆、石田英敬、中岛彻、石田宪、齐藤纯一、石川健治、广渡清吾、西谷修、山口二郎发表演讲，NHK、朝日、每日等媒体都对此进行了报道。

在国会前连日聚集着数万抗议民众的情况下，参议院最终于 9 月 19 日凌晨以执政党多数通过安保法案。但各界行动实际改变了政治议程和社会舆论，而学者与国民早已表示，目前的斗争只是开始，即使安保法案通过也将继续各种运动。截至 19 日，"反对安保相关法案学者之会"表示将于 20 日召开"学者之会 100 人抗议声明"的记者会。小林节表示将由学者等组成 100 人规模的原告团、1000 人规模的辩护团对安保法提起违宪诉讼。立宪民主会发表了《对安保法案强行表决的抗议声明》，表示将为废止违宪法律、恢复立宪民主尽最大努力。

总体而言，目前的知识分子护宪运动组织多样，学者们的立场和出发点也不尽相同，但从护宪思想来看，在此期间知识分子护宪团体最有代表性的是立宪主义的思想。从《"96 条会"呼吁书》开始，学者们即表示："96 条能否得到捍卫，并不单纯是手续上的技术性问题，而是事关'宪法限制权力'的立宪主义本身的重大问题。……在被裁定为违宪的选举中选出的现任议员们本来有资格谈论修改宪法吗？……目前的 96 条改宪论，是在此前的众议院选举中一时占据多数的势力的暴举，是无视宪法的存在理由、妨害国民所有的宪法修改权应有的行使方式的行为，对此，我们呼吁反对运动。"② 到目前为止，以立宪民主会的思想为例，此阶段的知识分子护宪思想有以下特点值得关注。

首先，立宪主义、国民主权为护宪的出发点，但其中更为突出强调的

---

① 『安倍内閣「支持」43%「不支持」39%』、NHKニュース、http：//www3. nhk. or. jp/news/html/20150914/k10010234051000. html（2015 年 9 月 14 日）。

② 『「96 条の会」呼びかけ文』、日本ジャーナリスト会議 HP、http：//jcj – daily. seesaa. net/article/363674219. html（2013 年 5 月 26 日）。

是立宪主义。学者们反对"集体自卫权"、安保法案等的首要原因是"安全保障相关法案明显违反宪法。轻视立宪主义、未向国民充分尽到说明责任的政府，不能赋予其事关安全保障重大政策判断的权限"①。学者们批评安倍政府解散国会是滥用解散权，是对司法机构和国民的愚弄；批评仅建立在阁议决定之上的"对美公约"是"损害国会这一唯一立法机关的权威、轻视国民主权的行为"；批评首相、大臣在国会审议中奚落议员、贬低宪法是"不尊重以作为国权最高机关的国会为中心的立宪民主政治的行为"；指出"首相自己也承认，对于法案，'国民的理解未获进展'。而在各种调查中，大多数国民也认为法案在本次国会成立是不必要的。在这种情况下强行表决通过法案，只能说是否定议会制民主主义的行为"②。在向国民指出问题所在的同时，学者们也积极参与行动，体现了作为学者和国民的责任感。这些都体现了国民主权的精神。

　　与此同时，作为一个团体，立宪民主会强调立宪主义是对权力的限制，强调一时在选举中获取多数并不意味着就可以为所欲为，不能随意变更宪法解释，不能凌驾于宪法。"如果在选举中获胜即以万能的为政者自居，认为连立宪主义、议会民主主义的原则都可以随意左右，那只能说是'选举独裁'。"③ 也就是说，在主张国民主权的同时，"立宪主义与民主主义可能的张力"也是学者们的问题意识。到目前为止，学者们的关注点更多地在于主张通过立宪主义限制权力，对于国民主权的根本性意义、启蒙国民主体性意识等方面尚未充分展开。鉴于现实政治形势的紧迫性，当前以立宪主义为主要强调点有很大的现实意义，但在长期斗争的可能性之下，对国民主权的进一步强调值得期待。

　　其次，学者们的分析建立在对安全形势的现实思考上，并非基于理想化的和平主义理念。在批判法案违宪的基础上，学者们指出："首相举出的显示集体自卫权必要性的事例，都是在军事常识上不成立的'纸上谈兵'。"④ "如果日本的周边安全环境持续恶化，与将有限的防卫力量扩散

　　① 『安保法制関連諸法案の撤回を求める声明』（2015 年 6 月 24 日）、立憲デモクラシーの会 HP、http：//constitutionaldemocracyjapan. tumblr. com/post/122326633166/安保関連法案の撤回を求める声明。
　　② 前揭、『安保法制の衆議院特別委員会強行採決に対する抗議声明』（2015 年 7 月 15 日）。
　　③ 前揭、『安倍政権による解散・総選挙に関する見解』（2014 年 11 月 26 日）。
　　④ 前揭、『安倍内閣の解釈改憲への抗議声明』（2014 年 7 月 2 日）。

到全球相比，集中于专守防卫可能才是合理的判断。而且，政府认为允许行使集体自卫权会增强遏制力量、有利安全保障，但如果日本增强遏制力量，对方也会进一步强化军备，结果可能会使安全环境恶化（安全困境）。如果形成军备竞赛，面临少子高龄化、财政赤字等深刻问题的日本，将会直面更大的危险。"①

学者们还具体指出：（1）一旦取消"战斗区域"与"非战斗区域"的区分，日本会更有可能被认为与外国军队"一体"，日本国内将更可能受到攻击，若发生针对核电站的打击将是毁灭性的。（2）"在与他国共同参加军事行动后，日本以超出'必要最小限'为由单独退出是不可能的。在行使集体自卫权成为可能之后，日本以超出'必要最小限'为由拒绝美国的行使要求也是不现实的。"（3）日美安保条约已写明，美国实现条约义务要基于本国宪法规定及相关程序，需要联邦议会的承认，因此"对日美安保的过度期待"是有问题的。（4）"在'集体自卫权'的名义下，许多非正义的武力行使被正当化。考虑到这一情况，允许行使集体自卫权将会使日本被卷入不必要的国际纷争，在中长期来看不利于安全保障。"② 鉴于以上情况，学者们表示应通过与邻国的对话和国际协调解决紧张局面。可以看到，以上分析的逻辑是相对现实主义的。

最后，护宪思想的出发点和方向性多样，"违宪论"并不一定等于"护宪论"。如前所述，在紧迫局势下，学者们超越"改宪""护宪"的界限，就捍卫立宪主义达成了一致。但在立宪主义之外的部分，学者们的差异并未消除。主张安保法案违宪的学者对于自卫权、安保政策、修改宪法的态度并不一定完全一致，有些学者明确持改宪论的观点。对于"立宪主义"的含义，以及立宪主义与民主主义、和平主义、基本人权等基本原则之间的关系，学者们的见解也可能十分多样。

例如，立宪民主会 2014 年 6 月的见解中称："自卫队在宪法九条下专以本国防卫为念，除反击侵略之外，不主动攻击他国，这一框架在战后半个多世纪以来的政府宪法解释中是固定的。单凭某一内阁的解释对此进行变更，是超过了负有尊重、拥护宪法义务的阁议决定的界限的。""行使集

---

①　前揭、『安保法制関連諸法案の撤回を求める声明』（2015 年 6 月 24 日）。

②　参见立憲デモクラシーの会『安保法制関連諸法案の撤回を求める声明』（2015 年 6 月 24 日）、『安保法制懇報告と安倍首相記者会見に関する見解』（2014 年 6 月 9 日）、『安倍内閣の解釈改憲への抗議声明』（2014 年 7 月 2 日）。

体自卫权并非宪法所授权的范围。这是依从迄今为止的政治的'法',其所显示的'方向性'意味着宪法上重大原则的变更。如果要进行如此重大的变更,就必须向国民真诚如实讲述、经过国民的熟虑熟议、通过正规程序修改第九条。"[1] 在 2014 年其他几次声明、见解中,"重大原则转换需要修改宪法"的提法也多次出现。也就是说,政府一贯的宪法解释与个别自卫权在这里是被认可的(至少并未被直接反对),而修改第九条也有可能不是绝对的禁忌(虽然其前提是国民意愿与正规程序)。那么,一旦政府解决了"正规程序"等问题,上述思想是否也有可能与改宪论发生联系?此外,虽然学者们注意到了以"集体自卫权"名义将武力正当化的问题,但"个别自卫权"即便可以成立,是否就不会被用作武力正当化的借口?这些问题在当下尚未成为突出矛盾,但由于事关"如何捍卫立宪主义""如何避免'立宪独裁'"的问题,如何处理内部思想的多样性可能也是未来知识分子护宪团体不容忽视的课题。

小结　战后日本护宪思想的演变与未来走向

可以看到,战后日本知识分子的护宪运动与护宪思想经历了一定的演变过程,无论是护宪运动还是护宪思想,都不能单纯以"和平主义"来概括。尤其值得注意的是,直到 20 世纪 80 年代,战后日本知识分子宪法思想的主流实际并不是强调非武装的和平主义,而是强调国民主权的民主思想。其后,知识分子护宪运动一度以和平主义为主要诉求,当前的代表性思想则是护宪主义。

战后,知识分子护宪运动在护宪运动整体中占有重要地位,并曾在很大程度上影响了市民和平运动和左翼政党的反改宪运动,实际遏制了政府的改宪进程,未来也仍有可能发挥切实的政治影响。当前,宪法修改问题仍是各界密切关注的焦点之一。在左翼或"中左"政党国会议席有限的情况下,市民和平运动虽始终保持着一定规模,但在日本独特的精英政治体制下,短期内难以就关键问题直接作出突破。这就使得知识分子护宪团体在护宪运动中处于极其重要的地位。对于日本而言,现有知识分子护宪团体能否坚持在国民主权、立宪主义原则的指导下与政府违反宪法、违背民

---

[1]　前揭、『安保法制懇報告と安倍首相記者会見に関する見解』(2014 年 6 月 9 日)。

意的行为进行斗争，将直接影响未来宪法问题乃至日本政治整体的走向。对于中国的日本研究而言，除关注保守阵营的改宪动向外，也需要对日本知识分子、普通市民、各政党及各界人士的护宪运动予以更充分的重视，以全面审视宪法问题、思考可能的应对。

战后日本思想史的一个考察

——以丸山真男的"近代超克论"批判为中心

唐永亮*

内容提要 丸山真男是战后日本最重要的政治思想家，是战后思想的象征性存在。从整体上梳理丸山真男的"近代超克论"批判的演变，既有助于进一步揭示丸山的近代观，有助于正确理解丸山思想之真意，亦可借之管窥战后日本思想的流变。从整体上看，他的"近代超克论"批判大体可以分为三个发展阶段。前期和中期的"近代超克论"批判都是从"纵向"维度，即思想史研究的角度切入的。所不同的是，前期的"近代超克论"批判，通过揭示日本近世思想中已经孕育了近代主体性的萌芽，来揭露战中的"近代超克论"所主张的回归前近代，创造新的世界秩序的欺瞒性。与之相对，中期的"近代超克论"批判则着力强调朱子学解体后，日本规范意识丧失带来的弊害。后期的"近代超克论"批判主要从"横向"维度，即文化接触论的角度切入，揭示了日本文化中的"原型"。丸山认为只有打破这种"原型"的思维方式，才能够形成近代的主体性人格。

关键词 丸山真男 近代超克 近代主义 原型 主体性

　　丸山真男（1914—1996）是战后日本最重要的政治思想家，[①] 是战后思想的象征性存在。[②] 东京大学的渡边浩教授认为："二战以后对于日本思想史的所有研究都是在丸山的影响下展开的。……即使是反对他的人，也全都受到他的影响，包括我自己。"丸山真男的思想是战后思想的坐标，

---

　　* 作者简介：唐永亮，中国社会科学院日本研究所副研究员、文化研究室副主任。
　　① 仲正昌樹『「日本の思想」講義——ネット時代に、丸山真男を熟読する——』、作品社、2012 年、19 頁。
　　② 小林一喜『戦後精神における近代と超近代：田中角栄にみる "地" 民主主義の立ち上げとその軌跡』、文芸社、2000 年、61 頁。

其他研究者根据与丸山先生的关系来分别定位。[①] 有人支持和继承了他的思想，这些人被称为丸山正统派，其核心是藤田省三、神岛二郎、渡边浩、饭田泰三等丸山学派的成员。当然，也有人反对和批判他的思想和研究方法论。[②]

国内学者吴晓林较早关注丸山思想研究，他在《论丸山真男的民主主义思想》一文中对丸山的民主主义思想的形成、特征和意义做了较为深入的分析。而丸山的两部著作《福泽谕吉与日本近代化》（区建英译，学林出版社 1992 年版）和《日本政治思想史研究》中译本（王中江译，生活·读书·新知三联书店 2000 年版）在中国的先后问世，则促进了中国学界对丸山真男的研究和关注。为《日本政治思想史研究》作"代译序"的孙歌撰写的《丸山真男的两难之境》引起了学者们对"丸山真男的两难之境"的热烈讨论。所谓"丸山真男的两难之境"指的是"当他论述日本明治维新之前已经存在由内部产生的近代思维时，他衡量'近代'的标准仍然来自西方。换言之，丸山的'近代观'是欧洲式的"。[③] 孙歌一方面批判丸山思想中的这种矛盾性；另一方面，也认为"丸山真男的两难之境"同时也赋予了他的学说以真正的内在潜能。

施平在《也论丸山真男的两难之境——从〈日本政治思想史研究〉代译序说起》一文中，对孙歌的结论：丸山的政治思想史研究是努力想要克服传统的障碍——"日本的特殊性问题"提出了质疑，他认为丸山无论在大局观还是技术细节上，都试图不只站在日本一国的立场上来讨论问题，与西欧和亚洲诸国进行比较。[④] 韩东育在《丸山真男学术立论中的事实与想象——"原型论"与"日本主义"情结》一文中则认为，丸山的思索框架是一贯的，即"近代主义—日本主义"，"近代主义"不过是与长期潜在的"日本"相共存的统一命题。而这一思考框架与丸山"有意排除中国的影响或把中国

① 《渡边浩谈日本思想史研究》，《东方早报》2010 年 2 月 21 日。

② 可参见陈都伟《丸山真男论的诸相——日本学术界对丸山真男的最新述评》，《世界哲学》2005 年第 5 期。大隅和雄、平石直昭编『思想史家　丸山真男論』、ぺりかん社、2002 年。米谷匡史『丸山真男の日本批判』、『現代思想』1994 年 1 号。

③ 丸山真男：《日本政治思想史研究》，王中江译，生活·读书·新知三联书店 2000 年版，第 5 页。

④ 施平：《也论丸山真男的两难之境——从〈日本政治思想史研究〉代译序说起》，《日本学刊》2001 年第 1 期。

视为完全停滞的对象来对待这一潜在观念，有着至为密切的关联"①。唐利国在《超越"近代主义"对"日本主义"的图式——论丸山真男的政治思想史学》一文中也认为丸山真男的问题意识是一贯的，即对日本思想的近代化或日本人近代人格形成的持续关注。但他主张用超越"近代主义"对"日本主义"的图式来理解丸山的思想。② 由此可见，弄清楚丸山是如何理解"近代"的，是解明丸山思想之真意的关键。而从整体上梳理丸山真男的"近代超克论"批判的演变，既有助于进一步揭示丸山的近代观，有助于正确理解丸山思想之真意，亦可借之管窥战后日本思想的流变。

　　在日本，对于"近代"的态度，可以分为"超克派"和"修正派"两派。"超克派"完全否定近代事物，主张超越近代。而"修正派"主张"居于近代之中，实行渐进的改革"。③ 丸山真男对"近代超克论"持批判立场。从整体上看，他的"近代超克论"批判大体可以分为三个发展阶段。前期的"近代超克论"批判是第二次世界大战结束以前，针对日本国内知识界配合军国主义的发展而兴起的所谓"近代的超克"这一思想运动进行的批判，其代表作是《近世儒教发展中徂徕学的特质及其同国学的关系》（1940）、《近世日本政治思想中的"自然"与"作为"》（1941 年）、《"前期"国民主义的形成》（1944）等。中期的"近代超克论"批判是丸山真男对"二战"结束后不久在日本国内伴随着国家的复苏而"死灰复燃"的"近代超克论"的批判，其代表作品是《超国家主义的逻辑和心理》（1946）、《近代的思维》（1946）和《日本的思想》（1957）等。最后一个阶段是，1960 年安保斗争后，丸山真男回应知识界中对他的近代主义思想的批判，在思想史研究中引入文化接触论这一新视角，提出了"古层"论。代表作是《开国》（1959）、《历史意识的"古层"》（1972）、《原型、古层、执拗低音》（1984）、《日本思想史中的"古层"问题》（1979）等。

　　① 韩东育：《丸山真男学术立论中的事实与想象——"原型论"与"日本主义"情结》，《日本学论坛》2002 年第 3 期。
　　② 唐利国：《超越"近代主义"对"日本主义"的图式——论丸山真男的政治思想史学》，《文史哲》2000 年第 5 期。
　　③ 小林敏明『「近代の超克」とは何か——竹内好と丸山真男の場合——』、『RATIO』2007 年 4 号。

一　早期"近代超克论"批判

自明治维新以西方为样板进行近代化改革以来，在日本对近代化的批判之声就从未中断过，出现了日本主义、国粹主义等思潮。而伴随着日本逐步走上军国主义道路，特别是在天皇向欧美发布宣战诏书之后，从"超越"的立场来批判欧美思想文化的"近代超克论"也蓬勃发展起来。就如丸山真男所说，在 1940 年之后的时代氛围中，不只是军部、"革新官僚"、反议会主义政治家，还有从左翼转变过来的知识分子也一直高呼："知识分子的真正使命，是打倒由英、美、法等国所代表的已落后于时代的自由主义诸思想观念，协助日本、德国、意大利等轴心国家在前列所进行的'世界新秩序'的建设。"① 毫无疑问，这种"近代超克论"起到了充当大东亚共荣圈之意识形态的作用。②

"近代超克论"具有时代性，不同时期它的内涵不尽相同。同时，"近代超克论"又有广义和狭义之分。广义的"近代超克论"是主张否定、超越"近代"的思潮。狭义的"近代超克论"是指杂志《文学界》1942 年第 9 期、第 10 期上所载的学术讨论会纪要所引领的社会思潮。在《文学界》1942 年第 9 期上载有西谷启治、诸井三郎、津村秀夫、吉满义彦的论文，在 10 期上发表了龟井胜一郎、林芳雄、三好达治、铃木成高、中村光夫的文章及座谈会的会议记录。单行本《近代的超克》也于 1943 年 7月出版。从参会人员的构成上看，主要有三个思想谱系，即"文学界"群体、"日本浪漫派"和"京都学派"。河上彻太郎在《近代的超克》一书的《"近代的超克"结语》一文中披露了这次会议的意图："这是在开战一年来知性的颤栗之中召开的会议，这是不容隐蔽的事实。的确，我们知识人因为始终在知识活动的真正原动力之日本人的血和一直以来硬把它塞进体系里去的西欧知性之间相生相克，故即使在个人方面也无法心悦诚服。……从大东亚战争开始之前，有关新日本精神之秩序的口号，便在大部分国民之间得到了同声齐唱。在这同声齐唱的背后，一切精神上的努力

---

① 丸山真男：《日本政治思想史研究》，王中江译，生活·读书·新知三联书店 2000 年版，第 17 页。
② 神山睦美『小林秀雄と「近代の超克」——太平洋戦争の文学思想状況とその意義——』、『アジア太平洋レビュー』、2009 年。

和力量被竭力掩盖了。……我们愤然崛起，为的是打破此种安逸的无力状态。……数年以来，便有人指出我们各文化部门的相互隔绝，阅读此书，当有很多人愈发加深此种感觉吧。词语用法、知识方法论、具体操作的发展阶段，无论取哪一点来看，都是不一致的。我们仿佛是牢房中隔壁的同志相互叩打着墙壁而交谈。……这之间，'近代的超克'这唯一的指路灯，尽管有些朦胧，却穿透各个墙壁而同时映入我们的眼帘，这是何等的喜悦啊！"竹内好将其概括为：第一，太平洋战争的开始使河上等人震惊，即所谓"知性的颤栗"。这种"知性的颤栗"被解释为"西欧知性"与"日本人的血"之间的"相克"。第二，表露出要打破"新日本精神的秩序"在"大部分国民"中仅仅被作为"口号"而"同声齐唱"的无力状态。第三，反映出要为此冲破专业知识分子之间"文化各部门相互隔绝"的墙壁的实践性要求。①

丸山于 1934 年进入东京帝国大学法学部政治学科学习，1937 年毕业后留校担任助教。当时的日本文部省对帝国大学只关心西洋思想研究深表不满，要求帝国大学中开设研究东洋思想和日本思想的"国体讲座"。② 在导师南原繁的劝导下，丸山开始着手研究日本思想史。这一时期针对蓬勃兴起的"近代超克论"，丸山在《国家学会杂志》上先后发表《近世儒教发展中徂徕学的特质及其同国学的关系》《近世日本政治思想中的"自然"与"作为"》《"前期"国民主义的形成》等文章，对之进行有力的批判。这三篇文章后来被丸山结集成册，交由东京大学出版会 1952 年出版。丸山将"近代超克论"的观点概括为两个相互关联的命题。第一，"明治以后的日本早已充分近代化，现代日本的最大病患，是由于过分吸收西欧近代文化和制度而滋生出的毒素"；第二，"在被'近代'污染以前的日本，古代信仰与儒学及来自亚洲大陆的'东方精神'浑然融合，形成了美的传统。它在日本文化、社会、政治各个领域中历经风霜的考验，被保持了下来。现在把我们祖先这种美的传统从'现代'的污染中拯救出来，这才是日本应该对'世界新秩序'建设所应作的贡献"。③ 丸山在《日本政治思想史研究》中主要回

① 竹内好：《近代的超克》，李冬木等译，生活·读书·新知三联书店 2005 年版，第 307 页。

② 小熊英二『丸山真男の神話と実像』、『丸山真男——没後 10 年、民主主義の「神話」を超えて——』、河出書房新社、2006 年、5 頁。

③ 丸山真男：《日本政治思想史研究》，王中江译，生活·读书·新知三联书店 2000 年版，第 17—18 页。

应的是其中的第二个命题，即他想要证明在日本维新以前的前近代，也不像"近代超克论"者所美化的那样，与"近代"无缘的"东方精神"一成不变地持续着。丸山通过分析指出，在"朱子学的解体过程中，逐渐走到了徂徕学的门口"。徂徕学并不是以往思想成果在量上的简单相加，其与其他古学派和贝原益轩相比有着根本性的飞跃。① 徂徕学将"公"与"私"明确地区分开来。荻生徂徕在《辨名》中指出："公者私之反，众所同共，谓之公。己所独专，谓之私。……公私各有其所，虽君子岂无私哉！"由此，原本朱子学中的"道"所具有的规范与自然的连续结构，到徂徕学这里，其本质已被提炼成了"治国平天下"的政治性，而私的、内心的生活就从一切严格作风中被解放了出来。② 徂徕学打破了朱子学"社会政治秩序是先在的天地自然之所与"的思维模式，形成了"社会政治秩序是主体性的人为制作"的思维逻辑。"在徂徕学中，制作秩序的人格，首先是圣人；其次，作为相似者，是一般的政治统治者。之所以选择圣人来扮演这个角色，是因为要把对于秩序的主体性赋予给内在于秩序、以秩序为前提的人，首先必须排除一切非人格理念的优位……这样一来，最初的人格被绝对化，就是制作秩序思想确立过程中不可避免的迂回之路。"③ 总之，他排除了作为"自然秩序思想根源的理念性的优位，把道归于圣人这一被绝对化的人格实在的制作"。在现实中这个圣人就是德川将军，德川将军的地位由此得到绝对化。徂徕学所导入的主体性制作思想对封建社会政治机能的影响可分成两方面。一是它能够作为变革封建社会、建立新秩序的逻辑武器；二是它从封建社会关系及其观念纽带（五伦五常）中剥夺了实质性的妥当根据，使之形骸化。前者是它的积极作用，后者是它的消极作用。④

尽管丸山的徂徕论被子安宣邦在《作为"事件"的徂徕学》一书中批评为"恣意的虚构"，但是他的研究无疑奠定了 20 世纪日本徂徕学研究的基础。更为重要的是，在 20 世纪 40 年代前半期，在日本帝国主义大肆对外侵略，在日本许多学者、知识人纷纷转向支持军国主义、支持日本对外战争之时，丸山能坚守立场，将批判的矛头直指为大东亚战争摇旗呐喊的

---

① 丸山真男：《日本政治思想史研究》，王中江译，生活·读书·新知三联书店 2000 年版，第43 页。

② 同上书，第 70 页。

③ 同上书，第 193 页。

④ 同上书，第 200 页。

"近代超克论"，这种勇气实在难能可贵。另外，值得注意的是，这一时期丸山的思想与学生时代基于政治学立场的近代批判思想有明显不同。丸山在 1936 年发表论文《政治学中的国家概念》一文。在这篇文章中丸山的思想明显受到了马克思主义思想的影响，他通过对近世个人主义国家观和法西斯主义国家观的批判分析指出："我们所追求的，不是基于或个人或国家之上的个人主义国家观，也不是个人埋没于族类之中的中世团体主义，当然也不是将两者加以奇怪折中的法西斯主义国家观。个人只有以国家为媒介才能具体地存立，同时个人也须保持对国家的否定性的独立，这种关系在受市民社会制约的国家结构中是无论如何无法产生的。因此，我们需要将今日的全体主义与辩证的全体主义加以区别。"①由此可见，丸山从政治学的视角，对近代市民社会是持批判态度的。他认为个人与国家的关系是辩证的，而个人这种辩证的主体人格在市民社会的国家结构是无法产生的。从东京帝国大学毕业留校后，丸山的研究方向从政治学转变为政治思想史，通过对日本政治思想史的研究，丸山得出了与此前完全不同的结论。而这一变化恰恰又是与他对伴随日本对外战争隆兴起来的"近代超克论"的批判紧密相关的。而促成他思想变化的原因，主要有以下几个方面。一是，丸山对法西斯主义的认识发生了变化。丸山在写《政治学中的国家概念》时认为，法西斯主义是近代主义的终结。而进入 1940 年代以后，他通过对日本思想史的研究发现，在日本，法西斯主义绝不是近代主义完成后的结果，毋宁说它的"种子"在前近代就已存在。也正因如此，丸山认为"近代超克论"实际上只是想通过"向前近代的复归"，来与法西斯主义"嫁接起来"。② 二是，丸山看到自己的老师南原繁、河合荣治郎、田中耕太郎等人在面对日本社会中弥漫的法西斯主义思想的抵抗，认识到了近代自由主义的意义。

---

① 对于这段话，笹仓秀夫在《丸山真男的思想世界》一书中的解读是，"个人只有以国家为媒介才能具体的存立"指的是，人人都可以作为主体参加国家的政治生活。人作为主体既组成了社会，同时又为社会所塑形。个人也"须保持对国家的否定性的独立"指的是，每个人作为独自价值的承担者（无法还原到社会和政治集团的独特价值），归根结底是一个独立的存在，具有自立性和尊严性。前者与民主主义原理紧密相关，后者与自由主义原理紧密相关。这种解释也不无道理。

② 田中久文『丸山真男を読みなおす』、講談社、2009 年、26—27 頁。

二　中期"近代超克论"批判

"二战"结束后，在美军占领状态下，日本知识界开始反省战争，从而使"战后思想理所当然地具有反对战争的反省原理，即反战、和平和民主主义的原理"。① 然而，与此同时新一轮"近代的超克"开始在知识界中"复苏"。伴随着日本慢慢从战败中恢复过来，特别是在《旧金山媾和条约》和《日美安保条约》签订日本摆脱占领状态之后，"近代超克论"蓬勃发展起来。新一轮"近代超克论"集中表现在 1952 年 1 月以《文学界》组织的一次讨论会中，参加者有浦松佐美太郎、龟井胜一郎、中村光夫、伊藤整、猪熊弦一郎、长谷川才次、丹羽文雄、河上彻太郎、河盛好藏、吉川逸治、吉村公三郎、中野好夫、中山伊知郎、大冈升平、福田恒存、今日出海、阿部知二、宫城音弥、平林泰子、菅原卓，共 20 人。讨论会的情况以特辑《现代日本的知识命运》为题发表在《文学界》1952年第 1 期上。对这次会议的主题，编者按中这样写道："和谈条约之成立，虽给予了独立的名义，然众所周知日本所处之地位极不安定。战争之危机依然未去，日本正立于重大的歧路之上。于国际国内两方面问题重重，而文学家对此有何见解与信念？不仅为了讨论现实状况，还为了追究明治以来日本人所备尝之种种悲剧，或认知上的混乱，即所谓'近代日本'之实体，并为预知与省思未来相互探讨。"②

竹内好是战后"近代超克论"的积极支持者，他认为"二战"战败后日本社会为西方思想大肆充斥着，在这种情况下，应该重提"近代超克论"的思想意义。他在《近代的超克》（1959 年）一文中指出："从思想中剥离出意识形态来，或者从意识形态中提取出思想来，实在是非常困难的，也许近乎于不可能。但是，如果不承认思想层面具有与体制有别的相对独立性，不甘愿直面困难将作为实施的思想分离出来，那么就无法从被尘封的思想中提取能量。就是说思想无以形成传统。……如果'近代的超克'仅仅是过去的遗留之物，那么，不需要特意履行如此麻烦的程序，只

---

① 吉田俊傑『戰後思想論』、青木書店、1984 年、5 頁。
② 竹内好：《近代的超克》，李冬木等译，生活・读书・新知三联书店 2005 年版，第 296页。

要把它作为过去埋葬掉就可以了。然而，作为思想的'近代的超克'，今天依然是现实的课题。"①"我觉得今天怎么看都感到不成体统的'近代的超克'，仍然有些许可以拯救的余地。……仅根据'超克'的传说而舍弃其思想，将会导致把其中所包含的、今天有可能继承的课题也抛掉，这不利于传统的形成。我觉得在可能的范围内，批判地吸收遗产，作为思想的处理方法是正确的。"②

"二战"中的"近代超克论"与战后的"近代超克论"既有区别又有联系。首先，两者之间具有共性。无论是"二战"中的"近代超克论"还是战后的"近代超克论"，都对日本学习引进西欧的"近代之物"持批判态度，它们都认为"近代"是从西欧引入进来的外来之物。也正因如此日本的近代批判很容易与民族主义结合在一起。这一点与把近代批判作为自我批判的西欧迥然不同。其次，两者又有明显的不同。战争中的"近代超克论"是一股伴随着对欧美作战而隆兴起来的思想运动，其扮演着为对外战争和日本法西斯服务的意识形态的角色。而战后的"近代超克论"就如广松涉所言，它并不是战时"近代超克论"的"简单的复活"。③战后的"近代超克论"并不讳言对战中"近代超克论"曾助力战争的历史进行反省，但它同时又极力为战中的"近代超克论"辩护、平反。竹内好就主张日本所发动的战争，既是侵略战争，也是帝国主义对帝国主义的战争。这种战争的两重性由来于日本近代史的特质。日本对侵略战争负有责任，但是就帝国主义战争而言，这个责任不应该由日本单方面承担。④另外，战后"近代超克论"主张将思想从历史中剥离出来，高度评价"近代超克论"在思想上对战后日本社会发展的意义。

丸山与竹内好既是同事，又是"益友"，⑤但丸山对竹内好所倡导的战后"近代超克论"并不赞同。"二战"结束后，丸山对战后"近代超克论"的批判主要集中于桎梏日本人近代主体人格形成的关键要因——天皇制精神结构的揭露和批判。丸山在《日本的思想》一文中指出："我们在

① 竹内好：《近代的超克》，李冬木等译，生活·读书·新知三联书店2005年版，第301—302页。

② 同上书，第312页。

③ 広松渉『「近代の超克」論——昭和思想史への一断想——』、朝日出版社、昭和55年、14頁。

④ 竹内好『戦争責任について』、『竹内好全集』第8巻、筑摩書房、1980年、216頁。

⑤ 丸山真男『竹内日記を読む』、『丸山真男集』第12巻、岩波書店、1996年、37頁。

探讨思想至今的状态、批判样式或其理解方法时，如果其中存在妨碍思想的积累和形成构造的各种契机，就应对这些契机逐一地不断追寻其问题之所在，虽未必能追寻到究极的原因，至少也能从现在我们所处的地点出发，开拓出一条前进的道路。因为，如果不变革那种妨碍思想和思想之间进行真正对话或对抗的'传统'，大概就不可能期望思想自身会形成某种传统了。"①

　　针对新一轮蓬勃兴起的"近代超克论"，丸山在《近代的思维》（1946 年 1 月）中基于自己的研究立场，明确地表明了他的批判态度。他指出："一直以来，我在学问上所最关心的，就是究明日本近代思维的成熟过程。不论客观形势如何激烈变动，我的问题意识未有变化。"② 他认为像夏目漱石所说的不具有"内发的"文化的日本知识人，依凭在时间上后出现的事物就一定比先前出现的事物具有进步性这一通俗历史主义的幻想，折服在法西斯主义"世界史"的意义面前。丸山认为，在日本，近代思维别说"超克"，它甚至还没有真正的形成，这是事实。但丸山也指出，完全看不到日本历史上近代思想的自发成长，这种观点也是错误的。这种与"超克论"完全相反的"无缘论"，容易使国民对传统思想的力量丧失信心，最终反而带来了一种危险，即简单地认为近代思想等同于西欧思想。也正是从这个意义上，要解明日本思想的近代化就必须研究德川时代、明治时代的思想史。③ 也可以说，丸山对"近代"的认识似乎是辩证的。在他看来日本既不应"超克"近代，也不能简单地认为西方化就等同于近代化，完全看不到日本历史上存在近代思想的自发成长。不仅如此，丸山认为近代化虽是日本社会建设所追求的目标，但日本也须克服近代市民社会本身包含的缺陷。就如他在 1948 年的日本政治思想史讲义中所言，战败后的日本"一方面要提倡在社会的所有方面克服封建制和实现近代化，与此同时，在另一方面，对'近代'（市民社会）本身的扬弃正在成为世界性的课题，我们也要将其作为自己的课题"④ 也正因如此，丸山拒绝自己被贴上"西欧主义者"的标签。他并不想"傲慢地主张日本要摆脱

① 丸山真男：《日本的思想》，区建英、刘岳兵译，生活·读书·新知三联书店 2009 年版，第 5 页。
② 丸山真男『近代的思惟』、『戦中と戦後の間』、みすず書房、1976 年、188 頁。
③ 丸山真男『近代的思惟』、『戦中と戦後の間』、みすず書房、1976 年、188—190 頁。
④ 丸山真男『丸山真男講義録』第一卷、東京大学出版会、1998 年、16 頁。

模拟普遍主义实现完全的自由。如何来阻断这种模拟普遍主义和对它的反抗——未必完全是政治意义上的反抗——'本土'思想之间不断反复出现的恶性循环",是今后我们需要思考的最为切实的课题"。①

基于上述对"近代"的认识,丸山开始思考在日本自由意识的生成问题。他在 1947 年发表的《日本自由意识的形成及特质》一文中,通过对战中徂徕论的重新解读,展开了对日本自由意识之形成的讨论。20 世纪 40 年代初丸山的徂徕论的核心观点是,徂徕学的出现使朱子学在日本土崩瓦解,其一方面消除了从来的规范意识,另一方面也从中产生出了"从'无'到制作"的近代式的强烈的主体能动性。而丸山在《日本自由意识的形成及特质》一文中,则提出了一种完全不同的解读。在该文中丸山相比主体性的产生,更强调朱子学解体所带来的规范意识的土崩瓦解造成的弊害。② 丸山认为徂徕学一方面使"儒教规范升华成一种纯然的公共政治性的东西",同时又使"人的个体内心充满了脱离一切规范约束的非合理的感性",甚至到了国学则抛出了"人欲不也是天理吗"的结论,"人欲"被看成了人之最本质的东西。③ 在丸山看来追求人欲只是一种"感觉上的自由",而单纯站在"感觉上的自由"的立场,是无法树立一种新的规范来引导人们的精神的。④

丸山的上述自由观是基于对战后日本社会的认知而形成的。丸山发现战后的日本人只是一味地讴歌被外来的他者赋予的自由,但作为自由之本质的主体性却颇为欠缺。然而,在他看来,这不是战后才出现的,在江户时期和明治时期早已如此。那么,归根结底制约日本人主体性自由之获得的根本障碍是什么呢?丸山在《超国家主义的逻辑和心理》(1946)一文给出的答案是日本天皇制精神结构。丸山认为一方面近代日本国家的政治秩序"是以作为绝对价值体的天皇为中心的、连锁式的自上而下的秩序。其统治根据是与天皇之间的距离,距离越远价值就越小,……在日本自上而下的秩序中几乎不存在不受制约的个人。一切人乃至社会集团都处在这

---

① 丸山真男『日本の近代化と土着』、『丸山真男集』第 9 卷、374 頁。
② 田中久文『丸山真男を読みなおす』、講談社、2009 年、59—60 頁。
③ 丸山真男『日本における自由意識の形成と特質』、『丸山真男集』第 3 卷、東京大学出版会、1996 年、156 頁。
④ 丸山真男『日本における自由意識の形成と特質』、『丸山真男集』第 3 卷、東京大学出版会、1996 年、158 頁。

样一种关系中，自己不断地接受来自一方的制约，同时又制约着他人"①。另一方面，天皇作为精神上的权威与政治上的权威的合流，"也是向'神武创业之传统'的复归。……天皇继承万世一系的皇统，依凭皇祖皇宗的遗训来统治国家。钦定宪法不是天皇发挥主体性制作出来的，而完全是'绍述统治之洪范'。不仅如此，天皇还具有可以追溯到无限久远的传统权威。天皇这一存在与祖宗的传统不可分离，只有与皇族皇宗合为一体，才能成为上述内容价值的绝对体现。把天皇作为中心，万民则在相距中心的各种各样的距离上翼赞天皇。如果把这种样态视为一个同心圆的话，实际上它的中心不是一个点，而是垂直地贯穿于同心圆之中的一条纵轴。以纵轴的无限性（天壤无穷之皇运）来确保价值从这一中心无限地流出"②。这一思想在战后不久包括马克思主义、存在主义等在内的各种各样的思想得以解禁的社会氛围下，引起了广大年轻知识人的高度关注。③

在《日本的思想》中，丸山进一步批判近代天皇制对日本人主体性的桎梏，他指出日本的国体是以杂居性的"传统"本身作为自身的实体的，所以它并不能成为将我们的思想进行实质性整合的原理，而只是在排除异端方面发挥了强大作用，"它对于人格性主体——无论是自由认识主体上的意义、伦理责任主体的意义，或是秩序形成的主体意义——的确立，从一开始就包含着成为决定性桎梏的命运"④。也正因如此，日本缺乏思想上的坐标轴，"没有形成这样一种思想传统，即那种可以给各个时代的观念和思想赋予相互关联性，使所有的思想立场在与其相关的关系中——即使是通过否定而形成的关系中——力图定立自己的历史地位的那种核心性的、或相当于坐标轴的思想传统"⑤。这种情况造成"传统思想在维新后越发增强了零碎片断的性质，既不能将各种新思想从内部进行重新构建，亦不能作为与异质思想断然对抗的原理发挥作用"⑥。丸山将日本这种思想的传承与受容方式称为"无构造的传统"。其在思想继承方式上表现为：思想没有被作为一种传统沉淀下来。"传统"思想糊里糊涂地延续和无关联

---

① 丸山真男『現代政治の思想と行動』、未来社、1983 年、23 頁。
② 丸山真男『現代政治の思想と行動』、未来社、1983 年、27 頁。
③ 苅部直『丸山真男——リベラリストの肖像——』、岩波新書、2006 年、150 頁。
④ 丸山真男：《日本的思想》，区建英、刘岳兵译，生活·读书·新知三联书店 2009 年版，第 64 页。
⑤ 同上书，第 4 页。
⑥ 同上书，第 9—10 页。

地潜入近代。按一定时间顺序引进的各种思想,在日本人的精神世界中无时间顺序地并存着,失去了历史的结构性。这种"无构造传统"在思想受容方式上则表现为:各种哲学、宗教、学问——甚至连从原理上相互矛盾的思想——"被无限(界限)地拥抱进来",它们在日本人的精神世界中"和平共存"。但是,丸山认为在日本近世也不是不存在传统思想对外来思想的反抗,只是这种反抗仅仅表现为一种非原理立场的意识形态上的批判而已。本居宣长把"道""自然""性"等范畴的一切抽象化和规范化的含义都作为汉意一律加以排斥,而只追求纯情感上的事实。这种非原理立场的意识形态上的批判,否定了现实与规范之间的紧张关系本身的意义,由此产生了两种倾向:一是对与生俱来的感性的尊重,二是对既成的统治体制的被动追随。①

总之,丸山中期的"近代超克论"批判实际上是对前期"近代超克论"的批判和补充。丸山通过研究发现,徂徕学在使朱子学解体从中孕育出近代主体性萌芽的同时,也带来了一个大问题,即造成了在此之前日本人所具有的规范意识的土崩瓦解和对"人欲""感性自由"的高度讴歌。在丸山看来,对无制约的感性自由的一味讴歌,是无法产生出能够肩负近代国家建设任务之主体的。日本人应该树立新的规范意识,努力将感性自由提升到理性自由的高度,形成近代主体人格。而在日本历史上,天皇制精神结构不仅无法发挥对日本人的思想进行实质性整合的规范作用,反而成为阻碍日本近代主体人格形成的巨大障碍。每个人都被锁定于"以作为绝对价值体的天皇为中心的、连锁式的自上而下的秩序"之中,每个人的价值都以离天皇的距离来确定。丸山的思想之所以发生上述转变,大体有以下几个原因:第一,参军经历。丸山在 1944 年应征入伍,被派往朝鲜的平壤战场,在军队中高学历的丸山颇受没什么学历的老兵的欺负,对等级森严的军队生活有切身体感。在战争即将结束前丸山又亲眼目睹了原子弹爆炸的场景。这些经历使丸山对战争深恶痛绝,必不可免地影响到了他对战后"近代超克论"的评价。第二,对战后现实的反思。战后初期,日本人在占领军实施的民主化改革中似乎获得了前所未有的"解放感"。对此丸山不以为然。他认为日本人民获得的"自由"是 GHQ 赋予的、"强加

① 丸山真男:《日本的思想》,区建英、刘岳兵译,生活·读书·新知三联书店 2009 年版,第 20—21 页。

来的自由"，日本国民的主体性并没有形成。① "所谓自由是日本国民以自己的精神意志来决定自己的事情，并不是外来强加的。我们应该获取这种真正的自由，换言之，我们应该将所与的自由提升为内在的自由，为此我们必须不懈地努力奋斗。"② 而恰恰基于此种动机，丸山才大胆地将批判的矛头指向天皇制精神结构。

三　后期"近代超克论"批判

1960 年，作为支撑日本战后体制之重要支柱的《日美安全保障条约》即将到期，时任首相岸信介与美国政府达成默契，企图修改原有条约，签订《日美相互合作及安全保障条约》。在新条约中日本不再单方面向美国提供军事基地，而是要与在日美军共担防卫任务。因为新条约徒增日本被卷入战争的危险性，加之"日美密约"中赋予在日美军犯罪免责的特权也使日本国民大为反感。在日本社会党、共产党领导下，日本国内掀起了轰轰烈烈的安保斗争，以图阻止新安保条约的签订。丸山真男也通过讲演、报刊投稿等方式积极地投身到安保斗争中。③ 然而，随着安保斗争的失败，保守力量最终实现了对革新力量的反攻倒算。此后作为安保斗争理论旗手的丸山真男也逐渐丧失了他在论坛上的威信和影响，批判的声浪随之而来。在这一背景下，丸山开始反思并修正自己此前的思想。

"文化接触论"和"原型论"是理解后期丸山真男"近代超克论"批判的两个关键词。"文化接触论"的核心思想主要体现在《开国》一文

---

① 田中久文『丸山真男を読みなおす』、講談社、2009 年、57 頁。

② 丸山真男『戦後初めての講義の講義案』、『丸山真男手帖』35 号。

③ 丸山在 1960 年 2 月发表《忠诚与叛逆》一文，高度评价德川时代武士对自己主君的"谏争"。从某种程度上也影射了他对 1960 年安保斗争的支持。丸山认为在武士的自我认识内部存在着两个相互矛盾的"忠诚观"，一个是侍奉主君的"战斗者"的气概，另一个是在和平年代作为"家产官僚"的恪守本分。也正因如此，在主君犯错时，武士既不会装作没看见而一味卑屈服从，也不会中断主从关系寻找下一位主君，而是会超越日常的"职分"，冒死劝谏。丸山将这种冒死劝谏的精神称为"志士仁人意识"。丸山认为在现代日本社会"志士仁人意识"退化的同时，反叛的"大众基础"也确实扩大了。但是，他认为在反叛与忠诚相互并存的结构已经土崩瓦解的社会中所产生的反叛是单向度的反叛，缺乏自我内部的约束和陶冶。并且，因为天皇制本身不具有作为原理对思想进行整合的功能，所以这种反叛很难从内部形成成熟的抵抗理念，也就很容易与"玩世不恭"意识、"妒恨意识"直接结合起来。可参见丸山真男『忠誠と反逆』、『丸山真男集』第 8 卷、1996 年。

中。实际上，丸山从 20 世纪 50 年代后半期就开始关注"开国"的问题。丸山在 1958 年度于东京大学主讲的日本政治思想史讲座中就已谈及日本历史上经历了南蛮文化的传来、明治维新和战败的三次开国。1959 年丸山又发表《开国》一文，对文化接触论做了系统阐述。丸山将研究焦点转向"开国"问题，主要源于以下两个契机。一是，一直以来以"历史发展"的观点在日本思想史上无法完全找到近代主体性人格产生的答案。故而希望换一个角度从"横向"的文化接触的视角对之进行分析。二是，丸山认为"日本史发展阶段的区分不明确"，① 即使在大化革新、明治维新等发生了巨大变革的时期，也同前一时期有极强的连续性。

丸山反对从"世界对日本"的角度来解读"开国"，而应从"日本之中有世界，世界之中有日本"的意义上来理解开国的思想史意义。② 同时，丸山还反对从"本土对外来"的角度来理解"开国"。他认为"本土也好，引入也罢，都是极其相对的概念。③"将'固有'思想与'外来思想'相比较的做法，并不具有生产性。因为外来思想传入日本后，经过层层累积已经成为日本文化的相对底层，完全具备了作为日本底层文化的强烈的民族同质性。"④ 丸山认为与异质社会圈的频繁接触，在个人层面上有利于将人们从对一直以来所归属集团的全面的人格合一化状态中直接解放出来，从而有利于培养日本人的近代性主体人格。在与异质社会圈的频繁接触过程中，一方面促使人们自觉地意识到自己具有有别于同一集团内部之"他者"的"自我"个性；另一方面，还能增进人们对更广义的、抽象的社会的归属感。⑤ 丸山认为，主体性"是自我从面对的多元价值中自主选择的能力。一般而言，面对的异质性的价值越多，思考选择能力就越容易被磨练出来。……主体性的程度与主体适应环境来选择自我发展方向的方法本身息息相关"⑥。

在 1963 年度的日本政治思想史讲座中，丸山将"文化接触论"和思

① 丸山真男『原型・古層・執拗低音——日本思想史方法論についての私の歩み——』、『丸山真男集』第 12 卷、東京大学出版会、1996 年、125 頁。
② 丸山真男『普遍の意識欠く日本の思想』、『丸山真男集』第 8 卷、東京大学出版会、1996 年、56 頁。
③ 丸山真男『丸山真男講義録』第 6 卷、東京大学出版会、2000 年、17 頁。
④ 丸山真男『丸山真男講義録』第 6 卷、東京大学出版会、2000 年、23 頁。
⑤ 丸山真男『開国』、『丸山真男集』第 8 卷、東京大学出版会、1996 年、66 頁。
⑥ 丸山真男『丸山真男講義録』第 6 卷、東京大学出版会、2000 年、19 頁。

想史研究结合起来提出了著名的"原型论"。丸山认为日本文化具有上层和底层二重构造。底层部分具有很强的同质性和连续性，上层部分则很容易受到外来文化的刺激而产生时代性的变化。丸山认为日本文化的底层部分就是日本文化的"原型"（prototype），它是日本社会的结合样式及政治行动样式的原初形态，以及神话、古代传说中所表现出的思考样式和价值意识①，它具体包括"伦理意识的原型""历史意识的原型"和"政治意识的原型"，而其最切近的素材，则是去除了儒、佛语法和诸观念以后的《日本书纪》《古事记》《古语拾遗》《延喜式》《万叶集》等日本古典。②后来，在意识到"原型"一词带有浓厚的宿命论色彩之后，丸山又用地层学上的"古层"一词取而代之。因为在大地震的时候"古层"也有可能被颠覆，所以相比"原型"，"古层"的宿命论的色彩要小得多。而后，丸山在一次去国外讲演时，为了方便听众理解又将"古层"译为"执拗低音"（basso ostinato）。③ 他在 1984 年发表的《原型·古层·执拗低音——探寻日本思想史方法论的我的足迹》一文中指出，他对"古层"问题的思考是连续性的，并非人们所认为的那样是因为过激的"大学纷争"而发生了"转向"。他认为造成"古层"产生的原因是日中、日朝之间存在的适当的空间距离。④ 丸山认为，日本文化的本质就是"执拗低音"的文化，"执拗低音"能改变从外面传入进来的儒教、佛教、西方思想等外来文化，使其成为日本式的思想。⑤

　　对于相较于前期和中期的丸山后期思想的巨大变化，学界主要有两种看法。多数人认为丸山的思想存在着明显的转向，即从面向西方的

---

　　① 丸山真男『丸山真男講義録』第 4 卷、東京大学出版会、1998 年、第 41 頁。
　　② 对于丸山的"原型论"，中国学界既有赞成者，也有批判者。徐水生在《丸山真男的日本思想古层论初探》一文中高度评价了丸山的"古层论"对思想史研究和文化学研究的重要意义。而韩东育则在《丸山真男学术立论中的事实与想象——"原型论"与"日本主义"情结》一文中，批判"原型论"的立论之一"儒佛消去法"，他认为从日本文化中无法根本消除"儒、佛语法和诸观念"，因为如果去除了传自中国的文字，日本文化所剩下的，恐怕不是"结绳记事"，就是"口耳之学"了。这种意见不无道理。
　　③ 丸山真男『日本思想史における「古層」の問題』、『丸山真男集』第 11 卷、東京大学出版会、1996 年、182 頁。
　　④ 丸山真男『原型·古層·執拗低音——日本思想史方法論についての私の歩み——』、『丸山真男集』第 12 卷、東京大学出版会、1996 年、141—142 頁。
　　⑤ 丸山真男『原型·古層·執拗低音——日本思想史方法論についての私の歩み——』、『丸山真男集』第 12 卷、東京大学出版会、1996 年、153 頁。

"近代主义"者，转变成了面向本土的"日本主义"者。转变前的丸山局限于一元单线的历史发展阶段论，而转变后的丸山基于文化接触论的多元历史观，强调日本自身的历史特殊性。丸山自己也在 1974 年为《日本政治思想史研究》英文版所写的序言中承认："我现在的立场和见解同将近而立之年时的立场和见解这两者之间存在的鸿沟，就像不知道应如何概括一切那样巨大。"① 然而，也有学者认为丸山的思想在本质上前后并没有转向。东京大学的黑住真就认为丸山思想的变化并不是一种转向，而不过是把原本暗伏于《日本政治思想史研究》中的潜形存在变得表面化了而已。"丸山的思索是一贯的，即在与西方、近代的对比过程中，始终如一地带着日本的感觉。'古层'论，便正是存在于这一思索延长线上的命题"。② 这一观点不无道理。实际上，丸山对日本原型论的研究，归根结底依然是为了解决如何形成日本人的近代主体性人格。就如丸山自己所说，受黑格尔思维方式的影响，他认为只有将自己作为对象来认识，才能将自己身上的无意识的东西提升到有意识的水平。就日本思想史研究而言，只有完全弄清楚日本过去思考方式的"构造"，才能控制那种思维方式，找到突破"执拗低音"（"古层"）的契机，③以促进日本人近代主体性人格的形成。

那么，在现代如何才能突破"执拗低音"形成日本人的主体性人格呢？丸山在晚年提出了一个重要的路径，即对传统进行再解释、再创造。其主要包含以下几层含义。

第一，对不言自明的"常理"进行重新认识和反省。丸山认为："学习思想史的一个意义就是重新认识我们以前未曾反省就作为前提的观念和在刻意宣扬的作为意识形态的'主义'底层所潜藏着的、我们自身尚未意识到的为意识形态所制约的思考方式，以此将我们自身从这些思考方式中解脱出来。"④

第二，积极地与异质思想对话。丸山认为："只有通过了解与之完全

① 丸山真男：《日本政治思想史研究》，王中江译，生活·读书·新知三联书店 2000 年版，第 21 页。
② 黑柱真：《日本思想及其研究——有关中国的认识》，转引自韩东育《丸山真男的"原型论"与"日本主义"》，《读书》2002 年第 10 期。
③ 丸山真男『日本思想史における「古層」の問題』、『丸山真男集』第 11 巻、東京大学出版会、1996 年、222—223 頁。
④ 丸山真男『丸山真男講義録』第 6 巻、東京大学出版会、2000 年、250 頁。

不同的思考方式和世界观，才能做到对现代的真正研究——我们才能真正对现代发挥主体作用。如若不然，就容易产生如下结果：自我受一个个现代情景下的共通观念所制约，使我们错误地认为它们就是我们自己的思想。所谓主体意识（independent minded）并不像嘴上说的那么简单，在报纸、收音机、电视以及其它传递外界信息的通讯方式急剧扩大的现代社会，尤其如此。"①

第三，重读古典。丸山认为："阅读古典，从古典中学习的意义——至少有一个意义，那就是将自己与现代隔离开来。所谓'隔离'是主体自身的积极作为，而不是'逃避'。毋宁说，正相反。我们通过有意识地将自己从所生活的现代的氛围中隔离开来，才能够真正养成'有距离地'观察现代之整体状况的眼界。"②"对过去的怀念，实际上只不过是使自己经常将现在的情况投射到过去，而后再拉回到现在，与自我合为一体，从而实现自我满足而已。"③

总之，丸山对"近代超克论"的批判是一贯的。前期和中期的"近代超克论"批判都是从"纵向"维度，即思想史研究的角度切入的。所不同的是，前期的"近代超克论"批判，通过揭示日本近世思想中已经孕育了近代主体性的萌芽，来揭露战中的"近代超克论"所主张的回归前近代，创造新的世界秩序的欺瞒性。与之相对，中期的"近代超克论"批判则着力强调朱子学解体后，日本规范意识丧失带来的弊害。通过研究丸山指出，在新的规范意识尚未确立的日本近代，在思想上并不存在相当于坐标轴的传统，各种各样的思想杂然并存，外来思想甚至连从原理上相互矛盾的思想也"被无限（界限）地拥抱进来"。而天皇制精神结构虽然在思想的统合方面作用有限，但它却通过将每个日本人都固定到天皇制国家政治秩序中，在根本上制约了日本人近代主体性人格的形成。后期的"近代超克论"批判主要从"横向"维度，即文化接触论的角度切入，揭示了日本文化中的"原型"。丸山认为只有打破这种"原型"的思维方式，才能够形成近代的主体性人格。当然，对于丸山的"近代超克论"批判，中村雄二郎、广松涉、子安宣邦等支持"近代超克论"的学者也做了有力的回

---

① 丸山真男『丸山真男講義録』第6巻、東京大学出版会、2000年、250頁。
② 丸山真男『古典からどう学ぶか』、『丸山真男集』第11巻、東京大学出版会、1996年、20頁。
③ 丸山真男『丸山真男講義録』第6巻、東京大学出版会、2000年、251頁。

击。子安宣邦在《"近代"主义的错误和陷阱》中指出，丸山真男的《日本政治思想史研究》中对"近代超克论"的批判存在着错位现象。"丸山的'近代'主义式的话语，正像他在许多地方所批判性地涉及的那样，在某种程度上是作为对抗'近代的超克'式话语的反措定而形成的。但是丸山所拥护并执着不放的近代却并非'近代的超克'论所谈及的那个近代。丸山将'近代的超克'论对近代的发问和质疑巧妙置换成'近代式思维'成熟与否的问题，从而架构了'近代'主义式的话语。超克派所追诉的那个'近代'，即作为'近代世界秩序'而存在的'近代'却没有被追及。'近代'主义实际上并没有追问'近代'本身并加以告发和批判的视角。"[1] 米谷匡史则在《丸山真男的日本批判》一文中批判丸山真男的古层论。他认为丸山通过再生产"日本式的东西"，从而和那种倾向于赞美象征天皇制的日本文化论共享了同一认识构架。[2] 尽管如此，丸山真男的"近代超克论"批判在战后日本思想史上的地位也是不容置疑的。丸山一以贯之的对日本主体性人格的思索为战后日本民主主义思想和自由主义思想的发展提供了精神资源，他坚定的反战和平立场在战中和战后的日本社会都产生了重要影响。

① 子安宣邦『「近代」主義の錯誤と陥穽』、『現代思想』1994 年 1 月号。
② 米谷匡史『丸山真男の日本批判』、『現代思想』第 22 巻第 1 号。

战后日本教育思想的逻辑与脉络

——以《教育基本法》和历史教科书为中心

董炳月*

内容提要 战后70年间日本的教育思想有其特定的逻辑与脉络。战后初期，日本政府在《日本国宪法》《教育基本法》的影响下，使用《民主主义》等教材，体制化地推行民主主义教育。20世纪50年代初期，冷战格局形成，日本走上保守主义道路，保守化倾向在历史教育领域体现为回避侵略历史，历史教科书问题因此出现。世纪之交，历史修正主义思潮在日本学界和政界日渐高涨，扶桑社出版的《新历史教科书》宣扬"皇国史观"，日本政府通过修改《教育基本法》，将战后初期日本教育的"民主个人主义"逻辑转换为"国民国家主义"逻辑。官民共谋的"教育修宪"行为，在思想与精神的层面上瓦解了《日本国宪法》。

关键词 日本 教育思想 教育基本法 历史教科书 历史修正主义 教育修宪

战后70年间，日本的教育思想以及相关的教育体制，经历了一个形成与转化的过程。总体说来，战后初期推行的"民主个人主义"教育在半个世纪之后转换为"国民国家主义"教育。在此过程中，历史教科书与《教育基本法》是两个主要的问题。这种转换完成的标志，就是扶桑社版《新历史教科书》的出版与《教育基本法》的修改。由此引起的日本知识界的论争，则展示了日本内部历史认识的差异性与思想状况的复杂性。

文部科学省①宣布日本"新历史教科书'编撰会'"编撰、扶桑社出版的《新历史教科书》"审定合格"是在2001年4月3日。该教科书掩盖

---

* 作者简介：董炳月，中国社会科学院文学研究所研究员、博士生导师。

① 文部科学省即原文部省，类似于中国的教育部，2001年1月机构调整之后用现称。本文根据所涉史实时间的不同，将这两个名称区分使用。

甚至美化侵略历史、宣扬狭隘的民族主义历史观，却在政府的审查中"合格"，获得成为中学教材的合法性，因此理所当然地受到曾经遭受日本侵略的中、韩等国的抗议、批判。不过，更应注意的是，该教科书在日本国内受到的批判更为彻底，相关论争甚至成为知识界、教育界的一次事件。

在战后日本，教科书（包括但不限于历史教科书）问题本身就是一个历史问题。从战后初期到现在，该问题有一个发展变化过程，这种发展变化与日本社会的整体思想背景密切相关。使用怎样的历史教科书对中小学生进行教育，与日本基本的教育思想有关，并且与对日本近现代史的认识有关。因此，只有将历史教科书问题置于战后日本社会的大背景上，置于《教育基本法》体现的战后日本教育思想的逻辑与脉络之中，才能看清其本质，进而准确把握战后日本70年间思想界、教育界的整体状况。

一　民主主义教育及其挫折

战后初期日本中小学的社会科教育是基于《日本国宪法》的理念展开的。"社会科"是日本中小学的教学板块之一，主要讲授社会、历史方面的知识，培养学生作为"社会人"的基本素质。1945年8月日本战败，1946年11月3日《日本国宪法》颁布。该宪法深刻地影响到战后日本社会的各个方面，更是给日本教育界以决定性影响。被称为"教育宪法"的《教育基本法》，就是依据《日本国宪法》制定的。《教育基本法》的"导言"曰：

> 我们此前制定了《日本国宪法》，表明了建设民主的、文化的国家，贡献于世界和平与人类福祉的决心。这一理想的实现，根本上是应当依靠教育的力量。
> 我们希望培养尊重个人尊严、追求真理与和平的人，与此同时必须彻底普及以创造具有普遍性并富于个性的文化为目标的教育。
> 在此，依据《日本国宪法》的精神，为了表明教育目的、确立新日本的教育基础，而制定本法律。①

---

① 引自辻井喬、藤田英典、喜多明人合编《为何修改〈教育基本法〉?》（『なぜ変える？教育基本法』）书前所载《教育基本法》（岩波书店2006年版），引用者翻译。

　　这里明确表达了《教育基本法》与《日本国宪法》的关系。该"导言"与《日本国宪法》"导言"相呼应，保持着价值观的一致，而且，这里是将"教育"界定为实现宪法精神的力量。《日本国宪法》"导言"第二节曰："日本国民期望持久的和平，深知支配人类相互关系的崇高理想，信赖爱好和平的各国人民的公正与信义，决心保持我们的安全与生存。我们希望在努力维护和平，从地球上永远消灭专制与隶属、压迫与偏见的国际社会中，占有光荣的地位。我们确认，全世界人民都同等具有免于恐怖和贫困并在和平中生存的权利。"① 《教育基本法》的"导言"倡导民主、和平、福祉、个人尊严、国际主义，正是为了在教育领域贯彻《日本国宪法》的基本精神。

　　《教育基本法》基于《日本国宪法》而制定，但实施时间比宪法早一个月零两天。《日本国宪法》1947年5月3日实施，而《教育基本法》是1947年3月31日开始实施。出现这种情形的原因，大概在于《教育基本法》的实施时间要与新学年开始的时间相适应。② 尽管如此，就实施时间与针对性而言，在战后日本教育界，《教育基本法》显然比《日本国宪法》更重要。

　　《教育基本法》"导言"将《日本国宪法》表述为"表明了建设民主的、文化的国家，贡献于世界和平与人类福祉的决心"，这种表述同时凸显了二者对民主的重视。日本战后初期的中小学社会科教育，正是以民主主义为核心展开的。典型表现就是文部省体制化地推行民主主义教育，专门编辑、发行了两种教科书：一种是《新宪法讲话》③，1947年8月刊行；一种是《民主主义》，上、下两册，分别于1948年、1949年刊行。两种教科书的书名与出版时间，都清楚地表明它们是在《日本国宪法》《教育基本法》开始实施的时间点上，为解释、贯彻二者的精神而编写。

　　《新宪法讲话》主要是以义务教育阶段的初中低年级学生为对象，因此在写法上使用的是通俗易懂的口语化文体，并配以漫画插图。如书名所示，该书的基本内容是解释新宪法。它从《日本国宪法》"导言"出发，

---

　　① 《日本国宪法》，第3页。日文、中文对照版，2005年9月日本驻华大使馆印发。下同。
　　② 日本的新学年一般始于春假（类似于中国的寒假）结束后的4月1日，与中国的新学年始于暑假结束后不同。
　　③ 『あたらしい憲法のはなし』、1947年8月。

将宪法精神概括为三种主义：民主主义、国际和平主义、主权在民主义。三者中民主主义居于首位。该书第一章是解释"宪法"，第二章就是解释"民主主义"。两册《民主主义》如书名所示，完全是"民主主义"解说著作。由于《民主主义》是以高中生为对象编写，因此容量更大、内容更丰富，从民主主义的历史、本质，到民主主义的制度保障，再到不同社会领域中的民主主义，解说十分详细。诞生在特殊历史时期、作为教科书编写的《民主主义》，无疑是战后日本最有代表性、影响最广泛的民主主义著作。

在日本由战前向战后转换的历史脉络中，《日本国宪法》（亦称和平宪法）是对《大日本帝国宪法》（亦称明治宪法）①的否定，《教育基本法》则是对《教育敕语》（1890—1948年施行）的否定。事实上，两组历史文件都各自保持着精神上的一致性、时间上的相关性。如佐藤学所言："《大日本帝国宪法》产生（1889年）的翌年《教育敕语》发布，《日本国宪法》颁布（1946年）的翌年《教育基本法》被制定出来，这并非历史的偶然。《大日本帝国宪法》对于《教育敕语》有内在的需求，《日本国宪法》则对《教育基本法》有内在的需求。"②

《日本国宪法》和《教育基本法》在政治思想史层面上是对战前日本国家意识形态（国家主义思想）的否定，在历史层面上则是对战前日本侵略历史的否定。这种否定性鲜明地存在于《新宪法讲话》与《民主主义》两种教科书中。《新宪法讲话》首先强调和平宪法与明治宪法的不同，第一章"宪法"指出："至今为止的旧宪法是明治二十二年制定的，是明治天皇制定出来交给国民的，但是，现在的新宪法是国民自己制定的，是根据全体国民的意见自由制定的。为了听取这全体国民的意见，昭和二十一年四月十日举行了总选举，选举了新的国民代表，代表们制定了该宪法。所以说新宪法是全体国民制定的。"③因为该书是以初中低年级学生为对象编写，而且天皇在和平宪法中依然占有崇高地位④，所以这里的表述比较

---

① 1889年2月11日公布，1947年5月2日废止。
② 佐藤学『教育基本法の歴史的意味——戦前と戦後の連続性——』、『なぜ変える？教育基本法』、50頁。
③ 『新しい憲法のはなし・民主主義』、展望社、2004年、26頁。
④ 《日本国宪法》第一条"天皇的地位，国民主权"规定："天皇是日本国的象征，是日本国民统一的象征。"《日本国宪法》，第3页。

笼统、隐晦。尽管如此，却也已经指明了两种宪法在制定者（天皇或国民）、制定状态（独断或自由）上的差异，传达了民主程序、民主精神在新宪法制定过程中的重要性。而在主要以中学高年级学生为对象编写的《民主主义》中，对民主主义的阐述则直接表现为对侵略历史和极权国家体制的批判。在相关论述中，个人主义被作为民主主义的精髓置于国家主义、极权主义、独裁主义的另一极，受到高度肯定。《民主主义》第八章"社会生活中的民主主义"，即围绕"个人"展开论述。该章共五节，第二、第三节分别是"对个人的尊重"与"个人主义"。第三节"个人主义"指出：

> 反对民主主义的是专制主义。所以，专制主义排斥个人主义。而且因此主张极权主义。
>
> 极权主义不尊重个人，而是尊重超越个人的社会整体，将所谓的"民族整体""国家整体"等等看作最尊贵的。认为民族、国家等等作为超越个人的整体拥有其自身的生命、作为其自身向前发展。而且主张一切社会生活的目的都在于使那种尊贵的整体获得发展、促进其繁荣。即整体首先受到尊重，局部的价值从属于整体。构成社会整体之局部的是个人。所以，极权主义不承认个人尊严，教育人们个人必须成为整体的牺牲品。战争时期的日本，广泛宣扬所谓"灭私奉公"，意思是舍弃个人幸福——不，连生命都要舍弃——以奉献于国家。对国民提出了"生命轻于鸿毛"的要求。意大利的法西斯也是实行同样的极端国家主义。德国纳粹是用民族整体取代国家、主张民族至上、将民族整体抬高到绝对尊贵的程度。①

这里强调的个人主义价值与《教育基本法》"导言"强调的"个人的尊严"一脉相承。而且，从个人价值出发对国家主义的批判已经引申到历史认识问题，即对战前日、德、意等法西斯国家政权的批判。在接下来的论述中，对极权主义的批判采用了国家关系的视角，曰："极权主义的思考方法之所以是危险的，并不仅是因为它对内践踏国民作为个人的基本权利与生活，而且在于它对外采取肆意侵害他国利益的态度。极权主义不仅

---

① 『民主主義』、径書房、1995 年、153—154 頁。

不同样尊重所有国家的主权与安全，反而认为唯'我国'乃世界最优秀、最尊贵之国。因此觉得无论其他国家怎样，只要自己国家强大起来就可以。从这里引出的结论，就是为使自己国家强大而不择手段的国家利己主义，就是以武力威胁外国、强夺邻国领土的侵略主义。极权主义容易招致战争的危险。"①这里表达的基本理念，与《大日本帝国宪法》的天皇至上、《教育敕语》的"忠孝一体""灭私奉公"相反，或者说就是对此二者的颠覆。

从始于1874年的自由民权运动算起，战前日本的民主主义思想有70余年的历史，大正民主主义是其高峰。② 不过，民主主义思想成为国家意识形态、得到体制化的贯彻，则是在战后《教育基本法》实施之后。《教育基本法》实施、《新宪法讲话》与《民主主义》作为政府发行的社会科教科书在中学使用的时期，是战后日本民主主义教育的黄金时期。

可惜，这个黄金时期只持续了五六年即遭受挫折。1950年朝鲜战争爆发，1951年《旧金山对日和约》签订，世界局势发生改变，冷战格局形成。因此，占领日本初期大力推行民主化与非军事化的驻日盟军总司令部（GHQ），为了将日本纳入反共阵营而开始推行新政策，不仅终止了对战时日本领导者、官员战争责任的追究，恢复了某些被开除公职者的职位，而且开始打击日本共产党。在这种情况下日本开始走"回头路"（日文为"逆コース"）。1954年日本设立自卫队和防卫厅，1955年自由民主党成立。自民党成立之初即意欲修改和平宪法，未达到目的便试图用"解释修宪"的形式突破宪法第九条。整个国家的这种转换体现在教育领域，就是战后日本民主主义教育的受挫。《新宪法讲话》《民主主义》两种教科书在中学分别使用到1952年、1953年。③ 随着和平宪法、《教育基本法》的空洞化，恢复《教育敕语》的呼声甚至一度高涨。④ 20世纪50年代中期开始，曾经编写教材对中学生进行民主主义教育的文部省，开始推行教科书审定制度，限制记述、批判日本近现代侵略历史的教科书，教科书问题从此在日本社会凸显出来。大学历史学教授家永三郎（1913—2002）指

---

① 『民主主義』、径書房、1995年、155—156頁。
② 参见家永三郎为『民主主義』（现代日本思想大系、筑摩書房、1965年）撰写的"解说"『日本の民主主義』。
③ 两种教科书的使用时间见展望社版《新宪法讲话·民主主义》书前的重版说明。
④ 山住正己『教育勅語』、『おわりに』、朝日新聞社、1980年、261頁。

出：1955 年 8 月，民主党发行《值得忧虑的教科书问题》，公开将若干社会科教科书作为"偏向性教科书"进行诽谤，翌年，日本国会再次提出教育法案，加强对地方教育行政的控制，强化教科书审定。此期间，依据《教育基本法》制定的弘扬民主主义、和平主义精神的《社会科学习指导要领》也屡次被"改恶"。① 正是从此时开始，家永三郎在其所编历史教科书被审定的过程中发现了问题的严重性，以至于十年之后的 1965 年开始起诉文部省，其诉讼案产生了世界性的影响。日本社会逃避历史的倾向发展到 1982 年，发生了历史教科书将"侵略"改写为"进出"等的事件。进入 90 年代，日本社会因经济衰退民族主义情绪高涨、保守阵营扩大，历史修正主义堂而皇之地登上舞台。1995 年藤冈信胜发起成立"自由主义史观研究会"，批判所谓的"自虐史观"，1997 年西尾干二发起成立"新历史教科书'编撰会'"（以下简称"编撰会"），开始编写《新历史教科书》，最终在 2001 年招致多方面的批判。

二 "新历史教科书'编撰会'"的主张

"编撰会"在其《新历史教科书》受到日本国内外的批判、谴责之后，一方面根据文部科学省的审定意见修改教科书；另一方面立刻出版了《新历史教科书"编撰会"的主张》② 一书，竭力向日本社会宣传自己的主张。该书编者为该会会长西尾干二，书的腰封上印着三句黑、红两种颜色的醒目广告词和扶桑社版《新历史教科书》的书影。广告词曰："反驳'韩国''中国''朝日'的批判。""歪曲历史的是谁？""137 处审定修改全部刊载！"

这里，矛头不仅指向了中国、韩国，并且指向了日本国内以《朝日新闻》为代表的民主主义知识阵营。该书并非教材，受日本出版法的保护无须考虑"审定"问题，因此"编撰会"在书中更明确、更全面地表达了自己的主张。编者将文部科学省的 137 条审定意见与相关内容全部公开，表明了对自己主张的坚持，潜台词显然是："此处按照审定意见做了修改，

---

① 参见《家永三郎——一个历史学家的足迹》中的第九章"提起教科书诉讼之前"中的"教育反动化与审定强化"一节。

② 西尾幹二编『新しい歴史教科書「つくる会」の主張』、徳間書店、2001 年。

但修改之前是那样的。"言下之意，由于现在的图书市场上出售的"编撰
会"版《新历史教科书》是修订本，因此，要全面了解"编撰会"的主
张及其编写历史教科书的目的，最好阅读这本《新历史教科书"编撰会"
的主张》，并将审定意见与现行《新历史教科书》参照阅读。

从学术观念的角度看，"编撰会"最耸人听闻的主张是"历史非科
学"。这种主张体现在送审版教科书第 6 页第 27 行，针对此语，审定部门
的审定意见是"说明不足，而且与前面、后面的文章关系不明确，难以理
解"（137 条审定意见中的第 2 条）。"编撰会"接受该意见，修订《新历
史教科书》的时候将此语删除。其所谓"历史非科学"，并不是说学科意
义上的"历史"不是"科学"，而是说历史研究并非科学研究，即明确否
定历史研究的科学性，否定历史事实的客观性与真实性。这种主张对于
"编撰会"来说具有"历史哲学"的性质。作为历史教科书编写组织、特
意给组织名称中的"编撰会"（日文为"つくる"）加引号①，主要成员多
为非历史专业出身者②却敢于编写历史教科书，无疑都与这种"历史哲学"
有关。因为同样的原因，《新历史教科书》中必然存在常识性错误。此类
错误文部科学省在审定意见中已经指出一些。例如，说甲午战争中清朝的
军队是用金钱收买的雇佣军（审定意见第 51 条），说美国在"二战"爆发
之前对共产主义势力没有危机感（审定意见第 71 条），说"满洲国"的目
标是建成"中国大陆最初的现代法制国家"（审定意见第 91 条），等等。
《新历史教科书》批判阵营的学者们，仅在教科书的近现代部分就找出了
51 处史实错误或表达不准确之处。③ 不过，"编撰会"成员本来就怀有
"历史非科学"的观念，因此如果仅仅指出这些知识性错误，则并未击中
其要害。

---

① 新历史教科书"编撰会"的日语是"新しい歴史教科書『つくる会』"。"つくる"有创
作、制造、撰写、建造等多重含义。刻意写成"つくる会"并加上引号，无疑是为了表达一种态
度，即偏于主观的写作态度。

② 撰稿人共七名，据书后"执笔者介绍"，七人所学专业分别是：西尾干二，东京大学，德
国语言文学专业；高森明敕，国学院大学神道学专业；高桥史朗，早稻田大学教育学专业；坂本
多加雄，东京大学，日本政治思想史专业；藤冈信胜，未说明专业，任职于东京大学教育学部；
田中英道，东京大学毕业，未说明专业；八木秀次，早稻田大学，法学专业。据日文维基百科，
藤冈信胜专业为教育学，田中英道专业为美术史。

③ 小森陽一・坂本義和・安丸良夫編『歴史教科書・何が問題か/徹底検証 Q&A』、岩波書
店、2001 年、216—227 頁。

　　对于"编撰会"来说，既然"历史非科学"，那么"历史"是什么？《新历史教科书"编撰会"的主张》中的第一篇文章、西尾干二撰写的《给韩国人的信》回答了这一问题。文章开宗明义，曰：

　　　　历史教科书问题是日本人自身的自我回归问题。国家失败于战争造成了深深的伤痕。战后50年间，日本人暧昧地让把世界一分为二的美苏超级大国的各不相同的历史观共存于国内。即美、英等民主体制总是正确的、乃世界史之范本这种想法，第二次世界大战乃英美民主主义对日德法西斯主义的正义与胜利的战争这种假定。——这是东京审判史观。另一方面，以苏联为代表的共产主义体制乃和平势力、美国代表的资本主义体制乃战争势力这种在战后尤其具有主导性的假定。——这可以称之为社会主义幻想史观。①

　　在这种解释中，历史确实已经不是"科学"，而是政治意识形态。西尾主张："屈服于美国占领政策的东京审判史观与屈服于苏联僵化唯物论的社会主义幻想史观——必须设法克服此二者，恢复本来的、像是历史的历史。"整篇《给韩国人的信》正是围绕这一问题展开论述的。在西尾的论述中，历史事实被国家相对化。针对韩国政府修改《新历史教科书》的要求，西尾说："这次，从韩国固执的修改要求来看，韩国方面好像是忘记了日韩之间存在着'国境线'。日本人有日本人的历史。如同韩国人有韩国人的历史。至今为止，我们从未就韩国的教科书提出过任何意见。既然是主权国家，就不允许干涉内政。"文章最后说："《新历史教科书》被编写出来的历史背景中，存在着战后50年被置于美苏之间、失去自己历史的日本人的漫长而又痛苦的体验。"②

　　"编撰会"通过批判上述两种史观，"恢复"的是"皇国史观"。日本批判阵营尖锐地指出了这一点。在《新历史教科书"编撰会"的主张》中，赤裸裸地宣扬"皇国史观"的文章是八木秀次的《公民教科书贯彻的精神》。八木参与撰写的并非历史教科书，而是"公民教科书"（"公民"为与"历史""地理"等课程相并列的中学"社会科"选修课）。他在文

---

① 西尾幹二編『新しい歴史教科書「つくる会」の主張』、12頁。
② 西尾幹二編『新しい歴史教科書「つくる会」の主張』、18頁、22頁。

章开头不无得意地说：“和历史教科书一起，我们执笔的公民教科书同样审定合格。”从文章所涉问题来看，他在公民教科书中曾明确将现在的日本天皇表述为“立宪君主”。此种表述不符合《日本国宪法》表述的象征天皇制，因此文部科学省要求删除，八木也进行了删除，但他在此文中说：“虽然立宪君主制这种表述被删除了，但我认为内容本身得到了维持。”在其“公民教科书”中，日本自卫队存在的意义、发挥的功能，太阳旗、《君之代》的价值，均得到充分肯定。这显然就是他所谓的“内容本身得到了维持”。

要言之，“编撰会”的核心主张是复活“皇国史观”、依据“皇国史观”重新编撰历史。这种主张被充分贯彻在《新历史教科书》以及同一组织的成员编撰的“公民教科书”中。即使是在按照文部科学省的137条审定意见修订之后的《新历史教科书》中，“皇国史观”依然清晰可见。以2006年度《新历史教科书》修订本①为例，第四章“近代日本的建设”中的“大日本帝国宪法”一节（全书第56节）就在宪法、教育思想、历史认识三个层面彻底贯彻了“皇国史观”。具体体现在：明治宪法受到高度肯定而和平宪法被贬低，《教育敕语》的价值得到强调，伊藤博文（1841—1909）获得高度评价。该节第一小节为“《大日本帝国宪法》的发布”，首先讲述1889年2月11日明治宪法发布的壮观场景，将与近代日本军国主义密切相关的明治宪法放在首要位置。该节节题下面有提示语，曰：“大日本帝国宪法的内容是怎样的？世界又给予了怎样的评价？”配合这种提问，搭配了两个对应栏目：一个栏目为“大日本帝国宪法的主要条文”，列举了明治宪法的第1、3、4、5、11、20、29、55、57条，其中，第1条为“大日本帝国为万世一系的天皇所统治”，第3条为“天皇神圣不可侵犯”；另一栏目为“国内外称赞宪法的声音”，介绍当时日本国内报纸、英国报纸、德国法律专家对明治宪法的赞扬。该节第三小节为“《教育敕语》的发布”，称宣扬“灭私奉公”、浸染了战前日本国民精神的《教育敕语》“塑造了近代日本人的人格脊梁”。在修订之前的教科书中，有关《教育敕语》的记述甚至模糊了《教育敕语》的有效期。《教育敕语》在1945年日本战败后即名存实亡，《教育基本法》实施后被正式废止。然而，修订之前的《新历史教科书》的相关记述却是：“这是将对父

---

① 『新しい歴史教科書』（改訂版）、扶桑社、2005年。

母的孝行、学问的重要性以及非常时期为国献身的姿态作为国民的心得进行阐述的教导，在各学校被使用，成为塑造近代日本人人格脊梁的谕旨。"对此，文部科学省给出的审定意见是："这种表述有可能造成《教育敕语》现在还有法律效力、依然有影响力的误解。"（137 条审定意见中的第 45 条）因此，"编撰会"修订教科书的时候才在"在各学校被使用"之前加上了"到 1945（昭和二十）年终战为止"的时间限定语（这里使用了"终战"一词而非"战败"）。修订之前的记述与其说是表达不严密的问题，不如说是编撰者潜意识中对《教育敕语》的认同导致了叙述的模糊性，即编撰者希望《教育敕语》在当代日本社会依然有效。由于对《大日本帝国宪法》和《教育敕语》下的明治时代怀有这种热情，所以该节的"人物专栏"用整整一页叙述明治时代的政治家伊藤博文，赞扬伊藤作为岩仓使节团副团长访问欧美时就太阳旗做的演说、对制定《大日本帝国宪法》的贡献，最后得出结论："支撑伊藤之活跃的，确为此种'关怀国家之心'。"但是，该栏目只字不提 1909 年伊藤博文在哈尔滨火车站被朝鲜志士安重根击毙的史实。[①] 这大概是为了维护伊藤的"完美"形象，同时回避明治日本侵占朝鲜并向中国东北扩张的事实。与赞美《大日本帝国宪法》形成鲜明对比的是，《新历史教科书》贬低《日本国宪法》即和平宪法，将该宪法叙述为美国的强加之物，曰："GHQ 要求修改《大日本帝国宪法》。日本方面认为，已经有了大正民主主义的经验，只要对宪法进行若干修正，民主化是可能的。但是，GHQ1946 年 2 月向日本政府出示了仅用一周时间制定的宪法草案，强迫对宪法进行根本修改。""政府因 GHQ 出示的宪法草案的内容受到冲击，但是，如果拒绝，天皇的地位有受到威胁之虞，所以被迫接受。政府基于 GHQ 草案制定了宪法案，经帝国议会审议，1946 年 11 月 3 日，《日本国宪法》颁布了（1947 年 5 月 3 日实施）。"修订版《新历史教科书》的"结语"题为"学习历史"，阐述学习历史的目的与意义，反复强调日本人拥有"自信"与"自我"的重要性，曰："战后，日本人经过努力完成了经济复兴，确立了世界上屈指可数的经济大国的地位，然而，至今在某些地方没有自信。失败于战争的伤痕尚未痊愈。""最为重要的是坚定地拥有自己。否则，学习外国文化、学习历

---

① 相关史实参见董炳月《安重根的遗产》，《读书》2014 年第 7 期。

史实际上都不可能。"①

"编撰会"主张的"皇国史观",同时也是一种极权主义历史观。教科书《民主主义》在批判极权主义的时候指出:"极权主义的思考方法之所以是危险的,并不仅是因为它对内践踏国民作为个人的基本权利与生活,而且在于它对外采取肆意侵害他国利益的态度。""编撰会"成员的主张同样如此。他们不仅对日本国内用"国家""国民"来损害、挤压个人权利,对外也淡化甚至否认侵略战争。结合日本战前的国家意识形态与教育思想来看,"编撰会"的《新历史教科书》不仅不新,反而非常陈旧。所谓"新",只能是相对于民主主义教科书或者战后日本长期使用、如实记述日本侵略历史的教科书(如家永三郎的历史教科书)而言的。

三 《教育基本法》的"改恶"

"编撰会"的《新历史教科书》出版、受到多方批判前后,日本教育界发生了另一件影响国家教育方针的大事,这就是修改施行了半个多世纪的《教育基本法》。

早在 20 世纪 80 年代的中曾根内阁时期,对《教育基本法》的修改就是"战后政治总决算"的一项重要内容。只是由于当时各方面的条件尚未成熟,所以此事未能提上议事日程。《教育基本法》修改工作正式启动是在 2000 年。当年 3 月 27 日,首相小渊惠三的私人咨询机构"教育改革国民会议"召开第一次会议、开始活动。9 月 18 日,新教育基本法追求会(日文为"しい教基本を求める")向继任首相森喜朗提出《新教育基本法请求书》。翌年(2001 年)11 月 26 日,时任文部科学省大臣的远山敦子开始就"关于制订振兴教育基本计划""关于与新时代相适应的、理想的教育基本法"等问题进行咨询。2004 年 2 月,自民党与民主党的跨党派议员联盟"教育基本法修改促进委员会"成立。经过政府与民间、执政党与在野党 6 年多的努力,2006 年 4 月 28 日,日本内阁会议通过了《教育基本法修改法案》并提交国会,5 月 18 日,文部科学省设立了"教育基本

① 『新しい歴史教科書』(改訂版)、213 頁、227 頁。

法修改推进本部"。① 同年 12 月 15 日《教育基本法修改法案》在国会通过，22 日新的《教育基本法》开始实施。

推动修改《教育基本法》的是知识界、政党、政府等三股力量，三方均拿出了自己的方案。主要有："教育改革国民会议"的《改变教育的十七条提案》（2000 年 12 月）、中央教育审议会的《与新时代相称的教育基本法与教育——关于理想的振兴基本计划（咨询报告书）》（2003 年 3 月）、《教育基本法（政府案）》（2006 年 4 月）、《日本国教育基本法案（民主党案）》（2006 年 5 月）。

那么，为何要修改《教育基本法》？推动修改者给出的理由充分而又冠冕堂皇。《改变教育的十七条提案》从三个观点阐述了新《教育基本法》的必要性：（1）"培养能够生存于新时代的日本人。从这一观点出发有必要思考的问题是：科学技术的发展及与之相伴随的新生命伦理观，全球化过程中共生的必要性，环境问题与全球规模的资源制约日益显现，少子化、老龄化的社会与男女共同参与的社会，终身学习社会的到来，等等。"（2）"尊重应当被下一代继承的传统、文化等等并推动其发展。从这一观点出发，对自然、传统、文化的尊重以及家庭、乡土、国家等视角是必要的。"（3）"为实现与今后的时代相称的教育，在教育基本法的内容方面，除了理念的条款，还应规定具体方案。"② 《教育基本法（政府案）》是以"全部修改《教育基本法》（昭和二十二年法律第二十五号）"为前提而制定，"导言"开头说："我们日本国民，渴望在推动经过不懈努力建立起来的民主、文化国家进一步发展的同时，贡献于世界和平与人类福利的增加"，第一章第一条将"教育的目的"界定为"教育必须以完善人格为目标、为培养具备作为和平民主国家及社会的建设者之资质的身心健康的国民而进行"。③

但是，这些修改主张果真那样高尚、合理吗？并非如此。如同本文第一节所述，《教育基本法》是依据《日本国宪法》的基本精神、为了在教育领域贯彻宪法精神而制定，弘扬的是民主、和平、福祉、个人尊严、国

———————

① 参见『なぜ変える？教育基本法』（展望社、2004 年）一书中的"教育基本法修改经过年表"，同书第 282 页；小森阳一为『あたらしい憲法のはなし・民主主義』一书写的『説にかえて』（序言・代解说），同书第 15 页。

② 『なぜ変える？教育基本法』、『資料』、284 页。

③ 『なぜ変える？教育基本法』、『資料』、299 页。

际主义等价值观。因此，修改《教育基本法》首先意味着将这些价值相对化。在民主主义知识阵营的人们看来，对《教育基本法》的所谓"改正"实质是"改恶"（向坏的方向修改）。"恶"在何处？"向世界开放教育与文化之会"2003年3月20日发表的公开信《再次反对教育基本法"改恶"——为了将教育与文化向世界开放》，针对中央教育审议会向文部科学大臣提出的咨询报告，指出所谓"改正"的实质是：宣扬"尊重日本的传统与文化"，强调"培养爱国心""加强复古道德教育"以及"为国家服务、献身"的重要性，另一方面依据能力主义、竞争主义、强者逻辑进行教育重建。这封公开信从四个方面分析、归纳了咨询报告的问题所在，现全部翻译于此。

第一，要求"改正"《教育基本法》的理由、根据过于不合理并且薄弱。该咨询报告列举了日本社会、日本学校存在的问题、面对的课题等，但并未看清问题是起因于教育还是起因于社会，而是主张如果修改《教育基本法》就能解决或改善。日本社会或日本教育的现状之中确实存在着种种问题与课题，但是，那些问题、课题均不具有通过改变《教育基本法》就能得到解决、改变或克服的性质。这是迄今为止的学术研究或专业经验已经证明的。

第二，在为修改被称为"教育根本之法"、规定着教育基本方针的法律而进行"改正"咨询的时候，审议过程始终是随意的、不恰当的。接受首相私人的咨询机构即教育改革国民会议的"重新认识"提议，在文部科学省的正式审议会中教审，对以"改正"《教育基本法》为前提的重新认识进行形式上的咨询，无视法律规定的出席人数、强行审议，尽管没有形成正式意见却将中教审事务局、文部科学省官僚炮制的方案作为"中期报告"公布。其后在所有程序中也是使用从前难以想象的、违背常识的不正当手续来推进，例如在公证会上选用偏向于"改正"赞成派的人发言，而且在补充委员的时候将咨询方的文部科学省官员安排在汇报方的位置。其结果是，发表的报告充满了无知、偏见与自以为是，称之为到目前为止中教审历史上的最坏报告也不为过。

第三，就是想用"教育和文化民族主义"与"强者逻辑"来扭曲教育。所谓教育，是促进、支援每个人自我形成的行为，而不是国家强加以特定人物脸谱、谋求其按设计形成。但是，该报告显示的基本法"改正"要点，是将与战前、战时的日本教育所宣扬的"锻炼皇国国民"同质的"培养强健日本人"作为目的，脱离了教育原理，是用复古、狭隘的"教育和文化民族主义"来扭曲教育。那违反了《教育基本法》第十条规定的"禁止对教育进行不当介入"。而且，将基于能力主义、竞争主义的教育重建作为时代的要求与趋势来主张。但是，那是企图用"强者逻辑""舍弃弱者的逻辑"进行教育重建的企图，歪曲了规定着保障教育权的宪法第二十六条、规定教育机会均等的《教育基本法》第四条的理念。

第四，该报告所构想的《教育基本法》"修正"案，推动并容忍国家对于儿童心灵与家庭的过度介入，将"感性""'公共'的精神、道德心与自立心的涵养""对日本传统、文化的尊重，爱国家与乡土的心，作为国际社会之一员的意识与涵养"等作为教育的理念纳入《教育基本法》，认为应当将"家庭的责任、家庭教育的作用"明确写入。但是，那是容忍、推动国家对儿童心灵与家庭问题进行粗暴践踏、过度介入私人生活。那远远超出了法律所能干预、所应规定的范围，显然侵害了《日本国宪法》与《儿童权利条约》（1994年在日本生效）规定的"思想与良心的自由"，侵害了儿童与市民的精神自由。万一《教育基本法》依照这种报告书"改正"，那就违反了宪法，会引起可以称作实质修宪的事态。①

由此可见，对于《教育基本法》的"改恶"，实质是为了贯彻"教育民族主义"思想、培养新的"国民"，"改恶"是基于与《新历史教科书》的编撰相同的价值观。

《教育基本法》的修改和《新历史教科书》的编撰一样，始终受到民主主义知识阵营的批判与抗议。2000年9月22日"教育改革国民会议"公布了《改变教育的十七条提案》的中期报告（正式报告于当年12月22日提出），不久，日本笔会（类似于中国作家协会）会长梅原猛就代表笔会发表声明《对"教育改革国民会议"的忧虑》，不仅指出了十七条提案中的思想问题、价值观问题，而且抨击提案作为"文章"文字水平的低

---

① 『なぜ変える？教育基本法』、310—312頁。

下。2002 年 7 月 18 日，日本 24 位知名作家、学者、社会活动家联合发表
声明《建设向世界开放的教育与文化——呼吁反对"改恶"教育基本法》。
上面摘译的"向世界开放教育与文化之会"2003 年 3 月 20 日发表的这份
声明，签名者多达 60 人，发起人为辻井乔（作家）、晖峻淑子（埼玉大学
名誉教授）、藤田英典（东京大学教授、教育改革国民会议前委员），签名
者中则包括赤川次郎、木下顺二、井上厦、梅原猛、大冈信、山崎朋子、
小森阳一、高桥哲哉等知名作家、学者。随着政府方面修改《教育基本
法》步伐的加快，反对运动在日本全国兴起。2006 年秋天，《教育基本法
修改法案》在国会表决的日子日益临近，全国各地的抗议者在东京市内的
日比谷公会堂举行抗议集会，在银座大街游行示威，东京地区的抗议者每
周二傍晚都聚集到日本国会议员会馆前抗议。但是，他们最终也未能阻止
《教育基本法》的修改。

　　2006 年 12 月 22 日实施的新《教育基本法》，建立了以"传统""公
共""爱国心""乡土"为核心的国家主义教育理念。① 这意味着日本的教
育从此开始按照新的逻辑进行。战后初期遵从的是"民主个人主义"逻
辑，现在遵从的是"国民国家主义"逻辑。从 1947 年《教育基本法》实
施算起，日本完成这种转变用了整整 60 年。这一转变过程中存在着不同
教育思想、不同历史观长期、持续的斗争。

四　民主主义的胜与败

　　如前所述，"编撰会"对《新历史教科书》的编写与日本政府对《教
育基本法》的修改在历史观、价值观层面上是同一回事，都是直接、间接
地认同"皇国史观"，宣扬国家主义、民族主义思想，否定日本战后的民
主主义与个人主义。因此，"编撰会"的成员均积极参与推动修改《教育
基本法》。高桥哲哉指出，"编撰会"主要成员西尾干二、藤冈信胜、小林
善纪、高桥史朗、坂本多加雄等人均为"新教育基本法追求会"的骨干，
正是该会在 2000 年 9 月 18 日向首相森喜朗提交了《新教育基本法请求
书》，最初明确提出日本皇室在"尊重传统与培养爱国心"方面是"国民

---

　　① 相关问题参见王晓茜、张德伟《日本教育基本法的修改与教育基本理念的转变》，《外国
教育研究》2007 年第 7 期。

统合的中心"。① 还应注意的是，2000 年 9 月 18 日正是"九一八"事变 69
周年纪念日，该会在这一天向首相提交《新教育基本法请求书》应当不是
偶然，而是间接表明对待日本侵华历史的态度，这种态度与《新历史教科
书》介绍伊藤博文的时候回避伊藤在哈尔滨被击毙是一致的。不过，这种
做法也表明了他们追求的"新教育基本法"的精神与战前日本国家主义意
识形态的相通性。以"编撰会"成员为代表的日本知识分子，是国家主义
知识分子，是历史修正主义者。

　　站在当代日本国家主义知识分子乃至日本政府对立面的，是在战后民
主主义的传统中成长起来的知识分子，即前述在抗议修改《教育基本法》
的声明上签名的那些人。他们曾经被称为"左翼知识分子"，但从其成长
历史、价值观内涵来看，称之为"民主主义知识分子"更符合实际。他们
既是"编撰会"版《新历史教科书》的批判者，又是和平宪法、《教育基
本法》的保卫者。

　　批判《新历史教科书》与保卫《教育基本法》，是 21 世纪初日本民主
主义知识阵营对国家主义知识阵营及日本政府的两场主要斗争，但两场斗
争的结果并不相同。

　　民主主义知识阵营对"编撰会"版《新历史教科书》的批判，采取了
学术论争、媒体宣传、市民运动等多种形式。在《新历史教科书》"审定
合格"两个半月之后的 6 月 25 日，他们编写的《历史教科书问题何在？／
彻底核查 Q&A》出版发行。该书与前述《新历史教科书"编撰会"的主
张》几乎同时出版（后者 6 月 30 日出版），两本书出版时间的一致也显示
了双方对立的尖锐、斗争的激烈。该书用问答的形式对《新历史教科书》
所涉问题进行了全面梳理或质疑，收录了加藤周一、大江健三郎等人批驳
"编撰会"某些根本主张的文章。加藤周一的文章是《何谓对自己国家怀
有自豪？》，大江健三郎的文章是《在这里无法培育新人》。这样，《新历
史教科书》的知识错误与反动价值观两个层面的问题被系统地展示出来。
"资料"部分还收录了韩国、中国大陆、中国台湾、泰国对"编撰会"版
《新历史教科书》的批判。从作者阵容来看，该书会聚了当代日本最优秀
的知识分子。批判阵营的批判卓有成效，结果是《新历史教科书》虽然

---

① 高橋哲哉・三宅晶子『これは「国民精神改造運動」だ―教育基本法「改正」と「心の
ノート」―』、『なぜ変える? 教育基本法』、76 頁。

"审定合格"，但日本全国只有八所私立学校并且是福利学校决定予以采用。① 这一结果 2001 年 8 月 16 日公布，西尾干二气急败坏，举行记者会表示抗议，而一直抵制《新历史教科书》的"儿童与教科书全国网络 21"则发表声明，称这是"民主主义的胜利""显示了市民的良知"。②

"民主主义的胜利"是一个内涵丰富的表述。所谓"民主主义的胜利"，不仅意味着这是民主主义思想对同时代国家主义思想的胜利，并且意味着这种胜利具有历史性。限于战后日本的教科书领域而言，这场胜利处于战后初期通过《新宪法讲话》《民主主义》等教科书进行的民主主义教育的延长线上，并且处于家永三郎教科书诉讼案胜诉的延长线上。如前所述，战后初期的民主主义教育从 20 世纪 50 年代初开始受到国家主义思想的压制，双方的斗争持续进行，以至于发生了家永教科书诉讼案。在历史观层面上，家永历史教科书与"编撰会"版《新历史教科书》正相对立。意味深长的是，"编撰会"正是成立于家永教科书诉讼案胜诉的 1997年。这不是历史的巧合，而是历史的必然。家永历史教科书基于民主主义精神如实记载近现代日本的侵略历史却被文部省审定为不合格，而《新历史教科书》歪曲历史反而被"审定合格"。家永三郎经过 32 年的漫长诉讼最终胜诉，不仅捍卫了历史真实，并且维护了《日本国宪法》赋予日本国民的基本权利和思想自由。在此意义上，2001 年民主主义知识阵营对"编撰会"的胜利，是战后日本民主主义教育的再次胜利。所以，《历史教科书问题何在？/彻底核查 Q&A》在讨论战后日本历史教科书整体状况的时候，高度评价家永诉讼案的重要性，指出：正是在家永诉讼案的影响下，战后日本的中学历史教科书才能够长期真实地讲述现代日本的侵略历史。③

"民主主义的胜利"同时也是国际主义、人类主义的胜利。《日本国宪法》与原《教育基本法》均表明，战后日本的民主主义本来与国际主义、人类主义具有同一性。《新历史教科书》批判运动的国际主义、人类主义性质，不仅体现在批判阵营在批判历史修正主义的时候已经提出的"超越民族历史"这一主张④，并且体现在旅日华人学者的积极参与及其与日本

① 参见笔者在《平成时代的小森阳一》第二节"'小森阳一们'对历史修正主义者的批判"中的叙述，《视界》（北京）第 14 辑，2004 年 9 月。

② 『朝日新聞』2001 年 8 月 17 日朝刊。

③ 『歴史教科書・何が問題か/徹底検証 Q&A』、115 頁。

④ 小森陽一・高橋哲哉等編著『ナショナリズムを超えて』、東京大学出版会、1998 年。

民主主义知识阵营的合作。早在 1997 年，即中日邦交正常化 25 周年之际，旅日华人学者就成立了"在日中国人教科书问题思考会"，针对中日间因历史教科书问题产生的摩擦，试图通过与日本人建立历史共识以促进两国关系健康发展。从 2001 年 2 月开始，针对"编撰会"等日本历史修正主义者的倒行逆施，该会组织签名活动、向日本政府相关部门及新闻媒体发表声明，在日本社会和中国国内都产生了一定影响。2001 年 7 月 14 日，该会在早稻田大学举行大规模集会，批判《新历史教科书》。到会的不仅有中国人，还有多名日本人、旅日韩国人以及德国人、美国人，日本人中包括以慰安妇问题起诉日本政府而广为人知的松井耶依。主办者在批判"编撰会"的过程中认识到超国家价值的重要性，因此在当天的集会上宣布将组织名称由"在日中国人教科书问题思考会"改为"亚洲历史问题恳话会"。组织名称的这种变化，意味着旅日中国知识人超越了国家民族立场，获得了与日本民主主义知识阵营相同的国际主义、人类主义精神。无独有偶，旅日华人在批判《新历史教科书》的时候同样高度评价家永诉讼案。① 早稻田大学集会一周后的 7 月 20 日，日本知识界在位于东京繁华区的新宿文化中心举行"'共感共苦'是否可能——历史认识与教科书问题对话集会"，会议题目中的"共感共苦"这个关键词再次体现了超国家的国际主义、人类主义精神。

不过，民主主义知识阵营批判《新历史教科书》的斗争获得胜利，保卫《教育基本法》的斗争却失败了。前者是"民主主义的胜利"，后者则是"民主主义的失败"。

"民主主义的失败"不是败于知识与思想，而是败于国家权力。民主主义知识阵营忧虑并抵抗的《新历史教科书》进行的历史教育、修改《教育基本法》可能导致的国家权力对民主权力的损害，在日本政府修改《教育基本法》的过程中已经变为现实。这是问题的关键所在。实际上，《新历史教科书》的出版与《教育基本法》的修改都与特定的背景有关，都是世纪之交日本政治转型、右倾化、保守化在历史认识领域、教育思想领域的体现。1999 年 8 月 9 日，日本内阁会议提出的《国旗国歌法案》在国会

---

① 关于"在日中国人教科书问题思考会"的活动情况及其 7 月 14 日的集会，参见王智新的论文『「在日中国人教科書を考える会」から「アジア歴史問題懇話会」へ』与笔者的短文《种种"日本人"》。前者收入『「つくる会」の歴史教科書を斬る/在日中国人学者の視点から』（日本侨报社、2001 年），后者发表于东京《留学生新闻》2001 年 8 月 1 日。

获得通过，13 日实施。这样，在战前日本扩张史上被污染的太阳旗、《君之代》再次成为日本的法定符号。这是战后日本社会的一个巨大转折。在此背景上，森喜朗、小泉纯一郎、安倍晋三三位日本领导人共同努力、完成了对《教育基本法》的修改。因首相小渊惠三突然病倒，森喜朗 2000年 4 月 5 日就任日本首相，5 月即宣称"日本是以天皇为中心的神国"。当年 9 月 18 日，西尾干二、藤冈信胜等人的新教育基本法追求会，向森喜朗提交了《新教育基本法请求书》。小泉纯一郎 2001 年 4 月 26 日就任首相，从森喜朗手中接过修改《教育基本法》的接力棒，将具体工作落到实处。小泉上台之后推行"小泉革命"，而其"革命"思想的重要内容就是视日本自卫队为"国军"、认为规定着"放弃战争、否定军备及交战权"的宪法第九条"应当修改"。① 担任首相期间，他六次公然参拜靖国神社。接力棒传到小泉的继任安倍晋三手里，《教育基本法修改法案》在国会上一举通过。

在上述三位日本首相中，安倍晋三通过教育改革重建日本国家的意识最为自觉。作为"'阴热'的国家主义者"②，他在 2002 年 1 月担任小泉内阁官房副长官的时候就声称追求"一个有自信的国家"，说："我们的内心靠的是什么呢？我认为是作为日本人的自信心和对于日本历史、文化的一种骄傲感。"他说，小泉当了首相之后，"虽是静悄悄的，但我认为日本社会正在发生着巨大的变化"。对于小泉出访东南亚国家时祭扫当地英雄墓地，他给予高度评价。因为埋葬在墓地的有当年的日本兵。意味深长的是，他不仅讲述"二战"结束时日本兵留在印尼与荷兰军队作战、帮助印尼独立的故事，并说："这些故事在印度尼西亚的小学教科书中都有记载。"③ 换言之，他不仅表达了"大东亚战争"史观，并且表达了这种历史与印尼教科书的关系。2006 年 7 月，即就任首相两个月之前，安倍出版了全面阐述其政治理念的著作《迈向美丽之国》。该书第七章即最后一章

---

① 緒方邦彦『小泉純一郎革命』、イースト·プレス、2001 年、177 頁。

② 这是日本评论家边见庸在《生存于无耻与忘却之国这件事……》（《现代》2006 年 9 月号）一文中给安倍晋三下的定义。关于安倍晋三的政治理念，参见笔者的评论《日本如何"美"？——安倍晋三〈迈向美丽之国〉解读》，《21 世纪经济报道》2007 年 3 月 26 日，载《东张东望》，中央编译出版社 2011 年版。

③ 安倍晋三 2002 年 1 月在山本一太主持的政治研究会"新世纪首相宣言"上的讲演，载《如果我是日本首相——日本新生代政治家宣言》，段跃中、蒋峥等译，当代世界出版社 2004 年版，第 13—18 页。

"教育的再生"，就是从教育改革出发阐述"美丽之国"的建设。他在该章开头指出："战后日本一味地从国家主义寻找 60 年前战争的起源与失败的原因，其结果是'国家＝恶'的方程式被固定于战后日本人心灵的某处。所以，从国家立场出发的构思很难形成。不，毋宁说忌讳那种构思的倾向很强。这是战后教育的失败之一。"这样为国家主义平反之后，他介绍了撒切尔时代英国的《1988 年教育改革法》，认为英国在教育改革方面果断地做了两件事，"一是修正自虐式的偏向教育，二是提高教育水平"，并说两者"均与日本教育面临的课题相重叠"。在此基础上，安倍拿出了自己的"教育"定义，曰："教育之目的乃培育有志向的国民、建设有品格的国家。"① 显而易见，安倍以"国民""国家"为旨归的教育思想与日本战后初期民主主义教育时代的个人主义精神背道而驰，其所谓"自虐式的偏向教育"完全是藤冈信胜、西尾干二等人"自虐史观"的论调。与此相对应，西尾干二所谓"历史教科书问题是日本人自身的自我回归问题"表达的也是与安倍相同的理念。产生于民主主义时代的《教育基本法》在安倍晋三担任日本首相期间被修改是必然的。

新的《教育基本法》实施之后，日本的教育思想发生了逻辑性的转变，因此日本的历史教科书还将被重写。民主主义知识阵营的胜利只能是暂时的、相对的。当历史叙述成为培养自豪感、成为在现实世界中确立自我的一种方式，那么对于日本这样一个有侵略历史的国家来说，历史事实必然被回避、被排斥。

五　"教育修宪"的现实

既然战后初期的日本教育是基于《日本国宪法》即和平宪法的基本精神展开的，那么，和平宪法→《教育基本法》→《学习指导要领》→教科书→学生——这就是宪法精神影响中小学生的程序。所以，无论是对真实记录历史的教科书进行"审定"还是基于"皇国史观"重写历史教科书，无论是修改《学习指导要领》还是修改《教育基本法》，实质上都是在架空宪法，是变相的修宪行为。

对此，民主主义知识阵营从一开始就有清醒认识。梅原猛在 2000 年

① 安倍晋三『美しい国へ』、文芸春秋、2006 年、202—203 页、207 页。

12 月 15 日发表的声明中就指出,《教育基本法》是依据宪法制定的,因此"《教育基本法》的修改,至少就其结果而言,有成为充当政治战略——修改与该法保持密不可分关系的《日本国宪法》这种战略——的打手的危险"①。本文第三节摘译的"向世界开放文化与教育之会"的声明,同样指出修改《教育基本法》"会引起可以称为实质修宪的事态"。小森阳一指出小泉内阁竭力"改恶"《教育基本法》是以此作为"改恶"《日本国宪法》的前提。② 在此意义上,民主主义知识阵营抵制自由主义历史观、抵制"皇国史观"、保卫《教育基本法》,本质上都是在保卫和平宪法。正因为如此,他们才重新出版了战后初期民主主义教育黄金时代的教科书《新宪法讲话》和《民主主义》。2004 年 7 月,一个名为"《新宪法讲话·民主主义》策划编辑委员会"的组织将《新宪法讲话》和《民主主义》的摘录合编为《新宪法讲话·民主主义》一书出版,并将《日本国宪法》重录于书后。③ 为该书撰写解说的,正是"九条会"事务局长、在批判《新历史教科书》和保卫《教育基本法》的斗争中走在前沿的小森阳一。《为何修改〈教育基本法〉?》则重录了《教育基本法》,并且将该法置于全书正文之前。可惜,半个世纪前用《新宪法讲话》和《民主主义》两种教科书推行民主主义教育、实践和平宪法精神的文部省,现在不仅名称变了,指导思想方面也偏于保守主义。

本文将通过编撰《新历史教科书》、修改《教育基本法》进行的修宪行为,称为"教育修宪"。《国旗国歌法》的实施、道德教育辅助教材《心灵笔记》的发行④与新《教育基本法》的实施相结合,日本的教育修宪机制已经建立起来。与人们熟知的"解释修宪""事实修宪"手法相比,"教育修宪"的手法更根本、更有效却更隐蔽。塑造"国民"形象、强调"国家"价值,自然而然地会从根本上瓦解和平宪法的民主主义、国际主义、和平主义精神。如果把 20 世纪 50 年代以来日本保守势力的修宪运作比喻为一场"战争",那么"教育修宪"则是这场"战争"中的"偷

---

① 『なぜ変える? 教育基本法』、307 頁。

② 前引小森阳一为《新宪法讲话·民主主义》一书写的"序言·代解说",同书第 15 页。

③ 『あたらしい憲法のはなし・民主主義』、展望社、2004 年。

④ 《心灵笔记》(『心のノート』)是日本文部科学省向日本全国中小学发行的道德教育补充教材,具有国定教科书的性质,"爱国心"是其重要内容之一。发行第一年在日本全国中小学的发行量即达 1200 万册。参见高橋哲哉·三宅晶子『これは「国民精神改造運動」だ—教育基本法「改正」と「心のノート」—』、『なぜ変える? 教育基本法』、60—85 頁。

袭珍珠港"。现在，《日本国宪法》虽然完整地存在着，但其中有关军队、宗教、教育的三项重要内容已名存实亡。第九条规定"放弃战争，否认军备及交战权"，但日本早就拥有自卫队、20世纪90年代完成了海外派兵，防卫厅已在2007年升格为防卫省；第二十条"信教自由"规定"国家及其机关都不得进行宗教教育以及其他任何宗教活动"，但多名日本首相已经多次公开参拜靖国神社；宪法的根本精神是民主主义，但民主主义已经被新的《教育基本法》空洞化。所以，现在日本护宪派的任务，不仅是保证宪法条文不被修改，更重要的是如何保证和平宪法的实践性。

　　1982年以来，日本的历史教科书问题多次受到中国政府与学界的抗议与批判。本文的论述表明，该问题处于复杂的、包含着多种内部矛盾的政治意识形态体系、教育体系之中。所以，不仅要看到"编撰会"及其《新历史教科书》，还要看到《新宪法讲话》《民主主义》等教科书与民主主义知识阵营。毕竟，给日本的历史修正主义者以有效打击的不是中国或韩国，而是日本国内的民主主义知识阵营。不仅要看到历史教科书问题，更要看到与此密切相关的《教育基本法》问题乃至宪法问题。甚至"编撰会"等历史修正主义者的辩解或反驳，我们都应当正视。只有在正视历史的基础上超越民族历史、把历史叙述从政治意识形态中分离出来，才能建立起共通的价值观，共同面对历史、贡献于人类和平。

战后日本 70 年来的智库建设[*]

刘少东[**]

内容提要 智库现已成为"第三次工业革命"进程中最具竞争性的一个"思想产业",由许多学科专家组成,为决策者在处理社会、经济、科技、军事、外交等各方面问题出谋划策,提供最佳理论、策略、方法、思想等。战后 70 年以来,日本从中央到地方都有从事公共政策研究的智库,研究领域涵盖政治、经济和社会生活各个方面。现今大小不等的千余个智库主要有社团、财团和企业法人三种形式,通过广泛的内外交流、赋有深度的研究成果,在从企业管理到国家的内政外交等各个领域,发挥着重要作用。日本智库的建设对于智库发展方兴未艾的中国,不无借鉴和参考价值。

关键词 战后日本 智库 轨迹 机制 类型 启示

智库是一个特殊的智力群体,它以智库机构的组织形式,通过咨询研究活动,为社会提供智力成果。所以,又被称为"脑库""思想库""智囊团"。它对社会、经济、科技的发展起到极为重要的作用。智库是一个国家"软实力"的核心组成部分,也是发展和发挥"硬实力"的智力支撑。智库已成为"第三次工业革命"进程中最具竞争性的一个"思想产业"。鉴于此,本文拟对日本智库的发展轨迹、制度机制、主要类型、启示借鉴做一介绍。这对我国落实"要抓紧建立思想库、智囊团,提高决策的科学化和民主化水平"的思想政策,或许能有某些启示或借鉴作用。

---

[*] 本文系 2011 年度国家社科基金项目"二战前后的冲绳问题及中日美关系研究"(项目编号:11BGJ019)及 2014 年度天津市社会科学后期资助项目"中日琉球归属交涉研究(1854—1894)"(项目编号:TJZHQ1402)的相关成果。

[**] 作者简介:刘少东,天津理工大学外国语学院教授、中日关系研究所所长,中华日本学会常务理事、中国日本史学会常务理事、中国中日关系史学会理事。

自20世纪80年代以来，发展中国家的经济社会发展已登上了世界舞台，几乎与此同时，西方主导的经济全球化也呈现加速发展的态势。发展中国家的智库，在服务内政和外交、应对全球化挑战和参与国际事务的进程中开始进入国际视野。

2013年1月24日，美国宾夕法尼亚大学所属"智库与公民社会项目"（TTCSP）研究小组公布了《2012年全球智库报告》，智库问题再度引起关注。值得注意的是，中国智库在这份报告中的地位较往年有明显的提升，特别是列入智库统计的数量、进入顶级智库的数量和排名地位都明显超过了往年。尽管如此，在现有条件下进行比较，中国智库这个"思想产业"的发展仍处于滞后状态。

日本同许多发达国家一样，从中央到地方都有一些专门从事公共政策研究的综合性的大型智库，它们涵盖了日本政治、经济和社会生活的各个领域，并且不断推出一系列政策报告。日本"综合安全保障""环太平洋合作""科技立国""贸易立国"等战略的制定，都与这些大型综合性智库机构有着很大的关系。也正是这些战略的制定才促使日本经济得以高速发展。这其中有著名的野村综合研究所、社会工程学研究所、三菱综合研究所、日本综合开发机构、PHP综合研究所等。现如今，在日本现代领导体制和社会的各种决策过程中，智库已成为不可或缺的重要组成部分。

日本拥有大小不等的智库1000余个，这些智库主要有社团、财团和企业法人三种形式。日本智库经历了20世纪七八十年代的快速发展后，进入90年代呈现出发展相对缓慢的态势。但随着21世纪的到来，中国的崛起和日本国内外政治环境的变化，使日本智库对其外交决策机制制定的影响越发深远，已逐渐由一元化向多元化转变，智库在其中扮演的角色越来越重要。可以说，日本智库对其政治外交、经济社会等的发展影响日益彰显，从这一意义上说我们更应该借鉴日本在智库建设上的经验。

一　日本智库的发展轨迹

智库一词来源于英文的"Think Tank"。《纽约时报》在1967年6月刊载的一组介绍兰德公司等机构的文章中首创了"Think Tank"，即"智库"一词。目前，智库一般被定义为由许多学科专家组成的，为决策者在处理社会、经济、科技、军事、外交等各方面问题出谋划策，提供最佳理论、策略、方法、思想等的各个研究机构。

（一）50年代初创期

战前，日本就曾有过一些为军国主义制定对外侵略策略的知识密集型集团。其中，最具代表性的是隶属于"南满铁路公司"的"满铁调查部"。它成立于1907年，是专门针对中国东北、苏联远东地区的政治、经济、社会等情况进行调研的机构。"满铁调查部"在其存世的40年间，先后提交各种专题报告1万多份，堪称当今日本智库的"开山鼻祖"。

战后，随着日本经济的高速增长与外向型拓展，日本迫切需要解决国内外日趋尖锐复杂的矛盾，智库便应运而生。50年代后期，随着日本国土综合开发事业的发展，许多从事公共事业方面的智库企业纷纷涌现，日本智库逐渐进入快速发展时期。1959年12月，日本前首相吉田茂创建了日本国际问题研究所，并亲任首届会长。这是日本在外交领域的第一家智库，在国际上享有盛誉。2008年1月9日，美国外交政策研究所公布了除美国外全球最具影响力的十大公共政策智库的名单，日本国际问题研究所便赫然在列。

（二）60年代摸索期

20世纪60年代末，日本迎来经济的高速发展，日本智库进入了一个稳定发展的阶段。这一时期的特点是智库综合机构诞生，国际业务增多，以及向国际市场发展的趋势加强。日本一跃成为仅次于美国的资本主义世界第二大经济实体。然而，之后"尼克松冲击"和石油危机给日本持续十多年的经济高速增长画上了句号。伴随着经济状况的急剧恶化，日本国内不断涌现环境污染、市区人口过密以及高级信息社会的开发等诸多问题，而这些问题仅靠社会学、经济学和工程学等一系列单个学科是很难解决的。因而需要从中央到地方自治体乃至大企业探索新的发展战略，这种战略尤其需要一种综合性的、跨学科的研究。正是在这样的环境下，"智库热"在日本悄然兴起，十年里竟有100多家智库陆续诞生。如1962年成立了日本经济调查协议会，1963年成立了日本经济研究所中心，1965年成立了野村综合研究所，1966年成立了日本能源经济研究所，1967年成立了三井情报开发研究所，1969年成立了社会工程学研究所。

（三）70 年代形成期

70 年代初期，"智库热"迅速席卷日本列岛。1970 年成立了三菱综合研究所，1971 年成立了未来工程学研究所和政策科学研究所，1973 年成立了社会开发综合研究所等。至 70 年代末，日本智库机构数量已经达到 1570 余家，仅"企业诊断"智库业的从业人员就多达 5 万人。1965 年成立的野村综合研究所的前身是野村证券公司调查部，它拥有广阔的国际视野且重视多学科的综合研究。1970 年成立的三菱综合研究所则由原三菱经济研究所、三菱原子能工业公司的综合计算中心以及技术经济情报中心合并而成。野村综合研究所和三菱综合研究所都拥有数百名专职人员，称得上是这一时期日本智库中的典范。

1970 年前后，日本智库进入大发展时期，一些综合性强、声望高、实力强的智库机构多创办于这一时期。日本智库的蓬勃发展，给国内外均带来了较大影响。随即，日本政府萌生出建立国立公共智库的想法，聚集学术领域的众多专家，分析主要的社会政策问题，确定相应的对策。1973 年 7 月，日本国会通过了《综合研究开发机构法》。根据该法，1974 年 3 月，田中内阁成立了由各级政府出资、经济企划厅和国厅共同管辖的综合研究开发机构（简称"NIRA"）。NIRA 财力雄厚，历届理事长都是日本国内首屈一指的"经济通"，因而很长时间内被称为日本智库的"总管"。

（四）80 年代发展期

80 年代"智库热"继续"发烧"。由于日元升值，80 年代后半期新建的智库多是以大银行和大商社为依托。其中比较著名的有隶属于三和银行系统的三和综合研究所、樱花银行系统的樱花综合研究所、富士银行系统的富士综合研究所、日本生命保险公司系统的日生基础研究所、大河证券公司的综合研究所，等等。这些金融、证券系统的智库，能适应日本经济在全球范围扩张的需要，在为政府和企业出谋划策的过程中发挥了重要作用。

（五）90 年代滞后期

90 年代以来，日本智库进入了发展速度渐趋缓慢的"盘整"阶段。其间，由于日本经济长期低迷、持续滑坡，一些财源基础脆弱的智库也被迫关门，智库总数较 80 年代减少了 20%。但这一阶段也陆续有一些新的智库问世。其中，最引人注目的是于 1997 年问世的东京财团和 21 世纪政策研究所。

东京财团的主要出资者是日本财团，它网罗了一批顶级学者，就日本的内政外交问题提出政策建议。在小泉纯一郎和安倍晋三担任首相的五六年间，东京财团与政权中枢走得很近。21 世纪政策研究所则隶属于经团联，其经费充裕，影响也比较大。同时，在地方智库中，堪称后起之秀的是由新潟县、青森县、山形县等 11 个县于 1993 年共同出资建立的环日本海经济研究所。其研究方向明确，实力雄厚，在区域一体化研究中发挥着"领跑"的作用。

（六）21 世纪转型期

进入 21 世纪，随着中国崛起，日本国内外政治环境发生变化，日本外交决策机制逐渐由一元化向多元化转变，智库扮演的角色也越来越重要。这些研究机构多是由政府资助或直接隶属于政府相关部门；有一些是属于独立法人的，但也和政府部门有着密切联系。这些机构对日本政府外交决策影响很大，其中有些应对中国崛起的研究对策已被日本政府采纳。

如"海洋政策研究财团"堪称是日本海洋战略和政策方面最有影响力的智库，在日本海洋政策制定方面，出现了以海洋政策研究财团为中心的政、学、官、军界联合体，其通过媒体、研讨会、论坛等频频发声，操纵舆论，影响决策。特别是日本近些年在离岛管理、低潮线维护、专属经济区、延伸大陆架、海洋资源开发、海洋安保政策等海洋政策、战略和立法制定方面，都与海洋政策研究财团及其关联的政官学军界密切相关。

据日本防卫研究所的研究指出，中国军费增长进入活跃期，近年来超过两位数的军费增长令日本感到紧张，按目前的增幅，中国军费到 2020 年将是日本的 7 倍，到 2030 年将是日本的 12 倍，如此巨大的军费将用于何种目的，日本方面很难预测。

日本 PHP 综合研究所的《日本的对华综合战略》分析了 2020 年在中国可能出现的五种前景，这五种前景分为"成熟的大国""不成熟的大国""霸权大国""不稳定的大国"及"秩序的溃败"。报告认为，为引导中国成为"成熟的大国"，日本政府应从 16 个方面处理日中关系。如应定期举行日中美首脑会谈、积极推进东亚区域合作、制定长期的东亚和平目标、加强政府对外宣传等。此外，日政府应设立专门地区战略部门，制定对华战略，同时促进日中相互理解近代史全貌的历史研究，积极吸引中国资金、中国观光客来日，促进日本经济发展。该报告还认为最有可能出现的是"不成熟的大国"，即"中国由于众多的国内矛盾和社会问题，一时放慢经济增长速度，但仍保持经济增长，走上政治、经济上的大国"。该报告还预测中国的 GDP 总量在 2020 年将超过日本，成为世界第二大经济大国，中国将加速人民解放军的高科技化、现代化进程，从能力上可能成为美军的军事竞争对手，另外中国民主化也将会在基层有一些发展。报告同时也指出中国人均收入和国内基础设施的建设还将停留在发展中国家水平，环境问题、水资源不足问题、"三农"问题、贫富差距问题仍将严重阻碍着中国的发展，很难在经济上取得成功。

日本智库对中日领土纠纷（钓鱼岛问题及东海问题）和台湾问题高度关注。日本冈崎研究所的冈崎久彦认为，大陆一旦统一台湾将会对日本的海上石油通道造成威胁，并形成中国对东南亚的战略优势地位，从而使东南亚地区"芬兰化"。如果中国统一台湾并加强自己对东南亚的影响，将会是一个"世界性的中华帝国"的复兴，这些可能的前景将会损害日本的利益。

日本国际政策研究所的星山隆在其研究报告《中日关系的改善进程及美国的角色——变化世界中的历史、价值观和现实主义》中提道："台湾问题、东海问题以及历史问题是中日关系中的三大结构性矛盾。"他认为近年来中国的军力建设已经打破海峡两岸的军力平衡，中国正在拥有武力解放台湾的能力，中国或许有武力解放台湾问题的倾向，到时势必将日本拖入战争中去。星山隆还认为钓鱼岛是日本的领土，东海油气田应该按"中间线"原则划分。他认为中国是想"把整个东海变成自己的势力范围，把中国的力量拓展到冲绳门口"。

随着中国的崛起，日本智库也帮助日本找到了新的商业机遇，他们认为中国政府日益关注的环境和能源问题将会给日本的科技和经济发展提供新的契机。日本的能源效率大约相当于中国的 10 倍，如果中国能够引进日本的能源技术，把能源效率提高两倍，中国就不再需要从世界各地大量购买能源。公害与环境问题也同样如此。

譬如在日本的政策研究领域占据重要地位的 PHP 研究所曾在 2008 年6 月发表了《日本对华综合战略最终报告》。这个报告预测中国将在 2020

年前后成为能与美国相抗衡的大国，并提出了日本在与未来中国进行交往合作时应该采取的 16 条策略 。报告受到了日本各界尤其是日本政府的高度重视。

另外，日本国际关系论坛的《亚洲中的日本：我们该怎么做?》也颇具代表性。该报告认为中国的经济发展十分迅速，将成为世界第六大经济体。同时中国有着巨大的劳动市场和丰富的资源，中国领导人提倡技术创新，中国加入世界贸易组织等这一切，都将促使经济在未来稳步发展。到 2020 年，中国的经济总量将达到 2000 年的 4 倍，毫无疑问，中国具有深刻影响 21 世纪世界历史的潜力。该报告也认为中国崛起过程中也存在很多问题，正是由于这些问题的存在，中国不能指望能像 90 年代中期那样爆炸式的双倍增长。报告指出中国的发展主要存在以下问题和隐忧，即中国的经济管理体制存在很多漏洞，再加上对政府债券的依赖、结构性调整的困难、人口老龄化问题等，都将损害中国经济的发展；经济发展过程中出现的环境问题以及各阶层和地区间收入不平衡问题将影响中国经济、社会的进一步发展，社会多元化的发展趋势将考验中国政治中的一党执政等。报告还认为中国有着巨大的劳动市场和丰富的资源，同时中国领导人提倡技术创新，以及中国加入了世界贸易组织等这一切优势和举措，都将促进经济在未来稳步发展。到 2020 年，中国的经济总量将达到 2000 年的 4 倍。日本经济产业研究所的关志雄研究员认为，中国的 GDP 将在 2052 年超过美国，毫无疑问，中国具有能深刻影响 21 世纪世界历史的潜力。

二　日本智库的制度机制

（一）人员构成

大型智库这类智库的科研人员一般超过 100 人，年度经费通常在 1000 万美元以上。而日本除少数大型脑库拥有庞大的研究队伍外，大多数咨询机构规模不大，有的甚至只有 2—3 名成员。据日本《智囊团年报》提供的资料，在日本的 250 个著名的咨询机构中，有 150 个智囊团的专业人员都在 20 人以下，虽然咨询人数不多，但都很精干。日本综合研究所共 25 名成员，其中研究员有 16 名，并且来自不同专业领域。据统计，日本大多数咨询机构的研究人员数量占总人数半数以上，有不少甚至达到 80% 以上。日本智库机构一般都有比较合理的人员结构（包括层次、专业、年龄），形成了多学科结合的研究队伍。比如理工科出身的研究人员是社会科学出身的 3 倍。再如三菱综合研究所共有 510 名研究人员，其中理工科出身有 380 名，社会科学出身有 30 名。日本智库研究人员经常更换，中青年占主导，大多由 30—40 岁的研究人员支撑。据统计，这类智库占到总数的七成。

日本智库的工作人员中包括专职研究人员和行政官员，专职研究人员来自各个不同领域。行政官员一般均具有政府背景，有些甚至直接隶属于有关省厅。其中包括日本政府部门，如经济企划厅、科学计划厅、通产省和厚生省，以及地方政府部门、私营企业（如公用电器公司、财团）临时委派的官员。如 NIRA 的领导成员包括前日本银行行长、日本经济开发委员会主席、前国土厅事务次官等。从某种意义上来说，NIRA 的思想实际上是建立在日本政界、商界、劳务界、学术界的诸要员的综合倡议的基础之上的。

再有，在官方色彩浓厚的智库中，比较有代表性的首先是日本国际问题研究所，从其诞生之日就与外务省关系密切，历任理事长和所长除个别外几乎都是外务省的推知大使；其次是亚洲经济研究所，其所长最初要由内阁会议任命，虽然目前已经降格为隶属于日本贸易振兴会的研究机构，但规模在日本政府系统中仍然独占鳌头；再次是和平安全保障研究所，它是以防卫厅和经联团为后盾建立起来的，主要接受政府有关战略问题的委托研究；最后是日本防卫研究所，它的前身是成立于 1952 年的"保安研修所"，1985 年改名为防卫研究所后一直隶属于日本防卫省，其所长、副所长均由防卫大臣任命。

除此之外，日本智库还主要来自民间筹资。其中包括一些民间的外交智库或聘用退职外交官，或由前外交官直接主持参与。如日本国际论坛理事长是前外务省东南亚一课的科长伊藤宪一。世界和平研究所曾由前首相中曾根康弘于 1988 年创建，并一直担任该所的会长。

另外，智库还聘请外国专家学者参与研究，如 NIRA 人员中就有来自美国、德国、芬兰和韩国等各个国家的优秀人才；再有，日本防卫研究所的政策研究部、地域研究部、军事史中心是其三大主体部门，80 多名高级研究员承担着日本防卫政策研究、培训日本现役高级军官、文职官员以及和外国军事机构交流等多项任务，是日本名副其实的最高军事科学研究和教育机构。目前该所也邀请外国学者参加研究，美国、中国、德国、新西兰等国的研究人员曾到该所进行客座研究。

（二）体制管理

日本一些专业性的智库机构，由于受特定因素影响较深，大型的智库机构一般都设有理事会来掌握大政方针。如三菱综合研究所等都设有相应机构，理事会成员由政界、财界和学术界的名人组成，管理上实行高度分权和尊重研究人员个人创造性的体制，管理部门只负责组织专题研究，实行"课题小组负责制"，定期商讨工作。

如亚洲经济研究所设有"参议会"来负责审议业务方面的重大问题；设有"评议会"来负责审议事业计划、资金预算；设有"调查协议会"来讨论课题立项等。日本各省厅所设立的审议会，其任务也主要是就各种专门问题进行研究，负责向省厅长官提出政策性的审议报告和调查报告。日本政府设有各种审议会 212 余个，委员达 6000 余人。

拥有一批有影响力和高学历、高素质的研究人员是研究工作获得成功的前提，因此，日本著名智库研究人员的录用极其严格。如亚洲经济研究所每年只录取 2—4 人，但社会上有近百人竞争。录用人员的工作成果要与薪酬挂钩，每年还要对研究人员进行考核，要求每人每年至少发表两篇论文。研究人员到了 40 岁，面临职级升迁，要请所外专家评议，尽管存在反对的声音，但还是坚持延用这个客观公正的用人制度。日本的退休制度中，私立大学到 70 岁，公立大学到 65 岁，但亚洲经济研究所到 60 岁就要退休。

同时，该所职员的职称，是根据职员本人的申报而定。而职员们大多选择便于调研工作的"相对职称"，他们既可以对民间自称是"调查部长"，也可以向官方认定自己是"主任研究员"。因此，该所的职员往往具有双重或多重职称，但职称并不与薪金挂钩。该所所做的种种尝试，无非为了提高效率而进行的改革，尽管有待进一步验证，但它已在社会问题研究方面独具特色，在日本有"诊断社会机能的医生"之美称。

日本智库在组织上采取独特的"派出研究员"制度，以起到密切与智库联系，促进智库成果更好与实际结合的重要作用。即政府、大学、企业、研究所向智库派出研究员，工作 2—3 年，工资由原单位发，到期回原单位。如综合研究开发机构共有 33 名研究员，长期聘用者仅有 3 人。

日本智库政策科学研究所规定，研究项目的主持人原则上都由本所研究员担任。在研究项目多，主任研究员有限的情况下，尽可能地给青年研究员压担子，促使他们尽快成熟，为青年人的成长、冒尖提供有利条件。如熊本开发研究中心规定以青年学者为中心的地区每周开一次恳谈会，同时还组织各种演讲会、报告会和讨论会，为青年人提供锻炼自己、展示自己才能的机会；神户都市问题研究所则有意识地吸收有学识的青年市民参加调研活动，给青年人提供学习机会和学习条件已成为普遍现象。

此外，日本智库鼓励研究人员用英文撰写论文。如通产省研究所有 60 名研究人员（其中专职 20 人，外聘 40 人），今年已发表论文 80 篇，半数用英文发表。

（三）项目委托

在日本，智库市场上的供需基本保持平衡。咨洵市场的供给方有综合研究所、企业诊断机构、工程技术智库机构三类；需求方则主要分为政府部门和企业界两类。

就政府部门而言，其主要委托智库的内容包括城市问题、公害问题、教育问题及资源问题等；而就企业界而言，则主要涉及改善企业经营管理效益和提高市场竞争能力等问题。

综合性研究机构汇集了各个领域的学者、专家，主要负责跨学科的综合性调查研究，和接受政府部门的委托进行各种专题的调查研究。

如日本经济研究所每年的预算中，80% 左右的经费是通过向政府、技术职能部门申请获得的。此外，日本经济研究所还大量接受企业的委托，从事各种生产技术、科研项目、生产管理、劳动安全、卫生管理的技术指导，以及为企业提出各种设计、改进方案等工作。

企业诊断机构主要提供企业经营管理指导、技术指导、情报和人员培训等方面的智库服务。它是日本智库市场的一个重要组成部分，其任务就是针对企业提出的问题，深入调查，运用科学的方法，对企业经营管理中存在的问题进行定量和定性的研究分析，找出原因，提出改进方案，并帮助指导实施，以提高企业的经营管理水平和经济效益。企业诊断对改善日本企业的经营管理起到了重要的促进作用。

而工程技术智库机构承担的业务主要包括土木工程的规划、设计，以及钢铁工业与建筑设计等技术方面问题的解决等。

（四）科研管理

日本智库得到日本政府、地方等各方面的支持，包含政策支持与财政帮助。政策支持方面，日本政府计划让 NIRA 利用日本 400 多个私营部门的智库为之提供帮助，还可凭借政府部门和企业的力量，开展综合性的政策研究。财政帮助方面，如 NIRA1985 年的资助捐款达到 300 亿日元，其中包括来自日本政府的 150 亿日元、地方政府的 50 亿日元，以及私营部门的 100 亿日元，各方每年的平均资助额都大约有 20 亿日元。

日本智库有严格的科研条例规定。如"综合研究开发机构"对 NIRA 有如下规定：（1）以"和平"为思想基础；（2）有助于了解经济、社会以及人民生活方式有关的问题；（3）民主管理；（4）经济独立；（5）促进综合性研究与开发；（6）向社会公开所有的发现，以有助于增加社会福利。NIRA 报告的"1985 年微电子的综合研究"即为上述条例规定（1）的一项研究成果，其于 1985 年 10 月公开出版。

日本智库实行科学的评价体系。如亚洲所实行匿名评审，请外国同行评审，评审意见作为政府考核指标，也作为正式出版的依据。他们与著名的麦克米兰出版公司签订长期协议，对研究成果的出版做了制度保障。亚洲经济研究所在东亚影响很大，他们提出要努力建成世界一流的研究机构，并鼓励研究人员用英文撰写论文，其中研究成果的 30% 多以英文发表，用以与国际同行交流，供决策部门参考。

日本智库十分注重基础设施建设，如亚洲所的图书馆藏书 35 万册，其中包括了中国各县市的志书及统计资料、主要的中文报刊。野村综合研究所在东京拥有藏书 4 万册、各种杂志 1200 种、报纸 65 种和特种行业报纸 88 种，野村综合研究所藏书之多，在我国也少见。还拥有自己的"信息银行"，专门收集日本经济、产业的资料，另建有日本 1700 家企业财务情况数据库。三菱综合研究所则把情报处理作为所内三大支柱部门之一。NIRA 还要求对各大研究领域加以评估，制订适用于 NIRA 研究活动的新组织结构计划。

（五）对外交流

日本智库机构非常重视开展国际交流与合作，其研究范围十分广泛。从国内到国外，从地方的一个桥梁建设到国家的战略方针，从产业的发展方向到测定环境的具体指标，几乎涉及所有领域，囊括现代社会出现的各种问题，影响着日本内政外交等各方面的发展。同时在"NIRA 研究成果（NIRA Output）"不断公布的过程中，包括对各类问题的国内与国际专题论丛。《NIRA 月刊》（日文）是一本专门概述 NIRA 研究活动进展的公共事业性杂志，而季刊《NIRA 政策研究》（日文）刊登的文章则是由《NIRA Output》（日文）上公布的重大发现者编辑写成，这些刊物和其他一些出版活动都是 NIRA 广泛宣传其科研成果的组成部分。

NIRA 研究计划部负责国内项目的计划、起草和促进工作，而与国际交流相关的活动则由国际合作部领导。NIRA 除了开展研究外，还承担促进国内与国际研究人才的交流，振兴地方公共智库，提供研究资助，推动研究人员从事独立研究等重大任务。再如日本防卫研究所由政策研究部、地域研究部、军事史中心三大主体部门构成，除了 80 多名高级研究员承担着日本防卫政策研究外，还承担着培训日本现役高级军官、文职官员以及和外国军事机构交流等多项任务，是日本名副其实的最高军事科学研究和教育机构。该所目前也邀请外国学者参与研究，美国、中国、德国、新西兰等国研究人员都曾到该所客座研究。

三　日本智库的主要类型

日本智库机构，如日本社会工程学研究所自称为"联合政治、行政、经营、学术等各界的'行动知识集团'"；日本经济研究中心自称为"产业界、学术界和官方中间的桥梁"等，因其层次不同、规模不一、内容各异，通常会从不同角度加以分类和区别，本文试从其隶属归类将日本智库分为五种类型。

（一）党派型

这类智库多为重要政党自身的研究咨询机构，或拥有在政治倾向上强烈支持自己政党的智库。如日本自民党的决策体系内有政务调查会、总务会、国会对策委员会和综合政策研究所等决策和审议机构。

（二）官方型

这类智库主要为政府首脑和部门领导层决策服务，经费来自政府资助，通过立法或惯例存在于政府体系内部。如日本的各省厅均设立审议会，其任务主要是就各种专门问题进行研究，负责向省厅长官提出政策性的审议报告和调查报告；日本国际问题研究所涉及内政外交，多由国际著名社会科学、自然科学、边缘科学多学科的专家学者一起参与讨论全球性战略问题并制定正确的政策、策略。

（三）半官型

这类智库独立于政府体系之外，是与政府部门对口的智库，对政府决策有重要作用，经费多为基金会或公司赞助。因为它们与政府具体部门的关系密切，因此对具体部门的政策影响很大。如亚洲经济研究所，原来隶属于通产省，现在附属于政府的贸易振兴机构，主要从事发展中国家的研究，是半官方的，研究经费主要来自政府预算，每年研究项目 70—80 个，有 150 名研究人员。这个研究所重视与中国的学术交流，有 13 名研究人员专事中国研究，是研究所里最强大的团队，并与国务院发展研究中心很早就开展学术交流，有些人员还参加过中日韩自由贸易区的共同研究，围绕亚洲经济所做的投入产出表，极为准确地定量分析了金融危机对中国的影响，受到世贸组织及世界各国的重视。

（四）依附型

这类智库的研究力量薄弱或根本就没有专职人员，甚至被人讥为"智囊点"。为发挥智库的功能和作用，它们主要是借助社会上的研究力量，特别是依附地方研究机构及大学专家和学者，自己只是起到组织、协调的辅助作用。如神户都市问题研究所不设专职研究员，只有 4 名职员维持日常工作。该所确定的调研课题须由关西地方专家学者和市政府的职员临时组成研究组完成。由于地方支持，且有市政府的官员参与，因此研究组成立后可高效率的投入调研工作。再如，熊本开发研究中心只有 2 名职员，其办事处设在熊本县厅企划课内。中心的研究员由县内各个大学的教授兼任，并根据调研课题可临时任命主任研究员。岐阜县智库只有固定研究员 6 名，但它可根据不同项目的要求，聘请特别研究员，而这些研究员则是以当地岐阜大学和附近名古屋大学教授为主。

（五）民间型

这类智库大多由私人或民间团体创立，在组织上独立于其他任何机构，经费多为自筹，亦称民间智库。这类智库的研究力量很强，各种研究人才齐全，在研究领域可以"独来独往"，一般不需要从社会上聘请专家学者协助调研。如 NIRA 是日本最大的智库，该所有 600 多名职员，其中有近 500 名研究员。因拥有东京、镰仓两个总部而获"双头雕"之称，并在美国纽约、英国伦敦、中国香港等地设有分支机构，形成了一个庞大的调研网。再如，三菱综合研究所，该所约有 400 名研究人员，人们常将它与 NIRA 相提并论。亚洲经济研究所，同世界上其他智库相比，其研究力量和情报资料丝毫不逊色。该研究所有 300 多名人员，常驻海外人员多达30 人，调研队伍中配有懂英、法、汉、俄、德等 16 种语言的各种专业人才。

以上不同类型的智库，扩大了日本智库调研咨询的范围，几乎囊括了现代日本社会出现的各种问题和潜在问题，并涉足国际问题和未来问题。如 NIRA 对"国际环境的变化和日本的对策"的调研；未来工程学研究所进行的"谣言追踪"调研；熊本开发业研究中心对熊本机场、新港、新干线和高速公路的调研；国民经研究协会对"地区构造和第三产业雇佣关系"的调研；日本综合研究所对"居民反对运动与居民协调"的调研；神户都市研究所关于"都市经营系统开发"的调研；文化交流研究所对"日本 21 世纪文化状况展望"的调研；中部开发中心对"名古屋公园城市构想"的调研；社会工程所对 80 年代"鸟取市、境港市和仓吉市发展规划"的调研；等等，均具有一定的特色、影响和价值。可以说，这些智库的协调范围十分广泛，无论来自社会上的何种需求，不分巨细，不论大小，各种类型的智库都能发挥自己的作用。

日本智库虽然有着不同的组织形式，但却有着一些共同的特点，即以集体的智慧，从未来看现在，站在战略的高度，从政策研究着眼，通过周密的调查和综合性、跨学科的研究，为解决社会各个方面的实际问题提供咨询，为制定各种切实可行的方针、政策和战略提供依据，从而增加决策的可行性和科学性。这些功能和作用的发挥是与其运行机制紧密相关的。

在众多智库中，日本综合研究所在建所方针、规章制度、组织形式等方面均独具一格，自成一体。特别是在组织形式上的一些做法，更是给人以耳目一新之感。日本政策科学研究所的研究员认为，智库不在人数多少，而在其研究成果的质量高低。

从近些年的发展中看，日本智库呈现如下特点。第一，机构精简，人员精干。第二，讲究效率，不拘形式。第三，依附为多，半官其上。但同时，我们也应注意到其体制和组织形式也需不断调整、变化和完善。由于日本智库"半官型""依附型"居多，使得兼职研究人员必须以完成本职工作为前提，导致难以竭尽全力为智库工作，资金不足也使调研工作在广度、深度和跨度上受到限制，造成基础研究很难开展等。

四　日本智库的启示借鉴

在国际视野中分析、研究和借鉴日本智库建设，对我国智库的发展无疑具有一定的参考价值。我国的智库建设应该认识到以下几点。

（一）深化智库认识、重视智库功能、改进智库政策

在日本这样一个资本主义国家，决策者出于各自所代表的利益集团的需要，十分重视智库的功能和作用，始终将智库建设放在重要位置，并积极为其发展创造条件，并将其视为提升日本企业"软实力"的一个主要组成部分。我国应该深化对智库在科学、经济和社会协调发展中作用的认识，重视其在我国新兴知识产业开发中的重要功能，通过政策导向促进智库产业的发展，使智库与我国改革建设紧密关联，发挥其综合研究机构的最大潜力。我国智库应具有国际一流高端水平，其政策应着眼于实现中国从经济大国迈向经济强国、文化强国、军事强国和外交强国的百年之梦，应为我国参与国际竞争的整体战略和正确决策提供智力支撑。

（二）把握智库独立、调整智库结构、建构智库特色

现代思想库作为人类的一种文化现象、一种社会存在、一种科学共同体，它是为社会不同决策层及其决策者服务的。在日本这样的国家，尽管智库具有相对独立性、自主性和客观性，但这些通常都是相对的，或者说形式上很难不受各种利益集团直接或间接的影响、支配和控制，这是因为它需要社会上不同利益集团作为经济后盾，而这些利益集团的资助并非完全是出于社会的公益性无偿资助，而是通过智库的贡献影响政府的决策和

公众舆论，以维护其根本利益的。故此，我国也应顾及这些规律和特点，否则智库将不成为智库。

智库的发展都与科学、经济和社会发展背景分不开，并且通过自身体系的结构和服务领域的功能变化，来适应社会的需求。如日本为了适应"科技立国"的需要，80 年代后期专门成立了官方的科学技术政策研究所。经过不断的调整和优化，在日本形成了"官""产""学"智库并举，大、中、小智库共存，以产业思想为重点的格局，并形成了现代智库向多元化、综合化和多极化发展的态势，这种调整与优化是通过日本官方和半官半民的形式来进行的。我国应依客观条件把握智库的自身发展规律，应以提高效率和效益为前提，提倡智库形式上的多样化。根据我国国情，设立高层次智库的同时，重点发展中、小型智库。不同层次的智库应该有不同的研究重点，特别要注重"地方问题"的调研，形成中国特色品牌。

（三）借鉴智库建设、改造创新智库、完善智库体系

现代日本智库的发展过程中，尤其注意对美国智库建设的借鉴、改造和创新。通过国际交流，尤其是学者之间的非正式交流，获得了大量信息，汲取了各国发展智库的建设教训，使其成为具有自己的特色，并将现代智库体系建立在较高的起点上，且按照科学规范和国际惯例运行。正如邓小平所指出：我们要向资本主义发达国家学习先进的科学技术、经营管理方法以及其他一些对我们有益的知识和文化，但属于文化领域的东西一定要用马克思主义对它们的思想内容和表现方法进行分析、鉴别和批判。这一思想应该应用到我国的改革开放中，以加速建构和完善我国的智库体系。我国应建立智库管理协调机构，并加强对各层次智库的管理与协调。除了进行一些综合性更强的调研外，主要的是拟定适当的研究项目，委托其他智库进行调研，或者协同研究。以此沟通各层次智库之间的全方位联系，使我国智库系统发挥其有机整体的功能和作用。同时还应该在我国各个"知识密集""技术密集"的区域开发中，特别注意智库的发展，并以此作为特色。

随着经济全球化的到来，智库不仅使国家之间的联系更加密切，而且使国家能够积极应对与日俱增的全球性事务。内政外交、全球事务的相互交织，使互利合作日益广泛地展开，经济、政治、军事、文化和社会生活的互动关系无不包含思想的交流和碰撞。而智库在复杂多变的全球格局中发挥着其新的"合纵""连横"功能，已然成为中国乃至世界"第三次工业革命"进程中最具竞争性的"思想产业"。

党的十八大、十八届三中全会、四中全会都对我国智库建设提出了新要求。习近平主席多次强调要加强新型智库建设、健全决策咨询制度，并须将之提升至国家软实力与治理体系现代化的高度。中办、国办出台《关于加强中国特色新型智库建设的意见》。习近平总书记在中央全面深化改革领导小组第六次会议上就建设中国特色新型智库再次强调：到 2020 年，要统筹推进党政部门、社科院、党校行政学院、高校、军队、科研院所和企业、社会智库协调发展，形成定位明晰、特色鲜明、规模适度、布局合理的中国特色新型智库体系，重点建设一批具有较大影响力和国际知名度的高端智库；造就一支坚持正确政治方向、德才兼备、富于创新精神的公共政策研究和决策咨询队伍；建立一套治理完善、充满活力、监管有力的智库管理体制和运行机制；充分发挥中国特色新型智库咨政建言、理论创新、舆论引导、社会服务、公共外交等重要功能。总之，智库是助推该国家与其民族发展的"智囊团"。一个国家、一个民族，只有保持生生不息的思想活力和大道行思的智慧谋略，才能真正自立于世界。

中日关系

战后中日关系的轨迹、特征与走向

吴怀中*

内容提要：战后 70 年中日关系的位序，从大历史尤其是文明史的角度看，总体处于"非常态"但后期开始向"常态"转换过渡的阶段。从 70 年的小时段来看，则是从不正常状态向正常关系的演变过程。70 年关系演进的五个具体逻辑阶段是：起于不正常的出发点、谋求走向关系正常化、进入利好条件下的"蜜月期"、经历调整转型的过渡期、迈入战略格局相对成型的"新常态"。70 年中，中日关系各重要组成要素显现出并不完全同步的演化方向。以邦交正常化为节点，后半期更具现实意义的关系发展特征表现在：战略关系变质、经贸往来热温、"政经分离"固化、军事因素凸显、国际竞争加剧、国民感情恶化、干预变量纷乱等。未来中日关系走向，主要取决于在复杂的国际背景下，两国各自发展前景、战略选择及互动调适的合力结果。

关键词：中日关系　战后 70 年　演变轨迹　重要特征　发展趋向

从不同的领域和视角看战后 70 年的中日关系，会有不尽相同的认识和结论。① 从 70 年的小时段来看，以邦交正常化为无可争议的最重要历史节点，中日关系是从不正常状态到基本正常状态的一个演进过程。问题是，由于历史及现实的复杂原因，除了经贸与人员往来以外，包括战略、政治、安全以及国民感情等领域在内的中日关系，在正常化后的总体正常中却屡显"不太正常"状态。然而，若从中日关系两千年的大历史周期

---

* 作者简介，吴怀中，中国社会科学院日本研究所研究员。

① 全面研究中日关系，需要从政治、经济、安全军事、文化及相互认知、国际环境等角度进行综合分析。限于篇幅，本文主要从战略、政治及安全关系等高阶政治（high politics）的角度进行论述。在国际政治学中，对国家间关系的性质与发展阶段的界定，一般是从高阶政治层面来进行的。

看，这一现象作为一种正常逻辑的产物，却能够得到比较合理的解释。相对于历史长河中"中强日弱"的历史常态，战后大部分时间的中日关系，其实与战前 50 年同理，总体上属于"西力东渐"、日本学用"西力"后形成领先的一段"非常态"时期。这就导致在中日强弱态势逆转、向历史常态集中回归的 21 世纪头十多年里，也就是在常态与非常态的两个历史板块的战略错肩期①，中日关系集中爆发了种种磕碰与摩擦。虽然充当中日关系"压舱石"作用的经贸关系基本面仍属健康，但影响两国关系的负面因素中新老问题交织并存，使得局面日益错综复杂。经过冷战后 20 余年的摸索与调适，以双方的经济总量对比逆转、重大政策方针敲定为标志，到 2013 年前后为止，中日在战略与全局层面上对对方的评估、定位、核心对策，应已基本确定和成型。当然，战术、局部和边际领域的竞争与摩擦，仍会时有发生、不时激烈。这种大稳小乱、竞合并存的态势，在中国相对显强的中日关系态势再次出现重大格局变动之前，将持续一段时期。中日关系不仅涉及双方各自利益，而且对地区及国际局势也有重要影响。这种局面下，再加上世界格局深刻调整、中日皆处于关键战略转型期，两国关系是好是坏、何去何从，正引起世人越来越多的关注和解读。

一　历史脉络中的战后中日关系

从古到今，中日关系史上出现过两次大的"非常态"阶段。除此之外，大体是中国占相对优势的"中强日弱"时期。从 2010 年前后起，中日关系逐步回归到一种带有时代新特征的新常态。战后 70 年所涵盖的中日关系，其特点是较长时期内日本占优、双方战略态势在后期开始"强弱易位"但总体上又处在一种"强强并立"的相对均势格局。这种局面下，中日关系的极好和极坏局面都不大容易出现，但一定程度上的乱象、摩擦和争端却容易不时发生。

（一）从"非常态"到"常态"的过渡期阶段

从历史大周期和文明发展史的角度看，有文字记载的两千年中日关系

---

① 参见李薇、杨伯江《转折中的日本与中日关系》，载李薇主编《日本蓝皮书：日本研究报告（2015）》，社会科学文献出版社 2015 年版，第 23 页。

史中，明显的"非常态"状况出现过两次。① 非常态是指这两次或两个时期的出现并非必然而是具有某种偶然性。

第一次是从中日开始交往的公元 1 世纪到公元 6—7 世纪前后。② 因为日本还基本没有或者说刚开始"文明开化"，未形成中央集权和统一国家体制，而中国已经走向较为成熟的"封建"王朝时代，在文化科技与生产力层次上形成了巨大的对日代差。中国是东亚国际体系与先进文明的中心，中日建立朝贡与册封关系，日本对中国采取追随乃至臣服的姿态。这种关系样态，并不能算中日关系的常态，因为世界各国"文明开化"的始发有先有后，具有历史偶然性。

第二次大约是从 19 世纪末的 1895 年到 21 世纪第一个十年结束的 2010 年前后。③ 从晚清甲午战争到 1945 年二战结束，近代日本在明治维新后学用西方新文明与科技，对华形成了代差或半代差性的优势。这个阶段，是中国落后挨打、饱受日本侵略与欺凌的时期。这种"以小欺大"的惨况，在两千年中日关系史上从未有过，是典型的非常态时期。同时，从大历史下的中日文明与生产力样态以及日本学习欧美持续推进"近代化"的角度来看，战后 70 年的中日关系也可以算为这一"非常态"阶段的后半部分。日本虽然在 1945 年战败，有形物质损失巨大，但战败只是短暂的中断，战前产业革命及工业化的积累（特别是科技与人才的储备），使日本拥有快速恢复生产并发展经济的社会基础与科技能力。战后日本的发展仍处在明治维新近代化的延续线上，战前与战后总体上是一个脉络相承的宏观历史阶段。④ 日本的这种西方工业化与现代化文明的发展，在 20 世纪 70—90 年代前期达到了很高的阶段，并且其余势一直持续到 21 世纪前十年，直至 2010 年国内生产总值（GDP）被中国超过为止。

同期，中国虽然取得了民族解放和国家基本统一，但在历史阶段及发展形态上则是刚从农业社会向工业化文明进发，从 20 世纪 60 年代起，在

---

① 不是指"小时代"，中日关系从不同侧面可以划分为很多具有不同特征的小阶段，但本文是从大历史脉络即文明科技与社会发展阶段来进行断代的。

② 一般认为，中日交往始于公元 1 世纪的汉朝，证据是班固所著《汉书》在《地理志》中曾提到"乐浪海中有倭人，分为百余国"。

③ 实际可以更早一点，或更晚一点，历史发展中有深刻的延续性，"断代"问题从来就不是简单的工作，断在具体的哪一年其实是很困难的，只能是一个概数。

④ 例如，中国所谓的近代化与现代化，在日本笼统地都被称为"近代化"。并且，在战后日本，原来的天皇、政治家和高级官僚体系基本都被延续了下去。

"现代化"的大部分领域基本都落后于日本。① 所以，中日复交后，从70—90年代，甚至到21世纪头十年，普通中国人眼里，日本是发达和富裕国度的象征，成了中国追赶和借鉴的目标。盖因如此，从20世纪70年代开始，包括田中角荣、大平正芳和中曾根康弘在内的日本领导人，常以领先者的地位自居，自信地认为日本应帮助并引领中国的现代化，使中国融入西方主导的国际体系。②

除了以上两个特别的"非常态"阶段，历史上大部分时期③，都是一种"常态期"——中国体量巨大、综合国力占有比较优势的时期。当然，在这种常态下，中国对日优势的程度有很大不同，是可以做区分研究的。④从21世纪第二个十年开始，在比较长的一段时期内，中日关系逐渐回归到"中强日弱"的常态格局。这种常态具有过去常态所没有的时代特征及环境差别，不是过去常态的简单复制，所以可以叫"新常态"。

表1　　　　　　中日关系"常态"与"非常态"阶段的演变

"非常态"阶段	"常态"阶段	"非常态"阶段	"常态"阶段
隋唐以前，中国处于绝对的文明领先、实力强大地位，日本尚未"文明开化"，几乎完全接受册封、臣服中国	隋唐以后直至晚清，中国相对强大，日本定立国号、建立统一政权国家后，基本不接受册封，大部分时间游离或独立于中华秩序外	晚清直到21世纪头十年，近代日本学用"西力"，造成典型"日强中弱"，现代日本也曾相对领先于中国	21世纪第二个十年起，中国GDP总量超过日本，回归中国占有相对优势的"中强日弱"常态，此常态也是带有新时代特征的一种"新常态"，将会是较长的一段时期

① 20世纪50年代以前，以苏联援建的156个重工业项目上马为基础，中国工业发展曾有与日本同步起跑、好有一比的景象。但其后的历史证明，这种模式是特定历史条件下的产物，难以生成现代企业制度和产业体系，具有发展的不可持续性。

② 当然，1945—2010年的时期，日本对中国的优势，没有1895—1945年的那种优势明显，中国在局部也有某些先进的地方，例如国防建设中的战略武器等。但从生产力及科技角度讲，日本并非没有能力制造，而是不能制造。

③ 隋唐以后到晚清时代，中日文明及国力的认知与运用，是有时间差的。这种现象也常见于在国际关系史上的大国兴衰交替、权力转移的过程。日本的政治知识精英，在文明论的层次上，较早就开始对华"认识范式"（如所谓的"华夷变态"）的转换，不愿全盘认可或接受中国文明的中心性。当然，中国是东亚千年老大帝国，日本在历史上从未战胜过这个身边的强邻。所以，后来在用实力挑战清朝、打破东亚旧有秩序时，日本的统治阶层仍然是比较紧张的。

④ 认为古代中国对日是绝对领先、完全主导，古代东亚是中国一统天下的封贡秩序体系，这种看法并不符合史实。从隋唐到清朝后期，中国对日具有的多是一种相对的强大与优势地位。

(二) 历史阶段划分中的战后 70 年定位

两千年中日关系史，除了可粗分为中强日弱、日强中弱、中日两强并立及中渐强日渐弱的三大阶段外，还可进一步细分为"五阶段"，即：（1）日本对中国的绝对落后阶段（6—7 世纪即隋唐以前）；（2）日本对中国的相对落后、弱势阶段（隋唐以后即日本古代统一国家基本形成以后、直到晚清）；（3）日本对中国的绝对优势、强大阶段（1895—1945）；（4）日本对中国总体上相对先进、发达的阶段（二战后的大部分时间）；（5）2010 年前后开始，中日之间因 GDP 逆转而逐渐发生权力转移（power shift），进入中国总体上相对强大及占优的阶段。

战后 70 年所涵盖的第四阶段后期与第五阶段前期的中日关系，其特点是中日在战略态势上呈现"强弱易位"，但总体上又处在一种"强强并存"的相对均势格局，这个时期充满了国家间关系在历史重大转变过程中的某种"常见症状"。日本在这个阶段的大部分时间（再加上近代以来的感觉延续）占有领先地位、养成了一种长期的优越感觉，所以对中日强弱态势的改变抱有相当难以接受的抵触心理。① 由于中国对日关系态势在一段时间内仍将处于将强未强、大而不强的格局②，日本在很多地方对这个"强"是不认可、不服气的，对逐步发展强大起来的中国有些"忧惧"，但仍缺少"敬仰"。进入第五阶段的中国，既不能完全"吸引"日本，也不能完全"压服"日本，发现自己不太容易与之建立某种明确的、良睦友善的战略伙伴关系。③ 日本在第五阶段开始的若干年内，则很明显比较担心中国主导东亚事务、形成以中国为中心的政经秩序圈，它认为这种格局不利于维护自己已经到手或将要到手的国家利益，对此是比较拒绝和排斥的。并且，出于对未来的打算，日本还在思谋各种办法来对冲、制衡和约

---

① 参见张沱生《关于 21 世纪中日友好合作关系的几点思考》，载《21 世纪的中国与日本》，世界知识出版社 2006 年版，第 35—36 页。

② 例如，2012 年，中国 GDP 超过日本后，外交部部长助理乐玉成仍表示"中国是世界第二大经济体，但不是第二强国"。参见乐玉成《关于中国与世界关系的十点考虑》，《国际问题研究》2012 年第 3 期。因此，中国若要树立对日本的巨大优势，则需要学习、吸收人类各种优秀文明，通过深化改革、科技创新、社会治理、环境保护等举措，在软硬实力方面取得突破性的发展。

③ 进入新世纪后，中国在与世界主要大国建立"伙伴关系"方面取得了明显的进展，但日本显得有些例外。

束中国，试图"管理"中国崛起对自己带来的冲击①，例如扩充军力、强化日美军事同盟、推动合纵制华的战略性外交（例如插手南海争端、对冲"亚投行"及"一带一路"倡议）等。如此局面下，中日关系中"友好亲睦"与"正面冲突"的两极情况虽不容易发生②，但某种程度的乱象、摩擦和争端却总是少不了。

二　战后中日关系的逻辑演变

战后70年的中日关系，可以从不同的维度，例如从国际格局因素变动、客观力量态势对比、主观认识的调整、互动关系模式的变化，划分为若干各具特征的演化阶段。70年关系的演化，内含一定连贯的逻辑与特性。据此，可以将战后中日关系划分为如下五个阶段。③ 第一阶段，内外因素规制下的不正常出发点，导致1952年双方进入无邦交状态。第二阶段，从敌对与隔绝的不正常状态走向正常关系，到1972年双方实现邦交正常化。第三阶段，20世纪70—80年代，天时、地利、人和等各种有利因素，形成中日关系史上一段独特的"友好蜜月期"。第四阶段，友好的条件和环境发生改变④，蜜月期逐步结束，大约从90年代中期到21世纪头十年，进入困难的关系转型期。第五阶段，大约从21世纪第二个十年的中前期开始，中日关系进入"新常态"通道，暂显"大稳小乱"、竞合并存的状态。

（一）第一阶段（1945—1952）：扭曲的"不正常历史"出发点

中日两国的战后存有"时差"现象：1945年对日本来说是战后的一个重新出发点，但中国却陷入内战，直至1949年国民党政府败退台湾、

---

① 安倍自己就曾表示，日本要在亚洲发挥制衡中国的领导作用，通过构筑"民主安全菱形"等方式来制约中国。

② 第五个阶段的具体收尾时期，即中日一定程度上微妙的战略均势何时被彻底地颠覆，目前尚难预估。另外，根据国际政治的一般原理，国家间的均势被打破时，双方关系容易"摊上大事"。实际上，古代元朝攻日、近代日本侵华，都与国力强弱与均势失衡有关。

③ 五个阶段的前后界限，有时候并不一定能确定在某一具体年份，但从整体看，阶段性是存在的。

④ 例如，北京政治风波导致美欧日制裁、冷战结束使双方联合的战略基础消失、中国发展壮大势头使日方产生疑虑和戒备等。

中华人民共和国成立。① 从 1945 年日本战败到新中国成立前的中日关系，是特殊时期的中日关系。因为一直到 1952 年 4 月所谓的《旧金山和约》生效前，日本作为二战战败国丧失了外交权，是尚未获得独立的国家。所以，中日关系，表现为中国单方面的对日关系，包括处理战败国日本难民、战俘的问题，同时也是中美两国关系（美国代行日本外交权）的一个部分，跟美国的一系列对日及对华政策有关。②

　　1949 年新中国成立后，随即确立了对日基本方针和政策。1950 年 5 月起新中国外交部就对日和约问题举行讨论研究，12 月周恩来外长代表中国政府发表《关于对日和约问题的声明》，表达了缔结对日和平条约的意愿。③ 但是，日本在 1952 年之前失去独立国家地位，双方无法实施正面接触和互动。其后，经过一系列曲折，到 1952 年，中日邦交不正常状态这样一个局面就形成了：日本签订《旧金山和约》《日美安全条约》与所谓的"日台和约"，实行排除中苏等国的战后片面媾和、对美"一边倒"以及日台"建交"等政策，中国则与苏联签订《中苏友好同盟互助条约》，开展抗美援朝，外交政策采取"打扫屋子"、对苏"一边倒"的方针。④由于美苏冷战格局的影响，中日分属东西两大阵营，战后刚刚启程的中日两国外交各自采取"一边倒"立场，大体是不能不顾及阵营路线而完全自由地去选择对方⑤。但是，必须看到的是，双方这种局面的造成，根本原因还是在于日方选择的立场和做法。吉田茂政府追随美国敌视新中国，特别是日本在美国压力下选择缔结所谓的"日台和约"，使其后的中日关系发展受到了"台湾问题"这一最大症结的严重阻碍，形成了不正常的出发点。而新中国从 1950 年起即多次表示愿意对外实行和平友好政策，希望尽早地同日本实现外交关系的正常化。在 1954 年 10 月发布的《中苏对日关系联合宣言》以及 1955 年 3 月制定的《中共中央关于对日政策和对日

　　① 1945—1949 年也可以划分为一个时期，但本文是以新中国与日本关系为主题进行论述。
　　② 例如，美国单独占领日本、实施初期对日改革、1947 年杜鲁门主义出台以及世界冷战体制开始、美国扶蒋反共、美国对日政策转变等。
　　③ 参见张历历《新中国和日本关系史》，上海人民出版社 2011 年版，第 8—16 页；林代昭《战后中日关系史》，北京大学出版社 1992 年版，第 36—39 页。
　　④ 参见周恩来《我们的外交方针和任务》，载《周恩来选集》下卷，人民出版社 1984 年版，第 85—87 页。
　　⑤ 田中明彦『日中関係 1945—1990』、東京大学出版会、1991 年、33—38 頁。

活动的方针和计划》① 中，中方也再次提出愿意采取步骤同日本实现关系正常化，但吉田内阁等日本政府对此还是不予理睬和接受。由此，日本和新中国进入邦交阙如的不正常关系状态。②

（二）第二阶段（1952—1972）：从敌对与隔绝走向关系正常化

这一阶段，中日关系最明显的总体特征是政治严重对立、邦交尚未恢复，但两国在不同程度上以民间或半官半民的形式保有贸易及人员往来关系。在这种情况下，中国共产党和政府在广义上的"人民外交"思路指导下（包括对日本统治集团内部的对华友好政治家开展工作）③，坚持"政经不可分"及"政治三原则"④，通过"民间先行、以民促官、以经促政、半官半民、渐进积累"的方式，积极争取打开僵局，发展对日关系，推进两国实现邦交正常化。反之，日本政府尤其是岸信介和佐藤荣作内阁，采取"政经分离"方针，顽固坚持"两个中国"以及敌视或不承认新中国的立场，佐藤内阁直到最后都在配合美国阻挠新中国恢复在联合国的合法地位，造成中日交流的倒退和断绝。部分日本政治家，例如鸠山一郎和池田勇人首相在任时，曾试图对中日关系的这种局面进行一些调整和改善，但由于内外条件制约，其效果当然也是有限的。⑤ 不过，与此同时，日本国内尤其是民间和经济界，一直有要求恢复日中邦交的呼声与行动。

1972 年 7 月，田中角荣担任首相后决定尽速实现日中复交，多次表示理解中方提出的"复交三原则"立场⑥。9 月，田中访华，两国政府经过磋商后在历史认识、台湾问题、战争赔偿等问题上达成共识和默契，随后双方发表《中日联合声明》，从而实现了邦交正常化。中日复交，个中的

---

① 《中苏对日关系联合宣言》，载《日本问题文件汇编》，世界知识出版社 1955—1965 年版，第 26 页；张香山：《中日关系管窥与见证》，当代世界出版社 1998 年版，第 225—227 页。

② 本应早有的邦交关系却没能建立，所以，后来 1972 年双方的恢复关系行为被叫做复交或邦交正常化。参见中西辉政『迫り来る日中冷戦の時代』、PHP 新书、2012 年、166 页。

③ 关于中国对日"人民外交"的渊源、过程与结构，参见刘建平《战后中日关系："不正常历史"的过程与结构》，社会科学文献出版社 2007 年版，第 82—117 页。

④ "政治三原则"：不敌视中国、不制造"两个中国"、不阻挠关系正常化，即中日经济文化交流必须在三原则基础上进行，参见田桓主编《战后中日关系史 1945—1995》，中国社会科学出版社 2002 年版，第 256—266 页。

⑤ 古川万太郎『日中戦後関係史』、原書房、1981 年、75—80 页、126—130 页。

⑥ 冯瑞云、高秀清、王升：《中日关系史》（第三卷），社会科学文献出版社 2006 年版，第 323—328 页。

背景和原因是多方面的，大概可归列为如下几条：（1）有利国际环境的作用，特别是中国恢复在联合国的合法席位；（2）中美关系急剧改善的同时，围绕与新中国的关系佐藤内阁在政治上陷入困境；（3）中日两国人民、友好人士的一贯努力；（4）经济界、政界（在野党与执政党）等日本国内要求正常化的呼声和压力；（5）田中角荣上台后，呼应中国正义要求，决意正面推动邦交正常化。其中，在分析哪个方面原因起了主导作用时，需要客观地看到，没有国际格局、中美关系等外因的变化，没有双方领导层的战略选择和政治决断，中日复交是难以获得决定性突破的。但同时，如果没有双方多年开展民间外交、经贸往来的共同努力与积累，两国复交实现起来也不会显得那么水到渠成、瓜熟蒂落。①

（三）第三阶段（1972 年至冷战结束前后）：有利条件下的"友好蜜月期"

1972 年实现复交后②，经过 1978 年缔结《中日和平友好条约》，中日在 20 世纪 70—80 年代总体上进入了一段堪称蜜月期的友好相处阶段。这个蜜月期是由多方因素造成的：（1）双方具有对抗苏联威胁的战略关系基础，例如中国曾通过"一条线"战略联日，日本则通过"环太联盟"联华；③（2）日本出于对战争的赎罪感，帮助中国推动经济建设和现代化事

---

① 针对复交过程的得失教训以及"1972 年体制"问题，中日双方均出现了一些反思和评估的动向。具体参见以下著述的相关部分：添谷芳秀『日本外交と中国 1945—1972』（慶応義塾大学出版会、1995 年），国分良成『冷戦終結後の日中関係—「72 年体制」の転換—』（『国際問題研究』2001 年 1 月号），金熙德《中日关系：复交 30 年的思考》（北京：世界知识出版社 2002 年版），毛里和子『日中関係—戦後から新時代へ—』（岩波新書、2006 年），井上正也『日中国交正常化の政治史』（名古屋大学出版会、2010 年），刘建平《战后中日关系："不正常历史"的过程与结构》（社会科学文献出版社 2010 年版），服部龍二『日中国交正常化』（中公新書、2011年），緒方貞子『戦後日中・米中関係』（東京大学出版会、2012 年）。国际关系中的外交谈判一般都需要双方的让步与妥协，所谓害取其轻、综合权衡，历史的重大关头需要高度的政治判断与决意，从学术角度对一些技术细节进行反思无可厚非。但是，有关"1972 年体制"以及复交时的原则共识，涉及历史、台湾和安全保障等问题，事关中日关系的政治基础，有不同看法时双方可以展开沟通商榷，但不宜根据一己之念而采取单边主义行为去变动、修改。

② 中日关系在复交后并非马上进入"蜜月期"，至少在 1978 年和平友好条约缔结前，由于内政、国际等方面的原因，双方关系的发展没有沿着快车道前行。不过，从总体阶段划分来说，1972—1978 年仍可归为相对友好的时期。

③ 渡辺昭夫編『日本の対外政策』、有斐閣、1985 年、310 頁。毛里和子『日中関係—戦後から新時代へ—』、108—110 頁。

业，成为世界上第一个对华提供政府贷款的国家；（3）中国经济建设需要日本，中国对外政策调整到以经济建设为中心的全方位外交；（4）有限交流（主要是官办）带来的美好感观和正面印象；（5）双方老一代领导人的高超指导与政府协商。总之，是这个时期天时、地利、人和的条件，造成了中日关系史上罕见的友好局面。

友好的一个重要标志，是双方签订了《中日和平友好条约》这一极其重要的法律文件。条约的签订，是中日真正结束战后的标志，也是开辟睦邻友好关系的新起点，在两国关系史上具有划时代意义。条约因其以下三点内容，启动了两国关系的大发展，到现在还具有重大的现实意义①：（1）睦邻友好，以和平手段解决一切争端；（2）不在亚太地区谋求霸权，反对其他国家谋霸；（3）进一步促进经济文化交流、人民往来。签约后的20世纪80年代，胡耀邦和中曾根康弘等中日领导人又相继提出中日关系"三原则"和"四原则"，邓小平则更是直接指出"要永远友好下去。这个事情超过了我们之间一切问题的重要性"②。为此，中日双方还在1984年成立了"中日友好21世纪委员会"。由此，中日关系发展的深度和广度都得到了大幅提升，中日经贸（日元贷款、中长期贸易协定等）和文化科技交流进一步发展扩大，高层互访及政府成员会议等频繁举行。当时，"新篇章""新局面"等正面用语成了中日媒体评论双方关系的多用词。③

当然，这个阶段中日之间并不是没有问题，历史认识、日台关系、钓鱼岛主权归属、贸易不平衡及摩擦等问题，也时有发生。但是，双方均愿通过政治协商加以稳妥解决，所以这些最终没有成为大问题，没有影响大局。总体上看，此期两国关系呈现出健康发展、走上坡路的良睦态势，"两国关系发展极快，无论深度和广度都超过了任何历史时期"，"在中日关系史上造成了一段黄金时期"。④

---

① 日本和周边邻国之间，唯有和中国签订了和平友好条约，日苏、日韩、日朝皆无此类条约。

② 《邓小平文选》第三卷，人民出版社1993年版，第53页。

③ 参见徐之先主编《中日关系三十年》，时事出版社2002年版，第134—150页。

④ 何方：《论和平与发展时代》，世界知识出版社2000年版，第329、371页。

（四）第四阶段（冷战结束前后至 2013 年前后）：航程多舛的调整转型期

不可否认的是，这种友好蜜月期，未必是建立在充分了解与磨合的基础上。当形成蜜月期的内外条件，特别是像应对共同威胁的战略基础等发生激变时，中日关系不可避免地要面临调整和转型。从其后表现来看，这种转型并不顺利，尤其在战略及安全领域，这对其后两国关系带来的影响应该说是较为深远的。①

从不同角度来看这段关系，可以得出不尽相同的观点。从战略、政治与内在逻辑的角度看，这个时期的中日关系中可见四个螺旋形演化的小周期，即不断出现问题又不断修复的四个轮回阶段。总的看来，双方的战略、政治和安全关系，并不是越修越好、螺旋上升的趋向，而是不时呈现螺旋徘徊甚至沉降的局面，双方的战略隔阂和安全互疑则显出越来越大而难以弥合的状况。这种局面，通过安倍 2012 年年底二次上台执政后的所作所为②，进一步得到加强并固化下来。今后一段时期，日本不管哪一届政府上台，都不大可能完全否定或脱离"安倍路线"铺设的对华战略轨道及安全政策。中国对此走向自然也是越发关注和警惕，双方的互疑和防范难免有加深的趋势。可以认为，中日战略及安全关系的方向、特性、格局，在 2010—2015 年进入了基本定格并固化的通道。

此期的主要部分，即从 20 世纪 90 年代中期开始，中日关系总体上被认为是"政冷经热"的时代。③ 广义上，它可以被解构为在如下四个螺旋演化中徘徊塞滞的阶段。④（1）1989—1994 年前后的阶段。因北京政治风波及日本参与西方对华制裁，中日交流陷于停顿。但经中日共同努力，并通过 1992 年江泽民总书记访日、日本天皇访华、纪念邦交正常化 20 周年

---

① 不过，正如后述，这种 70 年历史中的"非正常"和曲折，在大的历史周期中，却是一种常态表现。

② 尤其是 2013 年 12 月制定的《国家安全战略》《防卫计划大纲》与 2015 年 4 月公布的《日美防卫合作指针》以及随后一系列实际举措等。

③ 王缉思·ジェラルド·カーティス·国分良成编『日米中トライアングル』、岩波书店、2010 年、247 页。

④ 对于中日关系这个阶段的定位，尚有不同看法。部分观点认为，鉴于日方对中国打开外交困局的帮助以及 1992 年高层互访的成功，此期应该划入 20 世纪 80 年代以来"友好蜜月期"的尾声阶段。在这个阶段，"友好框架"的效果仍在发挥作用。参见国分良成『冷戦終結後の日中関係—「72 年体制」の転換—』、『國際問題研究』2001 年 1 月号、42—46 页。

等活动，双方修复并在一定程度发展了关系，1992 年前后的中日关系甚至一度被称为"历史最好状态""又进入了一个全面发展的新时期"。① 但是，此次高潮出现不久就遭到破坏，日本很快在军事安全上显现对华防范的政策倾向，造成 1995—1996 年两国关系的矛盾和倒退。②

（2）90 年代中期至 1998 年的阶段。中日之间原有的历史、台湾、领土等问题不断发生，而新的问题（例如日本出台新防卫大纲、日美进行安保"再定义"并制定防卫合作指针）又不断出现，双方开始相互担心并警惕对方的军事安全动向。③ 所以，当时中日双方面临着消除问题、承前启后、把健康稳定的中日关系带入 21 世纪的任务。为此，1998 年江泽民主席访日，两国发表第三个政治文件《中日联合宣言》，提出建立面向 21 世纪的中日关系的基本框架及方向，对中日关系重新定位，即建设"致力于和平与发展的友好合作伙伴关系"。双方约定不但要加深双边合作，而且要面向亚太与世界进行合作。对此，中日领导人以及各界评论纷纷认为"标志着中日关系进入了一个新的发展阶段""双方将把健康稳定的关系带入到 21 世纪"。④ 然而，进入 21 世纪后，两国之间很快便出现了其他问题。

（3）2001 年小泉内阁成立至 2008 年前后的阶段。由于发生了小泉连续参拜靖国神社等历史问题，中日关系显现"政冷"僵局，直到小泉下台、安倍继任，中日才正式开始修复关系。经过"破冰""融冰""迎春"和"暖春"等系列高访活动，2008 年中日签署关于全面推进战略互惠关系的第四个政治文件，开始"摆脱只以'友好'为前提的双边主义"⑤，推动中日关系在"基于共同战略利益的互惠关系"轨道上前行。但是，"现实的日中关系并没有朝这个期待的方向顺利地前行，战略互惠关系从出发点开始就面临很大的困难"⑥，即使有民主党鸠山内阁探索"东亚共同体"及"入亚"外交的努力，其后中日关系很快还是出现了因领土争端而

---

①　高原明生·服部龍二編『日中関係史』、東京大学出版会、2014 年、260—280 頁。田桓主编：《战后中日关系史 1945—1995》，第 396 页。

②　参见何方《论和平与发展时代》，第 371 页。

③　家近亮子·松田康博等編著『岐路に立つ日中関係』、晃洋書房、2007 年、140—144 頁。

④　李建民：《冷战后的中日关系史》，中国经济出版社 2007 年版，第 200—205 页。

⑤　国分良成『序』、王緝思·ジェラルド·カーティス·国分良成編『日米中トライアングル』、ix 頁。

⑥　国分良成·添谷芳秀·高原明生·川島真『日中関係史』、有斐閣、2013 年、231 頁。

大幅恶化的局面。

（4）2010年前后至2014年的阶段。2010年9月发生的钓鱼岛"撞船事件"、2012年9月发生的"购岛"事件，加上安倍2013年年底参拜靖国神社，以及中日在军事安全和外交领域的一系列摩擦，中日关系被认为一度陷入冷战结束以来的最低谷。2014年11月，以亚太经合组织（APEC）会议期间中日领导人实现会见为契机，双方迈出改善关系的重要一步，陆续开始关系的修复。广义上讲，直至2015年当前，这一过程仍在进行。

（五）第五阶段（2013年前后至今）：进入大稳小乱的"新常态"期

关于中日关系进入21世纪后何时进入重要转折点，日本战略界和学界大致有"2010年节点论"和"2012年节点论"两种看法。前者的标志性事件被认为是中国GDP超过日本、中国在"撞船事件"上对日采取强硬姿态①，后者则被认为是围绕"岛争"中国全面采取强硬应对举措、改变了之前韬光养晦的外交方针②。这些论断在中方看来当然难以成立。综合中日双方国力对比变化、国家战略及对外政策调整情况，可以研判，经过2010年双方GDP逆转后，到2013年前后，两国关系初步站到了一种关系结构或模式成型的入口处。

具体依据如下：（1）安倍内阁2013年12月制定二战后日本首份《国家安全战略》以及新版《防卫计划大纲》，正面宣示了防范和应对"中国威胁"的决心和措施，迈出了日本对华战略的较为决定性的一步，这首先应是双方关系一大转折的标志性事件。③ 并且，日本国家安全战略——一种融合了外交、军事、内政的大战略规划，不同于之前仅由防卫部门做出的计划纲要，而是作为政府总体就如何应对中国崛起提出了系统的见解和

---

① 北冈伸一『尖閣衝突』、『読売新聞』2010年10月3日。谷内正太郎編『日本の外交と総合的な安全保障』、ウェッジ、2011年、402—420頁。国分良成・添谷芳秀・高原明生・川島真『日中関係史』、235頁。

② 参见园田茂人、丸川知雄、高原明生《面向新型的中日关系》，载《日中关系40年史》，社会科学文献出版社2014年版，第180—181页。伊藤信吾・宮本雄二・川島真『日中関係の潮目は変わったのか』、2015年8月28日、http://www.genron-npo.net/studio/2015/08/0828.html。

③ 例如，在当今时代，世界主要大国，包括日本，已很难在公开的政策文件中公然将中国描述为敌人。美方近来开始讨论中美关系是否越过临界点的问题，但美国政府要人以及系列国防文件，在军事安全关系上也并没有像日本这样描述"中国威胁"的。

方略。（2）通过2012年中共十八大会议、2013年周边外交工作会议以及"一带一路"构想、2014年中央外事工作会议，中国新一届领导集体制定了完整清晰的国家战略、国际及周边战略体系，中日关系及中国对日政策得以纳入这一系列整体战略架构中进行设计和操作。中国对日政策的战术调整仍会持续，但大的战略及方针，至少在一段时间内应该是可以得到确定的。所以，2013年前后的时间应该是中日关系发生根本变化的标志性年份。①

所以，当前，中日两国对对方的战略层面的考虑，应已获得基本思路和大致答案，双方将在顶层设计、内外统筹中，考虑对对方的定位及政策问题。当然，中日都会推动进一步的战术调适、措施落实，双方中微观层级的磨合和磕碰仍会持续不断。但这主要是程度的问题，全面超过2013年"政策节点"的战略变调与方向转换，在一定时期内应该难以发生。

因此，可以说，大约从21世纪第二个十年的最初几年开始，中日关系进入了一种称之为"新常态"的阶段。"常态"是指回到历史上中日之间最长期、最常见的"中强日弱"态势，中国体量庞大并占有相对优势，但是以这种相对优势而形成的政经秩序圈也很难完全覆盖或吸纳日本，因而中日之间难免发生边际磕碰与摩擦。"新"是指新时代条件形成了与过往常态所不同的新特征，而不是过去常态的简单复制。

具体而言，它是由以下四点特征构成的"综合之新"：和而不同（战略及政治关系上有对立、摩擦但寻求基本和稳）、斗而不破（军事安全领域，包括在部分争端上有对峙、争斗但难以发生正面战争）、互惠互利（正常的经贸关系以及相互依存）、往来不绝（人文及社会交流频密但未必亲近）。② 在这个阶段上，中日关系不会回到20世纪70—80年代的"友好"状态，但也不是完全敌对和正面冲突的状态。较长的一段时期内，中

---

① 这个转折点的下限，也可以划到2015年日美完成修订防卫合作指针、日本通过"新安保法"为止。但指针和安保法，主要是通过强化同盟和内部立法的手段为安全战略及防卫大纲服务的。另外，美国"亚太再平衡"战略的推动也是一个重要因素，2012年12月安倍二次上台执政后，美日对华战略路线日显"共振"倾向。
② 这个现象是历史上没有过的。历史上的常态，有过四点中的某一种或若干种特征，但没有过这种"四合一"的新常态。

日关系可能都是处在这样一种新常态的历史隧道里。①

三 70年重要节点的特征比较

在战后70周年的节点上，面对内外形势和环境的剧烈变化与调整，对中日关系各组成要素进行纵向比较，可以看出这种关系的演变轨迹、特征、到达阶段和演变趋向，厘清中日关系发生了哪些方向性的、质的变化。尤其是，在过去节点上不够清晰的特质和态势，在冷战结束尤其是进入新世纪后，经过最近十多年的快速演变和急剧发酵，就可能进一步固化下来，导致战后70年中日关系发生总体的重心位移或地壳变动。所以，战后中日关系的天平在最近两个十周年节点上被赋予的"加码"及其所导致的某种深层次改变，无疑是需要加以重点评估和总结的。

（一）70年关系总体演进的特征与脉络

对照表2，可以看出战后中日关系总体上演化的四点主要特征与脉络。

（1）以1972年为无可争议的重要历史节点，战后中日关系的最大特点无疑是从隔绝与对立的不正常状态，走向邦交恢复的正常关系。在此前提下，也能够看到，"冷战体制崩溃后的倾向是日中两国在政治上的对抗范围不断扩大"②，从20世纪90年代中期尤其进入21世纪以后，中日政治及安全关系不时震荡与波动，在正常化后的总体正常中屡显"不太正常"与不够稳定的状态。但是，这种状态基本上仍属于当代大国间关系的一种基本正常样态，与中日复交前的双边关系性质不可同日而语。同时，若从中日关系的大历史周期看，在回归"中强日弱"常态的错肩期中，这种震荡与摩擦的不太正常其实合乎历史的一般性逻辑。

---

① 目前尚难以准确预估中日战略格局何时出现颠覆性的变化，但正如前述，至少到21世纪第二个十年的前期，即中国在全面实现小康社会及第一个"百年目标"之前，很难在软硬实力上全面占有压倒性的对日优势。

② 园田茂人主编：《日中关系40年史（1972—2012）》，社会科学文献出版社2014年版，第178—179页。

表2　　　　　　　**战后70年中日关系在每十年节点上的特征比较**

节点 / 类别		战略关系	政治关系	安全及军事关系	经贸及人员往来关系	国民感情及相互印象
冷战期间	1955年10周年	分属东西两大阵营，敌对关系	无邦交，隔绝对立，没有正式官方来往	隔空的敌对关系，没有直接军事接触及对峙	极少量的民间贸易及人员往来	两个邦交断绝、敌对国家人民的一般性认识，缺乏直接客观的认知条件，好感度极低
冷战期间	1965年20周年	分属东西两大阵营，敌对关系	无邦交，继续对立、隔绝、僵冷，无官方来往	隔空的敌对关系，没有直接的军事接触，相互有警惕意识	少量的民间（半官半民）贸易及人员往来	同上，但日本国民要求中日关系正常化的呼声升高
冷战期间	1975年30周年	冷战结构下迈向联合对苏的战略互助关系	邦交恢复、关系正常化	化敌为友，但没有直接军事利害关系	官民贸易及人员开始正常往来，但数量仍然很少，仅有十多亿美元和1万多人次规模	友好感情上升，日本国民对华亲近感达到60%（此处缺少中方统计数据）
冷战期间	1985年40周年	《中日和平友好条约》后的和平友好、联合抗苏、反霸准同盟	"政热"，高层来往频繁，通过对话与磋商解决问题，呈现蜜月期、黄金期	安全关系最好时期，呈现统一战线结构，中日美联合应对苏联威胁	官民贸易以及日本政府开发援助额度加速增长，双边贸易额超过100亿美元，人员往来接近30万人次	友好感情达到高点状态，日本对华亲近感超过70%，中国对日印象的肯定评价接近50%

续表

节点 \ 类别	战略关系	政治关系	安全及军事关系	经贸及人员往来关系	国民感情及相互印象
冷战结束后 / 1995年50周年	冷战结束，战略基础消失，中国发展，日本停滞，围绕台海危机、日美同盟主导亚太等，双方开始互疑，裂隙渐显，战略关系上开始分道扬镳	始入"政温"模式，围绕台海、历史、钓鱼岛等问题开始摩擦，但前期的良好关系余温尚在，未引起大的震荡与风波	双方开始安全互疑。日本1995年版《防卫大纲》提示注意周边安全，开始关注中国军事动向，但避开直接描述中国"威胁"的措辞。中国对日美军事同盟染指台湾表示不安和反对	双边贸易额及人员往来增长很快，分别达到近600亿美元、100万人次。日本加快对华投资	相互友好感情和认知虽有下降，但维持在较高水平，日本对华亲近感保持在50%左右，中国对日肯定评价在30%左右
冷战结束后 / 2005年60周年	日本感知"中国威胁"苗头并采取初步应对措施，但尚有自信坚持"中国发展机遇论"。中国对日美同盟强化并明确干预台海不满，中国与日美同盟的战略分歧彰显	处于典型的政冷僵局，关系恶化数年未能修复，高层往来断绝。日本决定在2008年停止对华日元贷款。围绕日本"入常"发生多边外交下的博弈	中日渐入安全困境。日本2004年版《防卫计划大纲》关注中国军力动向，提出岛屿防卫，日美共同战略目标染指台海。中国2004年版《国防白皮书》提出涉日警示，中国海空力量加速发展并走向远洋，双方军力有"接触"，摩擦渐显	"政冷"下的"经热"，双边贸易额达到2600多亿美元，人员往来接近400万人次。中国代替美国成为日本最大贸易国，日本为中国第二大贸易国	日本对华亲近感下降到30%—40%的区间（与不亲近感基本持平），中国对日肯定评价下降到不足20%（前后几年否定评价在50%以上）

续表

节点 ＼ 类别	战略关系	政治关系	安全及军事关系	经贸及人员往来关系	国民感情及相互印象
冷战结束后 2015年70周年	双方确定"战略互惠"关系，但日本政府（安倍内阁）明确将中国作为竞争对手与防范对象。中国希望日本与中国一道走和平发展道路，忧虑日本战略走向以及日美同盟强化防遏、制衡中国的举措	经过冷战后关系的最低点后，迈出修复步伐，高层交流逐步启动，但前景尚不完全明朗、稳定。围绕双边的国际竞争与博弈不时激烈并扩大化	中日进入较为典型的安全困境，日本在《国家安全战略》及新《防卫大纲》中明确将中国视为潜在军事威胁，布防西南群岛。中国提醒日本采取审慎军事安全政策。两国互批"威胁论"，互疑对方政策，并采取应对措施	虽同比有所下降，但双边贸易额增长仍然较快，2014双边年贸易额近3200亿美元，中日互为对方最大和第三贸易对象国，人员往来达600万人次，国交中的"社交"因素增大	日本对华不亲近感上升到80%以上，中国对日否定评价在60%以上（前后几年一直在50%以上），都达到或接近负面的历史最高点。但同时双方皆认为与对方的系很重要

（2）经贸及人员往来呈现不断增长、成果丰硕的可喜状态。邦交断绝时代自不待言，冷战条件下1972年中日复交时的双边贸易额也只有10亿多美元，经过冷战结束后90年代的加速发展，到了战后70周年之际的2015年已经超过3000多亿美元，规模翻了300多倍。人员往来呈现同样的趋向，1972年的规模极为有限，只有1万人次，2015年双边人员往来有望达到600万人次左右，增长500倍以上。中日作为世界第二和第三大经济体，经济高度相互依赖，人员往来密切，虽然这一状况没有促使政经同步发展，为政治关系向好发挥巨大贡献，但在避免关系极度恶化、正面碰撞方面，应该说起到了"压舱石"的作用。

（3）两种"政经分离"现象，在不同时期困扰着中日关系发展。第一种是邦交断绝的冷战时代，日本政府采取"政经分离"方针，采取生意要做但敌视或不承认新中国的立场。另一种是，进入21世纪后的日本政府尤其是安倍内阁，采取保持经贸互利往来，但在战略与安全上防华制华的逆向双轨方针，这也是他们从低层次上所理解的"战略互惠关系"的含义。中国政府对日本的这两种方针都进行了坚决反对，针对第一种的斗争最终取得了胜利，但第二种实际上成为中日关系的一种现实，某种程度上即是安倍推动的低层级"战略互惠"关系的反映。[1] 政治（安全）关系与经济关系是双边关系的最高领域与典型代表，然而中日的政经关系显然没有互相促进并得到同步发展，政经两张皮与双轨制之间的张力已到临界点的边缘。并且，作为大政治的一环以及两国关系政治基础的双方国民感情，也没有随着人财物和信息交流的扩大而同步得到改善和提升[2]，反而却大约从20世纪90年代中后期尤其21世纪初开始，呈现螺旋形下行、不断恶化的趋势。大平首相在1979年12月访华时曾言："如果只在一时的气氛或情绪上的亲近感，或者只在经济上的利害得失的算盘之上建立日中关系的各个方面，那就最终会成为犹如空中楼阁的、昙花一现的脆弱关系。……在国与国的关系上，最重要的是双方国民心与心之间结成的牢固的信赖。"[3] 大平首相的忠告给人有不幸而言中之感，这应当引起中日双方尤其是日本领导层的足够重视与深刻思考。

（4）影响中日关系的干预变量日渐增多、复杂，双边关系不够稳定，时有波动。第一，从横向的内外因素来看。首先是外部因素。美苏冷战结构当初对中日关系乃至复交进程都有深刻的影响，中日美三角关系也总是受到美国对外战略的规制。例如，同盟的制约使得日本错误地选择缔结"日台和约"、大大晚于英法等国开启对华官方关系进程等。不过，相对于中国改革开放后实行全方位均衡外交以及全球伙伴外交，日本外交在70年里的后期却始终受到日美同盟的刚性约束。例如，近年日本配合美国"亚太再平衡"、强化同盟军事合作的种种举措，对中日关系又持续造成负面冲击与影响。所以，美国对日本外交政策以及中日关系始终具有结构性的制约作用。其次是内部因素。双方的"政治特殊期"，例如日方内阁频繁更迭、特殊强势领导人的出现、军事安全政策的调整等，中国"文革"中的外交工作停顿与"左"的影响等，对中日关系均有不同的影响。第二，从纵向的历史演变来看。复交之前的主要干预变量是国际格局以及中美苏大三角关系，1972年复交之后基本固定为三大问题：历史认识、领土争端、日台关系。但这三个问题在20世纪90年代中期之前尚没有激化为

---

① 『日中関係は政経分離の原則で』、安倍晋三『美しい国へ』、『文芸春秋』、2006年、152頁。安倍晋三『新しい国へ』、『文芸春秋』2013年第1号、130—131頁。

② 园田茂人主编：《日中关系40年史（1972—2012）》，第2—3页。

③ 高原明生・服部龍二编『日中関係史』、118—125頁。

严重问题。90 年代中期以后，军事安全因素上升，早期主要是日美同盟强化及扩展动向。进入 21 世纪特别是第二个十年起，日本自身的安全防卫政策调整、中国"大块头"崛起以及国防现代化也成为重要的独立变量因素。同时，舆情民意、国际竞争与博弈也日渐影响中日关系。

当今，四大因素对中日关系的影响越来越大，尤需注意：第一，两国各自的国内发展深度转型与内外政策加速调整，带来的双边新磨合与调适问题；第二，美国对华战略走向以及第三方因素的牵连及干扰作用；第三，历史问题"现实化"、现实问题"历史化"，新旧问题交织形成热点摩擦和突发性事件；第四，国民感情整体下降、大众传媒与舆论影响日增、民族主义情绪有所抬头的局面。尤其由于第四点，双方领导层在进行有关中日关系的重要决策时，从冷战条件下相对可以"忽视"舆情民意，到越来越需要承受信息社会化和利益多元化等国内因素的压力和影响，从而在共识凝聚和政策选择时不得不受到越来越大的限制。①

（二）新世纪两个节点对比中所见的重大变化

不过，冷战结构下与冷战结束后的中日关系缺乏真正的可比性，如果以进入 21 世纪后的两个 10 周年节点为中心，以前后 15 年为范围，从以下几个方面进行对比，将能把中日关系演变的特征和走向看得更清楚。21 世纪头 15 年的新形势及其变化，无疑对当今中日关系的"正在形成"具有更直接与更本质的影响。加上 15 年的"砝码"后，在 2015 年这个 70 周年节点上，特别是围绕战略及安全关系，中日关系发生了如下"重心位移"式的明显变化。

（1）战略关系变质很大，基本成型，"对手"性质固化②。十多年前，日本对中国的定位仍有自信和宽裕，认为中国对日本造成"威胁"还尚需时日。例如，小泉首相公开表示"中国的发展不是威胁而是机遇"③。而且，出于这份自信，尽管其智囊机构已开始思考某种整体对华战略，但小

---

① 例如，冷战时代的 20 世纪 50—60 年代，日本公众对中国的好感度处于 5% 以下的相当低位，但这并不妨碍日本政府还是能够推动邦交正常化。参见『図説戦後世論史』、NHK 出版会、1982 年、180—185 頁。

② 此处的"对手"含义，小于"敌人"（foe、enemy）但大于"一般性竞争对手"（rival、opponent）范畴的一个概念，比较接近英语中 adversary、antagonist 两词的含义。

③ 『アジア・アフリカ首脳会談の際の日中首脳会談』、2015 年 4 月 23 日、http：//www. mofa. go. jp/mofaj/kaidan/s_ koi/asia_ africa_ 05/conference01. html。

泉内阁出于政策惯性，只是在军事安全战略上象征性地提出"岛屿防卫"。比起安倍，小泉本人似乎并没有系统认真地考虑过对华大战略、构建一整套自己的想法，其典型思维就是"只要日美同盟关系良好，和中韩等国的关系就会好起来"①，故而日本当时也只愿意把 2005 年启动的中日战略对话称为"日中综合政策对话"②。现在，安倍表面上偶尔也会发出"中国机遇说"的类似言论，但很明显他说的只是经济利益，而非战略机遇。并且，安倍时常言行不一，不时公开渲染"中国威胁论"。安倍主导制定的战后日本首个国家大战略《国家安全战略》，从政府总体角度提出了对华方针和策略。现实中，安倍推动很多具体的软硬措施，包括在国际场合极其露骨地采取拉朋友圈、动用"价值观"工具等方式来制衡中国，应对"中国威胁"。③ 同时，反过来，中国对日本的动向比以前变得更加担忧和警惕，对安倍在历史修正主义背景下推动的国家发展路线调整和重大军事安全政策变动，中方领导人提出"希望日本同中国一道沿着和平发展的道路走下去"④，中国外交及国防部门等一再表示日本"大幅调整军事安全政策与和平、发展、合作的时代潮流格格不入"，提醒日本要"坚持和平发展道路……多做有助于促进本地区和平稳定的事，而不是相反"⑤。无论如何，当前中日之间相互的战略互疑戒备，要比复交以来的任何时候显得更加强烈和明显。未来，日本不管哪个政府上台，对中国的战略疑虑与防范难以停下脚步，而中国也将会对此保持戒备并采取适当的应对措施。

（2）经贸关系不断发展，形成深度相互依赖，但喜中有忧，忧从喜来。进入 21 世纪的十多年间，中日双方遵守世贸规则，推动互利合作，贸易往来规模不断扩大，这个良好的基本面没有根本改变。良好的经贸关系，未必能直接改善、促进中日政治关系，但在现代国家间相互依存的条件下，作为"压舱石"，它能防止双边关系决定性的恶化以及极端单边主

---

① 参见日本首相官邸网站，http：//www. kantei. go. jp/jp/koizumispeech/2005/12/14press. html。

② 参见刘江永《中国与日本——变化中的"政冷经热"关系》，人民出版社 2007 年版，第 709—712 页；冯昭奎《21 世纪的日本：战略的贫困》，中国城市出版社 2002 年版，第 407 页。

③ 以往日本领导人的对华政策行为方式，一般并非如此露骨和好斗。

④ 参见《习近平会见日本首相安倍晋三》，2015 年 4 月 22 日，http：//news. xinhuanet. com/politics/2015 – 04/22/c＿ 1115057889. htm。

⑤ 参见外交部网站，http：//www. fmprc. gov. cn/web/wjdt ＿ 674879/fyrbt ＿ 674889/t1298001. shtml。

义行为。不过，相比于2005年中日在政治关系恶化时还能做到"政冷经热"，进入第二个十年后的持续"政冷"则肯定对经贸往来会产生不利影响，助推"经温"甚至"经凉"局面的出现。同时，作为政府行为，日本官方开始推动"中国+1"工程，即鼓励日企到中国以外的国家进行分散投资和风险规避。而且，由于中国的发展和竞争力的提高，中日经济结构的互补性比起以往将是趋弱的走向，所以以双方在国际和地区的经济竞争关系，包括在对外承建基础设施建设等方面，则会比以前显得越来越明显。在经济贸易作为"压舱石"作用下降的情况下，中日关系的相处之道确需再思考和再总结。

（3）安全关系的非良胜变化最为明显，"中日关系也开始军事化"①令人担忧。十年前日本在军事安全上提出了对华防范的方向和初步规划，例如2004年版《防卫大纲》提出了重视西南的"岛屿防卫"口号，但由于种种原因没有得到大力的推进与落实，实际举措没有跟上（日本需要紧跟美国进行国际反恐）。并且，就如中国批评2005年日美"2+2"会议共同声明干预台海（将台海列为地区共同战略目标）那样，中国担心的是美日两家，并没有特别担心日本。近年日本针对中国的军事防范措施，在安倍的主导下则是"真抓实干"、尽速到位，例如正面推动整军经武、日美军事一体化、在西南群岛加强军事部署和防卫体系等。2015年日美修订防卫合作指针及日本通过新安保法，双方进一步加剧了这种联合制华的态势。与此同时，中国对日本这些动向的担心和批评也更明显、更直接。例如，习近平主席在2014年11月APEC会议期间应约会见安倍时就直接表示"希望日本继续走和平发展道路，采取审慎的军事安全政策"②。中国外交部发言人针对2015年夏秋之际日本通过新安保法等动向表示，这"已经引发国际社会对日本是否要放弃专守防卫政策和战后所走和平发展道路的质疑"③，希望日本"尊重亚洲邻国的重大安全关切，不要做损害中国的

① 王缉思、李侃如：《中美战略互疑：解析与应对》，社会科学文献出版社2013年版，第70页。

② 《习近平会见参见APEC会议五经济体领导人》，《人民日报（海外版）》2014年11月11日，第2版。

③ 参见外交部网站，http://www.fmprc.gov.cn/web/wjdt_674879/fyrbt_674889/t1298011.shtml。

主权和安全利益、危害地区和平稳定的事"①。

中国政府对日就其军事安全政策及国家发展道路问题提出如此担忧和忠告，应该说是前所未有，其间表达的意思是不言而喻的。由于日本军力的南下和前出，中国海空力量加速走向大洋，中日关系中的军事因素日增，双方军事力量在西太平洋及第一岛链开始直接照面、对峙，双方发生危机的可能性比以前大为增加。据报道，在东海当面，中国对日也在采取相应的防范措施，双方的海空力量在钓鱼岛周边海域现在不时发生近距离接触与对峙的行为。

（4）国民感情与相互认知方面，总体呈现更加隔阂与恶化的下行轨迹。

相比于中方的变化，日方的恶化态势更令人忧虑。实际上，大约自20世纪90年代中期起，中方对日负面评价超过正面评价，但即便如此，进入21世纪后，受政治关系和交往规模的影响，中国对日肯定评价也有连续几年上升的情况。反观日本，在经过90年代到21世纪初对华"亲近"与"不亲近"比率大体相当（都在50%左右）的相持阶段后，从2005年前后开始，基本是一直下降，从2010年开始则是急剧下降，即便是中方有几百万人次规模的赴日旅游和"爆买"行为，这个趋向也没有得到有效缓和。现在，中日双方相互的"不亲近感"或"否定评价"均在高位运行，而"亲近感"与"肯定评价"则已跌到了邦交正常化以来的最低点。双方的政治关系容易影响国民感情的走向，反过来双方的国民感情及舆论情况又影响政治关系的发展，形成了恶性循环的态势。并且，相对于中方尚有较大调节余地，日方的这一现象呈现出某种结构性和强迫观念的症状。根据以往的经验，双方的对外认知及国民感情易受本国政府对外政策的影响，所以随着政府政策的调整与引导，两国对对方的舆论及国民感情可以得到一定程度的缓和与改观。然而，现在令人担心的是，由于长期的负面宣传与倾向诱导作用，日本对华舆论及国民感情可能面临跨过"临界点"而在较长时期内都无法复原的问题。② 在全球化以及信息化的时代环境下，中日各方面的交流都在拓宽加深，关系日益重要，但认识与感情鸿

---

① 参见外交部网站，http://www.fmprc.gov.cn/web/wjdt＿674879/fyrbt＿674889/t1281820.shtml。

② 参见黄大慧《日本大国化趋势与中日关系》，社会科学文献出版社2008年版，第230—243页。

沟却是如此之巨，这种现象已然成为中日之间一个很大的新问题，使得中日关系的基础受到严重损害，友好变得十分不易。

四　中日关系走向展望

未来中日关系的走向与前景，主要取决于在复杂的国际背景①下两国各自的客观发展前景、主观战略选择以及双边互动产生的合力结果。

（一）三组重要变量的作用与影响

（1）从客观方面来看。中国的发展虽面临诸多制约因素，但相对于日本的低速发展，仍将维持中速或中高速发展，在总量上持续对日取得较大的优势应该是没有悬念的。十年后，到战后80周年的2025年，中国GDP可达20万亿美元以上，至少是日本的三倍，有望与美国经济规模基本持平或处于一个等量级上。所以，中日关系中，从物量及实力基础来说，两者之间的差距将进一步拉开，中国可拥有较大的主动权，对中日关系的影响力与塑造能力大于日方。

同时，也要看到，这种优势和主动权，多是相对而未必是绝对的。其因在于：第一，从历史经验来看，日本很早就有自己的民族主体意识和世界观体系，大抵一直不愿接受中国主导东亚秩序。② 第二，在文明形态、科技与生产力没有取得巨大突破性发展并形成"代差"之前，中日之间多是"比较优势"，而难有绝对优势。在当今全球化的环境下，在可预见的未来，这种全面的发展代差和文明落差很难形成。同时，"中国作为一个发展中国家的地位仍将保持很长一段时间，从长远来看，中国将会有许多棘手的问题需要处理"③。第三，从当今国际体系、格局及力量对比的角度看，中国所受牵制和耗损甚多，很难集中主要力量和资源用于日本。日本打开其所有对外政策工具箱后，在一段时期内大体可维持一个微妙的对华

---

① 复杂的国际背景，包括国际格局和各大国博弈的走势，但主要是指中美关系的状态，尤其是否会发生破局和正面冲突的情况。鉴于美国对日本的影响作用，美日同盟的状况也很重要。

② 日本民族总会力求成为大国博弈中自主的一方行为体，避免自己成为"战略洼地"，而不是甘于沦为其中一方的附属，这是日本骨子里很根本的东西。对日本心理和行为模式的规律，很需要进行历史长线的总结和评估。战后的几十年，在日本的长线历史中可能只是一段特殊时期，其争斗斗勇的民族精神及战略文化，遇有环境的连续强刺激时，将来不排除有激活的可能性。

③ 张蕴岭：《如何理解中国的崛起及其意义》，《当代世界》2012年第4期。

弱性战略均势。第四，十年后，美国并不会失去世界超级大国地位，而日本仍可维持世界第三大经济体的地位。中美战略竞争态势将更加明显，美国对华军事防范力度当会加大，两国摩擦与冲突将主要发生在东亚地区①，美国将加大控日、联日的力度以制衡中国，中国的综合实力仍将低于美日之和（甚至包括美日欧连线的体系之和）。第五，将来，随着中国的进一步发展壮大，日本可能会从现在的"安倍范式"即从政治安全上强烈的"联美（或'日美＋Ｘ'方式）制华"取向，向较为明智、平衡的"日美同盟＋日中协调"方向做一些调整和转换。不过，这应该只是策略性的动作，在可预见的一段时间内，还难以看到日本"脱美人中"、在中美之间重做选择的前景。②

表3　　　　　　　　　　中日 GDP 的变化与未来预测　　　　　　　（单位：亿美元）

国家＼年份	1980	1990	2000	2010	2014	2020	2030
中国	1849	3569	11985	54588	104000	160000 以上	250000 以上
日本	10533	30183	46674	59266	49000	60000	70000 以上

资料来源：World Development Indicators，World Bank。2014 年数据为笔者添加，2020 年、2030 年的预测数据由笔者根据美国国家情报委员会（SIC）出版的 *Global Trends 2030*、中国发改委与财政部领导及专家言论③、日本安倍内阁的经济振兴"后三支箭"目标等推算。

（2）从主观方面来看。中国政府一再声明，坚持走和平发展与合作共赢道路是基本国策，任何时候不会动摇。④ 中国对日政策的原则与精神可

---

①　参见阎学通《历史的惯性——未来十年的中国与世界》，中信出版社 2013 年版，第 39—41 页。

②　关于日本发展前景及对日战略，中国国内主要有如下两种政策观点（当然在"防日"上有共同点）。（1）自由理想主义国际关系论者的"拉日稳日"论：日本在一段时间内仍很强大和重要，不重视日本要吃亏，宜给日本一定的位置和角色、拉住并稳住日本。（2）现实主义国际关系论者的"压日制日"论：中日实力差距拉开后，中日关系就好处理了；日本不是世界战略力量，是心怀不满却又力不从心的地区大国；中美关系顺畅则中日无大问题。

③　例如，2015 年 7 月 25 日，在 2015 经济学家年会上，中国财政部副部长朱光耀称，到 2020 年中国的 GDP 将达到 100 万亿人民币的规模。参见 http://finance. people. com. cn/n/2015/0804/c1004 - 27404754. html。

④　参见国务院新闻办公室《中国的和平发展》，2011 年 9 月 6 日，http://politics. people. com. cn/GB/1026/15598619. html。

谓一以贯之，习近平主席多次发表涉日重要讲话，表示中方高度重视中日关系，愿在四个政治文件基础上，继续落实中日战略互惠目标，发展长期健康稳定的中日关系。中国外交的战略目标，是服从于和平发展、服务于"两个百年"奋斗目标和"中国梦"的实现。维护中国周边和平稳定、构筑实现中国梦的战略依托带，理所当然成为当前中国外交的题中之义。当然，包括对日关系在内，中国也绝不会放弃维护国家正当权益，不会拿自己的核心利益做交易。①

日本的国家发展及战略走向，近年出现了一些令人担心的不确定因素。战后日本走了一条和平发展的道路，但当今日本"积极谋求摆脱战后体制，大幅调整军事安全政策，国家发展走向引起地区国家高度关注"②，世界不得不注意到一个"在历史问题上未能实现民族精神蜕变却再次将其军事力量推向世界的日本"③。而日本的对华政策，主要表现在应对中国崛起的策略上，其中的两个重要特性是需要看清的：第一是其心态严重失衡、反应过敏与过度的问题。中国作为"大块头"崛起，周边国家有某种"不适反应"并不奇怪。但显然，由于历史记忆和现实利益的复杂原因，作为世界上对中国崛起最不适应的国家之一，日本的反应更激烈、策略更完整、举措更出格，对中国造成的影响也更大。安倍及日本政府多年采取的具体对华战略一直是三件套的"内外平衡标配"：自强措施——富国强军及部署调整、强化日美同盟、"拉朋友圈"及"统一战线"外交。所以，王毅外长对此曾尖锐地指出，中日关系的根本问题是能否调整心态，接受中国重新发展和崛起。④ 第二是日本政府的底线和目标在何处？其是否蓄意要挑起战争、武力攻华⑤？实际上，日本在战术上有攻势动作，战略上多是守势行为。认为中国强大后（或在可预见将来进一步强大）自己将处于劣势时，日本要对中国实力上升采取同步升级的对冲与平抑措施，

---

① 《习近平外交宣示强势不强硬》，2013年1月31日，http://news.xinhuanet.com/world/2013-01/31/c_124302138_2.htm? prolongation=1。

② 《中国的军事战略》（中国政府第九部国防白皮书），新华社北京2015年5月26日电。

③ 李薇：《战后70年：日本的困顿与歧途》，《日本学刊》2015年第5期。

④ 《王毅：中日关系根本问题是日本能否真心接受中国发展和崛起》，2015年6月27日，http://www.chinanews.com/gn/2015/06-27/7370081.shtml。

⑤ 总体来说，日本决策层、主流政治及知识精英，在这一点上，尚有冷静的判断。但是，需要十分注意的两个问题是：（1）日本国内一些势力，包括一些退役将校、右翼学者等，唯恐中日不乱，蓄意制造事端；（2）在东海及第一岛链海空域，中日确有爆发突发事件和危机的可能性。

以取得力量平衡，确保自己利益及地位不受损害——甚至包括局部冲突下可以进行对峙与抗衡的资本。安倍没有以穷兵黩武及挑动战端的方式来应对中国崛起，并不打算和中国"撕破脸"、发生直接冲撞和战争，而是想和中国保持不近不远、不冷不热的关系，推动趋利避害、为己所用的"政经分离"双轨战略。①

（3）从双边互动作用与政策调控的特点和结果来看。除了结构性因素以及历史记忆外，中日双方从特定议题的互动中而对对方的比较广泛的战略意图所做的判断和结论，也对两国关系产生了很大的影响。② 进入 21 世纪后，中日数度发生争端与摩擦，在双向沟通与协调方面出现了很大的问题，以至两度出现高层往来中断、政冷僵持数年的关系困局。③ 这种状况，在两国复交后以及 21 世纪的大国关系史上是比较少见的。适应两国关系新局面的新型互动和调控机制尚未健全和成熟，双方皆认为是对方改变了之前在外交以及对外争端上一贯保持的低姿态与审慎做法。不过，双方都不同程度意识到"自损八百"与两败俱伤的问题，因而不乏审慎自制、"点到为止"的过招境界。当前，中日都处于谋求民族振兴、攻坚克难的紧要关头和爬坡阶段，都在设法避免不利因素干扰和不必要的分心耗神，避免两国互损互耗而靡费资源，以图尽可能多地聚拢复兴正能量。所以，可以看到，中日关系很紧张的时候，双方会谋求把紧张状态晾一晾、缓一缓，因为也只有这样才符合双方利益。日本官民虽对华负面认知较多、也不甚认同和服气，但面对已然崛起的"西方强邻"，也不得不承认中国及日中关系很重要，也在争取保持战略耐心、设法周旋，意图趋利避害、平稳过渡。④ 双方正是由于持有这种国际关系学中的所谓国家理性，所以虽然困难重重，但经过双方战略、利益、心态以及互动方式的不断博弈与调适，在动态平衡中仍可以找到一条共同建设和平与稳定的可预期关系的路径。⑤

---

　① 兼原信克『新しいパワー・バランスと日本外交』、谷内正太郎編『日本の外交と總合的安全保障』、84—88 頁。

　② Richard. Bush, *The Perils of Proximity：China - Japan security relations*, The Brookings Institution Press, 2010, pp. 20 - 50.

　③ 其中的一个原因，正如众多学者和有识之士指出的，由于中日老一辈挖井人和开拓者相继退出政治舞台，两国之间的有效沟通渠道和方式面临严峻的"换挡"和"断代"问题。

　④ 谷内正太郎『安倍政權の対アジア・米国外交』、『東亜』2014 年第 1 号、18 頁。

　⑤ 宮本雄二『これから中国とどう付き合うか』、日本経済新聞出版社、2011 年、13 頁。

（二）变量合力下的走向展望

从 20 世纪 70 年代末 80 年代初开始，中日双方就在展望、憧憬新世纪的两国关系前景。[①] 而从冷战后的 90 年代中后期开始，有关中日关系进入"转折期"或"十字路口"等的论述也是屡见不鲜。对于中日关系的走向，中日复交尤其是 1978 年缔结和平友好条约后，双方对"世代友好"都曾有很乐观的估计。1998 年第三个政治文件诞生后，对于把健康稳定的中日关系带入 21 世纪，双方抱有比较乐观的估计。2008 年有关构筑战略互惠关系的第四个政治文件，使双方对两国关系发展的估计调适为谨慎乐观。[②] 站在战后 70 周年的节点上，包括就 2014 年达成的、问题应对型的"四点原则共识"的内容来看，对中日关系进行过于乐观的估计似已不合现实。中日关系在战后 70 周年节点上呈现的状态，相当一部分已经比较符合此前有关各方在展望 21 世纪中日关系时做出的"上中下"与"好中坏"三种前景评估中的最差一种。[③]

但是，显然，也无必要对此形势做出过度悲观的认知。全球经济一体化与相互复合依赖已达到广泛深入而难以撼动、逆转的程度，国家间竞争在加剧但合作需求也在上升，各国都希望大局不至失控、政治和安全形势基本稳定。中日都希望自己的民族复兴、国家转型与过渡能在大局不失控的情况下得以推进和完成，包括在彼此战略竞争的过程中避免发生直接对抗和正面冲突。这在一定程度上为两国实现和平共处提供了基础条件。而从以上对中日客观、主观和互动因素的三点分析可见，未来一段时期内，中日关系虽然难觅直线上升、一路向前的"政热经热"良好前景，但正面冲突、全面对立的"政僵经冷"最坏前景也基本可以排除。

作为较现实的走向，中日关系大约存有三种大的可能性，即较好、一般、较坏的三种前景："较好"是指有效地管控了热点问题和危机事态，

---

① 例如，1979 年 12 月，大平首相访华时进行了题为《迈向新世纪的日中关系——寻求新的深度和广度》的讲演，提出日中"作为善邻，要向着 21 世纪发展和平友好而稳定的日中关系"。

② 例如，当时，中国社会科学院日本研究所撰写的分析报告就持有该种立场，参见蒋立峰《未来十年的中日关系与中国对日政策——21 世纪中日关系研究报告》，《日本学刊》2009 年第 5 期。

③ 参见张香山《中日关系管窥与见证》，第 176 页；蒋立峰《未来十年的中日关系与中国对日政策——21 世纪中日关系研究报告》。其主要指标为：日本右翼势力坐大、修改"和平宪法"、迈向军事大国、强化日美同盟对付中国等。

政治和解跟进，经贸往来活跃，国际及地区事务合作有序开展，两国关系在和平稳定的情况下较为顺利地向前发展，此为"政较热经较热"或"政温经热"的前景；"一般"是指小风小浪不止但能得到搁置或平息，务实交流和经贸往来所受影响不大，中日关系在震荡曲折中缓慢地向前发展，此为"政温经温"或"政微凉经仍温"的前景；"较坏"是指仅仅能避免最恶事态发生，对立严重、摩擦不断，务实交流受到影响，双方陷入战略互疑、政治交恶、安全受困的情景，中日在低水平上徘徊并出现较大对抗与倒退，面向未来和世界的合作共赢事业无法提上日程，此为"政凉经凉"或"政冷经凉"的前景。①

中日之间近年进入了一种历史上没有过的"新常态"。这种新常态，大致位于上述"一般"前景的前后区间，算是一种终究要稳定、和谐起来之前的"复杂的调整过渡期"②，其特征是"和而不同、斗而不破、互惠互利、往来不绝"。在新常态的下一阶段，即中日力量对比变化和主观愿望调整所导致的"大共识及战略基础重建"以及"稳定结构生成"之前，这种复杂曲折的动态平衡进程或会持续较长的一段时期。③ 在这种双边关系的格局下，中日关系发展模式中的友好、健康状态不易做到，各种麻烦、摩擦和争端盖不会少，但正面冲突和全面破局也很难发生。"只要中美两国没有成为公开敌人，中日关系就存在着管理的空间"④，所以经过双方管控危机、凝聚共识、相互调适，和平、稳定的局面大约是可以实现的。

对此现实，中日可在推动战略互惠关系、力争补足"政治互信"与"安全保障"两块短板的同时，尝试建立基于新常态、共谋地区合作及一体化的东亚新型大国关系。借鉴中美新型大国关系构建方针，这种关系原则可概括为"和平共处、互相尊重、良性竞争、合作共赢"，除了常见的"和平稳定"与"双赢共赢"提法，鉴于中日关系的历史与现实特点，提

---

① 在后一种前景的形成中，国际环境的剧烈变化、中美关系的冲突和破裂等，也会起到重要影响作用。

② 参见唐家璇《继往开来，共创中日战略互惠关系新局面》，2012年6月26日，http://politics.people.com.cn/n/2012/0626/c70731-18386636.html。

③ 中日1972年复交后形成的大共识和战略基础，例如关于应对共同敌人、中国融入"体系"、对对方的战略定位等，与冷战体制的崩溃相关，确实面临松动、变质、瓦解而尚未实现真正的重构和重建。

④ 郑永年：《中国国际命运》，浙江人民出版社2012年版，第83—85页。

倡互相尊重对方的核心利益、重大关切和民族情感，开展公平良性而不是
恶性互损的有序竞争，也显得尤为重要。① 在此16字方针引导下，通过防
坏、维稳、促好的配套举措，双方相向而行、共同演进（co-evolution），
使中日关系逐步过渡到下一阶段相对健康与友善的状态，应该是可以期
待的。

（本文已在《日本学刊》2015年第6期发表，收入本书时作了部分修改。）

---

① 面对现实，发展中日关系，尤其需要务实解决以下两大问题：（1）两国关系中夹杂了很
多历史情感因素，时而对两国关系的正常发展起到干扰作用。（2）双方的四个政治文件，尤其是
后两个，分别规定了33项和70项合作项目，这是做了对双方都有利有益的事业。但是，针对中
日关系的实际情况，双方也应适时开列一份"负面清单"（negative list），即阐明不能做、不该做
的事情。中日之间积极合作的"好文件"，可能是中外、日外关系中最多的（中美之间只有三个
公报，而且主要是针对台湾问题的），但当前对发展中日关系而言，处突、避害、止跌等"消极合
作"更具有紧迫性，也同样重要。

战后70年日本人的历史认识存在的问题、成因及其影响

张建立[*]

内容提要 一般而言，历史认识至少包含考实性认识、抽象性认识和评价性认识三个层次。具体到日本人的历史认识问题，大多属于抽象性认识和评价性认识层次的问题，而较少见考实性认识层次的问题。战后70年日本人的历史认识问题的形成，既深受美国这一外在因素的影响，也是皇国史观及日本人自我再生的心理机制特点这一内因所致，同时亦是历史认识的自身特性使然。日本人的历史认识问题对日本当前的内外政策产生了很大影响，主要体现在日本政府稀释战争责任的举措更加直白和多元化，日本政府谋求修缮亲子模式下的日美关系的举措益发得到加强。为了消除历史认识问题的负面影响，可以尝试进一步拓展中日间战略互惠的超然目标。

关键词 日本 历史认识问题 层次 战争责任 超然目标

2015年是日本战败70周年。2013年4月22日，日本首相安倍晋三在参议院预算委员会答辩时称，安倍内阁将在迎来战后70周年的时候发表一个新的面向未来的"安倍谈话"，但不会原封不动地继承"村山谈话"。后来，安倍首相又称将整体继承历届内阁的谈话，但不会原封不动地沿用既往的"殖民统治""侵略"等措辞。为了筹备战后70周年谈话，安倍首相还于2015年2月专门成立了一个私人咨询机构"21世纪构想恳谈会"。这使得"二战"后一直都没有得到解决的日本人的历史认识问题，再度成

---

* 作者简介：张建立，中国社会科学院日本研究所研究员、文化室主任。

为世界关注的焦点。① 尽管在最终于 2015 年 8 月 14 日发表的"安倍晋三内阁总理大臣谈话"中，把"侵略""殖民统治""反省"和"歉意"这些关键词都一个不少地容纳进来罗列了一番，但依然受到了褒贬不一的评价，特别是遭到了来自亚洲受害国的强烈批判。日本人的历史认识究竟出了什么问题？原因何在？对当前日本有着怎样的影响？解决日本人的历史认识问题的思路有哪些？2015 年也是中国人民抗日战争暨世界反法西斯战争胜利 70 周年，在这样一个值得纪念的年份，认真梳理一下这些问题依然显得很有必要。

一　日本人的历史认识究竟存在什么样的问题

一般而言，历史认识至少包含考实性认识、抽象性认识和评价性认识三个层次。所谓考实性认识，简言之，可归纳为人们常说的对"历史事实"的确定，这也是历史认识的第一层次。所谓抽象性认识，是指关于各类历史事件对尔后历史发展的影响，即通常所说的对历史意义或历史效应等的认识。所谓评价性认识，是指对各类历史事件作出的一种价值性判断。② 近年来，中国学界关于日本人的历史认识问题的研究取得了很多成果，但大多都集中在对日本人的历史认识问题之主要表现——靖国神社问题、篡改历史教科书问题等历史现象的梳理方面，③ 鲜有从历史认识的层次上来具体分析日本人的历史认识问题。其实，梳理日本人的相关历史认识言论可知，日本人的历史认识问题主要不是存在于考实性认识层面，而是存在于抽象性认识和评价性认识层面。也就是说，回顾战后 70 年日本反省其侵略历史的轨迹，无论是日本政府层面的相关文献，还是大多数的学者论著，乃至各主流媒体的民众舆论调查结果均显示，日本人对日本发

---

① 例如，2015 年 5 月 5 日，美国哈佛大学名誉教授傅高义（Ezra Feivel Vogel）、麻省理工学院名誉教授约翰·道尔（John W. Dower）等欧美地区的 187 名日本问题专家出于对日本的历史修正主义思潮的担忧联名签署发表题为"日本の歴史家を支持する声明"（*Open Letter in Support of Historians in Japan*）的致安倍晋三首相英文公开信，在积极肯定日本战后对国际社会作出的贡献的同时，也批评了安倍政权关于"慰安妇"问题等历史认识的错误立场。

② 林璧属：《历史认识的客观性、真理性与合理性》，《哲学研究》2000 年第 11 期。

③ 关于这方面的研究成果，在吴广义的《解析日本的历史认识问题》（广东人民出版社 2005 年版）以及张天明《1980 年以来日本历史教科书问题研究述评》（《抗日战争研究》2009 年第 4 期）等论著中已经进行了相当全面的述评，此处不再赘述。

动的对亚洲的战争给亚洲各国人民造成巨大伤害这一历史事实基本上还是承认的。①

　　日本首次向中国正式表达反省的应该是 1972 年时任首相田中角荣，而且当时田中使用的词语既非"谢罪"亦非"お詫び"，而是"迷惑"（中文被译成"麻烦"）。据当年亲历中日建交谈判的时任外交部亚洲司司长陆维钊、中方翻译周斌等人回忆②以及日本学者矢吹晋考证③，1972 年 9 月 25—30 日，田中首相应周恩来总理邀请，排除重重阻力访华。25 日在周恩来总理主持的欢迎晚宴上，田中首相致辞说："过去我国给中国国民添了很大的麻烦，我对此再次表示深刻的反省之意。"次日会谈，周恩来指出，田中首相对过去的不幸感到遗憾，并表示要深深地反省，这是我们能够接受的，但"添了很大的麻烦"这句话，引起中国人民强烈反感，因为"麻烦"在汉语里意思很轻，普通的事情也可以说是"添麻烦"。田中首相当场解释说，从日本来说"添麻烦"是诚心诚意表示谢罪之意，而且包括保证以后不重犯、请求原谅之意。后来，毛泽东主席在会见田中首相时也点了这个问题，问他"麻烦的问题怎么解决的"。田中首相本以为"迷惑"是从中国传到日本的词汇，含义一样，当得知现代日语"迷惑"的含义已同中文有很大差异时，表示准备按中国的习惯改。

　　根据矢吹晋的考证，源于《楚辞》的"迷惑"一词，在中国自古至今含义一致，传入日本后截至 14 世纪后半期与中文的含义也相同，但其后则发生了变化，演变成了一个表达道歉含义的专用词。在 1972 年的会见中，毛泽东通过向田中角荣赠送《楚辞集注》，委婉地点拨他要深入研究日中文化的共同点和差异，体会两国文化交流之深刻和似是而非的微妙关系。田中角荣回国后在对自民党国会议员总会做报告和召开记者招待会时

---

　　① 当然，虽然日本人承认日军在华做过恶事，但具体到一些历史事实的细节也存在不同意见。例如，最典型的例子就是关于中国政府提出的南京大屠杀 30 万人的数字问题。有部分日本学者在"纯学术"的名义下，认为中国在这个问题上感情用事，数字靠不住，甚至欲通过所谓"考据订正""数量统计"来达到间接否定南京大屠杀的事实。

　　② 陆维钊：《田中访华与中日邦交正常化》，收录于外交部外交史研究室编《新中国外交风云》第三辑，世界知识出版社 1994 年版。［日］久能靖：《田中角荣与周恩来会谈内幕》，姚佩君译，《档案春秋》2010 年第 11 期，原载日本《文艺春秋》杂志 2007 年第 12 期。张香山：《中日关系管窥与见证》，当代世界出版社 1998 年版。

　　③ ［日］矢吹晋：《田中角荣与毛泽东谈判的真相》，《百年潮》2004 年第 2 期。日文原题《田中角栄の迷惑、毛沢東の迷惑、昭和天皇の迷惑》，发表于 21 世纪中国总研网页，http：//www.21ccs.jp/china_ quarterly/China_ Quarterly_ 01. html。

都再度解释其使用"迷惑"一词是"百感交集地道歉"之意。在确认了田中角荣的真切反省道歉之心后，日中双方达成谅解，在1972年9月29日签署的《中日联合声明》中形成如下书面记录："日本方面痛感日本国过去由于战争给中国人民造成的重大损害的责任，表示深刻的反省。"

1982年8月26日，日本政府发表《关于"历史教科书"的宫泽内阁官房长官谈话》，重申《中日联合声明》中"日方痛感日本国过去由于战争给中国人民造成的重大损害的责任，表示深刻的反省"内容，称这一认识没有丝毫改变。所以说，日本政府关于历史问题的谈话，并非每十年一次，最初应该是始于这次"宫泽谈话"。

1993年8月4日，日本政府发表《关于发表慰安妇相关调查结果的河野内阁官房长官谈话》，就战时日军强征慰安妇问题进行了道歉，称："政府要以此为契机，不问出身，再次向所有经历众多苦痛、身心受到创伤的所谓从军慰安妇们表示诚挚道歉和反省之意。另外，日本应如何表示这种心情，希望能征集有识之士的意见，今后应加以认真研究。不回避这个历史事实，更要正视这个历史教训。我们将通过历史研究和历史教育，把这个问题永远铭记在心，并再次坚决表明绝不再犯同样错误的决心。"

1995年6月9日，日本众议院通过《以历史为教训重申和平决心的决议》，称："在二战战后50周年之际，本院谨向全世界的阵亡者及因战争等原因的死难者表示真诚的追悼。另外，考虑到世界近代史上多次殖民统治和侵略行为，认识到我国过去的那种行为以及对他国国民、尤其是给亚洲各国国民带来的痛苦，本院表示深刻的反省。我们必须超越对过去历史观的不同，谦虚地吸取历史的教训，建立起和平的国际社会。"

1995年8月15日，日本政府发表《村山富市内阁总理大臣谈话》，称："我国在不久的过去一段时期，国策有错误，走了战争的道路，使国民陷入存亡的危机，殖民统治和侵略给许多国家，特别是亚洲各国人民带来了巨大的损害和痛苦。为了避免未来有错误，我就谦虚地对待毫无疑问的这一历史事实，谨此再次表示深刻的反省和由衷的歉意。同时谨向在这段历史中受到灾难的所有国内外人士表示沉痛的哀悼。战败后50周年的今天，我国应该立足于过去的深刻反省，排除自以为是的国家主义，作为负责任的国际社会成员促进国际协调，来推广和平的理念和民主主义。"

1998年10月韩国时任总统金大中访日，8日签署的《日韩联合宣言》指出："双方认为，正视过去、相互理解和信赖是发展日韩关系的重要基础。小渊总理大臣表示，回顾本世纪日韩两国关系，谦虚地理解由于过去一段时期对韩国的殖民地统治给韩国国民带来巨大损害和痛苦的历史事实，对此表示深刻反省和歉意。"

1998 年 11 月时任中国国家主席江泽民访日，26 日签署的《中日联合宣言》指出："双方认为，正视过去以及正确认识历史，是发展中日关系的重要基础。日方表示，遵守 1972 年的《中日联合声明》和 1995 年 8 月 15 日内阁总理大臣的谈话，痛感由于过去对中国的侵略给中国人民带来巨大灾难和损害的责任，对此表示深刻反省。"

2005 年 8 月 15 日，日本政府发表《小泉纯一郎内阁总理大臣谈话》称："我国由于殖民统治和侵略给许多国家、特别是给亚洲各国人民带来了巨大损害和痛苦。我谦虚地对待这一历史事实，谨此再次表示深刻的反省和由衷的歉意。同时谨向在那场大战中遇难的所有国内外人士表示沉痛的哀悼。我们决心不淡忘这一悲惨的战争的教训，决不会再次使兵戎相见，为世界的和平与繁荣作出贡献。"2006 年 4 月，小泉赴印尼出席亚非会议 50 周年纪念活动，引用"村山谈话"中对过去殖民统治和侵略"深刻反省和发自内心的道歉"，强调日本将继续走"和平国家"路线。小泉纯一郎时期的历史反省还有两件事必须提及。一是 2001 年 10 月 8 日，时任日本首相小泉纯一郎对中国进行为期一天的工作访问，一下飞机即前往卢沟桥中国人民抗日战争纪念馆献花圈默哀祭拜。小泉首相在现场发表谈话说："今天我有机会参观了这个纪念馆，再一次痛感到战争之悲惨。我对因那场侵略战争而牺牲的中国人民表示衷心的道歉和哀悼。"二是 2002 年 9 月小泉首相对朝鲜进行"破冰"访问，17 日签署的《日朝平壤宣言》宣称："日方表示，谦虚地理解由于过去的殖民地统治给朝鲜人民带来巨大损害和痛苦的历史事实，并对此表示深刻反省和由衷歉意。"

2010 年 8 月 10 日，在韩日强制合并 100 周年即将到来之际，时任日本首相菅直人在内阁会议上发表谈话说："要拿出勇气直面历史，承认历史，并真诚地反省过去的错误。给人带去痛苦的一方轻易就会忘记历史，但承受痛苦的一方往往会难以忘却。对于殖民统治造成的损失和痛苦，将痛彻反省，由衷地表示歉意。"

2015 年 8 月 14 日，就连被视为日本右派政治家代表人物的安倍晋三，在其发表的战后 70 周年谈话中也作出如下表述："在与日本兵戎相见的国家中，不计其数的年轻人失去了原本有着未来的生命。在中国、东南亚、太平洋岛屿等成为战场的地区，不仅由于战斗，还由于粮食不足等原因，许多无辜的平民受苦和遇难。我们也不能忘记，在战场背后被严重伤害名誉与尊严的女性们的存在。我国给无辜的人们带来了不可估量的损害和痛苦。历史真是无法取消的、残酷的。每一个人都有各自的人生、梦想、所爱的家人。我在沉思这样一个明显的事实时，至今我仍然无法言语，不禁断肠。"①

如上所述，虽然在对历史事实的考实性认识层面，日本政府并不否认其发动的战争给亚洲各国造成的伤害，但是，在抽象性认识和评价性认识层面，即日本人在对其发动的战争给亚洲地区造成的影响的认识及其价值性判断方面，则与战争受害诸国人民的看法有着很大差异。因此，很多中国民众认为"日本至今没有认真反省侵华历史"；与之相对，很多日本民众则认为日本政府对侵略已表示过道歉，新一代不应背这个历史包袱，认为中国在历史问题上对日本的批判"太过分"。日本《读卖新闻》2015 年1—2 月进行的一项全国舆论调查中有一个设问是："日本的历代首相对中国、韩国就过去的历史事实反复进行了谢罪。你认为至今为止的谢罪是否充分？"结果回答"充分"的占 81%，"不充分"的占 15%，"未予回答"的占 4%。由于历史认识问题的作祟，已经严重影响到近年的中日关系，中日民众越来越两看相厌。2014 年 9 月，《中国日报》社和"日本言论NPO"（日本著名的非政府组织，"东京—北京论坛"的日方合办者）联合发布的第十次"中日关系舆论调查"显示，中国民众对日本印象"不好"和"相对不好"的比例高达 86.8%，日本民众对华印象"不好"和"相对不好"的比例达 93.0%。同年 12 月，日本内阁府发布的外交舆论调查报告显示，日本民众对中国抱有不亲近感者比例是 83.1%。这是内阁府自1978 年开展此项调查以来的最高比例。为了更细致地分析日本人在对历史的抽象性认识和评价性认识层面存在的问题，有必要再把笼统而论的日本人细分为政治精英和普通民众两大类来进行分析。

首先，日本政治精英中很多人一直不甘心将日本对亚洲各国发动的战争定性为"侵略战争"，而欲极力将其美化为谋求解放亚洲的战争。例如，一直未被追究战争责任的昭和天皇裕仁自身就是解放亚洲的历史观持有

---

① "安倍晋三内阁总理大臣谈话"，参见日本国驻华大使馆网页，http：//www. cn. emb - ja-pan. go. jp/bilateral/bunken_ 2015danwa. htm，2015 - 09 - 01。

者。1945 年 8 月 15 日，日本裕仁天皇向全国宣读的停战诏书中就有如下表述："朕对于始终与帝国同为东亚解放而努力之诸盟邦，不得不深表遗憾。"此外，1988 年 4 月，时任国土厅长官奥野诚亮发言称，白种人是亚洲的殖民者，日本是亚洲的解放者。是"大东亚共荣圈"才使得亚洲独立。1994 年 5 月，时任法务省大臣永野茂门称，日本为了解放殖民地而建立了"大东亚共荣圈"，将大东亚战争定义为侵略战争是错误的。还有一些自民党议员认为，若把太平洋战争定性为侵略战争，则意味着把死于战争的人当作狗死了一样。1995 年 9 月出任自民党总裁的桥本龙太郎也表示不将太平洋战争当作"侵略战争"。① 众所周知，安倍晋三本人就是一个一心想否定"侵略战争"这一历史认识的"侵略未定义论"者。② 2015 年 8 月 6 日，安倍晋三为发表战后 70 周年谈话而设立的私人咨询机构"21 世纪构想恳谈会"提交的报告书中，明确承认"满洲事变"（即"九一八"事变）以后的对华战争是侵略战争，指出所谓日本是为了解放亚洲才发动了战争的主张不正确。③ 这一历史认识虽然难能可贵，但与此同时，该报告用更多的篇幅阐述了相反的意见。例如，第一，在注释中记载了反对定性为"侵略"的三点理由：（1）国际法上"侵略"的定义尚未确定。（2）即使历史地考察，对将"九一八"事变以后的军事行为断定为"侵略"有不同意见。（3）其他国家也有过同样的行为，仅把日本的行为断定为"侵略"有抵触。④ 第二，在报告正文的不同部分对所谓的"侵略未定义论"进行了含蓄的介绍，如称"关于国际法上的'侵略'的定义，虽然有联合国大会关于侵略定义的决议（1974 年）等，但在国际社会尚难言已经达成完全一致的意见"⑤。"日本自 1930 年代至 1945 年间发动的战争的结果使很多亚洲国家独立了。"⑥"无论日本是否意图解放亚洲，其结果是推动

---

① ［日］浦野起央：《日本历史认识问题的几个层次分析》，刘曙琴译，《太平洋学报》2005 年第 7 期，第 86—87 页。

② 2013 年 4 月 22 日，安倍晋三在参议院预算委员会答辩时曾称，作为安倍晋三内阁不会原封不动地继承村山谈话，将在迎来战后 70 年的时候发表一个新的面向未来的"安倍谈话"。次日，安倍晋三又在该委员会答辩时抛出了"侵略未定义论"。

③ 『20 世紀を振り返り 21 世紀の世界秩序と日本の役割を構想するための有識者懇談会報告書』、2015 年 8 月 6 日、4 頁。

④ 同上书，3 頁。

⑤ 同上书，5 頁。

⑥ 同上书，4 頁。

了亚洲殖民地的独立。而且，对于新诞生的独立国家，在战后，日本还通过战争赔偿乃至经济支援协助了这些国家的独立。"① 第三，在该报告中还对在中国领土上进行的以瓜分中国领土为目的的日俄战争给出了很高的评价，称 "1905 年日本取得日俄战争的胜利，不仅阻止了俄罗斯的扩张，而且给予了很多非西方的殖民地人民以勇气。后来，1960 年前后实现了独立的很多亚洲、非洲国家领导人，称当年从其父辈听说日俄战争时很激动"②。该报告采取以退为进的措辞，实质上极大限度地美化了当年的侵略战争。该报告前后用大量篇幅谈日本对国际社会的贡献，批评中国的爱国主义教育以及韩国在历史认识问题方面感情用事的应对，甚至对其自己都不得不承认的侵略战争也极力美化，强调其发动战争的客观结果促进了亚洲殖民地国家的独立，但对日本自身发动侵略战争行为的反省却很少。战后 70 周年 "安倍谈话"亦采纳了这种历史认识，称："一百多年前，以西方国家为主的各国的广大殖民地遍及世界各地。十九世纪，以技术的绝对优势为背景，殖民统治亦波及亚洲。毫无疑问，其带来的危机感变成日本实现近代化的动力。日本首次在亚洲实现立宪政治，守住了国家独立。日俄战争鼓舞了许多处在殖民统治之下的亚洲和非洲的人们。"③ 因此，从这个意义上讲，安倍晋三私人咨询机构 2015 年 8 月 6 日提交的报告书实质是一部新版 "日本人优秀论"，其潜在的危害不容小视。

其次，日本人的历史认识问题的严重性在于，日本普通民众在抽象性认识和评价性认识层次上的历史认识与右派政治家开始趋同。在 21 世纪以前，虽然很多身居政府要职的日本政治精英一直不甘心将日本对亚洲各国发动的战争定性为 "侵略战争"，但比较而言普通民众头脑还是清醒冷静的。因此，日本政治家在历史认识问题和修宪问题上发表右倾性言论要冒辞职的政治风险。例如，奥野诚亮、永野茂门等当年就是因其发表美化侵略战争的言论被解职的。但进入 21 世纪以来，上至总理大臣、内阁要员，下至地方自治体首长如石原慎太郎、河村隆之、桥下彻等右派政治家，虽然他们有过类似的甚至是更为颠倒是非的言论，但他们的言行在日

---

① 『20 世紀を振り返り 21 世紀の世界秩序と日本の役割を構想するための有識者懇談会報告書』、2015 年 8 月 6 日、31 頁。

② 同上书，2 頁。

③ "安倍晋三内阁总理大臣谈话"，参见日本国驻华大使馆网页，http://www.cn.emb-japan.go.jp/bilateral/bunken_2015danwa.htm，2015-09-01。

本国内既没有因此受到道德谴责，更谈不上受法律制裁，反倒是出现了一种越发表右倾言论就越显得有人气的反常现象。从主流媒体的舆论调查结果来看，即使很多人依然承认当年日本发动战争的侵略性，但仍旧支持日本政治家参拜靖国神社，且认为日本关于战争问题的道歉反省已经足够充分。例如，《朝日新闻》2013 年 11 月 6 日—12 月 20 日以 5500 人为对象实施的问卷调查中，关于"你认为这场战争是否是对亚洲的侵略战争？"，回答"是侵略战争"的人中，20 多岁的人占 45%，30 岁以上的人占 55%；回答"不是侵略战争"的人中，20 多岁的人占 33%，30 岁以上的人占 26%。关于"你是否赞成日本的首相参拜靖国神社"，回答赞成者，20 多岁的人占 60%，30 岁以上的人占 59%。2013 年 7 月 22—23 日，《读卖新闻》关于参拜靖国神社问题也实施了一项紧急全国舆论调查，关于安倍首相应否参拜靖国神社的问题，回答"应该参拜"的占 46%，回答"不应该参拜"的占 36%。2013 年 12 月 26 日安倍晋三参拜靖国神社后，TBS 电视台的信息节目"信息 7 日新闻播报"于 28 日实施的网络紧急舆论调查结果显示，有高达 71.2% 的人支持参拜。共同通讯社 2013 年 12 月 28 日、29 日实施的全国紧急电话舆论调查结果显示，关于首相参拜，回答"好"的占 43.2%，回答"不好"的占 47.1%。日本新闻网 2014 年 1 月 11 日、12 日，对日本全国 20 岁以上的男女进行电话舆论调查结果显示，关于首相参拜靖国神社，回答"不好"的略多于回答"好"的人数，但几乎不相上下。当进一步问其理由时，回答"好"的人中 62% 的人认为"首相追悼战争牺牲者理所当然"，回答"不好"的人中 70% 的人认为安倍此举"欠缺对外交上的考虑"。也就是说，虽然回答了"不好"，但并不意味着不应该参拜，而是觉得是否参拜要看能否妥善处理外交关系。

　　另外，很多民调数据亦显示，日本民众与右派政治家在对日本当年发动侵略战争历史的反省程度上认同感亦日趋增强。如前文所例举的 2015 年 1—2 月，《读卖新闻》进行的一项全国舆论调查中有一个设问是："日本的历代首相对中国、韩国就过去的历史事实反复进行了谢罪。你认为至今为止的谢罪是否充分？"结果回答"充分"的占 81%，"不充分"占 15%，"未予回答"的占 4%。再如表 1 所示，日本经济新闻社 2015 年 3—7 月、日本读卖新闻 2015 年 2—7 月所做的全国舆论调查中，关于今年夏天将发表的战后 70 周年"安倍谈话"中是否该继续使用迄今为止的首相谈话中对"殖民地统治和侵略"进行"反省"和"道歉"这样的措辞进行了调查。从 2015 年 8 月 14 日发表的 "安倍晋三内阁总理大臣谈话" 内容来看，这份舆论调查结果似乎也印证了民众舆论对安倍内阁决策的影响力之大。起初欲在战后 70 周年谈话中摒除 "殖民地统治和侵略" 等表示反省和道歉措辞的安倍首相，最终虽然是采取了日语惯用的模糊主体的表达形式，但依旧不得不把 "侵略" "殖民统治" "反省" 和 "歉意" 这些关键词都一个不少地容纳进来罗列了一番。日本《读卖新闻》2015 年 8 月 15—16 日所做的全国舆论调查中，对安倍首相此举予以评价者达 72%，不予评价者占 20%，不作答者占 8%。日本经济新闻社 2015 年 8 月 28—30 日做的全国舆论调查中，对安倍首相此举认为 "措辞适当者" 占 41%，认为 "应该更明确地进行道歉者" 占 30%，认为 "没有必要使用'道歉'这一措辞者" 占 16%，不作答或不清楚者占 12%。总体而言，可谓是 "安倍谈话" 顺应了日本民众的意愿，因而获得了很高的评价，安倍内阁因安保法制改革问题而骤跌的支持率也略有回升。在此需要提请注意的是，虽仍有很多日本民众能够正确对待历史，但日本普通民众在抽象性认识和评价性认识层次上的历史认识与右派政治家开始趋同这一事实也足以令人堪忧。

表 1　　　新 "安倍谈话" 是否该继续使用对 "殖民地统治和侵略"
表示反省和道歉的措辞①　　　　　　（单位:%）

时间	《读卖新闻》			时间	日本经济新闻社			
	应该使用	不该使用	不作答		应该使用	不该使用	犹疑两可	不清楚或未予回答
2 月 6—7 日	44	34	21					
3 月 6—8 日	45	37	18	3 月 20—22 日	39	36	10	15
4 月 3—5 日	54	30	16					
5 月 8—10 日	44	39	17	5 月 22—24 日	37	38	8	16
6 月 5—7 日	46	38	15	6 月 26—28 日	39	38	11	13
7 月 3—5 日	48	34	17	7 月 24—26 日	45	35	5	15
7 月 24—26 日	55	30	15					

① 此表乃笔者根据《读卖新闻》与日本经济新闻社每月例行发布的舆论调查数据制作而成。

二　日本人的历史认识问题的成因

关于日本人的历史认识问题的成因，在相关研究论著中都有过不同程度的分析。从外因来看，无疑美国因素的影响最大。其影响主要体现于两个方面：第一，是美国战后对日政策的变化使日本失去了彻底反省战争罪责的机会。随着冷战的开始和朝鲜战争的爆发，美国出于一己之私的地缘战略需要，对日政策由战后初期的严厉改造开始转向对日本进行庇护和扶植，甚至允许日本战犯重新掌握政权，这等于为日本政府开辟了一条不承认侵略战争、坚持右倾史观之路。① 第二，是美国在对日本的单独占领并按照自己的意愿对日本进行重大改造的同时，客观上剥夺了盟国的其他成员国对战后日本国家改造的参与权，尤其是剥夺了近代以来饱受日本侵略之害的中国、韩国和朝鲜等亚洲国家彻底追究日本侵略战争的罪行及责任的权力。这种局面导致日本在处理国际关系的实践上，凡事都只服从于以强者姿态出现在日本国家政治生活、社会生活中的美国，而对被日本直接侵略伤害的亚洲邻国，则难以低头认罪。②

从形成日本人的历史认识问题的内因来看，也包含两个方面的内容。第一，是制度和观念上的原因。简言之，即天皇制的保留，以及持有解放亚洲历史观的昭和天皇的战争责任一直得不到清算，阻碍了日本人对其侵略历史形成正确的认识。③ 该内因其实也可以说是美国对日策略需要这一外因所导致的。第二，是日本人心理层面的原因，即日本人自我再生的心理机制方面的原因。④ 依靠自省"罪己"观念与凭借他力"被禊"观念，很早就已经成为日本人谋求身心新生的两个重要精神理念。所谓依靠自省"罪己"，虽表面看来是一种基于伦理道德标准而主动进行的自罚，但实际

① 游博：《中日关系历史认识问题中的美国因素》，《和平与发展》季刊 2006 年第 4 期，第 52 页；陈景彦：《中日之间的历史认识问题与日本政府的历史观》，《现代日本经济》2005 年第 4 期，第 4 页。

② 卞修跃：《〈新历史教科书〉与战后日本国家的历史认识》，《抗日战争研究》2001 年第 4 期，第 203 页。

③ 刘金才：《近代天皇观与日本"历史认识"的解构——读安丸良夫〈近代天皇观的形成〉》，《日本学刊》2010 年第 1 期，第 154 页。

④ 张建立：《试析日本人的历史认识问题形成原因》，《日本学刊》2012 年第 2 期，第 150—153 页。

上完全是迫于外部压力不得已而为之。这种以退为进、最大限度维护自己利益的行为心理，并不能保证对事情有个客观的罪己。与这种一厢情愿的自省了断方式相对，"被禊"则是一种来自外部力量的责罚和磨砺。唯有在经历一个"被禊"的仪式和历程磨砺后，即真正求得社会的谅解之后才可能有一个众人接受的较为客观的罪己。例如，一个政治家因某事引咎辞职等以示"罪己"后再次当选复出时，便会称"被禊结束了"，意即已经接受责罚并获得社会许可再度复出了。一般而言，在这种情况下，即使该政治家尚有前嫌未释，也不会再有人来翻其旧账。了解了日本人的"被禊"心理与自省"罪己"心理，21 世纪以来日本普通民众在抽象性认识和评价性认识层次上的历史认识与右派政治家开始趋同的原因似乎也就不难理解了。如前所述，在对历史事实的确定上亦即在对历史的考实性认识层面，无论是日本政治精英还是普通民众大多还是承认其当年发动的战争为受害国造成了很严重的灾害，但是，随着时间的推移，随着岸信介之类的甲级战犯的释放和一些战时领导人的官复原职，随着因经济成功而导致日本的自信心的不断增强以及亚洲各受害国对战争赔偿的放弃或追讨无力，按照日本人的"被禊"心理，包括中曾根康弘等日本原首相在内，很多日本人以为"一亿总忏悔"的反省罪己完全获得了当年的受害国的原谅，过了"被禊"关，历史的包袱也可以卸下了。但是，当其得知自以为是的"罪己"，尚未完全获得亚洲受害国人民的谅解时，便有些恼羞成怒。于是，"侵略未定义论"、解放亚洲史观便又开始沉渣泛起了。也正是因为这一点，接下来有必要扼要谈谈历史认识自身的特性对形成日本人的历史认识问题的影响。

　　有史学理论学者研究指出，历史认识的过程，是认识主体对客体的一种观念的反映关系，但这种"反映"并不是像光照到镜子上之后产生的那种平面的、直接的反射。历史认识不是一成不变地、机械地重构再现历史。这是因为"历史认识主体不仅受历史条件的制约，而且还会受到自身各种条件的制约，使其对错综复杂的历史进程的认识力不从心，表现出种种局限性，在这种情况下，历史认识的相对性也是难以避免的。历史认识主体自身条件的制约可以表现为各个方面，例如知识结构、思维能力、专业知识和专业基础知识水平，以至社会经历、性格气质、健康状况等。历史认识主体的这些条件总是贯穿历史认识的全部过程，产生积极或消极的影响，直接或间接地反映在历史认识的相对性上"①。尽管如此，历史认识的第一层次考实性认识即对历史事实进行确定的层面，相对而言，在很大程度上还是能够达成一定共识的。对此，被批为右派政治家代表人物的安倍晋三首相，在其战后 70 周年的谈话中不得不承认日本"给无辜的人们带来了不可估量的损害和痛苦"就是明证。关于历史认识最难达成共识的，其实还是在抽象认识和评价认识层面。因为"历史认识不是体验性的感性认识，而是与价值判断联系在一起的理性认识。就历史学的本质来说，它是一门立足于现实的、关于价值判断的科学"②。也有历史学者更加明确地指出："在历史认识活动中，评价性认识难于达到科学性的要害有三点：一是评价性认识的对象是过去的历史，而评价者又是当代的，评价者总是从其自身的需要出发，在认识活动过程中必然渗入主体的现代意识，反映的是历史与某一时代的价值关系，即过去的历史与现在评价需要的差异性；二是历史本身所具有的多方面属性、关系与规定，可以多方面满足人们的需要，而人们的需要又是多种多样的，多方面的需要必然形成评价的多样性与易变性；三是主体的不同需要与同一历史客体可以形成不同的价值关系，即对于同一历史认识对象，不同认识主体可以作出不同的评价，不同主体赋予同一历史客体的几种不同意义可以都是真的，造成'公说公有理，婆说婆有理'的境况。"③ 所以，在与日本政治立场不同的战争受害国家的民众看来，所谓日本的政治精英们在历史认识上存在问题，莫如说是极其自然之事，是历史认识的自身特性所导致的一种必然结果。虽然有些时候，日本的部分政治家可能为了一时的利益权衡也会发表一些顺乎受害国民众意愿的言论，但往往都因其言不由衷，所以当情境一变往往又会故态萌发，给人一种出尔反尔的感觉。

　　事实上，日本的历史认识存在的真正问题，并不是在于其未曾道歉，而是在于其虽有过道歉，但由于其对日本当年发动的侵略历史在抽象认识和评价认识层面，与受害国人民有着完全不同的认识，所以导致日本部分政要在对历史问题的认罪反省上一直口是心非。一面口口声声表示反省，另一面却参拜祭奉着甲级战犯的靖国神社、修改历史教科书、否定侵略战

　　① 于沛：《历史认识：主体意识和主体的创造性》，《历史研究》2003 年第 1 期，第 8 页。

　　② 于沛：《关于历史认识的价值判断》，《历史研究》2008 年第 1 期，第 12 页。

　　③ 林璧属：《历史认识的客观性、真理性与合理性》，《哲学研究》2000 年第 11 期，第 39 页。

争性质和美化侵略战争。其中，表现最为明显极端的就是再度执政的安倍晋三内阁。

例如，2013 年 4 月 22 日，安倍首相称其内阁不会原封不动地继承村山谈话，将在战后 70 年时发表新的面向未来的谈话。次日，安倍首相又抛出"侵略未定义论"。但自 2014 年 3 月以来，安倍政府对历史问题的态度似乎发生了很大转变。2014 年 3 月 3 日参议院预算委员会上，安倍首相一反常态地表示，将继承历代内阁的立场，不仅要继承关于承认过去的殖民地统治和侵略的"村山谈话"，还明确否认将修改"河野谈话"。2014 年 3 月 14 日，日本外务省向美韩两国传达信息称，安倍晋三将在国会答辩上做相关表态。当天下午，安倍在参议院预算委员会上再度表态，"安倍内阁并不打算修改河野谈话，对待历史必须谦虚"，而且还不忘打出情感牌，称"想起她们所经历的无法言说的痛苦，我感到非常痛心"。2014 年 3 月 23 日，安倍首相的亲信、自民党总裁特别辅佐萩生田光一称，如果安倍政权在调查"河野谈话"出台过程中发现了新的事实，应该发表新的谈话。此语一出，立即遭到韩国和中国的批判，也遭到了菅义伟官房长官的否定："安倍首相已经明确讲了不会修改'河野谈话'。那是萩生田个人的意见。"但紧接着在 2014 年 10 月 21 日参议院内阁委员会上菅义伟却又改口称："'河野谈话'有很大问题，应予以否定，政府将为恢复日本的名誉和信任努力申诉。"

对于日本部分政要在历史认识问题上出尔反尔的言行，从日本国民性特点来看，亦可谓是日本人情境中心主义的国民性使然。日本式人际关系有这样的特点：将自我分为"表我"和"里我"，并依据情境熟练地将二者切换。这一特点较突出表现在日语中的"建前"与"本音"这一对概念中。"建前"是指"表面一套做法"，"本音"是指"表面做法背后的实质"。在与人交往中，区分出哪是"建前"哪是"本音"十分重要。这在日本政治外交上的一个例子就是政治家的"失言"现象。在弗洛伊德精神分析学派看来，人的失言（口误）是被压抑的潜意识的流露，而从国民性的视角看，日本高官的失言则是日本人的"本音"与"建前"的切换出了问题。失言，反映了内心的真实想法，只是表达的场合错了。日本广播协会（NHK）会长籾井胜人为其慰安妇问题发言道歉时就称，作为日本广播协会会长那样讲是不应该的，但他并没有认为其所讲的内容本身有什么错误。安倍首相对待历史问题也有其"建前"与"本音"。他否认慰安妇问题的存在，不承认"东京审判"，推动修改"村山谈话"等，这是他的"本音"。但在美国的压力下，他在外表上不得不加以掩饰。安倍再度执政时，提出要在迎来战后 70 周年的时候发表一个新的面向未来的"安倍谈话"，并称不会原封不动地沿用既往的"殖民统治""侵略"等措辞。但众所周知，最终 2015 年 8 月 14 日发表的"安倍晋三内阁总理大臣谈话"中，把"侵略""殖民统治""反省"和"歉意"这些关键词都一个不少地容纳进来罗列了一番。这种表里不一的行为，也许在一般人看来是人格分裂，但日本人并不这样认为，反而认为安倍首相在掩饰"本音"上是较为老练的政治家，是其心智成熟的表现。这种情境中心主义的国民性有碍于日本人拥有恒定的是非观，因而也就更增加了其与曾受日本侵略之害的亚洲各国人民在抽象认识和评价认识层面达成历史共识的难度。

三 日本人的历史认识问题对当前日本的影响

日本人的历史认识问题对日本的影响可谓波及方方面面，就当下而言主要体现在日本政府稀释战争责任的举措更加直白和多元化，日本政府谋求修缮亲子模式下的日美关系的举措益发得到强化。

所谓日本政府稀释战争责任的举措更加直白化，主要是指以安倍晋三为首的日本政要公然在日本国会答辩中抛出"侵略未定义论"，并且安倍晋三多次声称其战后 70 年的新谈话不沿用"村山谈话"中的"殖民统治""侵略"等关键措辞。2015 年 2 月 25 日，安倍政府还成立了一个 16 人的小组"21 世纪构想恳谈会"为其将发表的谈话出谋献策，8 月 6 日向安倍首相提交了最终报告书。8 月 14 日经日本内阁会议批准发表的、参照这份报告书撰写的"安倍晋三内阁总理大臣谈话"最终虽然使用了"侵略""殖民统治"等关键字词，但表述极其暧昧，日本政府的中文译本是这样表述的："再也不要重演战祸。事变、侵略、战争。我们再也不应该用任何武力威胁或武力行使作为解决国际争端的手段。应该永远跟殖民统治告别，要实现尊重所有民族自决权利的世界。"① 显然，"安倍谈话"中并没有明确点出事变、侵略、战争、殖民的发动者是日本，也没有明确点出被

① "安倍晋三内阁总理大臣谈话"，参见日本国驻华大使馆网页，http：//www. cn. emb – japan. go. jp/bilateral/bunken_ 2015danwa. htm，2015 – 09 – 01。

侵略和殖民统治的对象是谁。安倍简直就是完全以第三者的立场和口吻在泛泛而论。虽然"侵略""殖民"等关键字词一个都不少，但却是有如同无，让人感觉不出他作为一个加害国的政府首脑面对遭受过日本侵略与奴役的亚洲各国人民发自内心进行道歉的诚意。相反，对于日本为何会在第一次世界大战结束后走上殖民、扩张和侵略之路的原因，安倍首相过多地强调了当时的世界形势和日本所处的环境，让人觉得似乎是日本为了自身的安全和生存被迫走上了一条侵略他国、扩张领土之路。这一思考逻辑与日本当年发动"太平洋战争"的理由如出一辙，成为日本发动侵略与殖民统治的合理借口，在一定程度上起到了推卸和稀释日本战争责任的作用。

所谓日本政府稀释战争责任的举措更加多元化，主要是指其通过联合国等国际组织来模糊侵略历史、美化日本国家形象的举措。这方面最近有三个比较受关注的事例。首先，《不扩散核武器条约》（NPT）审议大会2015年4月27日在纽约联合国总部开幕，大会审议条约近5年执行情况，各国代表就核裁军、核不扩散及和平利用核能等进行谈判。日本提出在广岛、长崎原子弹爆炸70周年之际，希望全球领导人访问核爆受害地。恰如中国裁军大使傅聪在联合国总部接受共同社采访时所言，日本被投原子弹是有原因的，日本如此要求其目的就是要利用这种人道主义问题，以强调"受害"姿态来掩盖其作为加害国"侵略"的历史，在大会上强加对"二战"的曲解。5月12日出炉的草案并未包含这一提案。日本媒体报道说，是中国要求删除了相关内容。日本的要求被拒后，又想出了新的应对方案。2015年6月26日，外相岸田文雄在内阁会议后的记者会上发布消息说，日本政府决定2016年5月在广岛市召开七国集团（G7）峰会（伊势志摩峰会）之前的外长会议。政府希望通过在被原子弹轰炸的广岛举行外长会议来为核裁军、核不扩散造势，还有意以投下原子弹的美国的国务卿访问当地的形式，展现日美和解。其次，2014年年初，日本为"神风特攻队"申遗，2015年5月13日，南九州市长霜出勘平、"知览会馆"馆长兼南九州世界记忆遗产推进室室长上野胜郎、"知览会馆"管理主任桑代睦雄在东京的外国记者俱乐部召开新闻发布会，试图再次说明他们"申遗"行动是为了"单纯向世人传递战争惨烈程度，避免类似悲剧再次发生"。最后一个事例是，2013年9月17日，日本内阁官房长官菅义伟宣布，将于2013年度向联合国教科文组织（UNESCO）推荐内阁官房专家会议提议的"明治日本的工业革命遗产·九州、山口及相关地区"申请世界文化遗产。已在 2015 年的世界遗产委员会会议上审核列入《世界遗产名录》。申报世界文化遗产应该符合联合国教科文组织和《世界遗产公约》促进和平的宗旨与精神。日方申报的 23 处工业遗址中，有多处在"二战"期间使用了中国、朝鲜半岛和其他亚洲国家被强征的劳工。强征和奴役劳工是日本军国主义在对外侵略和殖民统治期间犯下的严重罪行。时至今日，许多无辜受害者的正当合理诉求仍未得到负责任的回应和解决。因此，中国与韩国都对日本政府这种稀释战争责任的申遗举措表示了反对。①

历史修正主义思潮的高涨，与日本、美国的相对衰落和中国的崛起也存在一定的关系。日美关系的"美主日从"特点是日本获得安全感的重要来源，这暗示着，当日美关系模式发生变化或者世界出现了可能会影响这种模式的重大因素时，日本在行为上会有更明显的缺乏安全感的表现。②当日本明确认识到唯有修缮亲子模式下的日美关系才能获得更大的安全感时，其相应的举措亦会益发得到强化，美主日从的特点也就会益发凸显。例如，日本顺从美国意志，不参加中国主导的亚洲基础设施投资银行（AIIB）；在最后关头决定不参加俄罗斯纪念世界反法西斯战争胜利 70 周年红场阅兵典礼；在美国国会演讲时把在日本国会尚未提上议事日程的安保法制改革事项先行允诺将于（2015 年）夏之前完成等。安倍晋三此举受到以民主党为首的在野党、宪法学者和日本社会民众的批判和抵制，但其为了兑现 4 月在美国国会演讲时所做的夏季结束前使法案获得通过的承诺，执意要在第 189 届国会内通过安保法案，遂将本该闭幕的国会会期延长到 9 月 27 日。如此一来，若众议院通过法案后在参议院被拖延超过两个月，则可循例启动"60 天规程"（即若参议院超过 60 天议而未决，则视同其否决，可由众议院再度表决而最终通过），从而凭借执政党在众议院的绝对席位优势而强行闯关成功。长达 95 天的延长幅度创下了现行宪法实施以来的最长纪录。此举引起了日本社会各界的强烈反对，主流媒体每月例行的舆论调查结果显示安倍晋三内阁的支持率都出现了不同程度的下降。尽管如此，9 月 19 日凌晨，日本执政联盟控制的国会参议院全体会议还是不顾在野党强烈反对，强行表决通过了安保法案，法案宣告正式成

---

① 2015 年 6 月 21 日，日韩两国政府通过外长会谈，就此前态度对立的"明治日本产业革命遗产"申请列入世界文化遗产名录问题取得了共识，日韩转而合作申遗。

② 张建立：《战后日美关系的心理文化学解读》，《国际政治研究》2013 年第 4 期，第 49 页。

立。日本战后"专守防卫"安保政策也因此而发生重大转变。安保法案的实质就是允许行使集体自卫权，旨在扩大自卫队海内外军事活动，以便更好地配合美国满足其"亚太再平衡"的战略需求。

四　结语

日本人的历史认识问题，战后以来一直都没有得到解决。它时隐时现，严重地干扰了中日关系的健康发展。鉴于上述日本人的历史认识问题形成的内因和外因，特别是其根深蒂固的心理原因，显然要想从根本上解决该问题，仅仅停留在义正词严的口诛笔伐，或者是一味地给日本政府、日本人定标准而不去思考如何使其达到这些标准则略嫌苍白无力。[①] 鉴于历史认识自身的特性所限，寄希望于立场不同的日本政治家等良心发现与受害国民众取得关于历史认识的共识似乎也不大现实。[②] 鉴于日本人的历史认识问题的负面影响，确实可以考虑尽可能多创造中日学者以及中国学者与日本民众交流对话的机会，有理有据地讲述历史事实，以正视听，但期望"从学术的角度促成该问题的最终解决"[③] 还是难免太过理想主义化了。从官到民也有很多人提出了通过促进民间交流来改善国民感情、化解历史仇恨的建议。的确，国之交在于民相亲，民间交流是国与国交往的重要组成部分，也是人民与人民之间加深了解、增进互信的有效方式。但仅限于近年来常见诸媒体的赴日扫货这种层次的交流，恐怕最终非但不能起到正面作用，甚至可能出现负面效果。为了使民间交流真正发挥促进中日友好往来的作用，有必要借鉴一下社会心理学的方法。自1949年起，社会心理学家谢里夫曾做过一系列处理群际关系的著名实验，详细考察了群际关系是如何交恶又是在何种情况下得到改善，进而实现彼此认同的。实验结果表明，通过引进共同敌人的做法将会扩大群际冲突的规模，并不能真正成功地改善群体间的紧张关系，促使原初两个群体之间的态度发生持

[①] 吴广义：《解析日本的历史认识问题》，广东人民出版社2005年版，第355页。

[②] 张海鹏：《试论当代中日关系中的历史认识问题——兼评〈中日接近和"外交革命"〉发表引起的"外交新思考"问题》，《抗日战争研究》2004年第1期，第1页。

[③] 张天明：《1980年以来日本历史教科书问题研究述评》，《抗日战争研究》2009年第4期，第135页。

久的改变。① 通过以平等地位接触的办法，来尝试创造彼此友好的群际关系，结果也不理想。最后，谢里夫发现只有接触并不会导致冲突的降低，必须加入另外一个要求，即群体接触必须是在"两个群体有一个必须要实现的目标，任何一个群体仅仅依靠自己的努力、借助自己的资源都不能单独实现这个目标"，这种目标被称为超然目标（super - ordinate goals）。②

　　虽然实验并不等于现实本身，但也足可以为我们提供很多化解历史仇恨的启示。另外，中苏、中俄关系也可为思考中日关系提供现实版的借鉴。1989 年 5 月 16 日上午，邓小平在会见时任苏联最高苏维埃主席团主席、苏共中央总书记米哈伊尔·戈尔巴乔夫时指出："从中国得利最大的，则是两个国家，一个是日本，一个是沙俄，在一定时期一定问题上也包括苏联。"③ 恰如有历史学者所指出的那样，"实事求是说，中日百年来的仇恨相对于千年交往，还有许多方面值得珍惜。而且，如果仅从仇恨层面说，中苏、中俄也不少，然而过去二十多年，中苏、中俄领导人登高望远，高瞻远瞩，结束过去，开辟未来。中国与俄国及原苏联体制独立出来的诸国友好相处，非常值得重造一个亚洲版"④。中日两国人民如果能够在不断密切的交流过程中，进一步拓展中日间战略互惠的超然目标，或可以逐渐化解历史仇恨，消除日本人的历史认识问题的负面影响，为亚洲乃至世界的和平与稳定作出应有的贡献。

　　① 转引自迈克尔·豪格、多米尼克·阿布拉姆斯《社会认同过程》，高明华译，中国人民大学出版社 2011 年版，第 56—57 页。
　　② 同上书，第 57 页。
　　③ 邓小平：《结束过去，开辟未来》，载中共中央文献编辑委员会《邓小平文选》第 3 卷，人民出版社 1994 年第 2 版，第 291—295 页。
　　④ 马勇：《我们今天应该怎样纪念抗战》，http：//blog. sina. com. cn/s/blog _ 5097 de870102vvwr. html，2015 - 09 - 10。

战后日本"中国形象"的演绎与重塑

吴光辉　　肖珊珊[*]

内容提要　作为日本学研究的外部视角，战后日本的"中国形象"研究可以为我们站在一个文化"互镜"的立场来梳理战后日本的思想变迁提供一条潜在的线索。概述战后日本的中国形象，"文化他者化的中国形象"映证出战后日本走过了一条区别于中国、东方，乃至整个亚细亚的"自我西方化"的思想道路；"意识形态化的中国形象"折射出战后日本将中国视为超近代国家或者社会主义大国，由此而相对性地界定自身所谓"战后民主主义"的道路；"交涉对象化的中国形象"则体现出日本基于东方与西方、传统与现代这样的"二元对立"模式来认识中国，且会在一个与中国"对话·对抗"的交涉格局下构建自身未来的道路。在这样的中国形象的背后，潜藏着"为了日本""以中国为工具"的日本的思维方式或者社会病理。

关键词　战后　日本　中国形象

探讨战后日本的思想轨迹，无疑应该以日本这一国家作为首要的研究对象。不过，作为日本学研究的外部视角，站在战后日本的"中国形象"的演绎与变迁这一视角来加以考察，或许会为我们提供一个更具直接性、更具方法性的新框架。不言而喻，域外中国形象研究不仅是一个跨文化研究的理论性课题，也是一个探索如何建构自身国家形象的实践性课题。正

＊作者简介：吴光辉，厦门大学外文学院教授、博士生导师；肖珊珊，赣南医学院人文学院讲师。

如媒体宣传的"国家公关时代"①已经来临所体现的，我们必须首先站在"世界战略"的立场来看待现代日本是如何想象与建构"中国形象"的问题。与此同时，也要站在一个文化"互镜"的立场，通过战后日本"中国形象"的演绎与重塑来一窥战后日本的思想轨迹。

一　文化他者化的中国形象

提起战后日本"中国形象"的演绎与变迁，首先，笔者认为整个日本在解答"中国是什么"的时候，正如竹内实的《日本人にとっての中国像》（春秋社、1996 年）、尾形勇与砺波护编撰的《日本にとって中国とは何か》（講談社、2005 年）等著作的标题所示，日本将中国视为一个与日本处在二元对立立场下的"文化他者"，并且采取动态的方式树立了"文化他者化的中国形象"。何谓"他者"？日本学者子安宣邦阐释认为："若没有中国文化这个前提，日本文化是不可能存在的……只有把与自己的异质性强加给中国及其文化，也就是强有力地将中国他者化，才可能来主张日本及其文化的独立自主性……不通过对中国的彻底他者化，日本就无法主张其自立性。中国对日本来说是一个巨大的他者。"②也就是说，中国与日本处在绝对对立的立场，日本只有绝对化地不同于中国，将中国加以他者化，才能主张自身的独立性。

将中国他者化，并不是始于战后，而是日本近代以来一直致力实现的文化课题。明治时代日本最希望实现的目标之一，就是福泽谕吉提倡的"脱亚论"，即"今日之为谋，我国（即日本，著者注）不可犹豫于以等待邻国之开化而共振亚细亚，宁可脱其伍与西方之文明国家共进退……惟有依照西方人对他们之态度来对待他们，亲恶友者不可避免与之共恶友之名，吾要诚然谢绝亚洲东方之恶友也"。③福泽谕吉将中国、朝鲜视为近代化的"恶友"，要按照"西方人对他们之态度来对待他们"。这一理论的实质，一方面在于脱离东洋的专制与停滞，使日本走上西化的道路；另一方面则是要颠覆中国文明的优越地位，使进步的日本成为东方文明的中

---

① 《媒体关注中国形象宣传片、国家公关时代已来临》，《中国新闻网》2010 年 8 月 5 日。

② 子安宣邦：《东亚论：日本现代思想批判》，赵京华编译，吉林人民出版社 2004 年版，第 78 页。

③ 福沢諭吉『脱亜』、『福泽谕吉集』、近代日本思想大系 2、筑摩书房、1975 年、512 頁。

心。这一视角的前提也就是西方文明带有绝对的"天理人道"。这样一来，中国也就被描述为唯政治是从的一元社会国家，带有半开化文明的停滞衰败、专制残酷、愚昧野蛮等一系列特征的落伍者，也就是黑格尔笔下的"反世界史"的东方形象。①

将中国他者化，尤其是将中国置于西方文明、世界文明的反面，由此来突出日本学习西方、不断追求进步的文明地位，不仅是战前日本从事现代性的话语操作的一大任务，同时也是战后日本尝试延续、力图完成的一大课题。以 2010 年钓鱼岛撞船事件为例，时任日本民主党代理干事长枝野幸男在事件之后，重拾百年前福泽谕吉《脱亚论》之言论，称中国"是恶邻，没有法治主义"，"与之打交道就要有与恶邻打交道的方式。所谓外交的战略互惠关系，不过是华丽的外交词汇"。② 这一极端说法无疑是过去日本殖民主义思想的一种残留，且直接以二元对立、非敌即友的非理性观念把中国推向日本的对立面。③ 不仅如此，所谓"没有法治主义"，也就意味着中国缺失了法制观念与法律意识，中国无法融入以西方所谓的"法治主义"为主导的世界秩序，且可能成为现今世界秩序的冲击者。在此，我们可以联想到战后日本以美国主导的《旧金山和约》来否定"二战"期间的诸公告，如今以现行的《国际海洋法公约》来批判中国海洋维权执法行动的一系列事件。不可否认，在所谓的"法治主义"的背后，潜藏着日本的极为深刻的政治考量与现实谋划。

"文化他者化的中国形象"这一问题的核心，是探讨"对于日本而言，中国是什么"的问题。与战前日本致力于通过舆论操作、文明宣扬、战争获胜等一系列"操作"行为来塑造中国形象不同，战后日本则是通过自身的主体性行动，通过塑造自己的现代化国家形象，来凸显出作为"文化他者"的中国。那么，日本为什么要将中国他者化？借助我国台湾学者陈建廷、石之瑜所指出的，日本需要"东亚"以应对西方，"一方面日本并非单独对抗西方，而是与东亚各国在一起，因此东亚提供了行动基础，也提供了行动对象——中国与朝鲜，因此建立了日本的先进意识，也提供了日

---

① 子安宣邦：《福泽谕吉〈文明论概略〉精读》，陈玮芬译，清华大学出版社 2010 年版，第 31 页。

② 『民主・枝野氏「中国に信頼関係期待する方がおかしい」』、『読売新聞』2010 年 10 月 2 日。

③ 吴光辉：《他者之眼与文化交涉》，厦门大学出版社 2013 年版，第 93 页。

本对抗西方的信心"。另一方面,"日本为取得领导地位,必须要与落后的中国作出切割",尤其也就需要站在中国与日本的对立结构之中来通过中国的落后以显示日本取得了"成功",一旦中国崛起于世界,那么"东亚典范国家的身份就不是由日本知识界所垄断,甚至可能被中国取代,不但日本在东亚的落后对象消失,过去日本知识界所摆脱的汉学中国的优越感似乎又出现了,也否定了日本知识界视中国为落后的这一前提"①。也就是说,日本的目的并不仅仅在于将中国他者化,以示区别,还希望树立以西方为杠杆的价值判断体系,以中国为工具来论证自身存在与发展的合理性或合法性。

二 意识形态化的中国形象

探讨战后日本的中国形象,不可脱离东西阵营意识形态对抗、陷入冷战的历史大背景。日本学者亦站在意识形态的立场来看待中国。不过,他们并不是一味地采取否定、批判的态度。正如 1950 年日本历史学研究会《历史学年报》所提到的:"中国革命的成功对世界形势的影响是不可估计的,由此也将会展开新的亚细亚民族的历史……面对日本帝国主义的败北,(我们)必须深刻反思为什么没有直接地体现出对中国革命的正确的、精准的认识。"该报告还指出,鉴于中国革命的胜利可能给予日本以指导,因此必须将中国视为一个"革命理论输出"的来源来加以认识,也就是站在"意识形态"的立场突出了中国作为"政治中心"的重要地位。② 即便是作为战后思想旗手的丸山真男,亦站在超国家主义的立场来重新审视中国,指出中国人注重的"天下"这一概念超越了国家、民族,也就是西方近代的界限,乃是中国传统的——与其说是政治论,倒不如说是文化论的一大观念。③

不过,这一意识形态性的认识随着战后日本的快速发展、中国改革开

---

① 陈建廷、石之瑜:《中日合群? 日本知识界论争"中国崛起"的近代源流》,中国学的知识社群研究系列之三,台湾大学政治学系中国大陆暨两岸关系教学与研究中心发行,2007 年,第 187—188 页。

② 細川昌治:『中国革命史』、歷史學研究會編『歷史學の成果と課題—1949 年歷史學年報』、岩波書店、1950 年。转引自溝口雄三:『中国の衝撃』、東京大学出版会、2004 年、239—240 頁。

③ 板垣哲夫:『丸山真男の思想史学』、吉川弘文館、2003 年、25 頁。

放的时代变迁亦急剧地产生了转变。尤其是在柏林墙倒塌、东欧剧变、苏联解体之后，日本针对中国的意识形态化的认识更为显著，且直接指向"中国将走向何处"的思考。根据日本学者西村成雄的研究，围绕这一问题，日本学界的认识大致可以归纳为：欧洲启蒙思想影响以来的"文明国家论"、产业资本主义与周边的"殖民地国家论"、帝国主义与周边的"从属性的国民国家论"、脱离资本主义式的"周边·中枢"论、社会主义式的"国民国家论"、脱离社会主义阵营与走向"全球化的包摄"的国家论。① 审视这一系列理论的核心主旨，我们可以认识到，"文明国家论""殖民地国家论"是依附在西方近代化模式上的论调；"从属性的国民国家论""周边·中枢"论与社会主义式的国民国家论，则是带有中国传统或者现代模式的国家建构；全球化的国家论则是中国"单边主义"的国家论。这样一系列带有意识形态化的中国认识，最后也就归结为"中国大国论""中国威胁论""中国崩溃论"等既针对中国未来亦带有潜在权力意识的话语表述。

以"中国大国论"为例，这一论调的基本逻辑大概如此：历史上的大国，无一例外地具备了政治力量突出、经济力量雄厚、军事实力强大等一系列特征。那么，中国作为21世纪的大国究竟如何呢？以长江三角洲、整个华南地区为代表的跨区域经济圈，充分显示出中国的经济实力与影响力快速增长。为了向世界性的大国迈进，中国自然会增加军事投入，提高军事装备，加强军事演习，成为一个区域性的军事大国。与此同时，中国也会输出自己的资本，加强自身国际影响力，成为世界瞩目的政治大国。按照大国的逻辑，中国理应如此，中国也必然如此。但是，作为文本的堆砌，日本并没有冷静地看待中国的崛起，而是试图由此来引导出一个对立性的逻辑：中国是否会为整个世界的和平与发展作出贡献？中国是否可能且有实力与美国对抗？

事实上，无论是"中国大国论"抑或是在此不曾探讨的"中国威胁论""中国崩溃论"，皆可以归结为"中国将走向何处？"的一个问题。不过，这一问题实质上也只能是一个纯粹的想象而已。针对这一问题，我们可以联想到英国学者马丁·雅克指出的中国不是一个西方意义上的"国民

---

① 西村成雄：《如何把握中国近现代史》，转引自吴光辉《他者之眼与文化交涉》，厦门大学出版社2013年版，第73页。

国家"（Nation-State），而是独特的"文明国家"（Civilization-State），且中国的复兴将会出现"回归朝贡体系"的现象，中国的政治体制会形成"权威主义的儒教体制"。① 一言以蔽之，中国就是一个具有独特性格的国家。那么，中国将走向何处？是否可以接纳他者，是否可以融入世界？如果说中国就是一个独立完整的世界，那么这样的中国也就只会是限定在自我本身，从而缺失了进步与未来的意义。或许"中国将走向何处？"这一问题的解答并不重要，重要的是日本在思考这一问题之际带有了以"意识形态"为核心内容的话语霸权，并将中国的言说放置在一个以西方价值为核心的均质化、结构化的话语之中。就这样，中国在进入所谓世界的游戏规则之后，就失去了参与建构这样的均质化、结构化的话语权力，处在一个"文化失语"的状态之下。

三 交涉对象化的中国形象

较之"中国将走向何处"这一问题，"如何与中国交往"可谓日益成为一个世界关注的问题。审视近代以来的历史，曾几何时，东方世界从根本上只是"在自己地域内固守不动，小心地同咄咄逼人的西方隔绝，从里到外都以不同的方式对西方文化类型采取一种激烈的抵制态度"②。但是，就在中国人开始思考世界是否接受一个变化的中国，世界是否可以接受中国的急剧变化的时候，中国却已经被推到了一个不得不与世界打交道、不得不与世界产生"交涉"的时代。这一立场亦体现出一种所谓的"合法性"，也就是中国要作为一个"负责任"的大国③融入世界的游戏规则之中。

那么，日本究竟准备如何与中国交往？在此，笔者以日本舆论的中国

① 马丁·雅克：《当中国统治世界——中国的崛起和西方世界的衰落》，张莉、刘曲译，中信出版社 2010 年版。转引西村成雄『20 世紀における中国の政治変動と正当性の問題』、京都民科歴史部会編『新しじ歴史学のたあに』、2011 年、4 頁。

② 叶隽：《主体的迁变——从德国传教士到留德学人群》，上海外语教育出版社 2008 年版，第 105 页。

③ 佐利克：《中国往何处去：从会员到责任》，2005 年 9 月 21 日。美国前副国务卿佐利克（Robert B. Zoellick）于美中关系全国委员会发表题为《中国往何处去：从正式会员到承担责任》的演讲，提出"利益相关的参与者"这一概念，鼓励中国成为国际社会之中的"负责的、利益相关的参与者"。

报道为对象来展开考察。首先，中日之间彼此"交涉"的主旨，直接体现在经济领域的"唱衰中国"。日本媒体报道中国之际，大多基于现场的考察，亦借助中国媒体的自身报道来展开论证。以 2011 年 10 月的《朝日新闻》的中国报道为代表，针对中国的对外投资，该报提到"中国面向欧洲出口增幅放缓"；针对中国的经济数据，该报提到："中国物价增幅上升百分之六点一"，"中国经济增长速度百分之九点一"；针对中国经济的未来，该报进行了"中国的景气动向见底、增长率迟缓，响起金融紧缩的声音"①等一系列报道。不可否认，这一报道既依据中国的现实，同时也刻意渲染了中国经济的"不稳定性与不确定性"。不过，在这一报道之背后，我们亦可以意识到日本大多是以自身"泡沫经济"作为参照来衡量中国，并"经验论"式地认定中国会走上日本过去的道路。

其次，日本媒体报道中国之际，大多会采取"原罪"的推论方式将矛头指向中国政府。以 2012 年 2 月 26 日《读卖新闻》报道为例，该报道以《彷徨于都市的青年求职者》为标题，指出"北京大学"的毕业生也会找不到固定工作，并提到"这就是名列世界第二位的经济大国的求职战线的真相"。到了最后，该报道附加了"政府吹牛"的小标题，并明确标示来自中国网民。"政府推动中小企业增加雇用大学毕业生，但是大学毕业生的期望却比较高，社会需要的技能、待遇与求职者的要求并不匹配，只要不解决这样的'结构性的失业'，求职者的不满就会不断地膨胀下去。"至此，我们可以认识到，现代大学生的"结构性失业"问题与"政府吹牛"的小标题毫不相干，在记者笔下却成为一大必然。而且，该报道最后还提到："找不到工作的大学毕业者与农民工，彷徨于都市，数量不断增加的青年人，亦有可能成为动摇整个社会的火种。"②也就是将大学毕业生与农民工解读为未来中国陷入崩溃的根源之所在，并将问题的症结指向了"中国政府"。

作为日本的交涉对象，中国带有了竞争对手与巨大市场的双重性格。日本新闻媒体"唱衰"中国、渲染中国"即将崩溃"，将批判焦点直接指向中国政府，或许就是为了尝试解答"如何与中国交往？"这一问题。审视来自日本媒体舆论的批评，应该说日本一方面是希望与中国"连带"起

---

① 『朝日新聞・2011 年 10 月記事索引』、朝日新聞社 2011 年、27 頁。
② 川越一：『都市にさまよう青年の求職者』、『読売新聞』、2012 年 2 月 26 日。

来，共建东亚"共同体"；另一方面则是抱着矛盾复杂的心理预言中国未来，并将中国政府作为批判的对象。日本舆论媒体的这一手法应该说与西方媒体基本一致。正如美国《华尔街日报》刊文章指出的，西方的预言家们鼓吹"中国神话即将破灭"的历史长达二十多年，但是中国始终抱着巨大的问题而实现了"软着陆"。① 日本媒体选择性地忽略了这样的根本事实，而是充当所谓的预言家，站在一个以"直观"体验来阐释中国、以"原罪"意识来诋毁政府，由此来提醒日本政府乃至日本民众关注中国。由此可见，日本媒体是抱着一个实则"为了日本"的潜在意识在报道与解读着现代中国。正如日本时事通信解说员铃木美胜所指出的，1989年冷战结束之后，社会舆论对于政治乃至国际政治产生巨大影响，大众的理性·非理性的"情绪化"极大地左右了国家权力，国际政治正在经历一个深刻转型，整个社会也朝着一个"众愚"的时代迈进。② 在此，我们亦可以认识到整个日本陷入二元对立结构的社会病理之所在。

结论

何谓"中国形象"？依照日本学者的研究，我们可以接触到中国印象、中国认识、中国观、中国像等一系列概念，正如《日本的中国形象》（人民出版社2010年版）之中所梳理剖析的，彼此之间存在着一定的差异。③本论尝试阐释的"中国形象"，并不是止步于日本人眼中的中国或者中国人究竟如何，乃是依据"他者形象是自我意识的延续"这一观念，探讨日本人在认识与构建中国形象之际具有什么样的思维模式或潜在观念，且这样的思维模式或潜在观念具有什么样的日本式的特征。因此，这一研究的对象实质上并不是中国或者中国人，而自始至终皆是以日本与日本人为研究对象的日本学研究。

战后日本"中国形象"的演绎与变迁，提示我们可以站在一个"文化互镜"的立场来阐释战后日本的思想轨迹。"文化他者化的中国形象"印证出战后日本不同于战前的"自我东方化"，而是走过了一条区别于中国、

---

① 《外媒称预言家唱衰中国20多年屡言不中》，《凤凰网财经》2012年2月28日。
② 铃木美勝：「「衆愚」の時代の外交論」、『外交フォーラム』2009年3月。
③ 吴光辉：《日本的中国形象》，人民出版社2010年版，第21—22页。

东方，乃至整个亚细亚的"自我西方化"的道路；"意识形态化的中国形象"折射出战后日本不同于过去的"帝国"或者"共荣圈"的立场，而是通过将中国视为超近代国家或社会主义大国，由此也就相对性地界定自身的位置，走过了一条所谓"战后民主主义"的、树立自身介于东西方之"间"的主体性的思想道路；"交涉对象化的中国形象"体现出现今的日本基于"全球化秩序与东亚地缘政治"而构建起来的自我认识，同时也最为直接地反映出"二元对立"模式——亦可以理解为西方"现代性"的陷阱——给予日本的深远影响，亦预示着 21 世纪的日本将会在一个与中国不断"对话·对抗"的交涉格局下构建自身的未来。

（本文已在《日本学刊》2015 年第 5 期发表，收入本书时做了部分修改。）